JOSEF HANAUER · »KONNERSREUTH«

Josef Hanauer

»Konnersreuth«
oder
Ein Fall
von Volksverdummung

K. Fischer

Die Deutsche Bibliothek – CIP-Einheitsaufnahme

Hanauer, Josef:
»Konnersreuth« oder Ein Fall von Volksverdummung / Josef Hanauer. –
1. Aufl. – Aachen : Fischer, 1997
ISBN 3-89514-107-0

© Copyright 1997 by Karin Fischer Verlag GmbH
Postfach 19 87, D-52021 Aachen
1. Auflage 1997
Alle Rechte vorbehalten
Gesamtgestaltung: yen-ka
Printed in Germany 1997

ISBN 3-89514-107-0

INHALT

Einleitung 9

I. Von Unfällen und Krankheiten heimgesucht 13
    1. Der Autor Dr. Fritz Gerlich 13
    2. Unfälle und Krankheiten zwischen 1918 und 1925 ... 16
        a) Der Beginn von Thereses Leidensweg und den Folgen ... 17
        b) Die wichtigsten Gebrechen und »wunderbaren« Heilungen ... 25
    3. Erkrankungen nach der Stigmatisation 41
    4. Verheißung: »Kein Arzt kann dir helfen« 43

II. Die Diagnose: Hysterie 47

III. Stigmatisation 57
    1. Literaturhinweise 57
    2. Allgemeines über Stigmatisierte 58
    3. Blutungen vor der Stigmatisation 59
    4. Verehrung des Leidens Jesu 61
    5. Die Passionsvisionen 62
    6. Therese Neumann und A. K. Emmerick 66
    7. Die Wundmale 68
        a) Entstehung 68
        b) Heilungsversuche 71
        c) Die Passionstage 75
        d) Form der Wundmale 80
        e) Schmerzempfindlichkeit 84
        f) Blut aus nichtvorhandenen Wunden 86
        g) Kein aktives Bluten 89
        h) Art des Blutes 97
        i) Leuchtendes Wundmal 98
        k) Echt oder unecht? 100
    8. Konnersreuth-Pilger 101

IV. Gefahr und Hilfe aus dem Jenseits 107
    1. Der Schutzengel 107
    2. Der Teufel 110
    3. Theresia von Lisieux 114

V. Formen »mystischer« Fähigkeiten 123
  1. Die ekstatischen Zustände – Überblick 123
  2. Erinnerungsvermögen 124
  3. Visionen 128
    a) Inhalt, Dauer, Zeit, Zeugen 128
    b) Quellen der Visionen 129
    c) Zweck der Visionen 141
  4. Hierognosie 146
  5. Kardiognosie 152
  6. Hellsehen 155
  7. Sprachengabe 168
  8. Schweben 186
  9. Bilokation 188

VI. Therese Neumann und der »Heiland« 191
  1. Das »Heilandsreserl« 191
  2. Das Heilandsorakel 193
  3. Ratgeberin im Namen des »Heilands« 204

VII. »Leidensbraut« und »Leidensblume« 213
  1. Stellvertretende Leiden 213
    a) Das erste stellvertretende Leiden 214
    b) Leiden für nahestehende Personen 218
  2. Sühneleiden 221
  3. Das größte Leid 226

VIII. Beziehung zu Sterbenden und Verstorbenen 229
  1. Telepathische Anwesenheit beim Sterben und beim persönlichen Gericht 229
  2. Beziehung zu Verstorbenen 231
    a) Wissen um das jenseitige Los 231
    b) Sühneleiden für Verstorbene 236

IX. Therese Neumann und das Altarssakrament 241
  1. Meßbesuch 241
  2. Kommunionempfang 245
  3. Außergewöhnliche Phänomene 247
    a) Wissen um das Vorhandensein einer konsekrierten Hostie 247
    b) Verlangen nach der Hostie 249
    c) Kommunion ohne Schluckbewegung 250

d) Vision beim Kommunionempfang	251
e) Visionäre Teilnahme an einer Meßfeier	254
f) Fliegende Hostien	255
g) Die unaufgelöste Hostie	258
h) Mystische Kommunionen bereits in der Kindheit	263

X. Nahrungslosigkeit — 267

1. Vorbemerkungen — 267
2. Verminderte Nahrungsaufnahme — 268
3. Totale Nahrungslosigkeit — 269
4. Ausscheidungslosigkeit — 269
5. Überwachung im Jahre 1927 — 273
6. Aufforderung zur Überwachung in einer Klinik — 280
   a) Aufforderung durch den Bischof von Regensburg — 281
   b) Aufforderung durch die bayerischen Bischöfe — 283
   c) Aufforderung durch die römische Kurie — 285
   d) Stellungnahme zu einigen gegen die Überwachung vorgebrachten Begründungen — 291
   e) Aufforderung nach dem Zweiten Weltkrieg — 302
7. Nahrungslosigkeit im Kreis der Familie nicht nachweisbar — 306
8. Der natürliche Lohn übernatürlicher Gaben — 308

XI. Die Erlebnisse des Konnersreuther Benefiziaten Heinrich Muth — 311

XII. Konnersreuth und das kirchliche Lehramt — 355

Anhang: Briefe und Dokumente — 365

Anmerkungen — 431

Bibliographie — 463

EINLEITUNG

Vor siebzig Jahren begann Therese Neumann von Konnersreuth als Stigmatisierte Weltruhm zu erlangen. Schon in den Jahren vor 1926 soll an ihr eine Reihe von Heilungswundern geschehen sein. Dazu kam dann noch die Behauptung Thereses, sie lebe nahrungslos. Daß solche Dinge großes Aufsehen erregen, verwundert nicht; aber daß es zu einem »Fall Konnersreuth« gekommen ist, dafür steht vor allem der Mann, der damals Pfarrer von Konnersreuth war, Josef Naber. Dieser hat nicht begriffen, daß es sich bei den angeblichen wunderbaren Ereignissen in erster Linie um medizinische Probleme handelte. Verbohrt in eine pseudomystische Denkweise, die er für Theologie hielt, war er blind gegenüber der Wirklichkeit, und als unkritischer Fanatiker unbelehr- und unbekehrbar. Den entscheidenden Fehler beging er, als er sich an die Öffentlichkeit wandte. Nun setzte von allen Seiten der Zustrom von Wundersüchtigen ein, in dem Kleriker in großer Zahl mitschwammen, Theologen aller Ränge bis hinauf zu Bischöfen und Kardinälen. Dazu kam, wie üblich, der geschäftstüchtige Journalismus, der die Sache in großer Aufmachung darstellte.

Einer der ersten Theologen, der an Nabers Vorgehen Anstoß nahm, war der Münchenreuther Pfarrer Leopold Witt. Dieser veröffentlichte zwar Schriften über Therese Neumann, bezeichnete diese aber auch immer wieder als »eine Betschwester hin und her«.[0] Schon im Jahr der Stigmatisation kam es zwischen ihm und seinem Nachbarn Josef Naber wiederholt zu Zusammenstößen.

Am 14. Oktober 1926 schrieb er an den Bischof von Regensburg: »Therese ist vollständig in der Hand des Pfarrers. Was ihre Eltern sagen, um Ordnung im Haus zu haben, ist ihr nichts. Hier gilt nur allein der Ortspfarrer. Die himmlische Stimme aber bestärkt Resl in ihrer Torheit. Allerdings fühlt der Ortspfarrer immer mehr meinen geheimen Widerstand und um so mehr ist sein Zorn. Er hat mich schon zweimal zum Zimmer hinausgeworfen. [...] Die Eltern haben über den geistlichen ›blinden Gehorsam‹ eine vernünftigere Auffassung als die himmlische Stimme im Munde Thereses und des H. H. Pfarrers.«[1]

Die Erwartung, daß das Interesse an Konnersreuth nach dem Tod der Stigmatisierten allmählich schwinden werde, erwies sich als falsch. Das Gegenteil war der Fall. Buchbergers Nachfolger als Bischof von Regensburg, Rudolf Graber, ließ bald nach seinem Amtsantritt durchblicken, was er als Ziel anstrebte: die Seligsprechung der Therese Neumann. Damals begann ich mich eingehend mit dem Fall zu befassen. Für meine erste Schrift GOTTES-WERK ODER MENSCHEN-MACHWERK? standen mir als Quellen nur Veröffentlichungen zur Verfügung. Bei den Vorarbeiten für das zweite Buch KONNERSREUTH ALS TESTFALL habe ich zusätzlich die im Bischöflichen Ordinariatsarchiv Regensburg lagernden einschlägigen Akten ausgewertet. Auch die im Jahre 1962 an Bischof Rudolf Graber abgelieferten Faszikel konnte ich – allerdings erst nach Überwindung einiger Hürden – einsehen.

Die große Masse der »Konnersreuther« begnügt sich beim Urteil über die »wunderbaren Phänomene von Konnersreuth« mit den unentwegt verbreiteten, bekannten Fabeln. Diese »Gläubigkeit« ist einigermaßen zu verstehen; sie wird ja weithin genährt von einem großen Teil der kirchlichen Presse.

In der vorliegenden Schrift werden – wiederum – die bekannten »Konnersreuther Phänomene« unter die Lupe genommen. Warum ich mich noch einmal ausführlich mit »Konnersreuth« befasse, hat mehrere Gründe. Der ausschlaggebende ist der gleiche wie bei den vorausgegangenen Schriften: Kampf gegen den von kirchlichen Kreisen geduldeten und geförderten Aberglauben und gegen eine unausrottbare Wundersucht – mit anderen Worten gesagt: Kampf gegen eine offensichtliche Volksverdummung. Zum Glück ist dieser Kampf nicht mehr lebensgefährlich wie in früheren Zeiten, zum Beispiel während der Jahrhunderte dauernden Periode des Hexenwahns. Rückblickend pflegt man da und in ähnlichen Fällen zu sagen: Man muß die Dinge immer aus der Sicht der jeweiligen Zeitverhältnisse heraus zu verstehen suchen. Der Schwindel von Konnersreuth – ist er ein Zeichen unserer Zeit?

Erst vor zwei Jahren sind zwei umfangreiche Bücher erschienen, die sich mit Therese Neumann befassen. Das eine trägt den Titel: DAS ZEICHEN VON KONNERSREUTH. Der Verfasser, der evangelische Pfarrer Günther Schwarz, will aus veröffentlichten Schriften beweisen, daß Therese Neumann visionär geschaute Personen in der aramäischen Sprache reden hörte. Der andere Autor, Wolfgang Johannes Bekh, gibt seiner Schrift den Titel: THERESE NEUMANN VON KONNERSREUTH ODER DIE HERAUSFORDERUNG SATANS. Mir wird immer wieder der Vorwurf gemacht, ich würde mir ein Urteil über Therese Neumann erlauben, ohne sie persönlich gekannt zu haben. Keiner der genannten Autoren hat sie gekannt. Im siebten THERESE-NEUMANN-BRIEF heißt es, im Dokumentationszentrum von Konnersreuth befänden sich »Dokumente, welche unsere Erkenntnisse ergänzen und somit eine Bereicherung der Einschätzung und Beurteilung von Therese Neumann darstellen«. Die beiden genannten Verfasser erhielten zum Dokumentationszentrum »freien Zugang«. Am 21. Oktober 1991 habe ich mich an Bischof Manfred Müller mit der Bitte gewandt, er möge mir gestatten, die im Dokumentationszentrum befindlichen, »mir nicht bekannten Quellen und Dokumente einzusehen«. Der Bischof ließ mir durch seinen Sekretär mitteilen: »Ich möchte Sie darauf hinweisen, daß Sie von seiten des Bischöflichen Ordinariates darum weder gebeten wurden, noch dazu einen Auftrag besitzen.« Dabei hatte mich doch der Bischof am 12. Mai 1986 um meine »Mitarbeit an der Sache« gebeten. Als »Mitarbeit« hatte er gemeint, ich sollte die Bemühungen um eine Seligsprechung unterstützen. Im Jahr 1994 habe ich mich in der gleichen Angelegenheit an den Konnersreuther Pfarrer Anton Vogl, den Postulator in der Causa Therese Neumann, gewandt. Er hat mir geantwortet, »eine Benützung« könne »unmöglich erlaubt werden«. Merkwürdigerweise war dies bei den oben genannten Autoren möglich. Über Günther Schwarz sagt H. E. Ritter: »Er befaßte sich wissenschaftlich mit dem umfangreichen Material aus dem Nachlaß der Begnadeten, der im Dokumentationszentrum von Konnersreuth aufbewahrt wird.«[2] Nebenbei bemerkt, das »umfangreiche Material«, das aus Veröffentlichungen besteht, ist längst bekannt; außerdem ist die Bezeichnung »Nachlaß« irreführend. Im siebten »Therese-Neumann-Brief« wird hingewiesen auf eine »Unmenge von Daten, welche aus dem umfangreichen Material gewissenhaft herausgefunden werden müssen«. »An Hand dieser wichtigen Unterlagen«, so heißt es, »wird an der Darstellung einer historisch-kritischen Vita Therese Neumanns erfolgreich gearbeitet«; dies sei »unbedingte Voraussetzung für die Eröffnung des Informativprozesses für Therese Neumann.« Der Begriff »historisch-kritische Vita« erinnert an den Vortrag, den Toni Siegert im Jahr 1992 in der Hauskapelle von Fockenfeld gehalten hat. Damals hat er die Nahrungslosigkeit der Stigmatisierten »mit Mitteln der historisch-kritischen Analyse einwandfrei ermittelt«.[3] Was dabei herausgekommen ist, habe ich in der Schrift »Konnersreuth. Lug und Trug – mit kirchlichem Segen?« dargestellt.

Was in der hier vorgelegten Arbeit dargelegt wird, ist zum großen Teil bereits bekannt. Es muß aber darauf wiederum eingegangen werden, weil die »Konnersreuther Mystiker« unentwegt wahrheitswidrig informieren. In dieser Schrift ist auch von Tatsachen – man nenne sie ruhig Enthüllungen – die Rede, die zum Teil erst jetzt ans Licht der Öffentlichkeit gelangen, weil »interessierte Kreise« alles dransetzen, sie der Öffentlichkeit vorzuenthalten, indem Fakten entweder im Dunkel eines »Dokumentationszentrums« gebunkert oder einfachhin verschwiegen werden, um so den Ruch des »Übernatürlichen« aufrechtzuerhalten. Gegenüber solchen Versuchen, das Volk zu verdummen, bleibt nichts anderes übrig als unbelehrbare wundersüchtige Fanatiker im Scheinwerfer der Kritik öffentlich zu entlarven.

Zu großem Dank bin ich verpflichtet Herrn Oberstudiendirektor Otmar Kappl, Regensburg, für die kritische Lektüre des umfangreichen Manuskripts. Insbesondere danke ich wiederum Herrn Vorsitzenden Richter am Landgericht Mannheim Dr. iur. utr. Wolf Wimmer, der mich erneut mit Anregungen und Hinweisen zum Thema versorgte – er sammelt seit Jahrzehnten Aberglaubenskuriosa wie andere Leute Perlen – und sich trotz seiner arg bemessenen Freizeit, die ihm sein Amt als Strafrichter übrigläßt, aus Freundschaft der Mühe unterzogen hat, mein Manuskript unter fachmännisch-juristischen, insbesondere presse- und kirchenrechtlichen Aspekten gegenzulesen.

I. VON UNFÄLLEN UND KRANKHEITEN HEIMGESUCHT

1. Der Autor Dr. Fritz Gerlich

Was W. J. Bekh über die Unfälle und Krankheiten der Therese Neumann schreibt, entnimmt er den beiden Büchern Gerlichs. Dieser im Jahr 1883 in Stettin geborene, kalvinistisch erzogene Kaufmannssohn ist nach dem Studium der Naturwissenschaften, der Mathematik und der Geschichte in München heimisch geworden. Seit 1907 war er als Archivar im bayerischen Staatsdienst tätig. Im Jahr 1920 ließ er sich aus dem Staatsdienst beurlauben und übernahm die Chefredaktion der MÜNCHENER NEUESTEN NACHRICHTEN.

Gerlich, ein cholerischer, oft jähzorniger Publizist, erlebte Mitte September 1927 seine »Damaskusstunde«, und zwar in Konnersreuth. Den Anlaß zu einer Fahrt dorthin gab ein Artikel seines innenpolitischen Ressortchefs Erwein von Aretin über die stigmatisierte Therese Neumann. Das Aufsehen, das der Aufsatz erregte, irritierte ihn derart, daß er sich entschloß, wie er Aretin erklärte, dem Konnersreuther »Schwindel« auf die Spur zu kommen. »Das Gegenteil jedoch geschah. Der skeptische Freidenker und radikale Wahrheitssucher erlebte eine ›innere Umwandlung‹. Von Stund an wurde Gerlich zum glühenden Verteidiger der Stigmatisierten, zum Verfechter ihrer Glaubwürdigkeit. Er begann, den Katholizismus zu entdecken. Die Folge war eine Veränderung seiner Persönlichkeitsstruktur, seiner Publizistik wie seiner Lebensweise. In deren Zusammenhang kam es im Februar 1928 in der Redaktion der ›Münchener Neuesten Nachrichten‹ zu einem – wie es Erwein von Aretin sehr zurückhaltend umschrieben hat – ›nicht ganz geräuschlosen Krach‹ Gerlichs mit der Verlagsleitung. Der Eklat zog seinen sofortigen Rücktritt als Chefredakteur nach sich. So jedenfalls bisher zu lesen. Richtig ist jedoch, daß der leidenschaftliche Publizist zunächst versuchte, sein Ausscheiden zu verzögern, wenn möglich, sogar wieder rückgängig zu machen – vergeblich. Die persönliche Demütigung nahm er in Kauf, weil er sich seiner Sache sicher glaubte. Denn Gerlich hatte sein Handeln von Therese Neumann gutheißen lassen. Dieses ungewöhnliche Vorgehen wurde künftig zur Regel: Vor jeder Entscheidung – in beruflicher, finanzieller und verlegerischer Hinsicht – fragte Gerlich in Konnersreuth an, mündlich oder schriftlich, auch durch Vertrauenspersonen. Das jeweilige Frage- und Antwortritual mit der ›Resl‹ – wie auch Gerlich sie nur noch nannte – erfolgte während der regelmäßigen Ekstasen von Therese Neumann, in ihrem ›erhobenen Zustand‹.«[4] Die erste Frucht von Gerlichs »Bekehrung« waren seine zwei im Jahr 1929 veröffentlichten Bücher über die Stigmatisierte von Konnersreuth. »Dieses Werk, überfrachtet mit der Beschreibung medizinischer, biologischer und psychologischer Phänomene, brachte seinem Autor nicht den erhofften Erfolg.« Bis Ende 1932 wurden vom ersten Band 4725 Exemplare verkauft, vom zweiten Band insgesamt 3423. Dies bedeutete für den Autor eine große Enttäuschung; er hatte ja im Vertrauen auf entsprechende Aussagen der »Resl« mit einem Absatz von 50000 gerechnet.[5]

Im Jahr 1929 befand sich Gerlich in einer finanziellen Notlage. Darum bewarb er sich »zum 1. November 1929 in den bayerischen Staatsdienst zurück, darin wiederum bestärkt von Konnersreuth«. Aber er fand an seiner Tätigkeit im Staatsarchiv keine Freude mehr. Da schlug ihm im Frühjahr 1930 Ernst Fürst von Waldburg-Zeil vor, in das »Zeitungswesen zurückzukehren und Politik zu machen«. Gerlich griff um so lieber zu, als ihm Therese Neumann bereits 1928 »prophezeit« hatte: »Du kommst wieder in die Zeitung.« Die von Gerlich unternommene Verlagsgründung brachte nicht den erhofften Erfolg. Im Jahr 1931 scheiterte auch sein Versuch – obwohl »im Auftrag der Ekstase« unternommen –, einen kleinen Buch- und Kunstverlag in Köln zu erwerben. Daß Gerlich und Fürst Waldburg-Zeil von Anfang an unrentable Unternehmen begannen, daran war Therese Neumann schuld. Die beiden hatten die »ganze Sache nur im Vertrauen und nach Billigung von Konnersreuth« begonnen.[6]

In dieser Zeit befand sich das Vertrauen Gerlichs auf das Orakel von Konnersreuth in einer schweren Krise. Am Abend des 9. März 1931 bestellte er seinen Verlagsleiter Johannes Steiner zu einer Unterredung und teilte ihm mit, daß der Geldgeber der Zeitung ILLUSTRIERTER SONNTAG ihm erklärt habe, er könne in Zukunft keine Zuschußgelder mehr zur Verfügung stellen. Gerlich »war voller Zorn, vor allem auf Konnersreuth«. Unter anderem fielen die Worte: »Wenn der Heiland will, daß wir für ihn arbeiten, dann soll er uns auch helfen! Aber er läßt uns hängen.«[7]

Wie Pfarrer Naber am 10. März 1931 notierte, hatte Therese schon »vor einiger Zeit im gewöhnlichen Zustand das Gefühl, als ob gerade jemand, der den außerordentlichen Vorgängen hier nahe stehe, recht aufgebracht dagegen sei und schimpfe«. Um die Ursache ihres »Gefühls« herauszubringen, ließ sie sich während ihres »erhobenen Ruhezustandes« von ihrer Schwester Creszentia fragen, »was los sei«. Die »ekstatische« Antwort lautete: »Beten für Dr. Gerlich.«

Wann hatte Therese ihr eigenartiges »Gefühl«? Am Samstag, dem 7. März, traf Prof. Wutz in Konnersreuth ein und blieb dort einige Tage. In dieser Zeit kam die Rede auf den Zeitpunkt, an dem Therese jenes »Gefühl« hatte. Es stellte sich heraus, daß gerade »an jenem Tage und zu jener Stunde« Prof. Wutz bei Gerlich war »und schließlich, nachdem er längere Zeit dessen entrüstete Reden gegen hier angehört, erklärt hatte, nun halte er es nicht mehr aus.«[8] Die große Sorge Thereses ist verständlich. Freilich, die Aufklärung »im erhobenen Ruhezustand« war völlig überflüssig; sie wußte ja Bescheid. Wenn nicht Gerlich selbst seine Beraterin in Konnersreuth informiert hat, dann geschah dies durch andere, entweder Prof. Wutz oder dessen Hausgenossen, die ja Geschwister der Stigmatisierten waren. Am 9. März, als Gerlich Steiner gegenüber wider Konnersreuth wetterte, hatte Therese ihr »Gefühl« wohl nicht mehr, weil kein Informant vorhanden war.

Bekh schreibt in seinem Buch über die Stigmatisierte von Konnersreuth: »Therese machte viele Voraussagungen, die das Schicksal einzelner Menschen im ›Dritten Reich‹ betrafen. So prophezeite sie Dr. Gerlich seine Verhaftung.«[9]

Wann hat sie die Prophezeiung ausgesprochen? Nach Beginn des Dritten Reichs Ende Januar 1933 haben viele Gegner mit ihrer Verhaftung gerechnet. Keiner von ihnen benötigte für dieses Wissen eine Prophezeiung. Therese Neumann hat Gerlich sein bevorstehendes grausames Schicksal sicherlich nicht vorausgesagt. Wäre dies der Fall gewesen, dann hätte er sich in Sicherheit gebracht, solange es möglich war. Am 10. März 1933 wurde er, der Herausgeber der Zeitschrift DER GERADE WEG, verhaftet. Nach 16monatigem Martyrium wurde er in der Nacht zum 1. Juli 1934 im KZ Dachau ermordet.

Man mag über Fritz Gerlich urteilen, wie man will; das eine steht fest: Er war ein äußerst mutiger, tapferer Mann, der seinem Gewissen ohne Abstriche gefolgt ist; er wurde zum Märtyrer seiner Überzeugung. Niemand kann ihm seine Hochachtung versagen.

Gerlichs Bücher

Fritz Gerlich widmet bereits einen großen Teil seines ersten Buches über die Stigmatisierte von Konnersreuth der Schilderung ihrer mannigfachen Krankheiten. Der zweite Band hat nur ihre Leiden zum Thema. Man muß bedenken, daß Gerlich nicht Arzt war. Die Kenntnis über das Leben der Therese Neumann und über ihre Krankheiten verdankt er den Auskünften, die er in Konnersreuth eingeholt hat. Quellen seines Wissens waren die Familie Neumann und der zuständige Pfarrer Josef Naber. Die Hauptzeugin war die Person, über die er schrieb. Gerlich berichtet: »In Konnersreuth erfährt man vielerlei von Therese Neumann, wenn sie im gewöhnlichen Bewußtseinszustand ist. Man erhält aber auch manchen Aufschluß, wenn sie im Zustand der erhobenen Ruhe – gewöhnlich Ekstase – spricht. So ist es auch mir ergangen. Auch über die Schicksale der Therese Neumann habe ich manches durch sie im Zustand der erhobenen Ruhe erfahren.«[10] Da Gerlich die ekstatischen Äußerungen der Stigmatisierten für absolut glaubwürdig erachtete, weil seiner Meinung nach Jesus aus ihr sprach, zog er keine der erhaltenen Auskünfte ernsthaft in Zweifel. Im Gegenteil, mögliche Zweifel unterdrückte er aufgrund seiner Überzeugung, Jesus selbst habe aus ihr gesprochen. Bezeichnend ist eine Bemerkung, die er im Zusammenhang mit der erbetenen kirchlichen Druckerlaubnis für seine Manuskripte gemacht hat. Vom Bischöflichen Ordinariat in Regensburg wurden einige Bemerkungen Gerlichs beanstandet, zum Beispiel die von Therese in der Ekstase gemachte Angabe, Maria sei 13 Jahre alt gewesen, als sie Mutter wurde. Gerlich hielt dem entgegen: Der Heiland wird das besser wissen als das Bischöfliche Ordinariat.

Bezeichnend ist der Umstand, daß Therese Neumann unentwegt behauptet hat, Gerlich habe Medizin studiert. Als Dr. Seidl ihr auf das bestimmteste versicherte, das sei nie der Fall gewesen, ließ sie sich trotzdem nicht von ihrer Ansicht abbringen.[11] Dabei gesteht Gerlich selber, er habe sich »niemals mit den hier in Frage kommenden Krankheitsvorgängen befaßt«.[12] Dennoch stellte er Diagnosen auf, wie sie aufgrund bloß mündlich vorliegender Berichte der Beteiligten kein Arzt in solcher Form wagen würde. Ja, er übte schärfste Kritik am Urteil erfahrener Fachärzte, obgleich er lediglich das Wissen eines medizinisch interessierten Laien besaß, der erst im Zusammenhang mit Konnersreuth medizinische Bücher gelesen hat.

Aber auch als Historiker beging Gerlich schwerste Fehler. So hat er es versäumt, die Quellen kritisch auszuwerten. Er hat sich weder bei den Therese Neumann behandelnden Ärzten erkundigt, noch hat er sich um die Einsicht in die ärztlichen Befunde bemüht. Zu Gerlichs medizinischen Auslassungen bemerkt Dr. Seidl: »Gerlichs Krankheitsdarstellung ist ein medizinischer Roman, der allerdings den Vorzug hat, außerordentlich geistvoll und scheinbar lückenlos zusammengestellt zu sein.«[13]

Gewiß hat Gerlich Monate dafür verwendet, eine abgerundete Krankheitsgeschichte zu bekommen. Aber er berücksichtigt nur das, was seiner vorgefaßten Meinung entspricht. Aus seiner Auffassung heraus, daß in der Ekstase hinter den Worten der Stigmatisierten die Autorität Christi stehe, übernimmt er die Rolle eines Rechtsanwalts, der seinen Schützling auf alle Fälle verteidigt. Hieraus wird verständlich, warum Gerlich Urteile von Ärzten, die nicht in sein Konzept passen, einfach ablehnt. Von den fünf Ärzten, die bald nach der Erkrankung Therese Neumanns konsultiert worden waren, sind vier einmütig zu dem Urteil gekommen, es liege schwerste Hysterie vor. Eine solche Diagnose fand bei Gerlich keine Gnade.

Was der fünfte Arzt, Dr. Burkhardt, gesagt haben soll, findet sich ausschließlich in den Aussagen der Therese Neumann und ihrer Angehörigen. Die »Aussagen« von Dr. Burkhardt sind also nur als solche der Stigmatisierten und ihrer Angehörigen anzusehen. Aufgrund der auf diese Weise erhaltenen »Krankheitsberichte« hat Gerlich seine Diagnosen aufgestellt. Der Lippstadter Chefarzt Dr. Josef Deutsch hat die von ihm abgefaßten Krankheitsgeschichten und seine Diagnosen mit vollem Recht als »reines Erzeugnis der Gerlichschen Phantasie« und als »Unsinn« bezeichnet.

2. Unfälle und Krankheiten zwischen 1918 und 1925

Therese Neumann war zwanzig Jahre alt, als ein an sich unbedeutendes Erlebnis eine entscheidende Wende in ihrem Leben einleitete. Bekh behandelt in seinem Buch den Zeitraum zwischen 1918 und 1925 unter dem Titel »Krankheit und Gnade«. Seine Ausführungen sind eine verkürzte Wiedergabe dessen, was Gerlich geschrieben hat. Offenbar ist in ihm bei keiner der erzählten Phantasiegeschichten auch nur der leiseste Zweifel aufgestiegen.

a) Der Beginn von Thereses Leidensweg und den Folgen

Der erste Unfall
Als Therese Neumann 14 Jahre alt war, kam sie als Dienstmädchen zu dem Konnersreuther Gast- und Landwirt beim »Kounlenzen«. Sechs Jahre später spielte sich das Ereignis ab, das für sie eine »Lebenswende« bedeutete; es war der Brand am 10. März 1918. Vom Schneiderixenhaus aufwärts bis zum Kounlenzen brannten alle Scheunen ab. Während der Löscharbeiten, an denen Therese beteiligt war, geschah das Unglück. Beim Weiterreichen eines Löscheimers spürte sie plötzlich einen »Knicks«, wie wenn sie etwas »gezwickt« hätte. Das Zwicken und der im Rücken empfundene Schmerz waren die Vorboten einer Reihe von »furchtbaren Krankheiten und Leiden«, die sie »sieben volle Jahre aufs Bett werfen sollten«.[14] Die Gebrechen setzten bereits am Tage des Brandes ein. »Aus dem Schuppen wankend, spürte sie ihre Füße nicht mehr, die Zehen waren wie eingeschlafen, wie ›pelzig‹. Über die Stiege konnte sie nicht mehr steigen. So schleppte sie sich mit ihren durchnäßten Kleidern in den Stall, um das wegen der Löscharbeiten unversorgte Vieh zu füttern, konnte sich aber nicht mehr bücken. […] Sie spürte Brechreiz. Der Kreuzschmerz verstärkte sich und strahlte in den Leib aus.« Nicht mehr fähig, aufrecht zu gehen, schleppte sie sich zum Elternhaus. Am Abend ging sie wieder zu ihrem Dienstplatz. Nach einigen Tagen Bettruhe konnte sie »zur Not stehen und gehen«.

Die Durchnässung beim Brandlöschen hatte einen »hartnäckigen Husten« zur Folge. Auch »verstärkten sich die bereits nach dem Mittagessen am Brandtag aufgetretenen Magenstörungen; feste Speisen verursachten ihr Brechreiz; das Genossene mußte sie von sich geben […]. Sie magerte ab. Die bisherige Arbeit konnte sie nicht mehr leisten; die fünfzehnjährige Schwester Ottilie nahm ihren Dienstplatz ein. Therese machte sich trotz ihres leidenden Zustandes beim Kounlenzen weiterhin recht und schlecht nützlich, versuchte Fichtendaxen zu hacken, schlitzte sich dabei mit dem Hackmesser einmal den Ballen, ein andermal die Daumenkuppe der linken Hand.«[15]

Der zweite Unfall
Einen Monat nach dem Unfall am Brandplatz verunglückte Therese ein zweites Mal. Beim Kounlenzen sollten die Frühkartoffeln gelegt werden, Therese begab sich in den unteren Bierkeller der Gastwirtschaft, wo die Kartoffeln gelagert waren. »Sie füllte einen Sack mit Kartoffeln und nahm ihn auf die rechte Schulter. Es gelang ihr auch, fünf oder sechs Stufen zu erklimmen. Dann fiel sie rücklings über die Stiege hinunter.« Auf der untersten steinernen Stufe schlug sie derart hart auf, »daß sie eine klaffende, blutende Wunde davontrug. Sie wurde sofort ohnmächtig«. Nach geraumer Zeit wurde sie von ihrer Schwester Ottilie im Keller gefunden, am Boden liegend »und erst halb wieder bei Besinnung«. Kurz darauf »sah ihr Dienstherr nach dem rechten. Therese sollte mit aufs Feld; sie war aber dazu nicht mehr in der Lage«. Der Dienstherr

gab ihr daher den Auftrag, Streu zu hacken. Sie versuchte zwar, dies zu tun, »war aber außerstande und setzte sich erschöpft auf den Hackstock«. Dort wurde sie von einer Nachbarin gefunden, die sie drängte, »sich im Elternhaus niederzulegen«.[16]

Merkwürdigerweise hat Therese ihrem Dienstherrn nichts von ihrem Unfall gesagt, weder am Unglückstag noch später hat er davon etwas erfahren. Während des Aufenthalts im Elternhaus mußte Therese mit ihrer Schwester Ottilie das Bett teilen. »Jetzt traten auch die ersten Symptome eines äußerst lästigen Leidens auf: Darm und Blase gehorchten nicht mehr, sondern entleerten sich unwillkürlich. Die Folge waren regelmäßige Verunreinigungen an Leib- und Bettwäsche. Da sie wegen der durch das häufige Erbrechen verminderten Nahrungsaufnahme nur sehr geringfügige Ausscheidungen hatte, konnte sie diese Störungen bis zur völligen Bettlägerigkeit verheimlichen.«[17] So schreibt Bekh. Gerlich, auf den er sich stützt, weiß etwas anderes. Er sagt, man habe im Elternhaus die Verunreinigungen sehr wohl bemerkt, Therese habe aber ihre Umgebung angelogen: »Weil sie sich nach der üblichen Art junger Mädchen außerordentlich schämte, ließ Therese Neumann ihre Mutter in dem Glauben, die jüngere Schwester, bei der freilich auch früher nie derartiges beobachtet worden war, sei die Kranke, während in Wirklichkeit der Sturz von der Kellertreppe ihr zu den übrigen Störungen auch dieses gebracht hatte.«[18] Thereses Schwester soll sich nicht geschämt haben; sie soll sich gegen die Lüge nicht gewehrt haben?

Als Patientin im Krankenhaus
Nach dem Sturz von der Kellertreppe hielt sich Therese »mindestens zehn Tage im Elternhaus auf«. »Weil ihr unveränderter Zustand offenbar ernster war als ursprünglich angenommen«, brachte man sie am 23. April mit dem Pferdewagen zu Dr. Göbel nach Waldsassen. Der Arzt war in dieser Zeit in Vertretung des Sanitätsrats Dr. Otto Seidl, der sich beim Militär befand, Leiter des Krankenhauses. »Auf die Frage, was ihr fehle, wies Therese zuerst auf die schmerzende Stelle im Rücken und fuhr von da mit beiden Händen nach vorn, wie wenn sie sich einen Gürtel anlegen wollte. Sie erklärte, sie habe das Gefühl, daß ihr der Leib mit einem Strick zusammengeschnürt werde.« Dr. Göbel überwies die Patientin ins Krankenhaus. Er behandelte sie auf »Magensenkung und verordnete Bettruhe, gestrecktes Liegen und Fasten«. Bei besonders schweren Schmerzanfällen, die regelmäßig nach Krämpfen auftraten, erhielt sie Morphium. »Ihre Krämpfe waren regelmäßig von Bewußtseinsverlusten begleitet. Allmählich wurde dann der Körper unter kleinen Zuckungen starr.« Die Krampfanfälle sollen zuweilen so schrecklich gewesen sein, daß die Krankenschwestern meinten, es gehe mit ihr zu Ende. Von Ende April an blieb die Menstruation aus, trat im Juli einmal wieder auf, um Anfang August ganz aufzuhören.

Im Krankenhaus besserte sich Thereses Zustand nicht. Die Blasen- und Darmstörungen dauerten an. »Es war ihr möglich, diese beschämenden Erscheinungen zu verbergen, weil sie wegen der angeblichen Magensenkung nur sehr wenig Nahrung, zeitweilig täglich nur eine Tasse Milch erhielt. Ständiger Hunger gab ihr schließlich den Gedanken ein, heimlich das Krankenhaus zu verlassen, so daß die Krankenschwestern ihre Kleider versteckten.« Schließlich wurde sie am 10. Juni auf ihr eigenes Verlangen hin entlassen. Beim Abschied erklärte Dr. Göbel »ausdrücklich, daß sie noch nicht geheilt sei«.[19] So berichtet Bekh. Von seinen Angaben stimmt so gut wie nichts. Therese soll ins Krankenhaus gekommen sein nach einem Sturz von der Kellertreppe, wovon weder ihr Dienstherr noch der Pfarrer von Konnersreuth, Josef Naber, noch der behandelnde Arzt etwas erfahren hat. Der Grund zur Einweisung sollen ihre »Blasen-, Mastdarm- und Menstruationsstörungen« gewesen sein. Der Sturz von der Kellertreppe soll einen »Bluterguß in der Schädelhöhle« zur Folge gehabt haben.[20] Davon und von einem Rückenleiden wußte und erfuhr das Krankenhauspersonal nichts.

Therese verbrachte die Zeit vom 23. April bis zum 10. Juni 1918 im Krankenhaus. Wie sie behauptete, war sie andauernd bettlägerig. Es gelang ihr nach ihren Worten, daß während der ganzen Zeit nie jemand etwas von ungewollten Ausscheidungen bemerkte. »Die Schwestern des Krankenhauses hatten ihr eine Menstruationsunterlage gegeben, die sie untertags im Bett behielt, nachts aber zum Trocknen im Gang aufhängte, wo die Putzlumpen und mehrere derartige Decken aufgehängt werden, während sie statt dessen sich einen Unterrock unterlegte.«[21] Diese Angaben sind offensichtlich unwahr. Therese hatte von ihrem Sturz von der Kellertreppe an und während ihres Krankenhausaufenthaltes keine Menstruation, was sowohl den behandelnden Ärzten wie auch den Krankenhausschwestern bekannt war; also benötigte sie auch keine Unterlage. Wie Therese behauptete, besserte sich ihre Blasen- und Mastdarmstörung nicht. Dies war schon aus dem Grund nicht möglich, weil ein derartiges Leiden nicht vorlag.

Eine angenehme Patientin scheint Therese Neumann nicht gewesen zu sein. Jedenfalls hat sie ihren Angaben gemäß gegen Dr. Göbel eine starke Abneigung gehegt. Darum hat sie ihm nicht alle ihre Leiden verraten.[22] – Ein merkwürdiger Patient, der gesund werden will, aber den Arzt hinters Licht führt! Die Behandlung durch Dr. Göbel soll sich allein auf Thereses Magensenkung erstreckt haben. Sie durfte »nichts als Milch« trinken. Freilich hielt sie sich nicht daran, sondern aß Butterbrote und alles, was ihr ihre Familienangehörigen brachten.[23] Es ist äußerst unglaubwürdig, daß der Arzt als Leiden eine Magensenkung konstatiert hat. Aber selbst wenn eine solche als Grundübel angesehen worden wäre, ist die Angabe, man habe der Patientin über sechs Wochen hindurch nichts anderes gereicht als Milch, einfachhin ausgeschlossen. Magensenkung wird nicht durch Fasten kuriert, sondern dadurch erst recht verstärkt, ja geradezu hervorgerufen. Therese war ihrer eigenen Angabe entsprechend vor ihrer Erkrankung mit einem gesunden Appetit gesegnet. Diesen hatte sie auch noch während ihres Krankenhausaufenthaltes; sie hatte, wie Pfarrer Leopold Witt schreibt, »schrecklichen Hunger«.[24] Daß man ihr nichts anderes als Milch gegeben habe, ist nicht nur eine Fabel, sondern eine Lüge. Eine Schlemmerkost freilich wurde weder ihr noch anderen

Patienten verabreicht. Ihr Krankenhausaufenthalt fiel in das letzte Jahr des Ersten Weltkrieges. Damals hat ein großer Teil der Bevölkerung auf vieles verzichten müssen. Therese behauptete, man habe sie verhungern lassen wollen. Dabei steht fest, daß ihr durch die Krankenschwestern und durch Besucher »viele Zugaben« gebracht wurden. Es ist bemerkenswert, daß Therese ihre Entlassung aus dem Krankenhaus nicht deswegen verlangte, weil sie sich gesund fühlte oder weil sich ihr Gesundheitszustand nicht besserte, sondern weil sie sich nicht satt essen konnte.

Der Fall von der Leiter am 1.8.1918
Nach der Entlassung aus dem Krankenhaus beteiligte sich Therese an den Arbeiten im Elternhaus, so gut es ging, »obwohl sich an ihrem Siechtum nichts geändert hatte«.[25] Bei solcher Arbeit verunglückte sie ein weiteres Mal. Am 1. August 1918 schickte sie sich an, vom Scheunenboden des Gastwirts herunterzusteigen. Beim Betreten der obersten Sprosse einer Leiter »fiel sie rücklings hinunter und schlug mit dem Kopf auf dem festgestampften Lehmboden auf«. Der Grund des Unfalls war ein Krampfanfall; solche Krampfanfälle überfielen sie zur damaligen Zeit »bei den verschiedensten Gelegenheiten, zuletzt alle Tage, ja sogar täglich öfter«.[26] Nach dem Unfall »erfaßte sie ein Krampf und sie verlor das Bewußtsein. Erst allmählich kam sie wieder zu sich, war aber stark benommen. Beim Wiedererkennen der Umgebung sah sie sich am Boden liegen, mitten im Kreis von Kindern des Marktes, die durch die offene Tür hineingekommen waren und sie neugierig betrachteten.« So wurde sie von ihrer Mutter gefunden, als diese von ihrer Feldarbeit zurückgekehrt war. »Sie hob die Tochter auf und brachte sie zu Bett.« Mehrere Wochen mußte Therese das Bett hüten. »Wie beim Sturz von der Kellertreppe hatte sie auch diesmal starke Schmerzen im Kopf und in den Augen, die nach ihrem Gefühl aus den Höhlen quellen wollten. Während der Bettlägerigkeit bemerkte sie erstmals das Auftreten von Sehstörungen.« Besonders beim Lesen von kleingedruckten Texten tat sie sich schwer.[27] Immerhin blieb sie fähig, in der Sommerzeit bei ihrem früheren Dienstherrn leichtere Arbeiten zu verrichten.[28]

Weitere Stürze
Kaum hatte sich Therese soweit erholt, daß sie wieder zu gehen fähig war, stürzte sie erneut. Dies geschah, als sie im elterlichen Keller einen Milchtopf holen wollte; da stürzte sie plötzlich zu Boden. »Ein weiteres Mal stürzte sie beim Bücken nach einer Mausefalle, die sie in ihrer Kammer aufgestellt hatte.« Bald darauf stürzte sie wiederum »beim Jäten von Gemüsebeeten im Neumannschen Wirtsanwesen«. Dabei fühlte sie »einen jähen Riß im Kreuz. Von dort verbreitete sich der Schmerz in die Glieder, senkte sich zu den Füßen hinunter, ›kletterte‹ in die Hände, zog die Finger unter Zukken zusammen. Dann drang er ins Genick und in den Hinterkopf.« Sie empfand diesen Schmerz als »einen furchtbar ziehenden, wie von innen«. Kurz darauf wurde sie ohnmächtig. »Einmal, nachdem sie sechs Tage ohnmächtig und im Krampf gelegen war,

hielten ihr die Angehörigen eine Feder unter die Nase, um zu sehen, ob sie noch lebe, so gering war ihre Atmung.« Als Therese wieder aufstehen konnte, »hatte sie ein Gefühl im Kreuz, als gebe es keine Stütze mehr. Ebenso hielt sich der Gürtelschmerz. Ihre Haltung war immer die gleiche krumme, nach links vornübergeneigte. Auch der Brechreiz beim Versuch, feste Speisen zu sich zu nehmen, blieb; ihre Hauptnahrung bestand aus ›Kindermus‹. Der Husten dauerte hartnäckig, verschärfte sich sogar und würgte sie wie Keuchhusten.«[29]

Die im Jahr 1918 zu Rate gezogenen Ärzte
Im Jahr 1918 stand Therese Neumann in der Behandlung von fünf Ärzten. Der erste war Dr. Göbel, der auch nach ihrem Aufenthalt im Krankenhaus ihre Magenbeschwerden mit entsprechenden Medikamenten zu heilen versuchte; außerdem gab er ihr Heilmittel zur Linderung ihres hartnäckigen Hustens.

»Da aber dieses Leiden hartnäckig anhielt, beschloß die Mutter heimlich neben Dr. Göbel, der ihre Tochter als Kassenpatientin weiter behandelte, diese als Privatpatientin von einem alten Arzt untersuchen zu lassen, der in der Gegend einen großen Ruf hatte.« Es war dies Dr. Wilhelm Burkhardt, wohnhaft in Hohenburg an der Eger, der regelmäßig in Arzberg Sprechstunden hielt. Arzberg liegt ungefähr sieben Kilometer von Konnersreuth entfernt. »Freundliche Geschäftsleute ließen Therese hin oder zurück mitfahren.« Sie wurde jedesmal von einem der Angehörigen »begleitet und gestützt«. Eines Tages bestand keine Gelegenheit zur Rückfahrt. Darum mußten Therese und ihre Begleiterin Ottilie den Weg zu Fuß zurücklegen. »Nach diesem nächtlichen Marsch war Therese völlig kaputt und mußte vierzehn Tage das Bett hüten.« Von da an brauchte sie nicht mehr den weiten Weg zurückzulegen, weil sie von Burkhardt in Konnersreuth aufgesucht wurde, sooft er dort seine Patienten besuchte. Sie beklagte sich dem Arzt gegenüber »vor allem über den schon so lange anhaltenden Husten und die starken Schmerzen in der rechten Brustseite«. Dr. Burkhardt stellte eine »trockene Rippenfellentzündung« fest. Bei einem der Besuche des Arztes gab Therese an, sie habe »außerdem dauerndes Kreuzweh«; auch seien ihre Füße ganz »pelzig«. Daraufhin untersuchte sie der Arzt »genau und lange, so daß sie sehr fror«. Besonders eingehend erstreckte sich die Untersuchung auf den Rücken. »Darauf fragte er sie, ob sie einmal irgendwo heruntergefallen sei oder schwer gehoben und sich dabei weh getan habe« und seit wann sie die Schmerzen im Kreuz verspüre. Sie erzählte dem Arzt vom Brand in Konnersreuth, versicherte aber, »einen besonderen Schmerz habe sie damals, als sie den Knicks im Kreuz empfand, nicht gespürt«; die Blasen- und Mastdarmstörungen verschwieg sie, »weil sie sich ihrer schämte«. Dr. Burkhardt soll gesagt haben: »Ja, Kind, da haben wir's schon. Das kann noch lange dauern. Sie können aber auch plötzlich zusammenbrechen.« Im Gespräch mit Gerlich erklärte Therese, »bedauert habe sie nur immer, daß er nie genauer gesagt habe, wofür er ihr Leiden halte«.[30]

21

Im Oktober und November 1918 wurde Therese einige Male noch von zwei weiteren Ärzten besucht. Der eine war Dr. Zitzelsberger aus Mitterteich, der andere Dr. Frank, der seine Praxis in Waldsassen hatte. Gegen Ende des Jahres 1918 stand dann wieder der Hausarzt Dr. Seidl zur Verfügung.

Unfall am 19.10.1918
Vom 10. März 1918 an war Therese nie so richtig gesund. Trotzdem arbeitete sie im Elternhaus und auch beim Kounlenzen mit. Dort erlitt sie am 19. Oktober »einen neuerlichen schweren Unfall«. Auf dem Getreideboden kletterte sie auf einen Balken. Von dort stürzte sie »rücklings hinunter, schlug mit dem Hinterkopf am Boden auf und blieb ohnmächtig liegen; so lag sie ungefähr eine Stunde, bis sie, »noch nicht ganz bei sich«, von ihren Schwestern gefunden wurde. Diese schleppten die Verunglückte zu einer Bettstelle in der Gastwirtschaft. »Sie fühlte eine außerordentliche Verstärkung des Kopfschmerzes, auch schienen ihr wieder die Augen aus den Höhlen zu wollen.« Nach einigen Stunden des Ausruhens wurde sie dann ins Elternhaus geschleppt. »Ihre Füße ließ Therese am Boden schleifen, wie man es bei alten, gebrechlichen Leuten beobachtet. Beim Einbiegen zum Schneiderixenhaus konnte sie kaum noch sehen. Alles war verwischt. Sie vermochte ihre Mutter nicht mehr wahrzunehmen.«
Am folgenden Tag, dem Kirchweihsonntag, begab sie sich, obwohl sie nicht einmal fähig war, »die Zimmereinrichtung zu erkennen«, zum Gottesdienst in die Pfarrkirche. Auf dem Weg dorthin konnte sie ihre Umgebung nur »wie im Nebel« erkennen; auch »die Gesichter der Leute vermochte sie nicht zu erkennen«. Aber »den Weg zum Beichtstuhl und zur Kommunionbank fand sie, weil sie die Plätze genau kannte«. Noch vor Beendigung des Hochamts mußte sie nach Hause zurückgebracht werden. »Am Kirchweihmontag konnte sie sich beim Aufstehen nicht mehr auf den Füßen halten, mußte sofort wieder niedergelegt werden. Ihre Sehkraft nahm im Laufe des Montags weiter ab, so daß sie in der Nacht auf den Dienstag im wesentlichen nur mehr hell und dunkel unterscheiden konnte.« Am Dienstag, dem 22. Oktober, wurde ihr derart elend, daß sie um 2 Uhr ihre Mutter bat, den Pfarrer zu holen. Dieser kam und spendete ihr die Sterbesakramente. Weder den Pfarrer noch die Stubeneinrichtung vermochte sie richtig zu erkennen.

Zu dieser Zeit befand sich die ganze Familie Neumann in einer »bejammernswerten Lage«. Der Vater befand sich beim Heer in Lüttich. Die Mutter war grippekrank. Ebenso befanden sich alle ihre Kinder, auch die sonst im Dienst befindlichen, mit Ausnahme der Tochter Kreszentia, krank im Elternhaus; sie waren ebenfalls grippekrank, auch Therese. »Sie hatte einen heftigen Husten zu den übrigen Leiden hinzuerhalten und schien sogar jeden Augenblick sterben zu sollen.« Alle grippekranken Geschwister hatten ihr Krankenlager in der oberen Stube des Elternhauses. Weil man mit dem Tod Thereses rechnete, bemühte sich der Bürgermeister von Konnersreuth um einen Urlaub für den Vater Ferdinand Neumann. Als dieser nach seiner Ankunft an das

Bett seiner Tochter trat, wurde er von ihr nicht mehr erkannt. Da in dieser Zeit die Grippe allenthalben herrschte, war es Dr. Burkhardt nicht möglich, nach Konnersreuth zu kommen. Zufällig kam der Arzt Dr. Zitzelsberger am 23. Oktober dorthin. Dieser besuchte auch die Kranken im Giebelzimmer des Neumannhauses. Therese erzählte Jahre später, wie der Arzt von einem Kranken zum andern ging und versicherte: »Du wirst wieder gesund.« Zu Therese sprach er: »Du wirst schon wieder gesund werden.« Der kleine Unterschied im Wortlaut bewirkte, daß Therese auf den Arzt »böse« war. »In ihrem Zorn hat sie nach seinem Fortgang sein Urteil in seinem Tonfall oft nachgesprochen.« Ihre Mutter befürchtete, Therese könne »jeden Augenblick an der Grippe sterben«. Darum trug sie ihre Tochter hinunter in die Arbeits- und Wohnstube, um sie leichter beobachten und versorgen zu können. »Dabei bekam Therese [...] einen ganz schweren Krampf mit Bewußtlosigkeit.« Neun Tage vermochte sie ihre Augen überhaupt nicht mehr zu öffnen; zog man die Lider auseinander, zeigte sich, daß die Pupillen oben in den Winkeln der Nase verschwanden. Man sah fast nur das Weiß der Augäpfel. Als sie wieder die Augen mit eigener Kraft öffnen konnte, vermochte sie keinen Lichtschimmer wahrzunehmen.

Vom November an wurde Therese wieder von Dr. Burkhardt betreut. Nunmehr erzählte man ihm auch von den Blasen- und Darmstörungen der Patientin. Wie sie Gerlich berichtete, hat der Arzt »erneut ihren Rücken untersucht und ihr mit Nadeln an den verschiedensten Stellen in die Beine gestochen«, sie aber habe nichts gespürt. Burkhardt verordnete Moorbäder; diese konnten aber nicht durchgeführt werden, weil die Patientin »regelmäßig einen Krampf und eine Ohnmacht« erlitt.[31]

Ständige Bettlägerigkeit
Vom 22. Oktober 1918 an war Therese ständig ans Bett gefesselt; sie vermochte sich nicht einmal mehr im Bett umzudrehen. Ihre Krampfanfälle wurden derart schlimm, daß sie trotz eines »eingeschobenen Brettes« immer wieder »über dieses Brett« aus dem Bett fiel. Oftmals wurde sie im Bett »zwei bis drei Hand hoch emporgehoben«.[32]

»Winteranfang 1918 traten die Krämpfe besonders heftig auf. Erst riß es die Kranke, dann zog es sie zusammen, sie wurde ganz steif, und zwar wie Eisen, so daß der ganze Körper mitging, wenn man gewaltsam ein Glied anzuheben versuchte. Manche Krämpfe waren auch von einem heftigen Zusammenbeißen der Zähne begleitet, was im Lauf der Jahre zu Absprengungen an den oberen Schneidezähnen führte. Um das Aufeinanderbeißen der Zähne zu verhindern, band man ihr vom Hinterkopf her ein Tuch ums Kinn.«[33]

Erst in dieser Zeit geschah es, daß die immer wieder als Grundübel bezeichnete Rückgratverletzung entdeckt wurde, und zwar von der Mutter der Kranken. »Eines Tages bemerkte sie am Rücken ihrer inzwischen stark abgemagerten Tochter eine Veränderung. Sie griff ihr an die Lendenwirbel, da schrie Therese laut auf.« Die Mutter »sah schärfer hin« und rief dann ihren Ehemann. Was dieser beobachtet hatte, erklärte er ungefähr zehn Jahre später Dr. Gerlich. Dazu meinte er, seines Erachtens seien »zwei Dornfortsätze – ›zwei Knopperle‹ – verschoben.«[34]

Die Schilderung klingt märchenhaft. Nach Bekhs Darstellung hat doch schon vorher der Arzt Dr. Burkhardt Thereses »Schmerzen im Kreuz« auf den »Unfall« vom 10. März zurückgeführt und eine Rückgratverletzung festgestellt. Demnach wären die Eltern Thereses weder vom Arzt noch von ihrer Tochter informiert worden. Ein anderer Umstand läßt die Sache als besonders eigenartig erscheinen. Am 22. Oktober, drei Tage nach dem schweren Unfall vom 19. Oktober, soll Therese die Sterbesakramente empfangen haben. Daß zu dieser Zeit der Arzt gerufen worden sei, davon wird nichts erwähnt. Dr. Zitzelsberger, der zufällig vorbeikam, verabreichte nur Mittel gegen die Grippe. Dr. Burkhardt, der nach dem Abklingen der Grippeepidemie einen Krankenbesuch machte, untersuchte »erneut ihren Rücken«. Aber von einer Rückgratverletzung sagte er nichts.

Sturz am 17.3.1919 – Erblindung
Weil Therese auf fremde Hilfe angewiesen war, hat man ihr Bett in der Wohn- und Arbeitsstube des Neumannhauses aufgestellt. Sie lag nicht andauernd im Bett, sondern wurde von Zeit zu Zeit in einen Krankenstuhl gesetzt. Am Abend des 17. März 1919 war gerade ihre Mutter dabei, das Bett zu richten. Der Vater hielt die Tochter, »damit sie nicht herabfalle«. Nur kurze Zeit verließ er das Zimmer. Da »stürzte sie rücklings vom Stuhl. Sie schlug dabei mit dem Hinterkopf zunächst an den Pfosten der Küchentür, dann gegen den Steinboden der Küche«.

Die Folgen waren schrecklich. »Mehrere Tage lag sie in einem Zustand fast völliger Bewußtlosigkeit. Immer wieder traten Krämpfe hinzu.« Als Therese wieder zu sich kam, stellte sich heraus, daß sie »vollständig erblindet« war. »Sie schaute starr mit großen, glasigen Augen.« Jahre später erzählte Therese Fritz Gerlich, »sie habe von sich nichts gewußt und auch fast nichts von der Außenwelt wahrgenommen, sie habe unerträgliche Kopf- und Genickschmerzen gehabt und gemeint, ihr quöllen die Augen aus den Höhlen, stärker als nach allen Unfällen«.

Die Neumannfamilie war in der Wohn- und Schneiderstube tagsüber oftmals nicht allein; Kunden und Nachbarn gingen aus und ein. Diese wurden zu wiederholten Malen Zeugen der Krampfanfälle Thereses. Das war den Eltern der Kranken peinlich, zumal Besucher »wiederholt äußerten, der Anblick sei so schauerlich, daß sie ihn nicht noch einmal erleben wollten«. Darum brachte man Therese zurück ins Giebelzimmer.

Beim Sturz am 17. März 1919 soll sich Therese einen Schädelbasisbruch zugezogen haben. Zu anderen Schädelbrüchen soll es schon bei den vorausgegangenen Stürzen gekommen sein. Am 17. März 1919 war Therese schon lange wieder in der Behandlung des Sanitätsrats Dr. Seidl. Niemand hat ihm über den folgenschweren Sturz etwas gesagt, auch nicht vier Tage danach, als er einen Besuch im Neumannhaus machte.

Außer den geschilderten soll Therese Neumann noch andere Unfälle erlitten haben, im Zeitraum von 15 Monaten nicht weniger als elf. Bei keinem der Unfälle gab es Zeugen. Noch sonderbarer erscheint, daß niemals ein Arzt gerufen wurde, auch nicht nach den »schweren Schädelbrüchen«. Ja, auch späterhin hat man keinen Arzt informiert. Der Dienstherr der so oft Verunglückten hat nie etwas von Unfällen erfahren; »selbst dem Pfarrer Naber waren sie unbekannt«.[35] Dabei muß man bedenken, daß der Pfarrer der »Verunglückten« am 22. Oktober 1918, also nur drei Tage nach dem angeblichen Sturz, die Sterbesakramente gespendet hat. Erst nach Jahren tauchte die Erinnerung an all die Unfälle auf. Als sich Fritz Gerlich in Konnersreuth die Unterlagen für seine Bücher holte, da wußten ihm Therese Neumann und ihre Angehörigen die genauesten Angaben über die Unfälle und deren Folgen zu machen. Diese Zeugen genügten ihm; weder beim ehemaligen Dienstherrn Thereses noch bei einem der Ärzte, in deren Behandlung sich Therese befand, hat er sich erkundigt.

Aufliegewunden

»Das seit Ende Oktober 1918 ständige bewegungslose Liegen führte zu Aufliegewunden, sogenanntem Druckbrand. Solche Geschwüre traten erstmals im Februar 1919 auf und verließen die Leidende nicht mehr . [...] Die Geschwüre zeigten sich mit der Zeit an allen Druckstellen des Körpers. Am Rücken entlang, von den Schultern bis über das Kreuzbein hatte Therese oft gleichzeitig neben kleineren Wunden sechs bis acht offene Stellen von Taler- bis Handgröße. Diesen Wunden und der daraus quellenden Flüssigkeit entströmte ein sehr übler Geruch, der ihr und ihrer Umgebung fast den Atem nahm.«[36] Bekh, von dem der zitierte Text stammt, schildert auch, was der Erzbischof von Lemberg, Josef Teodorowicz, geschrieben hat: »Es ist nicht möglich, alle Krankheiten aufzuzählen, so mannigfaltig und zahlreich waren sie. [...] Es bildeten sich Ohrengeschwüre, und Therese verlor das Gehör. Die Lähmung greift auch den Tastsinn an. Sogar das Atmen bereitet ihr Qualen; einerseits muß sie den widerwärtigen Fäulnisgeruch ihrer Wunden einatmen, andererseits leidet sie an derartiger Atembeklemmung, daß sie in den Erstickungsanfällen fast blau wird. Wenn doch wenigstens diese schreckliche Krankheit nicht hätte weiter vordringen wollen! Aber nein: Sie blieb nicht an der Oberfläche des Körpers stehen, sie begann ihre blutige Wühlarbeit im Inneren des Körpers; wie ein Raubtier fraß sie sich durch die offenen Wunden bis zu den Knochen durch.«[37]

b) Die wichtigsten Gebrechen und »wunderbaren« Heilungen

In Anlehnung an Fritz Gerlich schildert W. J. Bekh die verschiedenen Unfälle, die Therese Neumann erlitten haben soll, sowie die Folgen derselben. Dann behandelt er unter dem Stichwort »Gnade« das »wunderbare« Verschwinden der nach den Unfällen eingetretenen Gebrechen. Auf die Wunderberichte einzugehen erübrigt sich, weil die wichtigste Voraussetzung für ein Wunder fehlt: eine einwandfrei nachgewiesene schwere oder gar unheilbare Krankheit.

Rückgratverletzung
Als Grundlage aller Krankheitserscheinungen bei Therese Neumann bezeichnet man die Verletzung ihres Rückgrats. Die aufgrund der von Therese Neumann und deren Eltern erhaltenen Angaben von Gerlich abgegebene Diagnose lautet so: »Sie hatte sich beim Brand vom 10. März 1918 zwei Wirbel der Lendenwirbelsäule – aller Wahrscheinlichkeit nach den zweiten und dritten – verrenkt. Der Inhalt dieser Wirbel, die Kauda, und die austretenden Rückenmarkwurzeln waren geklemmt und führten zu Störungen der Bewegungsfähigkeit der Beine. Die Zerrung von Rückenmarkwurzeln infolge der Überbiegung ihres Rückgrats führte zu Brechreizerscheinungen im Magen. Der Sturz von der Kellerstiege Anfang April 1918 verstärkte die Monatsstörungen. Das Anschlagen des Kopfes schuf außerdem einen Bluterguß in der Schädelhöhle aus dem ›Sinus cavernosus‹, und zwar an dessen Grundfläche, wahrscheinlich in Verbindung mit einer leichteren Fissur (Riß) des Schädelgrundes (Schädelbasisfissur) vor dem Türkensattel. Das Blut ergoß sich vorwiegend auf der linken Seite der mittleren Schädelgruben, und zwar zwischen harter Hirnhaut und Spinnwebhaut. Spätere Stürze auf den Kopf, angefangen bei dem Ende Juli oder Anfang August 1918 stattgehabten Sturz von der Leiter, brachten Sehstörungen (Stauungspapillen), die sich nach dem Sturz vom 19. Oktober 1918 zu einer hochgradigen Sehschwäche steigerten, bis schließlich durch den Sturz vom Krankenstuhl am 17. März 1919 der erneute Bluterguß am Schädelgrund zu einer völligen Leitungsaufhebung der Sehnerven führte. Die verschiedenen Stürze brachten ferner Störungen anderer Gehirnnerven.«[38]

So die Diagnose Gerlichs, die er sich aus den Angaben der Neumannfamilie mit Hilfe der Lektüre medizinischer Bücher zusammengereimt hat. Keinem der Therese Neumann behandelnden Ärzte ist jemals der Verdacht aufgestiegen, es liege eine Verletzung des Rückgrats vor. Nach dem Urteil des Sanitätsrats Dr. Seidl bestand der Unfall vom 10. März 1918 entweder in einer Muskelzerrung oder in plötzlich einsetzenden rheumatischen Beschwerden.

Bekh führt zwei Ärzte an, von denen ein Gutachten über das Grundleiden der Therese Neumann stammen soll. Er schreibt: »Dr. Burkhardt, der eine sorgfältige Diagnose durchgeführt hatte, hinterließ zwar keine schriftlichen Belege, doch schließen die meisten Ärzte aus den von ihm gegebenen Vorschriften, daß es sich um eine Rückgratverrenkung handeln konnte.«[39] Offenbar verwechselt Bekh das Wort Diagnose mit Untersuchung. Niemand kennt die »sorgfältige Diagnose« des Arztes Dr. Burkhardt. Die von ihm gemachten »Vorschriften« kennen wir nur aus den Angaben der Neumannfamilie; sie bedeuten nicht im entferntesten die Diagnose Rückgratverletzung; mit Moorbädern heilt man eine derartige Verletzung sicherlich nicht. Mit dem Hinweis auf »die meisten Ärzte« beleidigt Bekh die Mediziner. Von ihm stammt auch der Hinweis auf eine »weitere Diagnose«. Damit meint er das Gutachten, das Dr. Seidl ausgestellt hat, damit Therese Neumann eine Rente bekommen konnte. Bekh spricht von einer Unfallrente. Eine solche wurde niemals beantragt, sondern eine Invalidenrente.

Im Gesuch um Gewährung einer Rente wird besonders betont, eine sichtbare Verletzung habe nicht stattgefunden. Dr. Seidl versicherte ausdrücklich und blieb auch später bei seiner Diagnose, daß eine Luxation der Wirbelsäule nicht vorgelegen habe; es habe sich lediglich um eine Muskelzerrung gehandelt.[40] Auch die vier Ärzte, die konsultiert wurden, entdeckten als Ursache der Beschwerden keine Verrenkung der Lendenwirbelsäule; das am 27. Februar 1920 verfaßte Protokoll für den Antrag einer Invalidenrente weiß nichts davon. Therese und ihr Vater führten dies darauf zurück, daß sie den Ärzten gegenüber zwar erklärt hätten, die Erkrankung habe im Zusammenhang mit dem Brand begonnen; »aber von Schmerzen im Rücken sagten sie nichts, weil sie nur beantworten wollten, um was sie gefragt wurden«.[41] Wer kann so etwas glauben? Obwohl die Patientin über Schmerzen geklagt hat, soll der Arzt nicht gefragt haben, wo sie sich äußerten?

In dem von vier Ärzten unterzeichneten Gutachten – zu ihnen gehörte auch Dr. Seidl – wird einstimmig irgendeine sichtbare Verletzung verneint, und als Ursache der Arbeitsunfähigkeit wird »sehr schwere Hysterie mit Blindheit und partikuläre Lähmung« als Folge eines Schocks angegeben, den Therese beim Löschen des Brandes erlitten habe.[42]

In einem Bericht vom 15. Dezember 1921 kommt Dr. Seidl noch einmal auf das Gutachten vom 27. Februar 1920 zu sprechen.[43] Als Gründe, die gegen eine Wirbelluxation sprechen, führt er an: Nach Ablauf der Krankenhilfe wurde nicht etwa eine Unfallrente bei der zuständigen Landesversicherungsanstalt beantragt, sondern eine Invalidenrente. Daraufhin reichte der Oberregierungsrat Engl am 21. Januar 1919 den Antrag an die Gemeinde von Konnersreuth zurück mit der Frage, warum die Unfallanzeige verspätet erstattet worden sei. In zwei Antwortschreiben heißt es dann: »Wegen Mangel einer sichtbaren Verletzung« und : »Weil eine sichtbare Verletzung nicht stattgefunden hat.« Zur zweiten Begründung betont Dr. Seidl im Jahr 1921 ausdrücklich: »Ich muß wiederholt hervorheben, daß eine Luxation der Wirbelsäule nie bestand [...], nur Muskelzerrung.«

Der Krankenbericht des Arztes vom 27. Februar 1920 stützt sich auf Mitteilungen von Thereses Eltern, die sie dem Arzt bei der Übernahme der Behandlung machten, dann noch einmal, als die Untersuchung zur Unfallbegutachtung stattfand; außerdem gründet er auf einer Darstellung des Hergangs seitens des Dienstherrn der Erkrankten. Therese selber war zu dieser Zeit »geistig häufig in einer nicht klaren Verfassung«, so daß sie selbst verläßliche Angaben nicht machen konnte. Aber auch später hat sie Dr. Seidl nichts davon erzählt, daß sie »nach dem Verspüren eines Knicks im Rücken rücklings hinfiel und sich nicht mehr erheben konnte«, wie Wunderle berichtet. Der behandelnde Arzt hat erstmals nach dem 29. April 1923 von einer Verrenkung der

Wirbelsäule erfahren, also erst nach der angeblichen Heilung von der Blindheit. Der Vater wußte, als er seine Angaben machte, nichts »von irgendeiner Verletzung«; er erklärte nur, daß seine Tochter »beim Anblick des Feuers sehr stark erschrocken sei, so daß sie am ganzen Körper zitterte«. Nicht einmal am 28. Juli 1927, als Therese im Beisein der Ärzte Dr. Seidl und Dr. Ewald den Beginn ihrer Krankheit schilderte, erwähnte sie eine äußere Verletzung: »Beim Anblick des Feuers sei sie sehr stark erschrocken, so daß sie am ganzen Körper zitterte und durch Schrecken ganz gelähmt war.« Trotzdem beteiligte sie sich am Löschen, indem sie Wasser von der Pumpe herbeiholte und dem Dienstherrn, der auf einer Leiter stand, hinaufreichte. Bei dieser Arbeit wurde sie durchnäßt. Nach Beendigung der Löscharbeiten war sie sehr stark erkältet und kränkelte von diesem Tag an, war matt, appetitlos, schlaflos, schleppte sich umher, konnte nicht recht anfassen und mußte schließlich ärztliche Hilfe in Anspruch nehmen. Obwohl Dr. Seidl Pfarrer Naber wiederholt vor einer falschen Darstellung warnte, »weil eine Luxation nie vorhanden war«, behauptete der Pfarrer im Jahr 1926 in einem Artikel in der GRENZ-ZEITUNG die Diagnose einer Verrenkung der Wirbelsäule und eine Verletzung des Rückenmarks.[44] Therese selber bezeichnet in einem Brief vom 26. Januar 1926 ihr Leiden als »Rückenmarksleiden« und behauptet: »Wieviel Ärzte sagten, daß ich chronisches Rückgratleiden habe.«[45]

Alles, was Therese Neumann Jahre nach dem Beginn ihrer Leiden über deren Ursache ausgesagt hat, erscheint somit als unwahr, wie es ein Beleg aus dem Bericht des Sanitätsrats Dr. Seidl vom Jahr 1927 bestätigt:

»Auch die Therese Neumann stellt jetzt den Vorgang so dar, daß sie bei der Löscharbeit plötzlich einen heftigen Schmerz in der Wirbelsäule empfunden, daß sie ferner am 21. Oktober 1918 beim Aufheben eines Siebes plötzlich wieder einen derartigen Schmerz im Rücken gespürt habe, so daß sie zusammenfiel und fortgetragen werden mußte. Alle diese Darstellungen decken sich nicht mit der von mir gelegentlich der Unfallbegutachtung (27. Februar 1920) erhobenen Krankengeschichte.«

Pfarrer Naber glaube, so sagt Dr. Seidl, die Lähmungserscheinungen sowie Blindheit und Taubheit auf eine Verletzung der Wirbelsäule zurückführen zu können; diese Annahme sei medizinisch unhaltbar; eine Blasen- und Mastdarmlähmung, wie behauptet werde, sei nie vorhanden gewesen.

Es besteht nicht der mindeste Grund, die ärztliche Diagnose anzuzweifeln. Auch das Verhalten der Kranken nach dem angeblichen Unfall bestätigt das Urteil des Facharztes. Therese vermochte noch monatelang danach zu gehen und zu arbeiten, und zwar ohne allzu große Schwierigkeiten. Das wäre bei einer ernsthaften Verletzung nicht möglich gewesen.

Über das von Dr. Seidl ausgestellte ärztliche Gutachten fällt Bekh das Urteil:

»Dr. Seidl mußte den Beweis erbringen, daß die Kranke im Sinne der Vorschriften der Unfallberufsgenossenschaft Oberpfalz unheilbar krank sei. Dann, und nur dann stand ihr eine dauernde Invalidenrente zu. Für ihn ging es einzig darum, das älteste von zehn Kindern einer armen Kleinbauernfamilie, das von ihm für unheilbar gehalten wurde, in den Genuß einer Rente zu bringen. Daher verzichtete er darauf, für die verschiedenen Krankheitsbilder, die es bot, eine einheitliche Gesamtursache anzunehmen, und faßte sein berühmt gewordenes Zeugnis in der angreifbaren Form ab.

Er selbst legte diesem Zeugnis keinen besonderen Wert bei; es stellte für ihn eine von der Verwaltung geforderte Formalität ohne Folgen dar. Keines der wunderbaren Geschehnisse, die später Therese Neumann bekannt machten und so große Auseinandersetzungen zur Folge hatten, war bis dahin eingetreten, nichts deutet auf solche Phänomene hin. Seidl konnte sich befriedigt vom Erfolg seines Antrags überzeugen: Therese erhielt eine kleine Invalidenrente.«[46]

Was soll man zu solch einer Verdächtigung sagen? Dr. Seidl hat nie behauptet, Therese Neumann sei unheilbar krank. Er hat sehr wohl eine »einheitliche Gesamtursache« für die verschiedenen Krankheitsbilder genannt: Hysterie. Der Arzt soll die Ausstellung eines medizinischen Gutachtens als bloße »Formalität ohne Folgen« betrachtet haben! Soll er mit dieser Beurteilung als dumm oder gewissenlos oder als beides bezichtigt werden?

Den zweiten Arzt, der bei Therese Neumann eine Rückgratverletzung konstatiert haben soll, nennt Bekh nicht. Er schreibt nur: »Nach späterem ärztlichem Befund waren der zweite und dritte Wirbel der Lendenwirbelsäule aus ihrer normalen Lage verdreht.«[47] Offenbar meint er das eigenartige Attest, das am 7. Februar 1943 Thereses »Leibarzt« Dr. Mittendorfer ausgestellt hat:

»Es bestehen noch heute die Residuen der seinerzeitigen Rotationsluxation mit heute noch deutlich fühlbarer, druckschmerzhafter Deviation des 3. und 4. Lendenwirbels um einen schwachen Zentimeter; Elevationsbeschwerden des gebeugten Körpers, besonders nach Anstrengung, verbunden mit bis zur Erschlaffung der Wadenmuskulatur sich steigernden, krampfhaften Sensationen der Waden beiderseits.«[48]

Zu diesem ärztlichen Zeugnis machte Prof. Dr. Mayr am 7. Februar 1943 »Erläuterungen«[49]. Er beruft sich auf die Aussage der Therese Neumann, die sie in Gegenwart des Pfarrers von Konnersreuth und des Arztes Dr. Mittendorfer machte:

»Sie bestätigte, daß sie an der im Zeugnis von Herrn Dr. Mittendorfer bezeichneten Stelle bei Druck immer noch Schmerz empfinde. Sodann richtete sie sich auf dem Stuhle, auf dem sie saß, gerade auf und versuchte, das Kreuz nach vorne durchzubiegen. Rasch aber ließ sie von dieser Bewegung ab, während sich gleichzeitig ihre Miene schmerzlich verzog, und sie erklärte, daß sie auch bei dieser Bewegung an jener Stelle Schmerz verspüre. Diesen Schmerz hatte ihr der Heiland gelassen, damit sie immer wieder an ihr einstiges schweres Leiden und an die wunderbare Heilung erinnert werde. Sonst, fügte sie bei, habe sie im Kreuz keine Schmerzen mehr.«

Wie kommt Dr. Mittendorfer zu seiner Diagnose, nachdem doch Pfarrer Naber im Jahr 1926 in der GRENZ-ZEITUNG versichert hat, die »Heilung« am 17. Mai 1925 sei vollständig gewesen? »Von da an«, sagt Naber, »waren die zwei Rückgratwirbel, die vordem etwas eingedrückt und seitlich verschoben waren, in natürlicher Lage.« Was Dr. Mittendorfer konstatiert, könnte ein zu späterer Zeit aufgetretener Körperfehler sein; wenn er aber von einer »seinerzeitigen Luxation« spricht, dann stellt er sich gegen das einstimmige Urteil seiner Kollegen, die seinerzeit eine Untersuchung vorgenommen hatten. Jedenfalls hatte Therese Neumann im Jahr 1927 keinerlei entsprechende Beschwerden. Dr. Ewald hat sie untersucht und festgestellt: »Die Wirbelsäule zeigt sich im ganzen Verlaufe völlig normal, nirgends druckschmerzhaft.«

Im Lichte dieser Diagnosen ist es unsinnig, von einer »wunderbaren Heilung« zu reden, die solche Beschwerden zurückläßt, wie sie Dr. Mittendorfer vorfindet; vor allem wenn man bedenkt, daß Therese Neumann Jahr für Jahr ausgedehnte Reisen unternommen hat, wobei sie wochen-, ja monatelang fern von Konnersreuth weilte. In dieser Zeit stellten sich die von Dr. Mittendorfer genannten Beschwerden offenbar nicht ein.

Bischof Waitz wendet sich gegen die Feststellung, die genannte Verletzung sei nicht durch eine medizinische Untersuchung konstatiert worden, und meint:

»Wenn man so vorgeht, wird man schließlich sagen können: Der Tod Christi am Kreuze ist auch nicht ärztlich festgestellt worden. Deshalb hat man keine Pflicht zu glauben, daß Jesus gestorben und von den Toten auferstanden ist. Es ist Unsinn, sich mit solchen Sachen herumzuplagen.«[50]

Vor so viel Weisheit geziemt sich nur eines: Schweigen.

Aufliegewunden und Wundbrand
Angeblich führte das ständige Liegen auf denselben Körperstellen zu so schweren Wunden, daß sogar die Knochen freilagen.[51] Dem Erzbischof Teodorowicz versicherte Therese: »Der linke Fuß hatte vom Knöchel bis zur Sohle keine Haut mehr, der Knöchel war blank. Am Rücken hatte ich sechs bis acht Flecken, etwa so groß wie ein Markstück oder auch wie Handbreite. Aus allen Wunden sickerte Wasser, Blut und Eiter.«[52] Die Mutter versuchte, die Schmerzen durch Auflegen von Hühnerfett zu dämpfen. Die Aufliegewunden sollen dann am 3. Mai 1925 auf wunderbare Weise plötzlich verheilt sein, ohne Narben zu hinterlassen. Prof. Dr. Ewald meint dazu: »Allzu schlimm kann es nicht gewesen sein; denn heute sind Narben nicht zu erkennen.«[53] Doch für die Anhänger von Konnersreuth gilt gerade diese Tatsache, daß keine Narben zurückblieben, als Beweis für ein Wunder. Dr. Deutsch erklärt hierzu: »Den Angaben der Therese widerspricht auch ein früherer Bericht des behandelnden Arztes Dr. Seidl; er hat solche Durchliegewunden, wie Therese sie angibt, bei ihr nie festgestellt.«[54] Weder in seinem ärztlichen Bericht vom Jahr 1926 noch in dem aus dem Jahr 1927 erwähnt er auch nur mit einem Wort Dekubitalgeschwüre.

Erzbischof Teodorowicz, der für die übrigen »wunderbaren Heilungen« eine natürliche Erklärung einräumt, betrachtet das Verschwinden des Druckbrandes als unbezweifelbares Wunder. Davon kann jedoch nicht im entferntesten die Rede sein. Der medizinische Experte der Ritenkongregation Poray-Madeyski folgert aus den Beschreibungen der Wunden, wie sie Witt und Gerlich – natürlich nur auf Schilderungen hin – mitteilen, daß es sich keinesfalls um tiefe Wunden gehandelt haben kann. »Der Beweis dafür liegt in der serösen, blutigen, eiternden Art der Sekretion, die auf angstneurotischen Ursprung der Wunde deutet.« Wie Therese Pfarrer Witt erzählte, hatte sich nach Abnahme des Verbandes herausgestellt, daß sich eine neue, wenn auch zarte Haut gebildet hatte, die ein bläuliches Aussehen besaß. Dazu sagt der genannte Arzt: »Diese Heilung, d.h. die Überdeckung der Wunde mit einem feinen bläulichen Häutchen, wurde erst sechsunddreißig Stunden nach dem letzten Verband festgestellt, also nach einem Zeitraum, der für die Bildung eines solchen Deckhäutchens auf rein natürlichem Wege voll und ganz genügte.« Er urteilt weiterhin aus seiner Erfahrung heraus, daß solche Aufliegewunden »spontan auf vollkommen natürliche und natürlich erklärbare Art und Weise« heilen und eine dünne Deckmembrane bilden, »ohne eigentliche Narben zurückzulassen«.[55]

Die Aufliegewunden wurden, so heißt es in Steiners Buch, durch eine »dauernde Muskelzusammenziehung« verursacht. »Der linke Fuß kam unter den rechten Oberschenkel zu liegen«, so daß Therese nur noch auf dem Rücken zu liegen vermochte. Die schlimmste Wunde bildete sich am linken Fuß; sie sonderte über ein halbes Jahr hindurch Eiter ab; »der Knöchel lag blank«. Als der Arzt die Befürchtung aussprach, der Fuß müsse amputiert werden, legte man in den Verband ein Rosenblatt, das an den Gebeinen der seligen Theresia von Lisieux berührt worden war, worauf sofort die Heilung erfolgte. Dies ereignete sich Anfang Mai 1925. In diesem Konnersreuther Bericht ist der Umstand schwer zu verstehen, daß der Wundbrand zwar verschwunden war, daß aber die Ursache desselben, nämlich die unnatürliche, verkrampfte Lage des linken Beines, fortdauerte, und zwar bis zum nächsten »Wunder« am 17. Mai 1925. Als zweifelhaft erscheinen die Dinge auch aus einer anderen Überlegung: Falls durch ein Rosenblatt eine tiefe Wunde am linken Fuß urplötzlich zum Verschwinden gebracht wurde, warum haben Therese Neumann und ihre Angehörigen nicht dasselbe wirksame Heilverfahren auch bei den übrigen Aufliegewunden angewandt?

Ebenso ausgeschlossen ist die Behauptung, der behandelnde Arzt habe von einer Amputation des Fußes gesprochen. Dr. Seidl kommentiert die Berichte über die plötzlichen Heilungen:

»Man liest in den verschiedenen mit den Konnersreuther Ereignissen sich befassenden Abhandlungen über die plötzliche Heilung einer Eiterwunde des linken Fußes über Nacht durch Einlage von Rosenblättern, welche am Grabe der hl. Therese berührt und dort geweiht worden waren, in den Verband, ebenso von der plötzlichen Heilung eines Decubital-Geschwürs am Rücken zu gleicher Zeit mit der Heilung der Lähmungen. Ich kann darüber leider kein Urteil abgeben, da ich unmittelbar vor dem Zustandekommen der Heilung die Decubital-Geschwüre nicht gesehen habe, und andererseits bei meinem ersten Besuche nach der Heilung auf das plötzliche Verschwinden

31

derselben nicht aufmerksam gemacht wurde, so daß eine sofortige Nachuntersuchung unterblieb.«[56]

Wie hätte der Arzt ohne eingehende Untersuchung von einer vorzunehmenden Amputation des Fußes sprechen können?

Am 17. Mai sollen die übrigen Aufliegewunden plötzlich verheilt sein. Abgesehen von den Angaben der Familie Neumann gibt es auch hierfür keine Bestätigung. Waren überhaupt Wundstellen vorhanden? In einem Brief vom 16. Juni 1925 schildert Therese ihre »Wunderheilungen«. Mit keinem Wort ist hier die Rede von Wundbrand, sondern lediglich von einem Hals- und »Rückenmarkleiden«. Desgleichen ist kein Hinweis zu finden auf das Verschwinden der angeblich so gefahrdrohenden Wundstelle am Fuß. Therese schildert lediglich:

»Meine Knorbeln im Rücken sind jetzt ganz grad; auch das Bein ist jetzt grad, bloß ein bißchen kürzer. Wie's mir was streckte, wurde mir gar nicht inne. Aber meine lb. Mutter und die ehrw. Schwester sahen's, wie es sich in der Std. streckt. [...] In einigen Tagen kam H. Dr. Seidl, der nur so staunte. Er untersuchte mich ganz gründlich und fand, daß mein Rückenmarkleiden ganz geheilt sei. Aber ganz gesund bin ich noch nicht, weißt, das andere Leiden, das vom Blut herkommt, ist mir geblieben. [...] Denk nur, die Krämpfe und die Lähmungen sind Gott sei Dank ganz verschwunden.«

Hier sagt Therese Neumann nicht die Wahrheit. Dr. Seidl hat bei seinem ersten Besuch nach der Heilung keine Untersuchung vorgenommen. Er kann über die Heilung des Rückenmarksleidens nicht gestaunt haben, weil das Gebrechen nie vorhanden war. Wie Dr. Steiner erwähnt, hat Dr. Seidl im April 1925 von einer etwa notwendig werdenden Amputation gesprochen. Wie konnte man nur dem Arzt die Erteilung eines derart schauderhaften Rates andichten?

Sechs Jahre später mußte Therese Neumann angeblich wieder die Beschwerden des Wundbrandes erdulden: »Die ganze siebenwöchige Fastenzeit mußte sie Tag für Tag unbeweglich auf einem Fleck liegen. So kam es, daß sie sich stark auflag.« Die Mutter behandelte die Wundstellen wie früher mit Hühnerfett[57], aber von einer wunderbaren Heilung ist diesmal nicht die Rede. Dabei wäre nichts näher gelegen, als daß man es genauso gemacht hätte wie früher, da ein Rosenblatt wunderbare Hilfe brachte. Ohne Zweifel lag gar kein Wundbrand vor; so rasch bilden sich nicht Aufliegewunden, zumal Therese Neumann bestimmt nicht Tag für Tag unbeweglich liegenblieb.

Hätte die siebenwöchige Krankheit im Jahr 1931 Wundbrand zur Folge gehabt, dann müßte das gleiche für das Jahr 1927 zutreffen, als Therese angeblich in einer ähnlichen Lage war, jedoch ohne dieselben Folgen. Spirago berichtet, Therese habe in der Fastenzeit dieses Jahres ein schweres Sühneleiden erduldet:

»Da war sie am ganzen Leib angeschwollen, so daß man meinte, sie hätte die Wassersucht. Sieben Wochen lang mußte sie auf einem und demselben Fleck liegen bleiben und konnte sich auf ihrem Lager gar nicht bewegen. Nicht einmal das Kreuz machen konnte sie, wenn sie die hl. Kommunion empfing. Sonderbarerweise konnte sie aber, sobald die Freitags-Ekstase kam, die Hände bewegen und sie nach dem Heiland, den sie vor sich sah, ausstrecken.«[58]

Blindheit
Vier Jahre hindurch soll die Kranke völlig blind gewesen sein. Handelte es sich um eine organische Erblindung der Augen? Allein schon die Schilderung dieses Leidens, die auf Therese Neumann und ihre nähere Umgebung zurückgeht, spricht dagegen. Ganz eindeutig wird das Gerede von einer organischen Erkrankung durch das ärztliche Urteil widerlegt. Aus den Berichten geht hervor, daß die Sehkraft der Augen allmählich geschwunden war. Das beginnende Leiden kündigte sich bereits im Sommer 1918 durch »Flimmern vor den Augen« an. Später vermochte Therese nicht mehr zu lesen; dann erkannte sie die Gegenstände nur mehr unklar; im März 1919 trat, wie es heißt, nach einem heftigen epileptischen Anfall vollständige Blindheit ein. Aber auch jetzt handelte es sich nicht um eine Totalerblindung. Im Bericht vom 15. Dezember 1921 schreibt Dr. Seidl: »Die Blindheit besteht noch, nur gibt Therese Neumann an, daß sie beim Schauen in das Licht mit dem rechten Auge eine ganz schwache Lichtempfindung habe.«[59] Überdies beruft sich Dr. Ewald auf eine »zuverlässige Kollegenquelle« – es handelt sich um Dr. Seidl –, woraus hervorgeht, daß Therese eines Tages ihrem kleinen Bruder etwas Unrechtes verwiesen habe, worauf dieser erstaunt eingewandt habe: »Aber du kannst das doch gar nicht sehen.«[60]

Dr. Seidl versuchte zwar wiederholt, die Augen zu untersuchen, aber es gelang ihm nicht: »Augenspiegeln war unmöglich, da sich beim Versuch zu spiegeln sofort heftige Zuckungen am ganzen Körper mit Bewußtseinstrübungen einstellten.« Alle zu verschiedenen Zeiten unternommenen Versuche scheiterten; immer, wenn ein Lichtstrahl in das Auge traf, setzten »epileptische Krämpfe« ein. Das Gutachten der behandelnden Ärzte konstatiert, daß die Augen der Patientin damals »jeden Einfall des Lichtes mit einer Verengung der Pupille beantworteten, genauso, wie jedes gesunde Auge tut«. Es handelt sich demnach lediglich um eine hysterische Blindheit, wie man sie nach Dr. Deutsch gar nicht so selten antrifft. Dr. Seidl hat, wie er wiederholt versicherte, die Blindheit von Anfang an als eine hysterische aufgefaßt; eine Pupillenstarre, von der die Konnersreuther Schriften reden, wurde, wie wir gesehen haben, nie beobachtet. Auch das Gutachten für die landwirtschaftliche Berufsgenossenschaft vom 27. Februar 1920 lautet: »Schwerste Hysterie mit Blindheit und teilweiser Lähmung.«

Am 27. Mai 1923 schrieb Therese Neumann einen Brief an eine ehemalige Lehrerin in Konnersreuth. Darin erwähnt sie, ein Jahr zuvor habe Dr. Seidl zu ihrer Tante gesagt: »Mit den Augen ist alle Hoffnung dahin. Die Sehnen sind tot; da müßte ein Wunder geschehen, wenn sie wieder gesund werden sollte.«[61] – Daß sich Dr. Seidl so geäußert hat, ist offenkundig unwahr; er hätte sonst nicht den Vater damit trösten können, »daß es sich um eine *nervöse* Erblindung handle, die wieder zurückgehen werde«.[62]

In diesem Zusammenhang muß auch auf die Behauptung hingewiesen werden, Therese sei im Zustand der sogenannten gehobenen Ruhe während der Ekstasen völlig blind gewesen; Versuche, die unternommen wurden, hätten zweifelsfrei erwiesen, daß sie nicht das Geringste sehen konnte.[63] Blindheit während der Freitagsekstasen bezeugt in der Tat P. Gemelli in seinem Gutachten vom 26. Mai 1928; er spricht von einer »vollständigen Amaurosis«, von einer »Gefühl- und Schmerzunempfindlichkeit der Gesichtshaut, sowohl als des Halses und der Oberlider«; nur darauf hatte er sich bei seiner Untersuchung beschränkt. P. Gemelli spricht in diesem Zusammenhang von einer »auffallenden, ja erschütternden Ähnlichkeit« mit Erscheinungen im Trancezustand bei spiritistischen Sitzungen.[64] – Während der Ekstasen lag also keine organische Blindheit vor. War es früher eine solche?

Wie Lama bemerkt, blieb Therese Neumann auch im Zustand der »Eingenommenheit« nach Beendigung der Freitagspassion blind. Da brachte man ihr an einem Freitagnachmittag einen Käfig mit zwei Wellensittichen, die schon längst erwartet worden waren. Als die Mutter von den Vögeln sprach, forderte Therese voll Ungeduld: »Bring sie nur gleich her!« Sie hatte aber vergessen, daß sie nichts zu sehen vermochte. Erst als der Käfig vor ihrem Bett stand, dachte sie daran. Nun mußte der Heiland helfen. Wie ein Kind bettelte sie: »Heiland, geh, laß mich doch die kleinen Vögerln ein wenig sehen! Nur ein klein wenig möchte ich sie sehen. Heiland, sei so gut!« Und wirklich, Therese durfte die Vögel sehen. Als die Tiere wieder fortgebracht worden waren, war Therese blind wie zuvor.[65]

Einen sehr lehrreichen Fall von hysterischer Blindheit beschreibt Dr. Stern folgendermaßen: »So sah ich einen im Feld nach Schreck und leichter Hornhautverletzung blind gewordenen Mann, der jahrelang in einer Blindenanstalt bei hysterischem Gesamtverhalten wie ein wirklich Blinder sich benahm und alle schauspielerischen Verhaltensstörungen vermissen ließ; er wurde von mir in Hypnose mit galvanischem Lichtblitz und entsprechender Suggestion geheilt.«[66]

Den Berichten gemäß geschah am 29. April 1923 in Konnersreuth das erste Wunder; Therese Neumann konnte plötzlich wieder sehen. Am 27. Mai 1923 schrieb sie in einem Brief: »Sonntag früh, den 29. April, machte ich die Augen wieder ein wenig auf [...]; auf einmal, als ich die Augen öffnete, meinte ich, ich träumte. Vor meinen Augen war alles hell.«[67]

Pfarrer Witt sagt: »Sie konnte sehen, ohne daß es angekündigt worden war.«[68] In den Tagen vor dem wunderbaren Ereignis litt Therese unter »heftigen und schmerzhaften« Magenbeschwerden. Sie hatte »rasende Schmerzen, Brech- und Würgreiz bis zur Atemnot und drohendem Ersticken«. Der Zustand verschlimmerte sich immer mehr; man glaubte, »jetzt werde sie sterben«. Da plötzlich stöhnte sie laut auf, griff nach einem Kübel und erbrach »eine beträchtliche Menge braunen Mageninhalts«, der aussah, »als wenn Blut und Eiter gemischt gewesen wären«; das Erbrochene hatte einen »stark stinkenden Verwesungsgeruch«. Am 25. April machte Dr. Seidl einen Krankenbesuch im Neumannhaus. Dort schilderte man ihm, was Therese in den vergangenen Tagen hatte durchmachen müssen. Der Arzt untersuchte die Patientin »und stellte ein Magengeschwür fest«. »Am 28. April besuchte Dr. Seidl wieder seine Patientin in Konnersreuth. Er erklärte, er habe jetzt ein besonderes Mittel für die Augen, das wolle er an Therese probieren. Das Rezept, das er hinterließ, konnte aber an diesem Tage nicht nach Waldsassen zur Apotheke gebracht werden.« Am Sonntag, dem 29. April, fuhr der Vater Ferdinand Neumann nach Neustadt an der Waldnaab. Um 6 Uhr verabschiedete er sich von seiner Tochter, die »wegen ihrer Blindheit nichts von ihm sehen« konnte.

Kurz nach seinem Weggang hatte die schlafende Patientin den Eindruck, »als wenn an ihrem Kopfkissen etwas gemacht würde«. Sie wachte auf und konnte wieder sehen. Alsbald schickte die Mutter ihre Tochter Ottilie nach Waldsassen, um der Patin der Geheilten die frohe Kunde von der wunderbaren Heilung zu tun; »dabei fiel ihr ein, daß sie auch gleich die verordnete Augenarznei machen lassen und mitbringen könnte«. Am Tag darauf machte Dr. Seidl, »der schon von der Heilung der Blindheit vernommen hatte«, einen Besuch im Neumannhaus. Er war der Meinung, »die Heilung werde die Wirkung der jüngst verschriebenen Arznei gewesen sein«. Als man ihm aber sagte, »daß diese erst nach der Heilung angefertigt worden war«, fragte er Therese, wie sie glaube, die Rückkehr der Sehfähigkeit wiedererlangt zu haben. Die Antwort kam von der Mutter: am 29. April sei »die kleine Therese vom Kinde Jesu seliggesprochen worden«, diese habe wohl geholfen.[69] Dorsaz schreibt, Therese selber sei es gewesen, die dem Arzt gegenüber jene Vermutung ausgesprochen habe, die Heilung könne vielleicht mit der Seligsprechung Theresias zusammenhängen.[70]

Eine wunderbare Heilung? Ganz bestimmt nicht. Ohne Zweifel ist die Behauptung, Dr. Seidl habe ein Magengeschwür diagnostiziert, eine der vielen Neumannfabeln. Es trifft aber zu, daß Ottilie Neumann die Augentropfen Scopolamin 0,01/10,0 nach Hause brachte. Daß dieses Medikament nicht fähig ist, eine organische Blindheit zu heilen, wußte Dr. Seidl selbstverständlich auch. Es war ihm von Anfang an klar, daß Thereses Blindheit eine hysterische war; ebenso sicher war er sich, daß sie eines Tages wieder verschwinden würde. Warum hat er die Augentropfen verschrieben? Er wollte ein Experiment machen. Mit der Versicherung, er besitze ein »besonderes Mittel für die Augen«, wollte er suggestiv auf Therese einwirken. Das Experiment war mit Erfolg gekrönt. Diesen vergönnte die Patientin freilich nicht dem ungeliebten Arzt; darum schrieb sie ihn der seligen Theresia zu.

Ferdinand Neumann ist, wie erwähnt, am 29. April 1923 nach Neustadt an der Waldnaab gefahren. Er begab sich dort zu dem Naturheilkundigen Friedrich Heinzl, um eine Teemischung zu holen. »Da die Schulmedizin nichts erreichte«, wandten sich die Eltern Thereses – vor allem in den Jahren 1922 bis 1924 – an Heinzl, »der auf Grund des ihm überbrachten Urins seinen Patienten verschiedene Tees und Teemischungen verordnete und in der Gegend ein großes Vertrauen genoß«. »Meist war es die Mutter, die zu ihm nach Neustadt fuhr, ihm den Urin brachte und die verschiedenen Tees mit zurücknahm.« Wie sie Gerlich erzählte, war sie ungefähr 52mal bei Heinzl. Die Neumannfamilie hat noch bei einem zweiten Heilkundigen Hilfe gesucht. Dieser lebte in Hamburg und behauptete, er vermöge »aus den Haaren die Krankheiten der Menschen zu erkennen«. Ein Matrose, der zu Besuch in Konnersreuth weilte, nahm Haare der Therese Neumann zu dem Heilkundigen mit, »der daraufhin einen schlimmen Ausgang voraussagte«. Von diesen Dingen hat verständlicherweise die Neumannfamilie dem Chefarzt von Waldsassen nichts verraten.[71]

Lähmungserscheinungen
Was ein Mitglied des Konnersreuther Kreises, Pfarrer Leopold Witt, über das Aufhören der Lähmungserscheinungen aussagt, das gilt für alle »wunderbaren Heilungen«: Es fehlt jede, aber auch jede Voraussetzung für die Annahme eines Wunders. Witt meint, man könne von einem »eigentlichen Wunder« nicht sprechen »mangels der notwendigen ärztlichen Unterlagen«. Er beruft sich auf den »überzeugenden Befund der beiden behandelnden Ärzte« und gesteht, von einer »eigentlichen Lähmung könne man nicht sprechen«.[72] Ebensowenig kann man eine wunderbare Heilung annehmen. Dafür genügt Therese Neumann selbst als Zeugin. Aus ihrem Gespräch mit Pfarrer Witt geht hervor, daß sie am 17. Mai 1925 nach längerer Zeit wieder zu gehen vermochte. Um diese Zeit hat ihr »die Stimme« das Ende der Lähmungserscheinungen angekündigt. Auf die Aufforderung des herbeigeholten Pfarrers von Konnersreuth hin verließ Therese das Bett und ging ein paar Schritte im Zimmer umher; doch mußte sie sich an den Möbeln des Zimmers festhalten. Vier Wochen noch hielt sie sich nur auf ihrem Zimmer auf. Erst am 11. Juni führte sie der Vater in die Kirche. Doch bereits nach zehn Minuten mußte er die Tochter wieder zurückbringen, weil sie »schwach zu werden begann«. Es vergingen dreieinhalb Monate, bis sie ohne fremde Hilfe gehen konnte. »Dann aber«, erklärte sie, »bin ich aufgestanden und habe das Gehen probiert. Meinen Stock, auf den ich mich bisher so fleißig gestützt hatte, ließ ich verächtlich in der Ecke lehnen. Vorher hatte ich allein nicht über die Stube gehen können. Ich hatte mich immer an den Möbeln anhalten müssen. Jetzt aber ging ich gut eine Viertelstunde frei in der Stube herum.«[73]

Hören wir, wie Pfarrer Naber die Wunder schildert. Im Jahr 1926 kommt er dreimal darauf zu sprechen. Am 15. April und 14. Mai sagt er gleichlautend: Am 17. Mai 1925 wurde er zu Therese gerufen, »weil man nicht wisse, was sie habe«. Sie befand sich in Verzückung. Nachdem ihr »außerordentlicher Zustand verschwunden war«, fragte er sie, »wo sie denn jetzt gewesen sei«. »Statt einer Antwort auf die Frage ›erklärte sie mit verblüffender Sicherheit‹, sie könne jetzt aufstehen und gehen«.[74] Im Bericht vom 4. August 1926 an den Bischof von Regensburg drückt sich Naber etwas anders aus: Nach dem Aufhören des »außerordentlichen Zustandes« erzählte ihm Therese, ihr sei wieder das »wunderbare Licht erschienen und dieselbe freundliche Stimme wie früher habe ihr gesagt, [...] sie werde heute eine Erleichterung finden«. Sie fragte den Pfarrer, »was das wohl für eine Erleichterung sein werde, da sie in ihrem körperlichen Befinden eine solche nicht verspüre«. Naber antwortete so ganz obenhin: »Nun, vielleicht kannst du gehen.« Nach diesen Worten ging er in den Pfarrhof zurück. Erst nachdem sich der Pfarrer entfernt hatte, »stand die Kranke auf und, da sie merkte, daß sie gehen könne, zog sie sich an und ging in Kirche und Pfarrhof«.[75] Die Berichte Nabers stimmen nicht überein. Wieder anders schildert die Vorgänge Gerlich, der beispielsweise sagt, Therese habe während ihrer Ekstase nach dem Pfarrer gerufen, den man dann auch geholt habe.[76] Am bemerkenswertesten ist die Angabe Nabers vom 4. August 1926, derzufolge er es war, der auf die Möglichkeit hinwies, daß die Patientin zu gehen vermöge.

Am 16. Juni 1925, also fünf Tage, nachdem Therese angeblich zum erstenmal ihr Zimmer verlassen konnte, begann sie einen Brief an eine Klosterfrau, eine ehemalige Schulkameradin. Unter anderem ist in dem Brief zu lesen:

»Ich kann jetzt sitzen und auch gehen. [...] Ja, jeden Tag geh ich mit Frl. Lehrerin in Gottes schöner Natur spazieren; meist bin ich im Pfarrgarten. Zur Zeit gehe ich mit Meßner Anna (Schw. Xaveria) von Altötting. [...] In die Kirche gehen wir auch jeden Nachmittag. Früh ist's mir zu kalt; und unter die Leute gehe ich nicht gern. Die Sonntage gehe ich ins hl. Amt, da geh ich bloß hinter den Altar. Kommunizieren tu ich immer noch daheim, weil ich ohne Wasser noch nicht schlucken kann, ja die ganze hl. Hostie kann ich auch nicht schlucken; bloß die Hälfte. [...] Ja, jetzt in der Heuernte spüle ich immer ab und räume unten auch die Stube auf. Weißt, so kleine Arbeiten kann ich schon machen. Dann geh ich spazieren in Gottes schöner Natur. [...] Die vielen Freuden in der Natur! Hatte doch schon so viele Freude, wenn Ihr mir Blumen brachtet; und jetzt denk nur, kann ich's selber pflücken.«[77]

So schreibt Therese um die Mitte des Monats Juni 1925. Zwei Jahre später hat sie Fritz Gerlich erzählt, am 14. Juni, am Sonntag nach dem Fronleichnamsfest, sei sie für den Besuch des Gottesdienstes in der Kirche noch zu schwach gewesen: »Wegen der Schwäche konnte sie in der elterlichen Wirtschaft nicht mitarbeiten, ja, sie bedurfte in den folgenden Monaten auch beim Gehen im Haus noch immer eines Stockes als Stütze und sie mußte sich an den Möbeln und Wänden halten. Sie mochte aber auch nicht müßig herumsitzen. Deshalb beschäftigte sie sich sehr viel mit Stricken.«[78]

Vom 30. September 1925 an vermochte Therese, beim Gehen auf ihren Stock zu verzichten. An diesem Tage soll die hl. Theresia der Kranken verkündet haben, »sie werde von jetzt an ohne fremde Hilfe gehen können.« »Sobald sie sich des Sinnes dieser Mitteilung bewußt war, stand sie auf [...] und ging in ihrer Freude eine Viertelstunde frei im Zimmer herum. Als es in der Kirche zum Gebet läutete, ging sie zu den erstaunten Eltern in das Erdgeschoß hinab und von dort in die Kirche.«[79] Bei der eidlichen Vernehmung am 13. Januar 1953 in Eichstätt wurde Therese über die außerordentlichen Erscheinungen in der Zeit ihres Krankenlagers ausgefragt. Seltsamerweise zählt sie hier nur drei »wunderbare Ereignisse« auf: die Heilung von der Blindheit, die Heilung von der »Rückgratverrenkung« am 17. Mai 1925 und die Heilung von der Blinddarmentzündung am 13. November 1925. »Sonstige auffallende Ereignisse oder Erscheinungen«, versichert sie, »sind nicht in meiner Erinnerung.«[80] Sie weiß also nichts mehr von der wunderbaren Hilfe am 30. September 1925! Das ist auch nur zu verständlich. Ein Kranker, der vier Wochen nach einer »wunderbaren« Heilung imstande ist, zumindest leichtere Arbeiten zu verrichten, und der regelmäßig spazierengehen kann, braucht nicht nach weiteren dreieinhalb Monaten eine überirdische Verheißung, daß er von nun an auf fremde Hilfe verzichten könne, weil er das bereits vorher konnte.

Weitere Heilungen
Nur Gerlich – kein Arzt – weiß von einer weiteren wunderbaren Heilung zu berichten. Bei Therese soll sich unterhalb des Zwerchfells ein Abszeß gebildet haben. Was Gerlich darüber schreibt, vor allem über den Durchbruch des Abszesses in den Magen und über die nachfolgende Heilung, klingt phantastisch. Dr. Deutsch schreibt dazu: Von einer Heilung auf die von Gerlich geschilderte Weise könne keine Rede sein; es könne sich auch gar nicht um einen subphrenischen Abszeß gehandelt haben: »Gerlich wird in der ganzen medizinischen Literatur keinen derartigen Fall finden.«[81]

Die ersten »wunderbaren« Heilungen erfolgten ganz überraschend; dann aber wurden sie vorher angekündigt. So geschah es am 13. November 1925, als Therese plötzlich von einer schweren Blinddarmentzündung befreit wurde. Sie hatte seit dem 7. November derart rasende Schmerzen, daß sie sich »wie ein Wurm vor Schmerz im Bette wand«. Drei Tage vermochte sie vor Erschöpfung die Augen nicht mehr zu öffnen. Dr. Seidl ordnete die sofortige Einlieferung ins Krankenhaus von Waldsassen an. Kaum hatte sich der Arzt entfernt, da erschien die hl. Theresia und verkündete wunderbare Hilfe. Sofort war die Kranke »gesund und schmerz- und fieberfrei«. In der folgenden Nacht »ging der Eiter auf natürlichem Wege ab«.[82] – Lag wirklich eine Blinddarmentzündung vor? Schon allein die Angabe, daß man trotz furchtbarer Schmerzen tagelang zugewartet haben will, bis man einen Arzt rief, läßt die Angaben als recht zweifelhaft erscheinen; zudem hält sich jemand, der an Appendizitis erkrankt ist, peinlich still und windet sich nicht wie ein Wurm. Aus dem veröffentlichten Material folgert Dr. Deutsch, daß eine Blinddarmentzündung – eine organische Krankheit – nicht vorlag. Vielmehr handelte es sich um eine hysterische Blinddarmentzündung mit den gleichen Symptomen, wie sie sich bei einer echten Appendizitis zeigen. Außerdem wäre die Entleerung eines Blinddarmabszesses durch den Darm durchaus nichts Wunderbares.[83]

Gerlich schreibt, Therese Neumann habe einige Zeit nach der plötzlichen Heilung Schleim und ein häutiges Stückchen ausgeschieden. Dem behandelnden Arzt Dr. Seidl hat darüber niemand etwas verraten. Er erfuhr erst später davon, und zwar von anderer

Seite, nicht durch die Familie Neumann.[84] Als sich Boniface in Konnersreuth seine Informationen holte, hat man ihn offensichtlich falsch unterrichtet. Er schreibt:

»Selbstverständlich hatte der Vater Dr. Seidl sofort über das Vorgefallene benachrichtigt; am anderen Morgen, als er ihm seine Tochter in die Sprechstunde brachte, teilte er ihm mit, daß er zur eingehenden Prüfung den mit Blut vermischten Eiter, sowie eine Art Häutchen aufbewahrt habe, die die Patientin im Laufe der Nacht auf natürlichem Wege in ein Waschbecken ausgestoßen hatte.«[85]

Gerlich zählt folgende Krankheiten und Gebrechen auf, von denen Therese Neumann mehr oder minder wunderbar geheilt worden sein will: Subphrenischer Abszeß, Blindheit, Druckbrand am Fuß, Rückgratverrenkung, Aufliegewunden am Rücken, Lähmung, Blinddarmentzündung.[86] Das sind lange nicht alle »Wunderheilungen«. So nennt Boniface, um nur noch ein »Wunder« anzufügen, eine doppelseitige Lungenentzündung, die am 19. November 1926 Therese in den Todeskampf führte: »Der in aller Eile herbeigerufene Arzt bestätigte, es sei das Ende, es sei nichts mehr zu machen.«[87] Natürlich stammt auch dieses Urteil nicht von einem Arzt, sondern ist lediglich eine Diagnose des Neumannkreises. Therese wurde, wie nicht anders zu erwarten war, augenblicklich aus der Todesnot errettet. Auch von den übrigen Krankheiten versichert Boniface: »Alle Heilungen waren endgültig, d.h. keines der verschwundenen Krankheitsmerkmale stellte sich jemals wieder ein.«[88]

Mit dieser Feststellung stimmen auch die übrigen Biographen überein. Warum aber, so fragt man sich, hat dann Therese ihre frühere robuste Gesundheit und Arbeitsfähigkeit nicht zurückerhalten? Gerlich beispielsweise berichtet, daß sie, außer zum Stricken, zu keiner Arbeit fähig gewesen sei. Allerdings übertreibt er in gewohnter Weise, denn wir wissen ja, daß Therese Neumann zu allen möglichen Beschäftigungen fähig war, falls sie Lust dazu verspürte.

Wenn aber schon von einer wunderbaren Heilung die Rede sein soll, dann müßten nach Beseitigung der Ursachen auch die Folgen verschwunden sein. Dr. Mittendorfer erkennt noch 1943 die Folgen der angeblichen Wirbelluxation. Die Biographen, wie Boniface und Gerlich, sagen: Alle Heilungen waren endgültig. Im Mai 1932 wiederum informiert Therese Dr. Witry in entgegengesetztem Sinne: »Sehen Sie, Herr Doktor, seit meinem Unfall beim Brand muß ich mein Bett so ordnen, daß ich beim Liegen einen hohlen Platz für mein Kreuz habe.«[89] Der Arzt hätte daraufhin Therese genauer untersuchen müssen; er hätte sich auch zeigen lassen sollen, wie sie ihr Bett entsprechend hergerichtet hat. Ebenso ist die Frage berechtigt, wie sich Therese geholfen hat in der Zeit, da sie nicht in Konnersreuth weilte, und wie sie die wiederholten und in entfernte Gegenden führenden Autofahrten auszuhalten vermochte. Erstaunlich ist, daß in diesem Zusammenhang nie die Rede davon ist, daß sie auch nur die leisesten Schmerzen verspürt hat. Und auch während der Beobachtungszeit im Jahre 1927 benötigte sie keinen hohlen Platz für ihr Rückgrat.

Weitere Erkrankungen

Die erwähnten vielfachen Leiden der Therese Neumann umfassen bei weitem nicht das ganze Krankheitsregister. Nur einige wenige Gebrechen aus der Zeit vor der Stigmatisation seien der Einmaligkeit wegen angeführt.

In einem Brief vom 27. Mai 1925 schildert Therese Neumann ihre durch ein »Magengeschwür« verursachten Beschwerden: »Schon seit Weihnachten spürte ich, daß im Magen sich wieder ein Geschwür bildete. Kurz vor Ostern konnte ich wieder ziemlich schlucken, aber Speisen zu mir nehmen konnte ich wegen des Magens nicht. Um die Karwoche wurde ich so schlimm, mein Magengeschwür wurde so groß, daß Herz und Lunge vor lauter Geschwulst nicht mehr funktionierten. Ich bekam kaum mehr Atem. Dieser Zustand dauerte bis zum 25. April. Ich empfing die hl. Sterbesakramente abends, ich war dem Ersticken nahe. Der hochw. Herr Pfarrer meinte, das Geschwür könnte nicht aufgehen, ich aber hatte so viel Qual, daß ich mich kaum mehr auskannte. Auf einmal, erzählte mir meine Mutter, wurde ich ganz steif und blau, ich bekam überhaupt keinen Atem mehr, alle meinten, jetzt kommt's zum Sterben. Da auf einmal ging es auf und das Brechen los. Ich wurde dann etwas leichter, war aber sehr matt. Ich durfte jetzt nur Eis schlucken, auch das Bluten wollte kein Ende nehmen. Im Verstand wurde es wieder leichter, langsam besser [...].« – So lautet die Eigendiagnose. In Wirklichkeit hat ein Magengeschwür mit anderen Geschwüren nichts gemeinsam außer den Namen Geschwür. Beim Magengeschwür handelt es sich um einen Defekt in der Magenwand, in welchem Bereich sich der Magen gleichsam selbst verdaut. Von Eiterbildung ist dabei keine Rede.[90]

Aufgrund einer weiteren Eigendiagnose stellt Therese im Jahre 1924 »ein Geschwür im Kopf« fest. Blut und Eiter flossen aus dem einen Ohr und aus beiden Augen; die Patientin leidet furchtbare Qualen. »Heute noch«, so schrieb sie zehn Monate später, »sieht man auf beiden Händen die Masen, wo ich vor lauter Qual aufkratzte. Auch raufte ich mir ganz die Haare aus.« In der Karwoche desselben Jahres biß sie sich die Zunge fast ganz durch; daraufhin vermochte sie der entstandenen Geschwulst wegen nicht mehr zu sprechen. – Schließlich bildete sich in ihrem Kopf ein Geschwür, aus dem später nicht weniger als ein viertel Liter Eiter abfloß. Das Geschwür wiederholte sich. Wo sich die Geschwüre im Kopf gebildet hatten, zeigen die Angaben der Patientin: Vom Geschwür aus flossen Blut und Eiter gleichzeitig durch die Augen und durch ein Ohr ab.[91] – Therese Neumann muß eine robuste Natur gehabt haben, daß sie so etwas überstand!

Im Jahr 1924 litt Therese Neumann an einem Geschwür im rechten Ohr. »Es zeigte sich durch das Auftreten rasender Schmerzen, Sausen und Stechen an. Schließlich floß Eiter und Blut aus dem äußeren Gehörgang. Die Hörfähigkeit war aufgehoben, dabei bestand das Gefühl, wie wenn eine Fliege im Ohr herumflattert. Im linken Ohr trat ein Schmerz mit Sausen auf, die Hörfähigkeit blieb erhalten.«[92]

Wie Therese Neumann Fritz Gerlich erzählte, hatte sie während ihres mehrjährigen

Krankenlagers drei bis vier Halsgeschwüre. Diese traten nur in den Jahren 1923 und 1924 auf, also nach dem Verschwinden der Blindheit. Über das gefährlichste der Halsgeschwüre machte Therese Fritz Gerlich gegenüber genauere Angaben. Es trat im Juni/Juli 1924 auf. »Das Geschwür, das ihr rasende Schmerzen bereitete, vergrößerte sich so, daß sie Atembeschwerden bekam und nicht mehr sprechen konnte. Die Eltern sagen, der Hals sei zusammengeschwollen gewesen. Die Atemnot steigerte sich schließlich derart, daß Erstickungsanfälle auftraten, bei denen sie sich im Gesicht blau verfärbte. In dem einen als besonders gefährlich bezeichneten Falle riefen die Eltern noch nachts den Pfarrer, damit er sie mit den Sterbesakramenten versehe, weil sie fürchteten, ihre Tochter würde ersticken. Sie habe immer krampfhaft am Bett gekratzt. Der Pfarrer riet, sie aufzurichten. Als das geschehen war, brach das Geschwür auf. Sie sprach plötzlich stöhnend, daß es jetzt unten sei. Der Inhalt entleerte sich also in den Magen und wurde von ihr dann unter großen Schmerzen ausgebrochen. Die Erstickungsgefahr war gewichen, aber etwas über ein Vierteljahr hindurch konnte sie nur mittels eines Strohhalmes Flüssigkeit aufnehmen.«[93]

Ausnehmend häufig stellten sich bei Therese Neumann während ihrer Bettlägerigkeit »Geschwüre unter der linken Achsel« ein. Sie erschienen »neben- und kurz hintereinander«. Während eines sich schloß, brach ein anderes auf; »im ganzen sind es elf gewesen«. Merkwürdigerweise pflegten die Achselgeschwüre »erst nach anderen Geschwüren« aufzutreten, namentlich nach »Magen- und Halsgeschwüren«. Das letzte Achselgeschwür »ist verhärtet«; es wurde noch im Jahre 1929 »gespürt«.[94]

3. Erkrankungen nach der Stigmatisation

Die Reihe der Krankheiten, unter denen Therese Neumann zu leiden hatte, setzte sich auch nach ihrer Stigmatisation fort. Es handelte sich dabei um Krankheitsbilder, die sich nicht auf eine ärztliche Diagnose stützen konnten; sie entstammten allein ihren eigenen Angaben.

Ennemond Boniface schreibt im Jahr 1958, vom 13. November 1925 an sei Therese Neumann »krankheitsfrei« geblieben, »ausgenommen eine doppelseitige Lungenentzündung«, die man »wohl nicht als hysterisches Leiden« bezeichnen könne. Seit der Heilung dieser Lungenentzündung – am 19. November 1926 – soll sich, »ausgenommen einige Schnupfen und Grippen«, nicht mehr »die geringste Erkrankung« eingestellt haben.[95] Das schreibt Boniface, der viermal nach Konnersreuth gefahren ist, um sich informieren zu lassen, und dessen Buch, wie es auf dem Umschlag heißt, von der Neumann-Familie und von Pfarrer Naber anerkennend beurteilt wurde.

Im Gegensatz zu Boniface wissen andere Autoren von einer Fülle von Krankheiten zu berichten, die Therese Neumann Jahr für Jahr durchzumachen hatte, allerdings ohne weitere schlimme Folgen, wobei nicht die Hilfe eines Arztes in Anspruch genommen wurde. Als Dr. Seidl im Frühjahr 1926 Therese Neumann zu heilen versuchte, überfielen sie furchtbare Schmerzen. Als er ihr ein andermal »Mittel gegen Nierenleiden und Bronchitis« verordnete, bestand der Erfolg darin, »daß der Zustand der Kranken schlimmer wurde«.[96]

Es kam wiederholt vor, daß ein Arzt zugegen war, wenn Therese »erkrankte«; aber seine Hilfe wurde nicht in Anspruch genommen; nicht einmal untersuchen durfte er sie. So geschah es im Jahre 1928, als Prof. Martini in Konnersreuth weilte. Therese bekam einen ihrer sich häufig einstellenden »Erstickungsanfälle«. Dr. Martini fragte den Vater der Stigmatisierten, ob er seine Tochter abhören dürfe. Der Vater lehnte schroff ab, indem er bemerkte, das sei viel zu gefährlich, seine Tochter sei schon einmal, als man sie abhorchen wollte, beinahe erstickt. Es kam zu einem erregten Gespräch, an dem sich auch Therese Neumann und Pfarrer Naber beteiligten. Der Vater begründete seine Ablehnung mit der Bemerkung, der Heiland allein könne seiner Tochter helfen. Und siehe da, die Kranke fühlte sich mit einem Schlag vollkommen gesund. Triumphierend sprach Ferdinand Neumann: »Der Heiland hat geholfen.« Eine gefährliche Erkrankung war verschwunden, die gar nicht vorhanden war. Prof. Martini versicherte, bei dem ohne Vorboten aufgetretenen »Erstickungsanfall« seien weder Trachealrasseln und Zynose noch sonstige objektive Zeichen einer Atembehinderung wahrzunehmen gewesen, die Szene habe vielmehr den Eindruck »eines mit ungenügender Kenntnis des Erstickungsvorganges willkürlich produzierten Schaustücks« gemacht.[97] Auch dem anwesenden Prof. Killermann ist aufgefallen, daß kein echter Erstickungsanfall vorlag, da keine bläuliche Verfärbung im Gesicht der Patientin zu erkennen war.[98]

Am 26. Juli 1930 stellte sich »im Laufe des Tages ein schweres Lungenleiden ein, das wiederholt zu Lungenblutungen führte«.[99] Im Jahr 1930 hatte die Stigmatisierte, wie Pfarrer Naber behauptete, »ein Geschwür über der Herzgegend«; das Geschwür brach über Nacht auf, und »der Eiter floß in die Herzgegend« ab. Im März 1931 litt Therese unter »Erscheinungen der Kopfgrippe, in meist sehr schweren Anfällen, die sich täglich bis zu siebenmal wiederholten«. Dann war sie einige Tage rechtsseitig gelähmt, war auf dem rechten Ohr taub und vermochte kaum noch die Zunge zu bewegen, so daß das Sprechen sehr schwer fiel. In der Adventszeit 1931 litt sie unter »Erscheinungen der Kopfgrippe in meist sehr schweren Anfällen, die sich täglich bis siebenmal wiederholten«.[100]

Als der Prager Erzbischof Karol Kaspar am 23. März 1929 in Konnersreuth eintraf, war Therese schwer krank. Er sagt: »Zur Zeit ist sie schon seit vierzehn Tagen ans Bett gefesselt, da sie gerade eine Lungenentzündung und einen Gelenkrheumatismus durchzumachen hat.« Kaspar stellte aber auch fest: »Resl sah frisch aus; obwohl sie, wie sie erzählte, viel litt und gerade drei schwere Krankheiten durchgemacht hatte, war ihr kein Unwohlsein anzumerken.« Auch der zur selben Zeit anwesende Regensburger Generalvikar konnte keine Zeichen einer schweren Erkrankung bemerken.[101]

Es gibt kaum eine Krankheit, die den Berichten gemäß Therese Neumann durchzumachen hatte, die von einem Arzt einwandfrei nachgewiesen worden wäre. Weder die Patientin selber noch ihre Eltern noch Pfarrer Naber gestatteten eine medizinische Untersuchung. »Seit langen Jahren«, so schreibt Dr. Deutsch im Jahre 1938, »hat kein Arzt die Therese Neumann untersuchen dürfen, ja den einfachsten Beobachtungen werden die denkbar größten Schwierigkeiten gemacht.«[102] Wirklich kranke Menschen sehnen sich nach der Hilfe eines Arztes, Simulanten fürchten ihn.

4. Verheißung: »Kein Arzt kann dir helfen«

Wie Therese Neumann versicherte, hat am 17. Mai 1925 die hl. Theresia von Lisieux zu ihr gesagt: »Kein Arzt kann dir helfen.«[103] Im Vertrauen auf diese Worte, so liest man in den Konnersreuth-Schriften, habe man keinen Arzt zugezogen, wenn sie krank wurde. Es trifft zu, daß der Hausarzt der Familie Neumann, Sanitätsrat Dr. Seidl, schon Jahre vor der Stigmatisation Abneigung gegen seine Person zu spüren bekam. Dies hatte seinen Grund in seiner Diagnose: »Schwerste Hysterie«. Es stimmt auch, daß Dr. Seidl die Stigmen Thereses nicht zu heilen vermochte, weil die von ihm angelegten Verbände entfernt wurden, zum Teil mit Hilfe der »heiligen Theresia«.

Auch späterhin, als die Stigmatisierte unter einer Vielzahl von »lebensbedrohenden Krankheiten« heimgesucht wurde, hat man den Arzt nicht verständigt. Nähere Angaben über einzelne Krankheiten stützen sich nicht auf eine ärztliche Diagnose, sondern auf die Angaben der »Erkrankten« oder auf eine »geheimnisvolle Stimme«.

Einen Arzt gibt es allerdings, der zu helfen in der Lage war und dessen Hilfe auch in Anspruch genommen wurde. Es war der Münchener Privatarzt Dr. Mittendorfer. Ottilie Neumann, die ehemalige Haushälterin bei Prof. Wutz in Eichstätt, bezeichnete ihn im Jahre 1942 als »Freund unserer Familie aus München«.[104] Er betreute Therese Neumann in Konnersreuth und in Eichstätt; er, der sich als »Resls Chauffeur« bezeichnete, hat ihr »nie einen Wunsch oder eine Fahrt abgeschlagen«.[105] Als sich der Freiburger Neurologe Dr. Aigner im Mai 1944 in Konnersreuth aufhielt, traf er mit ihm zusammen, der »in den letzten Jahren [...] fast ständiger Gast bei Familie Neumann war«.[106]

Die Rolle, die Dr. Mittendorfer im Leben der Stigmatisierten von Konnersreuth gespielt hat, umschreibt die Bezeichnung »Leibarzt der Resl«. Gegen diesen Ausdruck hat sie sich in ihrem Brief vom 21. März 1950 an Bischof Buchberger gewehrt und versichert: »Ich habe keinen bestimmten Arzt, weil mir ja keiner helfen kann.« Dann fährt sie fort: »Kann ja keine Medizin nehmen.« Daß sie aber doch ärztliche Hilfe in Anspruch genommen hat, gesteht sie mit den Worten: »Wohl fragt man gelegentlich, wenn man krank ist, den Arzt, ohne daß er etwas tut.«[107] Diese Beteuerung zwingt zur Frage: Wann war »man« denn krank? Bei ihren Phantasiekrankheiten hat sie sicherlich keinen Arzt um Rat gefragt. Das gleiche gilt für die verschiedenen »freiwillig übernommenen Leiden«. In beiden Fällen wurde ja schon die einfachste Untersuchung untersagt. Da bleiben also nur wirkliche Krankheiten übrig, bei denen »man« um Rat gefragt hat. Aber es ging dann immer um mehr als einen Rat; der Arzt »tat dann etwas«. Daß man von solchen Dingen nur zufällig erfahren hat, ist verständlich.

Im Sommer 1940 erlitt Therese Neumann in Eichstätt einen »Schlaganfall«. Dr. Mittendorfer, der wie Therese im Hause des damals bereits verstorbenen Prof. Dr. Wutz wohnte, »verordnete vor allem größte Ruhe, außerdem ließ er machen oder machte er selber Umschläge, nämlich Eis in Tücher gewickelt, auf Stirn und Kopf«; auch ließ er Therese »zur Ader«.[108] Dr. Mittendorfer erklärte, in seiner Gegenwart sei Therese am 7., 10. und 13. Juli 1940 »in drei Schüben« von einem »linkshirnigen Schlaganfall, der die ganze Körperseite lähmte«, getroffen worden; der zweite Anfall sei »von einer Lungenembolie begleitet« gewesen.[109] Am 13. Juli kehrte Therese »in einem bemitleidenswerten Zustand« nach Konnersreuth zurück. Mehr als fünf Wochen blieb sie rechtsseitig »vom Auge bis zum Fuß vollständig gelähmt«.[110] Während dieser Zeit kam es wiederholt zu Anfällen und Unfällen. Einmal trat »ein neuer Anfall mit starkem Gallebrechen« auf. Ein andermal fiel sie »schwer auf den Kopf zu Boden«; am 15. August fiel sie »der Länge nach auf das Steinpflaster, mit dem Kopf gerade auf die Seite, auf der im Gehirn beim Schlaganfall die Blutung erfolgt war«. An diesem Tag und schon einige Zeit vorher hielt sich Dr. Mittendorfer in Konnersreuth auf. Da hat er Therese am 13. August noch einmal »geprüft«. Er war zugegen, als sie nach dem Mittagessen visionär den Tod Mariens schaute. Während ihres ekstatischen Zustandes wurde sie plötzlich gesund.[111] So ganz schlimm kann das Leiden der Stigmatisierten nicht gewesen sein. Auch ihre Nichte Theres Härtl wußte davon, daß die Patientin »nur mit einer Hand zugreifen« konnte; aber sie beobachtete auch: »Sie griff aber mit der anderen zu, wenn sie sich nicht beobachtet glaubte.« So schmückte sie den Altar in ihrem Zimmer mit beiden Händen. Die Nichte versichert: »Das habe ich gesehen, als ich einmal in ihr Zimmer kam; Resl ließ dann die eine Hand herunterfallen.«[112] Merkwürdigerweise erwähnt Dr. Mittendorfer in seinem ärztlichen Attest nichts davon, wie er die Patientin medizinisch betreut hat.

Die Stigmatisierte hat versichert, der um Rat gefragte Arzt habe nie »etwas getan«. Dr. Mittendorfer hat doch etwas getan. Einmal hat er ihr, auf ihr ausdrückliches Verlangen hin, Spritzen verabreicht. Als davon der Bischof von Regensburg erfuhr, forderte er Therese auf, Auskunft zu geben. Daraufhin schrieb sie am 21. März 1950 einen längeren Brief, in dem sie öfter als einmal die Unwahrheit gesagt hat. Zu dem Thema »Spritzen« versicherte sie: »Wegen der Spritzen, die ich bekommen soll, wissen wir hier alle nichts. Ich bekomme auch bestimmt keine.« Therese hat gelogen. Dr. Mittendorfer selber hat bestätigt, daß er ihr Spritzen verabreicht hat; er tat dies in seinem Brief vom 19. April 1950: »Dabei möchte ich als Nächstes die Spritzen herausgreifen, die bei Fräulein Therese Neumann in einer schweren, aussichtslosen, mit absoluter Sicherheit zum Tod führenden Erkrankung probiert wurden, deren therapeutische Erfolglosigkeit aber die Richtigkeit dessen bestätigte, was die kleine heilige Theresia ihrem Schützling bestätigte, daß ihr ›kein Arzt helfen könne‹. Die Spritzen nutzten nichts; aber sie führten zur Erkenntnis, daß die Stigmatisierte arzneiresistent, ja giftfest sein müsse.«[113]

Damit hat der Arzt bestätigt, daß Therese den Bischof angelogen hat. Über die Argumentationsweise des Arztes kann man nur den Kopf schütteln: Seine Patientin steht mit absoluter Sicherheit vor dem Tod; sie stirbt aber nicht. Der Arzt stellt fest, daß sie arzneiresistent, ja giftfest ist; demnach müßte er Gift gespritzt haben. Die Patientin wird gesund; damit soll der Beweis erbracht worden sein, daß die Spritzen nicht geholfen haben!

Schließlich sei noch erwähnt, was Dr. Mittendorfer in seinem Brief an mich vom 14.5.1971 geschrieben hat: »Ich habe ja Theres Neumann jahrzehntelang persönlich gekannt und war mit der Aufgabe hausärztlicher Tätigkeit betraut worden.« – Was wird mit diesen Worten wohl zum Ausdruck gebracht? Die Stigmatisierte hat doch beteuert: »Ich habe keinen bestimmten Arzt.«

II. DIE DIAGNOSE: HYSTERIE

Bei der Behandlung des Themas »Krankheitsgeschichte« tauchte immer wieder der Begriff »Hysterie« auf. Dieser Ausdruck wird in der deutschen Psychopathologie heute nicht mehr als eigenständiger Terminus verwendet; allerdings spricht man vom sogenannten »hysterischen Charakter« als Ausdruck für unecht, theatralisch-egozentrisch, suggestibel usw. Organisch nicht begründete »Krankheits«symptome solcher Persönlichkeiten werden als »psychogen« bezeichnet. Die Diagnose Hysterie wurde für Therese Neumann bereits vor Jahrzehnten gestellt, zum erstenmal vor 78 Jahren, zu einer Zeit also, da der Begriff in der Medizin noch allgemein üblich war. Dies ist zu bedenken, wenn in dieser Schrift von Hysterie die Rede ist; die Diagnose stützt sich auf eine Reihe fachärztlicher Bekundungen.

Medizinische Gutachten
Der erste Mediziner, in dessen Behandlung Therese Neumann stand, war der Tirschenreuther Arzt Dr. Göbel, der im Jahre 1918 in Vertretung des Waldsassener Krankenhausarztes Dr. Seidl Therese Neumann längere Zeit ärztlich betreut hat. Seine Diagnose lautete: »hochgradig hysterische Person«. Auch Dr. Seidl, in dessen Behandlung Therese seit Weihnachten 1918 stand, bezeichnete die Krankheit als schwere Hysterie. Zunächst hat offenbar niemand in Konnersreuth an der Diagnose Anstoß genommen. Dies änderte sich, als im Leben Thereses »wunderbare Ereignisse« eintraten. Nunmehr empfanden Therese, ihre Familie und vor allem auch der Pfarrer von Konnersreuth, Josef Naber, die Diagnose als eine äußerst unangenehme Sache.

In der üblichen Konnersreuth-Literatur wird der Eindruck gepflegt, als habe Dr. Seidl als behandelnder Arzt geglaubt, es handele sich bei Therese Neumann um eine unheilbar kranke Person. Außerdem werden ihm Worte in den Mund gelegt, die beweisen sollen, er habe das Verschwinden ihrer Gebrechen als unleugbare Wunder aufgefaßt. Pfarrer Witt behauptet, Dr. Seidl habe bei seinen Krankenbesuchen »oft im Tone des Bedauerns zu den bekümmerten Eltern« gesagt: »Da bin ich machtlos.« Einmal soll er sich so geäußert haben: »Wenn die gesund werden sollte, müßte ein Wunder geschehen.«[114] Sicherlich hatte Dr. Seidl großes Mitleid mit der Patientin. Auch das trifft zu, daß er sich weithin machtlos gefühlt und nicht damit gerechnet hat, daß das Grundleiden seiner Patientin verschwinden würde, ihre hysterische Veranlagung.

Im Jahre 1947 schrieb I. Kosubek: »Auch über die ursprüngliche Hysteriediagnose des Dr. Seidl sind einige interessante Bemerkungen zu machen. Nach einem Gespräch mit diesem Arzt vom 7. November 1929 schrieb Dr. Bergmann dem Bischof von Regensburg, daß Dr. Seidl nicht unbedingt an der Hysteriediagnose festhalte (nach Boniface). Dem Herrn Boniface gegenüber hat Dr. Seidl sich einige Jahre später stärker geäußert und gesagt, daß er sich in seinem Zeugnis getäuscht habe, was er auf das lebhafteste bedauerte.«[115] Boniface behauptete, er habe im August 1931 eine Unterredung mit Dr. Seidl gehabt; dieser habe sich dabei so geäußert: »Hätte ich damals Therese Neumann gekannt, wie ich sie später nach so vielen Untersuchungen kennenlernte, mit ihren Krankheiten und Heilungen, die medizinisch unbegreiflich waren, und besonders nach meiner Untersuchung über das ewige Fasten im Jahr 1927, so hätte ich diese Dummheit niemals begehen können.« Dr. Seidl soll ausdrücklich betont haben, der Beweis sei erbracht, daß Therese Neumann »auf keinen Fall hysterisch war«, der übernatürliche Charakter der »augenblicklichen Heilungen Thereses« sei nicht zu leugnen.[116]

Genau das Gegenteil von dem, was Kosubek und Boniface schreiben, ist wahr. Dr. Seidl hat die im Gutachten vom 27. Februar 1920 an die Landwirtschaftliche Berufsgenossenschaft ausgesprochene Diagnose nie zurückgenommen. Dort heißt es: »Schwerste Hysterie mit Blindheit und teilweiser Lähmung.« Im Jahr 1931 hat er bestätigt, was er schon Ende 1928 geschrieben hat: »Ich stelle ein für allemal fest, daß ich an der bei der Abfassung des Unfallgutachtens und nach meiner wissenschaftlichen Überzeugung gestellten Diagnose festhalte.«[117] Drei Monate nach der erwähnten Unterredung mit Boniface, am 10. Oktober 1931, hat Dr. Seidl ein Gutachten für den Bischof von Regensburg zusammengestellt. Darin bestätigte er nicht nur ausdrücklich sein zu wiederholten Malen abgegebenes Urteil, sondern bekräftigte es zusätzlich mit einer Reihe von neuen Argumenten; er spricht davon, daß »auch jetzt noch« hysterische Züge bei Therese Neumann zu entdecken seien.[118]

Am 12. Oktober 1928 hat Bischof Buchberger seine »Meinung über Konnersreuth« niedergeschrieben. Er behauptet: »Der Arzt hat keine Beobachtungen auf Hysterie gemacht. [...] Der behandelnde Arzt hält dafür, daß der Fall weder mit Betrug noch mit Hysterie noch mit Autosuggestion zu erklären sei.«[119] Solche Behauptungen stehen in offensichtlichem Widerspruch zu dem, was Dr. Seidl wirklich gedacht und gesagt hat.

Wolfgang Johannes Bekh gibt die Abgabe des Gutachtens Seidls im Jahr 1920 zu, aber er erlaubt sich die mehr als sonderbare Beurteilung: »Der seit Kriegsende wieder ausübende Arzt, Dr. Otto Seidl, diagnostizierte kurzerhand auf Hysteria traumatica. Niemand, so konnte Dr. Seidl erwarten, würde von seiner Verlegenheitsdiagnose erfahren.« Die »Verlegenheitsdiagnose«, so behauptet Bekh, sei nur deshalb bekannt geworden, weil sie von Dr. Gottfried Ewald im Jahre 1927 »ohne Seidls Zustimmung« veröffentlicht worden sei; seither diene sie »den Gegnern Konnersreuths zum Beweis, daß Therese Neumann eine Schwindlerin, zumindest eine Hysterikerin gewesen sei«.[120] Was Bekh zum besten gibt, ist allzu primitiv.

Daß Therese Neumann nicht hysterisch gewesen sei, suchen die »Konnersreuther« mit Berufung auf Prof. Dr. Gemelli, den italienischen Franziskaner und Arzt, zu beweisen. Kosubek behauptet, Gemelli habe gesagt, »daß die Hysterie nicht bewiesen sei«.[121] Steiner schreibt, Dr. Gemelli habe »folgendes festgestellt«: »Ich habe mit aller Sorgfalt meine Untersuchungen angestellt und erkläre auf das bestimmteste: Von Hysterie ist keine Spur, und natürlich sind solche Zustände wissenschaftlich nicht zu erklären.«[122] Auch Therese Neumann beruft sich auf Dr. Gemelli. Sie versicherte dem Arzt Dr. Witry, sie habe mit eigenen Ohren gehört, was Gemelli gesagt habe. »Ich habe«, so beteuerte sie, »ganz genau gesehen, wie er da beim Fenster mit der Hand »Nein« gewinkt und gesagt hat: ›Non hysterica‹.«[123]

Prof. Gemelli war im Frühjahr 1928 zweimal in Konnersreuth. Er hat über seine Eindrücke, die er dort gewonnen hat, ein Gutachten abgegeben. Darin ist keine Spur von dem enthalten, was ihm in den Mund gelegt wird. Das Gegenteil ist der Fall. Allein schon die Tatsache, daß er in seinem Bericht vom 26. Mai 1928 die Ausdrücke »Stigmata« und »Ekstase« in Anführungszeichen gesetzt hat, gibt Aufschluß darüber, wie er über diese Dinge gedacht hat. Freilich, Gemelli war ein erfahrener Arzt und Wissenschaftler, dem ein zweimaliger Besuch in Konnersreuth, wo er nur Beobachter sein durfte, nicht zur Abgabe eines endgültigen Urteils genügte. Darum hat er auch betont, er wolle sich »jeder erklärenden Hypothese oder Behauptung über den Charakter der beobachteten Erscheinungen enthalten«. Aber was er schreibt, ist eindeutig:

»Ich muß endlich den Leser auf die auffallende, ja erschütternde Ähnlichkeit aufmerksam machen zwischen Therese Neumann in diesem Zustand und Subjekten im ›Trancezustand‹ bei spiritistischen Sitzungen. [...] Der Herr Pfarrer übt zweifellos einen bedeutenden Einfluß auf Therese Neumann aus. [...] Mein Eindruck ist, daß er, sozusagen, die ›Heiligkeit‹ der Therese Neumann ›pflegt‹. Ich will damit den Herrn Pfarrer keineswegs tadeln oder mißbilligen und noch weniger seine Redlichkeit beargwöhnen; ich spreche einen Eindruck aus, dem man sich nicht entziehen kann, und wer mit Psychoasthenischen und Hysterischen lange verkehrt ist, der kann sich nicht dem Eindruck entziehen, daß Therese unter dem Einflusse des Herrn Pfarrers spreche, ja, sie sei nur dessen leises Echo [...]. Obgleich die Diagnose der Hysterie sich sofort dem Geiste aufdrängt, muß man doch bemerken, daß ich ungenügende Elemente zu einer solchen Diagnose gesammelt habe. [...] Die Diagnose der Hysterie muß auf klinische Untersuchung begründet werden, die zum Beweis führen kann, daß die Persönlichkeit der Therese Neumann und deren ganze Tätigkeit nur im Lichte einer hysterischen Constitution begriffen werden kann.«[124]

Hätte Gemelli die Möglichkeit zu einer klinischen Untersuchung erhalten, dann hätte er ohne Zweifel die Diagnose der Ärzte Dr. Göbel und Dr. Seidl voll bestätigt.

Der Bericht Gemellis trägt das Datum vom 26. Mai 1928. Am 12. Oktober desselben Jahres hat Bischof Buchberger seine »Meinung über Konnersreuth« niedergeschrieben. Da behauptet er: »Pater Gemelli, Rektor der Katholischen Universität Mailand, äußerte sich dahin, daß die Stigmen nicht künstlich und nicht durch Suggestion entstanden seien und daß eine hysterische Veranlagung nicht beobachtet werden konnte.«[125] Man vergleiche die Worte Gemellis mit denen Buchbergers!

Urteil weiterer Ärzte
Vom Jahr 1932 an bis zu seinem Tod im Jahr 1938 hat der Chefarzt am Lippstadter Krankenhaus, Dr. Josef Deutsch, immer wieder zur Feder gegriffen, um die Kirche vor einer unausbleiblichen Blamage zu bewahren. Dr. Deutsch stand nicht nur mit einer Reihe von Ärzten in Verbindung, die Therese Neumann aufgesucht hatten, er kannte auch die von diesen abgegebenen Gutachten. Dieser Kontakt mit seinen Kollegen wie auch seine eigenen Erfahrungen berechtigten ihn, ein stichhaltiges medizinisches Urteil zu fällen. Sein Kampf für die Wahrheit hat ihm keinen sichtbaren Erfolg gebracht. Am meisten hat ihn die Erkenntnis geschmerzt, daß der Kampf gegen Wundersucht und Aberglauben jeder Art aussichtslos ist, wenn sich solchem Unsinn kirchliche Würdenträger bis zu den höchsten Rängen verschrieben haben. Immer wieder hat er betont, daß es sich bei dem »Fall Konnersreuth« in erster Linie nicht um theologische Fragen handelte, sondern um medizinische. »Über die genannten Fragen«, so hat er gesagt, »hat im Falle Konnersreuth kein Theologe, und sei er Erzbischof und Kardinal, eine Entscheidung zu treffen, sondern ganz allein der Fachmann, also der Arzt. Kann aber der Arzt nachweisen, daß die Angaben der Untersuchungen auf Hysterie beruhen und lügnerisch und unwahr sind, so wird kaum ein vernünftig denkender Mensch sich bereit finden, nun noch die Frage aufzuwerfen, ob hier wirklich Gottes unmittelbares Walten im Menschen sichtbar wird.«[126]

Am 13. November 1936 hat er an seinen Vetter Bernhard Happig S.J. geschrieben, es stehe zweifelsfrei fest, daß Therese Neumann in den Jahren von 1918 bis 1923 sehr häufig »Anfälle von allgemeinen Krämpfen« hatte; solche Krämpfe kämen aber nur bei zwei Krankheiten vor, nämlich bei Epilepsie und bei Hysterie; im Falle Therese Neumann komme nur Hysterie in Frage. Er verweist auf die ärztlichen Gutachten jener Zeit; die Gutachten von vier Ärzten waren gleichlautend. Über die Art von Thereses Hysterie sagt er: »Eine Hysterie von dieser Schwere und Dauer ist immer eine Kernhysterie, die den Charakter erfaßt. Verschwinden tut sie nicht, weil sie den Kern der Persönlichkeit ergriffen hat. Für jeden Erfahrenen sind die verschiedenen kleinen Szenen, die mit den ›unwürdigen Schwestern‹, mit der Schnapsmystik, mit der erbrochenen Hostie etc. Zeichen, daß auch jetzt noch Hysterie vorliegt und daß auch sie nur darauf wartet, wieder in Erscheinung zu treten, sobald die Verhältnisse sich ändern.«[127]

»Ich habe«, so schreibt Dr. Deutsch am 2. April 1937 an den Regensburger Bischof, »in meiner 38jährigen ärztlichen Tätigkeit so viele Fälle von Hysterie kennengelernt, insbesondere habe ich dieses in der 29jährigen Tätigkeit als Oberbegutachter bei Sozialversicherungsträgern mit ca. 20.000 Gutachten, daß ich für mich in Anspruch nehmen kann, mit dieser geistigen Verirrung so vertraut zu sein, wie nur wenige andere. Diese Tatsache aber birgt nach der anderen Richtung wieder Pflichten gegenüber der katholischen Kirche für mich in sich. [...] Ich kann die Erfahrung, die ich gewonnen habe, dahin zusammenfassen, daß, wenn der Teufel der Vater der Lüge ist, dann die Hysterie ihre Tochter. Es gibt nichts, aber auch gar nichts, wessen ich Hysterische nicht für fähig hielte, wenn es ihrer Tendenz und ihrem Geltungsbedürfnis entspricht. Deshalb kann das Mißtrauen Hysterischen gegenüber auch nie zu weit getrieben sein. Es müssen schon die handfestesten Beweise vorliegen, ehe man ihnen irgendwie trauen darf. Die ständige Weigerung der Therese Neumann, sich beobachten zu lassen, paßt ganz und vollständig in das Krankheitsbild der Hysterie, wie es in Konnersreuth auch sonst aus tausend anderen Kennzeichen zu erkennen ist. Ein römischer Arzt, der wiederholt zu Gutachten bei Heiligsprechungsprozessen herangezogen worden ist, äußerte vor kurzem, man müsse als Arzt blind und taub sein, wenn man bei Therese Neumann die Hysterie nicht erkennen könnte.«[128]

Am 16. Dezember 1937 hat Dr. Deutsch an den Päpstlichen Protonotar Gierse in Paderborn geschrieben: »Es ist für jeden Kenner der Hysterie absolut klar, daß die ganze Sache ein Schwindel, ein ganz typischer Fall von Pseudologia phantastica ist, wie nur irgend etwas sein kann. Die Beobachtungen von Ewald und Martini, auch die von Gemelli genügen vollständig, besonders aber das Buch Gerlichs, der in seiner Unbefangenheit wirklich ein Verdienst sich erworben hat, die Sache möglichst naiv zu schildern. Es ist untragbar, in dem Gedanken leben zu müssen, daß geradezu ein greulicher, wenn auch vielleicht krankhafter Betrug hier fortgesetzt verübt wird unter langjähriger Duldung und Förderung kirchlicher Instanzen.«[129] – Das hat Dr. Deutsch vor fast sechs Jahrzehnten gesagt!

Im Jahr 1953 hat der Neurologe und Psychiater Jean Lhermitte in Zusammenarbeit mit zwei gelehrten Karmelitern das Buch ECHTE UND FALSCHE MYSTIKER veröffentlicht. Lhermitte hat über Therese Neumann so geurteilt: »Es kann ohne Übertreibung behauptet werden, daß es keinem mit den Gegebenheiten der Psychopathologie vertrauten Menschen schwer fallen dürfte, in den vielerlei Erscheinungen, an denen Therese Neumanns Leben so reich war, die Züge der hysterischen Neurose zu erkennen.«[130]

Bei der Behandlung des Themas »Ekstasen der Therese Neumann« verweist Lhermitte auf andere Pseudomystiker; er spricht von deren Visionen, vom Hören fremder Sprachen, von der Sprechweise während der Ekstasen und fährt dann fort:

»Offenbar handelt es sich bei alldem um eine auffällige Zusammenfassung der Phänomene, die wir als psychische Halluzinationen mittels einer Automatisierung der inneren Sprache (gewöhnliche psychomotorische Halluzinationen) gekennzeichnet haben und die sich, wenn sie allzu lebhaft werden, in verbale Impulse verwandeln, wobei das Gefühl einer fremden Gegenwart durch eine visuelle Verkörperlichung noch gesteigert wird. [...] Wir brauchen nicht alle Beweise für eine Hysterie Thereses anzuführen; sie sind überwältigend, und wie Dr. Poray-Madeyski in lichtvollen Ausführungen dargetan hat, genügt die Neurose bei weitem, um alle Phänomene zu erklären, die Therese Neumann zu einer der beachtetsten Persönlichkeiten des Jahrhunderts gemacht haben.«[131]

Ähnlich wie Lhermitte hat der französische Arzt Biot geurteilt: »Wir müssen festhalten, daß bei Therese Neumann so klar wie nur irgendwie möglich die Diagnose der

Hysterie gestellt worden ist, um damit medizinisch die Kette von Krankheitserscheinungen zu charakterisieren, die sie bereits vor dem Auftreten der Wunden zeigte.«[132]

Einzelne hysterische Phänomene
Der Begriff »Hysterie« drängt sich bei jedem der in dieser Schrift behandelten Themen auf, nicht nur im Hinblick auf die Vielfalt der Krankheiten und Gebrechen, von denen bereits die Rede war. An dieser Stelle sollen einige Erkrankungen der Stigmatisierten von Konnersreuth zur Sprache kommen, die auch der Nichtmediziner als hysterisch zu erkennen vermag.

Vom Jahr 1918 an überfielen Therese Neumann immer wieder *Krampfanfälle*. Dabei wurde sie »ganz steif, und zwar wie Eisen«. Oftmals waren die Anfälle derart heftig, daß sie hochgeschleudert und aus dem Bett geworfen wurde, sogar über das Brett hinweg, das man zu ihrem Schutz eingeschoben hatte.[133] Zu solchen Krampfanfällen sagt der Arzt Dr. Heermann: Sie kommen »nur bei Hysterie vor«.[134] Im Juli 1927, als Therese vierzehn Tage hindurch von Mallersdorfer Schwestern beobachtet wurde, hatte sie in der Nacht vom 17. auf den 18. Juli einen nervösen Anfall, der zwölf Minuten dauerte. Therese war dabei halb bewußtlos, schlug um sich und rief, es steche ihr durchs Herz. Leider war kein ärztlicher Beobachter zugegen. »Der Beschreibung nach«, so schreibt Dr. Heermann, »kann es sich jedoch nur um einen hysterischen Anfall gehandelt haben.«[135]

Wir haben von *Erstickungsanfällen* gehört, die Therese immer wieder im Zusammenhang mit ekstatischen Zuständen zusetzten. Zu derartigen Anfällen erklärte Dr. Deutsch: Während derselben wurde kein objektives Zeichen von Erstickung entdeckt, vor allem gab es keine Anzeichen der Zyanose; dafür wurden »die Augen hochgradig nach oben gedreht«, wie es bei hysterischen Anfällen der Fall ist. Dazu kommt noch etwas für Therese Neumann besonders Bezeichnendes: Sie hat zu wiederholten Malen vorher im »ekstatischen« Zustand kommende Erstickungsanfälle angekündigt; diese stellten sich dann auch programmgemäß ein. Aber was zum besten gegeben wurde, war kein echter Erstickungsanfall, sondern nur ein Gaukelspiel einer hysterischen Person, die von einem wirklichen Erstickungsanfall keine Ahnung hat.[136]

Ähnliche *Ohnmachtsanfälle*, wie sie sich während ihres Krankenlagers einstellten, finden wir auch zuhauf in den späteren Jahren, und zwar während und außerhalb ihrer ekstatischen Zustände. Auf das Verlangen des Regensburger Bischofs Antonius von Henle hin, Therese Neumann solle sich überwachen lassen, führte Pfarrer Naber in Gegenwart Thereses ein Gespräch mit dem Vater der Stigmatisierten. Der Pfarrer sagte zu diesem, wenn er seine Zustimmung verweigere, könne er »nicht mehr in sein Haus kommen«. Darauf gab der Vater zur Antwort, »dann werde ein anderer kommen«. Nach diesen Worten fiel Therese in Ohnmacht.[137] Bald nach der Beobachtung im Elternhaus traten Ohnmachtsanfälle gehäuft auf, besonders im September und Oktober 1927, nicht selten mehrmals am selben Tag. Helmut Fahsel berichtet von einer ganzen Reihe von Ohnmachtsanfällen Thereses, bei denen er zum Teil selber Augenzeuge war, Ohnmachtsanfälle, bei denen auch ein medizinischer Laie einsehen müßte, daß sie psychogener Art waren. Fahsel sagt: »Erzählt man ihr etwas aus dem Inhalt ihrer Visionen oder erzählt sie selber etwas davon, was sie sehr erfreut, so kommt es vor, daß sie plötzlich unter einem Seufzen, oder indem sie sich an die Herzgegend faßt, in sich zusammenfällt. Ihr Gesicht wird totenbleich und eingefallen. Es zeigen sich alle Zeichen eines Menschen an ihr, der im Sterben liegt. Ich war zweimal Zeuge dieses Vorgangs. Das einemal sprach sie – wir saßen beim Pfarrer zu Tisch – ihre Freude aus, daß sie die Seelen der in Bethlehem ermordeten Kinder wie Lichtgestalten sich von den Körpern lösen sah. [...] Dann fiel sie in sich zusammen. Wir waren bei dem Anblick ergriffen und geängstigt. Nach drei Minuten schien ihr besser zu werden. Es war, als schliefe sie nun fest. Plötzlich wurde ihr Gesicht wieder voll, bekam frische Farbe. Ihre Schultern wurden breit. Sie schlug die Augen auf (und) erhob sich mit einem kräftigen Ruck.« Dann lief sie sogleich in die Küche, holte »die schwere Suppenterrine und teilte den erstaunten Gästen aus«. Fahsel erzählt weiter: »Ein andermal erzählt mir der Pfarrer in ihrer Gegenwart, wie sich in einer Vision das Christkind, welches die Mutter durch die Dienerschaft und Tiere der heiligen drei Könige führte, plötzlich zur Resl zugewandt und ihr den Arm entgegengestreckt habe. In diesem Augenblick wurde der Pfarrer von einem Seufzen der Therese unterbrochen. Sie fiel in sich zusammen und zeigte denselben Zustand. Später erzählte mir der Pfarrer, daß sie vor kurzem bei einem solchen Anfall einen starken Blutverlust gehabt habe. Aus ihrer Seitenwunde unter dem Herzen sei ein Schuß Blut in dem Augenblick ausgestoßen worden, als er ihr eine Unterredung zwischen Jesus und Johannes erzählt habe. Sie hatte diese Szene in ihrer Vision geschaut, und der Pfarrer hatte den Bericht beim Zustand der erhobenen Ruhe aufnotiert«.[138] – Daß Therese geblutet habe, das hat sie behauptet; Blut gesehen hat weder der Pfarrer noch sie selber. Fahsel sagt zum Thema Ohnmachtsanfälle weiter, man dürfe nur »mit großer Vorsicht von der Wiederkunft Christi zum Gericht sprechen«; denn sie empfände dann eine so große Freude, daß sie in Ohnmacht falle.[139]

Den Schilderungen Fahsels entsprechend stellten sich also bei Therese Neumann Ohnmachtsanfälle ein, wenn sie sich im Normalzustand befand, aber auch während ihres ekstatischen Zustandes. An einem Freitag berührte ein Kapuziner in Fahsels Gegenwart mit einer Kapsel, in der sich eine Kreuzpartikel befand, über deren Echtheit er keinen Beleg hatte, die Hand der Ekstatischen. »Sie ließ einen Seufzer hören, wurde weiß wie der Tod und sank in sich zusammen. Der Kopf fiel etwas nach hinten, der Mund blieb geöffnet, und die Zungenspitze berührte die Innenseite der Oberlippe. Es war ganz das Bild eines soeben Gestorbenen. [...] Nach ungefähr drei Minuten wurde ihre Gesichtsfarbe besser. Es verging noch eine Minute, da atmete sie tief, schlug die Augen auf und sah uns lächelnd an.«[140]

Fahsel kennt noch einen weiteren Grund für Thereses Ohnmachtsanfälle. Er sagt:

»Mit der Zeit hat man deutlich erkannt, daß sie auf die Sünde des Stolzes und der Lieblosigkeit körperlich am stärksten reagiert. In der Regel wird sie ohnmächtig und bekommt ein fiebriges Gesicht.«[141] Man muß bedenken, daß Fahsel im Lauf von zwei Jahren nur gelegentlich nach Konnersreuth kam und oftmals Ohnmachtsanfälle der Stigmatisierten erlebt hat. Solche müssen sich demnach sehr häufig eingestellt haben, was ja auch Fahsels Bemerkung erkennen läßt, Pfarrer Naber sei »ruhig« geblieben, weil er »diesen Zustand« schon gekannt habe.

Auffallenderweise war Therese Neumann zu bestimmten Zeiten des Jahres regelmäßig krank. Vom Jahr 1926 an bis zu ihrem Tode hat sie jeweils während der Fastenzeit nicht ein einziges Mal an der Meßfeier in der Pfarrkirche teilgenommen, auch nicht an Sonn- und Feiertagen. Die Begründungen waren verschiedener Art: Wundschmerzen, Sühneleiden, Unpäßlichkeit, Erkrankungen aller Arten. Im März 1931 erkrankte sie angeblich an einer Kopfgrippe. Urplötzlich stellten sich schwere Anfälle ein, zuweilen am Tag bis zu siebenmal. Zur gleichen Zeit war sie rechtsseitig gelähmt und litt an einer Reihe von Folgeerscheinungen. »Diese Zustände, die sich besonders dann einstellten, wenn sie sich intensivem Denken hinzugeben versuchte, dauerten die ganze Fastenzeit.«[142] Bestimmte Krankheiten stellten sich während der Fastenzeit der einzelnen Jahre mit besonderer Vorliebe ein, nämlich Venenentzündung mit Embolie, Grippe, Lungen- und Rippenfellentzündung, Gelenkrheumatismus, Gallen- und Herzbeschwerden. Aber wie auch immer die Leiden geartet waren, am Ostersonntag war Therese schlagartig vollkommen gesund.

Auch außerhalb des Rahmens von Krankheiten zeigten sich bei Therese Neumann Anfälle hysterischen Charakters. Sie pflegte bei keinem anderen Priester zu beichten als bei Pfarrer Naber. Im Jahre 1929 berichtete dieser dem Bischof von Regensburg: »Sie beichtet ihre Fehler unter Tränen und mit einer Zerknirschung, die sie so ergreift, daß sie schließlich ohnmächtig und der erhobene Ruhezustand zu ihrer Wiederaufrichtung notwendig wird«.[143] – Der »erhobene Ruhezustand« wird sonst als Folge von Visionen angegeben; in dem genannten Fall folgt er auf einen hysterischen Anfall!

Als Boniface sich in Konnersreuth die Unterlagen für sein geplantes Buch holte, erzählte ihm Therese, welche Folgen bei ihr Aufregungen hätten. Er schreibt: »Bekanntlich zeigen sich bei heftiger Erregung ausgiebige Blutungen aus ihrem Herzen, aus der Seitenwunde; sie fällt dann in Ohnmacht, und das Schlimmste für ihr Leben ist zu befürchten. Eine zu große Freude kann dieselbe Wirkung auslösen.«[144] Demnach müßte Thereses Herzwunde oftmals geblutet haben, nicht nur an einer Reihe von Freitagen während des Jahres. Oder war es so, daß sie nur selten in eine heftige Erregung fiel und daß sie nicht oft eine große Freude erlebte? Wie Boniface erzählt, hat sie einmal einen unerwarteten Besuch von Polizisten erhalten: »Einmal sah Therese, die soeben nach einer Ekstase das Bewußtsein wieder erlangt hatte, an ihrem Bett zwei grinsende Gendarmen in Uniform stehen. Diese Überraschung gab ihr einen solchen Schock, daß sie noch längere Zeit unter nervösen Zuckungen zu leiden hatte. Hörte sie z.B. eine zuschlagende Türe, so fuhr sie zusammen und konnte einen Aufschrei nicht unterdrücken. Da diese Rückwirkungen sogar in der Kirche eintraten und dadurch die Andacht der Gläubigen oft gestört wurde, bat sie den lieben Heiland, sie davon zu befreien; sie wurde bald erhört. ›Er hat es mir genommen‹, sagt sie noch heute voller Dankbarkeit.«[145] Trotz des Schocks blutete ihre Herzwunde nicht!

In das Bild der Hysterie fügt sich harmonisch Thereses Verhalten bei der Feier der Eucharistie ein. Auf dieses Thema wird noch ausführlicher eingegangen. Ein Bericht sei vorweggenommen. Boniface spricht davon, daß im Magen der Stigmatisierten die empfangene Hostie bis zum nächsten Kommunionempfang unaufgelöst blieb. Gelegentlich aber wurde die Hostie »vor dem Augenblick aufgelöst, an dem sie aufs neue kommunizieren« konnte. In diesem Falle, so sagt Boniface, »sinken die Kräfte der Seherin sehr rasch ab. Der Gesichtsausdruck verändert sich. Ihre Augen werden blau umrändert, ihre Wangen hohl, ihre Gesichtsfarbe schwindet, ihr Blick erlischt, und sie bricht zusammen. Dann muß der Priester, der durch die Umgebung alarmiert wird, ihr schnell die hl. Kommunion bringen.«[146] Ein Anfall der geschilderten Art ereignete sich freilich nur dann, wenn ein Priester in erreichbarer Nähe war. Hätte Therese die Auflösung der Hostie in ihrem Magen täglich auf den gleichen Zeitpunkt während der Meßfeier angesetzt, dann hätte es keinen Anlaß zu einer »mystischen« Kommunion gegeben.

Daß Therese Neumann eine hysterische Person war, steht außer Zweifel. Das gleiche, was über ihre Krankheiten und über das Verschwinden derselben zu sagen ist, gilt für alle späteren Gesundheitsstörungen und die sogenannten stellvertretenden Leiden und Sühneleiden. Auf diese trifft es erst recht zu; denn es handelte sich gar nicht um Krankheiten im normalen Sinne. Namentlich die Begleitumstände der Krankheitssymptome deuten klar auf Neurose hin. All das und viele andere »mystische« Erscheinungen im Leben der Stigmatisierten von Konnersreuth lassen immer wieder die bezeichnendsten Merkmale einer hysterischen Veranlagung offenbar werden: Geltungssucht, Gehässigkeit und Verlogenheit.

Das Thema Hysterie habe ich in jedem meiner Bücher über Therese Neumann von Konnersreuth behandelt. Die Konnersreuther Pseudomystiker lassen sich nicht belehren; sie wiederholen immer und immer wieder dieselben falschen Angaben, ja offensichtlichen Lügen. Am 18. September 1992 hat der Regensburger Domkapitular Prälat Alois Reindl in der Pfarrkirche von Konnersreuth über Therese Neumann erklärt: »Hier finden sich keine Spuren von Hysterie, wie gewisse Kreise und Kritiker vorzubringen versuchen. Therese Neumann kannte keinerlei Verstellung.« Damit verwirft der Theologe Reindl das Urteil von Fachleuten, von Medizinern. Womit begründet er seinen Standpunkt? Er beruft sich auf das ihm zur Verfügung stehende »gute Bildmaterial«.

Der Postulator in der Causa Therese Neumann, der Konnersreuther Pfarrer Anton Vogl, verbreitet weiterhin die Lüge: »Die früh gestellte Diagnose ›Hysterie‹ wurde von dem betreffenden Arzt später zurückgenommen.«[147] Im THERESE-NEUMANN-

55

BRIEF NR. 7 vom Jahr 1995 wird die Diagnose Hysterie als »angeblich« bezeichnet. Von den Diagnosen der Ärzte Dr. Göbel, Dr. Seidl, Dr. Ewald, Dr. Martini und Dr. Gemelli wird kein Wort gesagt; nur der Name Dr. Deutsch wird erwähnt. Sein Urteil wird mit den Worten abgetan: »Ferndiagnose ohne persönlichen Augenschein«.

Seit Jahren laufen Bestrebungen, die als Ziel die Seligsprechung der Stigmatisierten von Konnersreuth verfolgen. Darüber wird seit 1989 in der jährlich erscheinenden Schrift, die man als THERESE-NEUMANN-BRIEF bezeichnet, berichtet. Sie wird verbreitet von der »Abteilung für Selig- und Heiligsprechungsprozesse beim bischöflichen Konsistorium für das Bistum Regensburg«. Die Lektüre gibt Aufschluß darüber, mit welchen Mitteln an einer bischöflichen Behörde gearbeitet wird und welche Rolle Wahrheit und Wahrhaftigkeit spielen. Wie ist es damit bestellt? Diese Frage drängt sich bei jedem der in dieser Schrift behandelten Themen auf.

III. STIGMATISATION

1. Literaturhinweise

Therese Neumanns Ruhm setzte im Jahr 1926 ein, als sie die Wundmale empfing. Es wird immer noch zu wenig beachtet, daß Stigmatisation kein theologisches Problem ist, sondern ein medizinisches. Darum hat auch der Mediziner das entscheidende Wort zu sprechen. Schon seit relativ langer Zeit gibt es zu diesem Thema eine große Zahl ausgezeichneter Schriften. Nur ein paar seien genannt, die nach dem Zweiten Weltkrieg erschienen sind.

Im Jahr 1948 hat Prof. Dr. med. Franz Schleyer sein Buch DIE STIGMATISATION MIT DEN WUNDMALEN veröffentlicht. Im ersten Kapitel bringt er die wichtigsten Angaben über 63 stigmatisierte Personen, unter diesen auch Therese Neumann von Konnersreuth. Dann spricht er über die »Stigmatisationssymptome« und »mit der Stigmatisation verbundene Phänomene«. Ein Kapitel hat zum Thema »Medizinische Stimmen zum Stigmatisationsproblem«; das letzte lautet: »Die theologische Bewertung der Stigmatisation«.

Zwei französische Mediziner kommen auf Therese Neumann nur im Zusammenhang ihrer Problemstellung zu sprechen. Im Jahre 1952 erschien das Buch des Neurologen und Psychiaters Jean Lhermitte MYSTIQUES ET FAUX MYSTIQUES (deutsch: ECHTE UND FALSCHE MYSTIKER). Im Jahr 1957 veröffentlichte René Biot seine Arbeit DAS RÄTSEL DER STIGMATISIERTEN.

Eine Übersicht über die körperlichen und psychischen Grundlagen (und Voraussetzungen) der Stigmengenese anhand der Kasuistik enthält ein Aufsatz der Dermatologen Borelli und Fürst (1960). Die Erkenntnisse über die Morphologie der Blutungsphänomene und der Veränderungen an der Haut Stigmatisierter sowie über die psychologischen Grundlagen hat Schleyer 1962 noch einmal zusammengefaßt. Erschöpfende Literaturangaben zur Geschichte der Stigmatisation und der Psychopathologie der Stigmatisierten finden sich reichlich in der zitierten Literatur sowie bereits in dem Buchwerk von Thurston.

In dieser Schrift handelt es sich nicht um eine über den Fall Therese Neumann hinausgehende Bearbeitung des Komplexes »Stigmatisation«. Daher wird auf Verweisungen auf die zahlreichen Parallelfälle nachgewiesener Artefakte und »Blutungen« von Wundmalen in der Geschichte der Stigmatisation sowie auf einschlägige Fälle außerhalb des katholisch-kirchlichen Raumes verzichtet. Das Thema Stigmatisation wird nur deshalb aufgegriffen, weil interessierte Kreise eine Seligsprechung der Therese Neumann anstreben. Was wir über ihre Wundmale wissen, spricht nicht für, sondern gegen sie.

2. Allgemeines über Stigmatisierte

Zum erstenmal sicher nachgewiesen ist die Stigmatisation in der römisch-katholischen Kirche im Jahr 1224, nämlich bei Franziskus von Assisi. In der orthodoxen Kirche hat sich bis heute kein einziger Stigmatisationsfall ereignet. Seit Franziskus bis in unsere Zeit können ein paar hundert Fälle von Stigmatisierten nachgewiesen werden. Nicht wenige sind darunter, die aufgrund ihrer Lebensführung als recht zweifelhafte Personen zu bezeichnen sind.

Es fällt auf, daß die Wundmale bei Frauen fast nur im Alter zwischen 15 und 50 Jahren auftreten. Im allgemeinen stammen diese Menschen aus dem einfachen Volk und sind auffallend oft bäuerlicher Herkunft. Man spricht in diesem Zusammenhang von einer gewissen Veranlagung für die Stigmatisation. Bei so Veranlagten, schreibt Lhermitte, begegnet man häufig körperlichen Erscheinungen, die einen psychischen Ursprung haben. »In zahlreichen Fällen liegt beispielsweise Taubheit, Blindheit oder Stimmlosigkeit vor; in anderen zeigen sich Veränderungen der Geschmacks-, Geruchs- oder Tastempfindungen, oder man findet auch Krämpfe und Phänomene einer Muskelstarre, die an Katalepsie erinnern. Schließlich erweisen sich, wie F. L. Schleyer hervorhebt, die für Wundmale Prädestinierten als ›Spezialisten für plötzliche Heilungen‹ (Dalbiez), die wie Wunder anmuten und sich jedenfalls durch die Psychologie nicht erklären lassen.

Es gibt kaum einen Autor, der nicht überdies auf die Fieberphantasien, das ›Thermometerfieber‹, die Schmerzen hingewiesen hätte, von denen die künftigen Mystiker angeblich geplagt sind, aber bei denen man niemals einen organischen Ursprung entdeckt. Es ist begreiflich, daß sich der Arzt, der wegen derartiger Erscheinungen konsultiert wird, häufig ratlos zeigt, daß er unschlüssig oder allzu leichtgläubig ist, und dadurch den Patienten und seine Umgebung auf eine recht gefährliche Bahn bringt [...] Rätselhafte Krankheiten, anomale Erscheinungen ohne organische Ursache, plötzliche und unerwartete Heilungen, die durchaus dazu angetan sind, eine ahnungslose Umgebung in Erstaunen zu setzen, Schmerzen, die gerade in einem Augenblick auftreten, der besonders geeignet erscheint, um der Umgebung etwas abzunötigen – so sehen die typischen Merkmale aus, die die Kandidaten für leibliche Stigmatisation auszeichnen.«[148]

Eingehend hat sich mit dem Stigmatisationsproblem der Jesuit Herbert Thurston beschäftigt. Er glaubt, daß das Beispiel des hl. Franziskus bei anderen einen »Kreuzigungskomplex« hervorgerufen habe.

»Seitdem den Beschaulichen die Überzeugung beigebracht worden ist, daß die Möglichkeit einer physischen Gleichförmigkeit mit dem Leiden des Herrn durch Anbringung seiner Wundmale an Händen, Füßen und Seite bestehe, da nahm in den Gemütern vieler die Idee dieser Art von Vereinigung mit ihrem göttlichen Meister Gestalt an. Es entstand in der Tat eine fromme Besessenheit, so sehr, daß bei einigen besonders empfänglichen Personen die in Geist und Gemüt aufgenommene Idee sich im Fleisch verwirklichte. Wenn die soeben gemachte Annahme wohl begründet sein sollte, dann dürften und sollten wir erwarten, daß die Veräußerlichung des ›Kreuzigungskomplexes‹ in ihrem Auftretungsgrad stark wechseln werde, je nach der Suggestibilität der einzelnen Persönlichkeit. Das trifft nun aber tatsächlich und wirklich zu. Es ist bemerkenswert, daß in sehr vielen Fällen die Ausbildung (der Stigmen) nicht irgend weiter geht als bis zu einer gewissen tiefen Rötung der Haut oder zur Bildung von etwas, was einer Blutblase ähnelt an jeder der Wundstellen. Es ist desgleichen bemerkenswert, daß die Form und Lage dieser Wunden oder dieser Male stark wechselt. In einigen Fällen befindet sich die Seitenwunde rechts, in anderen Fällen links. Manches Mal haben wir eine runde Öffnung, zu anderen Malen einen großen Schnitt, wieder einmal eine halbmondförmig gestaltete Wunde. Als Gemma Galgani die Geißelungsmale an ihrem Körper vorwies, die überreich bluteten, da entsprachen, wie berichtet wird, diese Wunden in Größe und Lage den Wunden, wie sie dargestellt sind auf einem großen Kruzifix, vor welchem sie zu beten pflegte. Als Anna Catherina Emmerich erstmals ausgezeichnet wurde mit einem Kreuz auf ihrer Brust, geschah dies mit einem Y-artigen Kreuz, in Wiedergabe der Form eines Kruzifixes zu Coesfeld, zu welchem sie in ihrer Kindheit große Verehrung gehabt hatte. Alle diese Dinge scheinen mehr für eine autosuggestive Wirkung zu sprechen als für die Verursachung durch eine äußere Ursache irgendwelcher Art. [...] Nun gibt es, während im Laufe der letzten sieben Jahrhunderte eine unermeßliche Zahl weiblicher Mystikerinnen sich findet, bei denen eine vollendete Stigmatisation nicht bezweifelt werden kann, nur zwei ganz klare Fälle von Männern, welche sichtbar ausgezeichnet waren mit allen fünf Wunden [der hl. Franziskus und Pater Pio von Foggia; der Verf.]. Überdies wissen wir auch nichts von einer periodischen Blutung von aufeinanderfolgenden Freitagen, so wie das bei stigmatisierten Frauen gewöhnlich ist. Die natürliche Folge scheint zu sein, daß nicht eine ungewöhnliche Tugend auf den Empfang der Wundmale vorbereitet, sondern irgendeine Form nervöser Empfänglichkeit, die sich bei Frauen öfter findet als beim Mann. Physisch gesunde Heilige [...] wurden nicht begnadigt, obwohl die Andacht zum Leiden unseres Herrn und der innige Wunsch nach Leiden bei ihnen allen offensichtlich war. Dagegen sind nicht wenige fromme Frauen, die aber nicht heilig gesprochen worden sind, und deren Geschichte hindeutet auf ein gewisses Übermaß von Empfindlichkeit, so ausgezeichnet worden, und haben periodisch die Leidensszenen wiederholt, wobei sie aus ihren fünf Wunden bluteten. So weit uns Berichte aufbewahrt sind über die Vorgeschichte stigmatisierter Personen, läßt sich behaupten, daß es kaum einen einzigen Fall gibt, in dem nicht eine der Stigmatisation vorangehende verwickelte Nervenstörung offensichtlich ist. [...] Es ist einfach eine Frage der pathologischen Veranlagung.«[149]

Die Entstehung und Entwicklung von Wundmalen zeigt zwar bei den einzelnen Stigmatisierten ein vielgestaltiges Bild; in vielen Fällen kann man aber auch auffallend ähnlich geformte Entwicklungen feststellen. So treten die Male fast nie gleichzeitig auf; sie unterliegen auch, aus welchen Gründen immer, einer wiederholten Veränderung.

3. Blutungen vor der Stigmatisation

Den Angaben gemäß hat Therese Neumann während ihrer Passionsekstasen viel Blut vergossen. Es wird in der Regel nicht beachtet, daß sie schon Jahre vor dem Auftreten von Wundmalen gelegentlich geblutet hat, vor allem aus den Augen. Dabei handelt es sich jedoch nicht um reines Blut, sondern um etwas blutig gefärbte wässerige Flüssigkeit. Dem Pfarrer Leopold Witt hat Therese erzählt, bereits um die Wende von 1923 auf 1924 hätten ihre Augen geblutet, das Blut sei allerdings nur »selten und nur tropfenweise« gesickert; dies habe aber weder sie noch ihr Arzt Dr. Seidl weiter beachtet.[150]

In einem am 7. November 1924 geschriebenen Brief spricht Therese Neumann wiederholt von Blutaustritt aus ihren Augen. Einmal sagt sie, ihre Augen seien »vom vielen Bluten ganz zugeklebt« gewesen. Später schildert sie ein »Geschwür im Kopf« und fährt dann fort: »Meine Augen brennen ganz. Immer die Schärfe von dem Blut, da werden die Lider ganz offen, denn die Wunde ist noch nicht geheilt. Die Augen bluten ständig ein bißchen, besonders, wenn ich den Kopf im geringsten bewege.« Dann spricht sie von Blutungen ohne nähere Angabe, wo diese aufgetreten sind; ihre Mutter habe »wegen dem Bluten« oftmals die Bettwäsche wechseln müssen.[151] Ähnlich lauten die Angaben Thereses, die sie etliche Jahre später Dr. Gerlich gemacht hat: Aus dem äußeren rechten Gehörgang sei »Eiter und Blut« geflossen; zur gleichen Zeit sei aus den Augen »ein wenig eitriges Blut« gesickert.[152] Auch in einem am 16. Juni 1925 geschriebenen Brief erwähnt Therese Blutungen. Da spricht sie zunächst von einer durch die hl. Theresia erhaltenen Hilfe und fährt dann fort: »Aber gesund bin ich noch nicht, weißt, das andere Leiden, das vom Blut herkommt, ist mir geblieben.«[153]

Der Hausarzt der Neumann-Familie, Dr. Seidl, weiß von ihrer Neigung zu Blutungen aus den Ohren und aus dem Halse bereits während der Zeit, da sie gelähmt war.[154] Pfarrer Naber sagt sogar: »Ein Jahr lang war ihr infolge eines Kopfgeschwürs das Blut aus den beiden Augen und dem rechten Ohr gelaufen.«[155] Nach den Worten des Pfarrers fingen »zu Fastnacht 1926 die Augen [...] wieder zu bluten an«.[156]

Bemerkenswert erscheint ein Hinweis in dem ärztlichen Bericht, den Dr. Seidl im Jahre 1926 verfaßt hat. Kurz vor oder nach dem 16. Februar wurde er zu Therese gerufen, weil sich ihr Befinden verschlimmert habe. »Sie klagte über heftige Kopfschmerzen und über allgemeines Krankheitsgefühl.« Bei einem weiteren Besuch konnte der Arzt »das Ausfließen einer schwach blutig gefärbten Flüssigkeit aus den Augen« beobachten; es waren Blutungen »nur in angedeuteter Form«. Dr. Seidl hielt das Leiden für Influenza. »Als ich«, so sagt er, »diese Beobachtung machte, durchzuckte mich ärgerlich plötzlich der Gedanke«: »Sie wird nicht doch noch stigmatisiert werden.«[157] Der Gedanke des Arztes war, wie sich sehr bald herausstellen sollte, durchaus berechtigt. Auffallend erscheint, daß Dr. Seidl über die später aufgetretenen Blutungen aus den Augen und »Wunden« weder durch Pfarrer Naber noch durch die Eltern Thereses verständigt worden ist; man hat ihn auch nicht über die Ereignisse am Karfreitag 1926 informiert, obwohl Therese an diesem Tag mit den Sterbesakramenten versehen wurde.

4. Verehrung des Leidens Jesu

Wenn von stigmatisierten Personen die Rede ist, dann drängt sich der Gedanke auf, das Entstehen von Wundmalen sei eine Folge der Betrachtung des Leidens Jesu. Wie steht es bei Therese Neumann? Es überrascht ein wenig, daß die einschlägigen Berichte sehr widersprüchlich sind.

Bischof Teodorowicz schreibt in Anlehnung an die von der Stigmatisierten erhaltenen Information: »Sogar wenn die Annahme des natürlichen Auftretens der Stigmata als Folge immerwährender Betrachtungen über das Leiden Christi haltbar wäre, so fände sie keine Anwendung auf Therese Neumann, die ja während ihrer langjährigen Krankheit keine Betrachtungen über das Leiden Christi anstellte, wie allgemein bekannt ist.« Teodorowicz betont, er habe sich mit Therese eingehend unterhalten und dabei erfahren, »daß sie keine besondere Andacht zum Leiden Christi vor der Stigmatisation anstellte«. Daraus folgert er: »Desto weniger konnte man Therese Neumann zumuten, daß sie sich nach den Stigmen sehnte. Sie wußte vor allem nichts über Stigmen und Stigmatisierte.« Ja, der Bischof betont sogar, sie habe sich »weder vor noch nach der Stigmatisation mit der Betrachtung des Leidens des Herrn« befaßt.[158] Sollten die Angaben stimmen, dann hätten ihr der »Schmerzhafte Rosenkranz«, die Kreuzwegandacht, die Fasten- und Passionszeit, die Karfreitagsliturgie und Darstellungen des Gekreuzigten nie etwas zu sagen gehabt. Freilich, wie erwähnt, die Berichte sind sehr widersprüchlich. Teodorowicz widerspricht sich sogar selbst. Bei seinen Angaben über die Kindheit Thereses beruft er sich auf die von Pfarrer Naber erhaltene Versicherung: »Sie betet gerne den Kreuzweg.«[159]

Die meisten Autoren sagen, daß Therese Neumann gerne Betrachtungen über das Leiden Christi angestellt hat. Da schreibt Boniface: »Besonders beobachtete man, daß sie die Leidensgeschichte trotz aller Bemühungen sich zu beherrschen, nicht anhören konnte, ohne zu weinen. Oft verbarg sie sich in der Kirche, um nicht bemerkt zu werden«.[160] Pfarrer Leopold Witt erzählt, Therese habe »schon im zarten Kindesalter« eine besondere Liebe zur Verehrung des bitteren Leidens und Sterbens Jesu gehabt: »Wenn in der Schule davon gesprochen wurde, preßte ihr dies Tränen des Mitleids aus.

Der heilige Kreuzweg des Herrn gehörte schon früh zu ihren liebsten Andachten. Sie verrichtete ihn, wie sie es in der Kirche von Priester und Volk sah. Mit einer Freundin zusammen habe sie sich während der Schulpause gerne in die Kirche begeben und das Leiden und Sterben Christi betrachtet; ihr Mitleid mit dem leidenden Heiland habe sie manche Träne gekostet.«[161]

Anni Spiegl sagt im Blick auf die Zeit vor dem Auftreten der ersten Wundmale Thereses: »Sie liebte es, in langen, schlaflosen Nächten das Leiden Christi zu betrachten.«[162] Aufgrund der Angaben aus dem Munde der Stigmatisierten hat Bischof Teodorowicz erklärt: »Das mystische Leben und die mystischen Gnaden Therese Neumanns beginnen erst nach der Stigmatisation.« Sie hat dem Bischof versichert, sie habe vorher nichts von inneren mystischen Erlebnissen in sich verspürt. Aber Therese hatte ihm doch ausführlich über ihre »Erlebnisse mit der hl. Theresia« berichtet; sie hat ihm erzählt, daß sie bereits im Jahr 1922 für andere »stellvertretend gelitten« hat; er hat auch von wunderbaren Heilungen gehört. Müßte man so etwas nicht als mystische Erlebnisse bezeichnen? Dazu kommen noch die »wunderbaren Fernkommunionen« Thereses in ihrer Kindheit und die »wunderbare Erscheinung«, die sie an ihrem Erstkommuniontag gehabt haben will. Freilich, da muß man berücksichtigen, daß diese »mystischen Erlebnisse« auch ihr damals, als sie mit Bischof Teodorowicz sprach, noch nicht bekannt waren.

5. Die Passionsvisionen

Thereses Ekstasen dauerten für gewöhnlich an den Passionsfreitagen bis gegen 13 Uhr. Wie Anni Spiegl berichtet, begann im Jahr 1926 das Leiden am Gründonnerstag um 23 Uhr und dauerte bis zum Karfreitag gegen 15 Uhr.[163] Sowohl der Anfang wie auch das Ende variierte in den einzelnen Jahren erheblich. Im Jahr 1930 fragte ein Besucher Konnersreuths, Rektor August Licht, Pfarrer Naber, wie lange die Passion dauere. Er bekam zur Antwort, »das richte sich nach der größeren oder geringeren Menge der Besucher«.[164] – Therese Neumann hat aber doch angeblich alles so erlebt, wie es sich zu Jesu Zeiten abgespielt hat!

Am Freitag, dem 6. März 1931, befand sich Pfarrer Naber »während der Kreuzigungsekstase« einige Zeit alleine im Zimmer Thereses und »betrachtete in ihr mitleidvoll den sterbenden Heiland«. Da öffnete sie die Augen und schaute den Pfarrer »herzlich wehmütig« an. Einige Zeit darauf sprach sie »im Zustand der Eingenommenheit«: »Dich habe ich auch unter dem Kreuz des Heilands gesehen; du hast wehmütig auf den Heiland und der Heiland gut auf dich geschaut.« Eine weitere Aufklärung erhielt der Pfarrer, als ihm Therese »dann im erhobenen Ruhezustand« versicherte: Das war ein »großer Gnadenerweis«.[165]

Überlegen wir uns: Wie lassen sich derartige Szenen mit dem Glauben vereinbaren,

Therese Neumann habe längst vergangene Ereignisse so geschaut, wie sie sich tatsächlich abgespielt haben?

In der Konnersreuth-Literatur werden Thereses Passionsekstasen als ergreifende Vorgänge geschildert; ihre Visionen sollen das wiedergegeben haben, was sich am Karfreitag in Jerusalem abgespielt hat. Wie die Schauungen der Stigmatisierten wirklich verlaufen sind, darüber findet man nur wenige Berichte. Solche verdanken wir beispielsweise Prof. Killermann, der am 23. März 1928 in Konnersreuth Augen- und Ohrenzeuge war: Die Stigmatisierte klagt immer wieder darüber, daß ihr so heiß sei. Pfarrer Naber fragt sie, ob sie den Heiland gern habe; sie bejaht die Frage, nimmt aber sofort wieder ihre Klage über die große Hitze auf: Auf dem Ölberg, so versichert sie, sei es kälter gewesen als in ihrem Bett, wo es so heiß sei. Während ihrer Visionen gebraucht sie sonst ihre oberpfälzische Mundart; aber beim Thema »Wissenschaft«, das sie auch während ihrer Freitagsschauungen nicht losläßt, geht sie in die Schriftsprache über. Sie schimpft über die »ungläubige Wissenschaft«. Insbesondere greift sie den Arzt Dr. Aigner an, jenen Mann, den sie bei seinen ersten Besuchen gerne empfangen hat, weil sie die Hoffnung hegte, ihn »bekehren« zu können. Sie verweist auf den Ausspruch des griechischen Philosophen Sokrates: »Ich weiß, daß ich nichts weiß.« Dann betont sie: »Dem Bischof von Würzburg hat der Heiland auch etwas wissen lassen durch Schreiben.« Was sie mit diesem Hinweis gemeint hat, ist unbekannt. Dieser Bischof gehörte nicht zu ihren Bewunderern; er gehörte der »ungläubigen Wissenschaft« an; wahrscheinlich hat sie ihm etwas mitteilen lassen, was ihn »gläubig« machen sollte. Im Laufe der Visionen spricht sie zu wiederholten Malen die Vermutung aus, daß sich der Heiland auf den Heimweg mache. Sie weiß nichts davon, daß er dem Tod entgegengeht. Gegen Mittag befaßt sich Therese mit dem Thema »Kreuzesholz«. Sie erklärt: »Zum Einschüren ist kein Ofen da.« Sie hat keine Ahnung davon, wozu das Kreuzesholz dienen soll. Pfarrer Naber fragt sie, was man mit dem Holz machen solle. Sie gibt zur Antwort: »Der Heiland darf jetzt heim!« Naber will ihr Nichtwissen korrigieren und sagt: »Am Ende nageln sie ihn aufs Kreuz nauf.« Darauf weiß sie nur zu erwidern: »Das sag ich ihm.« Naber schaltet sich noch einmal ein: »Gewiß, die bösen Leute haben ihm viel angetan.« Die Stigmatisierte widerspricht ihm: »Ganz gewiß nicht!«[166]

Der Mangel an einem tieferen Verständnis der Vorgänge am Karfreitag in Jerusalem blieb bei allen Freitagsekstasen der Stigmatisierten erhalten. So berichtet Lama: »Nach der ekstatischen Schau der Kreuztragung und des ersten Falles unter dem Kreuz versucht der Pfarrer auf meine Anregung hin sofort auf die Tatsache der Kreuzigung hinzuführen. Alle Versuche mißlangen. Sie blieb hartnäckig dabei, daß der liebe Heiland ja gar nicht ans Kreuz genagelt werde.«[167]

Nicht einmal bei der Ankunft Jesu auf Golgotha wird ihr klar, worum es geht; sie äußert auch da noch die Überzeugung, Jesus werde freigelassen. Der Anblick des Kreuzes läßt sie ihre Vermutung aussprechen: »Sie ham ihn halt a Bauholz rauftragen lassen.« Teodorowicz sagt: »Der bloße Gedanke an seinen Tod klingt wie Gotteslästerung in ihren Ohren.« Sie erzählt während ihrer Schauung Pfarrer Naber vom Balken, den Jesus tragen muß. Der Pfarrer will sie auf das richtige Verständnis hinführen und sagt: »Der Heiland wird gewiß an diesen Balken geschlagen.« Aber Therese fährt ihn entrüstet an: »Wie verstehst du dich, so etwas zu sagen! Ich werde dich vor dem Heiland verklagen.«[168]

Therese Neumann hat bei ihren Freitagsvisionen nie begriffen, worum es ging; ihr Verstand war nie erleuchtet; er wurde vielmehr verdunkelt und blieb verdunkelt. Wie soll man derlei »Visionen« einschätzen?!

Am Freitag vor dem Palmsonntag 1928 befand sich unter den vom Regensburger Bischof gesandten Augen- und Ohrenzeugen Domkapitular Dr. Reichenberger. Auch seine Aufzeichnungen offenbaren, wie »ergreifend« Thereses Passionsekstasen waren. Hier seien angeführt die Bemerkungen der Stigmatisierten nach den einzelnen Visionen:

6.15 Uhr: Therese zu Reichenberger: Nahe beim Bischof ist ein Herr, der gegen die Sache ist. »Wer dagegen oder dafür ist, erfährst Du noch. Deshalb wird es auch nicht anders; der Heiland tut doch, was er will. Der neue Bischof (= Michael Buchberger) möchte alles recht machen.«

6.30 Uhr: »Herr Martini war auch gut. Aber der Killermann hat sich nicht recht ausgekannt, nicht ganz.« – Jetzt wird Therese ganz schwach, gähnt, stöhnt. Man kann jetzt mit ihr gar nichts reden. Sie weiß nichts mehr vom Bischof, nichts von der hl. Theresia, kennt mich nicht mehr, auch nicht Dr. Seidl. Auf Fragen sagt sie: »Den Heiland kenn' ich schon, man muß nicht alles kennen.« – Dr. Seidl stellt ihr eine Frage. Sie geht darauf nicht ein, sondern antwortet: »Heiß ist mir. Wer bist Du? Was da schmeckt?« (Dr. Seidl hatte vorher bei einer Entbindung geholfen und hernach seine Hände mit Lysol gewaschen; den Lysolgeruch konnte man wahrnehmen). Therese spricht: »Das mag ich nicht, das stinkt.«

6.40 Uhr: (Nach der Schau der Gefangennahme Jesu): »Wo der Heiland da war, hat es nicht so geschmeckt. Jetzt, wo er furt ist, schmeckt es wieder. Ich vertrag es schon.«

6.45 Uhr: Therese klagt wieder über den lästigen Geruch.

7.00 Uhr: Therese: »Dem Heiland ist es schlecht geworden. Da schmeckt es; das wächst mir da hinein« (sie zeigt auf ihren Mund).

7.05 Uhr: Therese greift mit ihrer rechten Hand zum Rücken und spricht: »Heiland, wie das sticht!« – Dr. Seidl erklärt, es handele sich um rheumatischen Schmerz. Thereses Mutter behauptet jedoch, ihre Tochter habe Lungen- und Rippenfellentzündung; der Vater meint, Thereses Schulter sei geschwollen.

7.15 Uhr: Therese klagt: »Beim Heiland stinkt es nicht so.« – Um 7.30 Uhr entfernt sich Dr. Seidl.

7.30 Uhr: Therese klagt, nun rieche auch ihre eigene Hand (Dr. Seidl hatte ihr zum

Abschied seine Hand gereicht). Therese: »Dem Heiland zulieb will ich dieses Zeug ertragen.« – Sie tut, als ob sie sich erbrechen müßte. Sie klagt: »Es würgt mich drinnen; was das ist?« – Sie versucht hartnäckig, sich zu erbrechen. Ihre Mutter hilft nach, indem sie der Tochter mit einem Finger in den Mund greift; der Erfolg: Erbrechen von ein wenig Schleim. Darauf wieder: Starkes Würgen.
8.25 Uhr: Therese erklärt: »Da geh ich fort von dem stinkenden Zeug.«
9.00 Uhr: Therese: »Durch die Wissenschaft kommt niemand dem Heiland näher«, sie glaubt nicht an Gott. – Der Weihbischof ist gut, den hat der Heiland gern; er hat es mit der Wissenschaft nicht so arg. Im Domkapitel sind solche, die es mit der Wissenschaft arg haben. Was hat der Heiland für Wissenschaftler gehabt? Größtenteils Fischer. – »Der Heiland hat es ihm verziehen, dem alten Bischof [= Antonius von Henle]. Der jetzige Bischof ist anders; er erkundigt sich besser.« – Therese spricht zu Prof. Dr. Gemelli. Sie sagt ihm, daß er wahrscheinlich bis zum kommenden Mittwoch beim Hl. Vater sein werde, wenn nichts dazwischen komme (Nachher bestätigte Gemelli, daß er die Absicht habe, bis Mittwoch zum Hl. Vater zu kommen).
9.30 Uhr: Frau Neumann fordert die anwesenden Herren zum Verlassen des Zimmers auf. – Die Wunden und das Blut sind während der ganzen Zeit trocken.
9.35 Uhr: Die Herren betreten wiederum das Zimmer der Stigmatisierten. Nunmehr ist das Blut auf der linken Hand frisch.
13.40 Uhr: Therese spricht zu Dr. Reichenberger: »Du kannst wieder heimgehen, wenn Dir auch der Bischof sagte, daß Du bis morgen bleiben mußt. Die Gnad' kommt vor Ostern nicht mehr.« (Der Bischof hatte Dr. Reichenberger den Auftrag gegeben, er solle für den Fall, daß Therese den Empfang der Hostie in Aussicht stelle, bleiben).[169]

Das war es, was Dr. Reichenberger in Konnersreuth am Freitag vor dem Palmsonntag erlebt hat. Von einem religiösen Gehalt der »Schauungen Thereses« nicht die geringste Spur! Womit sich die Schauende immer wieder angelegentlich beschäftigt, ist ihre Furcht vor der »Wissenschaft«. Sogar während der Freitagspassion wird sie von der Angst beherrscht, entlarvt zu werden.

Thereses wiederholte Klage über den unangenehmen Lysolgeruch offenbart, was von ihren Schauungen zu halten ist. Eine gewisse Parallele dazu bietet die Schau des Bethlehemitischen Kindermordes.[170] Aus der kurzen Notiz im Evangelium macht sie einen wahren Roman. Bei der Schilderung der Szene, wie die etwa siebzig ermordeten Kinder, die »Butzerln«, in den Himmel gezogen sind, wendet sie sich an ihren zweijährigen Neffen Josef und erzählt ihm: »Sie wurlten [= liefen] so durcheinander. G'sungen ham s' [= haben sie] auch. Ganz fein. Aber i hab's nit verstanden.« Plötzlich unterbricht sie ihre Schilderung und fragt ihren Neffen: »Hast du an Haring g'habt?« Sie erörtert die Frage, ob ihr Neffe einen Hering zu essen bekommen habe; dann fährt sie in ihrem Bericht über die ermordeten Kinder fort. – Wie soll man das beurteilen, was Therese Neumann angeblich an einzelnen Freitagen »geschaut« und »gelitten« hat? Darauf hat schon im Jahre 1927 der evangelisch-lutherische Pfarrer Simon geantwortet: »Was ist Golgotha für sie? Ein vergangenes Schauspiel! [...] Aber eine religiöse Bedeutung kann einer solchen Schau, die den Sinn der Vorgänge überhaupt nicht kennt, unter keinen Umständen zugesprochen werden. [...] Von diesem geistigen Gehalte des Leidens Jesu aber schweigt in Konnersreuth alles, vom Glauben, vom Gehorsam, von der Liebe Jesu – auch nicht ein Wort! Bei solchen Mängeln können wir in der intensiven Beschäftigung Thereses mit den Leidensphasen Jesu grundsätzlich nichts anderes sehen als eine religiös verbrämte Parallele zu dem Wühlen in den schauerlichen Einzelheiten gräßlicher Folterungs- und Hinrichtungsszenen, wie sie Hintertreppenromane übelster Sorte ausmalen. [...] Christus hat nicht darum gelitten, daß kranke Phantasierer sich unter dem Deckmantel der Frömmigkeit getrost an solchen Szenen weiden können! Gar ein Gemütszustand, der sich in das körperliche Verspüren der Wunden Jesu hineinlebt, scheint uns mehr als mit echter Frömmigkeit mit einer Seelenkrankheit verwandt zu sein, für die nur Schmerzen Wollust bedeuten.«[171]

6. Therese Neumann und A. K. Emmerick

Teodorowicz behauptet, Therese Neumann habe »nichts über Stigmen und Stigmatisierte« gewußt. In diesem Zusammenhang kommt er auf die stigmatisierte Seherin Anna Katharina Emmerick zu sprechen. Über Therese Neumann schreibt er: »Sie liest keine Bücher über Visionen, wie beispielsweise die Werke der Katharina Emmerick; sogar später, als man ihr, der schon Stigmatisierten, dieses Buch zum Lesen anbietet, bezeigt sie keine Teilnahme dafür. Sie gibt es ihrem Pfarrer, der ihr das Buch überreicht, mit den Worten zurück: ›Wenn Sie mir befehlen, das Buch zu lesen, gehorche ich, aber wenn ich meinen Willen durchzusetzen hätte, so würde ich es nicht lesen‹, und sie hat keine Seite von den Offenbarungen der Katharina Emmerick gelesen«.[172] Ähnliche Aussagen hat Therese Neumann am 13. Januar 1953 in Eichstätt gemacht und durch einen Eid bekräftigt. Damals hat sie Auskunft über die Schriften gegeben, die sie früher gerne gelesen habe. Unter anderem nennt sie da als Lieblingslektüre die Zeitschrift DER SENDBOTE DES GÖTTLICHEN HERZENS JESU. Ein Aufsatz in der Märznummer des Jahres 1918 hat zum Thema: »Die Leidensblume von Coesfeld«. Im Jahr 1924 ist eine Abhandlung in mehreren Folgen über Katharina Emmerick veröffentlicht worden; unter anderem ist dort die Rede von ihren Wundmalen und von ihren »Sühneleiden«. Am 13. Januar 1953 hat Therese die Versicherung abgegeben: »Bücher über Visionen der seligen Katharina Emmerick und Ähnliches las ich in meinem Leben nie.«
Therese Neumann hat gelogen. Das beweist beispielsweise Pfarrer Naber: Am 8. August 1929 war Georg Liesch, damals noch Theologiestudent, das erstemal in Konners-

reuth; er hat den Ort im Lauf der Jahre noch öfter als zwanzigmal aufgesucht, das letztemal für zehn Tage im August 1974. Trotz mancher Bedenken und Zweifel hat er bis dahin geglaubt, es handle sich um wunderbare Dinge. Aber dann wurde aus einem Paulus ein Saulus. Dies kam so: Als er bei der Lektüre des Buches KONNERSREUTH ALS TESTFALL auf die eidlichen Aussagen Thereses stieß, hielt er erstaunt inne. Das Thema »Therese Neumann und Katharina Emmerick« hatte er doch ganz anders in Erinnerung. Er nahm sein Notizbuch und las nach, was er am 8. August 1929 notiert hatte. Dort stieß er auf einen Eintrag über ein Gespräch, das Pfarrer Naber mit ihm und einigen Priestern geführt hatte. Unter anderem erzählte der Pfarrer:»Ich habe der Resl die Visionen der Katharina Emmerick besorgt, um mich selbst von diesen Visionen leiten zu lassen, und die Resl liest dieselben mit großem Eifer.« Der Pfarrer fügte noch die Worte der Stigmatisierten hinzu, die sie über ihr Vorbild gebraucht hat: »Arms Moiderl, hast grad soviel leiden müssen wie i a.«[173]

Daß Therese Neumann die Unwahrheit gesagt hat, ist offensichtlich. Wir erinnern uns an ihre Beteuerung, sie habe sich »weder vor noch nach der Stigmatisation« mit der Betrachtung des Leidens Christi befaßt. Am 16. Januar 1953 hat sie unter Eid angegeben: »Wenn ich vom Leiden Christi höre, dann greift mich das nach kurzer Zeit so an, daß ich starke Herzbeschwerden bekomme und ohnmächtig werde.« Aber von solchen Folgen wird nie berichtet. Wenn sich in der Pfarrkirche von Konnersreuth die Gläubigen zum Rosenkranzgebet oder zur Kreuzwegandacht versammelten, war sie nicht dabei. Das ist keine bloße Vermutung. Sie selber hat ja unter Eid erzählt, sie habe mit Kardinal Faulhaber darüber gesprochen, dieser habe sie beruhigt, indem er erklärte, sie brauche sich keine Selbstvorwürfe zu machen, wenn sie »von den erwähnten Gebetsformen abstehe«.[174] Wer hat sie wohl darüber beruhigt, daß sie sich zumeist auch von der Teilnahme an der Eucharistiefeier dispensiert hat? Außerdem, wie ist es zu erklären, daß sie die Freitagspassionen ausgehalten hat – ohne Herzbeschwerden und ohne Ohnmachtsanfälle?

Wenn sich Therese Neumann auch vor 1926 nicht eingehender mit A. K. Emmerick befaßt hat, sie hat es dann bald nachgeholt. Im September 1927 führte sie ein Gespräch mit dem Minister Dr. Brauns. Dieser widersprach der Behauptung Thereses, die Mutter Jesu sei in Jerusalem gestorben, mit der Bemerkung, die Stigmatisierte von Dülmen habe als Sterbeort Ephesus angegeben. »Therese jedoch erwiderte, daß von den Schriften, die der Katharina Emmerick zugeschrieben werden, nur die Hälfte von ihr ist, die andere Hälfte aber von Brentano.«[175]

Die unzutreffende Behauptung Thereses – A. K. Emmerick hat ja keine Schrift verfaßt – verrät, daß ihr wesentlich mehr bekannt war als der Name Emmerick. Dafür gibt es viele Beweise. Vergleicht man beispielsweise die Visionen Emmericks mit denen Thereses, so stößt man gerade bei ganz ausgefallenen Szenen auf derart auffallende Parallelen, daß man von einem Zufall nicht mehr sprechen kann. Dies ist von Anfang an aufgefallen. So ist im KONNERSREUTHER SONNTAGSBLATT vom Jahr 1929 zu lesen: »Beide schauen, wie bei der Geißelung verruchte Buben dem Heiland, der nach seinen Kleidern zu greifen sucht, dieselben mit den Füßen wieder wegstoßen; beide sehen auch die Geißler, wie sie saufen. Was die sogenannte Dornenkrone betrifft, war sie nach Katharina Emmerick mehr eine Dornenhaube, ebenso nach Therese Neumann. Nach beiden Stigmatisierten trug Jesus sein Kreuz nicht zusammengefügt, sondern als drei lose Balken, die erst auf Golgotha zusammengefügt wurden, und das fertige Kreuz hatte die Gestalt eines griechischen Ypsilon. [...] Nach beiden Seherinnen wurde Jesus während der Vorbereitung zur Kreuzigung in einer Art Gewölbe gehalten und es entstand eine Pause.«

Beide Seherinnen stimmen auch in anderen Angaben überein. Alle Soldaten, die auf dem Ölberg zu Boden gefallen sind, haben sich später bekehrt; Maria war bei ihrer Vermählung 14 Jahre alt; die Mutter Anna war dreimal verheiratet; die Flucht nach Ägypten begann in Nazareth; Maria von Bethanien ist identisch mit Maria von Magdala; die Geschwister von Bethanien, Martha und Maria, hatten noch eine weitere Schwester, die »stille, die blöde Schwester von Lazarus«; jener Jüngling, der nackt vom Ölberg floh, war der Apostel Johannes. Schließlich sei noch eine Szene aus den Freitagsekstasen erwähnt. Therese Neumann sieht, daß die Schergen die Löcher am Querbalken des Kreuzes in zu weitem Abstand gebohrt hatten: »Sie binden einen Strick um das Handgelenk, bis die Hand hineinpaßt. Sie reißen dabei den Arm aus dem Schultergelenk. Dann wird auch dieser Arm festgebunden und der Nagel durch die Hand getrieben.« – Katharina Emmerick schildert: »Die drei Löcher im Kreuz sind zu weit gebohrt. Als sie die eine Hand angenagelt haben, reißen sie die andere mit den Stricken, die Füße anstemmend, auf das andere Loch. [...] Der Leib war aus allen Gelenken auseinandergezerrt.«[176]

7. Die Wundmale

a) Entstehung

Es ist bemerkenswert, daß Therese Neumann ihre Wundmale zu einer Zeit empfing, als sie krank war, und daß der Krankheitszustand lange Zeit anhielt. Um die Zeit der Fastnacht 1926, Mitte Februar, wurde sie »bettlägerig«. Erst am 17. Mai konnte sie »Bett und Zimmer wieder verlassen und zur Kirche gehen«.[177] Ihre verschiedenen Wundmale sind nicht auf einmal aufgetreten, sondern nacheinander zu verschiedenen Zeiten. Darüber gibt es eine Reihe von Berichten; sie stimmen aber nicht überein.

Als erstes Mal erschien die *Seitenwunde*. Gerlich gibt den 5. März an; Anni Spiegl nennt die Nacht vom 25. auf den 26. Februar. Der erste, der von der Seitenwunde spricht, Pfarrer Naber, schrieb am 4. Mai 1926 an Bischof Antonius von Henle: »Die Wunde am Herzen war schon 3 oder 4 Wochen vor Ostern bei Betrachtung des Heilandes am Ölberg plötzlich aufgebrochen.«[178] Während einer Ekstase verspürte Therese auf der linken Seite plötzlich einen so durchdringenden Schmerz, daß sie glaubte, sterben zu müssen. Es war, »als hätte ein Messer ihre Seite durchbohrt und sich ins Herz gestoßen«. Da sie zu dieser Zeit schwerkrank war, glaubte sie, ein weiteres Leiden habe sich eingestellt; an ein Wundmal dachte sie nicht. Sie suchte die Wunde vor den Eltern zu verbergen; nur ihre Schwester Kreszentia weihte sie ein.[179] Dem Autor Bruno Grabinski gegenüber hat Therese die Vermutung zum Ausdruck gebracht, ihre Seitenwunde sei zugleich eine Herzwunde. Daß dem so war, wurde ihr während einer Ekstase bestätigt; da wurde ihr offenbart, daß die Brustwunde »durch ihr ganzes Herz durchging«.[180] Über die Entstehung der Seitenwunde berichtete sie im Jahr 1953: Der Heiland auf dem Ölberg habe sie liebevoll angeblickt, da sei ihr gewesen, »wie wenn man mit einem scharfen Gegenstande von der rechten Seite auf die linke Seite durchs Herz sticht und dann ihn wieder zurückzieht«.[181] – Therese hatte die Wunde auf der linken Seite!

Die Herzwunde lag »über dem 4. Rippenknorpel dicht neben dem Brustbein«. Als dies Prof. Ewald vermerkte, »protestierte Therese, sie läge schon zwischen zwei Rippen«. Die Stigmatisierte täuschte sich.[182]

Gerlich schreibt, die Eltern der Stigmatisierten hätten die Herzwunde ihrer Tochter nie zu Gesicht bekommen, sie hätten auch nie verlangt, sie zu sehen.[183] Die Interesselosigkeit könnte man verstehen; aber den Berichten gemäß wurde Therese jeweils nach Beendigung der Freitagspassion von ihrer Mutter mit lauwarmem Wasser abgewaschen, von ihr wurden auch die Verbände gewechselt; bei dieser Gelegenheit hätte die Herzwunde nicht übersehen werden können.

Auch die Angaben über die Entstehung der Wundmale an den *Händen und Füßen* stimmen nicht überein. Pfarrer Naber sagt: Die Wunde »auf der linken Hand erschien am Schmerzhaften Freitag (26. März), die anderen zeigten sich nach dem Karfreitag«.[184] Andere Autoren lassen die Stigmen an den Händen und Füßen zur selben Zeit erscheinen, aber sie geben jeweils ein anderes Datum an. Staudinger nennt den 5. März 1926, Boniface den 13. März, Fahsel den 26. März, Grabinski den 2. April. Die widersprüchlichen Zeitangaben überraschen vor allem deshalb, weil sich die einzelnen Berichterstatter unmittelbar in Konnersreuth hatten informieren lassen. Noch verwirrender erscheint die Sache, wenn man zwei weitere Angaben betrachtet, die Therese Neumann anderen Biographen gemacht hat. Dem Pfarrer von Münchenreuth Leopold Witt hat sie erzählt: »Es gelang mir bis zum Gründonnerstag (1. April), die Seitenwunde (die anderen Wunden hatte ich noch nicht) vor den Eltern zu verbergen.« Der Erzbischof von Lemberg Teodorowicz erfuhr aus ihrem Munde, zuerst habe sie die Herzwunde empfangen, erst später die übrigen Stigmen. »Wann ich sie bekommen habe«, sagte sie, »weiß ich selbst nicht. Am Karfreitag abends waren sie einfach da.« Wesentlich später, am 15. Januar 1953, kannte sie das Datum der Entstehung ihrer Hand- und Fußwunden genau, nämlich den Karfreitag 1926.

Am 15. und 17. April 1926 beschrieb Naber die Wunden so: »Jetzt tragen beide Hände und Füße an der Oberseite rundliche, offene Wunden, aus denen reines Blut fließt.«[185] Der 15. April war ein Donnerstag, der 17. April war ein Samstag. Aus den Angaben Nabers muß man schließen, daß zur damaligen Zeit die Wunden nicht nur an den Freitagen Blut abgesondert haben.

Über das Auftreten der Wundmale an den *Innenflächen der Hände und an den Fußsohlen* sind sich die Biographen alle einig; sie nennen den Karfreitag 1927. Nur Therese selber wußte den Zeitpunkt nicht, als sie in Eichstätt vernommen wurde. Da erzählte sie den beiden Professoren Lechler und Mayr: »An einem Freitag desselben Jahres gingen die Wundmale durch die Hände; das genaue Datum weiß ich nicht mehr.«

Wie Boniface angibt, erschienen im Laufe des Jahres 1927, »auf mehrere Male verteilt«, acht Wundmale der *Dornenkrone*. Staudinger wurde anders informiert. Er schreibt, diese Stigmen seien bereits am 19. November 1926 vorhanden gewesen. Solche Kopfwundmale hat nie jemand zu Gesicht bekommen. Am 19. Dezember 1930 machte Pfarrer Naber den Nuntiaturrat Dr. Brunelli auf die Blutflecken aufmerksam, die sich auf dem Kopftuch der Stigmatisierten zeigten, und bemerkte: »Sehen Sie, hier sind acht Flecken, denn Therese hat auch auf dem Kopf acht Wunden.« Brunelli fragte: »Kann man sie sehen?« Naber beteuerte: »Sie sind klein, auch ich habe sie niemals gesehen.«[186] Dabei muß man bedenken, daß die Kopfwunden, wie Therese versicherte, »Dauerwundmale« waren. Als sie am 15. Januar 1953 in Eichstätt eidlich vernommen wurde, erklärte sie: »Ich bemerke noch, daß im selben Jahre (1926) als Dauerwundmale zu den bisher erwähnten noch die Kopfwundmale auf gleiche Weise wie die anderen hinzukamen (Blick des Heilandes bei der Dornenkrönung).«[187]

Wie Boniface angibt, hat Therese Neumann die Male an den Hand- und Fußrücken am 13. März 1926 erhalten; vor dem Karfreitag hätten ihre Eltern weder von diesen Malen noch von der Herzwunde etwas erfahren. Er sagt, Therese habe damals noch keine Ahnung davon gehabt, daß es sich um Stigmata handle; sie habe von solchen Dingen überhaupt nichts gewußt. Ja, er versichert sogar: »Am Karfreitag 1927 (15. April) empfing sie unter denselben Umständen die Wundmale an den Innenflächen der Hände und Füße, immer noch zu ihrem großen Erstaunen; niemand sagte ihr, um was es sich eigentlich handelte.«[188] Demnach müßte Pfarrer Naber, der im Frühjahr 1926 in einem Presseaufsatz die Öffentlichkeit informiert hat, wenigstens ein Jahr lang mit Therese kein einschlägiges Gespräch geführt haben. Außerdem hat sie doch im Jahr 1953 ausdrücklich versichert, ihr Herz sei durchbohrt worden, als sie der Heiland auf dem Ölberg »liebevoll« anblickte; trotzdem soll sie nicht gewußt haben, worum es sich handelte!

Wie Therese einmal versicherte, war im Gegensatz zur Seitenwunde jedes andere Wundmal nur oberflächlich ausgeprägt; jeweils zwischen den zwei Stigmen an den Händen und Füßen gab es keine Verbindung. Sie sagt darüber: »In den Händen und Füßen ist es mir, als wenn etwas drinnen stecken würde.«[189] Dr. Seidl wollte eine Aufnahme der Hände, Füße und des Thorax machen, »aber der Starrsinn des Vaters war dagegen«.[190]

Voranmeldung von Wundmalen – Bemerkenswert erscheint, daß Therese Neumann an einigen Körperstellen, an denen später die Wäsche Blutflecken aufwies, auch wenn keine Wunde zu entdecken war, längere Zeit zuvor über Druckempfindlichkeit klagte. Am Herz-Jesu-Freitag im November 1926 wies das Kopftuch der Stigmatisierten zum ersten Mal Blutspuren auf; schon längere Zeit vorher sprach sie von Schmerzen in der Kopfhaut. Während der Passionszeit 1929 traten die Wundmale an den Innenflächen der Hände und an den Fußsohlen auf. Schon am 15. Mai 1926 glaubte Dr. Seidl an diesen Stellen eine Druckempfindlichkeit feststellen zu können, »ohne daß hier äußerlich etwas Abnormales, etwa eine Hyperämie oder eine Anämie bemerkbar war«. Ähnlich verhielt es sich mit der »Schulterwunde«. Therese klagte schon lange über Schmerzen, bevor ihr Hemd an der betreffenden Stelle Blutspuren aufwies. Dr. Seidl meint dazu: »Die Tatsache, daß vor dem Auftreten der Blutungen am Kopf und an den Handflächen und an den Sohleflächen der Füße eine sehr starke Druckempfindlichkeit bestand, zwingt wohl zu der Annahme, daß biologische Vorgänge sich abspielen müssen, bevor die Stigmata sichtbar werden. Daß die Therese seit 1927 häufig an heftigen Schmerzen in der rechten Schultergegend leidet, die sie selbst für rheumatisch hält, berechtigt vielleicht mit einer gewissen Wahrscheinlichkeit zu der Annahme, daß über kurz oder lang auch das Stigma der Schulter sich zeigen wird.«[191] Dazu ist zu bemerken: Therese Neumann hatte niemals Wunden am Kopf und an einer Schulter; daß sie angab, in den Handflächen und an den Fußsohlen ein Schmerzgefühl zu haben, ist verständlich; sie wußte ja, daß bei der Kreuzigung Jesu Hände und Füße durchbohrt wurden.

Den Erzählungen der Evangelien entsprechend war die Reihenfolge der Jesus zugefügten Wunden folgende: Geißelung, Dornenkrönung, Kreuzweg (ohne Erwähnung einer Schulterwunde), Annagelung an Händen und Füßen, Seitenwunde. Bei Therese Neumann finden wir eine andere Reihenfolge: Seitenwunde, linker Handrücken, rechter Handrücken sowie Oberseite der Füße, Innenflächen von Händen und Füßen, »Dornenkrone«, »Schulterwunde« und »Geißelungswunden«.

b) Heilungsversuche

In der zweiten Hälfte des Monats Februar 1926 wurde Dr. Seidl an das Krankenbett der Therese Neumann gerufen. Bei seinem zweiten Besuch beobachtete er »das Ausfließen einer schwach blutig gefärbten Flüssigkeit aus den Augen«. Über die weiteren Ereignisse wurde er nicht verständigt, weder durch die Eltern Thereses noch durch Pfarrer Naber; er wurde auch nicht über die Vorgänge am Karfreitag 1926, an dem ihr der Pfarrer die Sterbesakramente spendete, informiert.

Am 15. Januar 1953 wurde Therese in Eichstätt gefragt, wie sie sich nach dem Empfang der Wundmale verhalten habe. Sie gab zur Antwort: »Ich ließ die Wundmale durch meine Schwester Kreszentia, wie eben andere Wunden auch, verbinden, verlangte von ihr, zu niemand davon zu sprechen und tat im übrigen alles Erdenkliche, um die Wundmale zu verbergen. Ich nahm ja ohnehin an, daß die Wundmale wieder verschwänden. Darum verwandte ich auch und meine Mutter verschiedene Hausmittel (gehackte Begonien- und Geranienblätter, Borsalbe, Ringelblumensalbe, von der Mutter verfertigt). Natürlich konnte ich auf die Dauer nicht verhüten, daß meine Mutter, die bei mir im Zimmer schlief, und durch sie der H. H. Pfarrer, der Vater und meine Angehörigen doch die Wundmale bemerkten.«[192]

Wenn Therese zusammen mit ihrer Mutter die Hausmittel anwandte, dann kann diese nicht zugleich unwissend gewesen sein.

Als Dr. Seidl in der ersten Hälfte des Monats April 1926 Therese aufsuchte, fand er ihre Handrücken mit Leinwandflecken bedeckt; sie waren mit den Wunden verklebt. Der Arzt wollte die Flecken entfernen. Therese ließ dies nicht zu, sondern sprach: »Das machen wir einfach so«, und riß den Fleck herunter. Die Folge war, daß die Wunde blutete. Zu diesem Vorgang meinte Dr. Seidl: »Das Ganze machte auf mich einen unangenehmen, peinlichen Eindruck.«[193] Die Wunden, die der Arzt zu sehen bekam, waren offen und klaffend. Er verordnete zur Heilung essigsaure Tonerde und legte Verbände an. Aber diese hatten eine völlig unerwartete Wirkung. Thereses Hände und Füße schwollen an; zugleich überfielen sie unerträgliche Schmerzen; sie jammerte, sie schrie; ja, sie wurde sogar ohnmächtig. Aber eigenartig, nahm man die Verbände ab, dann hörten die Schmerzen schlagartig auf. Sooft der Arzt neue Verbände anlegte, immer war die Wirkung die gleiche. Dr. Seidl verbot ausdrücklich, die Verbände zu entfernen.

Die Patientin hielt sich nunmehr an das ärztliche Gebot. Sie betete aber um Hilfe zur hl. Theresia. Diese kam und half sofort. Am 15. Januar 1953 hat Therese darüber nähere Angaben gemacht: »Auch durch unseren Hausarzt Dr. Seidl wurden Heilungsversuche unternommen, die mir große Schmerzen und Anschwellung der ganzen Hände und Füße bereiteten. Als ich mir gar nicht mehr helfen konnte, bestürmte ich in dieser Nacht, d.h. nach dem Auflegen der Heilsalbe des Arztes und der Verbindung der Wundmale durch ihn, die kleine hl. Theresia, die ich seit 1917 sehr verehrte, mir doch zu helfen bei der Heilung der Wunden oder mir doch Erleichterung und Rat werden zu lassen. Der Arzt hatte nämlich den Verbandwechsel verboten, wozu die Umgebung mich anstiftete. Die angerufene Heilige brachte mir Erleichterung: Die Geschwulst ging zurück, über den bis dahin feuchten Wundstellen hatte sich, wie man nach Wegnahme des nunmehr locker gewordenen Verbandes feststellen konnte, ein gelatineartiges Häutchen gebildet.«[194] – Das ist eine ganz seltsame Sache. Die Hausmittel haben keine Schmerzen bereitet; die Heilsalbe des Arztes hatte unerträgliche Pein sowie Schwellung der Hände und Füße zur Folge! Aber immerhin, Salbe und Verband des

Arztes waren von Erfolg gekrönt: Die offenen und klaffenden Wunden hatten sich allesamt mit einem Häutchen bedeckt.

W. J. Bekh behauptet: »Unzählige Ärzte haben diese seltsamen Stigmen-Gebilde untersucht, haben ihrer Patientin arge Schmerzen zugefügt; keiner vermochte den niemals vernarbenden Wunden auch nur im geringsten beizukommen«.[195] Bekh hat etwas Wichtiges anzugeben vergessen: Er hat keinen einzigen der »unzähligen« Ärzte namentlich angeführt. Es waren in Wirklichkeit außer Dr. Seidl nur ganz wenige Ärzte, denen eine Betrachtung der Handwundmale gestattet wurde. Deren Namen sind bekannt. Keiner von ihnen, außer Dr. Seidl, hat versucht, »den Wunden beizukommen«; keiner hat Therese Neumann Schmerzen bereitet, auch Dr. Seidl nicht. Dieser ist auch der einzige Arzt, dem sie vorgeworfen hat, er habe sie gequält. Am 29. und 30. Juli 1926, einem Donnerstag und Freitag, weilte der Würzburger Prof. Dr. Wunderle in Konnersreuth. Am Donnerstag waren im Zimmer Thereses außer Prof. Wunderle anwesend Pfarrer Naber, Prof. Fischer aus Bamberg und Dr. Seidl. Über den Besuch hat sich Therese so geäußert: »Es war mir, wie wenn die nichts Aufrichtiges mit mir vorhatten. Wie wenn sie glaubten, ich wäre nicht, wie ich sein soll. Ich kam mir so hilflos vor [...]. Ich habe ganz wenig geplaudert. Prof. Wunderle war mir sehr unsympathisch. Er hat ungefähr so dreingeschaut: ›Ich versteh' etwas, da komm' ich jetzt.‹ Am liebsten hätte ich gesagt: ›Ich möcht' raus [heraus]. Ja, noch mehr.« Therese erzählt weiter: Dr. Seidl hat nach seiner Ankunft die bereits Anwesenden aufgefordert, das Zimmer zu verlassen; dann griff er nach einer Pinzette; diese entglitt seinen Fingern und fiel zu Boden; der Arzt fluchte; die Pinzette entglitt ihm ein zweitesmal. »Er hat in die Wunde der linken Hand hineingestochen. Da sei ihr übel geworden und sie habe Herzbeschwerden bekommen. Dann seien die übrigen wieder hereingekommen. Sie habe erklärt: ›Ich halte es unbedingt nicht mehr aus!‹« Dann habe sie die Männer aufgefordert, sie sollten sich entfernen.[196]

Was Therese behauptet hat, ist völlig unglaubwürdig. Erst aufgrund der Lektüre der Schrift Gerlichs erfuhr Dr. Seidl von dem Vorwurf, er habe geflucht. Darum stellte er Therese zur Rede und verlangte, »näher darüber nachzudenken«. Sie blieb ihm eine Antwort schuldig. Der Arzt bemerkt dazu: »Ihr Gewissen scheint nicht besonders empfindlich zu sein.«[197]

Im März 1928 hielt sich der Freiburger Nervenarzt Dr. Aigner zwei Wochen lang in Konnersreuth auf. Er hatte vor, Wundmale genauer zu untersuchen. Zu diesem Zweck hatte er »schon alle Vorbereitungen für kapillarmikroskopische Aufnahmen getroffen«. Er mußte aber »alles abbrechen«. Der Vater der Stigmatisierten erklärte, er lasse »keine neue Untersuchung« mehr zu. »Selbst ein bescheidener Versuch, zu dem sich Therese bereit erklärte, mit dem Taschenspiegel die Atemluft auf ihren Wassergehalt zu prüfen, wurde von dem Vater in diktatorischer Weise unterbrochen.«[198]

In der Frage, ob Stigmen echt sind, das heißt, nicht künstlich erzeugt und unterhalten werden, ist in erster Linie die Medizin zuständig. Dr. Deutsch schreibt:

»Für die Echtheit der Stigmen beruft man sich darauf, daß sie sich durch ihr Aussehen von gewöhnlichen Wunden unterscheiden. Diese Behauptung ist unrichtig. Jeder erfahrene Chirurg hat die Wunden ähnlicher Art, wie sie von den verschiedenen Beobachtungen der Therese Neumann beschrieben werden, hundertfach gesehen; dabei handelte es sich in allen Fällen um gewöhnliche chronische Wunden, die auf durchaus natürliche Weise entstanden waren.«[199] Dr. Deutsch hat verlangt, man solle zum Schutz einer der Wunden einen Gipsverband anlegen, so daß von außen her kein Einfluß genommen werden könne. Das wurde von der Familie Neumann unentwegt abgelehnt. Der verlangte Echtheitsbeweis hätte auch erbracht werden können, ohne daß Therese ihr Elternhaus hätte verlassen müssen.

Im 19. Jahrhundert lebten zwei stigmatisierte Frauen, die auf einfache Weise als Schwindlerinnen entlarvt wurden. Die eine war Caroline Beller aus Lütgeneder bei Warburg, die andere Anna Maria Kinker aus Borgloh in Westfalen. Bei Caroline Beller versah der behandelnde Arzt Dr. Pieper eines der Wundmale mit einem Verband, in den er ein Stück Papier eingelegt hatte. Als er den Verband abnahm, war unschwer zu erkennen, daß das Papier mit einer Nadel durchstochen worden war. Daraufhin hat die Frau ihren Betrug eingestanden.[200]

Daß es in Einzelfällen zur Stigmenbildung gekommen ist, kann nicht bezweifelt werden. Der Arzt Dr. Lechler hat in einer Reihe von Versuchen nachgewiesen, daß Stigmen durch Suggestion erzeugt werden können. Er bringt in seinem Buch DAS RÄTSEL VON KONNERSREUTH mehrere Bilder von Versuchspersonen, die an Händen und Füßen Wundmale bekamen, und zwar allein auf suggestivem Wege.[201] Von der Wirkung von Suggestion, sei es Hetero- oder Autosuggestion, wissen namentlich Neurologen und Psychiater zu berichten. Es gelang solchen Fachärzten, durch Suggestion Hautröte, Ödeme und lokalisierte Brandblasen hervorzurufen. Einen merkwürdigen und aufschlußreichen Fall hat C. L. Schleich erlebt. Er saß in seiner psychiatrischen Praxis einer hysterischen Dame gegenüber, der beim Summen des Ventilators der Gedanke an das Summen einer Biene kam. Sie sprach: »Das summt ja so, (wie) wenn das eine Biene wäre! Sie könnte mich stechen! Wenn das mein Auge träfe!« Schleichs Versuche, die Dame zu beruhigen, blieben ohne Erfolg: Innerhalb einer knappen Viertelstunde schwoll ihr unteres Augenlid »zu einer fast hühnereigroßen Geschwulst (Ödem) an, mit teigiger Konsistenz und deutlich entzündeter Rötung, bei großer Schmerzhaftigkeit«.[202]

Bei Therese Neumann hat ohne Zweifel Suggestion eine große Rolle gespielt. Dies gilt insbesondere hinsichtlich ihrer angeblichen Leiden und Schmerzen. Aber es fällt äußerst schwer, daran zu glauben, daß ihre Wundmale, deren Entstehen und Weiterbestehen, auf diese Weise erklärt werden müßte. Alles, was bisher zur Sprache kam, spricht dagegen.

c) Die Passionstage

In den Wochen nach Ostern 1926 sonderten Thereses Wunden immerfort ein wenig Blut ab. Erst allmählich beschränkte sich die Blutabsonderung auf bestimmte Freitage, an denen sich Passionsekstasen einstellten; aber auch da kam es nicht immer zu Blutungen.

Leidensfreie Freitage – An welchen Freitagen hatte Therese Neumann ihre Schauungen? Die verschiedenen Autoren geben eine Übersicht; die angegebenen Termine stimmen aber nicht überein.

Dr. Hynek sagt, die Leidensekstasen seien ausgeblieben vom Beginn des Advents bis zum Sonntag Septuagesima (3. Sonntag vor dem ersten Fastensonntag) und von Ostern bis Christi Himmelfahrt; sie seien auch nicht eingetreten, wenn auf einen Freitag ein Feiertag oder eine kirchliche, freudige Gedenkfeier fiel. Zu solchen Tagen zählten beispielsweise die Apostel- und Marienfeste.[203]

Ernst Doebele (Pseudonym: Franz Huber) weicht von den Angaben Hyneks ab. Er sagt, erst im Laufe der Jahre habe sich eine Regelmäßigkeit herausgebildet. Vom Karfreitag 1926 an sollen die Passionen »mit Unterbrechungen unregelmäßig und darum unberechenbar« aufgetreten sein; seit dem 30. September 1926 habe Therese Neumann die Passion Jesu jeden Freitag geschaut, in den zwei darauf folgenden Jahren hätten die verschiedenen Wundmale nicht regelmäßig geblutet, nur an den Freitagen der Fastenzeit sei jedesmal Blut ausgetreten; von Christi Himmelfahrt an bis zur Karwoche des folgenden Jahres 1927 seien die Blutungen an den Händen und Füßen ausgeblieben, nur die Augen sowie die Herzwunde hätten Blut abgesondert, mit der Zeit habe sich jedoch eine erkennbare Regelmäßigkeit im Auftreten der Passion herausgebildet.[204]

Im Unterschied zu Hynek gibt Doebele an, die Passion sei an den Freitagen von Weihnachten bis zur Fastenzeit und von Ostern bis zum Herz-Jesu-Fest ausgefallen. Er spricht von einer weiteren Pause: »Am 19. August 1927 blieb gegen alle Erwartung die Passion das erstemal aus und in den folgenden Jahren hat es sich gezeigt, daß sie jeweils etliche Wochen im August und September ausfiel, mit einer solchen Regelmäßigkeit, daß diese zur Wahrscheinlichkeit wurde und es erlaubte, mit ziemlichem Verlaß darauf Dispositionen zu treffen, die sich bei Passionen schwerlich und nur umständlich hätten treffen lassen: eine Ortsveränderung vorzunehmen; bei der Schwester, die in Eichstätt den Haushalt des Professors Wutz führte, einen Besuch von vier bis sechs Wochen zu machen, eine Fahrt zu unternehmen zu Freunden, die eingeladen hatten; im Auto des Professors Wutz oder des Dr. Gerlich eine Tour durch eine schöne Gegend des Bayernlandes zu machen.«[205] Die Angabe Doebeles stimmt nur teilweise. So begann am 19. August 1927 die Passion ungefähr um 1 Uhr, brach aber dann plötzlich nach etwa einstündiger Dauer ab. Als Grund wurde angegeben, dieser Freitag falle in die Oktav von Mariä Himmelfahrt.[206] Offenbar ist dies Therese erst verspätet eingefallen, oder es war etwas eingetreten, was den normalen Ablauf der Passion »hinderte«.

Vergleicht man die einschlägigen Berichte der verschiedenen Jahre, so stellt sich ein Zweifaches heraus: Eine verläßliche Regel hinsichtlich der Leidensfreitage gibt es nicht. Therese Neumann allein war es, die jeweils eine Entscheidung traf.

Ausnahme von der Regel – Interessant sind jeweils die Begründungen, die entweder für das Ausfallen der Passion oder für das unerwartete Eintreten vorgebracht werden. An den zwei letzten Freitagen des Monats August und am ersten Freitag im September 1928 hatte Therese ihre Ekstasen. Für diese Tage war der Besuch von Bischöfen angekündigt worden. Am Freitag, dem 23. Dezember 1927, stellten sich die Ekstasen ein; der amerikanische Bischof Schrembs hatte sich eingefunden.[207] Therese brauchte nicht zu leiden, wenn sie zu verreisen beabsichtigte. Am 19. September 1934 machte das KONNERSREUTHER SONNTAGSBLATT darauf aufmerksam, daß sie zwei bis drei Monate abwesend sein werde. Sie unternahm eine Reise, die sie bis in die Schweiz führte. Im Jahr 1936 stellte sich nach einer längeren Pause am 2. Oktober wieder die Passionsekstase ein. Bereits am Tag darauf trat sie zusammen mit Pfarrer Naber und zwei Brüdern nach der Frühmesse eine Fahrt nach Österreich und in die Schweiz an. Der Pfarrer kehrte am 18. Oktober nach Konnersreuth zurück; Therese zog sich »für ein paar Wochen in einen ruhigen, abgeschiedenen Erdwinkel zurück, wo sie gerne gesehen und vor Belästigungen und Besuchern sicher war«.[208] Der abgeschiedene Erdwinkel war das Schloß Zeil.

Passion fern von Konnersreuth – Das KONNERSREUTHER SONNTAGSBLATT schrieb im Jahr 1934: »Es ist aber bemerkenswert, daß auch fern von Konnersreuth die Vision und die Freitagsleiden eintreten genau wie zu Hause.«[209] Genauso wie in Konnersreuth war es nicht; aber es kam vor. Zu wiederholten Malen geschah dies in Eichstätt, das erstemal bereits im Jahr 1927. Am 21. November teilte Therese dem Bischof von Regensburg mit, sie habe »unlängst« an einem Freitag in Eichstätt »gelitten«. Ungefähr fünf Jahre später, wahrscheinlich 1932, verbrachte sie einige Zeit in Eichstätt. An einem Freitag stellten sich die gewohnten Ekstasen wie in Konnersreuth ein.[210] Auch in anderen Jahren hatte sie die Freitagsekstasen, wenn sie sich während der Fastenzeit in Eichstätt aufhielt. Sie wohnte dort im Hause des Prof. Dr. Wutz, dessen Haushälterin ihre Schwester Ottilie war; außerdem waren dort ihre beiden Brüder Ferdinand und Hans während ihrer Studienzeit untergebracht. Ottilie bewahrte die blutgetränkten Kopftücher, Nachtjäckchen und Kompressen der Herzwunde auf; Anni Spiegl sandte diese »Reliquien« nach dem Tode Ottilies nach Konnersreuth.[211] Wenn Doebele schreibt, Therese habe ihre Reisen in die Zeit verlegt, da sie mit Leidensfreiheit rechnete, dann stimmt das nur zum Teil.

Zweimal kam es vor, daß Therese fern von Konnersreuth vom Freitagsleiden »überrascht« wurde. Das einemal geschah dies am Fest des hl. Laurentius (10. August), das anderemal am Wolfgangsfest (31. Oktober). Wie Johannes Steiner anmerkt, hatte Therese am Laurentiustag, wenn sie sich in Konnersreuth aufhielt, keine Leidensekstasen; denn Laurentius ist der Patron der dortigen Pfarrkirche. Der hl. Wolfgang ist der Patron des Bistums Regensburg; darum hatte sie, falls dessen Gedächtnis auf einen Freitag fiel, im Bereich der Diözese Regensburg keine Freitagsekstasen zu erwarten. Weil sie das nicht bedachte und nicht rechtzeitig darauf aufmerksam gemacht wurde, geschah es, daß sie je einmal an diesen Tagen fern von Konnersreuth vom Freitagsleiden überrascht wurde. Der eine Fall spielte sich in Eichstätt am Wolfgangstag 1941 ab. Aber an diesem Tag hätte sich weder in Konnersreuth noch anderswo die Passion einstellen dürfen. Wie Pfarrer Naber am 1. September 1930 dem Bischof von Regensburg schrieb, zählte zu den leidensfreien Freitagen der Freitag in der Oktav des Christkönigsfestes.[212] Der 31. Oktober lag aber bis zur Kalenderreform im Jahre 1969 immer in der Oktav des Christkönigsfestes. Therese Neumann hätte also an diesem Tag niemals und nirgendwo leiden dürfen.

Über die außergewöhnliche Ekstase am Wolfgangsfest 1941 berichten mehrere Autoren; Johannes Steiner hat eine von Ferdinand Neumann stammende Aufnahme veröffentlicht. Der Bruder der Stigmatisierten bemerkte um 1.30 Uhr Licht in der Hauskapelle des Wutzhauses. Er fand dort seine Schwester vor dem Altar auf dem Boden sitzend, bekleidet mit ihrer weißen Nachtjacke, »mit Blutstreifen aus den Augen über die Wangen«.[213] Im Unterschied zu Steiner erwähnt Prof. Mayr den Bruder Thereses nicht. Er schreibt: »Durch die klagenden Laute, die Therese in dem der Passion folgenden Zustand der kindlichen Eingenommenheit von sich gab, wurde ihre Schwester Ottilie, die im Zimmer in der Nähe schlief, aufmerksam und fand sie blutüberströmt in der Kapelle, auf einer Stufe des Hausaltars sitzend.«[214]

Die überraschende Freitagspassion am Laurentiustag, dem 10. August, ereignete sich, wie Steiner sagt, im Schloß Zeil.[215] Wie es heißt, hatte Therese nicht daran gedacht, daß die Leidensfreiheit nur für den Bereich der Pfarrei Konnersreuth galt. Aber sie brauchte doch nicht einmal am Gedächtnistag der Mutter Anna und des Apostels Jakobus zu leiden; dabei stand der Laurentiustag bis zur Reform des Kalenders durch Papst Johannes XXIII. allgemein im Rang höher.

Den letzten einschlägigen Fall erwähnt Helmut Fahsel. Am Donnerstag, dem 7. September 1928, während einer Kahnfahrt auf dem Walchensee versicherte Therese ihren Begleitern, am folgenden Tag, dem Fest Mariä Geburt, werde sie leidensfrei bleiben, »da es in früheren Jahren ebenso war«. Therese hat sich geirrt; sie mußte leiden, und zwar schwerer als sonst, und dies an einem Marienfest![216]

Leidensfreie Karfreitage nach 1950 – Nach 1950 kam es zu ganz überraschenden Ausnahmen von der Regel: Da kam es vor, daß sogar der Karfreitag leidensfrei blieb. Am

Karfreitag 1951 stellten sich die Visionen und Leiden nicht ein, obwohl sie am Gründonnerstag eingesetzt hatten.[217] So schreibt Aretin. Johannes Steiner, der sich am Karfreitag 1951 in Konnersreuth aufhielt, drückt sich anders aus: »An diesem Tag sah wohl Therese die ganze Passion wie immer, brauchte aber nicht mitzuleiden.« Damals mußte den »Tausenden« von Besuchern gesagt werden, daß sie umsonst gekommen waren; sie durften die Stigmatisierte nicht zu Gesicht bekommen. Als Begründung für den Ausfall der Leiden verkündete Pfarrer Naber der wartenden Menge, Therese habe »im erhobenen Ruhezustand« ausgesagt, nun seien 25 Jahre seit der Stigmatisation vergangen.[218]

Hören wir noch die Schilderung des Falles aus dem Mund des Pfarrers Naber: Als er kurz vor den Karfreitagszeremonien, die damals um 9 Uhr begannen, ins Zimmer Thereses kam, geriet diese in Ekstase und erklärte »auf das bestimmteste, heute könne niemand, es möge sein, wer immer, zu ihr kommen«. Sie hatte am Gründonnerstag abends das Essen des Osterlammes, die Fußwaschung und die Einsetzung des Altarssakramentes geschaut und dann den Heiland im Ölgarten begleitet. Da »bluteten ihre Augen und ihr Herz ein wenig bis 12 Uhr mitternachts; von da an aber begleitete sie den Heiland auf seinem Leidenswege, alles, was er litt, sehend und seelisch und auch in körperlichem Schmerz mitleidend, aber ohne daß mehr Blut aus ihren Wundmalen oder einer sonstigen Stelle des Körpers drang.« Die Besucher – etwa 8000 Personen – durften die Stigmatisierte nur deswegen nicht zu Gesicht bekommen, weil sie kein Blut hätten schauen können!

Auch im folgenden Jahr war es anders als sonst. Am Karfreitag 1952 »bluteten die Augen und die Stigmen nicht, dagegen war der Leib und die Bettwäsche mit Blut durchtränkt; Therese befand sich nicht in Ekstase, sondern murmelte nur Stoßgebete«.[219]

Die Passion in Thereses letzten Lebensjahren – Mit zunehmendem Alter, sagt Johannes Steiner, hatte Therese Neumann nur mehr selten die Freitagspassion zu erdulden. Außer den üblichen Zeiten fiel sie immer dann aus, wenn sie »durch Krankheit oder ein Sühneleiden zu sehr erschöpft war«. In den letzten Lebensjahren sollen sich die Ekstasen nur eingestellt haben an den Freitagen der Fastenzeit und an den Herz-Jesu-Freitagen.[220] Aber auch solche Tage blieben mitunter leidensfrei. Die Verringerung beginnt ungefähr mit dem Jahr 1950; damals war Therese Neumann 52 Jahre alt. Einmal wurde ihr die Frage gestellt: »Wie kommt es, daß die Leidensekstasen jetzt so selten geworden sind?« Die Antwort klang etwas seltsam: »I will do a amal mei Ruah hob'n!«[221]

Die Passionstage mit blutenden Wunden – In der Konnersreuth-Literatur wird regelmäßig betont, Therese Neumann habe Jahr für Jahr an den Freitagen eine Unmenge Blut vergossen; ein Betrug sei ausgeschlossen, weil es keine Möglichkeit gegeben habe, so viel Blut in betrügerischer Weise herbeizuschaffen. In Wirklichkeit wurde durchaus nicht viel Blut »vergossen«. Fahsel behauptet, »das Auftreten der Stigmenbildung« habe sich »nach festen Gesetzen« vollzogen und habe sich Jahr für Jahr zur gleichen Zeit eingestellt: »Die Blutung sämtlicher Stigmen tritt nur an den Karfreitagen auf. An den Freitagen der Fastenzeit bluten Kopf, Augen, Hände, Füße, Herz und Schulter. An den gewöhnlichen Freitagen bluten nur Augen, Herz und Kopf.«[222] Fahsel übertreibt sehr. In Wirklichkeit war die Zahl der Passionsfreitage begrenzt. Dazu kommt, daß auch an solchen Tagen oftmals kein Blut zu sehen war. Dies war bereits im Jahr 1927 der Fall; Prof. Ewald erfuhr im Juli jenes Jahres, daß die Stigmen an den Händen und Füßen seit drei Monaten nicht mehr geblutet hatten.[223] Zuweilen kam es vor, daß nur die Seitenwunde Blut absonderte. Dies geschah am Sonntag, dem 1. Juli 1928, am Fest des Kostbaren Blutes Jesu. Kurz nach Tagesbeginn »sieht Theres den Heiland das dritte Mal in seiner Todesangst auf dem Ölberg beten, wobei ihr Herz zu bluten beginnt. Um dreiviertel 6 Uhr früh schaut sie, wie dem Gekreuzigten das Herz von den Soldaten durchbohrt wird. Ihr Herz blutet heute ungewöhnlich stark bis ungefähr 9 Uhr, da Theres die hl. Kommunion empfängt und den Heiland in der Verklärung schaut.«[224]

Gelegentlich kam es sogar zu Blutungen ohne irgendwelchen Zusammenhang mit dem Leiden Christi. So soll es vorgekommen sein, daß heftige Aufregungen zu Blutaustritt aus der Seitenwunde geführt haben.

Reihenfolge der Blutungen – Am Karfreitag 1928 gab Therese die Zeiten an, wann bei ihr – jeweils während der Passion – die Wunden zu bluten begännen. Nach 11 Uhr erklärte sie, erst um 12 Uhr würde das Leiden fortgesetzt, »das heute länger dauere, aber nicht die Blutung; der Heiland habe auch nicht immer geblutet«. Um 13.20 Uhr bricht sie plötzlich das Gespräch mit dem Ortspfarrer ab und spricht zu den beiden anwesenden Herren, Dr. Reichenberger und Pfarrer Höfner: »Die zwei kennen sich nicht aus mit den Blutungen. Paßts auf, des is a sou [Paßt auf, das ist so]: Wenn der Heiland blutet, dann blute auch ich, und zwar immer an den Stellen, an denen immer der Heiland geblutet hat. Die Augen und das Herz fangen zu bluten an beim zweiten Gebet des Heilandes auf dem Ölberg; die Hände, wenn der Heiland gebunden, die Füße, wie der Heiland auf dem Weg vom Ölberg zur Stadt gefallen ist. Im Verlaufe des Leidens bluten dann die einzelnen Stellen nicht immer, sondern das richtet sich nach den Blutungen des Heilandes; so bluten zum Beispiel Hände und Füße bei der Kreuzigung; das Herz jetzt zum Schluß.«[225] Diese Angaben stehen im Widerspruch zu den einschlägigen Texten der Evangelien; sie stimmen auch nicht überein mit den verschiedenen Schilderungen der Autoren über ihre Erfahrungen in Konnersreuth.

d) Form der Wundmale

Beim Thema »Form der Wundmale« ist zu bemerken, daß hier fast nur die Handwundmale in Betracht gezogen werden. Nur ganz wenigen Personen war es vergönnt, andere Male zu Gesicht zu bekommen. Dies war nur in den ersten Jahren nach dem Auftreten der ersten Wundmale möglich; die Beobachter waren vom Regensburger Bischof beauftragte und vorher angemeldete Wissenschaftler. Nicht einmal diesen wurde jederzeit eine Untersuchung im eigentlichen Sinne gestattet. Andere mußten sich damit begnügen, wenn sie nur zu einer oberflächlichen Betrachtung zugelassen wurden.

Die äußere Gestalt der sichtbaren Wundmale wird von Konnersreuth-Besuchern jeweils verschieden geschildert; sogar Therese Neumann selber macht unterschiedliche Angaben. In ihrer Gegenwart erzählte Pfarrer Naber Gerlich, er habe am Ostersonntag 1926 zum erstenmal Wundmale zu Gesicht bekommen. Auf seine Aufforderung hin ließ sich Therese »den Verband von den Händen und Füßen abnehmen und ihn die Wunden sehen; die Stigmen an den Füßen hätten so ausgesehen, wie wenn mit einem Messer in scharfem Schnitt die Haut herausgeschnitten worden wäre«. Bei dieser Bemerkung Nabers hakte Therese ein und sagte, »die Handwunden, die sie bei ihrem erschöpften Liegen allein richtig sehen konnte, hätten den gleichen Eindruck gemacht«; die Stigmen seien »kreisrund« gewesen.[226] Abweichend davon sagte sie am 15. Januar 1953 bei ihrer eidlichen Vernehmung in Eichstätt aus: »Diese Wundmale waren damals nur am Handrücken in rundlicher, scharf abgegrenzter, wie herausgeschnittener Form«; ihrer Meinung nach hätten die Handwundmale am Karfreitag 1927 »die jetzige, viereckige Form« bekommen.[227] Die letzte Bemerkung trifft nicht zu; jahrelang hatten die Wundmale eine rundliche Form.

Dr. Seidl fand die Wundmale immer nur »oberflächlich«; sie gingen nicht über die Dicke der Haut hinaus. Im Jahr 1928 bezeichnete er die Male in der Handfläche als »Stigmata geringeren Umfangs«[228], im Jahr 1930 sagte von diesen Msgr. Brunelli, sie seien »kaum angedeutet«.[229] Im Jahr 1928 sagt Dr. Gemelli: »Sie sind rund und groß wie eine kleine Münze auf dem Handrücken, etwas länglich und viel kleiner auf der Handfläche.«[230] Prof. Killermann hat im August 1926 auf dem Handrücken der Stigmatisierten »rote, scheibenförmige, etwa zweimarkstückgroße, scharf umrandete Stellen, wie aufgepreßtes Siegellack, etwas über der übrigen Haut oder wie Muttermäler« vorgefunden. Im Jahr darauf bekam er einen anderen Eindruck von denselben Malen: »Zu meiner Verwunderung«, so schreibt er, »fand ich diese Male diesmal kleiner, etwa 50-pfenniggroß und nicht so erhaben wie im vorigen Jahr«.[231] Schulrat Dr. Miller strich im Oktober 1927 mit einem Daumen über das Wundmal einer Hand Thereses und stellte fest: »Sie waren nur oberflächliche Rötungen der Haut, die nicht ins Unterhautgewebe hineindringen«. Die mit Miller anwesende Besucherin Frl. Isenkrahe sah »nur Hautveränderungen an der Oberfläche«.[232] Prof. Ewald beschreibt im Jahr 1927 die Stigmata als »ungefähr in der Mitte ca. 10 Pfennigstück große, leicht erhabene, schorfähnliche, leichthöckerige Gebilde«. Sie hatten »ein ziemlich frisches, dunkelrotes, glänzendes Aussehen«, waren aber »nicht feucht«. »Die gleiche relative Frische des Schorfes« fiel auch Ewalds Kollegen der gerichtlichen Medizin, Molitoris, auf, der einige Monate früher als Privatperson Therese Neumann besucht hatte.[233] Im Oktober 1927 war der Arzt Dr. Lemke in Konnersreuth. Er sagt: »Wundrand, Wundschorf und das sogenannte Granulationsgewebe« fehlen.[234]

Der Arzt Dr. Lous versichert im Jahre 1931: »Sie [die Stigmen] haben zweifellos die Gestalt eines geschmiedeten Eisennagels, der die Hand von außen nach innen durchbohrt und dessen Spitze mit einem Hammerschlag umgebogen ist.«[235] Am 23. Mai 1931 hat Pfarrer Naber notiert: »In dieser Woche war ein Arzt von Metz hier, der sich besonders ein Handstigma genau ansah. Ich wurde dabei mit diesem darauf aufmerksam, daß, was ausschaut wie Wundkrusten, nicht als solche offen daliegen, sondern unter der feinen, äußeren Haut, die auch die übrige Hand überzieht. Darum sagt auch Therese, die Wundmale ließen sich abwaschen wie die übrige Hand. Sie meint, sie habe in Händen und Füßen etwas stecken, Herz- und Kopfwunden verursachen ihr stechenden Schmerz. In der Ekstase hieß es, jenes feine Häutchen über den Wundmalen sei von Nerven durchzogen, die krustenähnlichen Gebilde seien verhärtetes Fleisch und gingen durch die Hände und Füße und würden besonders schmerzlich beim Bluten; man könne sie schon als Nägel bezeichnen, oben an Händen und Füßen die Platten, innen und unten die umgebogenen Spitzen. Wenn Therese den Rücken der Hand an die Wand schlägt, schmerzt die Handwunde auch an der Innenseite und blutet dort.«[236] – Die Schilderung stammt aus dem Munde der Stigmatisierten. Die im ekstatischen Zustand abgegebene Erklärung Thereses war der Überzeugung Nabers entsprechend irrtumslos!

Der erwähnte Arzt war Dr. Witry. Dieser hat bei einem anderen Besuch in Konnersreuth von Therese eine Schilderung erhalten, die mit der eben angegebenen nicht übereinstimmt: »In der Hohlhand habe ich nie irgend etwas wie einen Auswuchs oder etwas Hartes wie einen Nagelkopf gehabt.« Aufgrund eigener Beobachtung sagt Witry: »Die ganze substantielle Struktur erhob sich etwa 2,5 Millimeter, in tafelartigem Relief, über die umgebende Haut. Die abfallenden Ränder waren steil und hoch an allen Seiten. Die Stigmata schienen quasi vulkanös aus der Mitte des Handrückens emporzusteigen.«[237]

Dr. Poray-Madeyski sah im Jahr 1936 die Wundmale »scharf begrenzt rautenförmig, wie ein aufgeklebtes Pflaster, in der Hand aber nur wie oberflächliche Schrunden«. Auch andere Besucher hatten den Eindruck, bei den viereckigen Malen handele es sich um ein schwarzes Pflaster.

Auch Prof. Matzinger, Schriftleiter des ÖSTERREICHISCHEN KORRESPONDENZBLATTES, hat bei seinem Besuch in Konnersreuth »nichts Außerordentliches« bemerkt; er glaubte nur, »an den Händen Spuren von Stigmatisation zu sehen«.[238] Theresia, Oberin der Marienschwestern in Steinau an der Oder, bezeugt: »Ich habe das Blut für echt gehalten; aber richtige Stigmen waren es nicht, sondern gerötete Stellen an den Händen.«[239]

Der Freiburger Nervenarzt Dr. Aigner war in der Zeit zwischen 1927 und 1933 dreimal in Konnersreuth. Zum letztenmal traf er sie im Mai 1944. Er sagt: »Resl sieht gesund und rotwangig aus, völlig verändert gegen früher. Die Handwundmale sind gleichfalls sehr verändert, sie sind anscheinend im Schwinden. Der Verdacht des Artefaktes drängt sich heute auf.«[240]

Es gab auch Konnersreuth-Besucher, die an den Händen der Stigmatisierten überhaupt keine Male entdeckten. Zu diesen zählt Frau Hartmann aus Breslau, die im Jahre 1929 nach Konnersreuth gefahren ist. Sie versichert: »An den Händen war von Stigmen nichts zu sehen. Als Therese mich bemerkte, versteckte sie die Hände wieder (wie am Morgen). Ich kann beeiden, daß sie keine Stigmen trug.«[241] Daß Frau Hartmann richtig beobachtet hat, läßt sich anhand von veröffentlichten Bildern beweisen. In Steiners Buch über Therese Neumann findet sich ein in der Bibliothek des Wutz-Hauses in Eichstätt aufgenommenes Bild, das Therese »im Augenblick der Wandlung« zeigt. In der rechten Handfläche ist kein Wundmal zu erkennen.[242]

Das gleiche gilt für das von Günther Schwarz veröffentlichte Bild, das am 15. August 1947 entstanden ist.[243] Im Jahr 1968 wurden vom Verlag Friedrich Feilner in München mehrere Farbaufnahmen versandt. Auf einem der Bilder ist Thereses rechte Handfläche zu sehen. Die Handlinien sind deutlich zu erkennen, von einem Wundmal sieht man nichts, auch nicht mit einem Vergrößerungsglas. Dieses »Wundmal« soll am 17. Mai 1927 durch den Handschuh hindurch geleuchtet haben. Die drei erwähnten Aufnahmen wurden von Thereses Bruder Ferdinand gemacht. Er und seine Schwester haben bei den Aufnahmen etwas übersehen – das Fehlen von Stigmen.

Dr. Witry, der sich als Arzt besonders für die Äußerungen von Medizinern interessiert hat, mußte feststellen: »Ich habe die Beobachtung aller Ärzte seit der Stigmatisation gesammelt. Alle wiesen Veränderungen auf.« Diese Feststellung machte Witry sechs Jahre nach dem Auftreten der ersten Wundmale. Zu den widersprüchlichen Schilderungen meint er: »Nach den medizinischen Berichten über die Resl, die ich gesammelt habe, gibt es demnach Ärzte und Naturforscher, die bei der Resl Sachen gesehen und beschrieben haben, die niemals existiert haben.«[244] Witry zieht eine falsche Schlußfolgerung; die Ärzte haben beschrieben, was sie gesehen haben.

Eines Tages unterhielten sich im Zimmer der Stigmatisierten Besucher über die Frage: Entsprechen die Wundmale Thereses den einschlägigen Texten in den Evangelien? Schließlich suchte man bei der Seherin, die sich gerade im ekstatischen Zustand befand, Auskunft »über solche Abweichungen ihrer Stigmen«. Sie lautete: »Das ist so, damit sie [= die Menschen] etwas zu kritisieren haben.«[245]

Künstliche Nachhilfe? – Wir wissen von bekannten Stigmatisierten, die Wundmale künstlich erzeugt haben. Klara Mös, die Stifterin des Zweiten Ordens vom hl. Dominikus auf dem Limpertsberg in Luxemburg, hat eine ihrer untergebenen Ordensfrauen in eine bestimmte Apotheke geschickt, um Einkäufe zu besorgen. Einmal übergab sie der Schwester ein Schreiben für ihren Apotheker und erklärte ihr, sie benötige »Pfefferminzpastillen«. Der Apotheker las das Schriftstück und sagte: »Das ist ja Zugpflaster.« So kam es, daß die Schwester statt Pfefferminzpastillen Zugpflaster ablieferte.[246]

Auch der im Jahr 1968 verstorbene italienische Pater Pio hat sich Zugpflaster verschafft. Am 5. Februar 1939 wurde der Benediktinerabt Zeller in St. Matthias zu Trier zum Bischof geweiht. Beim Besuch des Trierer Redemptoristenklosters erzählte er in Gegenwart mehrerer Zeugen dem Pater Norbert Brühl, Kardinal Schuster von Mailand habe ihm persönlich gesagt, »P. Pio habe Chemikalien benutzt, um die Wundmale und den Duft zu erzeugen; man habe auch die Drogerie herausgefunden, woher Pio die Chemikalien bezogen hat«.[247] Prof. Dr. Gemelli, der nicht nur Mediziner, sondern auch Theologe (Franziskaner) und 1919/20 Rektor der Universität Mailand war, hat in seiner Eigenschaft als Arzt den Pater untersucht und versichert, daß dieser die Wundmale mit Chemikalien erzeugt habe. Auf die Untersuchung durch Gemelli hin wurde von Rom aus sechsmal vor jeglichem Verkehr mit dem Pater, sei es persönlich oder schriftlich, gewarnt.[248] Das Verbot wurde später wieder aufgehoben. Im Jahr 1933 hat Dr. Gemelli dem bekannten Pariser Neurologen Prof. Jean Lhermitte während eines Kongresses im Kloster Avon anvertraut, »er habe schon an die dreißig weibliche Stigmatisierte untersuchen müssen und in jedem Einzelfall ein einfaches Verfahren angewendet«. Um die berechtigte Empfindlichkeit nicht zu verletzen, bat er sie, nicht eine Klinik, sondern ein Kloster aufzusuchen, wo die Bewachung unter seiner Aufsicht erfolgen konnte. Die Glieder, an denen die Male auftraten, umgab er mit einem versiegelten Gipsverband, der wieder entfernt wurde, wenn man der Meinung war, daß die Zeit für die Vernarbung ausreichte. In allen Fällen war nun aber das Ergebnis dasselbe: »Die verschorften Blutkrusten hatten sich abgelöst, und an die Stelle des Wundmals war eine rosa Epidermis getreten, welche die Regeneration anzeigte.«[249]

Vom 18. bis zum 20. April 1920 hielt sich Dr. Gemelli in Giovanni Rotondo auf, wo P. Pio lebte. Dem Arzt wurde damals eine Untersuchung des Paters nicht gestattet. Später begab er sich noch einmal nach Giovanni Rotondo, diesmal im Auftrag der zuständigen römischen Behörde. In Gegenwart des P. Provinzials der Kapuziner nahm er eine genaue Untersuchung der Stigmen vor. Über das Ergebnis durfte er niemandem etwas sagen; er hatte sich dazu unter Eid verpflichten müssen. Wie das Gutachten ausgeschaut hat, verrät eine Äußerung, die ein Mitbruder Pios, Luigi Avellino, im November 1932 abgegeben hat: das Gutachten Gemellis »nach vorgenommener Untersuchung« sei »fürchterlich [terribile]« gewesen.[250]

Es ist bemerkenswert, daß bei P. Pio einige Jahre vor seinem Tod die Wundmale an den Füßen verschwunden sind. In seinen letzten Lebensmonaten verschwanden auch die Male an den Händen. Der Verstorbene wurde aufgebahrt mit Strümpfen an den Füßen und mit Handschuhen an den Händen. Warum man dies tat, sagt die Notiz: »um einen Skandal bei den Schwachen zu vermeiden«.[251] Bei einem Vergleich mit Therese Neumann von Konnersreuth kommt P. Pio um ein Vielfaches besser weg. Aber einige Parallelen fallen ins Auge, vor allem, daß von zuständigen kirchlichen Kreisen ungünstige Fakten verschwiegen werden und daß Anhängern die ganze kirchliche Presse zur Verfügung steht, während kritische Stimmen unterdrückt werden. Verehrer Pios haben Dr. Gemelli öffentlich angegriffen und falsche Anschuldigungen gegen ihn erhoben. Er durfte sich nicht verteidigen; von Rom aus wurde ihm strenges Stillschweigen auferlegt. Die bezeichnendste Parallele besteht darin, daß sowohl für P. Pio wie auch für Therese Neumann der Seligsprechungsprozeß angestrebt wird. Psychotiker haben es offenbar leichter, zur Ehre der Altäre zu gelangen als normale Katholiken.

e) Schmerzempfindlichkeit

Auch hinsichtlich der Schmerzempfindlichkeit der einzelnen Wundmale – wie könnte es anders sein? – gehen die Berichte auseinander. Wie Therese beteuerte, bereitete ihr die Herzwunde ständige Schmerzen: »Die Seitenwunde scheint mir auch eine Herzwunde zu sein. Jedes Wort, das ich plaudere, spüre ich. Wenn ich bei angestrengtem Sprechen oder bei raschem Gehen tiefer Atem hole, empfinde ich es im Herzen wie einen stechenden Schmerz. Wenn ich mich ruhiger verhalte, merke ich weniger davon.«[252]

Prof. Dr. Ewald führte am 28. Juli 1927 ein ausführliches Gespräch mit der Stigmatisierten. Er hatte davon gehört, daß die Wundmale sehr schmerzempfindlich seien, bezweifelte aber die Angaben. Darum strich er wiederholt kräftig drückend über die Stigmen an den Händen, indem er suggestiv fragte: »Wenn ich so leicht darüber streiche, dann tut es doch nicht weh; weh tut es doch erst beim Drücken.« Therese bestätigte, keine Schmerzen zu empfinden.[253] Ungefähr ein Jahr später untersuchte Dr. Gemelli die Wunden der Stigmatisierten. Er sagt von den Wundmalen an ihren Händen: »Sie sind absolut nicht schmerzhaft, was man auch beobachten kann, wenn man langsam die lückenhaften Stellen drückt.«[254] Ebenfalls im Jahr 1928 hat sich P. Staudinger zu dem Thema Schmerzhaftigkeit geäußert. Er sagt, die Wundmale an den Händen und Füßen bereiteten Therese große Schmerzen; sie öffne die Türen nicht mit einer Hand, sondern mit ihrem Ellenbogen; sie trete auch nicht mit den ganzen Füßen auf, sondern gehe nur auf ihren Fersen.[255] Ähnlich drückt sich neuerdings Bekh aus: »Gewiß hätte sie sich viel mehr herumbewegt, wenn die Stigmata an den Füßen sie nicht gezwungen hätten, auf den Fersen und Kanten und damit etwas unbeholfen zu gehen.«[256] Die Schmerzempfindung bestand aber nur, wenn Beobachter in der Nähe waren. In der Himmelfahrtsoktav 1938 traf in Konnersreuth als Besucherin Frau M. Hartmann aus Breslau, zusammen mit 25 Pilgern, ein. Pfarrer Naber führte die Gruppe zu einem neuerbauten Saal. In einer der letzten Reihen schritt Therese Neumann, mit den Armen von zwei Pilgern gestützt; auf den Fersen humpelte sie mühsam voran. Etwa zwei Stunden später sah Frau Hartmann Therese aus ihrem Elternhaus kommen: Sie »sprang mehr als sie lief, leichtfüßig wie eine Katze über die Straße zum Pfarrhaus«. Frau Hartmann sprach darüber mit dem Gastwirt, bei dem sie übernachtete. Dieser meinte lachend: »Die kann besser laufen als Sie.«[257]

Im Jahr 1933 weilte Therese Neumann zu Besuch in Landstuhl bei Schwestern, die ein Waisenhaus betreuten. Es war an einem Abend; die Kinder waren bereits ins Bett geschickt worden. »Da verlangte Therese, sie zu sehen, und eins, zwei, drei war sie [die Treppen hinauf] zu den Schlafsälen der Kleinsten, obwohl sie sonst, der Fußwunden wegen, sehr schlecht gehen kann.« – Eines Tages machte sie am selben Ort mit der Provinzialoberin einen kleinen Spaziergang durch das am Haus gelegene Wäldchen. Sie hatte es dabei derart eilig, daß die Oberin fragte: »Warum laufen Sie so?« Therese gab zur Antwort, der Waldboden täte ihr so wohl an den Füßen.[258]

Nach dem Zweiten Weltkrieg schaffte sich Therese ein Fahrzeug an, einen kleinen Wagen mit Gummirädern, der von einem Pony gezogen wurde. Gummiräder waren in der damaligen Zeit nur schwer zu bekommen; aber Therese hatte ihre Beziehungen. Einer ihrer Anhänger in München verschaffte ihr fünf Gummireifen. Trotzdem konnte sie ihr Wägelchen nicht benützen, weil zur selben Zeit ihr Bruder, damals Landrat, »ohne Reifen für sein Auto« war und kurzerhand die Räder für seinen Wagen »beschlagnahmte«. Die Reaktion Thereses hätte nach den Worten des Zeugen Dr. Mittendorfer einen ausgezeichneten »Sketch« abgegeben. Der Arzt verschaffte ihr »mit viel Mühe und Lauferei« in München »eine zweite Bereifung«.[259] Warum sich die Stigmatisierte das Gefährt anschaffte, verrät sie am 21. März 1950 dem Bischof von Regensburg: »Kann doch wegen der Fußwunden schwer gehen.«[260]

Staudinger gibt an, Thereses Wunden seien so empfindlich gewesen, daß sie Türen nur mit dem Ellenbogen öffnete. Der Arzt Dr. Witry hingegen schreibt: »Ich hatte Therese in ihrem Gärtchen herumhantieren sehen. Sie lockerte den Boden und besorgte die Blumen, ohne weitere Vorsichtsmaßnahmen für die Stigmata getroffen zu haben.«[261] Boniface sagt gar: »Sie kennt und liebt die Feld- und Gartenarbeit, und trotz ihres Alters und trotz der schmerzhaften Stigmata gehört sie fast zu ihrer täglichen Beschäftigung. In diesem ärmlichen Ort, wo jeder durch harte Arbeit sein Brot verdient, erzählt man, daß die nunmehr 60jährige [...] es mit jedem Bauernknecht aufnimmt, der dort mehr als anderswo durch viel Schweiß und Mühe verdienen muß. Sie fürchtet sich vor keiner Arbeit und beim Reinigen des elterlichen Kuhstalls greift sie fest zu.«[262] – Mit dem Ellenbogen vermag man derlei Arbeiten nicht zu verrichten.

Viele Abbildungen zeigen Therese Neumann mit Halbhandschuhen an den Händen. Auf allen Bildern im Buch ihrer Freundin Anni Spiegl trägt sie keine Handschuhe, nicht einmal auf den Bildern, die sie bei bäuerlicher Arbeit zeigen, als Führerin eines Wagens mit zwei Pferden und auf einem Erntefeld mit einer Sense Getreide mähend.[263] Zu anderen Zeiten hat Therese ihre Handwunden geschützt, obwohl kein

Grund dazu vorlag. Sie tat es dann zur Abwechslung nicht mit Halbhandschuhen, sondern mittels einer schlampig gewickelten weißen Binde. Auf zwei von Johannes Steiner veröffentlichten Bildern ist Therese zu sehen, wobei erst der beigefügte Text verrät, mit welcher Arbeit sie beschäftigt war: »Vision im Arbeitszimmer des Wutzhauses in Eichstätt während des Briefschreibens«.[264]

Dr. Seidl hat, wenn er an einem Freitag in Konnersreuth weilte, an dem Thereses Wangen blutbefleckt waren, wiederholt verlangt, man solle doch das Blut abwaschen; das mache man ja immer, wenn ein Mensch Blut vergossen habe. Niemand folgte seiner Aufforderung. Therese und ihre Eltern gaben als Entschuldigung an, das Entfernen des Blutes sei allzu schmerzhaft.

Dazu machte Dr. Seidl die Bemerkung: »Nun kann ich nicht einsehen, warum das Wegwaschen des Blutes von den Wangen, an denen ja keine Wundstelle sich befindet, schmerzhaft sein soll. Noch weniger aber erscheint es mir, wie dies so schmerzhaft sein soll während einer echten Ekstase.«[265] Schließlich wurde das Blut ja doch einmal entfernt. Warum mußte es lange Zeit an den Wangen bleiben? Eines Tages hat die Stigmatisierte selber die Antwort gegeben. Sie findet sich im Gruppen-Tagebuch der beobachtenden Schwestern, und zwar in dem Eintrag am Freitagnachmittag des 15. Juli 1927: »Um 5 Uhr wollten wir vom Gesicht Blut abwaschen, aber Frl. Neumann sagte: ›Jetzt kommt das Postauto, da kommen wieder Leute.‹«[266]

f) Blut aus nichtvorhandenen Wunden

Im Vergleich zu anderen Stigmatisierten weist Therese Neumann eine Reihe von Merkwürdigkeiten auf. Dazu gehören angebliche Wundmale, aus denen Blut geflossen sein soll, ohne daß sie jemals entdeckt wurden.

Blutende Augen – Das Blut, das auf die Besucher am meisten Eindruck gemacht hat, bildeten zwei Strähnen, die von den Augen aus zum Kinn führten. Es versteht sich, daß die Leute, die dies sahen, der Meinung waren, das Blut fließe aus den Augen. Aber aus Blutadern tritt nur dann Blut aus, wenn sie verletzt werden. Niemals hat jedoch ein Arzt feststellen können, daß an Thereses Augen Verletzungen vorhanden waren. Darum gibt es nur eine einzige zutreffende Schlußfolgerung: Das Blut im Gesicht Thereses floß auf keinen Fall aus den Augen.

Es muß noch auf einen anderen Umstand hingewiesen werden. Alle veröffentlichten, an einem Freitag aufgenommenen Bilder weisen die gleiche Merkwürdigkeit auf: Die beiden an den unteren Augenlidern beginnenden Blutstränge erstrecken sich von den Augen über die Wangen zum Kinn; der am Anfang breite Streifen wird nach unten zu immer dünner; die Enden nähern sich einander unterhalb des Kinns; keiner der Streifen schlägt die Richtung gegen den Nacken zu ein; die Streifen zweigen nicht in die Richtung der Schläfen oder zur Nase oder zu den Mundwinkeln ab; nicht einmal eine Ausbuchtung zeigt sich. Wäre wirklich Blut geflossen, dann hätte die Blutbahn anders ausschauen müssen; denn die Stigmatisierte blieb nicht unbewegt liegen; sie neigte ihren Kopf ständig von der einen zu der anderen Seite.

Kopfwundmale – Am 15. Januar 1953 hat Therese Neumann eidlich versichert: »Ich bemerke noch, daß im selben Jahre [1926] als Dauerwundmale zu den bisher erwähnten noch die Kopfwundmale auf gleiche Weise wie die anderen hinzukamen.« Solche »Dauerwundmale« sind niemals entdeckt worden; nur Kopftücher, die Therese an den Freitagen getragen hat, weisen acht Blutflecken auf, deren Ursprung Wunden gewesen sein sollen. Im Gutachten Gemellis vom 20. Mai 1928 heißt es: »Ich habe die behaarte Kopfhaut untersucht und auch dort habe ich keine Veränderung wahrgenommen.« Am 19. Dezember 1930 machte Pfarrer Naber den Nuntiaturrat Dr. Brunelli auf das Kopftuch der Stigmatisierten aufmerksam: »Sehen Sie, hier sind acht Flecken; denn Therese hat auch auf dem Kopf acht Wunden.« »Kann man sie sehen?« fragte Brunelli. Naber erwiderte: »Sie sind klein, auch ich habe sie niemals gesehen.«[267]

Wenn es keine Wunden gab, woher kam dann das Blut? Die Beobachtung einiger Besucher geben einen Hinweis. Im Jahr 1927 weilten eines Tages drei Personen in Konnersreuth, nämlich Dr. Wilhelm Miller, der Chefarzt Dr. Stephan und Fräulein Isenkrahe. Sie wollten den Beginn der Freitagspassion erleben. Pfarrer Naber gestattete dies jedoch nicht. Seine Begründung lautete: Die Eltern der Stigmatisierten wollen das nicht. Den Besuchern wurde nur erlaubt, untertags im Zimmer Thereses zu erscheinen. Dort fiel ihnen auf, wie sie einmal zum Kopf griff und »heftig« rieb.[268] Ähnliche Beobachtungen machten auch andere Besucher. Johannes Steiner erwähnt einmal: »Man konnte sehen, wie sich die Hände zum Kopf hinbewegten und die Dornen auszuziehen versuchten.«[269] Ähnlich drückt sich auch Anni Spiegl aus: Therese bemühte sich nach der Schau der Dornenkrönung, »die Dornen aus dem Kopf zu ziehen, genau an der Stelle, an welcher das weiße Kopftuch frische Blutflecken zeigte«.[270]

Am Palmsonntag 1980 sprach Bischof Rudolf Graber über seinen ersten Besuch in Konnersreuth. Damals beobachtete er, wie Therese »immer wieder Handbewegungen« machte, »als wolle sie sich die Dornen aus der Kopfhaut ziehen«. Dabei, so sagt der Bischof, habe sie den Eindruck einer Sterbenden gemacht und »Unsummen von Blut« vergossen.[271]

Anläßlich des 25. Todestages der Therese Neumann hat das Bayerische Fernsehen einen von Max Rößler zusammengestellten Film gesendet. Am 22. Oktober 1987 hat mir ein Facharzt für Rechtsmedizin und Spezialist für Blutspurenanalysen seinen Eindruck von dem dort gezeigten Kopftuch mitgeteilt: »Diese angeblichen Blutspuren bestanden aus etwa stecknadelkopfgroßen, isoliert stehenden Punkten. Nun weiß aber jeder Fachmann, daß schon kleinste Blutflecken auf Leinen sich sofort ausbreiten und eine viel größere Durchblutung des Stoffes erzeugen, als man erwarten sollte. Ein

Vergleichsbeispiel ist die Menstrualblutung, die von den Frauen als ›sehr stark‹ bezeichnet wird, aber in der Norm nur etwa 40, allerhöchstens 80 Milliliter Blut beträgt. Wenn man also bedenkt, daß Therese Neumann angeblich stundenlang aus den ›Kopfwunden‹ geblutet haben will, so hätten die benutzten Tücher total durchblutet sein müssen. Man vergleiche etwa die enormen dicken Blutkrusten aus den angeblichen ›Augenblutungen‹ auf der Gesichtshaut. Statt dessen nur punktförmige blutige Strippchen auf einem sonst sauberen Tuch! Es dürfte daher zu folgern sein, daß die angeblichen Kopfspuren künstlich zu Demonstrationszwecken hergestellt wurden und überhaupt keine Kopfwunden bestanden haben.«

Ebendies sagen die Beobachtungen der genannten Zeugen aus: Mit ihren Fingern hat Therese die Blutspuren erzeugt. Wie sie dies bewerkstelligt hat, blieb ihr Geheimnis; aus Wunden kam das Blut nicht, erst recht nicht aus der heilen Kopfhaut.

Schulterwunde – Als sich Pfarrer Leopold Witt die Unterlagen für seine Schrift über Therese Neumann holte, wußte diese noch nichts von einer Schulterwunde. Daraus folgerte er: »Würde es sich um Auto- oder Fremdsuggestion handeln, so wäre es auffallend, daß Therese nicht die Schulterwunde hat. Andere Stigmatisierte hatten sie.«[272] Witts Schlußfolgerung ist ein Trugschluß. Während der Fastenzeit 1929 hat sich ja Therese Neumann eine Wunde auf der rechten Schulter zugelegt, allerdings nur mit Worten; denn sie hatte ja nie eine solche. Über entsprechende Schmerzen hat sie allerdings bereits im Jahr zuvor geklagt. Die Einträge im Tagebuch Nabers für Dienstag, den 20. März 1928, und Mittwoch, den 21. März 1928, sagen gleichlautend: »Gelenkrheumatismus und Schulterwunde insbesondere verursachten Therese große Schmerzen.«[273] Am Freitag darauf, dem 23. März, spricht Naber wieder von Schulterschmerzen; diesmal gibt er einen eigenartigen Grund als Ursache an: »Gegen Abend schaut Theres die Auferweckung des Lazarus, wie sie das Tagesevangelium erzählt. Schließlich leidet sie noch rasende Schmerzen an der rechten Schulter für jemand, der an diesem Tag dagewesen war und, wie sie sagt, die Schulterwunde nicht anerkennen wollte.«[274] Ob das Leiden etwas gefruchtet hat? Wer war dieser »Jemand«? Das läßt sich nicht genau sagen; denn an jenem Tag waren mehrere Persönlichkeiten in Konnersreuth zu Besuch, nämlich Bischof Michael Buchberger, Weihbischof Hierl sowie die Professoren Dr. Martini, Dr. Killermann, Dr. Stöckl und Dr. Hilgenreiner. Unter diesen hat auf jeden Fall mehr als einer »nicht geglaubt«. Hätte das Therese gewußt, dann wäre ihr Leiden wohl noch weit schlimmer ausgefallen. Selbst wenn sie, was sie nicht getan hat, dem Zweifler die Schulter gezeigt hätte, dieser wäre nicht in der Lage gewesen, das Nichtvorhandene »anzuerkennen«.

Von Schulterschmerzen Thereses ist in Nabers Tagebuch wiederum am Dienstag, dem 27. März 1928, zu lesen: »Ungefähr um 4 Uhr nachmittags schwerer Leidensanfall und erhobener Ruhezustand. Die angekündigte Lungenentzündung macht sich jetzt stark bemerkbar. Daneben besonders Gelenkrheumatismus und Schulterwundenschmerz.« Ähnlich waren die »Leiden« an den beiden folgenden Tagen.[275] Auch am Freitag, dem 30. März, ist von Schulterschmerzen die Rede. An diesen Tagen waren in Konnersreuth anwesend: Domkapitular Dr. Reichenberger, Dr. Gemelli, Stadtpfarrer Höfner und Dr. Seidl. Am Morgen um 7 Uhr griff Therese mit einer Hand »nach dem Rücken« und jammerte: »Heiland, wie das sticht!« Dr. Seidl gab an, es handele sich um rheumatische Beschwerden; die Mutter Thereses behauptete, ihre Tochter habe Lungen- und Rippenfellentzündung; der Vater sprach von einer Schwellung an der rechten Schulter. Zu diesen Diagnosen haben die beiden anwesenden Ärzte verständlicherweise geschwiegen. Dr. Gemelli nahm eine Untersuchung vor. Er konstatierte eine »kaum sichtbare Anschwellung am rechten Schultergelenk«.[276]

Mit dem Ende der Fastenzeit 1928 hörten die Schulterschmerzen auf. »In der vierzigtägigen Fastenzeit des Jahres 1929 kehrten jene Schulterschmerzen wieder, und zwar mit erhöhter Heftigkeit. Am Freitag, dem 8. März 1929, wurde auf der rechten Schulter plötzlich ein großer Fleck sichtbar, und nun war offenkundig, daß zu den Wundmalen Christi auch die Schulterwunde hinzugekommen war.«[277] Der ALTÖTTINGER LIEBFRAUENBOTE verlegt das »plötzliche« Auftreten der Schulterwunde auf den 1. März 1929. Pfarrer Naber berichtete am 26. April 1929 dem Bischof von Regensburg, die Schulterwunde Thereses habe während der vergangenen Fastenzeit etliche Male geblutet.[278] Zu keiner Zeit hat jemand eine Schulterwunde gesehen.

Geißelungswunden – In Konnersreuth-Büchern findet man Abbildungen, auf denen die ganze Leibwäsche der Stigmatisierten blutbefleckt erscheint. Am Karfreitag 1929 zeigten sich, wie es heißt, zum erstenmal die Stigmen der Geißelung, die sich von da an Jahr für Jahr zur selben Zeit einstellten. »Ihr ganzer Körper«, so schreibt Boniface, »ist an diesem Tag von roten, erhabenen und blutenden Striemen gestreift, und am Abend müssen diejenigen, die sie pflegen, ihr mit unendlicher Vorsicht das am Körper klebende Hemd abnehmen.«[279] Für die Geißelungswundmale gilt dasselbe wie für die Kopf- und Schulterwunden: Nie hat jemand solche gesehen.

g) Kein aktives Bluten

Zuweilen liest man, Therese Neumann habe an Leidensfreitagen bis zu drei Liter Blut vergossen. Man bedenke, wie bei einem solchen Fall das Bett der Stigmatisierten ausgesehen hätte und welche Folge ein derartig enormer Blutverlust hätte haben müssen!

Es gibt viele Konnersreuth-Besucher, die bezeugen, Blut gesehen zu haben; aber es gibt keinen glaubwürdigen Beobachter, der auch nur ein einziges Mal fließendes Blut gesehen hat, wirklich fließendes Blut. Für den ganzen Zeitraum von etwa 25 Jahren gibt es keinen einzigen Zeugen.

Die erste nicht zur Neumann-Familie gehörige Person, die Wundmale zu Gesicht bekam, Pfarrer Naber, sagt über die Stigmen an den Füßen, sie hätten ausgesehen, wie wenn »mit einem Messer in scharfem Schnitt die Haut herausgeschnitten worden wäre«. Therese Neumann sagt das gleiche von den Handrücken.[280] Diese Angaben legen den Gedanken nahe: Es handelte sich nicht um Stigmen im eigentlichen Sinne, sondern um Verletzungen, bei denen die oberste Hautschicht, die Epidermis, fehlte. Diese Wunden haben selbstverständlich geblutet, und zwar nicht nur am Tag der Verletzung und nicht nur an den Freitagen. Um die Mitte des April 1926, also ungefähr zwei Wochen nach dem Bemerken der Wunden, sprach Pfarrer Naber von »offenen Wunden, aus denen reines Blut fließt«.[281] Das Wort »fließt« bedeutet auch in diesem Fall nicht mehr, als daß Blut gesehen wurde.

Die zweite nicht zur Neumann-Familie gehörige Person, die Wunden zu Gesicht bekam, war Dr. Seidl. Dieser wurde aber erst geraume Zeit nach Ostern 1926 informiert. Zu dieser Zeit hatte sich die äußere Form der Wunden bereits verändert. Dr. Seidl sah Blut; aber was er sagt, ist nicht gleichbedeutend mit fließendem Blut. In seinem ärztlichen Bericht sagt er über Therese Neumann: »Wie leicht kann sie – unbewußt und unbeabsichtigt – bei einem ekstatischen Zustand durch das Ringen der Hände, durch Druck der Hände auf die Herzwunde usw. die vorhandenen Krusten wegreißen! Außerdem ist nicht auszuschließen, daß verschiedene autosuggestive und heterosuggestive Einflüsse bei ihr zur Geltung kommen.« Bisher, so sagt Seidl weiter, habe niemand die Entstehung von Blutungen beobachtet:

»Obwohl seit 1919 behandelnder Arzt, wurde ich, was sehr wesentlich gewesen wäre, unbegreiflicherweise beim erstmaligen Auftreten der Blutungen nicht verständigt, [...]. Ich selbst konnte in der Nacht vom 13. auf den 14. Mai nur teilweise den Anfang der Blutung aus der Brustwunde beobachten. Mit dem Vergrößerungsglas sah ich damals aus der von Epidermis entblößten Wunde ein Schweißtröpfchen ähnliches Hervorsickern einer wässerigen Flüssigkeit und an 10 kleinere Blutpünktchen. Aber auch diese Untersuchung war nicht mit den Kautelen vorgenommen, die vielleicht notwendig gewesen wären, weil ich meine ganze Aufmerksamkeit damals auf die zunächst zugänglichen Wunden an den Händen und Füßen zuwandte, die übrigens damals nicht bluteten und seitdem überhaupt nicht mehr bluten. [...] Die Blutungen aus den Augen traten an diesem Tag erst nach meiner Entfernung auf. Was die Blutungen aus den Augen anlangt, so konnte ich den Anfang derselben in allerdings nur angedeuteter Form sehen, während der um Fastnacht heurigen Jahres auftretenden Erkrankung, die ich für Influenza hielt. [...] Es muß hier auch noch betont werden, daß die vielen Besucher eine eigentliche Blutung nicht sehen. Sie sehen nur die von geronnenem Blut gebildeten, von den inneren und äußeren Augenwinkeln gegen die Nase oder die bei den Ohren hinziehenden Streifen, außerdem die blutdurchtränkten, über die Herzwunde gelegten Leinwandstreifen und das etwas blutdurchtränkte Hemd an dieser Stelle. Auch als die Blutungen an den Händen und Füßen noch bestanden, konnte man, so oft ich zu beobachten Gelegenheit hatte, von einem Herabrieseln des Blutes nicht sprechen. Man sah vielmehr nur die über den Wunden aufgelegten Leinwandflecken blutdurchtränkt.«[282]

Im Jahr 1927 war der Nervenarzt Dr. Eduard Margerie in Begleitung eines Oberarztes an der Heil- und Pflegeanstalt von Bayreuth zweimal in Konnersreuth. Beide konnten »keine Blutungen« bemerken, sondern immer nur »geronnenes Blut«. Eingehendere Beobachtungen oder gar Untersuchungen waren ihnen nicht möglich, wie Dr. Margerie versichert: »Die Wunden am Kopf konnte ich nicht beobachten, ebenso nicht die Wunde am Herz und an den Füßen, weil Herr Pfarrer eine Untersuchung [...] verweigert hat.«[283]

Am 22. und 23. März 1928 hielt sich Prof. Martini, seinerzeit Direktor der Medizinischen Klinik der Universität Bonn, zusammen mit Bischof Buchberger, Weihbischof Hierl, Prof. Killermann, Prof. Stöckl und Prof. Hilgenreiner in Konnersreuth auf. Prof. Martini hat über seine Eindrücke ein Gutachten abgefaßt. Er und Killermann wollten den Anfang der Leidensekstasen am Donnerstag, dem 22. März, erleben. Pfarrer Naber hatte ihnen vorher gesagt, die Schauungen würden gegen 23.45 Uhr einsetzen. Um 23.25 Uhr führte Pfarrer Naber die beiden Professoren ins Zimmer der Stigmatisierten. Auf dem Weg dorthin äußerte er die Befürchtung, man könne zu spät daran sein. Tatsächlich war bei ihrer Ankunft wider die bisherige Erfahrung die Passion bereits im Gange: Die Gegend unter den Augen war bereits voll von Blut.[284] Als im Jahr 1929 der Erzbischof von Prag am Donnerstag, dem 21. März, zugegen war, da war es ganz anders. Da setzten die Visionen um 23.40 Uhr ein; erst bei der vierten Schauung, also geraume Zeit nach Mitternacht, bemerkte er, daß die unteren Augenlider »ziegelrot« wurden.[285] Warum setzten die Blutungen am 22. März 1928 vorzeitig ein und warum ging Naber mit den Professoren nicht früher ins Neumann-Haus?

Im Gutachten Martinis ist zu lesen: »Ich konnte nie sehen, daß eine Wunde der Therese Neumann wirklich blutete. Dazu war es durchaus unmöglich, fortwährend zu beobachten. Therese stellte mehrmals ihr Federbett hoch vor sich auf, und das einemal, als ich und Prof. Killermann, während einer solchen Zeit uns an das Kopfende des Bettes begaben, mußten wir uns infolge des zornigen Protestes des Vaters sofort wieder von dort entfernen. Während dieser Zeiten, die uns von den Eltern damit erklärt wurden, Therese müsse sich etwas Luft machen, fielen mir von Anfang an merkwürdige, intensive Bewegungen der Therese auf, die sowohl mit den Armen wie mit den Beinen ausgeführt wurden, Bewegungen, die zum alleinigen Zweck, sich zu lüften, über die Maßen ausgiebig waren und mir ein peinliches Gefühl einflößten. Da ich immer nur ›stehendes‹ Blut sah, nie aber das Austreten von Blut aus den Augen oder aus Handwunden, so machte ich es mir von nachts 2 Uhr ab zur Aufgabe, besonders auf das Austreten von Blut zu achten; verstärkt wurde meine Ansicht von der Notwendigkeit einer solchen Achtsamkeit, als Therese von 2.50 Uhr an darauf drang, wir könnten jetzt ruhig nach Hause gehen, da ›jetzt doch nichts mehr käme bis 5 Uhr‹, und als dann Prof. Stöckl und ich für mehrere Minuten aus dem Zimmer gewiesen worden waren (3.05 Uhr), inzwischen 3.10 Uhr eine sehr erhebliche Menge des Blutes zustande gekommen war. Aus meinem Bericht geht hervor, daß meine im Verein mit anderen Herren der Kommission angestellten Bemühungen erfolglos blieben, weil zweimal (zwischen 8.10 und 8.25 Uhr und etwa 11.30 Uhr) alle Beobachter gerade zu der Zeit das Zimmer hatten verlassen müssen, zu der, wie sich herausstellte, neues frisches Blut (wenigstens 11.30 Uhr) eingetrocknete Blutkrusten bedeckte. Die Brustwunde bekam ich nicht zu sehen, ebensowenig die Kopfhaut. Es ist keine Frage, daß unter den geschilderten Verhältnissen von einer Möglichkeit einer genügenden Beobachtung der ›Blutungen‹ keine Rede sein könnte; im Gegenteil erweckte das zwei- bis dreimalige Entfernen der Beobachter gerade zu der Zeit, wo offenbar neues Blut die Wunden bedeckte, den Verdacht, daß zu diesen Zeiten etwas vorgeht, was die Beobachtung zu scheuen hat. In der gleichen Richtung gefiel mir das häufige Manipulieren hinter dem aufgestellten Federbett nicht [...].«[286]

Als Prof. Martini und Prof. Killermann nachts an das Bett Thereses traten, protestierte deren Mutter leidenschaftlich, obwohl ihre Tochter keineswegs entblößt dalag. Der Vater verlangte nun, alle Anwesenden müßten das Zimmer verlassen, weil die Luft schlecht geworden sei; in Wirklichkeit konnte von einer schlechten Luft keineswegs die Rede sein. »Ganz besonders geeignet, Mißtrauen zu erwecken«, sagt Martini, »ist aber die Tatsache, daß bei diesen Gelegenheiten dann alle Beobachter samt und sonders den Raum verlassen mußten, und zwar trotz des gegenteiligen Wunsches des Herrn Bischofs, der Frau Neumann bekannt war, als sie morgens gegen 11 Uhr auch Prof. Hilgenreiner und Prof. Killermann aus dem Zimmer entfernte.« Nie blutete eine Wunde vor den Augen der Beobachter. Als der Regensburger Bischof nach 8 Uhr, dazu aufgefordert, das Zimmer verließ, war das Kopftuch der Stigmatisierten rein; zehn Minuten später traf Weihbischof Hierl ein; zu dieser Zeit war das Kopftuch »ganz blutig«. Gegen 11.30 Uhr klagten die Eltern Thereses über die schlechte Luft im Zimmer; der Weihbischof und Dr. Martini entfernten sich. Beide sowie die ebenfalls anwesenden Professoren Killermann und Hilgenreiner überzeugten sich, daß zu dieser Zeit die Augen und die linke Hand Thereses nur eingetrocknetes Blut aufwiesen. Prof. Martini forderte die zurückbleibenden Kollegen auf, genau darauf zu achten, wann und wie die Wunden zu bluten beginnen würden. Bischof Buchberger bat, bevor er sich entfernte, die beiden Herren ausdrücklich, wenigstens einer von ihnen solle immer im Zimmer bleiben. Doch gleich nachdem der Bischof gegangen war, wurden beide aus dem Zimmer gewiesen. Diesmal gab die Mutter als Grund an, um diese Zeit brauche ihre Tochter wenigstens eine Stunde völlige Ruhe; sie müsse also auch an diesem Tag »etwas ganz allein« sein. Zurückgekehrt, sahen Killermann und Hilgenreiner »alles rot von frischem Blut«.[287]

Auch Prof. Killermann hat über seine Beobachtungen einen Bericht verfaßt. Er betont, keiner der Beobachter habe während der ganzen Dauer der Ekstasen den Austritt von Blut bemerken können. Als er ankam, waren bereits zwei blutige Striemen vorhanden, die von den Augen über die Wangen bis zum Hals reichten; sie waren trocken. Da drängt sich die Mutter Thereses vor und tritt ans Bett ihrer Tochter, aber so, daß Killermann »nichts mehr beobachten« kann. Die Mutter tritt wieder zurück; erstaunt sieht der Professor, »daß die Handwundmale, die vorher immer trocken waren, bluten«. Er vermutet, daß die Wunden »irgendwie mechanisch zum Bluten gebracht worden« waren. – Am Freitag gegen Mittag wird Therese sehr unruhig; da erscheint ihre Mutter und fordert die Beobachter zum Verlassen des Zimmers auf. Vor dem Weggehen schaut Killermann noch einmal genau auf die Stigmen; sie sind alle vollkommen trocken. Nach 15 Minuten darf er wieder zurückkehren; jetzt sind »die Striemen an den Wangen wieder frisch blutig; auch die Male an den Händen weisen Blut auf«. Killermann erklärt abschließend, seine Beobachtungen hätten ihn »mit einem großen Zweifel« erfüllt. Der letzte Satz seiner Ausführungen lautet so: »Das ist wohl der Grund, warum man die Kranke vom Blute nicht reinigt«.[288] Damit will er zum Ausdruck bringen: Durch Befeuchten der trockenen Krusten lassen sich auf einfache Weise Blutungen vortäuschen; das Beschaffen neuen Blutes fällt schwerer.

Kein einziges Mitglied der bischöflichen Kommission hat den Beginn einer Blutung beobachtet; keiner hat Blut fließen sehen. Johannes Steiner hat dafür eine einfache Erklärung bereit: Die Kommission hat »den Beginn der Passion und das aktive Bluten versäumt«.[289]

Am Gründonnerstag und Karfreitag 1928, am 28. und 29. März, hielt sich in Konnersreuth noch einmal eine bischöfliche Kommission auf. Ihr gehörten an: Dr. Gemelli, Dekan Höfner von Waldsassen, Dr. Seidl und Domkapitular Dr. Reichenberger. Am Karfreitag um 9.50 Uhr wurden die Herren zum Verlassen des Zimmers aufgefordert; fünf Minuten später durften sie wieder zurückkehren; vor dem Verlassen des Zimmers blutete keine Wunde; das bereits vorhandene Blut war völlig trocken; nach der Rückkehr ist das Blut auf der linken Hand »frisch«. Keinem der Besucher war eine einwandfreie Beobachtung möglich. Höfner berichtet: »Wenn Therese das Bett immer wieder zurückschob, um sich in ihrer fühlbaren Hitze Erleichterung zu verschaffen, dann durfte niemand eine solche Stellung einnehmen, daß er etwas hätte beobachten können. Versuche wurden von den Eltern sofort mit der Bemerkung verhindert, man solle doch zurücktreten, das vertrage sich nicht mit der Sittlichkeit.«[290]

Der bedeutendste Fachmann bei der zweiten bischöflichen Kommission war Prof. Dr. med. Gemelli. Unter anderem schreibt er in seinem Gutachten: »Ich habe dem ersten Hervorbrechen der blutigen Tränen nicht beigewohnt. Dieses Vergießen von Tränen begann, als ich nicht zugegen war; so aufmerksam ich auch betrachtete, konnte ich niemals eine Träne aus den Augen hervorbrechen und auf den Wangen fließen sehen. Sooft ich den Besuch unterbrach (denn oft wurde ich mit den anderen Anwesenden aus dem Zimmer entfernt), fand ich, daß der von den blutigen Tränen gebildete Streifen auf dem Gesicht breiter und dicker geworden war, so daß er zuerst die Wangen, dann das Kinn und den Hals erreichte. Ich habe den Liderspalt aufmerksam beobachtet; man merkte absolut keine Unterbrechung oder Veränderung; und so sehr ich auch die oberen Lider erhob, konnte ich niemals im Konjunktivalraum eine Träne- oder Blutniederlage sehen.«

Ebenso negativ verliefen Gemellis Beobachtungen der Hände und Füße der Stigmatisierten. Er sagt: »Die ›Stigmata‹ bieten während dieses Zustandes der ›Ekstase‹ das gewöhnliche Gerinnsel dar, aber einige Tropfen lebendigen Blutes, die aus dem Gerinnsel geflossen waren, sind auf der Handfläche sowie auf dem Handrücken geronnen. Auch einige spärlichere und kleinere Tropfen habe ich auf dem Rücken der beiden Füße bemerkt. Solche Tropfen habe ich nur geronnen gesehen. Reichlich Blut hatte während dieses Zustandes das Hemd durchnäßt, zur Höhe der fünften oder sechsten Rippe gegen den Rand des Brustbeines; auch der Schleier, der den Kopf bedeckte, war durchnäßt. Es handelte sich um Blutserum, um stark verdünntes Blut; auf dem Hemd war ein großer Fleck sichtbar, am Haupte kleine, längs des großen Schädelumfangs zerstreute Fleckchen. Ich wiederhole, daß ich das Blut nie in der Tat habe ausfließen sehen, weder von den ›Stigmata‹, noch von den Augen, noch von dem Haupte; ich habe immer nur geronnenes Blut gesehen; und so oft ich in das Zimmer eintrat, hatten die Flecken oder das geronnene Blut und die Blutstreifen einen größeren Umfang angenommen. Dieser Umfang blieb während meines Verweilens im Zimmer der Kranken ganz unverändert [...]. Ich wiederhole, was ich oben gesagt habe; ein tatsächlicher Beweis des Ausflusses der Blutkörperchen (hämorrhagia) aus den Blutgefäßen im allgemeinen und den Kapillargefäßen insbesondere, ohne daß eine Lücke vorhanden ist, ist noch nicht beigebracht worden, obwohl viele Gelehrte behauptet haben, daß ein solcher Ausfluß unter einer emotiven Anregung oder durch ein besonderes Spiel des Nervensystems möglich ist. Deswegen sind die Bluttränen, das von dem Haupte fließende Blut und die anderen von Therese Neumann aufgewiesenen Erscheinungen entweder von einem unter den vielen Kunstgriffen verursacht, welche die Hysterischen aus Psittacismus anwenden (welche Kunstgriffe, man merke es sich wohl, nur sehr schwer entdeckt werden können) oder übernatürlichen Ursprungs; wenigstens ist keine Erklärung derselben auf natürliche Weise möglich.«[291] – Das Ergebnis des Gutachtens Gemellis ist eindeutig: Schwindel.

Zweimal, am 12. und am 19. Dezember 1930, fuhr der Sekretär bei der Apostolischen Nuntiatur in München, Msgr. Dr. Brunelli, nach Konnersreuth. Er war jeweils an den darauffolgenden Freitagen Augenzeuge bei der Passion. Er schreibt: »Ich muß bemerken, daß das Blut wohl aus den Augen gekommen sein wird, aber ich blieb darüber im Zweifel, denn das Blut machte Halt an den Augenlidern und ich hatte nicht den Eindruck, daß das Blut wie Tränen aus dem Inneren der Augen geflossen wäre. Ich verlangte Aufklärung vom Pfarrer, aber dieser sagte, daß das Blut aus den Augen hervorgequollen sei. In etwa zwei Stunden, die ich im Hause blieb, sah ich keinen einzigen Tropfen fließenden Blutes rinnen, ich sah nur hartes trockenes Blut.«[292]

Die Aufforderung, das Zimmer zu verlassen – Die Aufforderung, das Zimmer der Stigmatisierten zu verlassen, wurde jeweils verschieden begründet. Meistens hieß es, es müsse gelüftet werden. Unter diesem Vorwand mußten am Freitag, dem 7. September 1927, alle Anwesenden das Zimmer verlassen, auch Bischof Sebastian von Speyer.[293] Es fragt sich: Warum durfte bei geöffneten Fenstern niemand im Zimmer bleiben?

Bis zum Jahr 1930, also während der Jahre, da noch zugegeben wurde, daß Therese Neumann trotz Nahrungslosigkeit Ausscheidungen hatte, wurden die Besucher aus dem Zimmer gewiesen, wenn die Mutter mit der Leibschüssel auftauchte. Während vorher alle Wunden trocken waren, wiesen sie nachher frisches Blut auf.

In erster Linie sorgten für die Räumung des Zimmers die Eltern der Stigmatisierten, namentlich die Mutter. Aber auch Pfarrer Naber spielte eine Rolle. Einmal sagte Thereses Mutter zum Benefiziaten Heinrich Muth: »Der Pfarrer schickt oft die Fremden aus dem Zimmer, er selbst geht auch hinaus. Resl ist oft ermüdet vom Leiden; sie will sich dann abdecken und abkühlen.«[294]

Dr. Gemelli hat folgendes erlebt: »Während der ›Ekstase‹ sind die Anwesenden oft aufgefordert worden, aus dem Zimmer zu gehen. Einmal, auf die Forderung des Herrn Pfarrers hin, war es genug, daß sie der Kranken den Rücken wandten. Ich weiß nicht, was während dieser Unterbrechungen geschah. Gewiß ist es, daß diese Tatsache keinen guten Eindruck erweckt, wie Ewald schon bemerkt hat. Es ist nicht möglich, daß die Kranke so oft körperliche Bedürfnisse befriedigen mußte. Während solcher Unterbrechungen blieb die Kranke allein.«[295]

Als Leopold Witt im Jahr 1926 an zwei Freitagen zugegen war, wurden die Besucher wiederholt aufgefordert, das Zimmer zu verlassen. Als Begründung wurde zumeist angegeben, die Stigmatisierte benötige die Leibschüssel.[296] Es kam sogar vor, daß Therese gar nicht danach verlangte, sondern daß sie von ihrer Mutter daraufhin angesprochen wurde, ob sie die Schüssel benötige.

Zuweilen erreichte Therese, daß die Besucher ihr Zimmer verließen, indem sie eine Verdächtigung aussprach. So klagte sie am 5. Oktober 1928 über heftige Schmerzen in ihren Wunden und verlangte, daß alle Anwesenden ihr Zimmer verließen. Hernach gab sie als Begründung für ihre Schmerzen an, »daß etwas Böses im Zimmer gewesen sei«. Es geschah auch, daß die Besucher sich ganz gerne zurückzogen. So erklärte einmal Therese: »Jetzt ist jemand hier, der in Feindschaft mit dem Heiland ist.« Diese Bemerkung veranlaßte die Anwesenden sich zurückzuziehen. Hernach, so behauptet Bischof Waitz, sei eine »von diesen Personen« zur Stigmatisierten gekommen und habe sich als Schuldige bekannt.[297]

Als weitere Begründung für das Vorgehen gibt der Erzbischof von Lemberg an, während der Ekstasen erleide Therese neben anderen Schmerzen namentlich »Herzbeschwerden«; darum würden die Besucher aufgefordert, das Zimmer zu verlassen; denn »in Augenblicken der Atembeschwerung« werfe sie »im Ringen nach Luft die Bettdecke ab«. Der Erzbischof bezeichnete die Herzbeschwerden als äußerst gefährlich.

»Was würde geschehen«, so lautet seine bange Frage, »wenn jetzt die enge bayerische Landestracht sie einschnürte?«[298] Aber von daher drohte gewiß keinerlei Gefahr; weder Therese noch sonst jemand trug im Bett die bayerische Landestracht; außerdem dürften übernatürliche Gaben nicht lebensgefährdend sein.

Zuweilen wurde das Verlassen des Zimmers von Therese selbst beziehungsweise vom »Heiland« gefordert. Wenn sich nämlich jemand im Zimmer befand, der »in irgendeiner Weise unwürdig« war, »geschah es, daß sie aus der Leidensvision erwachte und durch Pfarrer oder Eltern bat, daß alle Besucher das Zimmer verlassen mögen«. Nach dem Grund gefragt, äußerte sich die Stigmatisierte so: »Der Heiland leidet nix im Stüberl. Er treibt aus, was irgendwie hindern kann.«[299] Worin wohl in solchen Fällen die »Hinderung« bestand? Außerdem hätte doch der »Heiland« den »Hinderer« entlarven können; dann hätten wenigstens die anderen Besucher nicht schuldlos büßen müssen.

»Zeugen« für aktives Bluten – Im Februar 1939 veröffentlichte der Regensburger Prof. Dr. Engert im KORRESPONDENZ- UND OFFERTENBLATT einen Aufsatz über Therese Neumann. Daran nahm die Stigmatisierte Anstoß. Vor allem ärgerte sie sich über den Satz: »Das Bluten kommt immer, wenn niemand zugegen ist.« Am 14. März 1939 schrieb sie einen Brief an Bischof Buchberger, in dem sie Engert »widerlegte«: »Wenn es sein muß, rufen wir den hochwürdigsten Herrn Kardinal Faulhaber, Fürsterzbischof Waitz, den Bischof von Speyer und andere, welche alle, sogar des Nachts, bei Leidensbeginn zugegen waren, öffentlich zu Zeugen dagegen auf. Herr Sanitätsrat beobachtete sogar mit einem Glas das Beginnen des Blutens der Herzwunde.«[300] Mag sein, daß einer der Genannten bei Leidensbeginn anwesend war – bezeugt ist es von keinem –, den Beginn von Blutungen und das Fließen von Blut hat keiner beobachtet.

Am 12. Oktober 1928 hat Bischof Buchberger notiert: »Es ist zweifellos festgestellt, unter anderem auch durch die Beobachtung Sr. Eminenz des Herrn Kardinal Faulhaber, daß diese Blutungen nicht künstlich hervorgebracht werden.«[301] Diese Meinung Buchbergers ist völlig unverständlich. Wie hätte denn der Kardinal so etwas »zweifellos« festzustellen vermocht? Daß er fließendes Blut gesehen habe, hat er nie behauptet.

Der Jesuit Dr. Carl Sträter hat bei seiner Ansprache am 21. September 1972 in Konnersreuth behauptet: »Von den zahlreichen Personen, die Therese in ihrem Leiden gesehen haben, konnten viele das aktuelle Bluten der Wunden beobachten. So zum Beispiel Dr. Gerlich, Dr. Hynek, Erzbischof Teodorowicz, Domkapitular Dr. Reichenberger, P. Gemelli OFM, Prof. Ewald.« So »beweist« der Mann, der auch das »heroische Tugendleben« Therese Neumanns »einwandfrei« nachgewiesen hat! Keiner seiner »Zeugen« hat fließendes Blut gesehen. Was wohl Sträter unter »aktuellem Bluten« verstanden hat? Er führt als Zeugen Dr. Gerlich an. Offenbar hat er dessen Bericht über seine Beobachtungen vom 16. September 1927 im Auge.

Gerlich hat geschrieben: »Als ich am Freitag morgen ihr Zimmer im Pfarrhaus betrat, befand sie sich in der Ekstase; sie hatte gerade die Dornenkrönung Christi gesehen. Das weiße Kopftuch war frisch durchblutet. Das Gesicht zeigte breite Streifen Blutes, die von den Augen herabrannen, und auf denen bei näherer Beobachtung – ich konnte stundenlang im Zimmer verweilen, auch zeitweilig zu ihr ans Bett treten – immer wieder herabrinnende Blutstropfen sich über- und nebeneinander lagerten, zum Teil auch auf die weiße Nachtjacke und das Bett tropften.«[302]

Der Text erweckt bei oberflächlicher Lektüre in der Tat den Eindruck, als ob Gerlich Blut hätte fließen sehen; aber bei genauerer Betrachtung erweist sich dies als Trugschluß. Stundenlang durften auch Gemelli, Ewald, Killermann und andere im Zimmer verweilen, aber nicht ununterbrochen; Gerlich sagt darüber nichts, aber ohne Zweifel hat auch er zuweilen das Zimmer verlassen beziehungsweise verlassen müssen. Er erwähnt, daß er »zeitweilig« ans Bett Thereses treten durfte. Das beweist gar nichts. Der Ausdruck »herabrinnende Blutstropfen«, die auf Nachtjacke und Bett »tropften«, ist eine Schlußfolgerung; es bedeutet nicht, daß er Blut fließen sah.

Carl Sträter stellt Behauptungen auf, für die die Bezeichnung »unkritisch« bei weitem nicht mehr genügt. Es sei nur an das erinnert, was der von ihm angeführte »Zeuge« Dr. Gemelli gesagt hat: »Ich wiederhole, daß ich das Blut nie in der Tat habe ausfließen sehen; [...] ich habe immer nur geronnenes Blut gesehen.« Hätte Prof. Gemelli in Konnersreuth das tun dürfen, was er anderswo zu wiederholten Malen getan hat, dann wäre bereits im Jahre 1928 das Märchen von echten Stigmen gestorben.

h) Art des Blutes

Prof. Killermann besuchte am 8. April 1927 zum zweitenmal Konnersreuth. Damals glaubte er noch an die Echtheit der Stigmen. Bevor er wieder nach Regensburg zurückkehrte, nahm er etwas blutgetränkte Watte von Thereses Herzwunde mit. Unmittelbar nach seiner Ankunft in Regensburg untersuchte er das Blut, fand aber darin keine roten Blutkörperchen (Erytrocyten). »Das Blut weist keine Körperchen auf«, so heißt es in seinem Bericht vom 25. April 1927 an den Bischof von Regensburg. Von einem Facharzt wurde ihm erklärt, »der Mangel an Körperchen deute auf Menstruationsblut hin, doch sei diese Probe als solches nicht bestimmbar«.[303]

Prof. Ewald gab das Urteil ab, »daß es sich bei dem Blut aus der Herzwunde und vielleicht auch aus der Kopfhaut nicht um reines Blut handelt, sondern um eine serösblutige Flüssigkeit, wie die relativ gelblichrote Farbe der frischen feuchten Stellen beweist«. Thereses Stigmatisation bezeichnet er als einwandfrei hysterischen Ursprungs.[304]

Die eigentümliche Farbe des Blutes im Gesicht Thereses ist auch dem Erzbischof von Prag aufgefallen. Er bezeichnete das Blut an den unteren Augenlidern als »ziegelrot«, nicht blutrot, sondern dunkler, wie Ziegeln.[305] Wie diese auffällige Färbung zustande gekommen war, darüber hat er sich keine Gedanken gemacht.

Ausführlicher äußert sich über die »blutigen Tränen« Prof. Gemelli: »Der blutige Streifen ist eher glänzend, als ob das Blut mit heterogenen Stoffen gemischt wäre. Wenn ich eine Ähnlichkeit finden wollte, würde ich sagen, daß dieses Blut dem Menstruationsblut sehr ähnlich ist. Ich bitte Sie, zu bemerken, daß ich damit keineswegs die Behauptung des H. Prof. Ewald und anderer bestätigen will, nämlich, daß es sich um eine ›haemorrhagia vicariana‹ handelt. Ich denke hingegen, daß bisher eine solche Behauptung weder in diesem noch in anderen Fällen gar nicht hinreichend bewiesen wurde; ja, ich glaube aus Gründen, die ich hier nicht darlegen will, ohne meinen Bericht in die Länge zu ziehen, daß naturgemäß weder eine ›haemorrhagia vicariana‹ der Menstrualblutung noch ein Ausfluß (durch Diapedesis oder ähnliche Tatsache) der roten Blutkörperchen durch die Wand der Blutgefäße und nicht einmal der Capillaren vorkommen kann. Ein auf Erfahrung beruhender und einmütiger Beweis dieser beiden Tatsachen ist nie beigebracht worden; und die Fälle, die hierüber in der medizinischen Literatur angeführt werden, verdienen eine strenge Kritik. Wie dem auch sei, ich habe nur einen äußeren Eindruck ausgesprochen; das Blut, das ich auf den Wangen und auf dem Gesicht der Therese Neumann gesehen habe, ist in der Farbe und Durchsichtigkeit dem Menstrualblut sehr ähnlich.« Ähnlich wie Prof. Ewald das »Herzblut« beschreibt, urteilt Dr. Gemelli über die Blutspuren auf Thereses Kopftuch und Hemd: »Es handelte sich um ein Blutserum stark verdünnten Blutes.«[306]

i) Leuchtendes Wundmal

Mehrere Autoren schildern ausführlich ein Wunder, das sich im Jahr 1927 ereignet haben soll. Auch W. J. Bekh berichtet darüber. Er beruft sich auf Gerlich, der die Lichtbildaufnahme gesehen hat, »auf der das Wundmal der linken Hand durch den verdeckenden Handschuh hindurch gleich einer kleinen Sonne leuchtet«.[307] Gerlich schreibt über das Entstehen des Bildes:

»Die Aufnahme stammt vom 17. Mai 1927, dem Jahrestag der Seligsprechung der Kleinen Theresia. Sie wurde vom Hauptlehrer Böhm in Konnersreuth gemacht.« »Der Gottesdienst in der Kirche war bereits zu Ende, als Therese Neumann eine Schauung erhielt. Einige Einwohner von Konnersreuth hatten das Presbyterium betreten und betrachteten aus respektvoller Entfernung Therese Neumann, die sich im Zustand der Beschauung befand. Plötzlich riefen einige der Betrachter: Das Stigma an der linken Hand leuchtet, es gehen Strahlen von ihm aus. Andere bestritten diesen Vorgang. Pfarrer Naber, der das Leuchten nicht wahrnahm, rief dem Hauptlehrer, der den Chorgesang geleitet hatte und noch anwesend war, zu, er möchte doch seinen Photographierapparat holen und eine Aufnahme machen. Dieser eilte in seine Wohnung im benachbarten Schulhaus, brachte seinen Apparat und machte eine Aufnahme. In der Erregung hat er die Platte nicht voll belichtet.«[308]

Ernst Doebele weicht von der Schilderung Gerlichs wesentlich ab. Er spricht von »zahlreichen Augenzeugen«, die »zuweilen« die Lichtstrahlen beobachtet haben sollen. »Mehrmals« sollen »Fremde und Einheimische« Zeugen gewesen sein; aber nur das Mal der linken Hand habe »hell wie die Sonne« geleuchtet. Am 17. Mai, dem Jahrestag der Heiligsprechung der Kleinen Theresia, habe man mit der Wahrscheinlichkeit eines auffallenden Ereignisses gerechnet; Lehrer Böhm habe sich in Erwartung der Lichtstrahlen »unter den Gläubigen« hinter dem Hochaltar – auch dort seien während des Gottesdienstes Leute gestanden – so aufgestellt, daß er Therese »voll im Sucher« gehabt habe; und wirklich, die Lichtstrahlen hätten sich gezeigt. »Inmitten der allgemeinen Spannung machte Hauptlehrer Böhm in aller Ruhe und Sicherheit, kaum bemerkt, zwei Aufnahmen.«[309]

Den zeitlich wohl ersten Bericht bringt Pfarrer Leopold Witt. Nach seiner Darstellung war Therese gerade im Begriff, in Begleitung ihres Bruders heimzugehen, während sie noch etwas mit dem Pfarrer besprach. Plötzlich sei ihr die hl. Theresia erschienen. Sogleich habe Naber die Eltern der Visionärin und den Hauptlehrer gerufen. Seltsam sei, daß man das Leuchten nur auf dem Lichtbild sehe, »während es in der Ekstase an Therese niemand sah«. Vater Neumann habe ausdrücklich versichert: »Ich war dabei, aber von einem Leuchten der Wunden habe ich nichts gesehen.«[310]

Nach Leopold Witt also hat überhaupt niemand ein Leuchten des Stigmas beobachtet; erst durch das Lichtbild sei man aufmerksam geworden. Gerlich spricht bereits von mehreren Zeugen für die Strahlen, und Huber entpuppt sich als vollendeter Märchenerzähler.

Je später die Berichterstatter Auskunft in Konnersreuth einholten, um so mehr wurde das Wunder ausgemalt. Als am 2. und 3. Juni 1927 vier Regensburger Domherren in Konnersreuth weilten, hat ihnen Pfarrer Naber die Entstehung des Bildes geschildert. Demzufolge hatte Therese am Feste Christi Himmelfahrt – also nicht am 17., sondern am 26. Mai – während des Gottesdienstes eine Vision. Nach dem Gottesdienst rief der Pfarrer den Lehrer und veranlaßte ihn, »schon um der erbauenden Schönheit dieses Anblickes willen«, eine Aufnahme von Therese zu machen, die beide Arme hochreckte. Die entwickelte Platte zeigte der Pfarrer der bischöflichen Kommission. Zu sehen war ein kleiner dunkler Fleck, den der Pfarrer als eine Art von Stern bezeichnete. Von einem Leuchten des Wundmales weiß er nichts.[311]

Am 19. Dezember 1930 ersuchte der Nuntiaturrat Dr. Brunelli Pfarrer Naber um Photographien von Therese, insbesondere wollte er jenes Bild mit dem angeblich leuchtenden Wundmal. »Aber es war keines zu bekommen. Er sagte, die Photographien habe nicht er, sondern jemand anderer und dieser sei nicht in Konnersreuth. Diese Person habe alle Photographien, damit sie nicht verloren gingen [?]. Jene Photographie, auf welcher Therese einen Lichtschein in der Wunde der Hand zeigt, habe er nicht [der Lehrer dagegen sagte mir, daß sie der Pfarrer habe] und er habe, obwohl anwesend, den Lichtschein nicht gesehen, der auf der Photographie sich zeigte.«[312] Dazu meint Brunelli: »Entschuldigungen, Widersprüche, Unsicherheit und vielleicht Lügen!« Im Juni 1927 besaß der Pfarrer die entwickelte Platte mit dem angeblich leuchtenden Wundmal! Dazu kommt: Beim ersten Besuch in Konnersreuth, am 12. Dezember 1930, war Brunelli kurz beim Lehrer; dieser zeigte ihm das Bild und erklärte, der Pfarrer besitze sowohl das Negativbild wie auch Abzüge davon.[313]

Nun zum Bild selbst: Therese hat die Hände parallel zueinander erhoben. Bis zu den Fingern sind sie mit Handschuhen bedeckt. Die Innenfläche der linken Hand zeigt einen hellen Fleck. Was hat diesen verursacht? Es handelt sich um eine einfache Reflexerscheinung, verursacht durch das Licht, das durch die zum Altarraum führende, geöffnete Sakristeitüre dringt. Die Innenseiten der Türpfosten sind wesentlich heller als das »leuchtende Wundmal«.[314]

k) Echt oder unecht?

Die Grundfrage bei dem behandelten Thema lautete: Handelte es sich bei Therese Neumann von Konnersreuth um einen echten Stigmatisationsfall oder nicht? Die Frage, ob ein übernatürlicher Einfluß vorliegt, wurde nicht in Betracht gezogen. Sie ist völlig überflüssig. Sie sollte überhaupt nicht mehr in Erwägung gezogen werden, ähnlich wie die Frage, ob es Hexen gibt oder von Dämonen, von real existierenden überirdischen bösen Geistern besessene Menschen.

Die Echtheitsfrage bei Stigmatisationsfällen bezieht sich nur darauf, ob Wundmale auf betrügerische Weise erzeugt und unterhalten werden oder ob die seltsame Erscheinung aus der Kraft der Einbildung, als Ausdruck einer »ideoplastischen Kraft« zu erklären ist. Im Falle Therese Neumann von Konnersreuth ist die allein zutreffende Antwort schon längst gegeben worden.

Am 23. März 1928 unterhielten sich die im Zimmer Thereses Anwesenden, Pfarrer Naber und die beiden Professoren Martini und Killermann, über »die Tatsächlichkeit der sich an ihr vollziehenden wunderbaren Vorgänge«. Plötzlich unterbrach die Stigmatisierte die Unterhaltung und erklärte: »Das bringt ihr nicht heraus. Nach meinem Tod wird es bald herauskommen.« In welchem ihrer Zustände wurden diese Worte gesprochen? Killermann und Martini empfanden den Zustand nicht als Schlaf. Pfarrer Naber war anderer Meinung; er versicherte sogar, »in diesem Zustand wisse sie alles«.[315] Bei dem Gesprächsthema ging es in erster Linie um die Stigmen und die Freitagspassion, namentlich um die Frage: Woher kommt das Blut? Therese hatte nähere Angaben über einzelne Stigmen gemacht, die nicht nachgeprüft werden konnten, weil solche nie vorhanden waren. Dazu kommen ihre ungeprüften Angaben über durchgehende Wunden an Händen und Füßen und über die Durchbohrung ihres Herzens. Hätten nach ihrem Tod die entsprechenden fachärztlichen Untersuchungen stattgefunden, dann hätte sich wenigstens eine ihrer »Prophezeiungen« erfüllt. Die Erfüllung wurde durch ihre Geschwister verhindert.

8. Konnersreuth-Pilger

Der Besucherstrom nach Konnersreuth setzte sehr rasch ein, nachdem bekannt geworden war, daß Therese Neumann Wundmale trug. Während der Beobachtungstage im Juli 1927 fanden sich an den beiden Freitagen nur ungefähr je 800 Fremde ein, weil die Nachricht verbreitet worden war, es würde niemand vorgelassen. »Nach der Beobachtungszeit hat sich der Besuch so enorm gesteigert, daß die Fremden in Konnersreuth, Waldsassen und Mitterteich nur notdürftig untergebracht werden konnten [...]. Die Zahl der am Freitag, dem 5. August, Anwesenden soll über 2.500, die Zahl der am Freitag, dem 11. August, anwesenden Fremden nach Schätzung der Gendarmerie über 4.000 betragen haben.«[316] Den Höhepunkt während eines Jahres bildete jeweils der Karfreitag. Im Jahr 1951 wurden ungefähr 8.000 Personen geschätzt; im Jahr zuvor sollen sich sogar 13.000 Fremde eingefunden haben. An manchen gewöhnlichen Freitagen haben in der Konnersreuther Pfarrkirche etwa 50 Priester zelebriert.

Der Chefarzt Dr. Seidl hat bereits bei seinen ersten Besuchen im Neumann-Haus nach dem Auftreten der Blutungen und dann später immer wieder der Patientin, den Eltern und dem Pfarrer sein Mißfallen darüber zum Ausdruck gebracht, daß man allen Leuten Zutritt gewährte; besonders beanstandete er die Besuche an den Freitagen. Der Arzt sagt über den Massenbesuch: »Der Zustand ist ein unwürdiger. Aber meine Bemühungen, das Haus oder wenigstens das Zimmer der Patientin zu versperren und die Patientin den neugierigen Blicken zu entziehen, waren vollkommen fruchtlos.«[317]

An den Freitagen hatten die Besucher für gewöhnlich nur die Gelegenheit, das Zimmer Thereses zu betreten und an ihrem Bett vorbeizudefilieren. Ein Gespräch mit der Stigmatisierten wurde an solchen Tagen nur ausnahmsweise wenigen Auserwählten gestattet, wenn sonst keine Besucher anwesend waren. Für gewöhnlich fanden Privatgespräche nur an leidensfreien Tagen statt, entweder in Thereses Zimmer oder im Pfarrhof. Im Elternhaus war es vor allem der Vater der Stigmatisierten, der darüber entschied, wer vorgelassen wurde; im Pfarrhof übernahm diese Aufgabe gelegentlich Pfarrer Naber. Wenn dieser bei Besuchern, die ein persönliches Gespräch mit Therese wünschten, den Eindruck bekam, daß ihnen der bedingungslose Glaube an die »Konnersreuther Wunder« fehlte, wies er sie zurück.

Im Jahre 1952 machte Dr. Hans Stubbemann zusammen mit zwei Begleitern einen Besuch in Konnersreuth. Der eine Begleiter war Abbé Adolphe Stickens, ein in Brüssel lebender Priester. Die Besucher unterhielten sich am Spätnachmittag des 21. August mehr als eine Stunde lang mit Pfarrer Naber. Am Schluß der Unterhaltung baten sie um Vermittlung zu einem Gespräch mit Therese Neumann. »Der Pfarrer erklärte, Therese sei krank und werde in den nächsten 14 Tagen niemand empfangen können.« Er fügte hinzu: Wenn Besucher von ihr im Pfarrhof empfangen würden, so geschehe dies gegen seinen ausdrücklichen Willen; er könne es aber nicht verhindern; auch das könne er nicht verhindern, daß an der Außenwand des Pfarrhauses Plakate angeschlagen würden, auf denen die Termine für Empfänge angegeben seien.

Beide Angaben des Pfarrers waren falsch. Therese Neumann war nicht krank, und sie empfing Besucher. Am Abend begab sich Stubbemann mit seinen Begleitern wieder zum Pfarrhof. Sie läuteten; die Haushälterin des Pfarrers erschien. Auf die Frage, ob ein Besuch möglich sei, antwortete sie, »nur bestimmte Besucher« würden vorgelassen. Trotz der Zurückweisung blieben die drei Männer im Flur des Pfarrhofes stehen, bis ein Besucher das Audienzzimmer verließ. Nun ging Stubbemann sofort in das Zimmer. Therese saß am Tisch; ein etwa 25jähriges Mädchen aus der Umgebung von Konnersreuth war bei ihr. Stubbemann zog sich zurück. Nach einiger Zeit versuchte er wieder, zu Therese zu gelangen; es gelang ihm aber nicht. Als die letzte der vorgelassenen Besucherinnen aus dem Pfarrhaus kam, sprach Stubbemann mit dieser. Er bekam zu hören, »daß der Pfarrer im Nebenraum sitze und die Besucher einschleuse«. Am Morgen darauf sprach Stickens mit der Pfarrhaushälterin. Er wollte ihr einen mitgebrachten religiösen Text übergeben, damit sie ihn von ihrer Schwester Therese unterschreiben lasse; aber die Angesprochene weigerte sich. Auch seinen zweiten Wunsch, ihn beim Pfarrer zu einem Abschiedsbesuch anzumelden, lehnte sie ab. Sie erklärte »mit fühlbarem Affront gegen den Priester, ihre Schwester sei so schwach, daß sie ihre Unterschrift nicht vollziehen könne«. Dies war eine offensichtliche Lüge. Stickens hatte am selben Tag vor Beginn der Gottesdienste mit eigenen Augen gesehen, »wie die korpulente Therese zur Ausschmückung der Kirche persönlich schwere Blumenvasen und dergleichen gehoben und getragen hat«. Die drei Besucher machten schließlich noch einen Versuch; sie wollten Therese in ihrem Elternhaus erreichen. Die vordere Haustür war geschlossen; aber die Hintertür war offen. Sie traten ein und fanden in der Küche den Vater und einen Bruder der Stigmatisierten. »Der Bruder erklärte auf die Bitte, Therese zu sprechen, mit der selbstgefälligen Aufsässigkeit des kleinen Mannes, auch wenn ein Bischof seine Schwester zu sprechen wünsche, werde er, wenn sie es nicht wolle, unvermittelter Dinge wieder weggehen müssen.«

Aufgrund der Erlebnisse in Konnersreuth sprach Stubbemann den Verdacht aus, »daß es offensichtlich einen ausgezeichneten, von einer ›Clique‹ organisierten ›Nachrichtendienst‹ gibt, der den Pfarrer und die Therese Neumann über alle Bemerkungen und Besonderheiten der interessierten Besucher informiert; die Zusammenarbeit in Konnersreuth zwischen den Beteiligten des ›engsten‹ Kreises scheine ›bestens‹ organisiert zu sein.«[318]

Im Oktober 1927 verhängte das Bischöfliche Ordinariat von Regensburg eine Besuchssperre. Nur in Ausnahmefällen stellte die bischöfliche Behörde einen Erlaubnisschein aus; wer keinen solchen vorweisen konnte, durfte nicht vorgelassen werden. Pfarrer Naber versicherte, er werde sich »strikt« daran halten. Das KONNERSREUTHER WOCHENBLATT vom 4. November 1927 teilte mit: »Konnersreuth wird gehorchen.« So genau nahm man es allerdings mit dem Gehorsam nicht. Pfarrer Naber brachte die Begründung vor: »Die Resl hat die Offenbarung erhalten, daß durch ihr Leiden viele wieder auf das Jenseits hingewiesen würden und so müsse sie das Beschauen geduldig hinnehmen.«[319] Am 3. August 1929 besuchte ein holländischer Priester den Dom zu Regensburg. Dort erzählte er Generalvikar Dr. Höcht, er sei am vergangenen Freitag in Konnersreuth gewesen; »Therese habe entschieden, daß alle Priester auch ohne Erlaubnisschein vorgelassen« würden.[320]

Im September 1930 ließ die bayerische Bischofskonferenz verlauten, es sei angezeigt, »vorläufig keine Erlaubnis mehr zu geben zum Besuch von Konnersreuth«. Als Begründung wurde angegeben, das Verhalten der Familie Neumann und des Pfarrers Naber entspreche »nicht dem richtigen Verhältnis zwischen Oberhirten und Diözesankindern«.[321] Die Totalsperre war nicht von langer Dauer. Außerdem machte sie in Konnersreuth keinen sonderlichen Eindruck. Eine gleichsam zusammenfassende Entschuldigung für die Mißachtung der Besuchssperre kleidet der Autor Lama im Jahr 1931 in die Worte: Therese Neumann und ihre Eltern handelten im Sinne des Bischöflichen Ordinariates. »Ausnahmen geschehen entweder auf Grund des persönlichen Freiheitsrechtes der Familie Neumann oder auf Grund einer, in allen Fällen nachweisbaren mystischen Anregung der Therese selbst.«[322]

Im übrigen hatte die Neumann-Familie keinen Grund, sich wegen der Einführung von Erlaubnisscheinen zu beklagen. Das Gegenteil war der Fall. Am 24. August 1932 schrieb Therese an den Bischof: »Dann sage ich Ihnen ein recht herzliches ›Vergelt's Gott‹ dafür, daß Sie gesorgt, daß meine Eltern, die so viel im Feld zu tun haben und ich mit alten Briefen zum Lesen im Rückstand bin, die Besuche weniger sind.« Vor allem an den Freitagen, so führte sie aus, kämen viele, »die bloß so neugierig sind«. Sie bat den Bischof: »Wenn Sie so gut wären, Hochwürdigster Herr Bischof, und keinen Erlaubnisschein mehr nach Konnersreuth oder gar an Konnersreuther schicken lassen würden!« Als Begründung ihrer Bitte gab sie an; »Etliche Familien« in Konnersreuth »lassen sich Scheine schicken und verkaufen dann dieselben«; ein Konnersreuther fuhr zu wiederholten Malen mit seinem Motorrad nach Regensburg »um Ausweise«. »Früher«, so erklärte sie, als man im Ordinariat bloß Ausweise mit pfarramtlicher Empfehlung erteilte, kann dergleichen doch schwer vorgekommen sein.« Abschließend wiederholte Therese ihre Bitte: »Aber bitten möchte ich nochmals, nach Konnersreuth keinen Ausweis zu schicken.«[323]

Im Schreiben vom 27. November 1934 gab Therese dem Bischof förmlich Anweisungen, wie er zu verfahren habe. Ihr Brief war die Antwort auf den vom Bischof geäußerten »Wunsch«, sie möge ihre »Meinung betreff den Besuchern schreiben«. Zuerst erklärt sie, sie könne es nicht verantworten, die Besucher abzuweisen. Dann gibt sie an, wem kein Erlaubnisschein ausgestellt werden solle: den »Neugierigen«; den »Schreibern, welche Geschichten machen wollen«; Leuten, denen es nur um »müßige Sachen, wie Heiratsangelegenheiten oder Geldangelegenheiten, halt so weltliche Sachen« gehe; Leidenden, denen sie ihre »Krankheiten wegbeten oder wegleiden« solle; »auch so krankhaften, überfrommen oder überängstlichen Frauen, mit denen man stundenlang nicht fertig wird«. Im Hinblick auf solche Leute gab also Therese dem Bischof den Rat: »Mit solch eigensinnigen Leuten und mit so weltlich eingestellten Besuchern, welche ich erwähnt, wenn Sie zurückhaltend wären.« Sie gab noch einige weitere Ratschläge. Vor allem riet sie: »An Konnersreuther oder überhaupt nach Konnersreuth keinen Schein oder gar Telegramm zu schicken.« Am Schluß des Schreibers versicherte die Stigmatisierte: »Man bringt ja um des lb. Heilands willen gern jedes Opfer. Und mein einziges Verlangen ist, dem Heiland Freude zu machen, ihm Seelen näher zu bringen. Dafür ist mir nichts zu schwer.«[324]

Am 10. Dezember 1937 gab das AMTSBLATT FÜR DIE DIÖZESE REGENSBURG bekannt, inskünftig würden keine Erlaubnisscheine mehr zu Besuchen der Therese Neumann ausgestellt. Das geschah als Reaktion auf die Ablehnung einer klinischen Überwachung. Dies hatte für die Neumann-Familie keine negativen Folgen; sie allein konnte ja entscheiden, wer vorgelassen werden sollte. Allerdings berief sie sich auch in der Folgezeit bei Bedarf auf die frühere Regelung. Am 13. Juli 1939 bat Frau M. Hartmann aus Breslau die Mutter der Stigmatisierten um die Erlaubnis, mit Therese sprechen zu dürfen. Die Mutter lehnte mit der Begründung ab, der Bischof habe Besuche verboten. Frau Hartmann wandte ein: »Der Bischof hat nichts mehr verboten; Therese kann tun, was sie will.« Die Mutter wiederholte mehrmals: »Der Bischof hat es verboten.« Frau Hartmann entgegnete, es befänden sich doch gerade zu dieser Zeit Besucher bei Therese. Nun gab die Mutter zur Antwort: »Das ist unsere Sache, wen mer [wir] reinlassen. Wir lassen uns net zum Ungehorsam gegen den Bischof verführen.«[325]

Gelegentlich hat das Bischöfliche Ordinariat eine Ausnahme gemacht und einen Erlaubnisschein ausgestellt. Im Frühjahr 1940 kam eine Frau aus Wien ins Regensburger Generalvikariat und bat um die Ausstellung eines Besuchserlaubnisscheines. Weihbischof Dr. Höcht fragte sie, warum sie nach Konnersreuth fahren wolle. Als Grund gab sie an: Eheschwierigkeiten. Höcht gab den Rat: »Fahren Sie nach Altötting!« Weil die Frau nicht zu bitten aufhörte, übergab er ihr ein Schreiben mit dem Wortlaut: »Ein Erlaubnisschein wird nicht ausgestellt. Aber wenn Herr Neumann einen Besuch erlaubt, dann habe ich nichts dagegen.« Nun fuhr also die Frau nach Konnersreuth. Dort wurde sie abgewiesen. Sie blieb am Ort und schrieb einen Brief an das Generalvikariat in Regensburg, in dem sie um die Ausstellung eines Erlaubnisscheines bat. Nun stellte ihr Dr. Höcht einen solchen aus, weil sie eine so weite Reise unternommen hatte. Es vergingen einige Tage, da kam die Frau auf ihrer Rückreise zum Weihbischof und berichtete: »Am ersten Freitag waren ungefähr 20 Personen dort; davon wurden 18 ohne Erlaubnisschein vorgelassen, wahrscheinlich, weil sie Geschenke dabei hatten (sie hatten etwas mit). Am zweiten Freitag waren wieder so viele; sie wurden fast alle vorgelassen, ohne Schein. Nun konnte ich meinen Schein vorzeigen und wurde zugelassen.« Dr. Höcht fragte die Frau: »Wie waren die Eltern Neumann gegen Sie?« Die Antwort lautete: »Schroff.« Höcht fragte weiter: »Und die Therese Neumann?« Die Frau erwiderte: »Sehr zurückhaltend; sie sagte gar nichts.« Schließlich wollte der Weihbischof wissen: »Welchen Nutzen hatten Sie von Ihrem Besuch?« Er bekam als Antwort: »Gar keinen.«[326]

Im Mai 1944 fuhr der Arzt Dr. Aigner zum fünftenmal nach Konnersreuth. Er wollte nur drei Tage dort bleiben; »durch unvorhergesehene Zwischenfälle« geschah es, daß der Aufenthalt »immer wieder verlängert« wurde. Nach seiner Ankunft begab er sich zu Pfarrer Naber. Zu seiner großen Überraschung verlangte dieser eine »bischöfliche Genehmigung« seines Besuchs. Das gleiche tat der Vater der Stigmatisierten. So wandte sich also Aigner an das Bischöfliche Ordinariat in Regensburg. Von dort wurde »ausnahmsweise« die Besuchsgenehmigung erteilt. Nun wurde er also, der sich bei seinen Besuchen nicht hatte »bekehren« lassen und den Therese als Heuchler bezeichnete, vorgelassen. »Von Resl selbst, ihren Eltern und dem Bruder Ferdinand« wurde er »freundlich empfangen«.[327]

IV. GEFAHR UND HILFE AUS DEM JENSEITS

1. Der Schutzengel

Ständiger Begleiter – Johannes Steiner schreibt beim Thema »Mystische Beziehungen zum Schutzengel«: »Therese lebte in enger Verbundenheit mit ihrem Schutzengel. Nach ihrer Angabe schrieb sie seiner Eingebung schon im normalen Zustande viele Erleuchtungen zu: über Personen, die mit ihr sprachen, Warnung vor allzu Neugierigen, Eingebungen von Rat für die Besucher u.ä. [...]. Sie nahm ihren Schutzengel wahr. Sie ›sah‹ ihn im Zustand der Eingenommenheit als ›lichten Mo‹ (lichten Mann), wie sie sich ausdrückte, zu ihrer Rechten stehen. Sie ›sah‹ in diesem Zustand auch zur Rechten eines jeden Besuchers, ohne ihn selbst zu sehen, seinen ›lichten Mann‹, eine körperlose Lichtgestalt, den sie gelegentlich auch als ›mächtiger als ihren eigenen‹ bezeichnete.«[328]

Die Stigmatisierte sah also ihren eigenen Schutzengel; sie erblickte ihn sowohl während ihres »Zustandes der Eingenommenheit« wie auch im normalen Wachzustand. »Es war das nicht eigentlich ein Sehen mit den Augen [...], sondern ein Wahrnehmen mit dem inneren Auge, ähnlich wie im Traume.«[329]

Seine Aufgabe – Schon den Worten Steiners kann man entnehmen, daß Therese Neumann zu jeder Zeit sowohl ihren eigenen Schutzengel wie auch den ihrer Mitmenschen sah. Noch eindeutiger drückt sich Ennemond Boniface aus: »Im wachen Zustand sieht Therese zu ihrer Rechten immer einen leuchtenden Menschen – einen Engel – (wie auch zur Rechten anderer Menschen), und sie steht mit ihm in einem ständigen Gespräch. Dieser Engel offenbart ihr Dinge, die sie über das verborgene Leben oder den Seelenzustand ihrer Besucher wissen muß; was viele als eine unmittelbare Herzenskenntnis betrachten (eine Kenntnis, die sie übrigens auch weitgehend besitzt) und wofür viele Beispiele sprechen, ist in Wirklichkeit eine Offenbarung, was ein wesentlicher Unterschied ist.«[330] – Wenn der Schutzengel eines Menschen verpflichtet ist, immer an der rechten Seite eines Menschen zu weilen, was für ein bedauernswertes Geschöpf muß dann ein »himmlischer, seliger Geist« sein!

Während eines Gesprächs mit Helmut Fahsel versicherte Therese, »es sei die Stimme des Schutzengels, die sie in diesem Augenblick unterrichte«.[331] Einen eingehenden Aufschluß über die Aufgabe des der Stigmatisierten zugeteilten Engels bietet Ernst Doebele: »Es wurde schon erwähnt, daß Therese Neumann auch im wachen, normalen Zustand oft etwas aussagt, antwortet oder erklärt, was nicht von ihr selber stammen kann. Sie gibt dahin Aufschluß, das sage ihr der Schutzengel. Sie macht tatsächlich bei diesen Äußerungen den Eindruck, als ob sie deren Inhalt soeben aus anderer Hand und direktem Hören erhalte. Diese inneren Ansprachen und Worte, die sie oft empfängt, stammen demnach oft von ihrem Schutzengel. Sie hört ihn, wie sie sagt, im natürlichen Zustand an ihrer Seite sprechen; erhält durch ihn (wie durch einen ständigen Begleiter oder Sekretär, einen wirklichen ›Geheimsekretär‹) während der Unterhaltung mit einem Besucher unmittelbaren und unbemerkten Aufschluß über den Seelenzustand, die Eigenheiten, Charakterfehler, die Vergehen der Besucher (oder Gesprächspartner oder deren Begleiter, die nur schweigend dasitzen und zuhören), und zwar ganz konkret und mit all den Einzelheiten, deren Kenntnis zur Beratung der erschienenen Besucher notwendig ist.«[332] – Der Schutzengel der Stigmatisierten hatte demnach weniger die Aufgabe zu schützen als die eines Denunzianten; da er nicht allwissend sein konnte, mußte er wohl sein Wissen unmittelbar Gott verdanken.

Des Engels Sprache während des Zustandes der Eingenommenheit – Im Zustand der »kindlichen Eingenommenheit« war es um Thereses Verständnis dessen, was zu ihr der Schutzengel sprach, etwas eigenartig bestellt. Sie vermochte sich nach der Rückkehr in den Wachzustand nicht an das zu erinnern, was sie gesagt hatte. Dazu kam noch eine weitere Schwierigkeit: Im Zustand der Eingenommenheit verstand Therese nicht Hochdeutsch; darum gab sie des Engels Worte nur mechanisch wie fremdsprachliche Worte wieder. Aber das war kaum von Bedeutung; denn wenn auch Therese die Worte des Schutzengels nicht verstand, sie sprach sie nach, und die Anwesenden hörten und verstanden sie. Eines Tages schaute Therese in einem Gesicht, wie Jesus zwei Blinde heilte und einen Besessenen gesund machte. Noch während sie sich in ihrem ekstatischen Zustand befand, unterhielten sich die anwesenden Konnersreuther Priester, Pfarrer Naber und Benefiziat Härtl, ob sich darüber auch etwas in den Evangelien finde. Auf einmal fängt Therese zu sprechen an: »Da hat einer gesagt: Er lese nach bei Matthäus 9!«[333]

Ein Eintrag im Tagebuch Nabers lautet: »An einem Karfreitag war ich bei Resl gewesen und dann nach unten gegangen. Kaum im unteren Zimmer angekommen, wird die dortige Glocke von Resls Zimmer her geläutet. Da sonst niemand zu sehen ist, gehe ich nochmals in Resls Zimmer und werde dort mit den Worten empfangen: ›Hat grad einer gesagt: Er soll seinen Mantel anziehen, daß er sich nicht erkältet‹. Ich hatte tatsächlich meinen Mantel auf dem Kanapee ganz vergessen«.[334] Bei dieser Episode, die erkennen läßt, daß Thereses Schutzengel auch auf Pfarrer Naber aufpaßte, weil dessen Schutzengel wohl nicht ganz zuverlässig war, könnte man auf den Gedanken kommen, Therese habe den Mantel liegen sehen; aber Pfarrer Naber versichert, sie habe sich im Zustand der Eingenommenheit befunden; da sei sie blind gewesen.[335]

Außerordentlicher Helfer – Für Therese Neumann war der Schutzengel nicht nur Berater, sondern auch Helfer in jeglicher Notlage, auch wenn diese noch so unbedeutend war. Es kam vor, daß sie aus ihrem Bett fiel; plötzlich lag sie wieder in ihrem Bett. »In solchen Fällen, hieß es in der Ekstase, greife der hl. Schutzengel ein.«[336] Dieser hat ihr auch gelegentlich Kräfte verliehen, über die sie sonst nicht verfügte. Eines Tages wurde im Pfarrhof Honig geschleudert. Thereses Schwester versuchte, »eine Blechbüchse mit ungefähr 35 Pfund Honig vom Boden auf den Ofenherd zu heben, vermochte es aber nicht, da sie kurz zuvor wegen drohender Blutvergiftung sich einen Finger hatte schneiden lassen müssen. Da bückt sich Theres, nimmt die Blechbüchse von der Seite und hebt sie ohne Anstrengung auf den Herd.« Niemand unter den Anwesenden hat sich darüber gewundert. Daß sich etwas Wunderbares abgespielt hatte, erfuhr man erst aus dem Munde Thereses: Sie erzählte, jemand habe zu ihr gesagt: »Probier nur, es schadet dir nichts!« Der Berichterstatter Johannes Steiner meint: »Therese ist es bei ihrer Schwäche natürlicherweise völlig unmöglich, 35 Pfund und noch dazu in solcher Weise zu heben.«[337] Er hat vergessen, daß die Stigmatisierte fähig war, die schwersten bäuerlichen Arbeiten zu verrichten.

Die Erleuchtungen und Hilfen durch den Schutzengel wurden Therese Neumann offenbar in gleichem Maße zuteil, ob sie sich im ekstatischen oder wachen Zustand befand. »Einmal erzählte Resl, sie habe ein Schriftstück, das sie gerade notwendig brauchte, verlegt gehabt. Sie habe schon in der Kirche gebetet gehabt, daß es zum Vorschein kommen möchte, und eben beim Ofen im Zimmer zu diesem Zweck gebetet. Da auf einmal hörte sie jemanden reden; sie meinte, es sei ihre Schwester Creszenz, aber sie sah nichts von der.« Die Stimme sprach: »Geh in das Dachkämmerchen neben dem Zimmer und heb einen Teil der Briefe weg, dann findest Du das Gesuchte.« Therese begab sich in das Dachkämmerchen und fand das Schriftstück.[338]

Eines Tages kam Therese »vormittags zur Kommunion in den Pfarrhof.« Der Pfarrer, den sie suchte, war noch nicht aus dem Schulhaus zurückgekehrt. Darum begab sie sich in den Garten und betrachtete die Blumen. Plötzlich vernahm sie eine Stimme: »Liebes Kind! Denk heute bei der hl. Kommunion besonders an den Benefiziaten und auch den Tag öfter, damit er mutig und entschieden bleibt!« Die Sorge des »Schutzengels« ist verständlich. Der Benefiziat hatte vom Bischöflichen Ordinariat in Regensburg den Auftrag erhalten, darüber zu berichten, was er erlebt hatte und wie er die Vorgänge in Konnersreuth beurteilte. Am Morgen, bevor er seine Arbeit begann, bat er Gott, er möge ihm helfen, so zu schreiben, »daß der Sache gedient sei«.[339] – Die Mahnung des Schutzengels wurde beherzigt; das Gebet der Stigmatisierten war von Erfolg gekrönt: Der Benefiziat blieb »mutig und entschieden«.

Das seltsamste Erlebnis mit dem Schutzengel hat sich am 24. Mai 1931, dem Pfingstsonntag, abgespielt. Darüber berichtet Pfarrer Naber in seinem Tagebuch. Zuerst sagt er: »Die Pfingstvisionen hatte sie wie früher, nur begannen sie heuer erst nach dem Hauptgottesdienst, weil, wie es in der Ekstase hieß, diese Zeit gelegener ist.« Sonst begab sie sich, wenn sie einen Kirchenbesuch machte, in ihren Sessel hinter dem Hochaltar. An diesem Pfingstsonntag »war Therese während des Hauptgottesdienstes hinten im Schiff der Kirche unter den Leuten. Dies bekam ihr nicht gut.« Nach der Rückkehr vom Gottesdienst in ihr Zimmer, »fühlte sie sich nach der ersten Vision sehr unwohl, das Herz wollte nicht mehr funktionieren«. Ihre Angehörigen und Pfarrer Naber verließen Thereses Zimmer, »sie auf dem Kanapee liegend zurücklassend«. Kaum war sie allein, da griff sie zum Knopf ihrer Zimmerglocke und läutete. Der Vater begab sich die Treppe hinauf und fand »Therese im Bett liegend, wie bei der Nacht, angezogen und dagegen protestierend, daß man sie zu Bett gebracht hatte«. Und das Merkwürdige! »Vor dem Kanapee auf der gegenüberliegenden Seite des Zimmers liegt ihr Obergewand mit dem Schurz und dem Unterrock darunter und der Uhrschnur mit der Uhr um den Hals, alles noch in der Lage und vollständig geschlossen, wie es Therese an ihrem Hals getragen hatte.« Sie schilderte ihrem Vater, was sich zugetragen hatte: Gegen ihren Willen habe sie jemand an beiden Schultern berührt; daraufhin sei ihr Gewand zu Boden gefallen; dann habe sie eine weitere Berührung verspürt, was ihr gar nicht recht gewesen sei. Noch durchsichtiger wurde der geheimnisvolle Vorgang, als Therese im »erhobenen Ruhezustand« erklärte, »das alles habe der heilige Schutzengel gemacht, damit Therese keinen Schaden nehme«.[340] Der Schutzengel hat also dadurch, daß er die Stigmatisierte auf wunderbare Weise entkleidete und die Zimmerglocke bediente, einen möglichen Schaden verhindert. Aber warum hat sie der Schutzengel wiederholt aus ihrem Bett fallen lassen? Warum hat er nicht die zahlreichen angeblichen Unfälle verhindert, die schlimme Folgen hatten?

Ein ähnliches Wunder wie Therese Neumann hat Columba Schonath am 25. November 1764 erlebt, allerdings in umgekehrter Reihenfolge: Eben lag sie noch im Nachtgewand in ihrem Bett, da hat sie »eine unsichtbare Hand angekleidet«. Dies ereignete sich am Gedächtnistag der hl. Katharina; vielleicht hat sich diese als Kammerzofe betätigt.[341]

2. Der Teufel

Es versteht sich von selbst, daß eine derart Begnadete, wie Therese Neumann es war, den Teufel zum Angriff reizte.

Zweck der Versuchungen durch den Teufel – Bei diesem Thema soll als erster ein Theologe zu Wort kommen: der Erzbischof Teodorowicz von Lemberg. Er sagt: »Unter den schwersten Versuchungen, die ihr vom Teufel legionweise geschickt wurden, hat Therese am meisten gegen die Versuchung zu kämpfen, warum sie so viel leiden und so viel ertragen muß. Der Teufel möchte sie gern von der geduldigen Ertragung ihrer Schmerzen und des Sühnelebens abbringen. Seine ganze Redekunst, seine ganz abgefeimte Spitzfindigkeit streben diesem Ziele zu.« Teodorowicz will mit seinen Ausführungen den Verdacht ausräumen, Thereses Ekstasen seien satanischen Ursprungs, und er will beweisen, daß sie ein Schutzwall gegen die Folgen ihrer körperlichen Leiden seien. Die Ekstasen, so meint er, verliehen ihr die erforderliche Ausdauer bei ihren Sühneleiden; sie seien ein Ausgleich für die unzähligen Leiden zum Heil der Menschen, der lebenden und der verstorbenen. Der Satan, so argumentiert er weiter, könne auf keinen Fall Ekstasen verursachen, die gegen die freiwillige Übernahme von Leiden gerichtet seien; »denn dadurch handele er selbst gegen seinen Zweck und Vorteil, die Seelen zu erobern!«[342] – Solch eine Sprache vermag nur ein »Mystiker« zu verstehen.

Was sich der Teufel nicht zuweilen für wundersame Späßchen erlaubte! Im Jahr 1927 wohnte Therese für einige Zeit nicht im Elternhaus, sondern im Pfarrhof. Dies gefiel dem Teufel offenbar nicht; hartnäckig setzte er ihr des Nachts mit der Forderung zu, sie solle den Pfarrhof verlassen. In der Tat schickte sie sich an, der Aufforderung des Versuchers Folge zu leisten. Allerdings kam sie nicht weit; »sie kam einen Teil der Stiege hinab, blieb aber dort aus Schwäche liegen«. Was der Teufel mit seinem Drängen zum Fortgehen erreichen wollte, hat der Berichterstatter Johannes Steiner nicht erfahren.[343]

Am 27. Mai 1928 wurde in der Pfarrkirche von Konnersreuth der neue, auf Wunsch und mit Finanzhilfe der Stigmatisierten errichtete Theresienaltar eingeweiht. Schon vom 13. Mai an litt Therese »durch starke Versuchung durch den Teufel«, der gegen die Errichtung des Altars und gegen »das mit der Weihe verbundene Triduum wütete«. In der vorausgegangenen Zeit hatte sie stark unter den Nachstellungen des Teufels zu leiden.[344]

Am 26. Februar 1928 verfaßte Pfarrer Naber einen Bericht an den Bischof von Regensburg: »Viel zu leiden hat Therese auch vom Teufel, der sie entweder durch innere Einflüsterungen beunruhigt, oder, nur für sie hörbar, zu ihr spricht, wenn sie im tiefsten Leiden ist. Er tritt anfänglich gewöhnlich schmeichelnd auf, spricht davon, wie schön es wäre, wenn sie nicht zu leiden hätte; da könnte sie arbeiten, zur Kirche gehen, lustig sein; der [damit meint er den Heiland] quäle sie ja nur; er aber mache denen, die er liebe, viel Freude; jede höhere Anordnung, die geeignet erscheint, die Wirkung des bei Therese Vorgehenden auf die Seelen zu mindern, begrüßt er mit Freude und mahnt er, treu zu befolgen, z.B. die betreff der Zulassung der Besuche; die Männer der Wissenschaft, die diese Vorgänge natürlich erklären, verstünden doch auch etwas; wir sollten nicht gescheiter sein wollen als sie. Sofort erkennt Therese den Teufel, wenn er sie zum Hochmut verleiten will, wenn er etwa sagt: ›Du bist doch selber verständig, was brauchst du denn auf andere aufmerken!‹ Wenn er merkt, daß nichts auszurichten ist, dann wird er boshaft, dann fängt er zu schimpfen und zu spotten an, z. B.: ›Du elende Kreatur, du bist mir schon lange ein Dorn im Auge‹, und er bedroht und ängstigt sie in schrecklicher Weise, schließlich bis zur Ohnmacht. Helfen kann ihr da nur der Priester, den der Teufel fürchtet, aber auch wütend beschimpft und bedroht.«[345]

Des Teufels Rache – Im Sommer 1929 war Therese in arge Bedrängnis geraten. Sie hatte behauptet, eine ehemalige, später exkommunizierte Klosterschwester mit dem

Namen Canisia sei sofort nach ihrem plötzlichen Tod in den Himmel gekommen. Der Bischof von Regensburg, darauf aufmerksam gemacht, verlangte vom Pfarrer von Konnersreuth Aufklärung. In dieser Zeit hatte Therese schwer unter den Nachstellungen und Versuchungen durch den Teufel zu leiden. Besonders schlimm wurde es, nachdem Pfarrer Naber nach Regensburg abgefahren war, um dem Bischof Bericht zu erstatten. Nach der Rückkehr des Pfarrers erzählte ihm Therese, was sie in der Zwischenzeit alles erlebt hatte:

Ihr Schutzengel, so erzählte sie, habe ihr mitgeteilt, »der böse Feind habe Wut, weil er diese Seele – nämlich die Schwester Canisia – nicht bekommen habe; deshalb wolle er hier alles verwirren mit dieser Sache«. Anschließend an die durch den Schutzengel erteilte Aufklärung »wurde es Therese, als ob ihr von außen her durch irgend etwas Widerwillen gegen das Leiden beigebracht werden wollte und der Drang, nach Mitteln zu suchen, durch welche sie von allen ihren außerordentlichen Leiden und Zuständen befreit würde«. Besonders schlecht erging es Therese zur Nachtzeit; da »hatte sie schwer zu leiden unter dem laut vernehmbaren Zureden des Teufels«; dieser quälte sie so sehr, daß sie »aus dem Bett fiel und ohnmächtig wurde«. Sie kam wieder in ihr Bett; nur wußte sie nicht, wie das geschah; erst bei der folgenden »Ekstase« erfuhr sie, »der Schutzengel sei da am Werke gewesen«. Schließlich »steigerten sich die Quälereien des Teufels ins Ungeheuerliche«. In diesem Stadium ließ sich Therese auf ein Zwiegespräch mit dem Teufel ein. Dieser sprach: »Wie schön haben es andere, die können schön gleichmäßig fortarbeiten, haben Freuden, niemand kümmert sich um sie und zum Schluß sind sie auch noch besser dran als du. Schau, andere haben Freude am Essen, an was hast du Freude?« Therese verteidigte sich: »Ich habe Freude am Heiland, zu mir kommt der Heiland!« Da lachte der Teufel spöttisch: »Ha, da kannst du Freude haben, wenn du den hast; pfui, solche Freude!« Therese versicherte: »Ich leide auch gerne, will's ja der Heiland so haben, er hat gelitten für uns und ich tu ein bißl Leiden zu seinen hinzu für andere.« Darauf der Teufel: »Ha, der hat ja gar nicht gelitten.« Therese wandte ein: »Habe ich es doch gesehen.« Dem widersprach der Teufel: »Das bildest du dir nur ein. Übrigens deine Leiderei wird dir jetzt schon ausgetrieben, jetzt habe ich ein Mittel in der Hand, das wird durchgeführt, da wird alles darangesetzt. Wenn mir auch die [= Canisia] ausgekommen ist, jetzt komme ich schon dir. Du siehst doch, nicht einmal der Bischof, die halbe Welt lacht über dich. Mit dem Beten kommst du nicht los von deinem Leiden; anstatt zu beten, fluche ihm, das nützt mehr, dadurch kommst du los von ihm. Sag ihm: ›Du Hund, du elender, du verfluchter, du Angenagelter, hast dich bloß annageln lassen, damit alles zu dir laufe, aber ich mag schon nicht, du kannst tun, was du willst; wenn ich nicht mag, dann mag ich einfach nicht. Meinetwegen kann leiden, wer will, ich leide nie mehr, von nun an kriegst du mich nicht mehr in deine Krallen; von heute ab bin ich dir untreu.‹ Darauf lacht der Teufel spöttisch.« Dieser redete noch weiter; doch Therese wurde schwach und fiel in Ohnmacht. »In ihrer Qual und Hilflosigkeit hatte sie sich ganz durchgeschwitzt, ihre

Kopfwunden und die Seitenwunde aufgerissen und sich Haare ausgerauft.«[346] – So berichtete Pfarrer Naber Bischof Buchberger. Die beiden Partner des geschilderten Zwiegespräches standen offenbar hinsichtlich Bildung sowie Denk- und Sprechweise auf ein und derselben Stufe; es war ein »Zwiegespräch« zwischen ein und derselben Person, zwischen Therese Neumann und Therese Neumann. Offenbar haben dies die beiden Theologen Pfarrer Naber und Bischof Buchberger nicht durchschaut.

Im selben Jahr 1929 mußte sich Therese Neumann ein zweites Mal in einer teuflischen Versuchung bewähren. Der böse Feind flüsterte ihr zu: »Dein ganzes Leiden hilft dir ja doch nicht. Du bist recht dumm gewesen, so zu leiden. Genieße das Leben wie auch andere Menschen! Du und dein Pfarrer gehören mir doch, ihr seid ewig mein.«[347] Die Stigmatisierte blieb standhaft.

Des Teufels Erkennungszeichen – Die Versuchungen durch den Teufel setzten bereits im Jahr 1926 ein. Darüber notierte Pfarrer Naber:

»Theres unterscheidet genau zwischen Versuchungen, die in ihr selber entstehen, und solchen, die von außen an sie herankommen. Sie hört den Teufel reden wie mich, nur tiefer und heiser, sagt sie, redet er [...]. Sie ist dann förmlich in seiner Gewalt, sie windet sich, verzerrt das Gesicht, kann kein Kreuzzeichen machen, kein Weihwasser nehmen. Was er sagt, kommt ihr so überzeugend vor. In kürzester Zeit war sie dann in Schweiß gebadet. Doch fürchtet der Teufel Weihwasser und Kreuz und priesterliche Beschwörung.«[348] Obwohl der Teufel aufgrund seiner »tiefen und heiseren« Stimme hätte erkannt werden können, fiel es Therese noch Jahre lang schwer, ihn zu erkennen. Erst am 19. Juli 1930 fiel ihr ein, daß dem Übel abgeholfen werden könne. Nachdem sie kommuniziert hatte, bat sie den Heiland, »er möge ihr helfen, daß sie den Versucher immer gleich erkenne«. Daß ihr dies nicht aus dem Inhalt der Einflüsterungen klar geworden ist? Sie hat doch Worte zu hören bekommen wie: »Ich werde dich zertreten, du elender Wurm«; oder sie wurde als »leidender Fratz« und der Pfarrer als »verfluchter Hund« bezeichnet.[349]

Auf eines der Erkennungszeichen des Teufels wurde Therese von Pfarrer Naber aufmerksam gemacht. Da bat sie eines Tages Gott, er möge alles Außerordentliche von ihr nehmen. Plötzlich vernahm sie eine Stimme, die zu ihr sprach: »Ja, dein Wunsch wird erfüllt werden. Aber dazu genügt deine Beterei nicht, du mußt dein dummes Leben aufgeben, das ja doch nichts nützt; du mußt ihm erklären, ich mag nicht mehr; du mußt ihm fluchen, dem Angenagelten.« Sie vernahm noch eine Reihe anderer Schimpfnamen gegen Christus. Hernach erzählte sie alles ihrem Pfarrer. Dieser schöpfte Verdacht; er sprach die Vermutung aus, es könne sich um eine Versuchung durch den Teufel handeln. Wie er zu dem Verdacht kam? Die »Stimme« sprach nie den Namen »Jesus« aus. Es dauerte dann noch geraume Zeit bis Therese den Versucher »gleich« erkannte. Gott fügte es, daß die Stimme des Teufels »stets heiser« klang.[350]

3. Theresia von Lisieux

Erste Beziehungen – Schon drei Jahre vor der Stigmatisation, zu einer Zeit, als zu Therese weder ihr Schutzengel noch der Teufel sprach, bestanden enge Beziehungen zwischen ihr und Theresia vom Kinde Jesu. Sie verehrte diese bereits von der Zeit des Ersten Weltkriegs an. Daran war ein Irrtum schuld. Ihr Vater hatte damals, als Theresia noch nicht seliggesprochen worden war, zwei Bildchen geschenkt bekommen und sie dann seiner Tochter geschenkt, weil er der Meinung war, es handele sich um ihre Namenspatronin. Von da an verschaffte sie sich mehrere Schriften über sie.

Am 29. April 1923 erlebte Therese Neumann ihr erstes Wunder; sie vermochte nach jahrelanger Blindheit plötzlich wieder zu sehen. Auf den Gedanken, daß die Heilung der Kleinen Theresia zu verdanken sei, die eben an diesem 29. April seliggesprochen worden war, kam ihre Mutter.[351] Das zweite Wunder ereignete sich zwei Jahre später, am 23. Mai 1925. An diesem Tag verschwand die eiternde Wunde an ihrem linken Fuß, nachdem man in den Verband ein Rosenblatt gelegt hatte, »das an den Gebeinen der hl. Theresia von Lisieux berührt worden war«. Die Wunde heilte »vollständig ab«; eine »frische Haut« zeigte sich an ihrer Stelle.[352]

Daß die bisher erlangten wunderbaren Hilfen der seligen Theresia zu verdanken seien, davon war Therese zwar überzeugt, aber die Helferin war noch nicht in Erscheinung getreten. Dies geschah erst am 17. Mai 1925. An diesem Tag verschwand Thereses schwere »Rückgratverletzung«. Noch bevor ihre Angehörigen das wunderbare Ereignis erfaßt hatten, rief sie, man solle den Pfarrer herbeirufen. Erst diesem schilderte sie ihre Erlebnisse: Plötzlich leuchtete ein wunderbares Licht auf, und sie vernahm eine »freundliche Stimme«: »Resl, möchtest du gesund werden?« Sie gab zur Antwort: »Mir ist alles recht; leben und sterben, gesund sein und krank sein, was der liebe Gott will, der versteht's am besten.« Die Stimme fragte weiter: »Hättest du eine Freude, wenn du heute aufstehen und gehen und dir wieder selbst helfen könntest?« Therese antwortete: »Ich habe an allem eine Freude, was vom lieben Gott kommt. Mich freuen alle Blümlein, die Vögel oder auch wieder ein neues Leiden. Am meisten freut mich der liebe Heiland.« Darauf erklärte die Stimme: »Du darfst heute eine kleine Freude erleben. Du kannst dich aufsetzen, probier's einmal, ich helfe dir.« Die Hilfe bestand zunächst darin, daß Therese entsetzliche Schmerzen empfand, vor allem in der Lendenwirbelsäule. Das war aber nur das Vorspiel für das endgültige Verschwinden des langjährigen Leidens. Mit wem hatte die Patientin gesprochen? Das war zunächst nicht bekannt; aber nach kurzer Zeit kam man auf die richtige Spur. »Die Stimme« sprach zu Therese: »Du kannst auch gehen, aber leiden darfst du schon noch viel und lang und kein Arzt kann dir helfen. Nur durch Leiden kannst Du Deine Opfergesinnung und Deinen Opferberuf am besten auswirken und dadurch die Priester unterstützen. Durch diese werden weit mehr Seelen gerettet, als durch die glänzenden Predigten. Ich habe es früher schon geschrieben.« Diese letzte Bemerkung lieferte den entscheidenden Hinweis auf die Helferin. Pfarrer Naber und Benefiziat Härtl kamen die Worte bekannt vor; außerdem wußten sie, daß eben an diesem 17. Mai Theresia von Lisieux heiliggesprochen wurde. Beide suchten in der von ihr verfaßten Schrift GESCHICHTE EINER SEELE und stießen alsbald auf die erwähnten Worte. Damit war klar, daß die »Stimme« ihr gehörte.[353] Der Satz, der die Spur auf Theresia lenkte, war ihrer Verehrerin freilich schon lange bekannt; die Schrift GESCHICHTE EINER SEELE gehörte ja zu ihrer Lektüre.

Im Jahr 1925 folgten noch zwei weitere wunderbare Hilfen durch Theresia. Am 30. September, am Jahrestag ihres Todes, erschien sie wieder und verkündete ihrer Verehrerin, »sie werde von jetzt an ohne fremde Hilfe gehen können«. Am 13. November ließ sie dann noch eine lebensgefährliche Blinddarmentzündung verschwinden.[354] Vorher hatte Therese die Heilige gebeten, »sie möge ohne Operation helfen, wenn dies Gottes Willen entspräche«. Sie sprach: »Heilige Theresia, Du könntest mir helfen. Du hast mir schön öfters geholfen. Mir ist's gleich. Aber hörst es doch, wie d'Mutter tut.« Darauf erschien ihr wiederum »das Licht« und »die Stimme« sagte: »Deine völlige Hingabe und Leidensfreudigkeit freut uns. Und damit die Welt erkenne, daß es ein höheres Eingreifen gibt, sollst du jetzt nicht geschnitten zu werden brauchen. Steh auf und geh gleich in die Kirche und danke Gott! Aber gleich, gleich! Du wirst aber noch viel zu leiden haben und dadurch mitwirken dürfen am Heile der Seelen. Dem eigenen Ich mußt du immer mehr absterben. Und bleib' immer so kindlich einfältig!«[355]

Zwei Monate später erfuhr Therese wiederum die Hilfe der Heiligen. Es war die Zeit, da Dr. Seidl die eigenartigen Wunden seiner Patientin durch das Anlegen von Verbänden zu heilen versuchte. Da diese Verbände ihr ungeheuere Schmerzen bereiteten, betete sie: »Liebe, kleine Heilige, jetzt komme ich noch einmal mit einer Bitte für mich selbst. Ich bin zu allem bereit. Sollen natürliche Mittel die Wunden heilen, mir ist's recht, wenn nicht, dann gib ein Zeichen!« Das Gebet war von Erfolg gekrönt. »Kaum 5 Minuten nach dem Beten verspürt sie, daß die Flecken auf den Wunden locker sind. Diese haben zu bluten aufgehört und sind eingetrocknet«.[356]

Die Ansprachen, die Therese Neumann zuteil wurden, waren durchaus nichts Einmaliges. Am 16. Januar 1953 hat sie unter Eid versichert: »Ich las [...] nur Heiligenlegenden meiner Standesgenossinnen und hl. Klosterfrauen, um herauszufinden, wie diese dem Heiland näher kamen und Freude machten.«

Aufgrund ihrer Lektüre war sie wohlinformiert über die stigmatisierte Dominikanerin Columba Schonath (1730-1787). Diese hat sechs Jahre lang vergeblich versucht, in einem Kloster aufgenommen zu werden. Erst im Alter von 23 Jahren gelang es ihr, in einem Kloster unterzukommen. Am 27. Mai 1753 ist sie Dominikanerin geworden. Damals erschien ihr der hl. Dominikus und sprach zu ihr: »Meine Tochter, du wirst vieles zu leiden haben, aber sei getrost, ich werde dir beistehen.« Von da an erschien ihr der Stifter des Predigerordens, der hl. Dominikus, »fast täglich«. Bei einer Erscheinung zeigte er ihr einen Kranz, der nur halb fertig war, und sprach: »Siehe, dieser

Kranz ist für dich, aber noch nicht ganz fertig; du mußt noch vieles leiden, bis er ganz und vollkommen werde.«[357]

Mehr als zwei Jahre lang hörte Therese Neumann die hl. Theresia nur sprechen; gesehen hat sie diese nicht. Am 30. September 1927 zeigte sich die Heilige »zum ersten Mal« in ihrer Gestalt, nämlich im Gewand einer Klosterfrau. »Milde und freundlich blickte sie auf Therese nieder und gab ihr dann Mahnung und Aufmunterung und Trost, gleichzeitig aber verkündete sie ihr noch schwere Leiden und viele Kämpfe. Sie solle aber kindlich demütig bleiben.«[358]

Die wichtigste Aufgabe der Heiligen – Therese Neumann hatte ihrer vermeintlichen Namenspatronin viele Hilfen zu verdanken. Wichtiger als das war das Lob, das ihr immer wieder zuteil wurde.

Vom 23. Februar bis zum 17. Mai 1926 war Therese im Zusammenhang mit dem Auftreten der Wunden ans Bett gefesselt. Damals erschien ihr am 17. Mai, dem Jahrestag der Seligsprechung, die hl. Theresia. Die Stigmatisierte wurde »jäh in eine Schauung gerissen. Sie sah wieder das Licht, das ihr schon öfter erschienen war«, und vernahm die »Stimme«: »Habe Geduld und sei nicht verdrießlich! Du wirst aber noch vieles und Schweres zu leiden haben. Ich habe dir bis jetzt geholfen und dir immer gesagt: Du brauchst dich nicht zu fürchten. Bleibe demütig und verliere den kindlichen Geist nicht!«[359]

Mitte November 1926 hatte die Stigmatisierte eine Erscheinung der hl. Theresia. Unter anderem sprach »die Stimme« zu ihr: »Liebes Kind! Daß du ergeben bist, freut den Heiland. [...] Du darfst noch mehr leiden und mit den Priestern mitwirken am Heil der Seelen.«[360]

Auch am Weihnachtsfest 1926 erschien ihr die hl. Theresia. Während in der Pfarrkirche die Christmette gefeiert wurde, sprach »die Stimme« zu ihr: »Du darfst nicht bloß leiden mit dem Heilande. Du darfst dich auch freuen mit ihm. Aber bleib immer ergeben und kindlich!«[361]

Ein andermal vernahm die Stigmatisierte die Worte: »Liebes Kind! Wir freuen uns, daß du dich dem Heiland ganz hingibst. Du darfst aber noch viel leiden, besonders in nächster Zeit, und kannst so dem Heiland Seelen näherbringen. Fürchte dich aber nicht, besonders werde nicht irre, wenn der böse Feind alles daran setzt, um die Absichten Gottes zu vereiteln. In dieser Zeit folge besonders ganz blind deinem Beichtvater und vertrau ihm jeden Zweifel an! Ihn gab dir der Heiland zum Berater und Beschützer. Hab' festes Vertrauen, bleib recht demütig, kindlich einfältig und lieb' den Heiland über alles! Sag auch deinem Beichtvater, er solle ganz unbesorgt sein, wenn viele, viele Schwierigkeiten und Kämpfe kommen werden. Er soll auch ruhig sein über die Herablassung und das besondere Wirken des Heilandes, wenn es auch von höherer Seite mißverkannt wird. Hab nur Vertrauen auf den Heiland, er ist mit euch.«[362] – Warum ist die hl. Theresia sichtbar erschienen und warum hat sie Therese Neumann mit einer Lobrede überhäuft, die einer Heiligsprechung zu Lebzeiten gleichsieht? Es war die Reaktion der Stigmatisierten auf die Forderung des Regensburger Bischofs, sie solle sich in einer Klinik überwachen lassen. Nun standen sich zwei Parteien gegenüber: Auf der einen Seite befanden sich Therese Neumann und Pfarrer Naber, die »dem Heiland Seelen näherbringen« sollten; auf der anderen Seite kämpfte der böse Feind, der mit Unterstützung »von höherer Seite die Absichten Gottes zu vereiteln« suchte. Der Hauptverantwortliche dafür, Bischof Antonius von Henle, hat das Schreiben des Konnersreuther Pfarrers vom 10. Oktober 1927, in dem die Ansprache der hl. Theresia überliefert wurde, nicht mehr erhalten, da er am 11. Oktober verstorben ist. Die Stigmatisierte von Konnersreuth hat ihn zur Strafe für die »vielen Schwierigkeiten und Kämpfe« ins Fegfeuer versetzt und hat ihn daraus nicht durch ein Sühneleiden befreit.

Einmal hätte Therese einen Lobspruch der hl. Theresia beinahe nicht verstanden. Es war im Jahr 1927, als sie in Gegenwart Nabers eine Vision hatte, während der die Heilige zu ihr sprach. Nach der Schauung beklagte sie sich darüber, »diese habe gar so hochdeutsch gesprochen«. Der Pfarrer fragte: »Was hat sie denn gesagt?« Therese erwiderte: »Du bist der Lieb ... Lieb ... Lieb ... Ach die Kleine Theresia spricht gar so hochdeutsch!« Der Pfarrer: »Hat sie vielleicht gesagt: ›Liebling‹?« Resl lebhaft: »Ja, so hat sie gesagt: ›Du bist der Liebling des Heilandes, weil du ihm nichts verweigerst‹.« Warum sich Therese schwer tat, das schöne Wort zu verstehen? Der Autor Winthuis nennt den Grund: In Konnersreuth war das Wort »Liebling« vollkommen unbekannt; darum konnte es auch Therese nicht geläufig sein.[363]

Jahr für Jahr empfing die Stigmatisierte von Konnersreuth durch die hl. Theresia Trost und Anerkennung. Am 30. September 1928 erschien ihr die Heilige in »himmlischer Verklärung« und ermunterte sie »zum geduldigen Ausharren im Leidensberuf, zum Vertrauen auf den Heiland, zum Gehorsam gegen den Beichtvater, zum Weiterbeten in der gewohnten Weise und zum Verkehr mit dem Heiland wie bisher. Es sei alles recht.«[364]

Am 29. April 1930 sprach Theresia zur Stigmatisierten: »Liebes Kind! Deine Heilandsliebe, deine Hingabe an ihn, deine Energie und Furchtlosigkeit sowie dein stets tapferes Eintreten für unseren Heiland sind recht und gut und freuen uns sehr. Werde in dieser Gesinnung nie wankend, wenn du auch noch so viel hierin verkannt wirst! Harre aus in deinem Opfer- und Leidensberuf, der, wenn auch schwer, doch recht wertvoll und edel ist. Wir verlassen Euch nie.«[365]

In eine noch gefährlichere Lage als in den vorausgegangenen Jahren geriet Therese von der Zeit an, als auch die Römische Kurie eine Überwachung in einer Klinik verlangte. Diese »Schwierigkeiten mit den kirchlichen Behörden«, sagt Pfarrer Naber, waren für Therese »das schwerste Kreuz, das ihre Leidenskraft zu brechen drohte«. Verständlich, daß die ungerecht Verfolgte wiederum himmlischen Trost und Unterstützung erlangte. Am 29. April 1937 erschien ihr die hl. Theresia und sprach: »Liebes

Kind! Geh, nimm doch jedes Leid und jede Prüfung willig und freudig hin! Die Seelen warten darauf. Werde doch nicht mutlos! Vertrau blindlings! Erhältst so viele Beweise der Liebe. Durfte dir doch schon öfter die Zusicherung unserer Hilfe geben. Wir verlassen dich auch weiter nicht. Mußt deinen Beruf ganz erfüllen, mußt auch dem verkannten, verachteten und verfolgten Heiland immer ähnlicher zu werden trachten.« Als Naber die Worte »Verkennung« und »Verachtung« aus dem Munde der Stigmatisierten vernahm, erschrak er und bat den Heiland: »Ach, laß mich doch nicht ein Werkzeug dazu werden!«[366] Beide, Therese und Naber, haben »das schwere Kreuz« getragen und sind »dem verkannten, verachteten und verfolgten Heiland immer ähnlicher« geworden, indem sie die Forderung einer Überwachung in einer Klinik beharrlich abgelehnt haben.

»Die SS betrieb ganz konkret einen Mordanschlag auf Therese Neumann« – Kurz vor dem Ende des Zweiten Weltkriegs hat Konnersreuth durch Beschuß schweren Schaden erlitten. Warum nicht mehr Unheil über den Ort hereingebrochen ist, hat die stigmatisierte Therese Neumann aus dem Mund ihrer Schutzpatronin, der hl. Theresia von Lisieux, erfahren. Diese sprach eines Tages zu ihr: »Sei ruhig und habe Mut; um deinetwillen ist wunderbare Hilfe gebracht und ein teuflischer Plan durch göttliche Macht vereitelt worden. Du wußtest dies im voraus und hattest die furchtbare Gefahr vorausgesehen, die dich bedrohte; aber unser Herr nahm dein Opfer an, das nicht umsonst war. Deine Sendung ist noch nicht zu Ende. Du mußt sein ein lebendiges und von der göttlichen Vorsehung berufenes Zeugnis für die übernatürlichen Wirklichkeiten.«[367]

Worum es sich bei dem Hinweis auf einen teuflischen Plan und eine wunderbare Hilfe gehandelt hat, erfahren wir aus drei Quellen. Den frühesten Bericht liefert Boniface in seinem 1958 veröffentlichten Buch über Therese Neumann. Fünf Jahre später spricht davon Johannes Steiner in seinem 1963 erschienenen Buch über die Stigmatisierte von Konnersreuth.[368] Der dritte Bericht ist neuesten Datums. Im THERESE-NEUMANN-BRIEF NR. 7 vom Jahr 1995 befaßt sich Toni Siegert mit dem Thema in dem Aufsatz: »Vor 50 Jahren sollte Therese Neumann sterben.« Der Untertitel verrät noch Genaueres: »Mordanschlag der SS vom April 1945 zweifelsfrei durch amerikanische Akten belegt.« Dazu muß bemerkt werden: Siegert verweist zwar auf einige amerikanische Akten; aber diese haben mit dem Markt Konnersreuth nichts zu tun; sie sagen erst recht nichts über das angegebene Thema aus. Was Steiner schreibt, stützt sich auf den »Bericht nach Theres Neumann und deren Bruder Ferdinand«. Die beiden Darstellungen weichen zum Teil erheblich voneinander ab; nicht einmal die Angaben im THERESE-NEUMANN-BRIEF stimmen immer überein. In den genannten Aufsätzen kommen zwei Begriffe vor, nämlich: Morddrohung und Mordanschlag.

Über die Morddrohung liest man bei Steiner: »In Konnersreuth befand sich eine Abteilung Waffen-SS [...]. Am Tag vor dem Kampf um Konnersreuth kam der Führer dieser Einheit zu den Eltern Neumann und verlangte die Resl zu sprechen. Man sagte, sie sei nicht da, vielleicht sei sie im Pfarrhof. Der SS-Zugführer ging mit einigen Leuten in den Pfarrhof hinüber, um sie zu suchen. Sie hatte sich aber verborgen. Da drohte man mit einer Hausdurchsuchung im Pfarrhof und bei den Eltern.«

Der THERESE-NEUMANN-BRIEF drückt sich anders aus: »Am 19. April – einen Tag vor dem Einmarsch – durchkämmte SS den Wohnort der stigmatisierten Therese Neumann, um diese aufzugreifen. Dies mißlang aber, weil sie sich verborgen hatte.«

Wieder anders lautet ein weiterer Bericht, der auf die »Zeugin Maria Queitsch«, eine Nichte der Stigmatisierten, die 1945 fünfzehn Jahre alt war, zurückgeht: »Am 20. April hatte Therese Neumann wieder einmal ihre untrüglichen Vorahnungen. Zusammen mit 14 Kindern (darunter Maria Queitsch) und Pfarrer Naber floh sie in das Versteck«, einen behelfsmäßigen Bunker im Keller des Pfarrhofstadels, »und tatsächlich, bereits kurze Zeit später, gegen Mittag, klopfte es an der Tür der Neumanns. Da Resls Eltern nicht wußten, wo ihre Tochter steckte, und auch eine Hausdurchsuchung nichts zum Vorschein brachte, drohten die Soldaten mit der Beschießung des Ortes.«

Schließlich kommt im THERESE-NEUMANN-BRIEF noch ein vierter Zeuge zu Wort, nämlich Pfarrer Naber: »Ich hatte im Hause Neumann gerade etwas zu tun, da kam jener Feldwebel und verlangte ganz ungestüm nach Th. N., auch dann noch, als ich ihm beteuerte, Th. N. sei augenblicklich nicht da. Da die Lage bedrohlich zu werden schien, holte ich einen Stabsarzt aus der Nähe, der den schier Wütenden dann mit Mühe aus dem Hause entfernte [...]. Nach ein paar Tagen kam er wieder bei Nacht und verlangte nach Therese Neumann. Vater Neumann erkannte ihn wieder als den, der vor ein paar Tagen mit dem Hausanzünden gedroht hatte [...]. Ein Hauptmann und ein Soldat, die zu Hilfe gerufen wurden, schafften ihn dann aus dem Haus.«

Auch beim Thema Mordanschlag stimmen die beiden genannten Berichte nicht überein; eingehender braucht darauf nicht eingegangen zu werden. Steiner schreibt: In Konnersreuth befand sich eine Genesungskompanie und eine SS-Einheit. Diese rückte am 20. April gegen 16 Uhr in Richtung Groppenheim-Kappl ab, ohne die Genesungskompanie zu verständigen. Von dort, »nur ungefähr 1200 Meter von Konnersreuth weg«, bezog sie Stellung. Sie »begann gegen 5 Uhr nachmittags plötzlich leichte Artillerie gegen Konnersreuth einzusetzen [...]. Der Pfarrhof bekam Treffer, gegen 30 Granateinschläge gingen in den Pfarrgarten, das Haus Neumann bekam am Giebel einen Volltreffer, der u.a. die Schlafkammer des Vaters, die neben dem Zimmer der Therese gelegen war, zerstörte. Die Schüsse kamen alle aus der Richtung Nordosten, während die Amerikaner von Westen her anrückten. Es kreiste dann, als die Amerikaner die Schüsse hörten, ein amerikanischer Aufklärer, ein Beobachter, über Konnersreuth, den die SS abschoß. Daraufhin eröffneten auch die Amerikaner das Feuer. Man hatte auch Brandgranaten geschossen, von denen eine den Pfarrhofstadel entzündete«; am Abend des 20. April zogen die Amerikaner in Konnersreuth ein.

Im THERESE-NEUMANN-BRIEF ist zu lesen: Die Amerikaner waren bis zur Kammermühl bei Arzberg gekommen. Zu dieser Zeit befand sich in Konnersreuth außer der genannten Genesungskompanie noch ein »Landesschützenbataillon«. Als die Amerikaner »Schießen auf Konnersreuth hörten und den Ort brennen sahen«, gaben sie »mehrere Schüsse in der Richtung Konnersreuth« ab. Weiter wird gesagt: »Allseits wird von Augenzeugen bestätigt, daß die SS von wenigstens 4 Seiten in den Ort hereingeschossen habe.« – Wie soll dies geschehen sein, wenn sich die SS-Einheit nordöstlich von Konnersreuth befand? Nach Steiner kamen ja »die Schüsse alle aus der Richtung Nordosten«.

Die Beschießung hörte am Spätnachmittag »schlagartig« auf. Als Grund wird angegeben, der SS sei die Munition ausgegangen; sie habe dann von anderen SS-Einheiten, die nahe der böhmischen Grenze in der Gegend von Wernersreuth – Luftlinie zwischen Konnersreuth und Wernersreuth: 10 Kilometer – lagen, Munitionsnachschub holen wollen, »aber es stellte sich heraus, daß die Gruppe bereits nach Süden abgezogen war, worauf die Gruppe, die Konnersreuth beschossen hatte, schleunigst nachzog«. – Die SS hörte mit dem Beschießen Konnersreuths auf, weil sie keine Munition mehr hatte. Aber warum hörten auch die Amerikaner »schlagartig« auf, die keinen Munitionsmangel hatten?

Staunenswert, was sich da alles abgespielt haben soll! Eine Einheit der Waffen-SS beschießt Konnersreuth, wo sich eine beträchtliche Anzahl von deutschen Kameraden aufhält, aber kein amerikanischer Soldat. Die Amerikaner greifen nicht die SS an, sondern beschießen ebenfalls Konnersreuth! Von den verschiedenen Angaben verdient nur das Glauben, was Pfarrer Naber als persönliches Erlebnis schildert. Was in dem von ihm genannten Einzelgänger vorgegangen ist, bleibt ein Rätsel. Verbrecher gab es überall, bei der Wehrmacht so gut wie bei der Waffen-SS. Diese darf nicht gleichgesetzt werden mit der gewöhnlichen SS. Diese setzte sich aus Freiwilligen zusammen; zu jener wurden, vor allem, je länger der Krieg dauerte, viele eingezogen, ohne gefragt zu werden, beispielsweise nicht im geschlossenen deutschen Sprachraum lebende Volksdeutsche.

Die Behauptung, eine SS-Einheit habe Konnersreuth beschossen, um Therese Neumann zu ermorden, ist eine der vielen Konnersreuther Fabeln. Da werden Zeugen genannt, die gar nichts hatten beobachten können, weil sie sich – verständlicherweise – in einen Schutzraum begeben hatten. Die »Zeugen« sind Therese Neumann, ihr Bruder Ferdinand, eine Nichte der Stigmatisierten und Pfarrer Naber, sonst niemand. Vom Pfarrer wird behauptet, er habe am 4. Dezember 1946 in einem Brief »bestätigt, daß die SS den Angriff auf Konnersreuth bewußt provoziert hat«. Der von Siegert veröffentlichte Text sagt darüber gar nichts aus. Es fällt auch auf, daß sich Steiner nur auf Therese und Ferdinand Neumann beruft, nicht aber auf Naber. Dieser war ja beim Erscheinen seines Buches über Therese Neumann noch am Leben.

Auch nach der Besetzung Konnersreuths durch die Amerikaner, so sagt Siegert, war das Leben der Stigmatisierten bedroht. Dies schließt er aus einer »amerikanischen Armeequelle«, aus der hervorgehe, daß am 22. April »das 2. Bataillon [...] als

Regimentsreserve in Konnersreuth« blieb. Daraus folgert Siegert: »Demnach haben die Amerikaner bewußt darauf geachtet, den Markt Konnersreuth nicht von alliierten Bewachern zu entblößen. Offenbar wurde bis zuletzt befürchtet, versprengte SS könne zurückkommen und Therese Neumann Gewalt antun.«

»Die SS betrieb ganz konkret einen Mordanschlag auf Therese Neumann.« So sagt Siegert. Ich habe einmal Josef Schuhmann, der vom Ende des Jahres 1943 an als Benefiziat in Konnersreuth tätig war, gefragt, was er zu der Behauptung, SS-Soldaten hätten Konnersreuth beschossen, sage. Seine Antwort lautete: Leeres Gerede ohne einen Zeugen. Es war in Konnersreuth sicherlich nicht anders als sonst; falls als Zeichen der Übergabebereitschaft eine weiße Fahne gehißt wurde, kam es von seiten der Amerikaner zu keinem Beschuß; sobald nach der Abgabe von Probeschüssen weiße Fahnen gezeigt wurden, wurde das Feuer eingestellt. Offenbar ist in Konnersreuth nichts dergleichen geschehen.

Warum wurde Konnersreuth beschossen? Siegert gibt die Antwort: »Der einzig denkbare Schluß ist naheliegend. Die SS-Einheit hat es ganz bewußt billigend in Kauf genommen, durch den Beschuß sowohl deutsche Zivilbevölkerung als auch Wehrmachtseinheiten zu treffen, gleichzeitig aber auch die Amerikaner zum Artillerieangriff auf Konnersreuth zu provozieren. Nur so stieg die Chance, die bis dahin nicht gefundene Therese Neumann noch in der letzten Minute des ›Dritten Reiches‹ umbringen zu können.« Somit hat Siegert bewiesen: »Mordanschlag der SS vom April 1945 zweifelsfrei durch amerikanische Akten belegt!«

Das »Bombardement« und das »Trommelfeuer«, das ungefähr »zwei Stunden« dauerte, hatten zur Folge: »29 Anwesen samt 15 Scheunen total zerstört und viele weitere Gebäude beschädigt«; »der weitaus größere Teil der Zerstörung war durch die SS bewirkt worden; im Ort hat es auch Menschenverluste gegeben, auch die Genesungskompanie hatte drei oder vier Tote«. Das war also, wie die hl. Theresia versicherte, die Frucht des »Opfers« der Stigmatisierten von Konnersreuth. Worin das Opfer bestand, wird nicht gesagt; aber auf jeden Fall war das Opfer »nicht umsonst«; denn es wurde ein »teuflischer Plan durch göttliche Macht vereitelt« und »wunderbare Hilfe zuteil«.

Es läßt sich denken, daß die Bevölkerung von Konnersreuth nicht den Eindruck hatte, eine wunderbare Hilfe erfahren zu haben. Wie kam es wohl zu dem offensichtlichen Märchen, daß die SS durch Beschießung Konnersreuths Therese Neumann ermorden wollte?

Die Fabel geht ohne Zweifel auf niemand sonst zurück als auf Therese Neumann. Ihr Heimatort hatte schweren Schaden erlitten. Sie, die sich so viele wunderbare Gaben zuschrieb und sich damit brüstete, ungeheuer vielen Menschen auf wunderbare Weise geholfen zu haben, vor allem aufgrund ihrer hervorragenden Beziehungen zum Jenseits, stand vor der Tatsache, daß nirgendwo in der Umgebung von Konnersreuth auch nur annähernd so viel Schaden entstanden ist als in ihrem Heimatort. Sie rechtfertigte sich, indem sie, wieder einmal, die hl. Theresia einschaltete. So entstand das

Märchen vom teuflischen Plan, der auf wunderbare Weise durch göttliche Macht vereitelt wurde.

Der erste Bericht darüber stammt, wie erwähnt, von dem Autor Boniface. Er schreibt: »Am 20.4.1945 nahm eine Abteilung deutscher Panzerwagen Aufstellung auf dem Platz von Konnersreuth, vor dem Gehöft Neumann. Mit gezogenen Waffen brach die SS in das Haus ein und forderte die sofortige Auslieferung von Therese Neumann. [...] Diese hatte sich versteckt.« Nachdem die SS »in aller Kürze Nachforschungen in den umliegenden Bauernhöfen gehalten hatte, die erfolglos blieben, drohten sie mit der Beschießung von Konnersreuth, falls das Versteck der Therese nicht unverzüglich angegeben würde. Nach einer kurzen Galgenfrist zog die SS ihre Panzer in einige Entfernung zurück und verschoß von dort ihre noch verbliebene Munition [...]. Das Neumannhaus wurde nur schwach beschädigt.« Boniface hat offenbar seinen Berichterstattern in Konnersreuth nicht ganz vertraut und sich anderwärts erkundigt. Er ergänzt seinen Bericht: »Der Sachlichkeit wegen möchte ich hier erwähnen, daß dieser Bericht über die absichtliche Brandstiftung und Beschießung von Konnersreuth nicht mit dem Bericht übereinstimmt, den ehemalige Offiziere der Wehrmacht gaben. Nach ihnen hätte Konnersreuth lediglich unter den verschiedenen Rückzugsgefechten, die zur Verzögerung des amerikanischen Vormarsches geliefert wurden, zu leiden gehabt; die amerikanische Artillerie hätte sich damals bereits auf Schußweite von Konnersreuth befunden und auch tatsächlich in das Dorf hineingeschossen.«[369]

V. FORMEN »MYSTISCHER« FÄHIGKEITEN

1. Die ekstatischen Zustände – Überblick

Ein kurzer Überblick soll die wichtigsten ekstatischen Zustände verständlich machen, die man bei Therese Neumann beobachten konnte beziehungsweise, wie sie Pfarrer Naber zu erkennen glaubte.

Zum Normalfall der mystischen Zustände gehörte das visionäre Schauen. Darauf folgte der Zustand der »kindlichen Eingenommenheit« und schließlich die »gehobene Ruhe«, die auch als »erhobene Ruhe« bezeichnet wurde. Man hat noch andere mystische Zustände unterschieden; diese sind aber nicht so wesentlich, daß man auf sie eingehen müßte, zumal die Unterscheidungen alles andere als klar und einsichtig sind.

Visionäres Schauen – Bei den Visionen erlebte Therese Neumann in der Regel längst vergangene Ereignisse so, wie sie sich einmal abgespielt haben sollen. Zumeist bezogen sich die Schauungen auf Berichte der Hl. Schrift oder auf das Leben von Heiligen. Sie »erlebte« aber auch Ereignisse, die sich in der Gegenwart abspielten. So war sie »dabei« bei bedeutenden kirchlichen Feiern oder beim Sterben von Mitmenschen. Während ihrer Visionen war sie nicht ansprechbar.

Kindliche Eingenommenheit – Unmittelbar nach Visionen besprach und beurteilte Therese im Zustand der Eingenommenheit das Geschaute. Zuweilen richtete sie Fragen an die eben Anwesenden, wie zum Beispiel, wem sie ihre Leiden und Schmerzen zuwenden solle. Fragen, die an sie gerichtet wurden, beantwortete sie angeblich bereitwillig; der Fragende war meistens Pfarrer Naber. Die Sprechweise im Zustand der Eingenommenheit war von einer sonderbaren Art: Therese verfügte nur über die »Ausdrucksweise eines etwa fünfjährigen Kindes, aber die Denkfähigkeit eines Erwachsenen«; sie übertraf jedoch das normale menschliche Wissen in hohem Maße: Sie verfügte über die Gabe des Hellsehens.

Zustand der »erhobenen Ruhe« – Der Zustand der »erhobenen Ruhe« stellte sich »fast nach jeder Kommunion, aber auch zur Stärkung nach den Leidensvisionen« ein. Er war »verschieden lang. Seine längste Dauer war bisher eine Stunde«.[370] »Das Wissen, das hier geäußert wurde, überstieg weit das Wissensgut von Theres Neumann im normalen Zustand [...]. Die Person des mit ihr Sprechenden war durchschaut, und manchmal wurden, gewissermaßen, um Vertrauen zu schaffen, ohne Vorwurf persönliche Bemerkungen aus dem Vorleben der Betreffenden gemacht, oder es wurden Antworten im Gespräch auf eine Frage gegeben, ehe man die Frage formulieren und gestellt hatte. Es war möglich, über Probleme zu sprechen, die dem eigenen oder dem Seelenheil anderer dienten, auch über Projekte, wenn man dadurch Christus dienen wollte, es wurden zuweilen sogar wertvolle persönliche Ratschläge gegeben. [...] Die Antworten kamen offensichtlich nicht aus dem Wissen und Bewußtsein der Therese. Pfarrer Naber hat in diesem Zustand häufig auch noch weitere Erklärungen zu den Visionen erhalten.«[371] Während Therese im Zustand der kindlichen Eingenommenheit in ihrer Mundart redete, war bei der gehobenen Ruhe die Sprache das Hochdeutsch. In Eichstätt wurde Therese gefragt, ob sie sich im Zustand der erhobenen Ruhe »ihrer selbst bewußt« sei. Sie gab zur Antwort: »In diesem Zustand habe ich das Glücksgefühl der Vereinigung mit dem Heiland; das weiß ich sicher daraus, daß nach Aufhören dieses Zustandes dieses Glücksgefühl noch lange in mir stark nachwirkt; dieses Nachwirken ist mir bewußt. Langsam geht dieses Gefühl in den gewöhnlichen Zustand eines Sich-Vereinigt-Wissens mit dem Heiland über. Ich gehe auch körperlich erfrischt und gestärkt aus diesem Zustand hervor.«[372]

Die beiden Zustände, die kindliche Eingenommenheit und die gehobene Ruhe, hatten jeweils auf das Befinden der Schauenden eine völlig verschiedene Wirkung. Die kindliche Eingenommenheit war von höchster Erschöpfung begleitet; Therese hatte oftmals schwerste Beschwerden bis zur »Todesgefahr« und litt an beängstigenden Erstickungsanfällen. Im Zustand der gehobenen Ruhe empfand sie jedoch keinerlei Schmerzen, ja, sie war vollkommen schmerzunempfindlich; sie soll sogar taub und blind gewesen sein.

2. Erinnerungsvermögen

Schauungen – Am 15. Januar 1953 wurde Therese in Eichstätt die Frage vorgelegt: »Können Sie sich während der Schauungen und in dem folgenden Zustand der kindlichen Eingenommenheit an das erinnern, was Sie in der Schule gelernt oder auf Bildern gesehen haben?« Ihre Antwort lautete: »Das kann ich nicht.«[373] Die bischöfliche Kommission stellte die weitere Frage: »Können Sie sich im gewöhnlichen Zustand genau an das erinnern, was Sie während der Schauungen gesehen haben?« Sie antwortete: »Ich kann mich im gewöhnlichen Zustand genau an das erinnern, was ich in den Schauungen gesehen habe. Inhalt dieser Schauungen ist ja der Gegenstand meines Betens, Betrachtens und Denkens.«[374] Daß sich Therese an das visionär Geschaute genau zu erinnern vermochte, ist nicht verwunderlich; denn was sie »erlebte«, war ihr bekannt; sie hatte Gelegenheit genug, sich in den ihr zur Verfügung stehenden Schriften vorher zu informieren und »den Gegenstand ihres Betrachtens und Betens« auszusuchen.

Kindliche Eingenommenheit – Beim Thema »Schauungen« bezogen sich die Therese Neumann vorgelegten Fragen auf ihr Erinnerungsvermögen hinsichtlich des Ablaufs und des Inhalts ihrer Visionen. Bei den zwei anderen Themen, kindliche Eingenommenheit und gehobene Ruhe, wollte man wissen, ob sich Therese an das jeweils von ihr Gesprochene zu erinnern vermochte. Sie wurde gefragt: »Können Sie sich im gewöhnlichen Zustand genau an das erinnern, was Sie im Zustand der kindlichen Eingenommenheit gesprochen haben?« Sie gab zur Antwort: »An das, was ich im Zustand der kindlichen Eingenommenheit gesagt habe, kann ich mich nicht erinnern«.[375] Steiner sagt: »Sie konnte sich in diesem Zustand nie, im ganzen Leben nicht, an dieselbe Vision, wenn sie schon in früheren Jahren aufgetreten war, von einem zum anderen Mal erinnern, auch nicht in der sich so oft wiederholenden Leidensvision. Sie konnte von einer Schauung zur anderen nicht glauben, daß Jesus gekreuzigt würde; sie hielt von einem zum anderen Mal Judas zunächst für einen Freund Jesu, weil er ihn küßte, usw. Dagegen konnte sie sich daran erinnern, wenn sie in anderen Visionen die gleichen Personen und Orte sah.« Ihre kindliche Sprechweise änderte sich nicht. So bezeichnete sie bei der Schau der Taufe Jesu den Jordan als »das laufende Wasser, wo die Drei mit ihre Leut [Zug der Heiligen Drei Könige] drüber san«; den Apostel Paulus nannte sie den »Stamperer«, Johannes den Täufer »den mit'm Viechgewand«, Maria Magdalena »das Moidl«, Pilatus den »Idrauminet«, Maria »die Mutter«, Josef den »guat Mo«, den Apostel Johannes den »gunge Mo« (jungen Mann).[376]

Gehobene Ruhe – Auch an das, was Therese in ihrem »erhobenen Ruhezustand« gesagt hatte, vermochte sie sich hernach nicht zu erinnern. Sie wurde gefragt: »Können Sie sich im gewöhnlichen Zustand an das, was Sie im erhobenen Ruhezustand gesagt haben, ganz oder teilweise erinnern?« Therese antwortete: »An das, was ich im erhobenen Ruhezustand sage, kann ich mich nicht erinnern.«[377]

»In das normale Bewußtsein zurückgekehrt, hatte Therese keinerlei Erinnerung an das, was gesprochen worden war.« Somit wäre so manche wichtige Mitteilung, die sie erhalten hatte, nutzlos geblieben, hätte nicht während des ekstatischen Zustandes die geheimnisvolle »Stimme« die Anweisung gegeben, man solle der Schauenden Bericht erstatten. Die Anweisung der »Stimme« lautete dann beispielsweise so: »Sag der Resl, sie möge dem und dem schreiben, oder das und das tun!«[378]

Was ist zu dem Thema »Erinnerungslosigkeit« zu sagen? Wie beurteilen diese Frage Fachleute auf medizinischem und theologischem Gebiet? Drei Persönlichkeiten sollen zu Wort kommen, wobei zu bemerken ist, daß ihr Urteil darüber, ob sie zwischen den beiden Zuständen der kindlichen Eingenommenheit und der gehobenen Ruhe unterscheiden oder nicht, ohne Belang ist.

Der Waldsassener Chefarzt Dr. Seidl hat gesagt: Die Erinnerungslosigkeit nach Beendigung der »ekstatischen Zustände hat ihr Analogon in dem posthypnotischen Zustand, in dem erinnerungslosen Zustand, der nach der Hypnose vorhanden zu sein pflegt«.[379]

Der Jesuit Richstätter urteilt: »Einen posthypnotischen Zustand der gehobenen Ruhe, in dem ein Engel oder Maria oder der Heiland aus dem Ekstatischen redet, dabei verborgene oder weit entfernte Dinge mitteilt, und nicht bloß im Gehorsam, sondern jedem Beliebigen auf ganz unnütze Fragen nach Verborgenem antwortet, in fremden Sprachen redet, wobei zudem nachher jede Erinnerung an das in jenem Zustand Gesprochene fehlt, wo das Verhalten und Reden auf das eines Kindes herabgedrückt erscheint, sucht man beim Kirchenlehrer der Mystik vergebens. Auch ist dieser Zustand in der ganzen mystischen Theologie unbekannt. Erinnerungslosigkeit gilt vielmehr als Zeichen unechter Ekstasen.«[380]

Prof. Gemelli schreibt über seine Erfahrungen in Konnersreuth als Augen- und Ohrenzeuge: »In diesem Zustand spricht Therese Neumann nur, wenn sie befragt wird. Ihre Antworten sind dann kurz, ja einsilbig, höchstens aus zwei oder drei Worten bestehend; der Ton der Stimme ist vom normalen ganz verschieden; die Worte werden wie schleppend, aussetzend, unregelmäßig, in einem Klageton ausgestoßen; oft wird das Wort nur leise geflüstert.«

Die Antworten, so sagt Gemelli, entsprechen der Form nach der Sprechweise eines Kindes; ihr Inhalt war »sehr kindisch«. »Während des ekstatischen Zustandes wurde Therese Neumann wiederholt von den Anwesenden befragt. Sie antwortete aber fast ausschließlich dem Herrn Pfarrer und tat es einsilbig und aussetzend. Meistens sind es Gespräche, in denen der Herr Pfarrer ihr eine Wahl stellte. [...] Die Antworten waren beschreibender Art und bezogen sich meistens auf Personen oder Stellen der Passion Christi. Manchmal aber waren die Antworten sonderbar, merkwürdig; einige waren sogar komisch, andere kindisch. [...] Es ist aber nie vorgekommen, daß Therese Neumann während dieses Zustandes aus freien Stücken ein Gespräch geführt hätte, so kurz dies auch sein mochte.«[381] Die Beobachtungen Gemellis beziehen sich sowohl auf den Zustand der gehobenen Ruhe wie auch auf den der kindlichen Eingenommenheit. Sie bestätigen das Urteil Richstätters.

Die »Erhobene« und Prof. Magers Erlebnisse – Wie Therese Neumann versicherte, blieb von dem, was sie während ihres Zustands der erhobenen Ruhe gesprochen habe, nichts in ihrem Gedächtnis haften. Nur an eines erinnerte sie sich späterhin: an das »Glücksgefühl der Vereinigung mit dem Heiland«. Aber auch das, was während der Ekstase vorging und was gesprochen wurde, ging nicht verloren. Dafür gab es zwei Gründe: Die anwesenden Personen berichteten ihr – gelegentlich taten dies auch außenstehende Augen- und Ohrenzeugen –, was sich abgespielt hatte; außerdem bestand die Möglichkeit, im Verlauf einer späteren Ekstase Therese zu fragen, was sich während einer früheren ereignet hatte; denn während eines neuen Zustandes der erhobenen Ruhe war sie sich dessen bewußt, was früher vorgefallen war; die Erinnerungslosigkeit erstreckte sich nur auf den Wachzustand.

Ein Beispiel vermag dies verständlicher zu machen. Es betrifft die Erlebnisse, die Prof. Alois Mager in Konnersreuth zuteil geworden waren, und, mehr noch, was sich dann wenige Jahre später im Zusammenhang damit abgespielt hat. Mager war kein unkritischer Theologe, aber okkultistischen Phänomenen gegenüber leichtgläubig. Dies erklärt auch sein Interesse an den Vorgängen in Konnersreuth. In Begleitung seines Mitbruders P. Staudinger hielt er sich am 1. und 2. März 1928 in Konnersreuth auf. Am 2. März, einem Freitag, sprachen beide wenigstens eine Stunde lang mit der Stigmatisierten, die sich im erhobenen Ruhezustand befand. Einige Zeit darauf hat dann Mager über seine Erlebnisse in der BENEDIKTINISCHEN MONATSSCHRIFT berichtet. Man muß bedenken, daß beide Patres nicht als Gegner nach Konnersreuth gefahren sind; Staudinger hat sogar zwei Broschüren veröffentlicht; allein schon deren Titel DIE LEIDENSBRAUT VON KONNERSREUTH und DIE LEIDENSBLUME VON KONNERSREUTH machen seine Einstellung klar. Was Prof. Mager geschrieben hat, fand Therese Neumann nicht »gläubig« genug. Auf ihre Veranlassung hin ging im Frühjahr 1931 Fritz Gerlich zum Angriff gegen Mager über. Er fuhr nach Konnersreuth und erkundigte sich bei der Stigmatisierten, während sie sich im wachen und ekstatischen Zustand befand. Daraufhin warf er Mager vor:

– Was er geschrieben habe, entspreche nicht dem tatsächlichen Freitagsgeschehen.
– Er habe nur eine einzige Unterredung mit Therese gehabt.
– Er habe mit ihr »fast nichts« gesprochen.
– Von dem für die Beurteilung des Falles so hochbedeutsamen erhobenen Ruhezustand habe er keine Kenntnis gehabt; denn einen solchen habe es damals, im März 1928, noch nicht gegeben.

Am 15. Mai 1931 antwortete Prof. Mager Fritz Gerlich. Er betonte, alle seine Angaben entsprächen der Wahrheit; sowohl am Donnerstag wie auch am Freitag habe er eine Unterredung mit der Stigmatisierten gehabt; er und sein Mitbruder hätten mit ihr wenigstens eine Stunde lang Gespräche geführt, während sie sich in jenem Zustand befand, den Pfarrer Naber als erhobenen Ruhezustand bezeichne. Mager betonte auch sein weiteres Interesse und erklärte, er wolle noch mehr Erfahrungen hinsichtlich des Zustandes der erhobenen Ruhe sammeln. Schon zuvor hatten sich die beiden Benediktiner, Mager und Staudinger, nach ihrem Besuch von Konnersreuth im März 1928 brieflich an Pfarrer Naber gewandt, ohne eine Antwort zu erhalten. Daraufhin ist Staudinger zweimal allein nach Konnersreuth gefahren; aber Naber hat ihm nicht gestattet, mit der Stigmatisierten während ihres Zustandes der erhobenen Ruhe zu sprechen. Den Brief an Gerlich schloß Mager mit den Worten: »Können Sie [...] nach diesen Feststellungen erwarten, daß mein Vertrauen auf Ihre und Ihrer Gewährsleute Zuverlässigkeit und Glaubwürdigkeit gestärkt wurde?« Was tat nun Gerlich? Er fuhr nach Konnersreuth und trug Therese, während sie sich im erhobenen Ruhezustand befand, den Inhalt des von Mager erhaltenen Briefes vor. Die Ekstatische schilderte ihm »genauestens« den Ablauf und Inhalt des Gesprächs, das Mager vom »Heiland«

gewährt worden sei und »in welchem er die im erhobenen Ruhezustand befindliche Therese Neumann als irdisches Werkzeug benützt« habe.³⁸²

Von den Aussagen des »irdischen Werkzeugs« ist die wichtigste diese: Prof. Mager habe mit Therese keine Unterredung während ihres Zustandes der erhobenen Ruhe gehabt; denn diesen Zustand habe es damals noch nicht gegeben. Dies hat also der »Heiland« durch den Mund der Stigmatisierten gesagt. In Wirklichkeit hatte Pfarrer Naber Prof. Mager ausdrücklich versichert, er führe sein Gespräch mit Therese Neumann, die sich gerade im erhobenen Ruhezustand befinde. Außerdem waren schon lange vor Mager Bischöfe in Konnersreuth und haben lange Gespräche mit Therese geführt, während sie sich im genannten Zustand befand.

Noch etwas verdient Beachtung: Pfarrer Naber hat den beiden Benediktinern Mager und Staudinger nur ein einziges Mal gestattet, mit der Stigmatisierten während ihres erhobenen Ruhezustandes zu sprechen; Gerlich hatte unbeschränkte Möglichkeiten, sich vom »Heiland« informieren zu lassen. Dazu kommt: Pfarrer Naber war zum Teil als Zeuge anwesend, als Mager am 2. März 1928 mit der ekstatischen Therese Gespräche führte. Derselbe Pfarrer Naber brachte es fertig, am 12. Dezember 1934 Bischof Buchberger gegenüber zu behaupten, Prof. Mager habe geschrieben: »Ich glaube um so objektiver über Konnersreuth urteilen zu können, weil ich nie dort war.«³⁸³

3. Visionen

a) Inhalt, Dauer, Zeit, Zeugen

Den Angaben gemäß hatte Therese Neumann von 1926 an bis zu ihrem Tod im Jahr ungefähr zwanzigmal ihre Freitagsvisionen. Dazu kamen ungezählte Schauungen während des Kirchenjahres. Sie bezogen sich vor allem auf das Leben Jesu und der Heiligen; auch an Freitagen stellten sie sich gelegentlich ein. Im Lauf eines Jahres soll Therese etwa hundert Visionen gehabt haben. Es kam auch vor, daß sie an ein und demselben Tag mehrmals in Verzückungen geriet – wenn »würdige« Zeugen anwesend waren.

Die Dauer der einzelnen Schauungen war nicht gleich. Für gewöhnlich nahmen sie, ebenso wie die einzelnen Teilvisionen an den Freitagen, nur ungefähr fünf Minuten in Anspruch.

Eine Regel für den Zeitpunkt des Auftretens von Visionen gab es nicht. Therese selber versicherte, sie werde »in die Schauung aus jeder Art von Beschäftigung ›herausgerissen‹«.³⁸⁴ Die Visionen, so schreibt Luise Rinser, »kommen ungerufen. Es kommt vor, daß Therese bei der Gartenarbeit davon betroffen wird; dann entfällt ihr Rechen oder Gießkanne. Oder sie spielt mit Kindern und hält eines auf dem Schoß; plötzlich breitet sie die Arme aus und das Kind entgleitet ihr. Oder sie hustet, mitten im Husten fällt sie in Ekstase und sie hustet erst zu Ende, wenn sie zurückkommt.«[385] Auch Aretin weiß von einer Vision zu berichten, »die Therese ganz unregelmäßig plötzlich überfallen« hat, bei der sie dann nicht die »Mitleidende, sondern nur Zuschauerin und Zuhörerin« war:

»Da sie körperlich nicht sonderlich groß ist, so kommt es vor, daß ein Teilnehmer der geschauten Szene ihr den Anblick auf das Geschaute verstellt. Dann biegt sie sich aus ihrer Lage heraus, um an der störenden Gestalt vorbei freie Sicht zu bekommen. So war ich z.B. am Peter- und Paulustag 1929 Zeuge der Berufung Petri, bei der irgendein Jünger des Herrn der auf dem Kanapee Liegenden den Ausblick auf die beiden Hauptpersonen versperrte. Therese beugte daher den Oberkörper, damit ihr nichts entgehe, so weit heraus, daß der Oberkörper schließlich vom Kanapee weg frei in die Luft ragte. Ich eilte hinzu, um den unvermeidlichen Absturz auf den Boden aufzuhalten, und ergriff sie, um sie zu stützen, an der rechten Schulter. Es war unnötig. Sie stürzte nicht, aber ich erlebte das Unerklärliche, daß dieser ganze schwere Körper nicht mehr wog als eine Briefmarke.«[386] – Also ein Wunder!

Mit Vorliebe stellten sich Visionen dann ein, wenn sich Therese im Kreise vertrauter Personen befand. So spielten sich in Eichstätt folgende Szenen ab: Eines Nachts kam Therese in das Schlafzimmer ihrer Freundin Anni Spiegl und berichtete ihr über die Ereignisse des vergangenen Tages. Plötzlich schaute sie visionär die im Evangelium berichtete Heilung des Blindgeborenen. – Eines Abends begaben sich beide, Therese und Anni Spiegl, ins Krankenhaus und unterhielten sich mit der Oberin sowie einer von deren Mitschwestern. Gegen 23 Uhr, während des Gesprächs, wurde Therese von einer Vision »überfallen«; sie schaute die biblische Szene von der wunderbaren Brotvermehrung. – Eines Tages besuchte sie den Eichstätter Dompfarrer Kraus. Sie wollte sich gerade an der Haustüre stehend verabschieden, da schaute sie plötzlich den Sturz der abtrünnigen Engel.[387]

b) Quellen für die Visionen

Lektüre – Am 13. Januar 1953 versicherte Therese Neumann in Eichstätt: »Schon vom Vater her, der uns Kindern bei seiner Arbeit die biblische Geschichte erzählte, habe ich eine Vorliebe mitbekommen für das Wahre, Echte und Wirkliche und eine mir zeitlebens gebliebene Abneigung gegen alles Erdichtete und Erfundene, vor allem gegen Märchen. Romane, Kalendergeschichten, auch solche religiöser Art habe ich nie gelesen.«[388] Drei Tage später, am 16. Januar, gab Therese, wiederum wie vorher unter Eid, an: »Ich las […] nur Heiligenlegenden meiner Standesgenossinnen und hl. Klosterfrauen, um herauszubringen, wie diese dem Heiland näher kamen und Freude machten. Das Außerordentliche lag gänzlich außerhalb meines Interesses, ja Verständnisses.« Dann machte sie nähere Angaben über ihre Lektüre: »Am liebsten las ich die

›Philothea‹ nebst der Goffine und einigen Zeitschriften (Notburga, Rosenhain, Sendbote des göttlichen Herzens).« – In der von Therese Neumann angegebenen Literatur, namentlich in den Heiligenlegenden, findet sich sehr viel Erdichtetes und Erfundenes.

Am 4. August 1926 schrieb Pfarrer Naber an Bischof Antonius von Henle: »Mehrere Schriften über Katharina Emmerick und Columba Schonath sind uns zugekommen. Neumann, die offenbar eine Andeutung erhalten hat, daß darin ganz Außergewöhnliches enthalten sei, erklärt, sie würde diese Schriften nur lesen, wenn ich es ihr befehlen würde.«[389] Von wem wird wohl Therese die »Andeutung« erhalten haben? Hat der Pfarrer einen entsprechenden Befehl erteilt oder nicht? Bei der genannten Schrift über Columba Schonath handelt es sich wahrscheinlich um das im Jahre 1925 veröffentlichte Buch mit dem Titel: VOM VERBORGENEN HELDENTUM – AUFZEICHNUNGEN AUS DEM LEBEN DER STIGMATISIERTEN DOMINIKANERNONNE COLUMBA SCHONATH AUS BAMBERG.[390]

Bei Columba Schonath (1730-1787) trifft vieles zu, was Lhermitte »typische Merkmale« genannt hat, »die die Kandidaten für die leibliche Stigmatisation auszeichnen«. Zwanzig Jahre lang war sie von einer »großen Krankheit« befallen, die sich in verschiedenen Formen offenbarte. So bekam sie eine eigenartige, »handgroße Wunde in der Seite«, die immer wieder aufbrach, »wenn eine Stelle zugeheilt war«. Sie heilte erst, nachdem eine ihrer Mitschwestern einen Büschel »zusammengewickelter, mit Blut beflechter Haare« herausgezogen hatte. Im Jahre 1763 wurde sie stigmatisiert; von da an begannen auch ihre Passionsekstasen.[391] Therese Neumann hat offensichtlich eine ganze Reihe von »mystischen Erscheinungen« von Columba Schonath übernommen.

Zu den Schriften über A. K. Emmerick dürfte das 1902 in der 28. Auflage erschienene Buch des Karl Rolfus GETHSEMANE UND GOLGOTHA gehören.[392] Die entsprechenden Schauungen der Stigmatisierten von Konnersreuth sind mit denen der A. K. Emmerick geradezu identisch.

Sehr vieles von dem, was Therese Neumann während ihrer Ekstasen geschaut haben will, konnte sie gar nicht visionär geschaut haben; sie verdankte ihr Wissen der Lektüre. Dies macht allein schon der Inhalt des »Geschauten« offenkundig. W. J. Bekh weiß beispielsweise zu berichten: »Maria kam im Alter von drei Jahren in die Tempelschule nach Jerusalem. Zehn Jahre später wurde sie entlassen und als heiratsfähig ausgeschrieben. Auf diese Ausschreibung hin meldete sich niemand. Es gab strenge Stammesvorschriften. Maria, aus dem Stamme Davids, durfte nur von einem Mann aus gleichem Stamm geheiratet werden. Erst eine zweite Ausschreibung kam Joseph zur Kenntnis. Er meldete sich.«[393]

Von Anna, der Mutter Mariens, sagte Therese, sie sei dreimal verheiratet gewesen, zuletzt mit Joachim. Ihrer zweiten Ehe mit einem gewissen Heli soll eine Tochter entsprungen sein, die einen Mann namens Kleophas heiratete. Aus dieser Ehe sollen zwei Kinder hervorgegangen sein, die später Spielgenossen des kleinen Jesus geworden seien. Die Geschwister von Bethanien, Lazarus, Martha und Maria, so behauptete Therese, hatten noch eine weitere Schwester, die »stille Maria, die blöde Schwester des Lazarus«[394]; Maria soll identisch mit Maria Magdalena gewesen sein. Über Maria, die Schwester Marthas, wußte die Seherin von Konnersreuth nähere Angaben zu machen. Sie war »ein schönes Mädchen mit langen, blonden Haaren. Überaus lebenslustig, litt es sie nicht mehr in dem frommen Hause des Bruders zu Bethanien, sie verlangte den elterlichen Erbteil. Als solchen gab ihr Lazarus das Schloß Magdala am Galiläischen Meer. Dort führte sie ein flottes Sünderleben.« Durch eine ihrer Sklavinnen wurde sie »auf Jesus aufmerksam«. Sie beschloß, ihr Leben zu ändern; aber erst beim Pharisäer Simon »wurde ihre Bekehrung eine endgültige.«

Am 22. Juli 1928 schaute Therese, »wie Lazarus, seine älteste halb blöde Schwester Anna [nach Weggang Mariens aus Bethanien ebenso auch noch Maria genannt], Martha, Maria Magdalena und ein treuer Diener von den Juden auf einem segel- und ruderlosen Schiff ins Meer hinausgestoßen werden [vom Hohen Rat verurteilt], aber wohlbehalten auf einer Insel an der Südküste Frankreichs landen«. Magdalena bleibt, während ihre Begleiter wieder zurückfahren. Fünfzig Jahre lebt sie noch in ihrer Behausung, einer Mühle.[395]

Woher hat nur die Visionärin all diese genauen Angaben bezogen? Es handelte sich ja um Begebenheiten, die man nicht schauen kann, von denen man nur Kenntnis erhalten kann aufgrund von mündlichen oder schriftlichen Berichten.

Schriftliche Berichte standen ihr in ausreichendem Maße zur Verfügung. Dies war zum Beispiel bei der Schilderung, die Therese am 19. Januar 1931 »im erhobenen Ruhezustand« gegeben hat, der Fall: Sie erzählte Pfarrer Naber von den vertrauten Beziehungen zwischen Jesus und Lazarus. Zu diesem, so sagte sie, kam Jesus gerne dann, »wenn er Mißkennung, Undank u. dgl. erfahren hatte«. »So war der Heiland wieder einmal nach Bethanien gekommen, von Aposteln begleitet, hatte dort zwischen Lazarus und Johannes gespeist und bis spät abends sich aufs herzlichste unterhalten.« Danach begab er sich wieder auf den Rückweg nach Jerusalem. »Die Apostel gingen voraus, er wollte mit Lazarus hinterdreingehen. Johannes kam es hart an, da er nicht an der Seite des Meisters gehen durfte und immer wieder sah er sehnsuchtsvoll nach demselben um. [...] Der Heiland trennte sich vor der Stadtmauer von Lazarus, der nach Bethanien zurückkehrte«, und ging auf den Ölberg, um dort zu beten. »Johannes konnte in der Herberge keine Ruhe finden, die Sehnsucht nach dem Meister trieb ihn hinaus auf den Ölberg, wo er ihn im Gebete vermutete. Und wirklich entdeckte er dort den Heißgeliebten. [...] Obwohl Johannes wußte, daß der Meister beim Beten nicht gestört werden wollte, [...] konnte er sich doch nicht enthalten, auf ihn zuzueilen, ihn zu umarmen und auf die Stirne, rechte Wange und Mund zu küssen. Was sollte der Heiland dieser stürmischen Liebe gegenüber machen? Er erwiderte sie in gleicher Weise und ging dann mit Johannes unter Gesprächen über göttliche Dinge durch die Vorstadt Ophel zur Herberge auf Sion. [...] Johannes half da dem Meister, das Gewand ablegen und schickte sich dann an, ihm die Füße zu waschen. Der Heiland war barfuß gegangen und hatte sich die Füße verletzt. Voll Liebe versuchte Johannes, das Blut wegzuküssen. Der Heiland aber zog Johannes liebkosend an seine Brust und Tränen flossen aus den Augen des geliebten Meisters auf das Haupt des liebenden Jüngers. Nach der Fußwaschung machte Johannes dem Heiland das Nachtlager zurecht, bedeckte ihn sorgsam und ging dann selber zur Ruhe.«

Weil Therese dies alles im Zustand der gehobenen Ruhe erzählt hatte, wußte sie hernach nichts davon. Als sie dann am folgenden Tag »von Vorstehendem im gewöhnlichen Zustand erfuhr, wurde ihre Freude und Begeisterung so groß, daß sie ohnmächtig wurde. Der Eintritt des erhobenen Ruhezustandes richtete sie wieder auf.«[396]

Einmal ließ Therese auch den Apostel Johannes ohnmächtig werden. Schuld daran war Simon Petrus, der auf ihn mit Neid und Eifersucht blickte. Da er seinen Mitapostel beim gemeinsamen Mahl den Platz an der Seite Jesu nicht gönnte, setzte er eines Tages seinen Bruder Andreas zur Linken Jesu. »Johannes wurde vor Leid ohnmächtig.« Jesus tröstete den Zurückgesetzten sofort nach seiner Ankunft, »umarmte und küßte ihn und hernach predigte er über die Nächstenliebe«.[397] – Wie Therese die Ansprache Jesu nur zu verstehen vermochte, da er ja aramäisch sprach? Was soll man zu solch einem sentimentalen Geschwätz sagen?

Einmal schilderte Therese die Geißelung Jesu:

»Die Geißelung, die aus vollen Leibeskräften und mit unverhohlener Freude durch drei völlig betrunkene römische Soldaten ausgeführt wurde, wird nach kurzer Zeit auf Befehl des Pilatus unterbrochen, der ihnen befiehlt, das Antlitz des Gegeißelten zu bearbeiten, um ihn dem Pöbel in einem erbärmlichen Zustand vorführen zu können und sein Mitleid zu erregen. Aus voller Herzenslust stürzen sich die drei Kriegsknechte auf das neue scheußliche Geschäft. Das Blut schießt bald aus dem Mund, der Nase, den Augen, aus dem ganzen Antlitz des Nazareners, der rasch mit Wunden und blutunterlaufenen Flecken bedeckt ist. Sobald Pilatus seinen Zustand für erbärmlich genug hält, zeigt er den Gepeinigten der ungeduldigen Menge, die draußen lästert und tobt: ›Ecce homo‹ – welch ein Mensch! Die blutgierige Menge läßt sich jedoch nicht beschwichtigen. [...] Die Geißelung geht weiter. Als sie beendet ist und man ihm gestattet, wieder seine auf Erden liegenden Kleider zu nehmen, bückt sich Jesus, um sie aufzunehmen. Da versetzt ihm einer der Mordbuben einen Fußtritt, daß sie weit fortfliegen.« Man setzt Jesus auf den Thron; er wird mit Lumpen bedeckt und verspottet. Therese schaut einem der Unmenschen genau zu, »wie er mehrmals den Augenblick erwartet, in dem Jesus seufzt, um ihm dann in den geöffneten Mund zu spucken«. Das grausame Spiel wird beendet, indem die Peiniger dem Heiland »auf die possierlichste Weise« eine Krone aufs Haupt setzen. »Die von ihnen benutzte Krone ist jedoch nicht aus regelmäßig geschlungenen Dornen oder Wildrosenzweigen gebildet, wie es überliefert wird, sondern sie war wie ein unförmiger Hut aus orientalischem Akanthus mit langen, spitzigen, gedrängten Dornen angefertigt. Sie wurden mit Knüppeln eingeschlagen, damit die Söldner sich bei der Berührung nicht selbst verletzten.«[398] – Die Schilderung der Geißelung ist phantastisch-blutrünstig, für die nach den Worten des Pfarrers Simon das Urteil zutrifft: »Seelenkrankheit, für die Schmerzen Wollust bedeuten.« Wir haben gehört, daß Therese Neumann aus Freude über besonders schöne Schauungen in Ohnmacht fiel; bei grausamen, blutrünstigen Szenen geschah so etwas nicht!

Daß Therese Neumann den Stoff für ihre Visionen aus der ihr zur Verfügung stehenden Lektüre bezog, wurde sogar an einem Tag während ihrer Überwachung im Jahre 1927 ersichtlich. Am Freitag, dem 22. Juli, dem Gedächtnistag der hl. Maria Magdalena, hatte sie nach Beendigung der Passionsvisionen noch eine etwa fünf Minuten dauernde Schauung. Sie sah jetzt »den lieben Heiland bei Maria und Martha in Bethanien«. Vorher hatte sie sich in einschlägiger Literatur näher informiert. Dies ergibt sich aus einem Bericht der beobachtenden Schwestern. Am Tag nach der Freitagsvision begab sie sich mittags um 13.20 Uhr in den zum Elternhaus gehörigen Schuppen und suchte dort nach einem Buch, »in dem die Begebenheit bei den Geschwistern in Bethanien ausführlich berichtet wäre«. Sie gab allerdings an, sie habe in dem Buch nichts gefunden, »was dem Schauen von gestern geglichen hätte«.[399] Leider haben die Schwestern das Buch nicht näher in Augenschein genommen. Warum hat Therese Bücher im elterlichen Schuppen aufbewahrt?

Im Jahr 1929 schaute die Stigmatisierte die Flucht der Hl. Familie nach Ägypten. »Auf der Reise begegnete die flüchtende Familie einer Nomadensippe, von der Maria Milch und Wasser erbat. Die Frau der Nomaden hatte mehrere Kinder, darunter war eines vom Aussatz befallen. Nachdem Maria Wasser erhalten hatte, badete sie darin das Kind. Danach badete darin auch die Nomadin ihr aussätziges Söhnchen und es wurde sofort geheilt. Nach einer weiteren Aussage soll dieses geheilte Kind später der rechte Schächer geworden sein.«[400] Was die Stigmatisierte zum besten gibt, ist eine Übernahme dessen, was A. K. Emmerick am 10. März 1821 geschaut haben will: »Maria habe Wasser in einer Mulde, Jesus zu baden, begehrt und unter einem Tüchlein ihn gebadet, habe dann der Frau gesagt, ihr aussätziges Kind hineinzulegen, welches sogleich rein geworden.«[401]

Die Abhängigkeit der Seherin von Konnersreuth von jener in Dülmen erscheint noch klarer, wenn wir beider Passionsvisionen vergleichen, wie sie von Clemens Brentano und Johannes Steiner veröffentlicht wurden.[402]

Katharina Emmerick	Therese Neumann
S. 384: »Ich sah die Wächter in verdrehten Stellungen wie betäubt hie und da liegen.«	S. 261: Es sieht grauenerregend aus, »wie die Manner so verdraht umeinanderliegen«.

Katharina Emmerick	Therese Neumann
S. 385: Zwei Türen führen zum Grab.	S. 261: Nach dem Durchschreiten der äußeren Türe kommt man zum »inneren Türl«, das »rot wie von Kupfer gewesen«.
S. 94: Die Schergen stießen Jesus »über mannshoch von der Brücke in den Bach Kidron nieder, wobei sie mit Schimpfworten sprachen, da könne er sich satt trinken«.	S. 203: Man hat den Heiland in das Wasser gestoßen; er hat aus dem schmutzigen Wasser getrunken.
S. 187: Die Geißelung haben »sechs braune Personen« ausgeführt.	S. 208: »Drei Gruppen zu je zwei Mann führen die Geißelung aus.«
S. 189: Jesus wird an der Säule so in die Höhe gezogen, »daß seine an der Säule festgeschlossenen Füße kaum stehen konnten«.	S. 208: Jesus wird »mit nach oben gespannten Armen hochgezogen, bis er nur noch auf den Zehen steht«.
S. 193: Jesus will nach der Geißelung nach seiner Gürtelbinde greifen; die verruchten Buben stoßen dieselbe hohnlachend mit den Füßen hin und her.	S. 208: Jesus will nach der Geißelung seine am Boden liegenden Kleider aufnehmen. Da gibt ihnen ein halbwüchsiger Bube einen Stoß, daß sie ein gutes Stück weit fliegen.
S. 230: Die beiden dünneren einzuzapfenden Arme des Kreuzes waren auf den breiten schweren Stamm mit Stricken aufgebunden.	S. 210: Dann bringt man für den Heiland Hölzer, »ein langes und zwei kürzere Trümmer«. Diese hat man zusammengebunden und ihm auf die Schulter geworfen.

Katharina Emmerick und Therese Neumann erzählen aufgrund ihrer Visionen eine Sonderepisode, nämlich wie am Karsamstag Joseph von Arimathäa gefangengenommen wird.

Die Gegenüberstellung zeigt deutlich, daß Therese Neumann den Bericht der Katharina Emmerick nur wiedergekaut hat.

Katharina Emmerick	Therese Neumann
S. 389: »Spät ging Joseph von Arimathäa [...] aus dem Cönaculum nach Hause.«	S. 253: »In der Nacht geht der Mann, der zum Idrauminet [Pilatus] gegangen war, [...] auf der Straße dahin.«
S. 330: »Plötzlich trat aus einem Hinterhalte in der Nähe vor dem Richterhause des Kaiphas ein Trupp Bewaffneter hervor und ergriffen Joseph von Arimathäa, während die anderen mit Angstgeschrei entflohen.« »Ich sah, daß sie den guten Joseph nicht sehr weit von dem Richthaus in einen Turm der Stadtmauer einsperrten.«	S. 253: »Da kommen plötzlich Leute aus dem Tempelbezirk daher, die mit den anderen in Streit kommen. Man merkt sofort, daß sie nichts Gutes im Sinn haben. Deshalb laufen alle, die gut laufen können. Man kann direkt sagen, sie sind ausgerissen.« »Nur dieser alte Mann konnte nicht so schnell laufen, und auf ihn vor allem haben es die anderen abgesehen. Und so wird er gefangen.«
S. 360: »Auf dem Heimwege dieser Schar ward Joseph, wie ich schon erzählt habe, bei dem Richthause des Kaiphas aus ihrer Mitte gerissen und in einen Turm gefangen gesetzt.«	S. 253: »Sie führen ihn dann zu einer Mauer und durch ein Tor, und dann an der Mauer entlang bis zu einem Turm. Dort stoßen sie ihn hinein und versperren den Eingang.«
S. 375: »Ich sah Joseph von Arimathäa in seinem Kerker betend.«	S. 253: »Er steht nun da und betet und streckt die Hände zum Himmel hinauf.«
S. 375 f.: »Plötzlich sah ich seinen Kerker mit Licht erfüllt und hörte ihn bei seinem Namen rufen. Ich sah aber oben an einer Steinfügung die Decke, wie von der Mauer aufgehoben, und eine leuchtende Gestalt, welche ein Tuch herabließ, das mich an das Grabtuch erinnerte, in das er Jesus gehüllt hatte, und ihm befahl, daran heraufzusteigen. Ich sah nun, wie Joseph das Tuch mit beiden Händen ergriff und, sich mit den Füßen an hervorstehende Steine der Mauer stem-	S. 253: »Auf einmal steht da oben auf dem Mauerring des offenen Turmes ein lichter Mann und ruft ihn an ›Arimathäi‹ oder so ähnlich. Er sprach noch etwas herunter und läßt auf den erstaunten Mann ein langes Tuch herab. Das knüpft dieser weisungsgemäß um sich und krallt sich mit beiden Händen fest. Und mit den Füßen hilft er an der Mauer, die aus ziemlich grobem Steinwerk besteht, nach, während der lichte Mann oben

Katharina Emmerick	**Therese Neumann**
mend, wohl zwei Mannshöhen zu der Öffnung emporstieg, die sich hinter ihm wieder schloß. Als er oben war, sah ich die Erscheinung verschwunden. Ich selber weiß nicht, war es der Herr oder ein Engel, der ihn befreite.«	ihn nachzieht. So komt er auf die Zinne, die kaum höher als die breite, zum Daraufgehen gebaute Mauer ist, und steigt hinaus. Da ist der lichte Mann mitsamt dem Tuch verschwunden.
S. 376: »Ich sah ihn nun unbemerkt eine Strecke auf der Stadtmauer bis in die Nähe des Cönaculum hinlaufen, welches der mittäglichen Mauer von Sion nahe lag. Hier stieg er herab und pochte am Cönaculum. Die versammelten Jünger hatten die Türen verschlossen, und waren schon sehr traurig über das Verschwinden Josephs gewesen; sie glaubten auf die Nachricht davon, man habe ihn in einen Cloak geworfen. Als man ihm öffnete, und er unter sie eintrat, war ihre Freude ebenso groß, wie nachmals, da Petrus aus dem Kerker befreit zu ihnen kam. Er erzählte die Erscheinung, die er gehabt, und sie waren darüber erfreut und getröstet, gaben ihm Speise und dankten Gott.«	S. 254: »Joseph von Arimathäa [...] hält nun Ausschau, um sich in der Nacht zu orientieren, daß ihm niemand unerwünscht begegnet. Er geht dann auf der Mauer, unter Hinüberwechseln auf verschiedene Abschnitte, bis zu einem Punkt, wo er eine Abstiegsmöglichkeit weiß, in der Gegend des Hauses, in welchem der Heiland denen die Füße gewaschen hat. Die Anhänger Jesu dort vermutend, geht er hin und klopft fest. Nach längerem Zögern von drinnen und Absicherung, wer der nächtliche Gast sei, wird er eingelassen und alle freuten sich lebhaft über seine Rettung.«

Die Visionen der beiden Seherinnen gleichen sich wie ein Ei dem anderen. Es ist offenkundig, daß für Therese Neumann eine wichtige Quelle ihrer eigenen »Schauungen« Katharina Emmerick gewesen ist.

Suggestive Einflüsse – Es kam verständlicherweise oftmals vor, daß sich die Angaben der Visionärin als falsch erwiesen. Therese hatte es zwar nicht gerne, wenn ihre Aussagen kritisiert wurden, aber gelegentlich geschah dies doch und hatte sogar Erfolg. So erzählte sie nach ihrer Ekstase vom 4. auf den 5. März 1926, die Jünger auf dem Ölberg hätten, während ihr Meister betete, nicht geschlafen.[403] Zwei Jahre später wußte sie, daß die Jünger tatsächlich geschlafen hätten.[404] Vom Apostel Judas hat sie Jahre hindurch fest und steif behauptet, er sei ein Freund Jesu gewesen und geblieben. Vom Jahr 1930 an sah sie in ihm »nicht mehr den Guten, sondern den Schurken«.[405]

Daß Therese Neumann im Lauf der Zeit hinzugelernt hat, war vor allem das Verdienst ihrer zwei theologischen Verehrer und Förderer, Pfarrer Naber und Prof. Wutz.

Aber auch von ihnen ließ sie sich nicht gerne belehren. Als sie einmal während einer Schauung dem Apostel Petrus laut Vorwürfe machte, weil er bei der Gefangennahme Jesu zum Schwert griff, um den Meister zu verteidigen, meinte Prof. Wutz: »Aber, Resl, mir scheint, du bist heute etwas dumm.« Diesen Vorwurf ließ sie nicht auf sich sitzen. Sie erwiderte: »Und du scheinst mir, du bist noch dümmer.«[406]

Ein lehrreiches Beispiel dafür, daß Therese Neumann während ihrer Visionen das wiedergefunden hat, was sie zuvor gelesen oder sonstwie erfahren hat, ist die Schau der Ölbergsszene. Während ihres ekstatischen Zustandes wird sie gefragt, wie der Mond ausgesehen habe. Sie beschreibt mit ihrer rechten Hand eine aufrecht stehende Sichel. Prof. Killermann spricht zu Pfarrer Naber: »Im Orient hat der Neumond im Frühjahr die Form eines Kahnes oder Schiffchens.« Erregt erwidert der Pfarrer: »Die Resl, der Heiland wird das besser wissen!« Der Protest vermochte nichts daran zu ändern, daß die Juden das Osterfest immer in der Zeit des Frühlingsvollmondes feierten. Warum sah Therese den Mond in Sichelform? Beim Verlassen des Zimmers der Stigmatisierten fand Killermann die Lösung des Rätsels: Im Stiegenhaus der Neumann-Familie hing ein Ölbergbild, auf dem der Mond in Sichelgestalt dargestellt war.[407] Nebenbei bemerkt, auch Killermann und Naber haben sich geirrt; zu Ostern hat der Mond weder die Form einer Sichel noch die eines Kahnes. Killermann hat seinen Irrtum eingestanden;[408] die Stigmatisierte tat es zum Teil. Am Freitag, dem 15. Oktober 1930, fragte Naber Therese, während sie sich im »Zustand der Eingenommenheit« befand: »Resl, sag uns, wie hat der Mond ausgesehen auf dem Ölberg? Das war doch nur der halbe oder ein Viertel vom Mond? Weißt du, so eine Sichel?« Jetzt lautete die Auskunft: »O nein, nein, das war der volle Mond, so so (und sie zog einen deutlichen Kreis mit dem Zeigefinger auf dem Oberbett, zwei- bis dreimal)!« Der Pfarrer ergänzte: »Resl, aber ein Stückl hat gefehlt!« Therese widersprach: »Kein Stückl hat gefehlt. Aber oben rechts war ein gelber Rand.«[409]

Am 26. Dezember 1927 schaute Therese die Verurteilung und Steinigung des Diakons Stephanus. Unmittelbar nach der Vision führte Naber ein Gespräch mit ihr. Zuerst begann sie »unverständlich lallend, vor sich hinzusprechen, mit Bewegungen, wie wenn sie aus dem Schlaf erwachte«. Man vernahm die Worte: »Was ist denn dies g'west [= gewesen]? Ich muß mich mal besinnen.« Sie wandte sich dem Pfarrer zu und sprach: »Was ist heute? Sag's nur!« Der Pfarrer forderte sie auf: »Denk nur nach!« Therese antwortete: »Der Gunger [= Junge], der ist mir so bekannt.« Naber ermahnt sie, schärfer nachzudenken. Sie meint: »Er ist mir auf der Zung'.« Der Pfarrer: »Es ist der hl. Stephanus.« Therese: »Der, wie der Heiland da war.« Pfarrer: »Das war der Hohepriester Kaiphas.« Nun spricht Therese über Stephanus. Sie lobt ihn und zugleich sich selbst: »Der hat sich nicht gefürchtet; das hat mich gefreut. Ich sag' auch, was wahr ist; ich halt auch zum Heiland.« Dazwischen »gähnte sie laut«. Dies reizte einen der Anwesenden – wahrscheinlich war es Prof. Wutz – zum Lachen. Therese betonte: »Das gehört auch dazu.« Nach dieser Erläuterung ging die Schilderung weiter – alles nichts als Banalitäten. Naber ergänzte die Ausführungen Thereses »aus einer früheren Vision, daß der Tod des Stephanus im gleichen Jahre gewesen sei wie der des Heilandes«. Er teilte ihr auch mit, »daß Stephanus ein Anhänger des Heilandes gewesen sei«, worüber sie sich ungemein freute. »Später« hat Therese ihren Bericht ausführlich ergänzt. Vor allem schilderte sie bis in alle Einzelheiten die Bekleidung des Hohenpriesters Kaiphas und des Stephanus.[410] Schon Dr. Seidl hat daran Anstoß genommen, daß die beiden Theologen, Pfarrer Naber und Prof. Wutz, ungeheuer viel in die »Seherin« hineinsuggeriert haben. Vom psychologisch-experimentellen Standpunkt aus, so sagte er, hätte das Ausfragen unbedingt unterlassen werden müssen.

Während der Beobachtungszeit im Elternhaus Thereses haben die anwesenden Mallersdorfer Schwestern über drei verschiedene Ekstasen der Stigmatisierten Aufzeichnungen gemacht. Die eine stellte sich am Sonntag, dem 24. Juli 1927, ein. An diesem Tag wohnte Therese in der Kirche der Frühmesse bei, ausnahmsweise von Anfang an. Während des Gottesdienstes kam sie in eine Verzückung, die bis 9.25 Uhr dauerte. Pfarrer Naber sorgte dafür, daß die Ekstatische in einem Bild festgehalten wurde. Darum ließ er sie in ihrem Stuhl sitzend in die Sakristei tragen; davon bekam sie nichts mit. Nach dem Ende der Ekstase wurde sie vom Pfarrer gefragt, wo sie gewesen sei. Sie gab zur Antwort: »Beim Heiland im Himmel.«

Zu dieser Szene meinte Dr. Seidl: »Diese visionären Zustände können meiner Ansicht nach einer ernsten kritischen Würdigung kaum standhalten. Autosuggestion, Gesichts- und Gehörhalluzinationen spielen hier zweifellos eine große Rolle. Die Therese Neumann ist meiner Ansicht nach eine stark suggestible Person. Wie leicht kann sie bei einer intensiven Betrachtung in der Nacht, bei einem inbrünstigen Gebete nach der hl. Kommunion in einen autosuggestiven Zustand hinübergehen, in dem sie vollkommen der Umwelt entrückt scheint. Ich getraue mir das zu behaupten, weil ich auf dem Gebiet der Suggestion sehr viel erfahren habe. Ich habe mich nicht nur theoretisch und durch den Besuch glänzender Experimentalvorträge von In- und Ausländern in die Materie hineingearbeitet, sondern bin besonders in früheren Jahren praktisch auf dem Gebiete der Hypnose und Suggestion tätig gewesen und hatte dabei außerordentliche Erfolge. Ich darf vielleicht an den exzeptionellen Fall erinnern, in dem es mir gelang, bei einer Dame nach einigen Vorhypnosen die Analgesie soweit herabzusetzen, daß Herr Geheimrat Angerer die Laparotomie und die chirurgische Beseitigung einer Darmfistel ohne jede Schmerzempfindung machen konnte.«[411]

Am 6. August 1926 begab sich Prof. Waldmann in Begleitung zweier Mitbrüder nach Konnersreuth. Es war ein Freitag, an dem auch das Fest der Verklärung Christi gefeiert wurde. Während der Fahrt sprach Waldmann einige Male seine Erwartung aus, Therese werde vor dem Beginn der Passionsvisionen die Verklärung auf dem Berge Tabor schauen. Um 12.30 Uhr kommen die drei Besucher an. Kurz nach 13 Uhr stehen sie an der Spitze der Wartenden auf der Treppe des Neumann-Hauses. Da hören sie die Stimme des Pfarrers: »So, jetzt ist alles aus. Bitte, das Zimmer verlassen, damit man das Zimmer lüften kann.« Die vor und hinter Waldmann stehenden, zu spät gekommenen Besucher entfernen sich. Er selber geht die Treppe weiter hinauf bis zur letzten Stufe. Er überlegt: »Also hat die Therese die Verklärung nicht gesehen. Es sollte mich aber wundern, wenn die Schau nicht jetzt käme.« In diesem Augenblick ruft der Pfarrer: »Schnell, schnell, laufen Sie zum Pfarrhof hinüber. Die Herren sollen wieder kommen. Etwas Neues, ganz Neues!« »Nun also«, dachte Waldmann, »die Verklärung!« Sofort tritt er in das Zimmer der Stigmatisierten. Er wird vom Pfarrer angesprochen: »Sehen Sie doch, Therese sieht etwas überaus Schönes, sie ist ja wie verklärt.« Waldmann erklärt, seine Worte einzeln betonend; »Nun ja, Herr Pfarrer, sie sieht jetzt die Verklärung Christi auf dem Berge Tabor.« Nach ungefähr drei Minuten sinkt Therese in ihr Kissen zurück, um nach einer kurzen Pause von etwa einer halben Minute wieder in den Trancezustand zurückzufallen. Nun verkündet Waldmann mit lauter Stimme: »Das kommt schon noch ein drittesmal.« Nach der dritten Schauung erklärt er: »So, jetzt ist es aus.« Ohne ein weiteres Wort mit Naber zu sprechen, verläßt er das Zimmer. Am Tag darauf, am 7. August, fragte Naber im Beisein eines anderen Priesters Therese, was sie denn am Vortag mittags geschaut habe. Merkwürdigerweise stellte sich nun heraus, daß sie nicht die geringste Ahnung davon hatte, daß am 6. August das Fest Verklärung Christi gefeiert wurde; ja, sie wußte nicht einmal, was sie gesehen hatte. Wie sie erklärte, meinte sie, ihr sei der Heiland erschienen; aber er habe keine Wundmale gehabt. Therese hatte in drei Szenen die Verklärung geschaut, zuerst Jesus mit drei Männern auf einem Berg und dann zweimal jeweils in gleicher Art: Jesus verklärt in den Wolken. Waldmann bemerkte dazu: »Therese hat überhaupt nur so etwas wie die Verklärung Christi erlebt. Sie sah Moses und Elias nicht, sah und hörte nichts von der Unterredung der beiden mit dem Herrn, hörte auch nicht die Stimme vom Himmel.«[412]

Daß Therese Neumann am 6. August 1926 die Verklärung Jesu, wenn auch nur andeutungsweise, geschaut hat, geht sicherlich auf Prof. Waldmann zurück; die Schau war die Folge von Suggestion; außerdem hat Therese gehört, was Waldmann zu Naber gesprochen hat. Die Schau war durchaus nichts Geheimnisvolles. Im Jahr 1927 schilderte Therese Neumann Pfarrer Leopold Witt ihre Schau der Verklärung, die sie erstmals am 6. August 1926 gehabt habe. Nunmehr stimmt das Geschaute mit dem betreffenden Abschnitt im Evangelium überein; er ist nur um einige Zutaten bereichert. Witt sagt in der Einleitung zu seinem Bericht: »Daß es sich gerade um die Verklärung Christi auf dem Berge Tabor gehandelt habe, dafür übernimmt Therese keine Gewähr.«[413] Sie wußte demnach nach mehr als einem Jahr immer noch nicht Bescheid. Im Jahr 1973 hat auch Johannes Steiner die Vision Thereses »zusammen mit einigen Notizen aus Gesprächen mit Pfarrer Naber« veröffentlicht.[414] Wir betrachten den Text, wie ihn Witt veröffentlicht hat:

»Eben ging abends die Sonne unter. Der Berg war flach (nicht wie der Kalvarienberg). Er war aber auch felsig.

Der Heiland trug feinen rötlichbraunen Rock und über eine Achsel her noch ein Tuch wie ein Ueberwurf. Er betete stehend. Noch drei saßen da. Diese schliefen.

Auf einmal erhebt sich der Heiland etwa einen halben Meter. Die ganze Montur wurde weiß, ganz eigen, das Höchste, was ich sagen kann, ist schneeweiß. Das Gesicht wurde licht, nicht wie die Sonne, wie die biblische Geschichte sagt, insofern mich das Leuchten seines Gesichtes nicht blendete. Die Augen und alles im ganzen Gesichte des Heilandes sah ich. Unter seinen Füßen war eine dichte Wolke. Der Heiland blickte aufwärts, mitten drin auch einmal auf mich, dann wieder in die Höhe.

Auf seiner rechten Seite stand auf einer eigenen Wolke ein Mann mit einem hübsch langen Barte. Seine Montur war faltig, faßt mantelartig. Auf der linken Seite stand einer mit einem weniger langen Barte. Er hatte auch keinen solchen Mantel, sondern sein Kleid war eher in der Mitte zusammengegürtet. Er hatte auch noch einen Ueberwurf.

Die Zwei zu seinen beiden Seiten haben mit dem Heilande geredet.

Mit einem Male sind die drei unten aus ihrem Schlafe munter geworden und haben etwas gesagt, besonders einer, der vorher auf der rechten Seite des Heilandes gesessen war. Er hatte kurze Haare und war augenscheinlich der Aeltere von den Dreien. Auf der linken Seite saß der nämliche, der unter dem Kreuze steht. Er hatte keinen Bart. Vorne saß einer, der älter war wie der, den ich für den Johannes halte.

Plötzlich war es, wie wenn diese Drei sich gefürchtet hätten. Sie fielen vorwärts auf das Gesicht. Eine große Wolke war da und ich habe von den Dreien oben nichts mehr gesehen. Nun hat Etwas geredet. Es war eine helle, feste, kräftige Stimme. Was sie gesprochen hat, habe ich nicht verstanden.

Auf einmal ist der Heiland wieder dagestanden wie vorher. Dann ging Er zu den Dreien, welche gleich im Anfang bei Ihm gewesen waren, und nahm den auf der rechten Seite beim rechten Arm. Der Heiland sagte etwas zu ihnen, – und alles war wieder weg. Das Licht, in welchem ich den Heiland in seiner Verklärung auf dem Berge gesehen hatte, war aber noch weit schöner wie das Licht, welches ich sonst bei den verschiedenen Erscheinungen gesehen habe. Neben dem Sonnenlichte der Verklärung möchte ich das andere Licht eher nur dem blaßen Lichte der Sterne vergleichen.«

Witt sagt zu der Szene: »Der eine und andere hat dieser Vision Thereses schon triumphierend entgegengehalten: Man braucht ja bloß in den Kalender zu schauen und dann sieht man, daß sie diese Vision gerade am Feste der Verklärung Christi hatte. Wer sich mit dieser bescheidenen Erklärung zufrieden geben will und dann vielleicht besser schläft, den wollen wir in seiner angenehmen Nachtruhe nicht im mindesten behelligen. Aber Therese könnte doch nicht zum Beispiel am Charfreitag die Himmelfahrt und an Ostern das Leiden sehen!«[415]

Die geschilderte Szene entspricht in keiner Weise dem, was Therese Neumann am 6. August 1926 »geschaut« hat. Der Bericht ist nichts anderes als die Wiedergabe dessen, was sie und vor allem Pfarrer Naber in der Zwischenzeit in der ihnen zur Verfügung stehenden Literatur nachgelesen haben. Die Endredaktion stammt von Naber.

Johannes Steiner gibt zum Thema »Visionen« die Erläuterung: Gott »schenkt in den meisten Fällen diese Schauungen nur zur persönlichen Erbauung des Visionärs, wenn er auch damit zugleich eine Belebung und Vertiefung des Glaubens der Umwelt im Sinne haben mag«.[416] – Wie hat sich wohl die von Prof. Waldmann suggerierte Vision ausgewirkt hinsichtlich der Belebung und Vertiefung des Glaubens der Umwelt?

c) Zweck der Visionen

Die Visionen der Stigmatisierten von Konnersreuth zwingen immer wieder zur Fragestellung: Wozu das alles? Welchen Sinn sollen sie haben? Es geht ja fast immer nur um Äußerlichkeiten ohne einen religiösen Gehalt. Erzbischof Teodorowicz freilich beteuert, auf Äußerlichkeiten habe Therese Neumann gar nichts gegeben. Er schildert ihre Vision am Fest Epiphanie und behauptet, die Seherin habe kein Gefallen am prunkhaften Aufzug der Magier gehabt. »Ach«, ruft sie aus, »diese prächtigen Kleider! Diese vielen Leute! Aber die kümmern mich gar nicht! Muß ich denn das alles schauen? Warum läßt mich der Heiland das alles sehen?«[417]

Über die Vision, die Therese jeweils am Fest Epiphanie hatte, berichten mehrere Autoren. Der folgende Text wurde von Pfarrer Naber im Jahre 1928 aufgezeichnet und von Gerlich veröffentlicht:

»Therese Neumann erzählt im erhobenen Ruhezustand: Die Namen Kaspar, Melchior und Balthasar für die Hl. Drei Könige stimmen ungefähr. Sie waren wirkliche, herrschende Fürsten, selbst sehr reich, nicht herrschsüchtig, sondern recht gemütlich mit den Leuten. Balthasar kam aus Nubien, einem goldreichen Lande. Er stand anfangs der Vierziger und reiste mit ungefähr siebzig Dienern, zwanzig Soldaten, acht Gelehrten, von denen jeder zwei Diener hatte – solche Gelehrte hatte Balthasar in die zwanzig – und einer Frau. Melchior kam aus Arabien, einem Lande, reich an Getreide und Gewürzen. Er war Mitte der Fünfziger und nahm ungefähr vierzig Diener, fünfzig Soldaten, fünf Gelehrte mit je zwei Dienern und zwei Frauen mit. Kaspar kam aus Medien, einem an Harz und Weihrauch und Früchten reichen Lande. Er stand Mitte der Vierziger, war von ungefähr zwanzig Dienern, vierzig Soldaten und vier Gelehrten mit je zwei Dienern begleitet.

In den drei Ländern wurde die Sternkunde besonders gepflegt, vor allem in Medien. Man baute eigene hohe, hölzerne Türme zur Beobachtung der Gestirne. Die Fürsten hielten sich eigene Sternkundige, Magier. Die dorthin zerstreuten Juden, die vielfach – was ihnen eigen war – sehr alt, bis zu ungefähr zweihundert Jahren wurden, brachten die Kenntnis des einen wahren Gottes und des verheißenen Erlösers mit, insbesondere auch Balaams Prophezeiung: ›Es wird ein Stern aufgehen aus Jakob ...‹ In Nubien wurde der Stern schon drei Wochen vor der Geburt des Erlösers von zwei

Magiern gesehen, die dann zum König kamen und ihm erzählten, sie hätten am Himmel einen sonderbaren Stern gesehen; er sei von außerordentlicher Größe und besonders starkem Licht und habe einen eigenartigen Schweif, der lang und am Ende gebogen sei. Der König ließ nun die Gelehrten zusammenkommen. Sie kannten sich aber nicht recht aus, weshalb er Gesandte zu seinem Freunde, dem König Melchior in Arabien, zwecks Erholung von Aufklärung schickte. In Arabien und Medien war der Stern wie in Nubien zu sehen gewesen, aber es gingen dort in jenen Wochen Gelehrte nicht auf den Turm. Nur in Arabien war einer droben gewesen, hatte den eigenartigen Stern gesehen und gesagt, man sollte doch näher nachforschen. Aber die Magier waren nicht alle beisammen und so unterblieb es; auch der König kümmerte sich nicht weiter darum. Nun aber bestieg er selbst den Turm und schickte dann Gesandte nach Medien, ob man dort nicht auch einen so ungewöhnlichen Stern gesehen habe. In Medien war der König selbst in den Tagen der Geburt des Heilandes auf den Turm gegangen und hatte den Stern entdeckt, auch seine Gelehrten zu Rate gezogen, die aber nichts Rechtes hatten herausbringen können. Als aber die Gesandten aus Arabien kamen und berichteten, da ging ihm ein Licht auf und er befahl, sich reisefertig zu machen, um zu einer Besprechung nach Arabien zu reiten. Während die arabischen Gesandten auf dem Wege nach Medien waren, ritt der König von Nubien nach Arabien und mit dem König dieses Landes weiter nach Medien, wo sie eintrafen, während der dortige König die Vorbereitungen zur Reise nach Arabien traf. Von Medien aus zogen sie gemeinsam dem Stern nach, der oft tage- und monatelang nicht zu sehen war und so die Weiterreise verzögerte. Die Männer waren Monotheisten, kannten die Prophezeiung Balaams und glaubten, dessen Stern jetzt vor sich zu sehen.

Am 6. Januar 1928 ungefähr 6 Uhr morgens sah Therese Neumann bei aufgehender Sonne aus einem weitläufigen, aber niederen Gebäude mit vielen goldverzierten Säulen über viele lange und breite Stufen herab einen Mann mit zahlreichem Gefolge (König Balthasar) kommen. Das Gebäude war von vielen, weitzerstreuten runden und eckigen Hütten umgeben, die anscheinend mit Rinde verkleidet und in Pult- oder Spitzdachform mit Binsen gedeckt waren. Das Haus des Mannes (Königs) war aus dunkelgrauem Stein, die Säulen aus etwas hellerem Stein gebaut und von oben bis unten mit Gold verziert. Die Stufen waren dunkel wie die Mauern. Der Mann (König Balthasar) war ziemlich groß und stark, von braun-schwarzer Hautfarbe, hatte mittellanges, krauses schwarzes Haupthaar und ebensolchen Vollbart; auffallend waren Therese Neumann seine roten Lippen, die weißen Zähne und das Weiße der Augen; seine Kopfbedeckung bestand in einem blendend weißen, mit einem hängenden Goldband umschlungenen Wulst, auf dem sich oben ringsum Goldstäbchen mit goldenen Kügelchen befanden, deren jedes mit einem Edelstein geziert war. Innerhalb der Stäbchen und etwas über dieselben hinaus ragte eine kegelförmige, weiße, golddurchwirkte Haube empor. Er trug einen buntgestreiften, in der Mitte mit einem bunten Gürtel zusammengehaltenen, über und unter demselben faltigen Rock, der bis etwas unter die Knie reichte und dort einen breiten, dagegen an den langen weiten Ärmeln vorne und am Halse einen schmaleren Goldsaum hatte. An den Füßen trug er Sohlen, von denen aus goldene Bänder kreuzweise um Füße und Unterschenkel geschlungen waren. Auf der Brust war der Rock mit Goldstickereien versehen. Um den Hals trug er etwa fünf am Rock festgemachte, mit Perlen gezierte goldene Ketten verschiedener Form, an denen vorn verschiedenformige, goldene Münzen mit eingeprägten Verzierungen übereinander hingen. Der Mantel, der nur etwas über die Schultern vorreichte, und vorn mit silbernen Bändern und silberner Schließe zusammengehalten wurde, zeigte einen weißen Untergrund mit eingewirkten, verschiedenfarbigen Blumen und war mit einem handbreiten Goldsaum eingefaßt; er war faltenreich und nachschleppend und wurde von zwei Dienern nachgetragen. Des Königs Frau kam hinter diesem, begleitet von vier Dienerinnen. Sie trug einen mit zarten Blumen bestickten, in der Mitte mit einem gestickten Gürtel zusammengehaltenen, sehr faltenreichen Rock, der bis zu den Knöcheln reichte und nachschleppte. Vom Hals hingen ihr mehrere goldene Ketten, die mit Perlen besetzt und an der Brust verschlungen und befestigt waren. Um den Hals selbst trug sie einen goldenen Reifen; an den Ohren ein auf den Schultern noch aufliegendes, goldenes, mit Perlen besetztes Gehänge, in den bis auf die Schultern reichenden, offenen, schwarzen, krausen Haaren feine Goldkettchen, mit Perlen besetzt, über den Ohren je zwei krumme Spangen mit Edelsteinen. Die Sohlen an den Füßen wurden durch gestickte, um die Knöchel geschlungene Bänder festgehalten. Über dem Rock lag ihr ein weißer, großblumig gestickter Mantel, der über die rechte Schulter hereinhing und von da über den Rücken und die linke Schulter nach der rechten Hüfte geschlungen war, so daß er am Boden noch nachschleppte. Zu beiden Seiten ging je eine Dienerin, die der Königin das Gewand emporhielt. Diese trugen gelbliche, blumengestickte, etwas nachschleppende, in der Mitte mit gelben Bändern, deren Enden seitlich herabhingen, gegürtete faltenreiche Röcke; um den Hals etliche Goldkettchen mit etlichen Steinen, ebenso im mittellangen Haar; auch Ringe in den Ohren. Hinter den Dreien gingen noch etliche feinere Dienerinnen, Kleines tragend. Dann kamen bepackte Diener und Dienerinnen, letztere in einfachen, bunten oder gestreiften, bis zu den Knöcheln reichenden, hinten meistens längeren Röcken, ohne Schmuck außer in den Ohren, mit mittellangen, offenen, krausen Haaren. Der König hatte zwei Diener rückwärts zur Seite, die den Mantel nachtrugen. Sie hatten einen gelblichen Rock mit farbigen, eingestickten Verzierungen an, der bis unter die Knie reichte und in der Mitte mit einem Band zusammengehalten war, dessen Enden an der Seite herabhingen und mit goldenen Quasten versehen waren. Um den Hals trugen sie einige goldene Ketten; um den Kopf einen goldenen Reif. Ihre Fußbekleidung ähnelte der des Königs. Hinter ihnen folgten noch viele Diener – auch vor dem König war schon ein Trupp Diener heruntergegangen. Die einen waren vollständig mit bunten Gewändern bekleidet, aber ohne Schmuck; nur teilweise trugen sie Ohrringe. Insbesondere die Diener um den König trugen einen krummen Dolch mit weißem oder kupferfarbenem Griff. Andere

Diener hatten nur ein buntes Lendentuch oder ein solches und ein Tuch über eine Schulter und die Brust geschlungen, welch letzteres unter dem Lendentuch festgehalten wurde, und waren barfuß.«[418]

Hier endet der Bericht Nabers über die Schauung Thereses am 6. Januar 1928. Die Fortsetzung wurde von ihm am 6. Januar 1929 aufgezeichnet: »Mittags schaute Therese Neumann, wie die drei Weisen, zugleich Fürsten, mit einem Gefolge von ungefähr dreihundert Personen (Gelehrten, Dienern und Soldaten) nach Jerusalem kamen. Es waren ein Schwarzer aus Nubien, ein Brauner aus Arabien, ein Gelber aus Medien. Sie wurden von einem Kometen geführt. Nach der ersten Anfrage bei Herodes nach dem neugeborenen König zogen sie nach einem Bethlehem weit im Norden. Erst nach einer zweiten Nachfrage schlugen sie den Weg nach dem richtigen Bethlehem ein. Der Stern führte sie aber weit über Bethlehem hinaus zu einem gemauerten Stalle, in dem sich die Hl. Familie, die sich bereits auf der Flucht nach Ägypten befand, einige Zeit aufhielt. Dort beteten sie das Christuskind an und brachten ihm ihre Geschenke; sie erhielten es auch auf ihre Bitten hin von der Mutter in die Arme gelegt. Schließlich führte diese den Heiland, der schon gehen konnte, hinaus vor den Stall zu der Begleitung der Weisen, die ihn freudig begrüßte und beschenkte.«[419]

So schildert Pfarrer Naber Thereses Vision vom 6. Januar 1929. Im Jahr 1932 lautet die entsprechende Szene so:

»In der Nacht hatte man einen Stern bemerkt, und nun hielt der König Rat, was dies bedeuten solle. Nach dieser Beratung brach ein Gesandter auf nach Arabien, um dort sich Kunde zu holen. Hier war wohl der Stern bemerkt worden, doch die Magier kümmerten sich nicht darum, und als nun der nubische Gesandte eintraf, ging der arabische König selbst auf den Beobachtungsturm und sah ihn. Da schickte er Boten nach Medien, wo man gleichfalls den Stern gesehen. Auch hier hatte der König Rat gehalten, ohne aber zu einem Entschluß zu kommen. Als aber nun die arabischen Boten eintrafen, da beschloß man, nach Arabien zu reisen. Inzwischen war nun der König von Nubien aufgebrochen mit großem Gefolge nach Arabien, wo nun bald auch der medische König mit seinem Zuge eintraf. Gemeinsam machten sie nun die Reise durch die Wüsten, über mächtige Flüsse unter größten Strapazen. So kam ungewohnt für die Bevölkerung Jerusalems der Zug der Könige mit Gelehrten, Dienern in die Stadt, allseits beachtet und begleitet, bis zur Burg des Herodes. König Herodes empfing in seinem Saale die drei Könige, beriet sich dann mit seinen Räten und wies die hohen Gäste nach Bethlehem. Doch der Stern leuchtete nicht mehr und der Führer zog den Weg nach einem falschen Bethlehem im Norden. Dort angekommen, erkannten sie, daß sie irregeleitet worden waren und kehrten nach Jerusalem zurück. Als sie die Stadt erreichten, da leuchtete der Stern wieder auf und es herrschte im Königszuge große Freude. So erreichten sie denn Bethlehem und fanden das Kind und die heilige Familie. Diese wohnte damals nicht mehr im Stalle, sondern in einer gemauerten Hütte, außerhalb der Fluren Bethlehems.«[420]

Noch reicher war die Schau am 6. Januar 1952, worüber Johannes Steiner berichtet.[421] Aus den Ergänzungen sei nur die Angabe über den Stern von Bethlehem angeführt: Die Magier kamen, »von einem Kometen geführt, weit über Bethlehem hinaus zu einem gemauerten Stall«, in dem sich die Hl. Familie, »die bereits auf der Flucht nach Ägypten war«, aufhielt. Als die Magier während der Abenddämmerung ankamen, »da ist der Stern ganz mächtig niedergegangen, da hat man gar nichts mehr gesehen als lauter Feuer«.

Wie Teodorowicz versichert, hatte die Seherin gar kein Gefallen an dem geschauten Prunk. Das KONNERSREUTHER SONNTAGSBLATT 1932 informiert anders, nämlich, daß Therese »nicht müde wurde, sich an diesem herrlichen Bilde zu weiden«; sie habe sich dabei persönlich »erbaut«.

Steiner sagt über den Zweck von Visionen: »Gott ist nicht gehalten, in den Visionen den historischen Ablauf exakt und genau wiederzugeben. Er schenkt in den meisten Fällen diese Schauungen nur zur persönlichen Erbauung des Visionärs, wenn er auch damit zugleich eine Belebung des Glaubens der Umwelt im Sinne haben mag. Er läßt sie wohl auch nicht oder nicht weit über die Fassungskraft der Begnadeten hinausgehen. Man darf also daraus, daß in den Visionen oft auch legendäre Erlebnisse geschildert werden, nicht schon sofort auf den nicht göttlichen Ursprung der Visionen schließen.«[422] Bei offensichtlichen Halluzinationen und Flunkereien sollte man Gott aus dem Spiel lassen. Therese Neumann hat keinen historischen Ablauf »geschaut«, schon gar nicht exakt und genau. Wie weit sie sich »persönlich erbaut« hat, ist eine Frage für sich. Im übrigen muß beachtet werden: Bei den veröffentlichten Visionen stammt die Formulierung nicht von der Seherin selbst, sondern jeweils von einem ihrer bedeutendsten Verehrer. Pfarrer Naber hat beispielsweise die Visionen so geschildert, als hätte er sie selber gehabt. Er hat aus Bruchstücken, die ihm Therese lieferte, mit Hilfe von veröffentlichten Visionen »Histörchen« aufgezeichnet.

Am 28. Dezember 1927 hatte Therese Neumann eine Vision vom Kindermord zu Bethlehem.[423] Am selben Tag schaute sie auch zum erstenmal den Tod des hl. Franz von Sales. Diese Vision wiederholte sich am 29. Januar 1928 und dann in den folgenden Jahren jeweils am selben Tag. Bei der Schauung ging es nur um das Sterbezimmer des Heiligen. Sie beschrieb dieses als ein prächtig ausgestattetes, mit allen möglichen Kunstgegenständen und bequemen Einrichtungen versehenes Gemach, wie man es wohl in einem bischöflichen Palais finden könnte. Aber der Heilige ist nicht auf seinem Bischofssitz in Genf gestorben, sondern in der ganz ärmlich ausgestatteten Gärtnerwohnung eines Klosters bei Lyon.[424] Eine Marmorplatte am Sterbeort gibt heute noch Kunde davon. »Diese Vision«, so folgert Dr. Deutsch, »zeigt ganz eindeutig, daß es sich hierbei und bei ähnlichen Visionen lediglich um sogenannte ›Wach- und Wahrträume‹ einer krankhaften Person handelt, die sich in nichts unterscheidet von ›imaginären Visionen‹ und ›religiösen Ekstasen psychopathischer Persönlichkeiten‹, die wir nicht selten in der psychiatrischen Klinik zu sehen bekommen«.[425]

Dr. Deutsch brachte durch seine Kritik den Konnersreuther Kreis, insbesondere Pfarrer Naber in arge Verlegenheit. Aber dieser vertraute seinem Orakel. Er fragte Therese während ihres ekstatischen Zustandes, ob Franz von Sales in einem Gartenhaus gestorben sei. Die Auskunft lautete: Dies trifft nicht zu; in der Gärtnerwohnung hat er sich nur aufgehalten, bis er krank wurde; dann hat man ihn »in ein großes Haus« getragen, wo er starb. Naber fragte, ob es dafür einen Beweis gäbe. Therese antwortete: Ja, dies ist der Fall; es ist »irgendwo« aufgeschrieben; man wird schon noch daraufkommen. Der Pfarrer fragte weiter: »Weiß das heute schon einer, wo das gefunden werden kann?« Therese erklärte, jener »große Pater«, der im Jahr zuvor in Konnersreuth gewesen sei, wisse es. Naber meinte zu dieser Auskunft, Therese habe »zweifellos« P. Reisinger gemeint, der im Jahr 1937 in Konnersreuth war und der gerade beim Ausarbeiten einer Biographie des Franz von Sales sei.[426] – Die Prophezeiung des Orakels hat sich nicht erfüllt; sie kann sich auch nicht mehr erfüllen; seit der Prophezeiung sind 58 Jahre vergangen; P. Reisinger ist schon lange tot; der »große Pater« hat das Versteck nicht entdeckt. Inzwischen veröffentlichte Schriften lassen keinen Zweifel über den Sterbeort des Heiligen offen. In einem 1956 erschienenen Werk wird über Franz von Sales gesagt, er sei gestorben »im Gartenhäuschen des Klosters der Heimsuchung in Lyon, wo er wohnte, während in der Allerheiligenlitanei der Sterbegebete gerade die Heiligen Unschuldigen Kinder um ihren Beistand angerufen wurden«.[427] Annette Thoma schreibt im Jahr 1961: »Tagelang mußte der Todgeweihte noch Rede und Antwort stehen, da Priester und Laien herbeieilten in das kleine Gartenhäuschen der Heimsuchung, um ihn noch einmal zu sehen, noch einmal zu sprechen und seinen Segen zu empfangen.«[428] – Johannes Steiner, der an das Orakel von Konnersreuth ebenso geglaubt hat wie Pfarrer Naber, unternahm in eigener Person entsprechende »Nachforschungen«, aufgrund derer er überzeugt wurde, nun seien alle gegnerischen Beweise in sich zusammengefallen.[429] Seine »Beweise« sind so überzeugend wie die Angaben der Seherin A. K. Emmerick über die »Mondgeschöpfe« mit den Haaren um den Unterleib sowie über die auf dem Mond befindlichen Häuser und Obstbäume.[430]

4. Hierognosie

Wie behauptet wird, verfügte Therese Neumann über die Gabe der Hierognosie, über die Fähigkeit, echte Reliquien von unechten oder geweihte von ungeweihten Gegenständen zu unterscheiden, aber nur, wenn sie sich im Zustand der gehobenen Ruhe befand. Einmal zeigte ihr ein Besucher eine Reliquie, über deren Echtheit er unsicher war. Sie gab die Auskunft: »Ja, das weiß ich jetzt nicht, das weiß ich nur in der Ekstase.«[431]

Im Zustand der gehobenen Ruhe sollen Thereses Auskünfte irrtumslos gewesen sein. »Über diesen Punkt«, so schreibt Boniface, »liegen so viele Erfahrungen vor, ohne daß ihr je ein Irrtum nachgewiesen werden konnte«; insbesondere soll diese Fähigkeit bei Kreuzpartikeln und anderen Gegenständen, die mit der Person Jesu zusammenhingen, nachgewiesen worden sein. Unter anderem nennt Boniface »Fäden des Schweißtuches und des Hl. Rockes«.[432] Johannes Steiner weiß zu berichten, wie man eines Tages Therese eine Reliquie reichte, die sie sofort als ein Stück von einem »Schleier der Muttergottes« erkannte. Sie gab auch bekannt, auf welchem Wege die Reliquie in die Hände des derzeitigen Besitzers gekommen sei. Wenn man eine echte Kreuzpartikel einem ihrer Wundmale nahebrachte, »reagierte« sie sofort, zumal dann, wenn man damit der Herzwunde nahekam.[433] Worin bestand die »Reaktion«? Ein Bischof reichte Therese sein Brustkreuz, in dem sich eine Kreuz-Reliquie befand. »Wie ein Blitz durchzuckt der schmerzliche Krampf Gesicht und Körper Thereses; besonders krampfen sich die Hände.« – Ein Kapuziner berührte mit einer Kreuzpartikel die Hand der Stigmatisierten. »Sie ließ einen Seufzer hören, wurde weiß wie der Tod und sank in sich zusammen. Der Kopf fiel etwas nach hinten, der Mund blieb geöffnet. Es war das Bild einer soeben Gestorbenen.« – Erzbischof Kaspar von Prag hält sein Pektorale, das eine Kreuzpartikel enthält, an die Brust Thereses; »augenblicklich fühlt sie einen furchtbaren Schmerz«.[434]

Das sonderbare Verhalten der Stigmatisierten beweist hinsichtlich der Echtheit von Reliquien gar nichts. Die erwähnten Theologen waren überzeugt, echte Reliquien zu besitzen; dieses Wissen spürte die »Seherin«, und es übertrug sich auf sie. Selbst wenn ihre jeweiligen Angaben zutreffend gewesen wären, wie soll man sich dann ihre unverständliche Reaktion erklären? Sollen die qualvollen Schmerzen einer dem »Tod nahen Person« sichere Zeichen für die Echtheit von Reliquien sein? Da hätte ja die Stigmatisierte kaum etwas mehr fürchten müssen als echte Reliquien, vor allem wenn sie vom Kreuze Jesu stammten. Auch diese Frage drängt sich auf: Welche Entfernung war für die eigenartige Reaktion Thereses entscheidend. Als beispielsweise der Erzbischof von Prag unmittelbar vor ihr stand, war der Abstand seines Brustkreuzes nur unbedeutend größer als beim Darreichen.

Bei den anderen genannten »Reliquien«, den »Fäden des Schweißtuches und des Hl. Rockes« sowie vom »Schleier der Muttergottes«, bestand die Wirkung auf Therese nicht in Schmerzen oder Lebensbedrohung; aber welch ein denkender Mensch kann glauben, daß es sich um echte Reliquien gehandelt hat? Letztlich gründet solch ein Glaube allein auf der unsinnigen Überzeugung, aus Therese Neumann habe im Zustand der »gehobenen Ruhe« der »Heiland« gesprochen.

Was von den »Fäden des Hl. Rockes« gesagt wurde, gilt in gleicher Weise für den ganzen Hl. Rock, der in Trier aufbewahrt wird. Als dieser im Jahr 1933 wieder einmal der Öffentlichkeit gezeigt wurde, reiste auch Therese Neumann mit ihrer gewohnten Begleitung dorthin. Die Ehre, die man ihr dort erwies, übertraf jene, die dem Hl. Rock galt. Um sie dem Andrang des neugierigen Volkes zu entziehen, wurde der Dom abgesperrt; sie und ihre Begleiter konnten in aller Ruhe die »Reliquie« aus nächster Nähe betrachten. Während der Tage ihres Aufenthalts in Trier und auch zu anderen Zeiten versicherte sie zu wiederholten Malen, auch im »Zustand der Eingenommenheit«, der Rock sei echt. Therese benutzte auch die günstige Gelegenheit und verschaffte sich eine »Berührungsreliquie«. Sie berührte einen Rosenkranz am Hl. Rock und sandte diesen an ihren Verehrer, den Freiherrn Erwein von Aretin. Zwei Jahre später machte dieser einen Besuch in Konnersreuth. Während die Stigmatisierte im ekstatischen Zustand dalag, legte er ihr, von Pfarrer Naber dazu aufgefordert, seinen Rosenkranz auf das rechte Handstigma. Sofort erklärte Therese: »Du, da sind fein hohe Weihen darauf! Das ist an etwas angerührt worden, was dem Heiland gehört hat.«[435] Die Reaktion Thereses ist kein Beweis für die ihr zugesprochene Hierognosie. Was hätte sie denn anderes erwarten sollen, als ihr Aretin den Rosenkranz nahebrachte, als daß es sich bei diesem um den von ihr geschenkten handelte? Der Rock von Trier hat niemals »dem Heiland gehört«; er weist ein hohes Alter auf, aber echt ist er nicht; der am Rock berührte Rosenkranz hatte keine »hohe Weihe« aufgewiesen.

Versuche abgelehnt – In den Schriften über Therese Neumann findet man eine Reihe von Fällen, bei denen die Seherin ihre Gabe der Hierognosie bewiesen haben soll; davon, daß ihre Sehergabe versagt hat, liest man nichts. Der Mediziner Dr. Heermann hat den Vorschlag gemacht, man möge entsprechende Versuche unternehmen, indem man Therese geweihte und ungeweihte Gegenstände vorlege und die geweihten aussuchen lasse. »Tatsächlich«, so berichtet er, »hat ein mir bekannter Konnersreuthpilger mit Begleiter dem Pfarrer Naber diesen Vorschlag in Gegenwart der Therese Neumann gemacht. Naber lehnte jedoch sofort ab mit der Begründung: ›Das haben wir bisher nicht gemacht; einen Mißerfolg würde man uns übel auslegen‹.«[436] Die von Heermann gemeinten Konnersreuthpilger waren Cecilie Isenkrahe und Dr. Miller. Als sie nach Konnersreuth fuhren, nahmen sie sechs Medaillen mit, von denen sie eine vorher von einem Pater hatten weihen lassen. Sie legten jede Medaille einzeln in einen Briefumschlag und wollten dann in Konnersreuth von der Seherin die geweihte herausfinden lassen. Der Versuch wurde, wie erwähnt, abgelehnt.[437]

Auch der Münchener Nuntiaturrat Dr. Brunelli hatte vor, Thereses »wunderbare« Gabe auf die Probe zu stellen, als er am Freitag, dem 19. Dezember 1930, in Konnersreuth weilte. Er hatte einige Reliquien mitgebracht und verlangte von der Seherin eine entsprechende Auskunft hinsichtlich der Echtheit. Sie ahnte jedoch, daß man sie auf die Probe stellen wolle und erklärte: »Das ist schon angeschrieben, was es für Reliquien sind.« Ihre Vermutung war falsch. Brunelli versicherte ihr, es sei nichts »angeschrieben«, und forderte sie nochmals um die Auskunft aus, ob die mitgebrachten Reliquien echt oder unecht seien. »Therese sagte, daß sie nichts wisse. Wenn sie etwas wisse, sei es nur, weil Jesus ihr alles eingebe.« Aber warum gab ihr Jesus diesmal nichts ein? Pfarrer Naber kam der in Verlegenheit Geratenen zu Hilfe. Er sprach: »Heute ist sie nicht in wirklicher Ekstase, sondern in einem halb ekstatischen Zustand.« Naber entfernte sich und ließ Therese und Brunelli allein im Zimmer. Dieser hatte von Thereses außerordentlicher Herzenskenntnis gehört und wartete darauf, ob sie ihm »wenigstens etwas ganz Intimes« zu sagen wisse, so wie sie es zuweilen Bischöfen gegenüber, auch unaufgefordert, getan hatte. Aber sie war über den Italiener nicht informiert und gab keinerlei Auskunft. Nabers Entschuldigung, Therese befinde sich nicht in wirklicher Ekstase, leuchtet nicht ein; sie hatte ja ihre gewohnten Freitagsvisionen; der Pfarrer gab dabei jeweils die üblichen Erläuterungen; der Besucher bekam auch mancherlei aus dem Mund der Schauenden zu hören, zum Beispiel »einige lange hebräische Ausdrücke«.[438]

Falsche Angaben – Nabers Hinweis auf einen möglichen »Mißerfolg« war nur zu begründet; aufgrund peinlicher Erfahrungen war er vorsichtiger geworden. Zu wiederholten Malen hatte man Therese auf die Probe gestellt; sie hat die Prüfung nicht bestanden.

Eine echte Reliquie des hl. Bruders Gerhard CSsR, die Kardinal Kaspar geschenkt worden war, hat Therese Neumann als unecht bezeichnet. Als Bischof Buchberger im Jahr 1928 in Konnersreuth weilte, hat sie sein Reliquienkreuz als echt anerkannt; zugleich machte sie genaue Angaben über die Herkunft der »Kreuzpartikel«. Nach der Rückkehr nach Regensburg wollte der Bischof die Reliquie in Augenschein nehmen; »als er indes das Kreuz öffnete, war überhaupt nichts drinnen«.[439] Davon erfuhr Pfarrer Naber erst im Jahr 1930 bei einem weiteren Besuch Brunellis in Konnersreuth. Dieser berichtete dem Pfarrer, Bischof Buchberger habe ihm erzählt, »er habe Theres seinerzeit drei Reliquien vorgelegt, die sie richtig bestimmt habe; sie habe aber auch behauptet, in seinem Brustkreuz sei eine Kreuzpartikel; dies sei jedoch nicht der Fall gewesen«. Die Auskunft beunruhigte den Pfarrer. Er hat dies »Theres im erhobenen Ruhezustand vorgehalten« und als Antwort erhalten: »Der Bischof habe sein Brustkreuz geöffnet, wo mehrere Reliquien waren; da sei gesagt worden (von Theres im erhobenen Ruhezustand): ›Ja, das Kreuz halt; auf dem Kreuzweg müssen auch wir dem Heiland nahe kommen; die (deren Reliquien im Brustkreuz waren) haben den Heiland recht gern gehabt und viel Kreuz tragen müssen; besonders eine Reliquie paßt recht gut hinein; denn der hat besonders viel Kreuz zu tragen gehabt. Und gerade in das Bischofskreuz passen zum Vorbild Reliquien von Heiligen, die das Kreuz getragen haben; denn ein Bischof hat auch manches Kreuz, wenn er es ernst nimmt.‹ Von einer Kreuzpartikel, die im Brustkreuz sich befinde, sei keine Rede gewesen.«[440] – Mit diesem Kauderwelsch gab sich Pfarrer Naber voll zufrieden; die Auskunft stammte ja in seinen Augen vom »Heiland«; darum verzichtete er darauf, den Bischof selbst zu fragen.

Thereses »Gabe der Hierognosie« war eine äußerst zweifelhafte Angelegenheit. Von einer Reliquie des italienischen Redemptoristen Blasucci sagte sie, sie stamme von Johannes dem Täufer. Ein und dieselbe Reliquie, die man ihr zu verschiedenen

Zeiten vorlegte, bezeichnete sie das einemal als echt, das anderemal als unecht. – Im Jahr 1928 begab sich der geistliche Studienrat Dr. Günther von Hagen-Böle nach Konnersreuth. Um Thereses Sehergabe auf die Probe zu stellen, fragte er sie: »Die Schwestern in Böle haben eine Reliquie vom Kreuz Christi; ist diese echt?« Die Antwort lautete: »Ja!« In Wirklichkeit besaßen die genannten Schwestern überhaupt keine Reliquie.[441]

Einige Autoren berichten, man habe Therese Linnen nahegebracht, die das Blut von anderen stigmatisierten Personen enthielt, sie habe jedesmal darauf reagiert. Eines Tages berührte man sie mit einem Tuch, das Blut von den Wundmalen der belgischen stigmatisierten Louise Lateau enthielt. »Sofort fing sie an zu zittern und zu jammern. Das Zittern wurde zu einer heftigen Erschütterung des Körpers, das Jammern zu Schreien. Ähnlich stark hatte sie am Morgen schon auf diese selbe Probe reagiert, außerdem in ihrer Ekstase erklärt: ›Das Blut ist echt; alle Geschehnisse dort waren echt.‹«[442] Sie gab außerdem an: »Louise Lateau kam gleich nach ihrem Tod in den Himmel, ohne durchs Fegfeuer hindurchzugehen.«[443] Therese hat alle »Geschehnisse« um Louise Lateau als echt bezeichnet. Dazu gehört vor allem die ihr zugeschriebene Nahrungslosigkeit; sie soll im Alter von 21 Jahren aufgehört haben, Speisen zu sich zu nehmen. Wie war es in Wirklichkeit? Eines Tages wurde Louise von ihrem Beichtvater ertappt, wie sie in betrügerischer Weise Stigmen und Ekstasen hervorrief. »Ferner entdeckte Doktor Warlomont nach Louises Verschwinden Früchte, Wasser und Weißbrot in ihrem Schrank, womit ihre Ausdauer bei dem verlängerten Fasten eine natürliche Erklärung findet.« Auch der belgische Arzt Dr. Masoin hat Betrug nachgewiesen. Er hat mit seinem Spazierstock angekaute Brotkrusten und andere Speisen unter dem Bett Louises hervorgeholt. Daß an dem Schwindel nicht nur Louise schuld war, beweist die Reaktion ihres Vaters: Er hat den Arzt sofort an die Luft gesetzt.[444]

Ähnlich wie im erwähnten Fall reagierte Therese, als sie mit einer Abbildung des Herz-Jesu-Bildes von Mirebeau, das angeblich Blutspuren aufweist, berührt wurde. Der Urheber der Legende von Mirebeau war Abbé Vachère, der wegen seines Ungehorsams von Papst Pius X. exkommuniziert worden und im Bruch mit der Kirche gestorben war. Der Priester hatte trotz eines ausdrücklichen Verbotes den Leuten »blutschwitzende« Hostien und Herz-Jesu-Statuen vorgelegt und ihnen sogar konsekrierte Hostien ausgehändigt. Eines Tages berührte man also Therese mit einer Kopie des »Herz-Jesu-Bildes von Mirebeau«. Sofort begann sie zu seufzen und zu jammern: »Lieber Heiland, du durchbohrst mich ja; du brennst mich so fest.« Der anwesende Kathedralkanonikus von Bamberg Msgr. Geiger fragte sie in Gegenwart des Konnersreuther Pfarrers und des Vaters der Stigmatisierten: »Sag uns, Resl, wo ist jetzt Abbé Vachère?« Sie antwortete: »Im Himmel, beim lieben Heiland.« Geiger äußerte Bedenken. Doch Therese blieb fest: »Er ist im Himmel; er war unschuldig; er war ein frommer Priester; man hat sich an ihm geirrt; die Herren haben falsch getan; der Heiland war mit seinem Vorgehen zufrieden.« Dompfarrer Geiger wandte ein: »Ja, er hat aber doch so viel über den Klerus geschimpft!« Darauf wußte Therese eine entwaffnende Antwort zu geben: »Das hat der liebe Heiland auch getan.«[445] Mit dieser Auskunft gaben sich Pfarrer Naber und Msgr. Geiger zufrieden. Dieser, ein »freimütiger Verteidiger des verstorbenen Abbé«, meinte: »Man muß sagen, daß mit der Exkommunikation die Sache nicht so einfach abgetan ist.«[446] Geiger hatte mit seiner Ansicht nicht unrecht; denn Gottes Urteil vorzugreifen, hat kein Mensch ein Recht; aber dies hatte Geiger nicht im Auge.

Persönliche Erfahrungen zwangen den Redemptoristen Hummel, der lange an »Konnersreuth« geglaubt hatte, zum Geständnis: »Mit ihren Angaben über Reliquien hat Therese Neumann entschieden Pech. Wir haben wiederholt Versuche gemacht, die mißlungen sind.«[447] Man beachte, P. Hummel spricht von »Wir«; damit meint er sich und Pfarrer Naber. Der Pater hat auch den Jesuiten Alois Gatterer gebeten, er solle Versuche machen. Gatterer fuhr dann am Freitag, dem 15. Juli 1932, nach Konnersreuth. Er bat Pfarrer Naber, er möge das von ihm mitgebrachte Päckchen, das eine Reliquie der hl. Theresia von Lisieux, ein Knochenstück, enthielt, der in Ekstase Befindlichen in die Hand geben. Naber tat dies. »Sie reagierte aber in keiner Weise darauf.« Gatterer wollte noch weitere Versuche machen; aber der Pfarrer war nicht mehr dazu zu bewegen.[448] Zusammen mit bedingungslos gläubigen Anhängern der Stigmatisierten machte er weiterhin seine Versuche; sonst aber erklärte er ohne Entgegenkommen: »Probiert wird nichts!«[449]

Alles, was man als Beweis für die Therese Neumann zugeschriebene Gabe der Hierognosie anführt, ist ohne Bedeutung und Wert. Ihre Aussagen über Reliquien, von deren Herkunft niemand genauere Kenntnis hat, scheiden von vornherein aus. Wenn sie echte Reliquien richtig benannt hat, so fällt dies durchaus nicht aus dem Rahmen des Alltäglichen. In manchen Fällen hat sie bereits vorher Bescheid gewußt. In anderen Fällen kam ihre Auskunft auf suggestivem Wege zustande, vermittelt durch das Wissen anwesender Personen. Man muß bedenken, daß die zu beurteilenden Gegenstände fast ausnahmslos nur von zwei Priestern dargereicht wurden, von Pfarrer Naber und von Prof. Wutz; beide haben auch die entsprechenden Fragen gestellt. Dazu kommt, daß die Fragenden vorher jene Reliquien, die man zur Begutachtung zugeschickt hatte, genau in Augenschein nehmen konnten. Für Therese Neumann war es in vielen Fällen durchaus nicht schwer, sich bereits vorher irgendwie ein Urteil zu bilden. Nur ganz selten kam es vor, daß außer Naber und Wutz ein anderer Priester die Erlaubnis bekam, Therese entsprechende Fragen zu stellen; auch dann handelte es sich um einen Nahestehenden. Prof. Gemelli hat zu diesem Thema gesagt: »Auch über diese Geistlichen muß ich wiederholen, was ich über Pfarrer Naber gesagt habe, ein objektiver und unvoreingenommener Beobachter erhält keinen guten Eindruck davon, weil in seinem Inneren unwillkürlich die Frage auftaucht, ob die Anwesenheit dieser Menschen und deren Fragen auf die Dauer nicht suggestiv wirken; und was die Antworten betrifft, so kann man das nicht bezweifeln.«[450]

Im 1994 veröffentlichten Werk über Therese Neumann behandelt der Verfasser W.

J. Bekh auch das Thema »Hierognosie«. Dabei stützt er sich nur auf eine einzige Quelle, auf Fritz Gerlich. Von diesem sagt er: »Unermüdlich fand Gerlich neue Methoden, mit denen er Therese Neumann auf die Probe stellen wollte, sei es, daß er sie geweihtes und ungeweihtes Wasser, beglaubigte und falsche Reliquien unterscheiden ließ. Therese Neumann irrte sich nie und verlor auch bei Gerlichs unverdrossen veranstalteten Prüfungen nie die Geduld.«[451] Im Abschnitt »Fühlende Wunden« sagt Bekh: »Therese konnte echte und vermeintliche oder ›angerührte‹ Reliquien unterscheiden.«[452] Im »Therese-Neumann-Brief« vom Jahr 1994 ist zu lesen: »Wolfgang Johannes Bekh hat sich der entsagungsvollen Aufgabe unterzogen, die ungeheure Fülle der kontroversen Literatur durchzuarbeiten und nach kritischer Sichtung für sein Werk zu verwenden: gemäß der Maxime des Apostels Paulus: ›Prüfet alles, das Gute behaltet!‹« – Das »Gute« hat Bekh nur bei Gerlich gefunden.

5. Kardiognosie

Zu den außergewöhnlichen Gnadengaben, die Therese Neumann zugeschrieben wurden, gehört die Kardiognosie, eine über das Normalmaß weit hinausgehende Fähigkeit der Herzenskenntnis. Sie selber behauptete, sie vermöge ihre Mitmenschen zu durchschauen, und zwar schon im normalen Wachzustand, noch weit mehr aber im »Zustand der Eingenommenheit«.

Helmut Fahsel sagt: »Neben der Unterscheidungsgabe geweihter Dinge und Personen besitzt sie ferner die Gabe der Unterscheidung der Geister oder, wie es heißt, die Gabe der Herzenskenntnis. Auch diese Gabe offenbart sich in außergewöhnlich starker Weise in ihrem Zustand der Eingenommenheit. Sie erkennt, ob der ihr Gegenwärtige im Stande der Gnade sei, ob er aufrichtig ist, und in welcher Beziehung sein Herz zum Heiland steht. Besonders feinfühlig ist sie für die beiden Sünden des Stolzes und der Lieblosigkeit. Diese Feinfühligkeit besitzt sie auch in ihrem natürlichen Leben. […] Es kommt sogar vor, daß sie im natürlichen Zustand eine Schwäche des Körpers erleidet, wenn Menschen in ihrer Nähe sind, die sich in der seelischen Verfassung eines absoluten Stolzes oder eines nicht verzeihenden Hasses befinden. […] Auch Personen gegenüber, die in ungeordneten geschlechtlichen Beziehungen leben, zeigt sie ein besonderes Benehmen.«[453]

Unter solchen Umständen konnte für manch einen Zeitgenossen der Besuch in Konnersreuth ein gewagtes Unternehmen werden. So sagt Bischof Waitz: »Es ist übrigens für die, die ganz ungläubig nach Konnersreuth kommen, nicht ohne Gefahr, bloßgestellt zu werden; denn Therese redet zu solchen mit einer Einsicht, die überrascht.«[454] Ernst Doebele sagt sogar: »Sie spürt – das wurde seit 1929 beobachtet und ist seitdem so –, wenn Anwesende im Stand der Sünde sind. So wie sie bei einzelnen Personen deren Seelenzustand erkennt, so spürt sie, ob hier weltliche oder fromme Gesinnung überwiegt und zu Hause ist; ob in dem Ort viele Trunksüchtige sind; ob in dem Ort geschlechtliche Sünden begangen werden; genauso, wie sie mittels dieses Sinnes unterscheiden kann, ob ein Bewohner gläubig oder ungläubig, katholisch, protestantisch oder indifferent ist.«[455]

Helmut Fahsel berichtet folgende Wundergeschichte: Ein protestantischer Mann aus Lichterfelde-Ost in Berlin, den Therese Neumann als Freidenker bezeichnete, kam in den Jahren von 1928 bis 1930 oftmals nach Konnersreuth. Die Stigmatisierte machte darüber in ihrem »dicken Notizbuch« entsprechende Eintragungen. »Unter großem Kampf und vielen Zweifeln besuchte jener, innerlich bereits erschüttert, immer wieder Konnersreuth.« Er war auch einmal beim ekstatischen Kommunionempfang zugegen und hörte danach aus Thereses Munde die Worte: »Du wirst dem Heiland eine große Freude bereiten, wenn du katholisch wirst.« Im Sommer 1930 kam der Mann mit seiner Frau und seinen vier Kindern nach Konnersreuth. »Da ereignete sich etwas Merkwürdiges. Als er Bedenken erhielt und seine Kinder vom Glaubensunterricht zurückzog, wurde ihm das eine Kind nach dem anderen lebensgefährlich krank. Jedesmal lief er oder seine Frau in höchster Sorge zur Resl. Diese erklärte sich gleich bereit zu beten, und jedesmal erfolgte sofort die unerklärliche völlige Genesung der Kinder. Hiervon erschüttert gab er seine letzten Widerstände auf, seine Kinder in seinem neu gewonnenen Glauben unterrichten zu lassen.« So wurde also der Mann katholisch. »Als er das erstemal das Beicht- und Altarssakrament empfangen hatte, wurde er zur Resl gerufen, die sich gerade im Zustand der erhobenen Ruhe befand. Als er sich zu ihr hinbeugte, wurden ihm zu seinem großen Erstaunen zwei Sünden aus seinem früheren Leben gesagt. Er hatte gar nicht mehr an dieselben gedacht, und nun hörte er sie ganz konkret geschildert.« Der Mann bekam es mit der Angst zu tun, ungültig gebeichtet zu haben. Aber Therese beruhigte ihn: »Es ist dir alles vergeben. Aber du solltest wissen, daß man alles weiß.«[456] Dies berichtet der Theologe Fahsel. Dieser war wie jener Mann aus Lichterfelde-Ost Berliner, und beide kannten sich schon geraume Zeit; Fahsel hat im Auftrag der Stigmatisierten mit ihm »über religiöse Dinge« geredet; Therese hat den Mann »immer wieder« empfangen; über alle Vorgänge hat sie sich in ihrem Notizbuch Aufzeichnungen gemacht. Was bei den einzelnen Besuchen und Empfängen gesprochen wurde, das blieb verständlicherweise nicht alles im Gedächtnis des Mannes aus Berlin haften; aber die Seherin von Konnersreuth vermochte sich an diese Dinge zu erinnern; ihr stand ja das »dicke Notizbuch« zur Verfügung; da waren auch die »vergessenen Sünden« verzeichnet. Auf solche Weise vermochte sie ihre Gabe der Herzenskenntnis unter Beweis zu stellen.

Im Zustand der gehobenen Ruhe, so sagt Boniface, habe Therese Neumann oftmals ihre Sehergabe unter Beweis gestellt. »Mehr als einmal hat sie falsche und schlechte Priester, und sogar falsche Bischöfe, die als Ungläubige, aus reiner Neugierde oder auch zum Vergnügen sie besuchten, demaskiert. So sagte sie dem einen: ›Du bist gar kein Bischof, du bist ein falscher Prälat, trotz deiner prächtigen Kleidung. Aber du bist immer noch Priester; du bleibst es in alle Ewigkeit. Sieh dich vor, daß dir unterwegs nichts zustößt!«« Dieser Priester soll später von einem Gericht verurteilt worden sein, weil er eine ihm nicht zustehende Amtstracht getragen habe.[457]

Wie viele falsche Bischöfe werden wohl in »prächtiger Kleidung« die Stigmatisierte von Konnersreuth aufgesucht haben? Nur ein einziger Fall ist bekannt geworden. Die Dinge lagen jedoch ganz anders als Boniface sie schildert. Am 11. Januar 1929, einem Freitag, erschien in Konnersreuth ein abgefallener tschechischer Priester, ein bekannter Betrüger und Hochstapler. Er gab sich in Konnersreuth als Weihbischof von Prag aus. Obgleich er sich nicht auswies und keinen Besuchserlaubnisschein vom Bischöfl. Ordinariat in Regensburg besaß, wie man ihn damals verlangte, wurde er vorgelassen. Nach seinem Besuch bei der Stigmatisierten erzählte er dem Gastwirt, bei dem er übernachtete, sie habe ihm prophezeit, er werde einmal zum Kardinal ernannt werden. Im Unterschied dazu liest man auch, der falsche Weihbischof habe dem Gastwirt versichert, er sei für die Aufgabe eines Nuntius ausersehen. Der Schwindler wurde im Dezember 1929 verhaftet – eine sehr peinliche Angelegenheit für Therese Neumann und auch für den Pfarrer von Konnersreuth! Aber beide zogen sich in gewohnter Weise aus der Schlinge: Es wurde beschönigt und geleugnet, Pfarrer Naber gab an, man habe dem »Weihbischof von Prag« nur deshalb die Besuchserlaubnis erteilt, weil er versprochen habe, nachträglich einen Erlaubnisschein erbitten zu wollen. Aber warum hat man dies bei anderen Besuchern nicht auch getan? Thereses Eltern behaupteten, ihre Tochter habe zu ihnen gesagt, der Mann sei ihr eigenartig vorgekommen, gar nicht wie ein Bischof. Pfarrer Naber gab zwar zu, daß dem »Weihbischof« erlaubt wurde, mit der Stigmatisierten während ihres ekstatischen Zustandes zu sprechen; die Unterredung habe jedoch nicht lange gedauert. Therese selber gab nur zu, sie habe dem Besucher erklärt, sein Besuch bei ihr werde ihm »nützen«. Worin der Nutzen bestand? Wahrscheinlich in dem Umstand, daß er verhaftet wurde. Obwohl Naber eingesteht, daß sich der nicht erkannte Hochstapler mit Therese während ihrer Ekstasen unterhalten durfte, behauptete er doch auch: »Im erhobenen Zustand der Ruhe hat Resl mit ihm überhaupt nicht gesprochen.«[458] Auf jeden Fall fand die Unterhaltung statt, während Therese sich im ekstatischen Zustand befand, wenn nicht während des »erhobenen Zustandes«, dann eben während der »kindlichen Eingenommenheit«. In beiden Fällen verfügte sie nach Nabers Versicherung über ein Wissen, das weit über das Normalwissen eines Menschen hinausgeht. Einen Beweis dafür hat die Seherin nicht geliefert; sie ist ja auf den Schwindler hereingefallen.

Wie Therese Neumann behauptete, verfügte sie auch während ihres Wachzustandes über eine außergewöhnliche Herzenskenntnis, die sie vor allem den Einsprechungen ihres Schutzengels zuschrieb. Der »Schutzengel« täuschte sich allerdings in vielen Fällen, so auch bei der Person des Mediziners Prof. Ewald. Dieser hat Therese im Jahr 1927 im Auftrag des Regensburger Bischofs Buchberger als Fachmann untersucht. In einem Zwiegespräch versicherte sie ihm, sie habe ihn gleich durchschaut, schneller als er sie habe durchschauen können.[459] Auch noch einen Monat später, als Prof. Wunderle auf ihn zu sprechen kam, spendete sie dem Arzt ihr uneingeschränktes Lob. »Therese war geradezu begeistert von der Persönlichkeit und Untersuchungsweise und lobte ihn, den Protestanten«, in Wunderles Gegenwart »mit voller Überzeugung«.[460] Im Brief vom 31. Januar 1930 an den Bischof von Regensburg erwähnt Wunderle, Therese habe Dr. Ewald als einen »in jeder Hinsicht ausgezeichneten Mann« bezeichnet; er habe sich bei der Untersuchung »nur nobel« gezeigt.[461] Aber schon drei Monate nach der Überwachung, Ende Oktober 1927, urteilte Therese total anders über Dr. Ewald; jetzt erst merkte sie, daß er nicht an ihre »wunderbaren Phänomene« glaubte. Nun sagte sie: »Herrn Professor schätzte ich anfänglich höher, sonst hätte ich ihm kein Vertrauen geschenkt.«[462] Am 9. März 1928 äußerte sie sich vor Zeugen über Ewald: »Der Heiland ist klüger als alle Professoren. Wenn er zeigen will, daß etwas sein Werk ist, dann können alle Professoren nichts dagegen machen. Es war schon einer hier, der hier sagte, er sei überzeugt, daß es etwas Übernatürliches sei. Dann ging er nach Hause und schrieb, es sei Hysterie oder etwas anderes.«[463] – Die Stigmatisierte hat sich offensichtlich in Ewald schwer getäuscht. Sie hat dies nicht eingestanden, sondern versucht, ihren Irrtum zu beschönigen. Dies tat sie im Jahr 1931 Fritz Gerlich gegenüber. Nunmehr wollte sie ihr früheres, positives Urteil, wie sie es Wunderle gegenüber abgegeben hatte, nicht mehr wahrhaben. Jetzt behauptete sie, ihm auf die Frage, was sie von dem Professor halte, geantwortet zu haben: »Wenn er es aufrichtig meint, ist er schon recht.«[464] – Mit der Herzenskenntnis der Stigmatisierten von Konnersreuth war es nicht weit her; ebensowenig war sie von Liebe zur Wahrheit beseelt.

6. Hellsehen

Die Parapsychologie beschäftigt sich unter anderem mit behaupteten Fällen von außersinnlicher Wahrnehmung. Damit ist gemeint das Wahrnehmen von Gegebenheiten in der Außenwelt, das nicht durch die menschlichen Sinne erfolgt. Bestimmte Menschen sollen die Fähigkeit besitzen, in einem »inneren Schauen« weit entfernte Gegenstände zu erkennen oder Vorgänge zu »sehen«. Man spricht in diesen Fällen von der Gabe des Hellsehens, des räumlichen und zeitlichen Hellsehens.

a) Räumliches Hellsehen

Wann verfügte Therese Neumann über die Gabe des Hellsehens? Wie alle anderen besonderen Gaben, so wird gesagt, betätigte sie auch diese nur in Angelegenheiten, die im Zusammenhang mit der Religion standen. Eine Reihe von einschlägigen Fällen kann man freilich auch mit bestem Willen damit nicht in Zusammenhang bringen.

Bei profanen Begebenheiten – Eines Tages bekam Therese den Besuch eines Arztes aus Düsseldorf. Dieser legte ihr ein neues, von ihm zusammengestelltes Rezept vor, zusammen mit der genauen Angabe der chemischen Zusammensetzung, und bat sie um ihr Gutachten. »Von dem Rezept sagte sie, daß es gut sei und daß er viel Geld damit verdienen könne.«[465] Eines Tages lud Fritz Gerlich Therese Neumann und Prof. Wutz zu einer Fahrt mit seinem Auto ein. Unterwegs streikte der Wagen; eine rasche Hilfe war nicht zu erwarten. Sie kam trotzdem, und zwar sofort. Therese geriet in Ekstase und gab an, daß bestimmte Schrauben im Auto locker geworden seien. Die betreffenden Schrauben wurden angezogen und die Fahrt konnte fortgesetzt werden.[466] – Die Fahrt begann in Konnersreuth oder in Eichstätt. An beiden Orten war es nicht schwierig, die Voraussetzung für das »Wunder« zu schaffen – mit Wissen der Seherin.

Bei einer anderen Autofahrt half Therese Neumann ebenfalls aus der Not. Sie war in einem Mietauto unterwegs. Plötzlich blieb das Auto stehen. »Das Benzin war aus. Es war nachts und nirgends welches zu bekommen [...]. Da bettelte Therese den Heiland und sagte dann zum Fahrer: ›Probieren Sie es doch noch einmal!‹ Der Motor sprang an, sie kamen wohlbehalten nach Hause.«[467] – So etwas erlebt jeder Autofahrer, daß der Motor einmal kurzfristig streikt.

Die Schwestern einer klösterlichen Gemeinschaft hatten ein Anwesen gekauft. Sie wollten einen Brunnen graben, fanden aber auf dem Grundstück keine Wasserquelle. Einige Schwestern begaben sich nach Konnersreuth und suchten bei Therese Neumann Rat. Im ekstatischen Zustand gab sie den Schwestern einen Hinweis, wo man graben müsse, um Wasser zu finden.[468] – Therese als Konkurrenz für Wünschelrutengänger!

Es versteht sich, daß auch die Bewohner von Konnersreuth die hellseherische Gabe Thereses in Anspruch genommen haben. Im Frühjahr 1941 suchte der damalige Benefiziat von Konnersreuth Josef Plecher den Regensburger Weihbischof Dr. Höcht auf und berichtete ihm unter anderem »von der krankhaften Sucht der Dorfbewohner«, die in allen möglichen Anliegen die Seherin um Auskunft baten oder sie um Rat fragten. Eine Familie hatte von ihrem im Krieg befindlichen Sohn schon lange keine Nachricht mehr erhalten; sie wollte nun erfahren, ob er noch am Leben sei. Therese gab den Bescheid: »Er ist tot.« Er war nicht tot; drei Wochen nach dem Orakel erhielten die Eltern des Totgesagten einen Brief von diesem.

Im Stalle einer mit Therese verwandten Familie war eine Kuh erkrankt. Die Seherin wurde im ekstatischen Zustand gefragt, was zu tun sei. Die Auskunft lautete: Die Kuh hat sich erkältet; man muß sie warm halten. Der gute Rat half jedoch nichts; die Kuh mußte geschlachtet werden; sie hatte einen Nagel verschluckt.[469] Mitunter gab Therese auch richtige Auskünfte. Einmal fragte ein Konnersreuther Bauer, der eine kranke Kuh im Stalle hatte, um Rat, was er unternehmen solle. Der erteilte Rat war zweifelsohne richtig: »Geh zum Tierarzt!«[470]

Hellsehen bei kirchlichen Begebenheiten – Es versteht sich, daß Therese Neumann ihre hellseherische Fähigkeit vor allem bei kirchlichen Feiern betätigte. »So konnte sie Papstfeierlichkeiten in Rom, Eucharistische Kongresse (z.B. München 1960) und Katholikentage, Feste in Lourdes, Fatima und Lisieux usw. in der Schau miterleben, wie wenn sie körperlich daran teilgenommen hätte.«[471] Jedes Jahr am Ostersonntag befand sie sich visionär unter der Menschenmenge auf dem Petersplatz in Rom, wenn der Papst seinen Segen erteilte. Auf diese Weise sah sie drei Päpste: Pius XI., Pius XII. und Johannes XXIII.[472]

An weniger bedeutenden Feierlichkeiten hat Therese normalerweise nicht teilgenommen. Eine Ausnahme bildeten nur Feiern von Theologen, deren Gunst sie äußerst viel zu verdanken hatte, nämlich Pfarrer Naber und Prof. Wutz. So kam es vor, daß sie in Konnersreuth weilend in Eichstätt »gegenwärtig« war, wenn Wutz in seiner Hauskapelle zelebrierte, und umgekehrt, daß sie während ihres Aufenthaltes in Eichstätt den Gottesdienst in Konnersreuth »miterlebte«, wenn Pfarrer Naber ihn feierte.[473] Sie bewies ihre »Anwesenheit«, indem sie besondere Vorkommnisse erwähnte, die sie »gesehen« hatte, oder Worte aus der Predigt des Pfarrers anführte, die sie »gehört« hatte. Freilich, ganz so überraschend erscheint Thereses Hellsehen nicht; sie »hörte« die Predigt ihres Pfarrers nur an bestimmten Festtagen; da fiel es nicht allzu schwer, einige Worte oder Gedanken anzuführen, zumal Naber schon Jahrzehnte in Konnersreuth weilte. Außerdem wurde das Hellsehen durch die Möglichkeit des Telefonierens sehr erleichtert.

Um die Zeit, als Konnersreuth berühmt wurde, hatte auch die Diözese Trier einen Fall von Stigmatisation sowie von Nahrungslosigkeit. Die damals weithin berühmte Frau hieß Anna Maria Göbel; sie lebte in Bickendorf. Viele ihrer Zeitgenossen haben an die über sie verbreiteten Wundergeschichten geglaubt, auch dann noch, als sie als Schwindlerin entlarvt worden war. Ärzte versahen ihre Wundmale mit einem Schutzverband. Sie reagierte auf diese Maßnahme mit einer Prophezeiung: Sie sprach zu den bei ihr befindlichen Krankenschwestern: »Dem Bischof und allen denen, die mich nicht aus guter Absicht, sondern aus Gehässigkeit hierher gebracht haben, wird das zum Zeichen sein: ›Die Wunden könnten heilen.‹« Die Wunden sind abgeheilt.[474] Die angeblich nahrungs- und ausscheidungslos Lebende hat ihren Urin auf die Fensterbank und unter das Bett geschüttet. Sie wurde auch dabei ertappt, wie sie heimlich Nahrung zu sich nahm. Der Bickendorfer Medizinalrat Dr. Appelmann gab die Versicherung ab: »Hier genügt nicht das Wort Hysterie, sondern hier liegt glatter Betrug vor.« Nach einer vierwöchigen Beobachtung in einem Krankenhaus im April und Mai 1926 und nochmals einige Zeit später erklärten die vom zuständigen Bischof mit der Überwachung beauftragten Ärzte und Theologen einstimmig, es handele sich bei den verbreiteten »wunderbaren Ereignissen« um ganz natürliche Phänomene.

Anna Maria Göbel wurde also um die gleiche Zeit als Schwindlerin entlarvt, als Therese Neumann die ersten Wundmale erhielt. Am 8. Dezember 1926 wußte diese offenbar noch nichts von ihrer »Leidensgenossin«. An diesem Tag fragte sie Pfarrer Naber während ihres Trancezustandes: »Wie viele gibt's zur Zeit, wie du bist?« Er erhielt als Antwort: »Ich hab's dir doch schon einmal gesagt: Außer mir noch zwei, einer da unten und eine weit überm Wasser.« Mit dem »einen da unten« meinte sie P. Pio von Pietrelcina; von der anderen stigmatisierten Person sagte sie, es handele sich um eine Dominikanerin, von der jedoch die Öffentlichkeit noch nichts wisse.[475]

Wie urteilte Therese Neumann über ihre »begnadete Leidensgenossin« Göbel? Einige Jahre nachdem diese als Schwindlerin entlarvt worden war, wurde sie vom Bamberger Dompfarrer Geiger im Beisein des Konnersreuther Pfarrers gefragt, ob die Bickendorfer Phänomene als echte, übernatürliche Dinge zu bezeichnen seien. Aufgrund der erhaltenen Auskunft schrieb er an den Pfarrer von Bickendorf: »Zu Ihrem Troste schreibe ich Ihnen folgendes: Ich habe die Resl in der Ekstase gefragt, ob die Bickendorfer Sache übernatürlicher und göttlicher Art sei. Darauf antwortete sie: ›Ja, die Sache kommt vom Heiland.‹«[476] Der »Heiland« hatte der Ekstatischen falsch eingesagt. Dies konnte nicht anders sein; denn Therese war falsch informiert worden; man hatte ihr ein Buch zugeschickt, in dem die Phänomene von Bickendorf als echt bezeichnet wurden. Nach der offensichtlichen Blamage hat man Therese zur Rede gestellt. Sie geriet nicht in Verlegenheit, sondern behauptete, die angeführte Auskunft gar nicht gegeben zu haben. Gelegentlich ihres Aufenthaltes in Trier, zur Zeit, als der »Hl. Rock« ausgestellt wurde, hat am 18. August 1933 Prälat Kammer mit Therese Neumann in Gegenwart des Konnersreuther Pfarrers über die Angelegenheit gesprochen. Nun behauptete sie glatt: »Nix hab' i g'sagt, gar nix hab' i g'sagt.« Pfarrer Naber bestätigte, daß sie nichts gesagt habe.[477] Man beachte, daß Naber anwesend war, als Geiger Therese gefragt hat; außerdem soll sie ja im Wachzustand nicht gewußt haben, was sie während ihrer Ekstasen gesagt hatte.

Therese Neumann und ihre Anhänger ließen sich ihren Glauben an die Echtheit der Ereignisse in Bickendorf nicht rauben. Im Jahre 1936 weilte Frl. Bönisch aus Neheim i.W. in Konnersreuth. Sie fragte den Vater der Stigmatisierten: »Halten Sie Bickendorf für echt und auch die Resl?« Der Gefragte antwortete: »Na freilich.«[478] Auf die Frage, ob er selber in Bickendorf gewesen sei und ob er Maria Göbel besucht habe, antwortete er: »Ja, den Schwager; das Mädel kann man nicht besuchen.«[479] Auch Pfarrer Geiger glaubte weiterhin an die Echtheit der Vorgänge in Bickendorf. Er erklärte: »Die Trierische Untersuchung bei Göbel-Bickendorf war eine Farce; auf deren Resultat kann man nichts geben.«[480]

Zu den »Wundern«, die Weltruhm erlangten, gehört das bekannte Christusbild von Limpias in Spanien. Am 30. März 1919 bemerkte plötzlich ein zwölf Jahre altes Mädchen, wie Christus die Augen bewegte. In rascher Folge sahen mehrere andere Mädchen denselben Vorgang. Auch der herbeigerufene Priester sah, wie der Heiland die Augen bewegte. Es kam alsbald zu einer Massenhysterie. Nach einiger Zeit jedoch hörte die Wundererscheinung auf. In Wirklichkeit haben sich die Augen Christi auf dem Gemälde nicht bewegt. Es lag lediglich eine optische Täuschung vor, mitverursacht durch die auf dem Altar brennenden Kerzen.[481] Therese Neumann hat während einer Ekstase die Erscheinungen in Limpias als wunderbare Vorgänge bezeichnet. Als Pfarrer Naber auf die Aussagen der Stigmatisierten hin angesprochen wurde, gab er zur Antwort, er könne sich an den Ausspruch Thereses nicht erinnern, »er sei ja auch nicht immer dabei«. Er war aber dabei, als der Limpias-Pilger Pfarrer Riederer in Konnersreuth weilte. Riederer fuhr im Mai 1929 nach Limpias und betrachtete das berühmte Bild. Er »sah«, wie das Antlitz des Gekreuzigten auf dem Bilde »strahlend verklärt« wurde und daß aus beiden Augen »helle Tränen bis zum Barte herunterflossen«. In seiner Gegenwart wurde später Therese die Frage gestellt: »Ist das, was der Fragesteller, Pfarrer Riederer, am Christusbild in Limpias gesehen hat, eine natürliche Erscheinung oder eine Sinnestäuschung gewesen?« Die Seherin antwortete: »War übernatürlich«.[482]

Um das Jahr 1956 weilte der aus Opladen im Rheinland stammende Salesianerbischof von Keimoes, Südafrika, auf Urlaub in seiner Heimat. Eines Tages nahm ihn ein befreundeter Priester mit auf die Reise ins Bayernland. Beide begaben sich bei dieser Gelegenheit nach Konnersreuth. »Anstandshalber« besuchten sie Pfarrer Naber. Dieser fragte den Bischof »sogleich«: »Exzellenz, wann wollen Sie morgen auf dem Zimmer der Resl zelebrieren?« Der Bischof lehnte ab; er wollte in der Pfarrkirche zelebrieren. »Nein«, sagte Naber, »tuen Sie es auf dem Zimmer der Therese; und wann wollen Sie ihr die hl. Kommunion reichen?« Der Bischof antwortete: »Ja, wenn schon, dann, wie es liturgisch richtig ist, in der hl. Messe.« Darauf Naber: »Dann können Sie dieselbe nachher auch etwas fragen.« »Entrüstet« erwiderte der Bischof: »Ich frage die doch nichts.« Am folgenden Morgen las er im Zimmer Thereses die hl. Messe, woran auch »einige andere Leute« teilnahmen. Nach dem Gottesdienst verließen die übrigen Gäste das Zimmer; der Bischof »kniete rechts im Zimmer zur Danksagung nieder, während Therese noch links betend kniete«. »Auf einmal«, so erzählte der Bischof, »ich traute meinen Ohren nicht, fängt Therese an über mein Bistum in Südafrika zu sprechen: Sie nennt Stationen, sie nennt Patres und Schwestern mit Namen und fährt fort: ›Und dann wollen Sie ja noch drei Stationen gründen‹ – auch die nannte sie mit Namen –, ›zu den beiden ersten würde ich Ihnen raten; die dritte gründen Sie besser nicht, da wird nichts daraus. Und dann ist da bei Ihnen die Schwester N., die immer nach Hause will; halten Sie dieselbe fest, die ist unentbehrlich für dort.‹ Und schließlich sagte Therese: ›Vor einem halben Jahr ist Ihre Mutter gestorben; da brauchen Sie nicht mehr zu beten, die ist bei Gott im Himmel und mit dem und dem Gebet […] auf den Lippen ist Ihre Mutter in die Ewigkeit hinübergegangen.‹«[483] – Eine wahrhaft wunderbare Angelegenheit! Da hat der »Heiland« dem Bischof Dinge verraten, die ihm schon längst bekannt waren. Warum hat er es getan? Er tat es, weil es der Konnersreuther Pfarrer so wollte, in einer aufdringlichen und widerlichen Art. Der Pfarrer hatte nicht das Recht, die Zelebrationserlaubnis in einem Privatzimmer einer

Familie, das zugleich Schlafzimmer war, zu erteilen. Dieses Recht hätte er auch dann nicht gehabt, wenn Therese Neumann schwer krank gewesen wäre. Sie war nicht krank. Was die »Seherin« dem Bischof auftischte, verdankte sie nicht dem »Heiland«. Es ist anzunehmen, daß der Bischof im Pfarrhof übernachtet hat. Da gab es reichlich Gelegenheit zu einer Unterhaltung zwischen dem Bischof und dem Pfarrer, sicherlich auch, wenigstens zum Teil, mit der Stigmatisierten. Außerdem haben auch in einem Pfarrhaus Wände Ohren. Daß der Bischof über sein Bistum in Afrika gesprochen hat, ist selbstverständlich. Was Therese dem Bischof aufzählte, war nur die Wiedergabe dessen, was sie vorher gehört hatte.

In der ersten Hälfte des Monats November 1929 litt Therese »auch viel für Wien«, wo eine große Volksmission abgehalten wurde.[484] Schon lange vorher hatte sie von der geplanten Mission erfahren, und zwar aus dem Mund von zwei Missionaren, die zu verschiedenen Zeiten nach Konnersreuth gefahren waren. Der eine, der Jesuit Tepper, bat Therese um ihr Gebet für das Gelingen der Mission in 108 Kirchen. Bei der Zahlenangabe widersprach die Stigmatisierte hartnäckig; sie behauptete, es seien 112 Kirchen. Ihre Angabe war falsch. Aber wie kam sie zu ihrer unrichtigen Zahlenangabe? Dies erfuhr P. Tepper während eines Gesprächs mit dem Generalleiter der Volksmission, der ihm erzählte, er sei schon vor ihm in Konnersreuth gewesen und habe Therese Neumann gesagt, daß in 112 Wiener Kirchen die Mission abgehalten werde; damals habe er noch nicht gewußt, daß später einige Kirchenvorstände von der Durchführung der Mission in ihrer Pfarrei zurücktreten würden.[485]

Im Jahr 1928 fuhr der Religionslehrer Dr. Günther aus Hagen-Böle nach Konnersreuth mit dem Vorsatz, die seherische Gabe der Stigmatisierten auf die Probe zu stellen. Drei Themen hatte er sich zurechtgelegt. Das eine lautete: »Mein Freund F. L., geistlicher Studienrat, ist seit einem Jahre tot. Er war zeitlebens ein begeisterter Abstinenzler und Bekämpfer des Alkohols. Jetzt verehren ihn seine Schüler und Freunde als Heiligen. Darf man das zulassen oder muß man das untersagen?« Therese erkundigte sich zuerst: »Sie, Antialkoholiker heißt wohl: Er war gegen den Alkohol?« Dr. Günther bejahte die Frage, worauf Therese die Auskunft gab: »Dann darf man ihn ruhig privatim als Heiligen verehren.« Die Seherin hatte sich ein wenig getäuscht, wie Dr. Günther bemerkt: »Tatsache ist, daß F. L. noch lebt, daß er ein vollgerütteltes Maß Alkohol sein Lebtag getrunken hat, daß er noch viel zu trinken gedenkt und hoffentlich kann er es auch noch.« – Die zweite Frage lautete: »Eine Schwester in Böle will absolut in einen strengen Orden, und zwar in den der Karmeliterinnen. Sie will nach Südafrika. Soll man das befördern, oder soll man es zu hindern suchen?« Therese meinte, im allgemeinen sei es besser, in einem weniger strengen Orden seine Pflicht gewissenhaft zu erfüllen, als in einem strengen mäßig. Darauf wandte Dr. Günther ein: »Wenn sie aber nun mit weiblichem Eigensinn unbedingt will!« Nun gab Therese den Rat, dann solle man sie laufen lassen. Dazu bemerkte Dr. Günther: »Tatsache ist, daß keine Schwester in Böle daran denkt. Ich weiß nicht, ob es in Afrika Karmeliterinnen gibt.« – Die letzte Frage Günthers lautete: »Die Schwestern in Böle haben eine Reliquie vom Kreuz Christi; ist diese echt?« Therese gab zur Antwort: »Ja!« In Wirklichkeit besaßen die genannten Schwestern überhaupt keine Reliquie.[486]

Um das Jahr 910 verstarb in Buchau am Federsee die als Heilige verehrte Äbtissin Adelindis und wurde in der Klosterkirche beigesetzt. Die genaue Grabstätte geriet im Laufe der Zeit in Vergessenheit. Da machte sich im Jahr 1929 der Pfarrer von Buchau daran, das Grab ausfindig zu machen. Er bat den Konnersreuther Pfarrer, er solle Therese Neumann um Auskunft bitten. Naber befragte sie während ihres Trancezustandes und gab dann am 7. Februar 1929 den verlangten Bescheid: »Die selige Adelindis liegt in der Nähe der Evangelienseite des Hochaltars begraben, tief in einem Metallsarg. Nur mit großer Mühe und großen Kosten wäre sie ans Tageslicht zu bringen.«[487] Die daraufhin erfolgten Grabungen im Herbst 1929 führten zwar zur Entdeckung einer römischen Krypta, doch Adelindis' Grab kam nicht zum Vorschein. Also wurde noch einmal die Sehergabe Thereses in Anspruch genommen. Am 25. Oktober gab sie »im Zustand der gehobenen Ruhe« die Auskunft: »Seine [des Pfarrers] Bemühungen werden nicht umsonst sein; es wird aber noch eine Weile dauern. Die Arbeiten sind schwer, aber das, was man gefunden hat, zeigt, daß man auf dem rechten Weg ist; dort ist die Grabstätte. Es ist aber nicht wahr, was von einem Metallsarg gesprochen wird; ich habe von einem guten Sarg geredet.«[488] Der Nachfolger des Seelsorgers in Buchau verließ sich nicht auf die Auskunft der Seherin von Konnersreuth, sondern ließ im Jahre 1939 den Angaben von archivalischen Quellen entsprechend weitergraben – an einer anderen Stelle als sein Vorgänger. Nunmehr wurde das Grab entdeckt, unmittelbar an der linken Seite der Kommunionbank, etwa zehn Meter vor dem Hochaltar, nicht tief unter der Erde, sondern unmittelbar unter dem Bodenbelag; in einem einfachen Sammelsarg aus Holz befanden sich die Gebeine der seligen Adelindis und ihrer drei erschlagenen Söhne. Die ekstatische Auskunft der Seherin von Konnersreuth hat sich in allen Punkten als falsch erwiesen.

Nach dem Zweiten Weltkrieg wußte das Bamberger HEINRICHSBLATT zu berichten, ein Missionar aus der Konnersreuther Gegend sei in China mit dem Strang hingerichtet worden. Therese Neumann, im ekstatischen Zustand befragt, versicherte, der Missionar sei tot; sie gab an, sie habe seinen toten Leib am Galgen hängen sehen. Man beschloß, einen Trauergottesdienst abzuhalten. Dazu kam es jedoch nicht; denn im Jahr 1948 kehrte der »Tote« lebendig in seine Heimat zurück. Was tat nun die Seherin? Sie gab die Erklärung ab, während ihres ekstatischen Zustandes habe sie den Missionar mit dessen am 20. März 1941 verstorbenen Vater verwechselt. Wie konnte sie aber nur den Missionar mit dessen Vater verwechseln, den sie ja sehr gut kannte, weil er über vierzig Jahre lang in Konnersreuth Mesnerdienste verrichtet hatte. Die Erklärung, wie es zur falschen Auskunft der Seherin kam, ist einfach: Das Bamberger »Heinrichsblatt« hat einen Bericht über das Schicksal des Missionars falsch verstanden. Dieser und seine Mitbrüder waren gefoltert worden. Chinesische Räuber wollten die Missionare erpressen. Um ihrer Forderung Nachdruck zu verleihen, haben sie ihre Opfer »aufgehängt«. Man hat sie an einem Pfahl hochgezogen, aber nicht mit einem Strick um den Hals, sondern an den gefesselten Händen; die Missionsschwestern und mehrere Christen wurden gezwungen, bei der Folter zuzuschauen. Keiner der Gefolterten kam ums Leben; alle wurden bald darauf aus China ausgewiesen.[489]

b) Zeitliches Hellsehen

Prophezeiungen ohne Beweiswert – Nicht selten kam es vor, daß Therese Neumann auch zukünftige Ereignisse angekündigt hat. Oftmals handelte es sich um Vorgänge, für die sie kein außergewöhnliches Gespür benötigte, weil der Eintritt der Ereignisse von der Entscheidung der »Seherin« abhängig war. Man kann auch nicht von einer Präkognition sprechen, wenn die Ankündigung in der Form eines Orakels erfolgt. Im Jahr 1943 hat ein Priester der Seherin zwei Fragen vorlegen lassen. Die eine sollte Aufschluß über die Krankheitsursache eines Mannes bringen. Therese stellte während ihres ekstatischen Zustandes die schlaue Diagnose: »Das gibt sich schon.« Die zweite Frage lautete: »Sind noch Kinder zu erwarten oder soll ein zweites Kind adoptiert werden?« Diesmal war die weise Auskunft zu vernehmen: »Abwarten!«[490]

Andere Ankündigungen waren deshalb wertlos, weil der Erfolg nie nachprüfbar war. Dies gilt insbesondere für Angaben über das jenseitige Schicksal von Menschen. So berichtete Therese eines Tages dem Franziskaner Greve, seine Mutter werde vor dem kommenden Weihnachtsfest 1928 aus ihrem Fegfeuer befreit werden, worin sie bereits seit 24 Jahren zu büßen habe.[491] – Im August 1920 teilte Pfarrer Naber dem Bischof von Regensburg mit, Therese dürfe in der zweiten Hälfte des Monats September wieder eine Arme Seele erlösen, nämlich die Mutter des Kuraten Söllner von Lauterhofen.[492]

Einmal hat Therese etwas über ihr großes Vorbild A. K. Emmerick vorausgesagt; dabei hat sie sich etwas orakelhaft ausgedrückt. Es ging um die Frage der Seligsprechung der am 9. Februar 1824 verstorbenen Stigmatisierten von Dülmen. Der einige Jahrzehnte nach ihrem Tod eingeleitete Seligsprechungsprozeß hat immer noch zu keinem Erfolg geführt. Um das Jahr 1928 fragte Pfarrer Naber Therese, wie sich der Papst in der Frage verhalten werde. Sie gab die verschwommene Antwort: »Er wird etwas sagen, aber nicht viel. Der nächste, nicht dieser, der nächste nach ihm, wird viel sagen.«[493] Damit meinte Therese Papst Pius XII. Weder er noch seine vier Nachfolger haben etwas Besonderes gesagt. Um die Zeit, als Therese den angegebenen Ausspruch gemacht hat, war bereits der schon lange vorher begonnene Seligsprechungsprozeß auf Eis gelegt worden. Es war sogar zu lesen: »Sicher ist, daß der römische Prozeß eingestellt ist und nach Angabe von Dr. med. Poray-Madeyski für immer.«[494] Die Angabe des Arztes »für immer« trifft so nicht zu. Der Kanonisierungsprozeß ist unter

Papst Pius XI. niedergeschlagen worden, »und zwar mit der in solchen Fällen strengsten Formulierung«, was bedeutete, daß zum mindesten während der Regierungszeit dieses Papstes nichts mehr unternommen würde. Die Lage hat sich inzwischen wieder geändert. Der Bischof von Münster, Dr. Tenhumberg, hat die Arbeit für einen Prozeß wieder aufnehmen lassen; aber seit Jahren ist es wieder stille geworden.

Auch Pfarrer Naber mußte zur Kenntnis nehmen, daß so manche Voraussage Thereses nicht in Erfüllung gegangen ist. Er half sich aus seiner Verlegenheit, indem er einfachhin mit Entschiedenheit in Abrede stellte, daß Therese künftige Ereignisse voraussage oder vorausgesagt habe. »Therese prophezeit nicht«, so behauptete er.[495] Die Behauptung des Pfarrers ist unrichtig. Therese Neumann hat prophezeit, und zwar durchaus nicht selten. Wäre dies nicht der Fall gewesen, dann hätte Gerlich in seiner Schrift über die Stigmatisierte von Konnersreuth nicht ein eigenes Kapitel mit dem Titel »Die Voraussagen der Therese Neumann« behandeln können, und Erzbischof Teodorowicz hätte nicht ein Kapitel »Prophetische Gabe« geschrieben. Schließlich hat ja auch Pfarrer Naber selber immer wieder von Prophezeiungen der Stigmatisierten gesprochen. Beispielsweise lautet der Eintrag in seinem Tagebuch am 23. Mai 1931: »Kürzlich sprach Therese im erhobenen Ruhezustand über Spanien und Mexiko. In Mexiko habe man sich mutvoller und opferfreudiger für die Religion eingesetzt. Unverweste Märtyrerleichen würden einst den Beweis für das göttliche Wohlgefallen darob bringen.«[496]

Am 4. März 1931 vermerkt Naber in seinem Tagebuch: »Daß sie das heutige Evangelium schauen werde, hat Therese schon vor drei Tagen im erhobenen Ruhezustand gesagt und vom Inhalt desselben gesprochen, obwohl weder ich noch sie im gewöhnlichen Zustand eine Ahnung davon hatten, was für ein Evangelium auf den heutigen Tag trifft.«[497] So etwas hielt Naber für eine echte Prophezeiung! In der Sakristei der Pfarrkirche lag das »Direktorium« auf. Therese ging regelmäßig durch die Sakristei zu ihrem Stuhl hinter dem Hochaltar; sie besaß einen Sakristeischlüssel. Ein kurzer Blick in das Direktorium genügte zu einer entsprechenden Information.

Therese Neumann hat oftmals prophezeit. Sie hat ihre künftigen Krankheiten angekündigt und zugleich die dann notwendigen Maßnahmen angeordnet. Zu den oftmals auftretenden Krankheiten gehörten ihre »Erstickungsanfälle«. Während ihrer Ekstasen kündigte sie an, was in solchen Fällen zu tun sei. So verlangte sie, man solle ihr einen Finger »bis weit in den Hals« stecken, um Hustenreiz herbeizuführen. Einen entsprechenden Auftrag führte dann auch Pfarrer Naber in eigener Person aus.[498] Schließlich hat Pfarrer Naber selber zugegeben, daß Therese Neumann prophezeit hat. Am 26. Februar 1929 schrieb er an den Bischof von Regensburg: Im »erhobenen Ruhezustand benützt der Heiland oftmals der Theres Leib, insbesondere ihre Zunge, um damit das zu äußern, was er äußern will [...]. Darauf, daß das, was in diesem Zustand gesagt wird, wahr ist, und was vorausgesagt wird, auch eintrifft, kann man sich unbedingt verlassen.«[499]

Viele »Prophezeiungen« Thereses haben mit Prophetie nichts gemein. Im Jahr 1930 hatte sie sich auf Reise begeben; vierzehn Tage hielt sie sich in der Fremde auf. »Am 27. Juli hat sie auswärts die Stimme des Heilandes vernommen, der ihr sagte, sie solle sich auf den Sonntag freuen, da werde ein Weißkehlpfäffchen, das ihr besonderer Liebling ist, wieder zu singen beginnen. Am Sonntag darauf, Peter und Paul, begann während einer Vision der Vogel wohl eine Minute lang zu singen.«[500] Unfaßbar, welch wichtige Dinge »der Heiland« offenbarte!

Als Michael Rackl noch Regens des bischöflichen Seminars in Eichstätt war, prophezeite Therese, er werde Bischof von Eichstätt werden. Als dann der Bischofsstuhl freigeworden war, wurde nicht Rackl Bischof, sondern Graf von Preysing. Die Anhänger der Stigmatisierten waren enttäuscht. Aber dann wurde Preysing Bischof von Berlin und Rackl sein Nachfolger in Eichstätt. Also, die Prophezeiung hat sich doch erfüllt. War es ein Präkognition? Das ist keineswegs der Fall. Rackl wurde schon lange als Bischofskandidat bezeichnet, bevor Therese Neumann davon sprach.

Am Sonntag Sexagesima, dem 12. Februar 1928, teilte Therese im ekstatischen Zustand mit, man möge ihren Stuhl hinter dem Hochaltar entfernen, da sie bis zum Osterfest nicht mehr in die Pfarrkirche kommen werde.[501] Das war eine Prophezeiung. Sie ging auch in Erfüllung: Therese hat die ganze Zeit, vom 13. Februar bis zum 8. April, acht Wochen lang, niemals einem Gottesdienst in der Pfarrkirche beigewohnt. Das gleiche war in jedem Jahr der Fall; die Stigmatisierte ist in keinem Jahr bis zu ihrem Tod während der Fastenzeit und schon Wochen vorher auch nur ein einziges Mal zur Eucharistiefeier in die Kirche gegangen.

Unterlagen für die Prophezeiungen – Immer wenn sich eine der Prophezeiungen Thereses erfüllt hatte, triumphierten die »Gläubigen«. Wie es zu den »unerklärlichen« Ankündigungen gekommen war, das erfuhren sie entweder nicht oder sie übersahen es großzügig. Eine wichtige Rolle bei der Gabe der Präkognition spielte Thereses »dikkes Notizbuch«.[502] Leider ist dieses »verschollen«. Es steht fest, daß sich Therese alles notiert hat, was ihr von Bedeutung erschien und was sie für spätere Zeiten gut gebrauchen konnte. Angaben über bestimmte Persönlichkeiten, über deren Äußerungen, über einzelne Vorkommnisse und ähnliche Dinge. Das »dicke Notizbuch« ähnelt den »Nachrichtenbüchern« von Medien, mit deren Hilfe diese den Leuten »geheime« Dinge berichten. Außerdem verfügte Therese über einen gut funktionierenden Nachrichtendienst. Sie erfuhr rechtzeitig aus Briefen, auch wenn diese nicht an sie, sondern an Pfarrer Naber adressiert waren, daß sich bestimmte Pilger angemeldet hatten. Aus solchen Briefen erfuhr sie von den Anliegen der Absender, noch ehe sie ihr persönlich vorgebracht werden konnten. So manche ekstatische, »überraschende« Ankündigung findet auf diese Weise eine einfache Erklärung. Standen solche Hilfen nicht zur Verfügung, dann blieb die Seherin stumm wie ein Fisch.

An einem Donnerstag hatte sich Studienrat Dr. Günther bei dem Gastwirt in Konnersreuth, der zugleich Posthalter war, einquartiert. Dieser erzählte ihm, er habe von einem ungarischen Grafen, einem Erzbischof, ein Telegramm bekommen, in dem dieser für den folgenden Tag seinen Besuch anmeldete. Am Morgen des betreffenden Tages lief in den Straßen von Konnersreuth die Kunde von Mund zu Mund: Therese hat während ihrer Ekstase prophezeit: »Heute noch wird ein hoher, ausländischer Kirchenfürst erscheinen.« Und siehe da! Gegen Mittag trifft der Herr tatsächlich ein, womit bewiesen ist, daß die Seherin im ekstatischen Zustand Raum und Zeit überwindet.[503]

Falsche Angaben – Bevor der Prager Erzbischof Kaspar im März 1929 Konnersreuth verließ, hatte er noch eine Unterredung mit einer verheirateten Schwester der Stigmatisierten, die kurze Zeit zuvor eines ihrer Kinder durch Tod verloren hatte. Sie hatte ihr dreijähriges Söhnchen bei sich, »von dem Resl sagte, aus ihm werde ein Pfarrer«![504] – In der Nacht vom 22. auf den 23. Juli 1927, also während der Überwachungstage, betete Therese für einen ihrer Brüder und einen kleinen Neffen so laut, daß die anwesenden Mallersdorfer Schwestern mithören konnten. »Die beiden«, sagte sie, »werden Pfarrer.«[505] – Die genannten Prophezeiungen hat Therese auch zu anderen Zeiten ausgesprochen; keiner der beiden ist Priester geworden.

Zweimal hat Therese die Zeit ihres Todes angedeutet. Einmal hat sie erklärt, wenn zu ihren Wundmalen »auch die auf der Stirn dazukommen, sei ihre Auflösung nahe«. Wundmale auf der Stirn wies Therese nie auf, auch keine »unsichtbaren«. – Ein andermal kündigte Therese an, »daß ihr die Mutter in die Ewigkeit vorausgehen und der Vater sie überleben werde«.[506] Mutter und Vater sind vor ihr gestorben.

Bevor Therese im Jahr 1933 ihre Reise nach Trier antrat, fragte während ihres »gehobenen Zustandes der Ruhe« Pfarrer Naber, ob die Fahrt ratsam oder überhaupt möglich sei. Die Auskunft lautete, »es würden in Trier keine ekstatischen Zustände an der Stigmatisierten auftreten«. Also hat man ruhigen Herzens die Fahrt angetreten. Therese geriet jedoch entgegen ihrer Ankündigung zu wiederholten Malen in Ekstase.[507]

Ausreden – Einmal beabsichtigte Ferdinand Neumann, der Vater der Stigmatisierten, einen in seinem Garten befindlichen Apfelbaum zu verpflanzen; er wollte dies aber nur tun, wenn er damit rechnen konnte, daß die Verpflanzung gelinge. Therese versicherte, der Baum werde nicht eingehen. Aber er ging zugrunde. Was sagte nun die Prophetin? Sie gab an, ihre Auskunft habe so gelautet, »damit sich ihr Vater, der an den Baum sehr hing, darüber nicht so stark aufrege; später würde er es dann vergessen«.[508] – Da hat sich aber der »Heiland« auf ein fragwürdiges Spiel eingelassen!

Fehlankündigungen vermochten die Seherin von Konnersreuth nie in Verlegenheit zu bringen; sie wußte immer eine Ausrede. Im Jahr 1928 sah sich der Bischof von Regensburg veranlaßt, von Pfarrer Naber in zwei Fällen nähere Auskunft zu verlangen. Bei dem einen Fall ging es um die Gültigkeit einer Taufe. Therese hatte zu einer

Frau gesagt, sie sei nicht gültig getauft, weil bei der Taufspendung kein Wasser verwendet worden sei. Naber befragte auftragsgemäß Therese während ihres ekstatischen Zustandes und teilte dann dem Bischof mit, die betreffende Frau sei tatsächlich ungültig getauft worden, weil bei der Taufspendung kein Wasser verwendet worden sei. Was wohl der Taufende benützt hat? Die Seherin wußte es auch nicht.

Der zweite zu klärende Fall betraf eine kranke junge weibliche Person. Diese befand sich im Krankenhaus von Waldsassen und sollte, weil sie sich mit Selbstmordgedanken trug, in die Nervenheilstätte Karthaus nach Regensburg gebracht werden. Naber redete dem Vater der Patientin zu, er solle seine Tochter aus dem Krankenhaus nach Hause holen, weil Therese gesagt habe, sie habe nur Heimweh, »nach ihrer Heimschaffung werde sie gesund«. Der Chefarzt des Krankenhauses Sanitätsrat Dr. Seidl wollte das Vorhaben verhindern, aber man hörte nicht auf ihn. Zwei Tage nach der Rückkehr ins Elternhaus zog sich die Kranke schwere Brandwunden zu und wurde wiederum ins Krankenhaus zurückgebracht. Dort starb sie. Auch diesmal befragte Pfarrer Naber sein Orakel. Die ekstatische Auskunft lautete, die Kranke sei »menschenscheu und unbeholfen« gewesen, und zwar ihrer Kränklichkeit wegen; im Krankenhaus habe sie sich nicht wohlgefühlt; sie habe verlauten lassen, sie würde vom Fenster in die Tiefe springen; es sei ihr auch zu Ohren gekommen, man wolle sie in ein Irrenhaus bringen. Wie Naber angab, hat Therese während ihres ekstatischen Zustands gesagt: »Es wäre besser, die Kranke, statt nach Karthaus, heimzubringen, da ihr wahrer Zustand vom Heimweh komme.« Wie sich die Kranke die Brandwunden zugezogen hat, erklärte Therese so: Sie sei während der Nacht ihrer angezündeten Kommunionkerze zu nahe gekommen. Hinsichtlich der tragischen Folge des befolgten falschen Rates wußte Therese zu sagen: »Der Heiland habe es zugelassen, weil die Person, wenn sie in die Irrenanstalt gekommen wäre, wirklich irrsinnig geworden wäre und verdienstlos hätte leiden müssen, so aber könne sie aus ihrem Leiden Nutzen ziehen für die Ewigkeit. Und tatsächlich hat sie so gelitten und ist sie so gestorben, daß von Krankenschwesternseite geäußert worden ist, so möchte man auch sterben.«[509] – Mit diesem irrsinnigen Geschwätz gaben sich Pfarrer Naber und Bischof Buchberger zufrieden.

Während eines Aufenthalts in Konnersreuth erfuhr Erzbischof Teodorowicz aus dem Mund eines Pfarrers eine etwas eigenartige Geschichte, ein persönliches Erlebnis:

»In der Pfarrei dieses Geistlichen lebte ein Mann, der dem Tode nahe war. Der Pfarrer hatte ihm zuvor die Beichte abgenommen, zögerte aber, ihm die heilige Wegzehrung zu reichen, da verschiedene Anzeichen eine unvorhergesehene Besserung ankündeten. Therese wurde befragt, wie lange er noch leben werde. Auf ihre Aussage gestützt, glaubt der Pfarrer, mit der Darreichung der heiligen Wegzehrung warten zu dürfen. Es trat aber unerwartet der Tod des Kranken ein; der Pfarrer machte sich Vorwürfe, daß er Therese überhaupt befragt hatte; über sie selbst aber kommt er zum Schlusse, den er zwar nicht laut werden läßt, daß sie nämlich vom bösen Geiste besessen sei, da ihr Rat zum Schaden einer Seele beigetragen habe. Dieser Pfarrer, der während meiner Anwesenheit ebenfalls in Konnersreuth weilte, wurde nun zu Therese gerufen, als sie sich in der Ekstase befand. Und Therese sagte ihm, was in seiner Seele vorging; sie gibt ihm eine erklärende Antwort, die zugleich eine Rechtfertigkeit gegen den ihr geltenden Vorwurf war.« Die Rechtfertigung Thereses bestand darin, daß sie dem Pfarrer Vorwürfe machte. Sie sagte ihm, er hätte dem Kranken die Wegzehrung reichen müssen; er habe das, was sie ihm gesagt hatte, nicht richtig gedeutet.

»Nach dieser Erklärung bedeutete sie ihm, daß der Vorfall selbst eine Fügung Gottes gewesen sei, und zwar zur Strafe, aber auch zum Seelenheile des Sterbenden, der sein ganzes Leben lang so ausschließlich mit den irdischen Angelegenheiten beschäftigt gewesen, daß er nie Zeit noch Sinn für das Seelische gehabt habe. Zur Strafe dafür sei ihm zwar die letzte Wegzehrung in der Sterbestunde nicht zuteil geworden, doch daß er im letzten Augenblicke nach der heiligen Kommunion verlangte und zum erstenmal nach der geistigen Seelenspeise sich sehnte, das sei für seine Seele heilbringend gewesen. [...] Im letzten entscheidenden Augenblicke hatte er sehnsüchtigst nach der heiligen Kommunion verlangt und die Verschiebung in der Darreichung derselben hatte eben dieses heiße Verlangen in ihm erweckt, das seiner Seele so heilsam war.« Jener Pfarrer berichtete dem Erzbischof auch, er habe sich nach der von Therese erhaltenen Information selber erkundigt und so in Erfahrung gebracht, was er bisher nicht gewußt habe, nämlich, daß der Verstorbene »ganz im irdischen Hasten und Streben befangen« war.[510]

Aus dem bisher Geschilderten geht hervor, daß Therese ihren Pfarrer falsch informiert hatte. Dies gestand sie, wie nicht anders zu erwarten war, nicht ein; sie rechtfertigte sich vielmehr mit Worten, die in einer Anklage gegen den Verstorbenen bestanden. Einerseits offenbart sie geheime Fehler des Mannes und behauptet, zur Strafe dafür habe er in seiner Todesstunde nicht mehr kommunizieren dürfen, andererseits gibt sie die Schuld an dem Versäumnis dem Pfarrer. Über den Fall, den Teodorowicz berichtet, wissen wir genauer Bescheid, nämlich aus dem Mund jenes Pfarrers unmittelbar, auf den sich der Erzbischof beruft. Da schaut aber die Sache ganz anders aus. Der Berichterstatter ist Benefiziat Liborius Härtl, der vom Mai 1929 an bis 1937 an der Seite des Pfarrers Naber Seelsorger in Konnersreuth war. Was er Teodorowicz erzählt, hat er selber in Konnersreuth erlebt. Darüber gibt er Bescheid in seinem Bericht vom 25. Juli 1930 an den Bischof von Regensburg. Der an einem Krebsleiden erkrankte Mann war dem Benefiziaten seit seiner Tätigkeit in Konnersreuth bekannt. Die Krankheit hatte sich derart verschlimmert, daß man mit dem nahen Ableben des Patienten rechnete. Im Bericht des Benefiziaten ist mit keinem Worte die Rede davon, daß er etwas über die angebliche, allzu irdische Gesinnung des Mannes gewußt hat. Es ist auch unrichtig, daß der Schwerkranke sich erst kurz vor seinem Tod »zum erstenmal« nach der Kommunion gesehnt hat; er hatte ja schon lange vorher auf seinem Krankenlager zu wiederholten Malen kommuniziert. Später mußte er darauf verzichten, weil er nicht mehr fähig war, eine Hostie zu schlucken. Von einem Zweifel an der »Aufrichtigkeit des Schwerkranken« weiß Härtl nichts. Es trifft zu, daß dieser einen Tag vor dem Ableben des Patienten Therese Neumann um Rat gefragt hat. Er wollte nämlich wissen, ob der Mann fähig sein werde, eine Hostie zu schlucken; nur um diese Frage ging es. Die Antwort des Orakels lautete: »An sich kann er schon kommunizieren.« Härtl fragte weiter: »Eilt es, oder wird es am Montag noch gehen?« Nun gab Therese die Auskunft: »Je länger man wartet, desto schlimmer wird es, Du wirst es schon sehen, wenn Du heut hinkommst.« Der Benefiziat begab sich zu dem Schwerkranken, der beichtete; es wurde ausgemacht, daß er am nächsten Tag, am Samstag, am frühen Morgen kommuniziere. Aber dazu kam es dann nicht mehr, weil der Kranke zu dieser Zeit bereits tot war.

Der Benefiziat machte sich nunmehr Selbstvorwürfe. Er besprach sich mit Pfarrer Naber. Dieser wandte sich in gewohnter Weise an sein Orakel. Nachdem Therese kommuniziert hatte, stellte er ihr einschlägige Fragen. Sie sagte von dem Verstorbenen: »An sich hätte er kommunizieren können; aber die Gnade dazu hatte er nicht mehr. Er war in seinem Leben immer so geschäftig; da haben die Leute zu ihm gesagt: Laß dir nur Zeit, zum Sterben mußt du dir doch auch Zeit nehmen; brauchst ja dazu zuvor noch den Pfarrer; er habe darauf gesagt: Das wird schon so auch gehen. Darum wurde ihm diese Gnade versagt. Es mußte so sein, daß alles zuvor ausgemacht wurde, er aber nicht mehr kommunizieren konnte.« Das letzte Wort des Sterbenden soll gelautet haben: »Ach, jetzt kann ich nicht mehr kommunizieren.«[511] – Welch ein Geschwätz, das noch dazu dem »Heiland« zugeschrieben wurde!

7. Sprachengabe

Die Bezeichnung Sprachengabe bedeutet im Falle der Stigmatisierten von Konnersreuth nicht, daß sie verschiedene Sprachen gesprochen hat; das war nie der Fall. Sie soll lediglich ihr unbekannte Sprachen gehört haben, die sie nicht verstanden hat. In der Regel gebrauchte sie ihre nordoberpfälzische Mundart. Zuweilen drückte sie sich auch in der hochdeutschen Schriftsprache aus. Dies geschah jedoch nur ausnahmsweise, dann aber mit dem Hauch von etwas Geheimnisvollem. Im Mai 1931 hielt sich Therese einige Zeit in der Schweiz auf. Ihr wichtigster Gastgeber war der Bischof von Chur. Nach ihrer Rückkehr nach Konnersreuth erzählte sie Pfarrer Naber, »es sei ihr gesagt worden, sie habe in Chur einige Male hochdeutsch gesprochen, offenbar weil ihr Dialekt z.B. vom dortigen Bischof nicht verstanden wurde; ihr selber ist das nicht bewußt«.[512] Auch in der Heimat gebrauchte Therese das Hochdeutsch, aber in der Regel nur »im erhobenen Ruhezustand«, allerdings nur »annähernd«.[513] Seltsam war es um ihr Sprachenverständnis bestellt, wenn sie sich im »Zustand der Eingenommenheit« befand. »Im eingenommenen Zustand versteht Therese hochdeutsch nicht und gibt deshalb die Worte des Engels nur mechanisch wieder wie fremdsprachige Worte.« Sie beklagte sich darüber, daß er so »olbern« (sonderbar) rede, er könne doch auch so sprechen, daß man ihn verstehe.[514] – Der Engel hat wohl die oberpfälzische Mundart nicht beherrscht. Man fragt sich, warum er überhaupt gesprochen hat.

Hören verschiedener Sprachen – Im ekstatischen Zustand, so behauptet man in der Konnersreuth-Literatur, habe Therese Neumann eine Reihe von verschiedenen Sprachen vernommen, zum Beispiel: Aramäisch, Französisch, Lateinisch, Griechisch und Portugiesisch. Sie vermochte sogar lateinische und griechische Mundarten zu unterscheiden. »Beim Martyrium des heiligen Laurentius bemerkte sie, daß Laurentius anders sprach als der Prätor.«[515] Sie unterschied »die klassische lateinische Sprache eines Kaiphas« von der »hellenischen Volkssprache des Petrus«.[516] Therese hat die ihr fremden Laute bzw. Worte nur »gehört«, deren Sinn hat sie nicht verstanden.

Am 16. Juli 1928 unterhielten sich in ihrem Zimmer zwei Männer in der portugiesischen Sprache. Therese mischte sich ein: »Mir scheint, diese Sprache habe ich in der Ekstase gehört.« Weil man auf ihre Bemerkung nicht einging, unterbrach sie die Unterhaltung der beiden ein zweites Mal, indem sie erklärte, sie habe deren Sprache schon einmal während einer Ekstase vernommen. Pfarrer Naber ergänzte, falls kein Irrtum vorliege, könne Therese bei keiner anderen Gelegenheit Portugiesisch gehört haben als bei der Vision am vergangenen 3. Juli; da habe sie, am Gedächtnistag des hl. Antonius, geschaut, wie dieser einem vornehmen Freund auf dessen Schloß einen Besuch gemacht habe.[517] Auf diese Weise war es ihr auch möglich, ein weit entferntes Schloß zu besichtigen, ohne verreisen zu müssen.

Eines Tages hat Therese visionär geschaut, wie der Apostel Johannes aus einer Tonne siedenden Öls unverletzt herausstieg. Von seinem Gebet, das er dabei sprach, merkte sie sich die Worte: »Jesos Christos Theou Hyios ego bios [Jesus Christus, Gottes Sohn, ich (bin) das Leben].«[518] Therese hat eine Legende als tatsächlichen Vorgang geschaut; außerdem legt sie Johannes ein Wort in den Mund, das dieser im angegebenen Zusammenhang nie gebraucht hätte. Der Ausdruck »bios« kommt im ganzen Neuen Testament nur viermal in der Bedeutung »Leben« und sechs- bzw. siebenmal in der Bedeutung »Lebensunterhalt« vor.[519] Wann immer das Leben der Seele oder Christus als das Leben gemeint ist, wird regelmäßig das Wort »zoe« verwendet. Im Johannes-Evangelium kommt das Wort »zoe« nicht weniger als 35mal vor, »bios« kein einziges Mal. Dieses Wort stammt nicht von Johannes, sondern von Pfarrer Naber, aus seiner unzureichenden Kenntnis des neutestamentlichen Griechisch. Naber war, wie sein ehemaliger Mitstudent Prof. Waldmann versicherte, »ein guter Hebräer, aber ein schlechter Grieche«. Mit diesem famosen Griechisch habe ich mich schon in meinem Buch KONNERSREUTH ALS TESTFALL befaßt. Das hat W. J. Bekh nicht gestört; er hat den erwiesenen Unsinn neu aufgewärmt.[520]

Am 1. März 1931 kündigte Therese im »gehobenen Ruhezustand« an, sie werde am

4. März entsprechend dem an diesem Tag treffenden Ferial-Evangelium die Szene vom Rangstreit der Jünger (Mt. 20,17-28) schauen. So geschah es denn auch. Darüber berichtet Pfarrer Naber: »Therese zeigt schon bei der Vision und hernach beim Erzählen derselben im eingenommenen Zustand ein ziemlich großes Verständnis für den Inhalt dieser Reden. Im erhobenen Ruhezustand einige Zeit hernach wird erklärt, es werde noch kommen, daß Therese diese Reden, die sie in fremder Sprache hört, inhaltlich versteht und in deutscher Sprache wiedergeben kann.«[521] In einer gewissen Art hat sich diese Prophezeiung bereits im Jahr 1932 »erfüllt«. Am Freitag, dem 2. September, soll sich ein indischer Bischof mit der Stigmatisierten während ihres ekstatischen Zustandes unterhalten haben. Der Bischof sprach nur lateinisch; Therese gab ihre Antworten in deutscher Sprache. Das soll der Bischof einem Pater aus Afrika erzählt haben.[522] Dies ist der einzige Fall, der anzudeuten vermöchte, daß sich Thereses Prophezeiung erfüllt hat, wenn es sich nicht um ein Märchen gehandelt hätte.

Das Aramäische – Die wichtigste Sprache, die Therese Neumann gelegentlich vernommen haben will, war das Aramäische. Teodorowicz behauptet: »Sie unterscheidet genau zwischen Hebräisch und Aramäisch.«[523] Wann vernahm Therese zum erstenmal aramäische Bezeichnungen?

Im Jahr 1953, als sie von zwei Eichstätter Professoren vernommen wurde, erzählte sie, sie habe während der Fastenzeit 1926 zum ersten Mal Jesus auf dem Ölberg geschaut; damals »beim Blutschwitzen« habe Jesus gesprochen: »te sebud ach [Dein Wille geschehe]!«[524] Diese Worte hat sie bestimmt nicht gehört; zu jener Zeit erwähnte sie nicht einmal die in der Bibel überlieferten Worte Jesu.

Prof. Wunderle war im Jahr 1927 mehrmals in Konnersreuth. Er vernahm aus dem Munde der Stigmatisierten kein einziges aramäisches Wort; nur Pfarrer Naber berichtete ihm über das »Phänomen«. Wunderle sagt: »Die allgemeinen Andeutungen, die Pfarrer Naber mir gegenüber diesbezüglich machte, kann ich nur als Wiedergabe der wenigen aramäischen Worte verstehen, die Therese Neumann aus der häuslichen Lesung der Passionsgeschichte kannte.«[525]

Im Juli 1927 wollte Wutz dem Erlanger Prof. Dr. Ewald das Aramäisch der Stigmatisierten »vorführen«. »Man fragte während einer Ekstasenpause, was der Heiland gesagt hatte, sie antwortete etwas von ›Jeruschalem‹ und fügte dann noch etwas Unverständliches hinzu. Das war wohl nichts recht Positives, denn der betreffende Herr sagte nur lächelnd: ›eine tolle Aussprache‹, und gab weitere Versuche auf.«[526]

Als Prof. Killermann im Jahr 1927 in Konnersreuth weilte, hat er kein aramäisches Wort aus dem Mund Thereses vernommen. Erst im Jahr 1928 hörte er einige angeblich aramäische Wörter.

Im Oktober 1927 erschien in Konnersreuth Frl. Isenkrahe in Begleitung des Studienrats Dr. Miller. Als die Dame auf das Aramäische zu sprechen kommt, wird Therese »etwas zaghaft«. »Sie trägt einige aramäische Worte vor, die sie gehört haben will, duldet aber nicht, daß sie Dr. Miller notiert. Sie fürchtet, daß ihr bei der Wiedergabe doch einige Ungenauigkeiten unterlaufen könnten, und glaubt, die Wiedergabe sofort nach der Schauung exakt machen zu können.«[527]

Pfarrer Leopold Witt hat im Jahr 1927 die Erfahrung gemacht: Therese erklärte zwar, fremde Laute zu hören; sie vermochte sie aber »nicht zu wiederholen; sie war nicht imstande, sich nach einmaligem Vorsagen derselben zu erinnern […], noch vermochte sie, dieselben nachzusprechen«.[528] – Aber, so sagt der Autor Günther Schwarz, die Wörter »te sebud ach« waren »die ersten, die Therese überhaupt hörte und nachsprach; sie hörte sie in der Nacht vom Donnerstag zum Freitag der ersten Fastenwoche des Jahres 1926, während sie von Schmerzen gepeinigt schlaflos in ihrem Bett lag und weder denken noch beten konnte«.[529]

Wie Gerlich angibt, hat Wutz Ende Oktober 1926 damit begonnen, Therese Neumann im »Freitagszustand über ihre Visionen zu befragen«.[530] Das KONNERSREUTHER SONNTAGSBLATT berichtete, er habe am 25. März 1927 »die Forschung über das aramäische Sprachvermögen Thereses« begonnen.

Eines ist sicher: Ohne Wutz hätte es in Konnersreuth ein »Konnersreuther Phänomen« weniger gegeben. Er selber hat über seine Erfahrungen und Erlebnisse nichts veröffentlicht; aber andere haben es getan. Zu diesen gehört Erwein Freiherr von Aretin. In einem Aufsatz, der am 3. August 1927 in der Unterhaltungs-Beilage der MÜNCHENER NEUESTEN NACHRICHTEN erschien, bezeichnet er seinen Berichterstatter als »Führer«. Er sagt: »Nun muß man wissen, daß mein Führer, mit dem mich von früher her Freundschaft verbindet, unter den heute lebenden Kennern des alten Orients einen der ersten Plätze einnimmt, daß ihm die Sprachen der Zeit Christi in allen Dialekten geläufig sind, daß er das alte Palästina und seine Sitten kennt, wie kaum ein anderer, und ihm das Jerusalem, das Titus zerstörte, in seinen Straßenzügen so vertraut ist, als überliefertes Wort und Ausgrabung nur vertraut machen können«.[531] »Solche Kenntnisse«, sagt Aretin, machen »es begreiflich, daß das Mädchen in Konnersreuth, das bisher niemanden getroffen hatte, der seine Geschichte besser verstanden hätte, als jener Kenner der Evangelien es könnte, ihr Vertrauen rückhaltlos dem Manne offenbarte, der ihr die Häuser und Straßen erklärte, durch die sie ihn im Geiste führte, und der in das Chaos des Geschehens, das sie sah, die Ordnung brachte, die sie selbst nicht bringen konnte.«[532]

Wie Aretin angibt, hat ein »Zufall« Wutz »zum erstenmal nach Konnersreuth geführt«. Eines Freitags ist er zusammen mit einigen Freunden nach Waldsassen gefahren und hat von dort einen Abstecher nach dem nahegelegenen Konnersreuth gemacht. Dem Bericht Aretins gemäß geschah dies »vor mehr als einem Jahre«, also vor August 1926. Schon am folgenden Tag, einem Samstag, fuhr Wutz wieder nach Konnersreuth »und seither sind wenige Freitage vergangen, an denen er nicht dort war«. »Aber erst nach dem achten Besuch gelang es ihm, Einblick in das zu gewinnen, was die ›Resl‹ sah.«[533]

Es dauerte lange, bis Wutz bei seinen aramäischen Sprachforschungen in Konnersreuth einen Erfolg verzeichnen konnte. Darüber berichtete er dem Erzbischof von Lemberg: »Mit den Fragen ging es aber nicht so leicht; grundsätzlich hat Therese Neumann nicht gerne, daß man sie zu viel mit Fragen belästigt, besonders da sie sich nicht auf alles besinnen kann. ›Ja, denken Sie‹ – sagte mir Prof. Wutz –, ›ich brauchte ein volles Vierteljahr, um schließlich ein Wort aus ihr herauszubekommen, das sie mir obendrein nur silbenweise wiedergab.‹«[534] Bei seinen Forschungen pflegte Wutz zu fragen: »Hat der Heiland so gesagt oder hat er so gesagt?«[535] Wenn Wutz die Stigmatisierte nach aramäischen Wörtern fragte, beteuerte diese immer wieder, »daß sie nicht verstehen könne, was gesagt wurde, und es kostete sehr viel Geduld und Mühe, bis er einige Silben und Wörter herausgebracht hatte«. Nach und nach prägten sich die Wörter dem Gedächtnis Thereses besser ein, »und für Wutz wurde es weit leichter. Nach einigen Jahren konnte sie die Worte Jesu am Kreuze und andere Worte und Silben selbständig wiederholen.«[536]

Wie ist Wutz zu seinen Erfolgen gelangt? Er hat die Wörter, die er aus Therese Neumann herausgefragt hat, vorher in sie hineinsuggeriert. In Wirklichkeit hat sie kein einziges Wort gehört. Prof. Ewald hat über dieses Thema gesagt: »Daß das ständige Ausfragen über Erlebnisse, auch während der Ekstase zwar keine Quälerei ist [...], daß es aber nur zu oft in das Vorlegen von Suggestivfragen und in ein Hineinfragen ausartet, ›war das nicht so, oder so, oder so?‹, bis eine Zustimmung erfolgt, das weiß jeder, der sich überhaupt einmal in verständiger Weise mit der Exploration eines Menschen befaßt hat.« Die zeitlich erste Rolle beim Ausfragen spielte der Konnersreuther Pfarrer. »Wesentlich ungünstiger, von der Seite des Wissenschaftlers gesehen«, so urteilt Ewald, »scheint mir in dieser Beziehung noch der Einfluß eines anderen Geistlichen [...], der sehr häufig zu Besuch kommt und in seiner temperamentvollen Art ganz zweifellos ganz ungemein viel in die Kranke hineinkatechisiert. So und nur so ist es zu erklären, daß Therese nun mit einem Male angefangen hat, aramäisch zu halluzinieren, während früher des Heilands Worte auf gut oberpfälzisch von ihr vernommen wurden.«[537]

Der Theologe Schneider hat über die von Wutz angewandte Methode so geurteilt: »Das famose Aramäisch habe ich damals auch etwas unter die Lupe genommen, da ich ja auf der Universität lange Syrisch getrieben habe und mich nachher noch mit etwas palästin. Aramäisch abgab. Wenn man mit Wutz sinnloses Gestammel willkürlich behandelt, kommt schließlich auch etwas heraus, das sich so anhört. Das ist so, wie wenn Piefkes gen Süden fahren und sich aus dem Bädeker rasch einige italienische Phrasen zusammenstoppeln. Übrigens ist diese hirnrissige Methode damals ja auch vom alten Kittel ad absurdum geführt worden.«[538]

Aufgrund des von Aretin veröffentlichten Artikels wurde der damals bekannteste Orientalist der Leipziger Universität, Prof. Rudolf Kittel, auf das »Sprachwunder« in Konnersreuth aufmerksam. In einem Leserbrief nahm er zu dem Aufsatz Aretins Stellung. Darin nannte er es eine Pflicht des Prof. Wutz, »die von ihm gehörten Worte genau mitzuteilen«. Er rechnete »die Kenntnis der jüdischen Dialekte der Zeit Jesu« zu den »allerschwierigsten Kapiteln der biblisch-orientalischen Sprachwissenschaft, so daß nur wenige sich rühmen können, sie zu beherrschen«. Dann betonte er, selbst wenn Wutz zu den wenigen gehöre, bestehe »immer noch die Möglichkeit, daß er in die authentischen Wörter der Therese Neumann etwas ihm Bekanntes hineingehört hat«. Kittel richtete an jene, »die für die Ermittlung der wirklichen Vorgänge in Konnersreuth verantwortlich sind«, die Aufforderung, sie möchten zur »Aufdeckung der vollen Wahrheit«, folgenden Weg einschlagen: »1. müßte, und zwar sofort und ehe etwa Therese Neumann gewisse vor ihren Ohren öfter genannte Fremdwörter sich selbst aneignen kann – falls dies noch möglich ist –, eine Kommission von unbefangenen, objektiv urteilenden Männern von hinreichender Intelligenz und Vorbildung, also etwa von klassischen Philologen oder Althistorikern, damit betraut werden, die von Therese Neumann gesprochenen fremdartigen Worte phonetisch exakt niederzuschreiben. Diese Niederschrift müsse dann 2. einem Kreis wirklicher Kenner jener von Dr. v. Aretins Gewährsmann genannten Dialekte zur Prüfung vorgelegt werden. Unter ihnen müßte an erster Stelle Gustaf Dalman, der Herausgeber der ›Worte Jesu‹ und der ›aramäischen Dialektproben‹, oder ein ihm im Range gleichstehender Fachgelehrter dieses Spezialgebietes stehen. Erst damit wäre diese Seite des Phänomens von Konnersreuth aus dem Gebiete der mysteriösen Andeutungen in das Licht der wissenschaftlichen Untersuchung gerückt, die allein der breiten Öffentlichkeit zur Klarheit über die Vorgänge verhelfen könnte.«

Prof. Wutz antwortete auf Kittels Leserbrief. Er erklärte, der Zeitpunkt, den Forderungen des Leipziger Professors gemäß zu handeln, sei »bei der außergewöhnlichen Schwierigkeit der in Frage kommenden Untersuchungen noch nicht gekommen«.[539] Damit hat Wutz Kittels Anregung abgelehnt. Er hat ihm auch nie die von ihm »gehörten« aramäischen Wörter mitgeteilt.

Im Jahr 1994 ist ein neues Buch über Therese Neumann erschienen, in dem ein Zitat angeführt wird, das von Prof. Wutz stammen soll: »Das Wesentliche habe ich schon getan, und für jeden, der guten Willens ist, reicht es völlig aus, festgestellt zu wissen, daß Therese (Neumann) das Aramäische spricht, daß sie von niemandem beeinflußt wird, daß ihre aramäischen Worte mit den geschauten Bildern zusammenfallen und aufs innigste verbunden sind.«[540]

»Therese Neumann spricht das Aramäische« – das hat Wutz niemals behauptet.

Der Verfasser des erwähnten Buches ist der evangelische Theologe Dr. Günther Schwarz. Das Buch mit dem Titel DAS ZEICHEN VON KONNERSREUTH hat zwei Hauptteile: »Die Passions- und Osterschauungen der Therese Neumann« und »Das Aramäischphänomen der Therese Neumann«. Das Werk des Autors Schwarz, ein wahrer Prachtband, wurde herausgegeben von der »Abteilung für Selig- und Heiligsprechungsprozesse beim Bischöflichen Konsistorium für das Bistum Regensburg«. Den Druck übernahm der »Erhardi Druck«, der Eigentum des Bischöflichen Stuhles in Regensburg ist. Der Absatz im Buch: »Die Kritik des Josef Hanauer« wurde im Jahr 1994 ein zweitesmal veröffentlicht im THERESE-NEUMANN-BRIEF NR. 6.

Schwarz sagt: »Dr. Johannes Bauer, Professor der Semitischen Philologie an der Universität Halle, war neben Prof. Wutz der einzige Fachgelehrte, der sich mit dem Aramäischproblem der Therese Neumann auseinandergesetzt hat.« Der Einladung durch Wutz Folge leistend, ist Bauer im Oktober 1927 nach Konnersreuth gefahren. Am Freitag, dem 21. Oktober, war er »beim Passionserlebnis längere Zeit zugegen«, ebenso auch »am Nachmittag, wo die Therese in dem sog. Zwischenzustand sich befindet und ihre Erinnerung an das Geschaute und Gehörte am lebendigsten zu sein pflegt.«[541] Bei dieser Gelegenheit bekam er die aramäischen Bezeichnungen zu hören, die Therese bis dahin gelernt hatte, und äußerte sich darüber in der Presse.

Was Bauer getan hat, entspricht in keiner Weise der Forderung Kittels. Dessen Sohn Gerhard, Professor in Tübingen, veröffentlichte am 8. März 1931 einen Aufsatz, in dem er auch auf Bauers im Jahr 1927 veröffentlichten Artikel zu sprechen kam:

»Die von meinem Vater gestellten Forderungen sind bis heute unerfüllt geblieben. Versuche, die noch im Herbst 1927 auf Veranlassung meines Vaters gemacht wurden, eine phonetisch-exakte Aufnahme der Worte – möglichst auf mechanischem Wege – herbeizuführen, fanden entgegen einer vorherigen Zusage Wutz' keine Förderung, sondern wurden von Konnersreuth ferngehalten. Ebensowenig hat Wutz sein 1927 gegebenes Versprechen eingelöst, das vorliegende Material in vollem Umfange den interessierten wissenschaftlichen Fachmännern zugänglich zu machen. Ich muß danach feststellen, daß es auch in diesem Punkte unerlaubt ist, von einer in irgendeiner Weise geklärten Sachlage zu reden. Es ist weder in psychologischer noch in philosophischer Hinsicht bisher die geringste Klärung erfolgt. Leider ist aber heute die Gelegenheit einer solchen Klärung endgültig dahin [...]. Offenkundig haben Wutz und die anderen maßgebenden Freunde der Therese Neumann den Feuilletonartikel der Münchener Neuesten Nachrichten (14. Dez. 27) als zureichenden Ersatz der geforderten Nachprüfung angesehen; denn seitdem erscheint in der Literatur von Therese Neumann das Sprachphänomen als durch die Autorität Bauers über jeden Zweifel erhaben. Ich wundere mich, daß Bauer sich, soviel mir wenigstens bekannt geworden ist, gegen den Mißbrauch seines wissenschaftlichen Namens nicht zur Wehr gesetzt hat. Denn von alledem kann von seiner Äußerung gar keine Rede sein. Was er festgestellt hat, ist: Daß Therese Neumann richtig aramäisch spreche, ›wie es wohl zu Christi Zeiten gesprochen werden konnte‹. Er gibt ein paar Wortaufzeichnungen und betont im übrigen, für eine endgültige Deutung sei die Zeit noch nicht gekommen, und es sei dringend zu wünschen, daß die sprachlichen Beobachtungen in Konnersreuth fortgesetzt würden. Mein Vater hatte mit sehr gutem Grunde die phonetisch exakte Niederschrift durch Nichtorientalisten gefordert. All dies ist nicht dadurch ersetzt, daß ein Wutz nahestehender Orientalist in dessen Gegenwart die Visionärin einige aramäische Worte sagen hört und das in einer Tageszeitung beschreibt. Damit ist für die wissenschaftliche Klarstellung so gut wie gar nichts gewonnen. Mein Vater hat sich für Wutz' Septuaginta-Arbeiten mit größerer Wärme eingesetzt als irgendein anderer evangelischer oder katholischer Theologe. Er hat seine Arbeiten sogar in die von ihm herausgegebenen Beiträge zur Wissenschaft vom A.T. aufgenommen. Er ist deshalb nicht in Verdacht einer konfessionell beengten Stellung gegen jene. Die beiden haben in der Konnersreuther Sache 1927 eine persönliche Aussprache gehabt. Daß auch diese keine nennenswerte Wirkung hatte, war meinem Vater eine tiefe Enttäuschung. Ich habe diese Darlegungen um des wissenschaftlichen Namens meines Vaters willen für nötig gehalten. Jeder auch nur fernste Anschein, als dürfte er als Gewährsmann angerufen werden, oder es sei die Angelegenheit in seinem Sinne behandelt worden, muß verneint werden. Es ist aber zugleich, da die Sache emphatisch vor das Forum einer ›gewissenhaften historisch kritischen Forschung‹ gebracht ist, nötig, der Legende Einhalt zu tun, als sei in der Behandlung des Konnersreuther Phänomens auch nur von ferne solchen Methoden, wie sie ›im Universitätsunterricht gelernt‹ werden, Genüge geschehen.«[542]

Schwarz behauptet, nur die beiden Fachgelehrten Wutz und Bauer hätten sich mit dem Aramäischproblem der Therese Neumann auseinandergesetzt. Das trifft so nicht zu. Was Bauer getan hat, ist keine wissenschaftliche Auseinandersetzung; auf eine solche, wie sie Kittel forderte, ist Wutz nicht eingegangen; schließlich kann man es einem wirklichen Fachgelehrten nicht verargen, wenn er sich mit einer hirnrissigen Methode nicht eingehend befaßt.

Wie kam es dazu, daß Therese Neumann aramäische Wörter wiederzugeben vermochte? Die ersten von ihr »gehörten« aramäischen Bezeichnungen waren zum Teil Wiedergaben der in der Bibel enthaltenen Worte und zum Teil mundartliche Ausdrücke, die Wutz nicht verstanden hat; in seiner Heimat Eichstätt wird ein fränkischer Dialekt gesprochen, der sich von dem in Konnersreuth gesprochenen oberpfälzischen Dialekt stark unterscheidet. Zu den ersten von Wutz entdeckten »aramäischen« Wörtern gehören: »magera«, »beisebua« und »gannaba«. Statt »beisebua« liest man auch: »beisebuba« und »belzebuba«, statt »gannaba«: »kannappa«, »ganabba« und »gallaba«. Teodorowicz, dem die in der Oberpfalz gesprochene Mundart völlig fremd war, schreibt: Wie die Jünger den Verräter nahen sehen, rufen sie voll Entrüstung und Aufregung: »Magèra aisebna gannaba, gannaba magèra aisehuba!« Er übersetzt die Worte so: »Ein Schwert! Nieder, Teufelskerl! Dieb! – Dieb! Ein Schwert! Nieder, Teufelskerl!«[543] Teodorowicz führt die genannten Worte später noch einmal an: »Magèra baisebua gannaba« und: »kanappa, magera, beisebuba«.[544] Was soll da richtig sein: »aisebna« oder »aisehuba« oder »baisebua« oder »beisebuba« oder »belzebuba«?

Das Wort »magera« hat Wutz als Lehnwort aus dem Griechischen »macheira« = »Schwert« abgeleitet; statt »beisebuba« nimmt er »belzebuba« an; er erklärt die drei Wörter so: »Ein Schwert! Beelzebub! Dieb!« Gehen wir von der oberpfälzischen Mundart aus, dann bedeuten die drei Wörter: »Magerer, böser Bub, geh weg!« Zu dem Begriff »böiser Bou« liefert Therese Neumann selber eine Parallele: Im Zorn über den linken Schächer schimpft sie: »Böiser Mo« = »böser Mann«.

Im Tagebuch Nabers findet sich unter dem 19. Dezember 1930 folgender Eintrag: »Zum Beweis dafür, wie Therese von solchen, die ihren Dialekt nicht kennen, mißverstanden werden kann, diene: Der H. H. Bischof Buchberger hat sich, als er im März 1928 den Leidensekstasen der Theres beiwohnte, offenbar als aramäisch die von ihr vermeintlich so gehörten Worte notiert: ›Grotto manna‹. In Wirklichkeit waren dies Dialektworte der Theres und lauteten: Grode Männer = gerade Männer. So bezeichnet sie im kindlichen Zustand der Eingenommenheit die strammen römischen Soldaten.«[545] Ohne die Erläuterung Nabers wäre »Grotto manna« aramäisch geblieben.

Über das Wort »baisebua« hat Günther Schwarz von Toni Siegert erfahren, daß ich als Oberpfälzer nicht einmal wisse, daß es nicht »böiser Bua« heiße, sondern »bäisa Bou«. Beide dürfen überzeugt sein, daß mir dies bekannt ist; aber sie müßten bedenken, daß nicht ich es war, der Therese sprechen hörte »Baisebua«, sondern Prof. Bauer bzw. Teodorowicz!

Günther Schwarz schreibt: »Sollte Hanauer vergessen haben, daß es Prof. Wutz war, der die von Therese gehörten und nachgesprochenen Redeteile, die Pfarrer Naber unverständlich waren, als aramäische Redeteile erkannte? Und sollte er auch vergessen haben, wie Professor Bauer über ›das Aramäische in Konnersreuth‹ urteilte? ›Die Tatsache des Aramäischen [...] steht fest‹?« Schwarz darf versichert sein, daß ich das nicht »vergessen« habe. Es ist mir klar, daß Prof. Bauer die von Prof. Wutz angeführten aramäischen Bezeichnungen ebenfalls als aramäisch anerkannt hat. Aber das beweist nicht im geringsten, daß Therese Neumann diese aramäischen Bezeichnungen gehört hat. Ich behaupte keineswegs, daß alle von Wutz »entdeckten« aramäischen Begriffe Umdeutungen von oberpfälzischen Ausdrücken waren. Dies gilt nur für die frühesten Bezeichnungen. Die anderen sind von Wutz zuerst hineinsuggerierte und dann deutlich herausgehörte Wörter. Das habe ich auch am 9. April 1996 während der Fernsehsendung des ZDF über »Die Leidensbraut – Wunden und Wunder in Konnersreuth« zum Ausdruck gebracht. Damals habe ich gesagt: »Wutz hat ja das Aramäische erst der Resl eingegeben, nicht die Resl hat Aramäisch gehört und gesprochen.« Bald darauf haben zwei prominente Mitglieder des »Konnersreuther Ringes«, Pfarrer Anton Vogl und Studiendirektor Richard Däntler, gegen die Sendung protestiert. Vogl hat gesagt, ich hätte »behauptet, das Aramäische in den Visionen der Resl sei ihr von Professor Wutz beigebracht worden und nichts anderes gewesen als ein paar Brocken Oberpfälzer Dialekt«.[546] Däntler hat meine Worte als »Geschwätz« bezeichnet, »wonach das Aramäische nur Oberpfälzer Dialekt sei und von Prof. Wutz eingesagt worden sei.«[547]

Schwarz bespricht beim Abschnitt »Die Wiedergaben aramäischer Redeteile durch Therese Neumann« in 32 Absätzen aramäische Ausdrücke, wobei er jedesmal angibt, bei welchen Autoren sie zitiert werden. Als Autoren erscheinen Namen wie Gerlich,

Teodorowicz, Steiner und Lama. Bei 22 Fällen gibt Schwarz an: »Da Wutz bei diesen Schauungen nicht anwesend war, scheidet Suggestion aus.« Dieses Argument könnte man gelten lassen, wenn es sich um Zeugen gehandelt hätte, die als erste aus dem Munde der Visionärin die betreffenden Worte gehört und sogleich exakt aufgezeichnet hätten. Dies ist aber in keinem einzigen Fall zutreffend. Was die Autoren anführen, war Therese Neumann schon geraume Zeit vorher geläufig – als Ergebnis der Gespräche zwischen Prof. Wutz und der »Visionärin«; im Verlauf derselben wurde sie von ihm, der in ihren Lautäußerungen bzw. Worten aramäische Begriffe suchte, immer mehr an den von ihm angenommenen Wortlaut herangeführt; was sie dann an vielen Freitagen immer wieder »visionär hörte«, prägt sich ihrem Gedächtnis auf Dauer ein.

Noch einen weiteren Beweis gegen die »Suggestionshypothese« kennt Schwarz. Von den 86 aramäischen Einzelwörtern, so sagt er, stammen zwei aus der Zeit, »bevor sie Wutz kannte« und 39 aus der Zeit, »nachdem Wutz gestorben war«. Entrüstet fragt Schwarz: »Wer in aller Welt soll ihr denn diese 41 Wörter suggeriert haben? Es war doch niemand da, der das hätte tun können!«[548] Daß Therese die Wörter »te sebud ach« bereits während der Fastenzeit 1926 gehört habe, das hat sie im Jahr 1953 behauptet. Ihre Behauptung ist kein Beweis, auch wenn sie unter Eid gemacht wurde. Alle aramäischen, nicht in der Bibel enthaltenen Bezeichnungen, die Therese Neumann zum besten gegeben hat, stammen aus der Zeit, als Wutz seine Sprachforschungen betrieb; neue hat sie nachher weder »gehört« noch wiedergegeben. »Von der Wiedergabe aramäischer Ausdrücke ist seit langem nichts mehr bekannt geworden«, so konnte im Jahr 1957 auf Anfrage Generalvikar Baldauf mitteilen.[549] Schwarz behauptet, daß »Thereses Schauungen« auch nach dem Tod des Professors »weitere aramäischen Redeteile ans Licht brachten«.[550] Damit hat er zum einen die »Tonbandaufzeichnungen« im Auge, die Thereses Bruder Ferdinand vom Jahr 1938 an gemacht hat. Bei diesen Aufnahmen war jedesmal Pfarrer Naber anwesend; er war es, der »die Fragen an Resl« stellte.[551] Ihm waren genauso wie ihr alle bei solchen Gelegenheiten »gehörten« aramäischen Ausdrücke schon längst bekannt.

Einen Echtheitsbeweis sieht Schwarz auch in den Aussagen des indischen Erzbischofs Dr. Josef Parecattil. Dieser hat zweimal, am 27. Mai 1958 und am 6. Dezember 1960, Therese Neu-mann besucht. Bei beiden Gelegenheiten drehte sich das Gespräch »um die aramäischen Worte«, die Therese »aus dem Gedächtnis wiedergeben konnte«. Der Bischof erkannte, daß die dargebotenen Proben seiner »liturgischen Sprache, dem Aramäischen oder Syro-chaldäischen« entsprachen.[552] Was Therese darbot, waren die ihr von Wutz beigebrachten Begriffe, aber keine »weiteren aramäischen Redeteile«.

Prof. Wutz ist am 21. März 1938 gestorben, »ohne etwas über das Aramäische aus den Schauungen der Therese Neumann veröffentlicht zu haben und ohne daß seine Freunde, die, nachdem er gestorben war, nach seinen Aufzeichnungen suchten, auch nur die geringste Spur davon entdecken konnten«.[553] So schreibt Schwarz. Ungefähr zehn Seiten weiter weiß er zu diesem Thema mehr zu sagen. Er zitiert Angaben, die

Thereses Bruder Ferdinand im Jahr 1991, also 53 Jahre, nachdem Wutz gestorben war, gemacht hat: »Es gibt Aufzeichnungen [...] von Prof. Wutz. Ich habe ja zwölf Jahre in Eichstätt gewohnt, mit im Haus von Professor Wutz. Und ich weiß, daß er sehr viele Aufzeichnungen, gerade wegen des Aramäischen, gemacht hat. Diese Aufzeichnungen sind nach dem Tod von Professor Wutz einer Klosternonne in St. Walburg übergeben worden: einer Frau Michaela, die sehr viele schriftliche Arbeiten für Professor Wutz erledigt hat [...]. Sie hat auch [nach dem Tod von Professor Wutz] die Unterlagen über seine aramäischen Aufzeichnungen mit sich genommen. Inzwischen haben die Nachforschungen aber ergeben – Frau Michaela ist ja längst verstorben –, daß niemand weiß, wo diese Unterlagen im Kloster St. Walburg zu finden sind.«[554] Was Ferdinand Neumann behauptet, gehört zu den geheimnisvollen »Konnersreuther Phänomenen«. Das einemal sagt er, die betreffenden Akten seien der Klosterfrau Michaela »übergeben« worden; das anderemal erklärt er, sie habe sie »mit sich genommen«. Wer hat sie übergeben? Das könnte wohl nur Ottilie Neumann gewesen sein, die Haushälterin des Professors. Wieso wurde nach dem Tod des Professors »auch nicht die geringste Spur« von den Akten entdeckt, wenn bekannt war, wer sie hatte? Ferdinand Neumann versichert auch, man habe lange nach dem Tod der Klosterfrau im Kloster St. Walburg nach den Akten ergebnislos geforscht. Er hat vergessen, was er vorher gesagt hat, nämlich, daß man danach bereits unmittelbar nach dem Tod des Professors »geforscht« und von den Aufzeichnungen nicht die geringste Spur entdeckt hat, obwohl bekannt war, wo sie sich befanden!

Wie es in Wirklichkeit war, läßt sich leicht erklären. Wutz hat über das Aramäische in Konnersreuth kein Buch veröffentlicht, nicht einmal einen Aufsatz. Darum konnten auch keine einschlägigen Akten verschwinden, weil solche nicht vorhanden waren. Sicherlich hat er sich Notizen gemacht; wohin diese, sei es vor oder nach seinem Tod, geraten sind, läßt sich denken.

Günther Schwarz zitiert in seinem Buch den Eichstätter Prof. Dr. Franz X. Mayr, Ordinarius für Biologie und Chemie, um zu begründen, warum die Forschungen des Prof. Wutz im Sand verlaufen sind: »Leider war es Wutz nicht vergönnt, den ganzen aramäischen Wortschatz zu bergen, der in den Visionen der Therese verborgen lag. [...] Für das Verhalten von Prof. Wutz brachte man in Regensburg kein Verständnis auf und verübelte ihm seine häufigen Besuche in Konnersreuth. Schließlich sah sich Wutz veranlaßt, seine Sprachforschungen bei Therese aufzugeben und auch seine Hilfeleistung für weitere Untersuchungen abzusagen. Leider hat sich niemand gefunden, der in der Lage gewesen wäre, ohne Wutz dessen Forschungen weiterzuführen und zu einem Abschluß zu bringen.«[555]

Warum hat Wutz das Ergebnis seiner Forschungen nicht zusammengefaßt und veröffentlicht? Schwarz verweist auf Erzbischof Teodorowicz, der dem Professor »Vorhaltungen« gemacht habe, weil er »dieses merkwürdige Problem nicht wissenschaftlich zusammengestalte«. Darauf soll Wutz geantwortet haben: »Sie sehen, wieviel Mühe es gekostet hat, ihr ein Wort abzulauschen; denken Sie sich, was das für eine große Anstrengung wäre, auf diese Art das ganze Material festlegen zu müssen.«[556]

Schwarz bedauert, daß sich damals der Professor für alttestamentliche Exegese und Hebräisch an der Phil.-theol. Hochschule in Regensburg, Dr. Lippl, nicht mit Wutz ins Benehmen gesetzt hat. Er meint, falls Dr. Lippl sich beteiligt hätte, wäre Therese Neumann und ihren Angehörigen und ihren Freunden »viel Leid erspart geblieben und die wissenschaftliche Ausbeute hätte größer werden können«. Da täuscht sich Schwarz gewaltig. Prof. Lippl war ein Wissenschaftler ersten Ranges; auf eine unsinnige Methode hat sich der Kollege von Killermann, Waldmann, Engert und Stöckl nicht eingelassen.

In der Schrift DER SCHWINDEL VON KONNERSREUTH habe ich die Frage gestellt, wie man auf das Sprachphänomen gekommen sei, und gesagt: »Es ging auf folgende Überlegung zurück: Wenn Therese bei ihren Visionen, die sie in längst vergangene Zeiten zurückgeführt haben, alles so erlebt hat, wie es einstens abgelaufen ist, dann muß sie auch die damals verwendete Sprache vernommen haben.«[557] Schwarz »widerlegt« mich mit dem Hinweis auf A. K. Emmerick, die doch so viele Visionen gehabt habe, ohne daß sie »die damals verwendete Sprache« vernahm.[558]

A. K. Emmerick hat in der Tat nie behauptet, die Sprechenden, Jesus und andere Personen, hätten in einer ihr fremden Sprache geredet; sie gebrauchten die deutsche Sprache. Der Hinweis auf Emmerick läßt erkennen, daß Schwarz auch ihre Schauungen für echt hält. Was diese alles schaute, soll ihre Beschreibung der auf dem Mond befindlichen Lebewesen andeuten: »Die Mondgeschöpfe mit den Haaren um den Unterleib sind geschickt. Sie bauen ihre Häuser so schön in Reihen. Sie haben kleine Türen und sind wie offen. Es sind auch viele Obstbäume in Reihen und ordentlich da. Getreide habe ich nicht gesehen und kein Kreuz noch ein anderes Bild. Die Seelen, welche ich sich immer in den Schatten verbergen sehe, scheinen leidlos und freudlos, als an einem Strafort hier, bis zum Gericht.«[559]

Im Unterschied zu A. K. Emmerick hat Therese Neumann nur wenige Szenen aus dem Alten Testament geschaut. Hätte Pfarrer Naber oder Prof. Wutz eine entsprechende Anregung gegeben, ohne Zweifel wüßten wir dann auch mehr über den Anfang der Menschheit. Dann hätte die Seherin von Konnersreuth auch wiedergegeben, wie die in der Bibel überlieferten, von Adam und Eva sowie von Kain und Abel gebrauchten Wörter und Sätze in der Ursprache der Menschheit gelautet haben. Da wurde eine einmalige Gelegenheit versäumt!

Wenigstens eine wichtige Erkenntnis verdanken wir Therese Neumann: Am 29. September 1928 erlebte sie den Kampf der guten und bösen Engel. Pfarrer Naber hat die Szene festgehalten: »Heute, am Feste des hl. Erzengels Michael, schaut Therese die Engelwelt (Jünglingsgestalten als Licht in lichten, weißglänzenden, wallenden Gewändern) in verschiedenen Abteilungen, 12 Erzengel an der Spitze. Erst sind die Engel noch alle schön und gut und singen. Dann entsteht der Streit in Mienen, Worten und Gebärden, währenddessen etwa der 3. Teil der Engel sich verfinstert und entstellt, darunter der mächtigste der Erzengel und noch 4 andere Erzengel. Nun sammeln sich die lichtgebliebenen und die finstergewordenen Engel in 2 Heerlagern, die unter Führung des mächtigsten Erzengels auf der bösen und unter der Führung des nächstmächtigen Erzengels auf der guten Seite unter dem Kampfruf ›Michael‹ auf dieser Seite gegeneinander mächtig kämpfen, bis die guten Engel die bösen in die Tiefe verdrängt haben. Freudig singen darauf die siegreichen Engel: ›Kadosch, kadosch, kadosch.‹«[560]

Den Gesang der Engel in hebräischer Sprache, zu deutsch: »Heilig, heilig, heilig«, hat Schwarz nicht beachtet. Therese Neumann hat zwar nur ein einziges Wort gehört, aber es »beweist« sehr viel: daß die Engel miteinander hebräisch gesprochen haben.

Zum Thema »Sprachengabe der Therese Neumann« hat Christian Feldmann gesagt: »Sprachexperten können sich bis heute nicht erklären, wie das einfache Landmädchen in seinen Visionen exakt Aramäisch, Latein, Griechisch und auch neue Sprachen – etwa das mittelalterliche Italienisch des Antonius von Padua und das provencalisch eingefärbte Französisch der Bernadette Soubirous – wiedergeben konnte, ohne ein Wort zu verstehen.«[561] – Wie man nur Sprachexperten so erbärmlich einschätzen kann!

Günther Schwarz ist überzeugt, daß Therese Neumann echte Visionen gehabt und neben anderen Fremdsprachen auch aramäische Laute vernommen hat. In seinem Buch DAS ZEICHEN VON KONNERSREUTH gibt er unter dem Thema »Deutung und Bedeutung des Aramäischphänomens der Therese Neumann« eine weit darüber hinausreichende Erkenntnis preis. »Das Aramäischphänomen«, so sagt er, liefert »als sprachwissenschaftlich nachprüfbares Phänomen [...] den schon seit langem gesuchten Nachweis dafür, daß die Muttersprache und zugleich die Predigt- und Lehrsprache Jesu das Aramäische war [...]. Als literarisch und akustisch nachprüfbares Phänomen liefert es für jeden, dessen Denken ungebunden ist, den seit langem gesuchten Nachweis, daß das, was man Geschichte (auch persönliche Geschichte) nennt, in der geistigen Welt auf geistige Weise in Bild und Ton gespeichert ist. [...] Für jeden, der meint, wenn er gestorben ist, sei es aus mit ihm und danach sei nichts weiter zu erwarten, ist dieser Tatbestand niederschmetternd. Wer dies erkennt, anerkennt und dementsprechend lebt, für den hat ›das Zeichen von Konnersreuth‹ eine ganz persönliche, seine ewige Existenz betreffende ethische Bedeutung. Wer hätte das gedacht?«[562] – Das Aramäische in Konnersreuth als Beweis für ein Fortleben nach dem Tod?! – Was Schwarz vorbringt, ist ein »Bekenntnis«, keine wissenschaftliche Beweisführung. Daß den Worten Jesu ein westaramäischer palästinensischer Dialekt zugrunde liegt, ist der neutestamentlichen Exegese seit fast hundert Jahren bekannt; den grundlegenden Nachweis hierfür erbrachte der bereits erwähnte Gustav Dalman.[563]

Das Buch DAS ZEICHEN VON KONNERSREUTH ist die bislang letzte Veröffentlichung des Pfarrers Günther Schwarz. Sein wichtigstes und umfangreichstes Werk, DAS

JESUS-EVANGELIUM, erschien im Jahr 1993. Mit dieser Schrift müssen wir uns etwas eingehender befassen. Welche Aufgabe er sich gestellt hatte, bringt er mehrmals zum Ausdruck. Im Vorwort sagt er:

»Das Jesus-Evangelium ist eine Neu-Übersetzung und Neu-Ordnung der gesamten Jesus-Überlieferung: sowohl der, die im Neuen Testament, als auch jener, die außerhalb des Neuen Testaments überliefert ist. Der Unterschied zwischen ihr und allen anderen Übersetzungen besteht darin, daß bei ihrer Bearbeitung zuerst die ältesten griechischen und altsyrischen Grundtexte in die aramäische Muttersprache Jesu rückübersetzt wurden und anschließend der so gewonnene Wortlaut ins Deutsche übertragen wurde. Dabei kristallisierte sich nach und nach etwas Überraschendes heraus, das inzwischen zur absoluten Gewißheit geworden ist: Alle überlieferten Jesusworte waren ursprünglich poetisch geformt. Und: Der herkömmliche Wortlaut der Evangelien wurde noch nicht einmal annähernd sinngetreu übersetzt.«[564]

Weiter sagt Schwarz in der »Einführung«: »Die in fast allen Sprachen der Welt vorliegenden Evangelien sollen angeblich die zuverlässigsten Informationen über Jesu Lehre, Leben und Wirken enthalten, die verfügbar sind.

Doch zuverlässig ist an den Evangelien so gut wie gar nichts. Dies ist das Ergebnis eines 45jährigen Umgangs mit den Evangelien in deutsch und griechisch sowie eines Studiums der aramäischen Muttersprache Jesu und der altsyrischen Evangelien. Erst danach wurde klar, daß eine Neu-Übersetzung und Neu-Ordnung der gesamten Jesusüberlieferung nötig waren – um herauszubekommen, was Jesus wirklich gesagt, getan und gewollt hat, und zwar ohne Rücksicht auf Meinungen, die in fast 2000 Jahren herausgebildet wurden. Die Summe der Bemühungen liegt hier vor – im ›Jesus-Evangelium‹, an dessen Wortlaut so gut wie nichts mit dem der herkömmlichen Evangelien übereinstimmt.«[565]

Auf der Außenseite des Rückendeckels ist zu lesen: »Jesus war der erstaunlichste Mensch, der je auf der Erde gelebt hat: über keinen anderen ist soviel nachgedacht, geredet und geschrieben worden. Die Hauptquelle über ihn und seine Lehre ist das meistgedruckte und – übersetzte Buch der Welt – das Neue Testament. Doch sind die Texte über ihn zuverlässig? Kann man den Übersetzungen vertrauen? Um das zu erfahren, wurde ein neuer Weg beschritten – die ältesten Textquellen wurden in die aramäische Muttersprache Jesu rückübersetzt und der so gewonnene Wortlaut ins Deutsche übertragen. Was die Christen glauben – Jesus lehrte es nicht! Und was Jesus lehrte – *die Christen wissen es nicht!*«

Der Theologe Dr. phil. Günther Schwarz hat mehr als 45 Jahre an der Erforschung der Muttersprache Jesu gearbeitet und seit 1968 Zwischenergebnisse in über 100 Beiträgen in Fachzeitschriften und in 8 Büchern veröffentlicht. Das »Jesus-Evangelium«, das er gemeinsam mit seinem Sohn erarbeitet hat, stellt »die Zusammenfassung der bisherigen Forschungen dar«.

Im Vorwort kündet er »für die Zukunft [...] die dem Jesus-Evangelium zugrundeliegende Rückübersetzung ins Aramäische« an. Seitdem sind drei Jahre vergangen. Es fehlt also dem mit dem Aramäischen vertrauten Fachmann immer noch der zur Beurteilung wichtigste Text.

Im Vorwort zu der Schrift DAS ZEICHEN VON KONNERSREUTH bedankt sich Schwarz bei Msgr. Ritter und Pfarrer Vogl für geleistete Dienste. Er wird sie wohl auch auf seine Veröffentlichung DAS JESUS-EVANGELIUM aufmerksam gemacht haben. Ob sie sich mit dem Inhalt befaßt haben, muß bezweifelt werden.

Nach einem schriftlichen Hinweis, den mir Schwarz im Sommer 1994 gegeben hat, habe ich fünf seiner Schriften gekauft, darunter auch DAS JESUS-EVANGELIUM. Nur wenige Wochen später, am 16. September 1994, wurde in Konnersreuth sein neues Werk, DAS ZEICHEN VON KONNERSREUTH, vorgestellt. Am 4. September 1995 schrieb mir der Pfarrer von Konnersreuth: »Wir warten seit einem Jahr auf eine Reaktion von Ihnen auf dieses Buch.« Ich habe ihm am 12. September geantwortet: »Ich werde reagieren, wenn die Veröffentlichung meiner Stellungnahme in der gleichen Form geschieht wie im Falle Schwarz, natürlich auch zu denselben Bedingungen.« Daraufhin hat Vogl am 24. September geantwortet: »Wie zu erwarten, wissen Sie zum Aramäisch-Problem im Buch von Dr. Schwarz nichts zu sagen.« Was kann man machen, wenn ein eindeutiger deutscher Text nicht verstanden wird?

Vor allem in der Schrift DAS JESUS-EVANGELIUM werden Anschauungen vertreten, mit denen wohl Pfarrer Vogl nicht einverstanden ist. Zum Beweis, daß ich mich mit den Büchern des Autors Schwarz befaßt hatte, habe ich ihn darauf hingewiesen, daß es nach der Meinung des Verfassers »keine göttliche Natur Jesu und keine Dreifaltigkeit gibt«. Diese Feststellung hat Vogl als einen »Angriff« auf Dr. Schwarz aufgefaßt und ist mit ihm »in Kontakt getreten«. Dieser teilte dem Pfarrer am 21. September 1995 mit, »es sei falsch, daß er die göttliche Natur Jesu bestritten hätte«. Dem fügte er die Bemerkung hinzu: »Wie es scheint, gelingt es Hanauer nicht, genau zu lesen. Darum gelingt es ihm auch nicht, genau zu schreiben.« Diese Bemerkung hätte mich beinahe überrascht.

Es fällt auf, daß Schwarz in seinem Brief das Wort Dreifaltigkeit nicht erwähnt, was nur als Bestätigung meiner den Tatsachen entsprechenden Angabe aufgefaßt werden kann. Es ist klar, daß dann, wenn es keine Dreifaltigkeit gibt, auch von keiner göttlichen Natur Jesu im Sinne des Credo gesprochen werden kann. Schwarz kommt mehrmals auf das Thema »Dreifaltigkeit« und »Gottheit Jesu« zu sprechen. Beispielsweise sagt er beim Thema »Hymnen des Neuen Testamentes«: »Über Gott lehren die Hymnen: Gott ist einer, und er ist auch der Gott Jesu, des Gesalbten. – Heute dagegen wird gelehrt, Gott sei ein dreieiniger: Gott, der Vater, Gott, der Sohn, und Gott, der Heilige Geist. Über Jesus lehren die Hymnen: Jesus ist göttlich und er hatte nicht im Sinn, zu sein wie Gott. – Heute dagegen wird gelehrt, Jesus sei Gott der Sohn: die zweite Person des dreieinigen Gottes. Als Mensch sei er wahrer Gott und wahrer Mensch zugleich gewesen.«[566]

Im »Jesus-Evangelium« schreibt Schwarz: »Er, ›das Wort‹, war und ist der einzigartige Sohn Gottes, nicht sein einziger und nicht sein eingeborener. Und da Gott ein Geistwesen ist [...], ist auch er, ›das Wort‹, ein Geistwesen. Der Träger dieses Titels war und ist der bevollmächtigte Sprecher Gottes, der u.a. auch die Propheten inspirierte [...]. ›Das Wort‹ war *göttlich*, niemals *Gott*. Doch es war leicht, das Wort *göttlich* in *Gott* zu verändern. Dazu genügte es, sowohl beim aramäischen als auch beim griechischen Wort nur einen Buchstaben zu löschen. [Anm.: Diese Änderung war eine Folge der Vergottung Jesu. Sie wurde veranlaßt durch die Lehre von der Dreieinigkeit – eine Lehre, die mit der Lehre Jesu unvereinbar ist.] – [...] Gott ist das Leben und die Urkraft alles Lebendigen. Von ihm hat er, ›das Wort‹, als einziger Leben in seinem Sein, also Unsterblichkeit, empfangen. [...] Daß Gott ihn, das ›Wort‹ in Jesus Mensch werden ließ, gilt ohne Einschränkung, d.h., er wurde auf dieselbe Weise gezeugt und [von einer Frau] geboren [...] wie jedes andere Geistwesen, das Mensch wurde. [Anm.: Wenn Gott das ›Wort‹ in Jesus Mensch *werden ließ*, dann kann Jesus unmöglich Gott gleich sein an Wesen, Ewigkeit und Macht.] [...] Jesus war ein erleuchteter, geistig ›lebendiger‹ Mensch, der den Weg der Gottnähe kannte, ging und lehrte. Dadurch erwies er sich als *Erleuchtender*, als geistig ›Wiederbelebender‹. – Wenn Jesus, der Erleuchtende, jedes Geistwesen *belehren läßt*, das als Mensch in diese Welt kommt, so folgt daraus, daß alle Menschen bereits vor ihrer Geburt in der geistigen Welt gelebt haben müssen. – [...] Alle *Menschen* waren ursprünglich reine Geistwesen, unmittelbar aus Gott herausgesetzt zu zeitlosem Leben und immerwährend tätiger Entfaltung in der geistigen Welt. Darum waren sie seine Kinder von uran. Aber sie trennten sich geistig von ihm = ›starben‹ geistig und mußten die geistige Welt verlassen. Doch Gott will und hat alles Erforderliche veranlaßt, daß sie zu ihm zurückkehren können.«[567]

Dies und andere Thesen, die Schwarz vorträgt, findet man im Spiritismus. Es liegt mir fern, ihn deswegen »anzugreifen«. Meine Ausführungen sind die Reaktion auf seine wahrheitswidrigen Bemerkungen in seinem Brief an Pfarrer Vogl. In der Schrift »Die Poesie der frühen Christen« stellt er die Frage: »Was können die Kirchen tun, um denkende Menschen zu gewinnen?« Darauf antwortet er unter anderem: »Nun, die erste Forderung ist absolute Wahrhaftigkeit, Offenheit und Klarheit der Rede.«[568] Die Forderung ist voll berechtigt. Was bisher über Bücher des Autors Schwarz, vor allem über DAS JESUS-EVANGELIUM gesagt wurde, muß im Zusammenhang mit dem betrachtet werden, was nun zur Sprache kommen soll. Wie mir Pfarrer Vogl mitteilte, hat Dr. Schwarz am 3. August 1994 an den Ukkam-Verlag in München, bei dem seine Schriften erschienen sind, geschrieben: »Mein innerer Abstand zu der vorliegenden Fassung des ›Jesus-Evangeliums‹ ist inzwischen so groß, daß ich wünschte, es wäre nie gedruckt worden [...]. Hinzu kommt, daß ich aufgrund der Arbeit am Resl-Buch die vorliegende Übersetzung an etlichen Stellen verbessern und daß ich die gesamte Passionsgeschichte neu ordnen muß [...]. Daher bitte ich dringend, diese Tatsachen zur Kenntnis zu nehmen und auf keinen Fall eine zweite Auflage herauszugeben. Sie bliebe weit hinter meinem jetzigen Erkenntnisstand zurück und könnte nicht mehr verantwortet werden.«

Am 13. September 1994 schrieb Schwarz nochmals an seinen Verlag: »Ich sage mich los vom ›Jesus-Evangelium‹ [...]. Es ist innerlich nicht so, wie es nach meinem jetzigen Erkenntnisstand sein müßte [...]. Ich will nichts mehr mit der derzeitigen Fassung des Buches zu tun haben.« Das ist eine sonderbare Angelegenheit. Wann begann der innere Abstand? Im September 1993 kann dies noch nicht der Fall gewesen sein; damals wurde das Manuskript zur Drucklegung nach Preßburg in der Slowakei gesandt.[569] Das Manuskript zum neuen Buch DAS ZEICHEN VON KONNERSREUTH lag am 6. Juni 1994 »druckfertig« vor.[570] Sowohl im Literaturverzeichnis (S. 360) wie auch bei den Angaben »Über den Autor« (S. 363) wird »Das Jesus-Evangelium« angeführt. Wann hat also der »innere Abstand« eingesetzt? Einen Hauptgrund dafür gibt Schwarz nicht an; er erwähnt nur, was »hinzukommt«, nämlich eine notwendige Verbesserung der Übersetzung »an etlichen Stellen« und eine Neuordnung der gesamten Passionsgeschichte. Den neuen »Erkenntnisstand« verdankt er einzig und allein seiner »Arbeit am Resl-Buch«. Aber, als er damit im Juni 1994 fertig war, hat er mich kurze Zeit danach schriftlich auf sein JESUS-EVANGELIUM aufmerksam gemacht. Dieses wird immer noch (Oktober 1996) vertrieben.

Noch eine Merkwürdigkeit: Günther Schwarz hat im Schreiben an seinen Verlag in München sein Buch sehr negativ beurteilt. Was ist das für ein Verlag? Er nennt sich »Ukkam-Verlag«. »Ukkam« ist ein syrisch/aramäisches Wort und bedeutet »schwarz«. Das Münchener Telefonbuch verzeichnet in den Einträgen für Jörg Schwarz, den Mitverfasser des JESUS-EVANGELIUMS, und für den Ukkam-Verlag sowohl die gleiche Telefonnummer (3132405) wie auch die gleiche Adresse (80995, Josef-Zintl-Str. 6a). Im Ukkam-Verlag, dem »Schwarz«-Verlag, sind bisher nur Bücher erschienen, die Günther Schwarz allein oder zusammen mit seinem Sohn Jörg verfaßt hat.

Günther Schwarz hat aufgrund der Beschäftigung mit Therese Neumann von Konnersreuth eine »Kehrtwendung« vollzogen. Im Hinblick darauf hat mir Pfarrer Vogl am 24. September 1995 geschrieben: »Sie können wohl erahnen, welche Überwindung es einem Autor und Wissenschaftler kostet, sich von einem Buch, das er vorher ›die bisherige Summe aller meiner Arbeiten‹ bezeichnete, loszusagen und es nun – aufgrund seiner Arbeit am Resl-Buch ›Schnee von vorgestern‹ nennt. Das zeugt von geistiger Größe, die ich nur bewundern kann. Ob Sie das auch anzuerkennen vermögen?« – In Anbetracht der geschilderten Hintergründe kann ich nicht bewundern; ich kann mich nur wundern.

Günther Schwarz stellt fest: »Zuverlässig an den Evangelien ist so gut wie gar nichts.« Völlig anders beurteilt er die »Schauungen« der Therese Neumann von Konnersreuth. Im Buch DAS ZEICHEN VON KONNERSREUTH behandelt er nur ihre Passions- und Osterschauungen, so wie er sie in der Konnersreuth-Literatur gefunden hat. Am 16. September 1994 hat er ein zweites »Resl-Buch« angekündigt, in dem er »alle Schauungen Resls in einer ausführlichen Neubearbeitung vorlegen« wolle, bei der Tonbandaufnahmen des Ferdinand Neumann ausgewertet würden. Einen kleinen Abschnitt mit dem Titel »Jesu letzte Passafeier« hat er bereits im Jahr 1995 veröffentlicht. Daran fügt er die Schlußbemerkung: »Ich hoffe, daß den Lesern der obigen Nacherzählung Resls während des Lesens bewußt geworden ist, welcher Schatz uns und den nachfolgenden Generationen in ihren Schauungen übergeben worden ist. Und ich füge hinzu: Wir sollen keine Mühe und kein Ungemach scheuen, uns dieses Schatzes als würdig zu erweisen!«[571] Welche Bedeutung der Pfarrer von Konnersreuth der Schrift DAS ZEICHEN VON KONNERSREUTH zumißt, hat er in die Worte gekleidet: »Wenn dieses Sprachphänomen nach Schwarz zweifelsfrei echt ist, dann darf ich wohl auch auf die Echtheit der anderen Phänomene bei Therese Neumann schließen.«[572] Ob Günther Schwarz diese Überzeugung teilt?

Einen kleinen Auszug aus dem geplanten »zweiten Reslbuch« hat Schwarz Mitte November 1996 im 8. THERESE-NEUMANN-BRIEF vorausveröffentlicht. Zuerst führt er den nur im Matthäus-Evangelium befindlichen Text 27,51b-53 an, der von den Ereignissen beim Tod Jesu berichtet: »Und die Erde wurde erschüttert, und die Felsen wurden gespalten, und die Gräber wurden geöffnet, und viele Leiber wurden auferweckt. Und sie gingen in die heilige Stadt und vielen wurden sie offenbar.« Von diesem Text sagt Schwarz, »daß es trotz des mehr als 1900jährigen Bemühens ungezählter Ausleger nie gelungen ist, ihn richtig zu verstehen und richtig zu deuten«. Die richtige Deutung »konnte nicht gelingen« und »könnte nie gelingen – außer, ein Augenzeuge erzählte, was sich damals nach Jesu Sterben ereignet hat«. Genau das, so versichert Schwarz, ist geschehen; »mehr noch: das Erzählte wurde sogar auf Tonträger aufgenommen«. Wann dies geschah? Die Tonbandaufzeichnung erfolgte am Karfreitag 1941:

»Resl ist visionär vom Golgotahügel in den Bereich des Jerusalemer Tempels versetzt. Sie erzählt: ›In dem großen Haus (= Tempel) bin ich gewesen. Da hat es schrecklich ausgeschaut. Das ist eine Festzeit gewesen. Aber die Leut sind ganz verschreckt gewesen und ganz durcheinander. Die Erde hat gebebt. Da sind zwei große Risse gewesen. [...]

Da ist ein großes hohes Tor. Davor sind hohe Steinsäulen. Und durch das Erdbeben hat es zwei Steinsäulen hinausgesprengt. Und dann ist das Tor aus dem Leim gegangen, wie man so sagt. Ein schönes Tor!

Und dann ist hinter dem Tor ein Vorhang gewesen, ein schöner (= der Vorhang am Tor des Heiligen, nicht der am Übergang vom Heiligen zum Allerheiligsten des Tempelhauses). Der ist ganz zerrissen gewesen. Der wäre von selber nicht zerrissen. Das hat das Erdbeben getan. [...]

Und wo der Heiland einmal gesessen ist, droben auf einem der großen Stühle (= Lehrstühle der Schriftgelehrten), da sind alle umgestürzt gewesen, durcheinandergeworfen. Ach, das hat schon gruselig ausgeschaut. [...]

Da sind dann auch Tote herumgeschwebt. Kein Fleisch, nur Gebein. Geschwebt! Nur Gebein! Der Kopf war frei. Der hat herausgeschaut. Sonst sind sie eingewickelt gewesen (= in Leichentücher und Binden). [...]

Zum Kittelschneider sind sie gekommen (= zum Hochpriester Kajaphas). Der ist arg verschreckt gewesen. Und zu dem Alten sind sie gekommen, zu dem langen dürren, wo der Heiland gestern Nacht gewesen ist (= zum Althochpriester Hannas). Der ist schön ängstlich geworden, wie die Toten herumgeschwebt sind. [...] Und zu dem Ichtrauminet sind sie gekommen (= zu Pilatus). Dem ist ein Schreck gekommen. [...]

Der Alte und der Kittelschneider sind nicht daheim gewesen, in ihren Stuben, sondern in dem großen Haus. Aber der Ichtrauminet, der ist nicht da drinnen, der ist daheim gewesen.‹

Soweit der Auszug aus einer Schauung Therese Neumanns nach einer Tonbandaufzeichnung vom Karfreitag 1941.«

Über die geschilderte »Schauung« urteilt Schwarz: »Resls Erzählung hat durchaus den Charakter eines Augenzeugenberichts – bis in die Einzelheiten hinein, die sie so genau gar nicht kennen konnte.« Dazu seine »Deutung«: »Da Totengerippe nicht herumzuschweben pflegen, ist ihr ›Erscheinen‹ vor Kajaphas, Hannas und Pilatus nicht als Realität aufzufassen, sondern als schaurige Visionen, von denen sie bald nach Jesu Sterben auf Golgota heimgesucht wurden. Wohlgemerkt: Nur jene drei, denen die Hauptschuld an Jesu Kreuzigung anzulasten ist. Niemand sonst konnte sie sehen – abgesehen von Resl, die aber auch nur visionär schaute, was die drei in ihren Visionen schauten.« Schwarz schließt seinen Bericht mit den Worten: »Klar sollte sein, daß kein Mensch je von sich aus auf diese ebenso einfache wie einleuchtende Erklärung der Sonderüberlieferung Mt 27,51b-53 kommen konnte. Das bedeutet: Wir haben sie Resl zu verdanken: und zwar als Mittlerin, derer sich der Heiland bedient hat.« – Man darf erwarten, daß Schwarz in seinem »zweiten Reslbuch« weitere »einfache und einleuchtende Erklärungen« darbieten wird.

8. Schweben

Johannes Steiner schreibt beim Thema »Schweben« (Elevation): »Es sind Fälle bekannt geworden, in denen Therese Neumann der Schwerkraft ›enthoben‹ wurde und im visionär-ekstatischen Zustand frei über dem Erdboden schwebte.« Er beruft sich auf Ernst Doebele, der in seinem Buch über die Stigmatisierte von Konnersreuth berichte, daß die »Elevation« bei Therese Neumann »einige Male« vorgekommen sei; er bedauert aber, daß Doebele »keine nachprüfbaren Angaben« unterbreite. Steiner selber kennt nur zwei Fälle, die »mit örtlichen und personellen Angaben« aufgezeichnet seien.[573] Er bezeichnet aber nur einen »einzigen Fall dieses Phänomens« als »zuverlässig festzustellen«.[574] Betrachten wir also diesen Fall!

Es war am 15. August 1938, als Therese im Steyler Kloster in Tirschenreuth die leibliche Aufnahme Mariens in den Himmel schaute. »Sie ruft ›mit, mit‹ und streckt den emporschwebenden Gestalten die Hände nach, sich auf die äußersten Spitzen der Zehen erhebend, so daß man unwillkürlich schaut, ob sie denn noch auf dem Boden stünde. In der Tat wird durch eine Reihe von absolut glaubwürdigen Zeugen, darunter Priester, ausgesagt, daß sie [...] ein Stück mit emporgerissen worden sei und einige Zeit in der Luft geschwebt habe.« Für diesen »zuverlässig festzustellenden Fall« führt Steiner einen einzigen Zeugen an. Er schreibt: »Am 25.9.1950 traf ich in Konnersreuth einen Augenzeugen dieses Vorfalles, Herrn Dost aus Hildesheim, der sich für die Wahrheit verbürgte. Therese sei etwa 15-20 cm vom Fußboden erhöht gewesen und habe in diesem freischwebenden Zustand eine Zeit lang verharrt. Ich selbst habe im Jahre 1947 einen Abstand vom Boden nicht beobachten können.«[575]

Der Bericht verrät nicht einmal, ob Therese Neumann ihre Vision im Stehen oder Sitzen hatte. Im Jahr 1961 habe ich den Konnersreuther Pfarrer Josef Schuhmann gebeten, er möge Therese fragen, inwieweit die spärlichen Angaben der Wahrheit entsprächen. Sie erklärte, das Schweben sei bei Visionen öfters vorgekommen, beispielsweise, wenn sie die Aufnahme Mariens in den Himmel visionär verfolgt habe; dann habe sie auch mitgewollt, und so sei es zum Schweben gekommen. Zeugen, so sagte sie, seien außer dem bereits genannten Dost aus Hildesheim einige Patres von St. Peter in Tirschenreuth gewesen, von denen sie jedoch keinen mit Namen nennt. Auf diese Mitteilung hin wandte ich mich an das Missionshaus St. Peter in Tirschenreuth. Von dort erhielt ich die Mitteilung: Jene Patres, die beim Besuch der Stigmatisierten im Jahr 1938 zugegen waren, seien inzwischen alle verstorben. »Die Aussagen der Patres damals scheinen nicht ganz eindeutig gewesen zu sein, so daß es hier niemand fest behaupten möchte, daß die Elevation wirklich Tatsache war, oder es so schien, als ob sie schwebte.«

Der zweite »wunderbare« Fall ereignete sich in der Klosterkirche St. Walburg in Eichstätt. »Die Äbtissin Maria Benedikta von Spiegel merkte plötzlich, daß die bei der Wandlung in Schauung geratene Resl, die tiefer als sie neben ihr gesessen hatte, sich ungefähr in gleicher Höhe befand. Die Nachprüfung ergab einen Abstand um etwa eine Stufe vom Boden.«[576] Wie die Nachprüfung stattgefunden hat, weiß Boniface zu berichten. In der Klosterkapelle wurde ein feierliches Pontifikalamt abgehalten. Während der Wandlung fiel der Äbtissin auf, daß sich Therese Neumann plötzlich auf gleicher Höhe wie sie befand. »Um ganz sicher zu sein, daß sie nicht einer Täuschung zum Opfer fiel, streckte sie ihre Hand unter Thereses Füßen vorbei, deren Kleider heruntergingen, ohne den Boden zu berühren.« Boniface beruft sich auf den Bericht, den ihm die Äbtissin am 9. September 1943 gab.[577] – Wie lang müssen die Arme der Äbtissin gewesen sein, daß sie von ihrem erhöhten Sitz aus mit einer Hand unter die Füße der Schwebenden greifen konnte! Oder ist sie während der Wandlung von ihrem Sitz heruntergestiegen und hat vor Therese einen Katzenbuckel gemacht?

Schon lange vor Boniface und Steiner hat sich P. Staudinger etwas mit dem Thema befaßt. Im Jahr 1928 schrieb er, verschiedentlich sei festgestellt worden, daß Therese Neumann während des Kommunionempfangs in Verzückung geraten sei; bei dieser Gelegenheit habe man sie »einen halben Meter über der Erde schweben sehen«.[578] So etwas hat nie jemand festgestellt, nicht einmal Pfarrer Naber. Zum Schweben hätte es schon aus dem Grunde nicht kommen können, weil sich Therese immer in ihrem abgeschlossenen Stuhl befand, wenn sie kommunizierte.

9. Bilokation

Ähnlich wie beim Phänomen »Schweben« verhält es sich mit der ebenso selten erwähnten Bilokation. Darüber sagt Steiner: »Therese ist, obwohl sie in Konnersreuth oder anderswo zugegen war, gleichzeitig an anderen Orten dritten Personen erschienen.«[579] Der erste Fall spielte sich im Jahr 1929 ab. Nach den Osterfeiertagen hielt sich Therese in Eichstätt auf. Dort traf sie ihren großen Verehrer P. Ingbert Naab. Bevor dieser in die Pfalz abreiste, um Exerzitienvorträge zu halten, bat er die Stigmatisierte um ihr Gebet. Dort, ungefähr 400 Kilometer von Konnersreuth entfernt, geschah es, daß der Pater während eines Vortrags »in der Kirche dreiviertel Stunden lang die Resl in ihrem schwarzen Kleid und weißen Kopftuch stehen sah«. In Wirklichkeit befand sich Therese in Konnersreuth. Sie hatte am ersten Tag der Exerzitien zu ihrer Schwester gesagt: »Heute fängt doch der P. Ingbert mit seinen Exerzitien an. Da wollen wir fest für ihn beten.« Ingbert Naab hat später sein Erlebnis »im Konnersreuther Kreis« erzählt.[580] War Therese tatsächlich zur selben Zeit in Konnersreuth und in der Pfalz? Sie selber hat es am 8. Mai 1931, zwei Jahre nach dem »Ereignis«, bejaht. »Im erhobenen Ruhezustand« erklärte sie, es sei ihr Schutzengel gewesen, den der Pater in ihrer Gestalt gesehen habe.[581] Wäre dies der Fall gewesen, dann läge nicht das vor, was man als Bilokation zu bezeichnen pflegt, abgesehen davon, daß es für dieses Phänomen noch nie einen unwiderleglichen Beweis gegeben hat. Ingbert Naab ist einer optischen Täuschung erlegen. Ob er von der ekstatischen Auskunft Thereses etwas erfahren hat, ist unbekannt. Man darf bezweifeln, daß er den Unsinn geglaubt hätte, ein Engel habe bei ihm religiösen Zuspruch und seelische Aufmunterung gesucht.

Bei einem Gespräch mit Steiner erzählte Therese Neumann einige Fälle von Bilokation, von denen sie in Briefen erfahren habe. Sie versicherte ihrem Gesprächspartner, hie und da erhalte sie einen Brief, in dem von solchen Dingen berichtet werde; sie gab allerdings an, sie selber gebe auf so etwas gar nichts, sondern werfe solche Briefe sofort ins Feuer. Unter anderem erzählte sie: »Ein Geistlicher habe ihr geschrieben, er sei beim Zelebrieren sehr gleichgültig gewesen, habe Meßstipendien unterschlagen, mit einer Lehrerin ein sündhaftes Verhältnis gehabt; da habe er einmal beim ersten Umwenden nach der Kommunion in der hl. Messe sie, die Therese, vor sich sitzen sehen, bitterlich weinend, wie sie sich eben die Tränen mit einem Tuche abwischte, wobei er auf der nicht verdeckten Hand das Wundmal gesehen habe; das habe ihn so ergriffen, daß er sich kaum mehr habe halten können.« Der Briefschreiber soll auch versichert haben, er habe sich gebessert.[582] Auf »so etwas« gab Therese nichts, aber sie hat gerne darüber gesprochen!

Für das Phänomen der Bilokation bringt Boniface einen »handgreiflichen« Beweis. Er spricht von einem »doppelten Phänomen, das vielleicht in der Geschichte der mystischen Phänomene einzig dasteht«. Die beiden Stigmatisierten, Therese Neumann und P. Pio, so sagt er, haben sich zwar nie persönlich getroffen, sie haben sich aber doch sehr gut gekannt. »Sie sollen beide voneinander im Zustand der Bilokation Kenntnis erhalten haben.« Wie das geschah? Boniface sagt es: Eines Tages diktierte P. Pio einem seiner Verehrer, bevor dieser eine Reise nach Konnersreuth antrat, folgende Botschaft: »Sagen Sie der guten Therese, daß ich mich ihrer erinnere in Freundschaft vor Unserem Herrn und Heiland, damit sich in ihr der göttliche Wille vollziehe.«[583] Da hat jemand aus dem Wort »sich erinnern«, an »jemand denken«, ein Wunder der Bilokation fabriziert.

Über einen weiteren Fall von Bilokation schreibt Pfarrer Naber in seinem Tagebuch: »Ein mir gänzlich Unbekannter erzählte mir gestern, er sei am Samstag infolge unerträglich scheinender moralischer und wirtschaftlicher Not darangewesen, sich selbst das Leben zu nehmen. Da plötzlich sei Theres Neumann vor ihm gewesen und habe ihn gewarnt und dadurch vor dem Selbstmord bewahrt. Theres erzählte im gewöhnlichen Zustand, sie habe am Samstag viel zu leiden gehabt, es sei ihr so verzweiflungsvoll zu Mute gewesen. Im erhobenen Ruhezustand hieß es, ihr Schutzengel habe ihre Gestalt annehmen und jenen Mann warnen dürfen, weil er etliche Male für das, was der Heiland hier an ihr wirkt, entschieden eingetreten sei.«[584] – Pfarrer Naber machte den Eintrag am 8. Mai 1931, an einem Freitag; der fremde Mann war bei ihm am Donnerstag, dem 7. Mai. Demnach könnte ihm Therese nur am 2. Mai oder einem noch weiter zurückliegenden Samstag erschienen sein. Erst am 8. Mai fiel ihr ein, daß ihr am 2. Mai »so verzweiflungsvoll zu Mute« gewesen sei, und am 8. Mai machte sie nähere Angaben im »erhobenen Ruhezustand«! Von der angeführten Geschichte trifft sicherlich nicht mehr zu, als daß jener Mann geglaubt hat, etwas Außergewöhnliches erlebt zu haben; alles andere ist Selbstbeweihräucherung Thereses.

VI. THERESE NEUMANN UND DER »HEILAND«

1. Das »Heilandsreserl«

Therese Neumann hat sich gerühmt, sie sei von der heiligen Theresia von Lisieux als »Liebling des Heilands« bezeichnet worden. Diesem Titel gleicht ein anderer, den sie sich beigelegt hat, nämlich: »Heilandsreserl«. Beide Begriffe wollen nicht zum Ausdruck bringen, daß die Stigmatisierte von Konnersreuth von der Liebe zu Jesus Christus durchdrungen war, sondern, daß seine Zuneigung in besonderer Weise ihr galt. In dieser Hinsicht hatte sie eine ganze Reihe von »wunderbaren Erlebnissen«.

Am 17. Mai 1931 machte sie abends einen Besuch in der Pfarrkirche. Dort erschien ihr der Heiland und schaute sie »recht liebevoll an«.[585] Ähnliche Szenen erlebte sie während ihrer Schauungen. Nach einer Vision an Weihnachten schilderte sie ihr Erlebnis mit dem Christkind: »Mit hellen, dunkelblauen Augen blickte es mich freundlich an; das Kindlein trug ein weißes Hemdchen, breitete gegen mich seine Ärmchen aus und lächelte mir zu. Es sah aus, als wollte es zu mir.«[586] Ein andermal durfte sie während ihrer Weihnachtsvision das Christkind auf ihren Armen tragen.[587] Jedes Jahr am Fest Epiphanie schaute sie den Zug der Magier nach Palästina. Nachdem diese dem Jesuskind gehuldigt haben, sieht Therese »Maria das annähernd 2 Jahre alte göttliche Kind hinausführen unter die Begleitung der Weisen. Theres geht mit, voll Freude am Heiland, der sich schließlich liebevoll und freundlich zu ihr wendet und ihr die Hand reicht. Sie ergreift sie und fühlt sogar dessen Wärme«.[588]

Am 6. Januar 1940 weilte Johannes Steiner in Konnersreuth und ließ sich die Schau der Magier schildern. »Das Jesuskind, das schon laufen kann, kommt heraus und gibt dem Gefolge das Händchen. Resl springt vom Kanapee auf und läuft durch das Zimmer, wobei sie an ihr Bett anstößt, das Angesicht geht in unsagbar strahlende Freude über; dann sinkt sie ohnmächtig auf das Bett (sie ist dem Jesuskind entgegengelaufen und dieses hat auch ihr das Händchen entgegengestreckt, das sie nehmen durfte und warm und fleischig fühlte. Vor Freude wurde sie ohnmächtig). Pfarrer Naber und ihre Schwester Ottilie führen sie wieder auf das Kanapee.«[589]

Bei der Darstellung Jesu im Tempel legt der greise Simeon der Stigmatisierten das Jesuskind in die Arme. Am Fest des hl. Antonius von Padua schaut Therese, wie das Jesuskind dem Heiligen erschien. Sie sieht, wie er dem Jesuskind, das auf einer Wolke schwebend zu ihm herniedersteigt, seine Arme entgegenstreckt, wie er es ans Herz drückt und das Antlitz mit Küssen bedeckt. Da schaltet sich Therese ein und bittet Antonius, »er möchte das Kind für einige Augenblicke ihr geben«. Weil Antonius nicht auf ihr Ansinnen eingeht, spricht sie zu ihm: »Wart nur, wenn es an Weihnachten zu mir kommt, so bekommst du es dann auch nicht«.[590]

Auch bei Freitagsvisionen kam es vor, daß Therese Neumann die geschauten Ereignisse auf ihre Art ergänzte. Sie selber wirkt bei der Kreuzabnahme und Grablegung Jesu mit; sie hilft auch beim Einwickeln des Leichnams in die Grabtücher.[591] Aber nicht genug damit, vom Kreuz herab wendet sich Jesus der Visionärin zu. Dies geschah bereits im Jahr 1926, wo ihr »einige Male, so am Herz-Jesu-Fest, der Heiland einen liebevollen Blick vom Kreuze aus« zuwarf.[592]

Teodorowicz berichtet: »Der Heiland schaut in diesem Augenblick mit todesmüden, aber Dank und Anerkennung verheißenden Augen auf sie; und vor überschwenglicher Seelenfreude lächelt sie«.[593] Einmal versicherte Therese Pfarrer Naber, Christus habe am Kreuz hängend seinen Blick auf sie gerichtet, habe sie liebevoll angeblickt und ihr »zugelächelt«.[594]

Am 3. Mai 1928, am Fest Kreuzauffindung, litt Therese »ungeheure Schmerzen in den Wunden am Kopf, an den Händen, den Füßen und an der Seite sowie auf der rechten Schulter«. Um 12 Uhr, so drückt sich Naber aus, »starb« Therese. Am Abend darauf übernahm sie ein Sühneleiden, worauf der erhobene Ruhezustand folgte. Während dieser Zeit sah »sie den Heiland vom Kreuz zu sich herabsteigen«.[595] Im Jahr 1928 verbrachte Therese die Nacht vom 18. auf den 19. Februar im Pfarrhof. Über ihrem Bett hing ein Kreuz. »Plötzlich sah sie, wie Christus seine rechte Hand vom Kreuze löste und über sie ausbreitete, während er sie mitleidig und wehmutsvoll anblickte.«[596]

Bei den geschilderten Szenen offenbart sich ein unerhörter Tausch der Rollen: Nicht Therese Neumann dankt Christus, sondern er bekundet ihr Dank und Anerkennung. Sie ist es auch, die bestimmt, was zu geschehen hat. »Mitunter benimmt sie sich dem Heiland gegenüber wie ein verwöhntes Kind. Sie schreckt nicht einmal davor zurück, ihm kleine Vorwürfe zu machen.« Das sagt Erzbischof Teodorowicz; er bezeichnet solch ein Verhalten als »vertrauliche Seelenzärtlichkeit«.[597]

Wiederholt projizierte Therese in ihre Visionen das hinein, was sie persönlich bedrückte. So sah sie »an einem Freitag vor dem Kirchweihfest, wie auch sonst öfter«, abseits vom Kreuz auf Golgotha »eine große Menge modern gekleideter Leute« stehen, »die gegen die Liebe des Heilands und sein Leiden kalt und gleichgültig sind, darunter auch Angehörige des Klerus«.[598] Die letztgenannte Angabe entsprang Thereses aufgestautem Groll gegen Zweifler an ihren »wunderbaren Phänomenen«.

Am Abend des 16. November 1932 hatte sich Therese in den Pfarrhof begeben. Beim Weggehen erklärte sie, sie wolle »den Heiland noch besuchen«. Der Pfarrer begleitete sie. Er ging mit ihr durch die Sakristei in die Kirche. Dort setzte sie sich neben den Hochaltar auf einen Stuhl. Nach kurzer Zeit geriet sie in eine Schauung. »Sie sah, wie im erhobenen Ruhezustand hernach erzählt wurde, die hl. Gertrud vor einem Altar in einem Liebesgespräch mit dem ihr erschienenen Heiland. [...] Nach einiger Zeit stand Theres auf, ging die Altarstufen hinauf vor den Tabernakel und fing da an, herzlich-kindlich zum Heiland im Tabernakel zu reden. Sie strich liebevoll über den Platz hin, auf dem die hl. Hostie bei der hl. Messe liegt und seufzte sehnsuchtsvoll: ›Heiland, ach, wenn du mich hättest einen Buben werden lassen!‹ Da plötzlich erschien ihr der Heiland vom Tabernakel her vor ihren Augen. Welche Freude, welche Liebe leuchtet nun aus ihrem Antlitz?« – Dieses »Erlebnis« hätte Therese kaum gehabt, wenn Pfarrer Naber nicht zugegen gewesen wäre.

Therese Neumann ist nicht die einzige und nicht die erste »Mystikerin«, die ganz außergewöhnlicher Gunsterweise gewürdigt wurde. Ähnliche »Erlebnisse« hatte schon die am 3. März 1787 verstorbene Dominikanerin Columba Schonath. Diese wurde am 25. Dezember 1763 »in der hl. Christnacht« gewürdigt, »von der allerseligsten Jungfrau und Mutter Gottes Maria das liebreichste Christkindlein in ihre Arme zu empfangen«. Ähnliches geschah am Weihnachtsfest 1766 und 1767: Maria gab »ihr liebes Kind« in die Arme Columbas. Im Jahr 1765 fiel diese auf ihrer Zelle »in Ohnmacht und Verzückung«. Da geschah es, daß das in ihrer Zelle befindliche Kruzifix seinen Platz verließ und in ihre Arme kam.[599] Therese Neumann hat offensichtlich von ihrem Vorbild gelernt.

2. Das Heilandsorakel

Der Heiland spricht zu Therese
Wie Therese Neumann behauptete, sprach zu ihr nicht nur ihr Schutzengel oder die hl. Theresia, sondern auch Christus, und zwar nicht nur während ihres ekstatischen Zustandes, sondern auch sonst, »wenn sie ihre Sehergabe betätigt«. Eines Tages bat der amerikanische Bischof Schrembs die Stigmatisierte um ein blutgetränktes Kopftuch. »Sie wendete einen Augenblick ihren Kopf zur Seite, als ob sie einer Stimme lauschen wolle«; dann antwortete sie: »Ja, ja, das kannst Du haben; der Heiland sagt, Du kannst es haben.« Wohlgemerkt, dies geschah nicht während einer Ekstase, sondern im Wachzustand.[600]

Als Prof. Killermann im Jahr 1928 zugegen war, wurde Therese von einem Erstickungsanfall überrascht. Nachdem der Anfall wieder vorbei war, fragte sie der Professor, ob sich am selben Tag noch einmal ein Erstickungsanfall einstellen werde. Sie bejahte die Frage, Killermann hingegen äußerte Zweifel. Darauf betonte sie, das müsse sie doch besser wissen, »wenn der Heiland es ihr gesagt habe«. Kurz darauf fügte sie hinzu: »Der Heiland stärkt mich«, und: »Jetzt ist der Heiland fühlbar da.«[601]

Der Heiland spricht aus Therese
Zwei Thesen sind zu unterscheiden: Zum einen wird versichert, »der Heiland« habe zur Stigmatisierten gesprochen; die andere These lautet: Christus hat unmittelbar aus ihr geredet. Dies soll regelmäßig geschehen sein, wenn sie sich im Zustand der »erhobenen Ruhe« befand. Dieser stellte sich »fast nach jeder Kommunion« ein, »aber auch

zur Stärkung zwischen den Leidensvisionen«.[602] Diese Überzeugung vertrat Pfarrer Naber. Die Einschränkung auf die Zeit unmittelbar nach dem Kommunionempfang ist unlogisch; seiner Meinung nach soll ja »der Heiland« in der unaufgelösten Hostie von einem bis zum anderen Kommunionempfang andauernd gegenwärtig gewesen sein. Was Naber glaubte, stützte sich auf die Aussagen der Stigmatisierten. Eines Tages unterhielt sich Prof. Mager mit Therese während ihres »erhobenen Ruhezustandes«. Sie versicherte ihm zu wiederholten Malen, »daß nicht sie das und das sage, sondern Christus in ihr«; es sei zwecklos, sie nachher über das von ihr Gesprochene ausfragen zu wollen, weil sie dann nichts mehr davon wisse.[603] Am 30. März 1928 erklärte Therese nach Beendigung der Freitagsvisionen mittags nach 12.20 Uhr: »Jetzt darf ich rasten und ruhen, der Heiland stärkt mich. Was ich rede, redet der Heiland aus mir, nachher weiß ich von nichts.«[604]

Zuweilen kümmerte sich »der Heiland« persönlich darum, wer in der Konnersreuther Pfarrkirche einen bestimmten Gottesdienst zu übernehmen und wer die Predigt zu halten habe. Am 7. Dezember 1928 befahl sie Prof. Mayr, er müsse den Benediktiner Augustin Graf von Galen mitteilen: »Hochwürdiger Herr Pater, ich habe einen Auftrag für Sie vom Heiland. Therese hat mir soeben in der Ekstase gesagt: ›Geh und sage P. G., daß er es ist, der morgen das Hochamt und die Predigt halten soll.‹« Während P. Galen mit der Stigmatisierten, die sich im ekstatischen Zustand befand, ein Gespräch führte, erklärte sie ihm: »Du wirst mir morgen die Kommunion bringen.« Dem Pater war es dann am anderen Tag vergönnt sich zu überzeugen, daß die Hostie ohne Schluckbewegungen verschwand.[605]

Der Benediktiner Prof. Mager war zusammen mit seinem Mitbruder P. Staudinger nach Konnersreuth gefahren, wo er sich mehrmals mit der Stigmatisierten unterhielt. Über seine Erlebnisse und Gespräche berichtete er dann in der Presse. Mit seinen Ausführungen war Gerlich gar nicht einverstanden. Er begab sich selber nach Konnersreuth und erkundigte sich bei Therese, sowohl während ihres Wachzustandes wie auch während ihrer Ekstasen, ob die Ausführungen Magers der Wahrheit entsprächen. Aufgrund der in Konnersreuth erhaltenen Informationen widersprach er dem Professor. Dabei berief er sich auf das Gespräch, das ihm vom »Heiland« gewährt worden sei; dieser habe »die im erhobenen Ruhezustand befindliche Therese Neumann als irdisches Werkzeug benutzt«. In einem Brief, den Gerlich an Mager schrieb, heißt es: »Es ist wohl richtig, daß Therese Neumann von dem, was der Heiland aus ihr im erhobenen Ruhezustand spricht, nachher im gewöhnlichen Zustand nichts weiß. Aber der Heiland weiß es noch und wenn er, wie es der Fall mit der Erforschung der Wahrheit diesmal war, mit der Gnade einer Mitteilung über den Verlauf des Gesprächs mit Ihnen und über den Grad des Verständnisses, das Sie dabei gewonnen haben, gewährt, so bekomme ich sehr genaue Auskünfte sogar über das, wieviel Sie von dem verstanden haben, was der Heiland mit Ihnen sprach [...].«[606]

Die Überzeugung Gerlichs kann nicht verwundern; was er für wahr hielt, stützte sich auf die Aussagen von Theologen, in erster Linie auf Pfarrer Naber. Dieser holte sich ja in allen möglichen Fragen Auskunft bei seinem Orakel. Bei Meinungsverschiedenheiten pflegte er zu sagen: »Wollen wir den Heiland fragen!« Am 28. Juli 1928 hielt sich in Konnersreuth ein brasilianischer Bischof auf. Nachdem dieser Therese die Hostie gereicht hatte, sprach Naber zu ihm: »Wenn Sie sie fragen, wird der Heiland durch sie antworten.«Als Prof. Killermann die Richtigkeit einer Auskunft der Seherin in Zweifel zog, widersprach der Pfarrer mit den Worten: »Die Resl, der Heiland wird es besser wissen.«[607]

Eines Tages stellte der Jesuit Metzler in Gegenwart des Konnersreuther Pfarrers der Stigmatisierten eine Frage. Er erhielt keine Antwort. Da erklärte Naber: »Sie müssen fragen: ›Was sagt der Heiland?‹« Der Pater lehnte dieses Ansinnen ab.[608]

Ähnlich wie Pfarrer Naber urteilte und handelte Helmut Fahsel. Dieser war oftmals Gast in Konnersreuth. Er pflegte die Fragen, die er an Therese während ihres ekstatischen Zustandes richtete, mit den Worten einzuleiten: »Liebster Heiland, laß mich wissen [...].« Seiner Überzeugung nach war die Seele der Ekstatikerin in der Zeit, während ihr Körper schlief, »zum passiven Werkzeug einer höheren Intelligenz« geworden. Wie er versicherte, hat er Therese während ihres »erhobenen Ruhezustandes« zu wiederholten Malen Fragen gestellt, aber niemals bemerkt, »was einem göttlichen Charakter in den Antworten, die gegeben wurden, widersprach«.[609]

Einmal wollte sich Pfarrer Naber mit Therese, die sich im »tiefen Schlaf«, in der Ekstase befand, unterhalten. Sie gab ihm zunächst keine Antwort. Darum wiederholte er seine Worte. Nun antwortete Therese »beziehungsweise ihr Mund«: »Mit der Resl kannst du jetzt nicht reden, sie schläft jetzt.« Trotzdem redete »die Stimme« weiter und gab dem Pfarrer bestimmten Besuchern gegenüber einige Verhaltensmaßregeln.[610]

Als Naber von Therese während ihres Trancezustandes zum erstenmal mit »Du« angeredet wurde, war er etwas verblüfft. Noch mehr wunderte er sich darüber, daß ihre Worte »so bestimmt« aus ihrem Munde kamen, »wie wenn jemand redete, der der Herr ist«.[611] Sie selber brachte zu wiederholten Malen ihre Freude darüber zum Ausdruck, wenn man ihr mitteilte, daß während ihrer Visionen jedermann, auch ein Bischof mit »Du« angeredet werde. Die Hörenden störte das nicht, im Gegenteil, sie freuten sich, vom »Heiland« angesprochen zu werden.[612]

Inhalt von Mitteilungen

Eines Tages vernahm Pfarrer Naber aus Thereses Mund die Worte: »Heute nachmittag wirst du zur Resl gerufen werden.«[613] Oftmals, während sie sich im »Ruhezustand« befand, verkündete sie dem Pfarrer künftige Ereignisse oder gab ihm Anweisungen. Wenn diese sie allein betrafen, dann lautete der Befehl der »Stimme« an Naber dahin, er müsse ihr nach ihrer Rückkehr in den Wachzustand die entsprechenden Mitteilungen machen. Eines Tages sprach Therese zum Pfarrer: »Morgen wird ein Herr kommen, den sollst du zu ihr kommen lassen.« Ein andermal verkündete die »Stimme«:

»Heute abend wird sie um 8 Uhr schauen.« Häufig bezogen sich die Ankündigungen auf ihre Leiden. Dann lautete die Voraussagung beispielsweise: »Heute nachmittag wird sie um 4 Uhr ins Leiden kommen.«[614] Einmal verlangte Naber von Therese nähere Angaben über eine bestimmte Person. Die Auskunft lautete: »Meine Gebete und Leiden sollen in Dein Gebet und Leiden eingeschlossen sein.« In diesem Fall, so erklärt der Berichterstatter Ernst Doebele, seien ganz deutlich drei verschiedene Personen zu unterscheiden gewesen: einmal jene, über die Aufschluß verlangt wurde; dann die während der Ekstase angesprochene, also Therese; schließlich eine dritte Person, »die da spricht und die Objekt, das heißt Träger und Quelle der Anrede war«.[615] Einige Male kam es vor, daß Therese die »nicht aufgelöste Hostie« erbrach. Nachdem sich jeweils die übliche Aufregung gelegt hatte, war plötzlich die Hostie nicht mehr zu sehen. Des Rätsels Lösung war dann aus ihrem Munde zu vernehmen: »Der Heiland ist wieder in ihr.«[616]

Wie sie versicherte, konnte sie sich an das, was sie während ihres »erhobenen Ruhezustandes« gesprochen hatte, nicht erinnern; aber sie hätte es doch gerne gewußt; darum gab sie zuweilen dem Pfarrer, bevor sie in ihren ekstatischen Zustand geriet, den Auftrag, er möge ihr nach der Vision Bericht erstatten.

Manchmal war die Anweisung nicht notwendig, nämlich dann, wenn die »Stimme« dem anwesenden Pfarrer unmittelbar einen entsprechenden Befehl erteilte. Dieser lautete beispielsweise so: »Sag der Resl, sie möge dem und dem schreiben, oder das und das tun!«[617] Mitunter bekam der Pfarrer auch zu hören: »Man braucht dies der Resl nicht zu sagen«, oder: »Sie braucht das nicht zu wissen«.[618] Der Grund ist klar: Sie wußte schon vorher Bescheid.

Der Konnersreuther Benefiziat Liborius Härtl berichtet: Im Zustand der »gehobenen Ruhe« spricht Therese »nie in der ersten Person, sondern nur ›Die Resl‹; es ergeben sich dabei auch Weisungen an sie selbst in der Form: ›Die Resl soll‹, oder: ›Sag der Resl [...].‹«[619] Die folgende Episode steht im Zusammenhang mit dem Fall der Schwester Canisia, von dem noch die Rede sein wird. Der Bischof von Regensburg hatte im Jahr 1929 Pfarrer Naber den Auftrag erteilt, er solle darüber, was Therese über diese Schwester gesagt hatte, nähere Angaben machen. Im ekstatischen Zustand gab sie dem Pfarrer die Auskunft:

»Paß auf! Damit Du überzeugt sein kannst, daß das, was in diesem Zustand gesagt wird, verlässig ist, höre: Heute ist der 22. Juli. Am 24. Juli wird der Mann, dem Du vor ungefähr einem Jahr 500 Mark gegeben hast, zur Resl kommen und ihr die 500 Mark zur Übermittlung an Dich übergeben wollen; die Resl wird sie nicht annehmen wollen: der Mann wird drängen, aber die Resl wird sich weiter weigern: der Mann wird dann fortgehen, aber wieder kommen und der Resl ein Kuvert geben und sagen, dieses möge sie dem Herrn Pfarrer geben.« Das Prophezeite trat ein. Am 24. Juli erschien Therese beim Pfarrer und übergab ihm einen Brief; den Schuldner bekam er jedoch nicht zu Gesicht. Bedenken wir: Therese soll von den Vorgängen nichts gewußt haben, weil sie alles im Zustand der Ekstase erfahren hatte. Trotzdem zeigte sie sich beim Überreichen des Briefes voller Aufregung. Sie rief: »Herr Pfarrer, Herr Pfarrer, was mir passiert ist!«[620]

In Wirklichkeit ist ihr gar nichts passiert. Sie wußte davon, daß Pfarrer Naber einem Fremden 500 Mark geliehen, aber nicht zurückerhalten hatte. Mit einem Gaukelspiel wollte sie, die nie an Geldmangel litt, beweisen, daß ihre unsinnigen Aussagen über jene Schwester Canisia der Wahrheit entsprächen.

Teodorowicz behauptet: »Alles, was Therese von Auskünften über allgemeine Ereignisse nachgesagt wird, ist einfach erdichtet.« Was bedeutet allgemeine Ereignisse? Pfarrer Naber erfuhr aus dem Munde der Ekstatischen, daß, wann und wo in Konnersreuth zuweilen gerauft wurde; es wurde ihm auch verraten, wer im Regensburger Domkapitel für Therese und wer gegen sie war.[621] So etwas gehört wohl zum Begriff »allgemeine Ereignisse«; sie sind von einer Art, wie sie der Seherin auch ohne den Heiland bekannt waren.

Ernst Doebele gibt an, Pfarrer Naber habe im Laufe der Zeit die Erfahrung gemacht, »daß in den ersten Jahren manche Fragen nach rein weltlichen Dingen beantwortet wurden, später nur (oder fast ausschließlich) rein seelsorgerliche Angelegenheiten beschieden wurden«.[622] Die genannte Einschränkung stimmt nicht. Wir wissen, daß häufig Auskunft in rein irdischen Anliegen gesucht und erteilt wurde. Eine Bestätigung dafür ist die Bemerkung Aretins, die er in seinem 1952 erschienenen Buch über Therese Neumann macht: »Er reicht, seit Professor Wutz 1938 gestorben ist, der Resl jeden Morgen die Kommunion. Noch immer spricht danach eine Stimme aus ihr und gibt die Anweisungen für den Tag, ob sie Besuche empfangen soll oder nicht, ob Visionen eintreten werden und welche, und die unerklärlichen Ereignisse sind zur Gewohnheit geworden.«[623]

Es kam sogar vor, daß der »Heiland« Anordnungen traf, die im Widerspruch zum Hauptgebot der Liebe standen. Einmal wurde Therese während ihres ekstatischen Zustandes gefragt, wer zur Hochzeit ihrer Schwester geladen werden solle. Die Auskunft lautete: Die nächsten Verwandten sollen nicht eingeladen werden, wohl aber Dr. Gerlich, Prof. Wutz und andere bekannte Gönner der Stigmatisierten.[624]

Die Aussagen – zuverlässig

Die angeführten Beispiele beweisen, daß neben Pfarrer Naber viele andere Theologen überzeugt waren, daß Christus nicht nur zur Stigmatisierten gesprochen, sondern auch aus ihr geredet habe. Auch sie selber bezeichnete als den eigentlich Sprechenden den »Heiland«. So offenbarte sie Gerlich: »Nicht ich spreche, der Heiland spricht aus mir«, und: »Der Heiland schaut durch mich, ich bin nur ein Schatten vor ihm«.[625] »Immer wieder« hat sie Gerlich versichert: »Nicht ich sage das, sondern der Heiland. Nachher weiß ich von dem nichts, was ich Ihnen jetzt sage«.[626]

Es kam sogar vor, daß »der Heiland« in der 1. Person sprach. So war eines Tages die »Stimme« zu hören: »Ich selbst habe es der Therese Neumann geoffenbart, was sie zum Bischof Schrembs gesagt hat.«[627]

Es steht fest, daß Therese Neumann behauptet hat, sie empfange Auskünfte unmittelbar durch Christus, der zu ihr und aus ihr spreche. Dies haben ihre Verehrer geglaubt. Trotzdem haben zwei davon, nämlich Pfarrer Naber und Erzbischof Teodorowicz, auch das Gegenteil behauptet. Teodorowicz hat versichert: »Therese hat nie erklärt, daß der Heiland durch sie spreche; werde sie über dieses Thema befragt, dann antworte sie einfach: ›Ich weiß nichts davon.‹«[628] In seinem Bericht vom 12. Dezember 1934 erklärt er: »Ich habe aus dem Munde der Theres noch niemals gehört, daß sie Auskünfte durch den Heiland erhalten habe.«[629]

Pfarrer Naber hat in seinem Bericht vom 26. Februar 1929 an den Bischof von Regensburg im Hinblick auf den »erhobenen Ruhezustand« versichert: »Es wird in diesem Zustand nie in der ersten Person geredet, sondern nur in der dritten.«[630] Alle diese Behauptungen sind falsch. Der »Heiland« hat auch in der ersten Person gesprochen. Außerdem, auch wenn in der dritten Person gesprochen wurde, müßte der Redende Christus gewesen sein. Schließlich hat Therese selber versichert, daß nicht sie spreche, »sondern Christus in ihr«. Pfarrer Naber erteilte nur wenigen Besuchern die Erlaubnis, mit Therese Neumann zu sprechen, wenn sie sich im Zustand der »erhobenen Ruhe« befand. Als wichtigste Voraussetzung verlangte er einen bedingungslosen Glauben. Der Benediktiner Prof. Mager hat zu wiederholten Malen um eine entsprechende Erlaubnis gebeten; sie wurde ihm nie erteilt. Einem Mitbruder Magers erklärte Naber, »daß er aus Ehrfurcht vor Christus keinen zulassen könne, der nicht glaube, daß Christus aus ihr spricht«.[631] Wie unbeirrbar Nabers Gläubigkeit war, offenbart der Brief, den er am 26. Februar 1929 an den Bischof von Regensburg geschrieben hat. Im Hinblick auf Thereses »erhobenen Ruhezustand« sagt er:

»Darauf, daß das, was in diesem Zustand gesagt wird, auch eintrifft, kann man sich unbedingt verlassen. Bischöfliche Gnaden dürfen überzeugt sein, daß ich nichts von Bedeutung tue, ohne beim Heiland mir Rat geholt zu haben, dessen Rede durch Therese Neumann im erhobenen Ruhezustand durch so auffallende Tatsachen bestätigt ist, daß ich ganz blind und blöd sein müßte, wenn ich im geringsten daran zweifeln wollte.«[632]

Die Aussagen – irrtumslos
Weil Pfarrer Naber als den eigentlich Sprechenden Christus ansah, hielt er die jeweils erhaltenen Auskünfte für irrtumslos. »Der Pfarrer gehorcht den Stimmen«, schreibt Teodorowicz, »er weiß aus Erfahrung, daß diese Stimmen nicht irren.«[633] Nun aber haben sich die »Stimmen« oft und oft geirrt. Es müßte sich also Christus geirrt haben; er wäre der eigentlich Verantwortliche für die Irrtümer und Täuschungen. Im August 1929 weilte Weihbischof Dr. Horváth aus Ungarn in Konnersreuth. Therese hatte ihm gerade versichert, die Seele einer bestimmten Person befinde sich bereits im Himmel.

Auf die Frage, ob man demnach für sie nicht mehr zu beten brauche, wich sie mit der Bemerkung aus: »Sie sollen nur beten für sie; das hilft ja anderen Seelen.« Eine weitere Frage an Therese, wer für die erteilte Auskunft bürge, beantwortete sie lächelnd: »Nicht ich sage es, sondern der Heiland. Ich bin nicht verantwortlich.« Die Zusatzfrage: »Dann ist also der Heiland verantwortlich?«, beantwortete sie nicht; sie hat nur »bescheiden gelächelt«.[634]

Bischöfe beim Heilandsorakel
Das Heilandsorakel wurde auch von einer Reihe von Bischöfen in Anspruch genommen; sie haben wohl die von Pfarrer Naber geforderte Voraussetzung erfüllt. An einem Freitag des Jahres 1928 waren in Konnersreuth zwei Bischöfe anwesend, der Bischof von Limburg und Bischof Waitz von Feldkirch. Nach der Passionsekstase wollte sich der Bischof von Limburg wieder entfernen; Pfarrer Naber jedoch bat ihn, noch eine Viertelstunde zu verweilen und mit Therese während ihrer Ekstase zu sprechen. Er empfahl ihm, mit ihr über seine persönlichen Sorgen und Schwierigkeiten in seiner Diözese zu reden; dabei würde er aller Wahrscheinlichkeit nach staunenswerte Dinge zu hören bekommen. Der Bischof äußerte Bedenken, nicht deshalb, weil er Zweifel hinsichtlich des Orakels hegte, sondern weil er fürchtete, »manches Unangenehme hören zu müssen«. Aber Naber und Waitz drängten ihn, »die Gelegenheit nicht vorübergehen zu lassen«. Kaum hatte er seine Zustimmung gegeben, da »schlug die Stigmatisierte die Augen auf und bewegte sich. Der Herr Pfarrer ging zu ihr hin und sprach vielleicht drei Worte mit ihr«. Der Bischof grüßte sie und sagte ihr, daß er Bischof sei. Sofort bekam er aus ihrem Munde eine Lobrede zu hören. Nur einen Teil davon hat er verraten; »alles zu sagen«, so erklärte er, »verbietet die christliche Bescheidenheit.« Demnach hat ihm Therese ein Jubellied gewidmet. Sie sprach: »Dich hat der Heiland gern, sehr gern.« »Aber«, wandte der Bischof ein, »ich bin ein großer Sünder.« Therese fuhr in ihrer Lobrede fort: »So ist es, wie ich erklärt habe. Ich sage dir auch, warum. Das darf ich, weil du so bescheiden bist. Viele Bischöfe sind stolz, herrisch. Alles wollen sie durch Befehlen erzwingen und so stoßen sie die Geistlichen von sich. Du tust das nicht. Und Deine Geistlichen haben Dich deshalb lieb. Du hast auch schon viel für den Heiland getan und wirst noch mehr für ihn tun.« Dann verriet Therese etwas über sein künftiges Los im Jenseits, worüber er allerdings nur andeutungsweise berichtete: »Etwas Unglaubliches, was meiner Meinung nur dann Wahrheit werden könnte, wenn ich als Märtyrer sterben würde.« Die Wirkung der vernommenen Ansprache bringt des Bischofs Bekenntnis zum Ausdruck: »Ich mußte laut aufschluchzen, als ich draußen war.«[635] Im Rückblick auf seinen Besuch bezeichnete er Konnersreuth als »sein größtes religiöses Erlebnis«.[636] – Die Rede an den Bischof war wohl etwas wie eine Nachwirkung auf das vorausgegangene Freitagsleiden. Sie bestand zum Teil aus ihrem versteckten Groll gegen den verstorbenen Regensburger Bischof Antonius von Henle, der durchzusetzen versucht hatte, daß sie sich in einer Klinik beobachten lasse.

Ähnliche Lobsprüche wie der Bischof von Limburg bekam Josef Schrembs, Bischof von Cleveland, an einem Freitag im Dezember 1927 zu hören. Auf dem Weg von Amerika nach Rom besuchte er auch seine Heimat in der Oberpfalz. Um 11 Uhr kam er in das Zimmer Thereses. In Anwesenheit des Pfarrers Naber und der Eltern der Stigmatisierten wandte sich diese, die »aus der Vision zurückkam«, plötzlich an ihre Mutter: »Liebe Mutter, weißt du, der Mann, der dir zunächst sitzt, stammt aus diesem Land. Er wohnte einmal hier in der Umgebung, aber jetzt wohnt er weit weg in dem Land über dem großen Wasser und oh! Er arbeitet so hart. Er plagt sich, ohne an seine Gesundheit zu denken oder für sich zu sorgen. Er arbeitet so viel für den Heiland und der Heiland hat ihn sehr lieb. Weißt du, Mutter, ich habe ihm etwas zu sagen, aber ich kann es nur ihm allein sagen.« Alle verließen das Zimmer; nur der Begleiter des Bischofs, der nicht Deutsch verstand, durfte mit Erlaubnis Thereses bleiben. Nun sprach sie also weiter zum Bischof. Dieser berichtet:»Dreiviertel Stunden drang sie in die tiefsten Tiefen meiner Seele hinab. Sie sagte mir Dinge, die in meiner Brust verschlossen bleiben, die ich aber bis zu meiner Sterbestunde nicht vergessen werde. Sie sprach sogar über den Zustand meiner Diözese. Sie bezeichnete mir gewisse Dinge, welche Personen betrafen, mit denen ich täglich zusammenarbeite. Einige Personen beschrieb sie bis ins einzelnste, so daß ich meinen Finger auf sie legen konnte und ganz genau wußte, von wem sie sprach. Father MacFadden war der einzige Zeuge davon. Er sah die Wirkung, die es auf mich machte, als ich mehr als einmal in Tränen niederkniete.«[637] – Zum besseren Verständnis der Episode müßte man wissen, was alles dem Gespräch vorausgegangen ist. Man muß annehmen, daß sich der Bischof vorher angemeldet hat. Er hat sicherlich ein Gespräch mit Pfarrer Naber geführt, vielleicht auch mit Therese. Darüber wissen wir nichts; aber auf jeden Fall gab es Möglichkeiten, »geheime Dinge« auszukundschaften. Die Autoren, von denen die Schrembs-Episode verbreitet wird, vergessen regelmäßig die Fortsetzung anzufügen. Diese bietet der Brief, den Göttsches, Pfarrer von St. Marien in Aachen, am 29. März 1935 geschrieben hat:

»Wie bekannt ist, war der hochwürdigste Herr Schrembs, Bischof von Cleveland, meines Wissens 1930 in Konnersreuth und war, wie er sich mir gegenüber äußerte, von den Ereignissen um Therese Neumann fest überzeugt. Bei Gelegenheit des Emmerick-Jubiläums in Budapest war der hochwürdigste Herr Bischof Schrembs wieder in Krefeld und in seiner Begleitung waren vier Prälaten seiner Diözese. Bei dieser Gelegenheit hat der hochwürdigste Herr mir auf meine Anfrage erklärt: ›Ich bin nicht in Konnersreuth gewesen und gehe auch nicht hin; denn, was Therese Neumann mir damals über Geistliche meiner Diözese gesagt hat, stimmt nicht. Ich bin wohl beim hochwürdigsten Herrn von Regensburg gewesen und habe ihm erklärt: Pfarrer Naber von Konnersreuth muß versetzt werden und Therese Neumann in ein Kloster; wenn der Fall in meiner Diözese vorläge, würde ich sofort das anordnen und dafür sorgen, daß meine Anordnungen sofort durchgeführt würden. Ich halte von Konnersreuth nichts mehr.‹ Das ist sozusagen die Äußerung des hochwürdigsten Herrn Bischofs

Schrembs.«⁶³⁸ In der Tat war Bischof Schrembs im Jahr 1930 bei Bischof Buchberger, dem er zuvor seinen Besuch angemeldet hatte; nach Konnersreuth ist er nicht gefahren. Offenbar hat Pfarrer Göttsches die Äußerungen des Bischofs nicht genau wiedergegeben, was ja auch der Ausdruck »sozusagen« zu erkennen gibt; denn am 18. Juli 1939 hat der bischöfliche Sekretär Peter H. Schaefers dem Pfarrer von Münchenreuth auf dessen Anfrage hin mitgeteilt, der Bischof habe eine ihm zugeschriebene Bemerkung nicht gemacht.⁶³⁹ Daß Schrembs zum mindesten zum Zweifler geworden ist, kann man dem Brief entnehmen, den ihm am 19. Oktober 1931 Bischof Buchberger geschrieben hat. Darin heißt es: »Konnersreuth ist noch immer das gleiche große Rätsel. So manches kann ich nicht recht zusammenharmonieren mit dem Bild einer ›Leidensbraut‹.«⁶⁴⁰

Auch Bischof Buchberger hat sich vom Konnersreuth-Orakel belehren lassen. Am Freitag, dem 23. März 1928, blieb er, unmittelbar nachdem Therese kommuniziert hatte, allein in ihrem Zimmer. Er bekam von der Ekstatischen eine lange Rede zu hören: »Herr Weihbischof ist auch da, aber jetzt ist er nicht im Zimmer. Gestern habe ich Dich erkannt; auf dem Bild schaust Du ernster und bist größer. Du bist nie recht gesund gewesen, aber der Heiland gibt Dir schon Kraft, er hat Dich gern. Er wählt gerne Armselige. Der Herr Pfarrer von Trudering hat mir geschrieben, daß ich für jemand beten soll. Der Heiland hat mir geoffenbart, daß Du dieser jemand bist. Meine Eltern haben mich zum Gehorsam erzogen; wir sollen der Obrigkeit folgen. Der Heiland schickt mir aber dieses Leiden nicht, damit ich und meine Eltern geplagt sind, sondern daß Seelen gerettet werden. Die vielen Besuche waren ein Unfug, aber einige Besuche und bescheidene Besuche aus wichtigen Gründen will der Heiland. Der Herr Pfarrer hält streng auf Gehorsam; aber er soll nicht gezwungen werden, nur noch amtlich sich mit mir abzugeben; denn in meinem Leiden brauche ich Trost und Rat, und der böse Feind setzt mir auch manchmal recht zu.« Therese spricht dann ohne Veranlassung von Kardinal Faulhaber, daß auch dieser immer etwas leidend sei; denn er überarbeite sich, und zur Zeit sei er sehr erkältet. Weiter erzählt sie von Dr. Gerlich, von seinen Familienverhältnissen und von seinem guten Willen, den katholischen Glauben und die katholische Kirche zu verteidigen. Ferner berichtet sie vom Fabrikbesitzer Schwarz und seiner Frau in Plauen, die gute Leute seien und für die Kirche viel Gutes täten, schließlich von einem Professor Schleissner, der noch katholisch werde, und vom eben anwesenden Dr. Aigner, von dem sie sagt, er sei Monist, glaube an keinen persönlichen Gott und meine es nicht gut. Man möge ihn daher zu einem Besuch nicht zulassen. Therese sagt ferner, berichtet der Bischof, »ich hätte sehr brave Eltern gehabt; meine Mutter sei längst im Himmel, und auch meine Schwester habe den Heiland gern. Zuletzt sprach sie von einem Professor aus Mainz, der katholisch geworden sei aufgrund der Eindrücke in Konnersreuth. Vom Pfarrer Witt von Münchenreuth meinte Therese, er sei eben ein eigensinniger Mann und man sollte dem Rechnung tragen. Die ›Konnersreuther Zeitung‹ will sie nicht, denn sie berichtet viel Unwahres. Einen Aufenthalt in einer Klinik wünsche der Heiland nicht; denn die Ärzte sind größtenteils ungläubig und befangen. Der Pfarrer und sie selbst hätten nichts gegen eine Klinik, aber der Vater erlaube es nicht. Eine nochmalige Untersuchung durch Schwestern werde nicht viel bedeuten, weil die Gegner sagen werden, die halten auch zu ihnen. Aber sie sei nicht gegen eine solche Untersuchung; freilich, für ihr Seelen- und Gebetsleben sei dieselbe nicht gut.«[641]

Was Therese Neumann hier zum besten gibt, ist nichts anderes als Selbstbeweihräucherung, anödende Schmeichelei und Angst vor einer weiteren Überwachung. Es fällt auf, daß sie im »erhobenen Ruhezustand« auch die Bischöfe mit »Du« anredete, daß sie aber nicht in der 3. Person sprach, daß sie also nicht den »Heiland« zu Wort kommen ließ.

Wie kam die Seherin zu den in ihren Reden vorgebrachten Einsichten? Die Antwort ist nicht schwer, sie liegt geradezu auf der Hand. Denken wir nur an das, was Therese dem Bischof von Regensburg erzählt hat. Das waren lauter Dinge, die ihr wohlbekannt waren. Bei dem, was sie den Bischöfen von Limburg und Cleveland »offenbart« hat, ist es nicht viel anders. Deren Besuch war vorher angemeldet worden; Pfarrer Naber und Therese waren rechtzeitig informiert und konnten sich die erforderlichen Auskünfte einholen. Falls diese nicht den Tatsachen entsprachen, dann war das Ergebnis wie bei Bischof Schrembs, abgesehen davon, daß ein allgemeines Gerede immer ausgelegt werden kann, wie man es eben will.

Persönlichkeitsspaltung

Ähnliche Dinge, wie sie über Therese Neumann berichtet werden, hat auch der Arzt Dr. Lechler mit seiner Versuchsperson Elisabeth K. beobachtet. Auch sie sprach in der 3. Person von sich, »so daß es schien, als rede ein anderer aus ihr«. Lechler folgert daraus: »So entstammen auch die ›Heilandsworte‹ der Therese Neumann m.E. nur ihrem eigenen Gedankenleben.«[642]

Was bei Therese Neumann von ihren Bewunderern als etwas Übernatürliches angesehen wurde, läßt in Wirklichkeit an eine Persönlichkeitsspaltung denken. Darauf weisen schon die sogenannten ekstatischen Zustände der »kindlichen Eingenommenheit« und der »gehobenen Ruhe« hin. Im erstgenannten Zustand verfügte Therese nicht einmal über die Auffassungskraft eines vierjährigen Kindes. Erzbischof Teodorowicz beobachtete: »Ich habe einige Tage vorher mit Therese gesprochen, kenne also den ihrer Stimme eigenen Klang: Es scheint mir jetzt, als ob ich eine ganz andere Person sprechen höre.«[643] Damit stimmt überein, was über ihren Zustand der »gehobenen Ruhe« berichtet wird. Auch in diesem Zustand erscheint ihre Sprechweise wie umgewandelt. »Sie spricht in einer einzigen Tonart, deren sie sich sonst nie bedient, auch in einer anderen Form als in der kindlichen Eingenommenheit.«[644] In diesem Zustand tritt eine neue Persönlichkeit mit einer eigenen Stimme und einem anderen Wortschatz auf, eine Persönlichkeit, die sogar Hochdeutsch sprechen kann, während sich Therese sonst in ihrer Mundart ausdrückt und das Hochdeutsche nicht versteht, wenn der Schutzengel in dieser Weise zu ihr spricht!

Ähnliche Dinge waren bereits im christlichen Altertum bekannt, zum Beispiel in der Zeit des Montanus. Aus dem bewußtlos daliegenden Montanus und seinen Prophetinnen sprach zuweilen der »Hl. Geist« oder »Gott Vater« oder »Jesus Christus«.[645] Bei solchen Dingen handelt es sich nicht speziell um Phänomene im christlichen Raum. Überall, wo sich Menschen befinden, und zu allen Zeiten kannte und kennt man ähnliche Phänomene.

In der Frage der Persönlichkeitsspaltung bietet eine Parallele der als »Teufelsbanner« berühmt gewordene Pfarrer Johann Joseph Gaßner.[646] Weil er des Glaubens war, alle Krankheiten seien ein Werk des Teufels, den er sich jeweils in den einzelnen Patienten gegenwärtig dachte, wollte er sie durch Anwendung des Exorzismus vertreiben. Bei seinen »Heilkuren« erteilte er dem »Teufel« in der betreffenden Person, die es zu heilen galt, entsprechende Befehle. Der »böse Geist« gab befehlsgemäß Antwort, ja er hielt gelegentlich wahre Predigten. Die Zuschauer bekamen dabei den Eindruck, daß sich die Versuchsperson als zwei verschiedene Persönlichkeiten vorkam.

Ähnliches finden wir in der Praxis Mesmers, des Begründers des »Tierischen Magnetismus«. Einen Fall zum Vergleich: Während der Behandlung einer Gärtnersfrau zeigte sich, daß aus der Frau verschiedene Personen redeten, darunter ihre Tochter, die zwei Jahre zuvor im Alter von zwölf Jahren verstorben war. Die Tochter redete aber jetzt wie eine Erwachsene.[647] Gaßner hätte auch diese Stimmen dem Teufel zugeschrieben; bei Therese Neumann hieß es: Der Heiland spricht.

Das Christusorakel von Konnersreuth, der Glaube, aus Therese Neumann habe Christus gesprochen, ist ein aufgelegter Unsinn. Papst Benedikt XIV. (1714-1758) hat einmal gesagt: »Eine Person, aus der der Heiland spricht, täuscht oder ist getäuscht.«[648] Von allen »wunderbaren« Phänomenen, die Therese Neumann nachgerühmt werden oder die sie selber für sich in Anspruch genommen hat, ist die Behauptung, aus ihr habe Christus gesprochen, eine der allerdümmsten. Dies hätte beinahe Bischof Rudolf Graber eingesehen. Bei einem meiner Besuche habe ich ihn auf dieses Thema hin angesprochen und gefragt, ob er denn so etwas glaube. Er hat mir zur Antwort gegeben: »Ja, bei dieser Frage da haben wir gesagt, da könnten wir in Rom Schwierigkeiten bekommen.« Das Wörtchen »wir« sagt, daß bei einer Besprechung im »Konnersreuther Kreis«, die das Thema Seligsprechung der »Resl« zum Inhalt hatte, hinsichtlich des Christusorakels Bedenken zutage traten. Freilich, so etwas hat den Eifer des Bischofs ebensowenig gebremst wie den anderer »Konnersreuther«, weil man überzeugt war, auch Rom sei zu »bekehren«.

3. Ratgeberin im Namen des »Heilands«

Wie Steiner sagt, konnte man von Therese Neumann Auskunft erhalten über Probleme, die dem eigenen oder dem Seelenheil anderer dienten, aber auch über Projekte, wenn man damit Christus dienen wollte; gelegentlich wurden auch wertvolle persönliche Ratschläge erteilt.[649]

Es kam freilich nicht selten vor, daß sich die Ratschläge als falsch erwiesen. Solche Fälle werden allerdings von der üblichen Konnersreuth-Literatur totgeschwiegen oder verharmlost.

Ein katholisches Sozialwerk hatte sich als Aufgabe die Herstellung von billigen Arbeiterwohnungen in Fertigbauweise gestellt. Die Oberin eines Heimes ließ sich von Therese Neumann beraten. Diese bezeichnete während ihres erhobenen Ruhezustandes das Werk als »wünschenswert und fördernswert«. Daraufhin übernahm die Oberin Bürgschaft für einen sehr hohen Betrag. Das gewagte Unternehmen ging in Konkurs. Thereses Anhänger sprachen die Ratgeberin von jeder Schuld frei und belasteten andere. Steiner behandelt dieses Thema nur in einer Fußnote.

Er schreibt: »Das genannte Werk hatte ohne Zweifel idealistische Ziele, es hatte nur, wie heute einhellig anerkannt wird, den Nachteil, zehn Jahre zu früh begonnen zu werden. So konnte es damals noch keine staatliche Baugenehmigung erlangen. Um diese hätten sich aber Unternehmer und Geldgeber vor der Tätigung von Investitionen oder der Übernahme von Bürgschaften bemühen müssen. Anscheinend haben am Aufbau des Werkes Beteiligte Antworten auf Anfragen subjektiv ausgedeutet und sich Gutgläubigen gegenüber darauf berufen. Als man in Konnersreuth solches Verhalten erfuhr, hat man diesbezügliche Fragen im erhobenen Ruhezustand nicht mehr zugelassen (Im übrigen wurde die Bürgschaft, die die Oberin eines Heimes für das Werk übernommen hatte, binnen kürzester Frist durch eine andere Persönlichkeit abgelöst, so daß der Heimverwaltung kein Schaden daraus erwuchs. Mitteilung FN.).«[650] Steiner, der die Ratgeberin als schuldlos hinstellt, behauptet, man habe späterhin keine »diesbezüglichen Fragen im erhobenen Ruhezustand« zugelassen. Das Wort »diesbezüglich« stimmt nur für den eben geschilderten Fall.

Einmal gab Therese einen Rat, dessen Befolgung zu einer kirchlichen Strafe hätte führen müssen. Der Freisinger Subregens Dr. Westermayr wollte sie auf die Probe stellen; er fragte sie, ob er in einem bestimmten Falle seine Kenntnis aus dem Beichtstuhl gebrauchen dürfe, auch wenn die beichtende Person so etwas ausdrücklich verboten habe. Es ist eine vollkommen klare Angelegenheit, daß das Beichtgeheimnis unter keinen Umständen verletzt werden darf; nur die Seherin von Konnersreuth wußte das nicht. Sie versicherte dem Subregens, er dürfe seine Kenntnis aus dem Beichtstuhl verwenden; er solle nur verschweigen, daß er sein Wissen den Angaben eines Beichtenden verdanke.[651]

Eines Tages wandte sich jemand an das Bischöfliche Ordinariat in Regensburg und verlangte Schadenersatz in einer Angelegenheit, von der man dort gar nichts wußte. Der Grund war folgender: Eine jugendliche Person hatte sich an Therese Neumann gewandt und sie gefragt, ob sie für das Leben in einem kirchlichen Orden berufen sei. Therese bejahte die Frage und ermunterte zum Eintritt. Zwei Jahre blieb der Ordenskandidat im Kloster; dann trat er wieder aus. Nun verlangte seine Familie Schadenersatz von der Neumann-Familie. Diese weigerte sich. Daraufhin wandten sich die »Geschädigten« an das Bischöfliche Ordinariat und verlangten den Ersatz für den Lohnausfall von zwei Jahren.[652]

Es geschah mehrmals, daß Therese Neumann in Berufsangelegenheiten um Rat angegangen wurde. Eine Ordensoberin hatte es sich zur Angewohnheit gemacht, sich in Konnersreuth eine entsprechende Auskunft einzuholen, wenn sich eine junge Kandidatin angemeldet hatte. Die Aufnahme wurde verweigert, wenn Therese die Berufung zum Ordensleben verneint hatte. – In einem anderen Kloster hatte die Oberin eine ihrer Schwestern nicht zur Ablegung der »Ewigen Gelübde« zugelassen, sondern aus dem Kloster entlassen. Damit war diese nicht einverstanden. Sie wandte sich nach Konnersreuth um Hilfe. Pfarrer Naber befragte Therese während ihres ekstatischen Zustandes. Die Seherin erklärte, die zeitlichen Gelübde jener Schwester seien gültig gewesen, sie müsse zur Ablegung der Ewigen Gelübde zugelassen werden, »da kein Berufszweifel vorliege«; falls die Oberen ihre Haltung nicht änderten, würden sie sich eine schwere Verantwortung aufladen.[653]

Ein Lehrer trug sich mit dem Gedanken, in den Orden der Prämonstratenser einzutreten. Am 5. Januar 1933 fragte er Therese Neumann um Rat. Diese gab die Auskunft, der Prämonstratenserorden sei streng; es sei besser, wenn er sich einem anderen Orden zuwende; er solle aber zum Pfarrer gehen und ihm einen Zettel überreichen, auf dem angegeben sei, was er sie während ihres ekstatischen Zustandes zu fragen habe. Am 19. Januar sandte der Pfarrer dem Lehrer den Zettel zurück, mit der Bemerkung, Therese habe im ekstatischen Zustand gesagt: »In den Prämonstratenserorden eignet er sich nicht, obwohl er sich zum Priesterstand überhaupt eignen würde.« Daraufhin gab der Lehrer seinen Plan auf.[654]

Traunsteiner Weinschieberprozeß
Ungefähr ein Jahrzehnt nach dem Ende des Zweiten Weltkriegs hat der sogenannte Traunsteiner Weinschieberprozeß großes Aufsehen erregt. Es ging dabei, und zwar nicht nur so nebenbei, auch um die Stigmatisierte von Konnersreuth.

Allunit-Werke – Josef Plonner hatte in Zwiesel die »Allunit-Werke« gegründet; Teilhaber war Ferdinand Neumann, Landrat von Kemnath. Es ging um die Finanzierung des Werkes durch Geldgeber und durch gewinnversprechende Geschäfte. Um diese Zeit stand das in der Nähe von Konnersreuth befindliche Gut Fockenfeld zum Verkauf. Am Ankauf war das Bischöfliche Ordinariat in Regensburg sehr interessiert; es sollte ein

Kloster errichtet werden. Für beide Unternehmen erklärte sich Fürst von Waldburg-Zeil bereit, Geld beizusteuern. Vor allem erhoffte man sich, das Werk in Zwiesel durch billige Weinimporte aus Italien finanzieren zu können. Solche Geschäfte waren damals noch nicht möglich ohne die Zustimmung der zuständigen amerikanischen Behörden; in diesem Fall war der wichtigste Mann der Direktor der »Jeia« in Frankfurt am Main, Morris S. Verner. In der damaligen Zeit führte der »Konnersreuther Kreis« auch Verhandlungen, die zum Ankauf des Alpengasthofes Kreuz bei Serfaus in der Nähe von Landeck in Tirol führen sollten.

Weinschieberei – Das wichtigste Ereignis in der Angelegenheit war mit den Weinimporten aus Italien verknüpft. Im »Traunsteiner Weinschieberprozeß« wurde 1957 das Urteil gefällt. Bei diesem Mammutprozeß standen sieben Angeklagte vor Gericht wegen Devisenvergehen, Steuerhinterziehung, Urkundenfälschung, falscher Aussagen und anderer Vergehen. Zu den Verurteilten gehörte neben anderen der Weinkaufmann Anton Eutermoser, Josef Plonner und Ferdinand Neumann, ein Bruder der Stigmatisierten von Konnersreuth. In der Hauptsache ging es um illegale Einfuhr von 8.350 Hektoliter ausländischen Weines, die zur Tarnung als »Schenkungen an kirchliche und karitative Organisationen« deklariert worden waren. Ein beachtlicher Teil der erzielten Gewinne floß in die Allunit-Werke in Zwiesel. Das Unternehmen ging in Konkurs, trotz der Beratung durch Therese Neumann, die zu wiederholten Malen während ihres ekstatischen Zustandes befragt worden war. Therese wurde bei den Gerichtsverhandlungen nicht als Zeugin vernommen, obwohl ihr Name mehrmals auftauchte. Josef Plonner wollte das Gespräch auf sie bringen; aber der Vorsitzende winkte jedesmal ab.

Am Rand tauchte bei den Verhandlungen der Name Kreuz bei Serfaus auf. Dieser Ort war als eine Art Zufluchtsstätte für Eutermoser und den »Konnersreuther Kreis« ausersehen. In der damaligen Zeit rechnete man mit politischen Unruhen von der Ostzone her, wodurch die Amerikaner möglicherweise zum Rückzug hätten veranlaßt werden können. Der Gerichtsvorsitzende nahm dieses Thema von der humorvollen Seite, was sein Kommentar zum Ausdruck bringt: »Vielleicht sollte beim Auftauchen der Russen der Landgendarm eine Tafel mit der Aufschrift ›Aufstieg für Russen verboten‹ aufstellen.«[655] Warum der genannte Alpengasthof ins Gespräch kam, lag daran, daß zu seinem Ausbau die Summe von 100.000 Mark illegal investiert worden war.

Die Rolle der Stigmatisierten – Die Rolle, die Therese Neumann, vor allem bei den illegalen Weinimporten, gespielt hat, bestand in ihrer Auskunft, die sie im »erhobenen Ruhezustand« gegeben hat. Diesen ihren Weisungen hat man unbedingten Glauben geschenkt. Einer der Rechtsanwälte, Dr. Oehl, gab die Schuld für die Vorgänge bei den Weinimporten der »Wundergläubigkeit« der angeklagten Ferdinand Neumann, Josef Plonner und August Eutermoser. Er meinte: »Vielmehr müsse man dem sogenannten Konnersreuther Kreis, der weitgehend mit den Allunit-Werken identisch sei, als den eigentlichen Initiator bezeichnen. Und hier sei es wieder in erster Linie die stigmatisierte Therese, die Schwester des angeklagten Ferdinand Neumann, gewesen, die den Beteiligten entsprechende Weisungen erteilt habe. Die Stigmatisierte, führte Dr. Oehl weiter aus, habe auch dann noch zum Weitermachen aufgefordert, als die Angeklagten selber Zweifel hatten, ob die Sache ein gutes Ende nehmen könnte.« Auf Therese Neumann, so sagte der Rechtsanwalt, ging die Aufforderung zurück, man solle sich mit dem damaligen Direktor der »Jeia«, Morris S. Verner, in Verbindung setzen, von dem man wußte, daß er mit Konnersreuth sympathisiert hat.[656] Der Gerichtsvorsitzende nahm Verner mit dem Hinweis in Schutz, dieser sei hinters Licht geführt worden. Plonner wollte zu dem Thema noch mehr vorbringen: »Wir haben noch gar nicht davon gesprochen, welche Rolle Fräulein Therese Neumann in der Sache gespielt hat.« Der Vorsitzende ließ jedoch keine Ausführungen zu diesem Thema zu.[657] Der zugezogene Sachverständige suchte Plonner mit dem Hinweis zu entlasten, daß dieser den Aussagen und Anweisungen Thereses blind gefolgt habe, weil er in ihnen die »Stimme Gottes« zu erkennen geglaubt habe.[658]

Die Rolle, die Therese Neumann gespielt hat, spiegelt sich in verschiedener Weise wider. Sie hat von den Unternehmungen gewußt; sie hat mit anderen darüber gesprochen; ihre Auskünfte waren falsch und ermunterten zu illegalen Handlungen. In keinem Fall hat sie ein Geständnis abgelegt.

Die Weineinfuhr – Hat Therese Neumann etwas von der widerrechtlichen Weineinfuhr gewußt? Als man sie danach fragte, versicherte sie, sie habe überhaupt nicht von einer Weinlizenz gewußt. Auch Pfarrer Naber hat erklärt, ihm sei davon nichts bekannt gewesen. Beide beteuerten, sie hätten erst aus Pressenachrichten etwas von Geldveruntreuung erfahren.[659]

Zur Finanzierung der Weineinfuhr war man auf die Vermittlerrolle des Mr. Verner angewiesen. Therese Neumann war es, die eine entsprechende Frage, die man ihr während ihrer Ekstase stellte, mit der Aufforderung beantwortete, man solle mit Verner sprechen. Plonner gab vor Gericht an, er habe hinsichtlich des Geschäftsabschlusses Bedenken gehabt, aber »alle Bedenken zerstreute sein Freund, der Landrat Neumann, mit dem Hinweis, die Resl habe in Ekstase nach der hl. Kommunion die Aktion mit Dr. Rindt gebilligt«.[660] Auch Fürst von Waldburg-Zeil hat zu dieser Zeit auf die ekstatischen Auskünfte Thereses in rein wirtschaftlichen Angelegenheiten vertraut und erklärt, »daß er schließlich auf Grund der dem Gericht vorliegenden Ekstaseauskunft der Therese Neumann bereit war, sowohl Geld für die Allunit-Werke als auch für das Kloster Fockenfeld zu geben«.[661]

Fockenfeld
Bald nach dem Ende des Zweiten Weltkriegs stand das Gut Fockenfeld zum Verkauf. Das Gut hatte früher zum Kloster Waldsassen gehört und war während der Säkularisa-

tion in private Hand gekommen. Wie Johannes Steiner sagt, erfuhr Therese Neumann durch ihren Arzt Dr. Mittendorfer, der die Besitzerin des Gutes medizinisch betreute, von der Verkaufsabsicht. Man kam auf den Gedanken, das Gut in eine Spätberufenenschule umzuwandeln. Therese Neumann machte sofort ihren großen Einfluß geltend, damit der Kauf gelingen konnte. Als sie eines Tages vom Fürsten Erich von Waldburg-Zeil gefragt wurde, ob sie besondere Wünsche hätte, wies sie ihn auf das zum Verkauf anstehende Gut Fockenfeld hin. Da es sich aber um eine große Ankaufssumme handelte, erbat er sich die Mithilfe der Stigmatisierten. Er sagte: »Resl, die Franzosen haben für einige Millionen Mark Holz aus meinem Wald geschlagen; wenn Du mir hilfst, daß die von mir beantragte Abfindung ins Rollen kommt, helfe ich Dir in Fockenfeld.« Therese war einverstanden. Es galt nun, mit der entscheidenden amerikanischen Dienststelle, an deren Spitze Morris S. Verner stand, in Verbindung zu treten. Die Fahrt zu ihm nach Frankfurt hätte man gerne an einem Freitag unternommen; aber das war ja ein Passionstag. Man war noch beim Überlegen, da überraschte Pfarrer Naber »die Unschlüssigen bald darauf mit der Nachricht, daß er selbst inzwischen mit Resl in Ekstase gesprochen habe«. Die Auskunft lautete: Wenn Therese bereit sei, die Strapazen der Fahrt auf sich zu nehmen, werde der Heiland das Leiden ausfallen lassen. Therese erklärte sich bereit.[662] »Sie fuhr mit ihrem Bruder Ferdinand nach Frankfurt. Die Reise wurde ein voller Erfolg. Der Abfindungsvertrag des Fürsten wurde alsbald erledigt und der Fürst gab den Oblaten des hl. Franz von Sales in Eichstätt das Geld zum Ankauf von Fockenfeld in einem sehr günstigen Darlehensvertrag.«[663]

Allunit-Werke – Auch in der Frage der Allunit-Werke wurde der »Heiland« befragt. »Pfarrer Naber hat an Therese im gehobenen Zustand die Frage gestellt, was von den Allunit-Werken und den Bestrebungen ihrer Teilnehmer zu halten sei. Damals war gesagt worden, die Sache sei der Idee nach gut, aber es seien Leute dabei, die es nicht ehrlich meinen.«[664] Diese Auskunft erfuhr man allerdings erst im Jahre 1955, eine Reihe von Jahren nach den Ereignissen. Wenn der »Heiland« schon befragt wurde, dann hätte er doch die Unehrlichen entlarven müssen, allein schon im Interesse des Bruders der Stigmatisierten.

Weinlizenzen – Die benötigten Lizenzen für die beabsichtigte Einfuhr von Wein wurde erteilt – aufgrund von falschen Angaben. Plonner gab vor Gericht an, er habe zu wiederholten Malen persönlich mit Therese Neumann darüber gesprochen, wie es hinsichtlich des Gelingens der geplanten Unternehmungen bestellt sei; die Auskünfte hätten stets positiv gelautet, auch die während ihrer Ekstasen abgegebenen. Vor Gericht warf er die Frage auf: »Wer ist schuldiger, derjenige, der nach einigem Ringen an die absolute Echtheit der Ekstase glaubte, oder die als besser Gebildete, seriöse Personen oder gar als Priester mich in diesem Glauben bestärkten, nein, erst zu diesem Glauben brachten?«[665] Sicherlich konnte Plonner nicht als unschuldiges Lamm hingestellt werden, aber es muß ihm wenigstens teilweise zugebilligt werden, daß er in gutem Glauben gehandelt hat. In seinem anfangs 1957 an den Landgerichtsdirektor Dr. Flierle in Traunstein gerichteten Schriftsatz betont er, welch großen Einfluß auf seine persönlichen Entscheidungen und Handlungen »die Ekstasen nach der hl. Kommunion durch Therese Neumann« gehabt hätten. »Schließlich«, so schreibt er unter anderem, »habe ich anfangs noch durchaus kritisch, wenn auch sehr aufgeschlossen, mit einer absoluten Gläubigkeit an die Echtheit der Ekstasen im ›gehobenen Ruhezustand‹ der Therese Neumann geglaubt und das nun wirklich nicht zum Schein, nicht nur theoretisch, sondern ich habe daraufhin die unwahrscheinlichsten Risiken, Opfer und Schwierigkeiten auf mich genommen. Dieser mein Glaube hat sich wohl als ein folgenschwerer Irrtum erwiesen.« Weiter gibt Plonner an, er habe »durch bessere und längere Kenner des Phänomens, durch den Bruder der Therese, den Ortspfarrer« und andere überhaupt erst erfahren, »daß sich Therese in diesem Zustand unter Umständen auch zu scheinbar profanen und wirtschaftlichen Fragen äußert, wenn die Dinge Gott gefällig sind«. Plonner versicherte, er sei nach Konnersreuth gefahren, weil er durch Thereses Bruder dazu aufgefordert worden sei; dann habe er immer wieder den Weg dorthin eingeschlagen und um Rat gebeten, wenn er nicht mehr weitergewußt habe.[666]

Was wußte Therese? – Es versteht sich, daß die Aussagen eines Angeklagten kritisch betrachtet werden müssen. Wie hat sich Therese Neumann zu den Angaben Plonners gestellt? Sie versicherte, nichts von den Weinlizenzen, die Plonner von Mr. Verner erteilt worden waren, gewußt zu haben. Sie sagte: »Ich bin deswegen nicht zu Mr. Verner gefahren. Es ist möglich, daß sich Mr. Verner über solche Dinge unterhalten hat, was mich auch gar nicht interessiert hätte. Ich wußte von einer Weinlizenz überhaupt nichts. Ich verstehe das heute noch nicht, wie das zugegangen ist und was diese gemacht haben. Ich kann mir auch heute noch nicht vorstellen, wie diese Dinge vor sich gegangen sind oder wie hier überhaupt Unrecht geschehen ist.«[667]

Auch Pfarrer Naber wurde in der Angelegenheit befragt. Er beteuerte ebenfalls, nichts gewußt zu haben. Er gab zu, daß Mr. Verner in Konnersreuth gewesen sei; er versicherte jedoch, mit Therese habe er über das Weingeschäft nicht gesprochen. Auf die Frage, ob Therese im »gehobenen Zustand« von Plonner befragt worden sei, antwortete er: »Ich weiß nichts davon.«[668] Wußten beide, Therese Neumann und Pfarrer Naber, wirklich nichts? Worüber soll denn Plonner bei seinen Besuchen in Konnersreuth gesprochen haben, wenn nicht über diese Themen, derentwegen er gekommen war? Sehr wahrscheinlich war Pfarrer Naber nicht immer anwesend, wenn Plonner mit Therese sprach. Daß Gespräche auch während ihres Zustandes der gehobenen Ruhe stattfanden, das kann man nicht bezweifeln. Naber war auch sonst nicht immer dabei, wenn bestimmte Personen mit Therese Neumann sprechen durften. Dies bestätigt auch Steiner, der bestens informiert war: »Im allgemeinen war der Kreis der zum erhobenen Ruhezustand Zugelassenen sehr beschränkt. Pfarrer Naber pflegte jedesmal, vor allem dann, wenn er den betreffenden mit der Ekstatischen allein ließ, vor der ersten Begegnung zu fragen, ob er die Person zulassen dürfe.«[669] Hat Naber Plonner zugelassen? Das kann nicht bezweifelt werden. Auch der Bruder Thereses hat es bestätigt:

»Tatsache ist, daß Plonner und Therese (letztere im gehobenen Ruhezustand) des öfteren Aussprachen hatten. Der Inhalt dieser Aussprachen kann heute nicht mehr nachgeprüft werden. Plonner hat die Ausspracheergebnisse möglicherweise in ganz subjektivem Sinne ausgelegt.

Er hat es im übrigen immer wieder verstanden, zu Therese ohne Pfarrer Naber zu gelangen und sich Aussagen der Therese Neumann sozusagen erschlichen. [...] Ich habe wiederholt erlebt, daß Plonner bei Besprechungen mit anderen Geschäftspartnern Auskünfte, die er auf diese Weise erfahren bzw. sich erschlichen hatte, zur Bekräftigung seiner Verhandlungsführung mißbraucht, damit argumentiert oder sich sonstwie darauf berufen hat.«[670]

Ferdinand Neumann wurde gefragt, ob er etwas unternommen habe, um Plonner von seiner Schwester fernzuhalten. Er gab zur Antwort: »Ich habe wiederholt bei Verhandlungen, die Plonner mit Geschäftspartnern geführt hat, festgestellt, daß, wenn Plonner sich mit seiner Meinung nicht durchsetzen konnte, er sich auf angebliche Weisungen aus Konnersreuth berufen hat. Daraufhin habe ich energisch veranlaßt, daß dem Plonner keine Gelegenheit mehr zu Aussprachen mit Therese gegeben wird.« – Die Behauptungen Ferdinands klingen unglaubwürdig. Ohne Wissen Nabers oder der Eltern der Stigmatisierten bekam Plonner keinen Zutritt in das Zimmer Thereses. Zudem war es gerade Ferdinand Neumann, der Plonner zu seiner Schwester geführt hat und der Bedenken seines Freundes bei Geschäftsabschlüssen zu zerstreuen pflegte, indem er sich auf seine eigenen Auskünfte berief, die er von seiner Schwester erhalten hatte.

Im Zusammenhang mit dem Traunsteiner Weinschieberprozeß gab Pfarrer Naber die Erklärung ab, er frage Therese im »gehobenen Ruhezustand« grundsätzlich nicht, um Auskunft in profanen Dingen einzuholen.[671] Beim Alpengasthof Kreuz bei Serfaus, bei den Allunit-Werken von Zwiesel und beim Weinimport ging es ausschließlich um profane Dinge. Als den Bürgern von Konnersreuth der Ausspruch ihres Pfarrers zu Ohren kam, haben sie sich etwas gewundert; sie wußten ja, »was schon alles gefragt und beantwortet worden war, darunter Dinge, die sehr profan sind«.[672] Es kann angenommen werden, daß Therese Neumann nichts von der Ungesetzlichkeit der Geschäftspraktiken gewußt hat. Daß die Geschäftsunternehmen liefen, davon hat sie auf jeden Fall gewußt. Sie hat darüber sowohl im Normalzustand wie auch während ihrer Ekstasen gesprochen. Bereits einige Jahre vor Beginn des Weinschieberprozesses hat sie selber von Weinimporten gesprochen. In Konnersreuth war schon Jahre vorher bekannt, daß aus Italien billiger Wein importiert wurde. Ebenso wußte man allgemein, daß mit dem Mehrerlös beim Verkauf in Deutschland die Fabrik in Zwiesel gebaut und finanziert werden sollte. Daß ausgerechnet Therese Neumann, die mitten im Geschehen stand, nichts erfahren habe, das ist vollkommen ausgeschlossen. Hernach, als die illegalen Praktiken ans Licht gebracht wurden, bestritt sie mit Entschiedenheit, von den Vorgängen auch nur eine Ahnung gehabt zu haben. Sie hat sich sogar bereit erklärt, ihre Aussagen eidlich zu bekräftigen.[673]

VII. »LEIDENSBRAUT« UND »LEIDENSBLUME«

P. Udo Staudinger hat im Jahr 1928 die Schrift DIE LEIDENSBRAUT VON KONNERSREUTH veröffentlicht; zwei Jahre später ließ er die Broschüre DIE LEIDENSBLUME VON KONNERSREUTH folgen. Eine Umschreibung für diese Begriffe stammt von Johannes Steiner:

»Zu leiden hatte Therese Neumann fast in unmenschlichem Maße. Zu ihren körperlichen Leiden der ständigen Schmerzempfindlichkeit der Stigmen (mit Ausnahme der Osterwoche), der mitempfundenen körperlichen Schmerzen bei den Freitagsleiden, den Schmerzen und Plagen, die ihr Sühneleiden verursachten, kamen die seelischen Leiden: Das Mit-Leiden mit dem Heiland und seiner Mutter, das Mit-Leid mit den Kranken, mit den Leiden und Gebrechen der Besucher; Pein bereiteten ihr Spötter.«[675]

Leiden bedeutete für sie Freude. Dies tat sie gerne kund. Eines Tages brachte ihr Bischof Waitz die Kommunion. Anschließend folgte ein Zwiegespräch. Unvermittelt sprach sie: »Jetzt darf ich wieder leiden.«[676]

Wie ungeheuer schwer derartige Leiden mitunter waren, schildert Gerlich aus eigener Erfahrung: »Ich sah sie vor Angst und Schmerz geworfen im Bett liegen und hörte, wie sie stöhnte: ›Ich kann nimmer, ich mag nimmer.‹ Als der Pfarrer helfend sagte: ›Aber, Resl, wenn's der Heiland so will!‹, dann kam die Antwort: ›Wenn er es so will, dann will ich's auch. Dann werd's scho recht sei. Denn er ist gut. Aber weißt, es ist ja nimmer zum Aushalten.‹«[677]

Über die Art der freiwillig übernommenen Leiden bemerkt Aretin: »Die Sühneleiden sind zweierlei Art, beide aus überzeugender Nächstenliebe geboren. So übernimmt Therese die körperlichen Leiden irgendeiner Person, ohne daß man häufig die Zusammenhänge erkennen kann. Da leidet sie die Lungenentzündung eines anderen, die Brandwunde eines dritten mit allen Erscheinungen der Krankheit und der Schmerzen, während der rechtmäßige Träger der Schmerzen augenblicklich geheilt ist. Diese Fälle sind ungemein häufig.«[678]

1. Stellvertretende Leiden

Aretin hat mit seinen Worten beschrieben, was mit dem Begriff »stellvertretende Leiden« gemeint ist:

Therese Neumann übernahm von anderen Menschen deren Krankheiten und Gebrechen und bewirkte dadurch, daß leidende Mitmenschen krankheits- und schmerzfrei wurden, in der Regel augenblicklich.

a) Das erste stellvertretende Leiden

Verschiedene Berichte – Mit dem ersten stellvertretenden Leiden befassen sich nicht weniger als acht Autoren. Einer davon beruft sich auf den Bericht, den er von Pfarrer Naber erhalten hat; die anderen stützen sich auf eine entsprechende Schilderung Thereses. Keine zwei Berichte stimmen vollständig überein. Dies wäre nicht erwähnenswert, wenn es sich nicht um schwerwiegende Unterschiede handelte, die zudem stets auf die Schilderung der »Leidensbraut« unmittelbar zurückgehen.

Den ersten Bericht bringt sie in ihrem Brief, den sie am 27. Mai 1923 an die Lehrerin Simson in Pielenhofen geschrieben hat:

»Ungefähr drei Tage vor Nikolaus bekam ich im Hals eine kleine Lähmung, so daß ich nur Flüssigkeiten nehmen konnte. Ich konnte eben nicht recht schlucken. Sogar die hl. Kommunion mußte ich in Wasser nehmen; aber nur ein ganz kleines Teilchen. Dieser Zustand verschlimmerte sich so stark, daß ich in den ersten Weihnachtsfeiertagen auch nicht ein Tröpflein zu mir nehmen konnte. Dieses dauerte dann 12 Tage. Ich wurde so elend und matt, daß ich den Durst kaum mehr spürte. Ich glaubte, ich dürfte jetzt sterben; aber welch ein Schmerz, sterben ohne den lb. Heiland im Herzen! Dies schien mir unmöglich. Der lb. Heiland wollte es auch nicht haben, und so öffnete er mir am Tag vor dem Dreikönigsfest wieder meinen Hals soviel, daß ich wenigstens ein bißchen Wasser schlucken konnte. Dieser Zustand wurde allmählich wieder besser.«[679]

Was sagt der behandelnde Arzt Dr. Seidl zu dem Gebrechen? In seinem Gutachten heißt es: »Für die angebliche Schluckstörung ist eine organische neurologische Grundlage nicht aufzufinden.« Bei seinem Vortrag, den er am 4. November 1928 in Amsterdam hielt, gab er als wahrscheinliche Ursache »Neurose, nervöse (hysterische) Spasmen im Schlund oder in der Speiseröhre« an. »Weil die Erlaubnis zu einer Röntgenaufnahme nicht gegeben wurde«, vermochte der Arzt nicht mehr zu sagen.[680]

Ungefähr vier Jahre später machte Therese dem Pfarrer Leopold Witt, ihrem »Protokollführer«, Angaben über ihr Halsleiden:

»Ende Dezember um Weihnachten hat sich mein Halsleiden eingestellt. Zwölf Tage habe ich auch nicht einen Tropfen schlucken können. Der Sanitätsrat Dr. Seidl untersuchte meinen Hals und sagte, der Schluckmuskel sei gelähmt. Der Hals war arg verschwollen und ich konnte nicht schlucken.«[681]

Nicht lange nach Witt wurde von Therese Dr. Gerlich über ihr Halsleiden informiert:

»Seit Weihnachten 1922 – der Zeit des Auftretens eines Halsleidens, das uns jetzt beschäftigen muß – hat sie überhaupt nichts Festes mehr gegessen. Ein Gymnasiast aus der Pfarrei, der Theologie studieren wollte, hat ein Halsleiden bekommen, das ihn zur Aufgabe des Theologiestudiums zu zwingen drohte. Therese flehte darum, statt seiner das Leiden übernehmen zu dürfen. Denn ›ich taug eh nichts mehr in meinem Leben‹. So geschah es auch. Der Student konnte sein Studium fortsetzen. Therese

Neumann aber bekam ein Halsleiden, das noch heute besteht. Sie fühlt noch immer ihren Hals wund und hustet manchmal Blut aus. Zumeist ist dies, wie sie mir sagte, morgens der Fall, wo auch Blutbrocken mit Schleim vermischt auftreten. Beim Gurgeln erscheinen Blutfetzen. Damals zu Weihnachten 1922 konnte sie zunächst zwölf Tage lang keinen Tropfen schlucken. Dr. Seidl erklärte als Ergebnis seiner Halsuntersuchung, die Schluckmuskeln seien gelähmt. Eine Schwellung des Halsmuskels bestreitet Therese Neumann und erklärt, sie habe nur nicht schlucken können. Der Hals sei wund gewesen. Am Dreikönigstag 1923 konnte sie das erstemal wieder kommunizieren.«[682] Die Diagnose »Schluckmuskellähmung« hat Therese Neumann dem Arzt Dr. Seidl angedichtet. Zu Witt hatte sie gesagt, ihr Hals sei »arg verschwollen« gewesen; im Gespräch mit Gerlich bestreitet sie eine Schwellung des Halses! Am auffallendsten ist, daß sie während der Unterredung mit Gerlich zum erstenmal von einem stellvertretenden Leiden spricht.

Wieder anders als die Genannten schilderte Therese ihr Leiden nicht viel später dem Bischof Sebastian von Speyer: »Dieses Halsleiden erbat sie sich von Gott, um einen jungen Studenten, der sich an sie gewandt hatte, weil er gerne Priester werden wollte, aber von der bischöflichen Behörde zurückgewiesen wurde, weil seine Mutter an einem Halsleiden erkrankt war, auf diese Weise zur Würde des Priestertums zu verhelfen.«[683]

Auf die Unterschiede in der Schilderung braucht nicht weiter eingegangen zu werden. Aber eine Frage muß gestellt werden: Wenn die Mutter des Studenten schwer erkrankt war, warum hat Therese nicht ihr geholfen? Daß der Bischof von Speyer den Unsinn geglaubt hat, der Student sei von der bischöflichen Behörde aus dem angegebenen Grunde zurückgewiesen worden!

Ungefähr acht Jahre nach dem Bischof von Speyer schildert den Fall der Erzbischof von Lemberg: »Allgemein bekannt ist ihr stellvertretendes Leiden für einen Seminarkandidaten, dessen Mutter an einem Halsleiden starb. Aus dem, was mir Therese über die Sache sagte, wurde mir nicht ganz klar, ob der Kandidat bereits erkrankt war, oder aber, ob man die Erblichkeit des Falles befürchtete. Und Therese erzählte mir, daß sie selber nahe am Sterben gewesen sei. Sofort wurde sie so stark von der Halskrankheit befallen, daß sie nicht essen, ja nicht einmal Wasser zu schlucken vermochte. Ich konnte mich kaum des Lachens erwehren, wie sie mir dabei den kindlichen Monolog wiederholte, den sie damals an den Heiland gerichtet hatte. Dieses fürchterliche Ausmaß an Halsleiden war zu stark für sie gewesen und sie wendet sich vorwurfsvoll an den Heiland, wie ich das schon früher erwähnte: ›Aber, Heiland, so arg habe ich es ja auch nicht gemeint!‹«[684]

Was die übrigen Autoren geschrieben haben, ist nicht erwähnenswert. Das Bemerkenswerteste an den Berichten ist dies: Die Mystifizierung des Phantasieleidens hat erst im Jahre 1927 eingesetzt.

Wer war der Geheilte? – Wer war der Geheilte, der das einemal als Gymnasiast, das anderemal als Theologiestudent bezeichnet wird? Im Jahr 1927 hat ihn Therese bekanntgegeben, einen Primizianten des Weihekurses des genannten Jahres. Diesen hatte sie am 12. Juli kennengelernt, als er seinem Kurskollegen aus der Pfarrei Konnersreuth Lorenz Rosner beim Festgottesdienst levitierte. Bis dahin kannte seinen Namen weder Therese Neumann noch Pfarrer Naber. Dieser zog, wie nicht anders zu erwarten war, Thereses Auskunft keinen Augenblick in Zweifel. Ohne mit dem »Geheilten« vorher zu sprechen, verkündete er die Botschaft von dem »wunderbaren Geschehen«. Presseberichte veranlaßten den Vorsitzenden des Katholischen Priestervereins Bayerns, der Sache auf den Grund zu gehen. Er schrieb an den »Geheilten« einen Brief und bat ihn um nähere Angaben. So erfuhr der Primiziant zu seiner Überraschung von seinem großen Glück. Schroff wies er alle Angaben über ein Wundergeschehen zurück. Was tat nun der Pfarrer von Konnersreuth? Er wandte sich unverzüglich an sein Orakel, an Therese Neumann. Während ihres Zustandes der »gehobenen Ruhe« fragte er sie und erfuhr so den Namen eines zweiten Wunderkandidaten. Nun wurde genannt der aus der Pfarrei Konnersreuth stammende Josef Siller, der damals Theologiestudent war. Dieser, den ich seit 1924 kannte, verfügte zwar nur über eine leise Stimme; aber von einem Gebrechen der angegebenen Art und von einer wunderbaren Heilung wußte niemand etwas, am wenigsten er selber. Wenigstens jetzt, nach dem Empfang der Auskunft durch sein Orakel hätte der Pfarrer mit Siller sprechen müssen. Er tat es nicht. Siller erfuhr erst zwei Jahre später von der ihm zugesprochenen Rolle, als man ihm erzählte, der von Gerlich erwähnte wunderbar Geheilte sei er. Er war sich darüber im klaren, daß das »Wunder« an ihm hängen bleiben würde. Aber warum hat er sich nicht gewehrt? Dieser Frage ist erst zwei Jahre später der Regensburger Prof. Michael Waldmann nachgegangen. Dieser hatte Ende Juni 1931 von dem Gerücht Kenntnis erlangt. Zu dieser Zeit machte Josef Siller gerade die Weiheexerzitien mit. Einige Tage vor der Priesterweihe begab sich Waldmann zu ihm und befragte ihn. Diesem war die Sache aus begreiflichen Gründen äußerst peinlich, »aus Furcht und Scheu vor Pfarrer Naber und der Konnersreuther Umwelt«. Er lehnte ebenso entschieden wie der erste Wunderkandidat ein außergewöhnliches Geschehen an seiner Person ab.[685] – Da wurden also zwei Theologen wunderbar geheilt, ohne etwas davon zu wissen; sie wurden von einem Leiden befreit, an dem sie gar nicht erkrankt waren; dabei hatte Therese Neumann den zweiten Kandidaten im Zustand der »erhobenen Ruhe« benannt, in einem Zustand, in dem nach Erzbischof Teodorowicz die Auskünfte irrtumslos waren!

Das Ende des stellvertretenden Leidens – Auch darüber, wann das von Therese Neumann übernommene Leiden verschwunden sein soll, gehen die Angaben auseinander. Im erwähnten Brief Thereses an eine Freundin heißt es: »Dieser Zustand wurde allmählich wieder besser.« Später gab sie an, sie sei im Jahre 1931 plötzlich von ihrem Leiden befreit worden. Als sie aber im Jahr 1953 in Eichstätt unter Eid vernommen wurde, versicherte sie: »Das Schlucken machte mir schon seit Weihnachten 1922 bis heute [...] größte Schmerzen.«[686]

Am 1. Juli 1931 kam Erzbischof Teodorowicz wieder einmal nach Konnersreuth. Bei dieser Gelegenheit gab ihm Pfarrer Naber einen Bericht über die jüngsten Ereignisse: Am Tag zuvor, am 30. Juni, sei Thereses Halsleiden mit einem Schlag verschwunden; nunmehr sei sie wieder fähig, eine ganze Hostie zu schlucken; früher einmal habe sie »während ihres Zustandes der gehobenen Ruhe« ihrer Umgebung vorausgesagt, ihr Halsleiden werde so lange dauern, bis jener Student das erste hl. Meßopfer feiern werde. »Er wollte seine erste hl. Messe am 30. Juni 1931 in Regensburg, um halb 7 Uhr lesen. Sollte sich die Voraussagung Thereses erfüllen, so müßte sie an eben diesem Tage gegen 7 Uhr früh von ihrem Halsleiden befreit werden. Unterdessen gingen diese Erwartungen vollständig fehl. Das Leiden stellte sich nicht nur ein, ja es steigerte sich dermaßen, daß Therese kaum sprechen konnte. Drei Stunden später hören die Schmerzen plötzlich und vollständig auf. Therese fühlt sich vollkommen gesund. Die Kehle war ausgeheilt. Was war geschehen? Eines unvorhergesehenen Hindernisses zufolge war die Primiz von halb 7 auf 9 Uhr verlegt worden. Ungefähr um halb 10 Uhr fand die Konsekration statt. Im selben Augenblick genas Therese. Ich sprach mit ihr über diesen Fall. Wie es sich aus dem Gespräch ergab, wußte Therese nichts von den äußeren Umständen ihrer Genesung, ebenso wußte sie nichts von ihren im Zustande der gehobenen Ruhe gemachten Aussagen. Sie kannte jedoch das Primizdatum ihres Schutzbefohlenen, der ihr sicherlich eine Einladung zu der Feier zukommen ließ.

Sie sagte mir, sie wäre darauf vorbereitet gewesen, daß von da ab die Schmerzen zunehmen würden. ›Ich dachte mir‹, sagte sie, ›daß, wenn ich so viel für ihn leiden mußte, wo er erst Kleriker war, wie viel mehr werde ich für den Priester leiden müssen.‹«[687]

So schildert Therese Neumann die Ereignisse. Wie war es in Wirklichkeit? Josef Siller wollte seinen Primizgottesdienst nicht in seiner Heimatpfarrei feiern, um möglichen Verlegenheiten aus dem Weg zu gehen. Darum wandte er sich an den Direktor des Seminars Obermünster, Maximilian Köppl, um die Erlaubnis, in der Kirche Obermünster am Tag nach der Priesterweihe früh am Morgen zelebrieren zu dürfen. Damit war Köppl nicht einverstanden. Er setzte durch, daß ein feierlicher Primizgottesdienst stattfand, und zwar um 8 Uhr; der Seminarchor übernahm den musikalischen Teil. Dies war im Gespräch Sillers mit Köppl einige Tage vor den Weiheexerzitien beschlossen worden. Bei dieser Sachlage kann man nicht von einem »unvorhergesehenen Hindernis« sprechen.[688]

Damit ist die Wundergeschichte immer noch nicht zu Ende. Zwei Monate nach dem Primizgottesdienst Sillers in Regensburg erklärte Pfarrer Naber dem Bischof von Regensburg: »Das Halsleiden, das sie für den neugeweihten Priester Josef Siller, daß er sein Ziel erreichte, achteinhalb Jahre getragen, ist unmittelbar, nachdem dieser sein erstes heiliges Meßopfer gefeiert, plötzlich verschwunden.« Drei Jahre später wiederholte der Pfarrer dieselbe Behauptung; nunmehr aber machte er dem »Geheilten« den Vorwurf, er habe sich »der Hilfe geschämt und nicht gedankt«. Daran fügte er die Bemerkung: »Exzellenz wissen, wie es jetzt um ihn steht.«[689] Damit wird zum Ausdruck gebracht, daß der »Geheilte« zur Strafe für seine Undankbarkeit wieder am alten Übel erkrankt sei. Das lange Leiden Thereses war demnach umsonst.

Für die geschilderte Episode gibt es nur ein einziges zutreffendes Urteil: Vom Anfang bis zum Ende frei erfunden.

b) Leiden für nahestehende Personen

Es ist verständlich, daß der Personenkreis, der für Thereses stellvertretende Leiden in Frage kam, sehr begrenzt war. In erster Linie kamen sie ihren Familienmitgliedern zugute. Der Beginn des zweiten stellvertretenden Leidens fällt fast mit dem ersten zusammen, es galt ihrem Vater. Um die Wende 1922/23 litt dieser an schwerem Rheumatismus, vor allem in den Armen, so daß er nicht mehr fähig war, das Schneiderhandwerk auszuüben. Da fragte seine Tochter Pfarrer Naber, ob es ihr wohl erlaubt sei, darum zu bitten, »daß ihr ein weiteres Leiden auferlegt und dem Vater dafür das seine genommen werde«. Der Pfarrer hatte keine Bedenken, und siehe da, vom nächsten Tag an zog es ihr den linken Arm gegen ihre Brust und preßte die linke Hand so stark gegen die linke Brustseite, daß sich ein Druckgeschwür bildete; das Leiden dauerte drei Monate lang; es war schwerer als das des Vaters. Dieser wurde nur wenige Tage nach dem Beginn des von seiner Tochter übernommenen Leidens gesund, während sie selber noch Monate lang leidend blieb.[690]

Auch das nächste freiwillige Leiden kam ihrem Vater zugute. Diesen Fall erfahren wir durch Teodorowicz entsprechend dem Bericht, den ihm Prof. Wutz geliefert hatte. Der Professor fuhr mit Therese in seinem Auto durch die Lande. Da fiel ihm ein, daß ihr Vater nicht recht gesund war. Er wandte sich an seine Beifahrerin: »Du könntest auch wirklich die Leiden Deines Vaters, die ihm so zusetzen, auf Dich nehmen.« »Ist gut«, antwortete Therese. Was Wutz nun erlebte, schildert er so: »Und ich mußte fast lachen, als sich fast im selben Augenblick darauf ein lautes Knurren in Thereses Därmen hören ließ. Dies war eben eines der Krankheitssymptome bei Vater Neumann«.[691]

In der Zeit um den ersten Fastensonntag des Jahres 1931, den 22. Februar, war Thereses Bruder Johann in Eichstätt an »Gehirngrippe bedenklich erkrankt«. Sie bat am 25. Februar den Heiland, »er möchte, wenn er ihn wirklich zum Priester berufen habe, die hinderliche Krankheit von ihm nehmen und lieber sie leiden lassen«. Die Bitte wurde erfüllt: »Wenn sie sich geistig anstrengt, überfällt sie ein Gehirnkrampf, der ihre ganze rechte Seite erstarren macht.«[692] Wie lange Thereses Bruder an der Krankheit litt, wissen wir nicht. Bei ihr jedenfalls dauerte sie wenigstens wochenlang an, wie Pfarrer Naber am 10. März 1931 bemerkt: »Heute macht sich bei Therese neben der

Kopfgrippe auch noch Gelenkrheumatismus bemerkbar, dessen Schmerz auf das Herz geht.« Für die Leidende war dies kein Grund zur Klage, im Gegenteil: Bei einem der Anfälle bemerkte sie »scherzhaft«: »Heiland, du hast dich geirrt, der Schmerz gehört in den Kopf hinauf.«[693] Die von Therese am 25. Februar ausgesprochene Bitte an den Heiland wurde also erhört, allerdings nur zum Teil: Sie erkrankte zwar an der Kopfgrippe, aber Priester wurde ihr Bruder Hans nicht, sondern Zahnarzt.

Neben den Familienangehörigen stand Therese Neumann niemand so nahe wie Pfarrer Naber. Darum opferte sie sich auch für ihn, wann immer es nottat. Naber hatte schon seit etwa 1893 »mit den Nerven zu tun«. Im Jahr 1925 zwang ihn das Leiden, einen Facharzt in Regensburg aufzusuchen. Das Ergebnis der vorgenommenen Untersuchung war: »Keine Spur von Magensäure, die Gedärme gefaltet wie ein Feigenkranz.« Das Leiden verschlimmerte sich so sehr, daß er sich »kaum mehr halten konnte bei den gottesdienstlichen Verrichtungen«; »oft kam Schwermut« über ihn. »Schließlich erfuhr Therese davon.« Was tat sie? »Eine Zeitlang« hat sie »gezappelt«. Der Erfolg dieses Zappelns war verblüffend: »Beim Pfarrer verschwanden diese Beschwerden fast vollständig.«[694]

Im Frühjahr 1931 half Therese Pfarrer Naber ein zweites Mal aus einer Notlage. Er hatte »infolge Verkältung bedrohlichen und bewegungshinderlichen Rheumatismus«. Zuerst versuchte Therese »durch natürliche Mittel das Übel zu bekämpfen«. Weil der Erfolg nur sehr gering war, half sie auf ihre Weise. In der Nacht vom 8. auf den 9. Mai begab sie sich in die Pfarrkirche, »um sich dem Heiland zur Übernahme des Leidens anzubieten«. Der »Heiland« war einverstanden. Die Folge war, daß sie am 9. Mai erst um 9 Uhr »zur hl. Kommunion« kommen konnte. »Sie hatte den Rheumatismus gerade dort und mit den Behinderungen« wie der Pfarrer. »Im erhobenen Ruhezustand« versicherte sie, daß ihre Schmerzen »doppelt stark« seien. Der Pfarrer verspürte den Erfolg des von Therese übernommenen Leidens alsogleich. »Ich aber«, so versicherte er, »konnte mich wieder anstandslos bewegen und fühlte kaum mehr eine Spur von Schmerz.«[695]

Zu denen, die der Stigmatisierten von Konnersreuth Hilfe zu verdanken hatten, gehörten zwei kirchliche Würdenträger, nämlich Bischof Michael Buchberger und Kardinal Michael Faulhaber. Am 13. März 1944 schrieb sie einen Brief an den Bischof von Regensburg, in dem es heißt: »Sie wissen doch, wie ich damals in dem schönen Mallersdorf, wo es mir so gut gefallen hätte, erschrocken bin, als ich Sie so krank sah; ich versprach damals Ihrer treu besorgten Pflegeschwester, daß ich ganz besonders für Sie beten und, wenn es der lb. Heiland will, leiden werde, wie seinerzeit für den hochwürdigsten Herrn Kardinal, der es spürte. Ich bat den guten Heiland auch so, er solle Ihnen helfen, daß Sie es auch spüren. Ich denke, er ließ nicht umsonst bitten.

Er half Ihnen doch so gut, die bevorstehenden Firmungsreisen zu halten.« – Als Nachweis für die Tugenden Demut und Wahrheitsliebe kann man solche Worte kaum auffassen. Was Therese über den Kardinal schreibt, hat sie erdichtet. Dies beweist der

Brief, den der Kardinal am 13. September 1941 an Regens Westermayr in Freising schrieb: »In Ihrem Schreiben vom 24. Januar 1941 haben Sie die mir vorher unbekannte Tatsache erwähnt, daß der Besuch der Therese Neumann im Bischofshofe in München wieder für die Kontroverse ausgeschlachtet werde. Sie schreiben von einem Brief des Herrn Grabinski an Herrn P. Brühl in Trier, worin mir folgende Worte in den Mund gelegt werden: ›Ich bin der lebendige Beweis für die Wirksamkeit Ihrer Gebete; denn seit Ihrem Besuch ist es von Tag zu Tag besser geworden‹, wozu der Brief den folgenden Zusatz enthält: ›Er war so ziemlich aufgegeben; jetzt fungiert er wieder.‹ Unwahr ist die Behauptung, es sei zwischen dem vorletzten Besuch Theresia Neumanns und dem letzten im Juli 1940 von Tag zu Tag besser geworden. Gerade in diese Zeit fällt die Verschlimmerung. Unwahr ist auch die Behauptung, ich hätte obige Äußerung getan. Es kann sein, daß ich bei dem kurzen Besuch für ihr Gebet gedankt habe. Ich habe aber, da auch viele andere gebetet haben, niemals im Sinn der obigen Bemerkung gesprochen. Ich verbitte mir, daß immer wieder mein Name öffentlich mit Konnersreuth in Verbindung gebracht wird. Ich ersuche Sie, Obiges Herrn Grabinski wie Herrn Brühl zur Kenntnis zu bringen. Ich muß erwarten, daß Herr Grabinski allen, denen er inzwischen die Tendenzmeldung gemacht hat, auch deren Widerlegung bekanntgebe.«[696]

Kardinal Faulhaber war anfänglich für Therese Neumann eingenommen; er hat sich jedoch allmählich mehr und mehr distanziert. Das hat er auch sie merken lassen, zum Beispiel Ende August 1949. Da hatte sie sich zu einem Besuch in München angemeldet. Von dem bevorstehenden Empfang sprach sie voll »überaus lebhafter Begeisterung«. »Nach der sehr kurzen Audienz« sagte sie »in mißvergnüglichem Tone«, sie habe »ja gar nicht zu ihm gewollt«.[697] Therese Neumann war immer bestrebt, Anerkennung durch hochgestellte kirchliche Persönlichkeiten zu bekommen. So wurden Papst Pius XII. die Worte in den Mund gelegt: »Laßt doch das Kind in Ruhe!« Diesen Satz hat am 23. April 1952 Dr. Meersmann Bischof Buchberger mitgeteilt. Am Rande des Briefs hat der Bischof in Gabelsberger Kurzschrift angemerkt: »Gerade das Gegenteil ist der Fall.«[698]

In der Regel liest man nur, daß Therese Neumann anderen Menschen durch ihre freiwillig übernommenen Leiden geholfen hat. Daß es Ausnahmen gab, erfährt man durch den Autor Helmut Fahsel: Es geschah auch, daß Therese Neumann »durch ihr einfaches Gebet Menschen von schwerer Krankheit plötzlich geheilt hat«. Ein junges Mädchen hatte in der Absicht, »Selbstmord zu begehen, mehrere große Nadeln« verschluckt. »Die betreffende Person kam in der Tat dem Tode nahe. Die Ärzte waren ratlos, da sie nichts finden konnten. Auf das Gebet der Therese hin erschienen unerklärlich rasch sämtliche Nadeln unter der Haut des Leibes an einer Stelle, so daß sie durch eine leichte Operation entfernt werden konnten.«[699] – Es ist zu bedauern, daß Fahsel bei den betreffenden »Ärzten« nicht eingehendere Angaben eingeholt hat.

2. Sühneleiden

Die zweite Hauptform der freiwillig übernommenen Leiden der Stigmatisierten von Konnersreuth bildeten ihre Sühneleiden. Sie wurden aufgeopfert für Lebende und Verstorbene. Den Begriff »Sühneleiden« erklärte Therese einmal Gerlich mit den Worten: »Sieh mal! Der Heiland ist gerecht. Deswegen muß er strafen. Er ist aber auch gütig und will helfen. Die Sünde, die geschehen ist, muß er bestrafen. Wenn aber ein anderer das Leiden übernimmt, so geschieht der Gerechtigkeit Genüge, und der Heiland erhält Freiheit für seine Güte.«[700] – Diese Auskunft gehört zur »Konnersreuther Theologie«.

Das Wissen über Thereses Sühneleiden verdanken wir ihren eigenen Angaben und Erklärungen, die von ihr einige ihrer Anhänger erhalten haben. Der wichtigste Berichterstatter ist Pfarrer Naber. Seine einschlägigen Aufzeichnungen beginnen im wesentlichen im Jahr 1928 und enden im November 1932. Sie weisen große Lücken auf. So liegen vom März 1929 bis zum November 1930 keine Aufzeichnungen vor. Die von Naber geschilderten Sühneleiden umfassen nur einen Bruchteil derselben. Dies läßt beispielsweise der Eintrag vom 21. Juli 1928 erkennen: »Teilweise sehr schwere Sühneleiden in der vergangenen Woche.«[701] Der Beweis für die Tatsächlichkeit der Leiden besteht in der Versicherung der »Leidenden«.

Die Sühneleiden bestanden sehr häufig in schwersten Krankheitsformen. Darüber machten sich freilich ihre Anhänger keine Sorgen. Man wußte ja, daß die Leiden verschwanden, wie sie gekommen waren, ohne weitere Folgen. »Daher«, so sagt Erzbischof Teodorowicz, »wird oft, wenn sie zu erkranken scheint, nicht der Arzt gerufen.«

Wir beschäftigen uns mit einigen Sühneleiden, die Therese für lebende Zeitgenossen erduldet hat. Erzbischof Teodorowicz berichtet: »Letzthin erkrankte sie an doppelseitiger Lungenentzündung, die sich rasch verschlimmerte, so daß ihr Tod befürchtet werden mußte. Plötzlich war sie jedoch wieder gesund, nachdem die Person, für die sie litt, die erflehte Gnade erhalten hatte. Es war ein Sühneleiden.«[702] Am 3. März 1929 bemerkt Pfarrer Naber: »In der vergangenen Woche hat sie viel gelitten, (besonders an Magen und Darm) und die Todesschmerzen durchgemacht für einen an Magen- und Darmkrebs todkranken ungläubigen Mann aus dem Rheinlande, der ihr empfohlen worden war, daß er sich bekehre. Freitag gegen 10 Uhr abends ist sie mit ihm gestorben (d.h. eine Zeitlang wie tot dagelegen). Nächstens, sagte sie, werde ein Brief über den Toten berichten.«[703] Ob die Prophezeiung eingetreten ist, wird nicht angegeben.

Gelegentlich bestanden die Leiden in einer Art, der nie ein Arzt begegnet ist. Um die Mitte des Jahres 1928 wurde Therese von einem ausländischen, trunksüchtigen Priester aufgesucht, der sie bat, sie möge ihm aus seiner Leidenschaft heraushelfen. Sie forderte ihn auf, er solle sich bessern; aber trotz guter Vorsätze betrank er sich immer wieder. Schließlich machte er in einem Anfall von Verzweiflung einen Selbstmordversuch durch Einnahme von Gift. Nach einiger Zeit begab er sich wieder nach Konnersreuth und bat die Stigmatisierte, »ihr Leiden solle ihm das Leben retten und die Gnade endgültiger Bekehrung erflehen«. Dies geschah. Vom Anfang des Monats August an litt sie an einer »durch einen Insektenstich verursachten Blutvergiftung«.

Ihr Leiden blieb hartnäckig, weil der Trunksüchtige immer wieder rückfällig wurde; sie machte »während einer Woche sechsmal alle Stadien der Blutvergiftung am ganzen Körper« durch.

Am 24. August notierte Naber in seinem Tagebuch: »Theres leidet immer noch schwer an jener Blutvergiftung. Das Gift hat sich in zwei Geschwüren zusammengesetzt, davon eines in den Gedärmen, das andere außen an der linken Seite.« Aus einem der Geschwüre »ergoß sich etwa ein Liter übelriechenden Eiters«; vom anderen kündigte Therese am 30. August, einem Donnerstag, an, »es werde am Samstag um 10 Uhr im Rücken aufbrechen«. Dies trat auch ein. »Zur angesagten Stunde brach das Geschwür auf, und es floß eine unglaubliche Menge Eiter aus.« Das Leiden war von Erfolg gekrönt. Am 20. September bedankte sich der Geheilte für die ihm zuteilgewordene Hilfe. Gibt es für dieses Geschehen einen Zeugen? Pfarrer Naber gesteht, keinen zu kennen. Keiner in Konnersreuth hat den Trunksüchtigen zu Gesicht bekommen; niemand hat die Unmenge Eiters gesehen, auch Therese Neumann nicht. Das war auch überflüssig. Therese hat »über das Vorgefallene […] im ekstatischen Zustand seinerzeit erzählt«; somit bestand keinerlei Grund für einen Zweifel; denn der »Heiland« konnte sich nicht irren.[704]

Unter den Sühneleiden fallen besonders zwei Hauptgruppen auf. Die eine galt »Sündern«, und zwar Menschen, denen es am Glauben fehlte; damit ist nicht der Glaube an Gott gemeint, sondern der Glaube an die Stigmatisierte. Einer der ersten Ungläubigen dieser Art war der Würzburger Professor Wunderle. Dieser ist einige Male nach Konnersreuth gefahren und hat sich dann über seine Erfahrungen in der Öffentlichkeit geäußert, was Therese gar nicht gefiel. Zur Sühne für dieses »Vergehen« hat sie eines Tages für ihn, als er gerade ihr Zimmer verlassen hatte, gelitten. Während des Sühneleidens hat sie sich mit Pfarrer Naber unterhalten. Das Gespräch wurde von dem anwesenden Pater Plersch aufgezeichnet:

»Therese Neumann: Die Stimm' hat g'sagt: Der ist drunten, a geistlicher Herr, für den soll i a bissl leiden. Der hat was getan, dös freit den Heiland net. – Der Pfarrer: Was hat er getan? Ich frag' nicht, weil ich neugierig bin, sondern weil wir ihm helfen wollen. – Therese Neumann: Er schreibt: Ärgernis gibt es. Er erklärt alles nach seinem Verstand, er möchte einen großen Namen, hat die Stimm' g'sagt. Dös freit den Heiland nöt. Die Stimm' hat g'sagt: Das muß man ihm sagen, er soll seinem Beruf folgen und das, was ihn nichts angeht, sein lassen; aber er wird schwer von seiner Meinung abgehen. Pfarrer: Reserl, weißt du dös g'wiß? Hat sie g'wiß so g'sagt? – Therese Neumann: I will geduldig aushalten. – Pfarrer: Warum, Reserl? – Therese Neumann: Ja, für dean. Die Stimm' hat g'sagt: Der Pfarrer hält ihn für besser, als er ist. Therese Neumann: Ja, der Pfarrer ist a guater Mo. – Therese Neumann: Die Stimme hat weiter g'sagt: Er hat keine ernste Ansicht. (Jetzt folgt im Text von P. Plersch die inhaltlich gleiche und ebenso scharfe Bemerkung über Prof. Wunderle, wie es jene ist, die ich, da ich niemand unnötig verletzen will, auch in dem Gespräch Therese Neumanns mit ihm am 28. Juli 1927 auslasse). Aber: Er erlebt heute – bald – noch einen kleinen Schrekken.«[705] Die »Stimme« hat auch verlangt, man solle Prof. Wunderle mitteilen, was eben gesagt worden war, was dann jedoch nicht geschah. Was die »Stimme«, also der »Heiland«, über Wunderle gesagt hat, muß sehr verletzend gewesen sein; sonst hätte Plersch die betreffende Bemerkung nicht übergangen.

Am 23. März 1931 berichtete Pfarrer Naber dem Bischof von Regensburg: »Ein anderes Mal war ihr recht hart, weil sie fühlte, daß jemand Bekannter sich recht abfällig gegen das äußere Wirken des Heilandes hier äußere. Einige Wochen hernach erzählte ein Herr, er sei mit jemand, der Therese wohl bekannt sei, zusammen gewesen, und der habe sich recht abfällig über hier geäußert. Es wurde festgestellt, daß dies zu gleicher Zeit gewesen, in der Therese so hart gewesen war. Dergleichen gibt Therese Anlaß, für die Betreffenden besonders zu beten und zu leiden.«[706]

Am 19. Dezember 1930 hat sich Therese über einen Schreiber einer »Spottkarte im gehobenen Ruhezustand« geäußert, »er werde nächstens krank werden, dann nach Konnersreuth seufzen und im Frühjahr kommen, um Abbitte zu leisten«.[707] Zwei Monate später notierte Naber: »In den letzten Tagen hat sie auch wieder einige Male gelitten für den Spottkartenschreiber, der nun daran sei, sich zu bekehren.« Nach ungefähr einer Woche verkündete dann Therese »im erhobenen Ruhezustand«, der Spottkartenschreiber habe sich bekehrt.[708] Mit dieser Feststellung enden die Bemerkungen Nabers über den mysteriösen Mann.

Eines der seltsamsten Sühneleiden ertrug Therese am 22. Juli 1927, also am ersten Freitag während der Überwachung in ihrem Elternhaus. Am Vorabend um 18.30 Uhr war Prof. Wutz angekommen. Dies geschah nicht zufällig. Am 17. Juli hatte ihm Therese einen fünfseitigen Klagebrief geschrieben und ihn um Hilfe gebeten. Sie beschwerte sich über die »fast rohe Art« der Schwestern und die »rücksichtslose, von Mißtrauen diktierte Behandlung« durch diese. Sofort nach der Ankunft in Konnersreuth begab sich Wutz zu Pfarrer Naber und Therese. Von beiden bekam er »konkrete Klagen zu hören, die sich auch auf den Sanitätsrat Dr. Seidl bezogen«. Noch am Abend des 21. Juli bekamen die beiden Schwestern Epimachia und Richlinda den Zorn des Professors zu spüren. Nicht besser erging es am folgenden Tag den beiden anderen Schwestern Godulina und Britonia. Bevor Epimachia und Richlinda am Abend ihren Wachdienst aufnahmen, kamen sie kurz in das Zimmer Thereses. Die vier Schwestern, die der Meinung waren, die Stigmatisierte vermöchte dem Gespräch nicht zu folgen, unterhielten sich über das ungehörige Benehmen des Professors und des Pfarrers. Kaum hatten sich Godulina und Britonia entfernt, da fing sie zu jammern an »über Schmerzen an Händen, Füßen, am Kopf und an der Zunge«. Die Schwestern versuchten zu beschwichtigen; aber es half nichts; die Schmerzen wurden immer schlimmer. Nach einiger Zeit war aus dem Mund der Ekstatischen zu hören, warum sie so schwer zu leiden habe. Sie horchte plötzlich nach der rechten Seite hin und sagte, die »Stimme« habe ihr mitgeteilt: »Du mußt für die vier, die um dich sind, leiden, die sollen den Heiland trösten und urteilen lieblos gegen den H. Pfarrer und dich, die sind dem Heiland geweiht und erkennen die Gnade nicht, die tun dir schön, aber es ist ihnen nicht ernst.« Die Schwestern riefen den Pfarrer herbei; dieser suchte Therese zu beruhigen, aber ohne Erfolg. Nun begab sich Schwester Britonia zu den abgelösten Schwestern Epimachia und Richlinda, die gerade beim Abendessen waren, und erklärte ihnen: »Kommt doch mit, ich gehe nicht mehr zu ihr hinein!« Die drei Schwestern begaben sich ins Zimmer Thereses, wo außer dem Pfarrer nun auch der Vater der Stigmatisierten zugegen war. Die beiden waren gerade dabei, die Tobende, die »sich immer in ihre Hand beißen« wollte, zu besänftigen; Naber hielt ihre Hände, der Vater die Füße. Dazwischen beklagte sie sich fortwährend über die vier Schwestern. Unter anderem sagte sie, sie müsse für die vier Personen, die nahe bei ihr seien, leiden; eine Stimme habe ihr gesagt: »Die vier urteilen lieblos gegen den H. Pfarrer und mich; diese sind innerlich anders gesinnt als nach außen; sie tun dir schön und es ist immer aber anders.« Immerzu wiederholte sie: »Diese vier, welche dem Heiland geweiht sind und ihn trösten sollen, die wollen keine Opfer bringen, auch die Gnaden kennen sie nicht, die ihnen zuteil werden.« Auch gegen Dr. Seidl wetterte sie: »Ein Mann, der mitten in der Sache steht und um den sich viel dreht, erkennt auch das Walten Gottes nicht. Er legt alles wörtlich aus und glaubt an keine höhere Macht. Er habe sehr viel Menschenfurcht; für diesen muß sie auch leiden, sagt die Stimme.« Um dem unwürdigen Spiel ein Ende zu setzen, erklärten die Schwestern, falls sie den Heiland durch Zweifel und Lieblosigkeit beleidigt hätten, möge Therese ihn bitten, daß er ihnen verzeihe. Nun wandte Therese ihren Kopf horchend zur Seite und sagte dann, die Stimme habe gesagt, der Herr verzeihe ihnen, weil sie bereut hätten; darum brauche sie auch nicht mehr zu leiden. Die Schmerzen hörten schlagartig auf. Im Laufe der Nacht vom Freitag zum Samstag, als die beobachtenden Schwestern mit Therese allein im Zimmer waren, kam diese »immer wieder« auf Pfarrer Naber zu sprechen; die Stimme, so sagte sie, verlange während ihrer Passion von ihr, »sie solle ja dem Herrn Pfarrer folgen, auch wenn er verkannt würde«.

Die geschilderte Szene war ein absichtlich aufgezogenes hysterisches Possenspiel. Therese hat nicht für den Hauptschuldigen, Prof. Wutz, »gesühnt«, sondern für die unschuldigen Schwestern![709]

Fastnachtsleiden – Die zweite Gruppe der Sühneleiden Thereses hatte die Aufgabe, Mitmenschen von Lastern zu befreien. Wie dies geschah, hat Boniface geschildert: »Sehr oft vergegenwärtigt Therese in ihren Sühneleiden die typischen Merkmale des Gewohnheitslasters, dem die Person frönte, für die sie leidet.«[710] Bei diesem Urteil hat Boniface nicht weitergedacht; denn es gibt viele Gewohnheitslaster; hätte Therese alle in der angegebenen Form gesühnt, was wäre dabei alles herausgekommen! Boniface hat vor allem an ein bestimmtes Laster gedacht: »Oft wurde berichtet, wenn sie für einen Säufer sühnt, sie den Anschein einer Betrunkenen erweckt und sogar eine Flüssigkeit erbricht, die einen bitteren Dunst von Fusel von sich gibt. Ihr Zimmer erfüllt sich dann mit den üblen muffigen Gerüchen von Trinkgelagen; ihre Hausgenossen werden dadurch belästigt und müssen die Fenster öffnen.«[711]

Besonders häufig stellten sich entsprechende Sühneleiden in der Fastnachtszeit ein. So bemerkt Pfarrer Naber in seinem Tagebuch für die drei Fastnachtstage des Jahres 1931: »Theres hat in diesen Tagen hauptsächlich bei Nacht wieder schwer gelitten zur Sühne der Fastnachtssünden, Kopf-, Augen-, Füßeweh und Durst und Teufelsplagerei.«[712] Eines der Sühneleiden für Alkoholiker hat Helmut Fahsel geschildert: »Eines Morgens wurde dem Pfarrer aus dem ekstatischen Zustand der Ruhe heraus gesagt: ›Heute nachmittag wirst du zur Resl gerufen werden.‹ Am Nachmittag erschien ihr Vater im Pfarrhaus: ›Herr Pfarrer, kommens‹ nur mal rüber, i weiß net, die Resl liegt daheim auf dem Sofa und stöhnt und hat so großen Durst. Und merkwürdig, aus ihrem Mund riecht's wie nach Alkohol. Ja, das ganze Stüberl riecht danach. Was dös ist?‹ Der Pfarrer ging hinüber und roch dasselbe. Nach einiger Zeit kam Therese zu sich, und alles war wieder gut. Später stellte es sich heraus, daß zur selben Zeit eine bestimmte Person in einer anderen Stadt eine innere Erschütterung erlebte und sich seitdem vom Laster der Trunksucht befreit fühlte. Zugleich hatte die betreffende Person eine auffallende Stärkung im Glauben und in der Liebe Christi.«[713]

Nicht einmal die Pfarrkirche von Konnersreuth wurde von solch einer Schnapsmystik verschont. Am Fastnachtsdienstag 1927 mußte sich Therese in der Kirche heftig erbrechen. Das Erbrochene verbreitete im Gotteshaus einen widerlichen Geruch nach Bier und Branntwein, der mehrere Tage darauf noch festgestellt werden konnte. Therese wußte dafür eine einfache Erklärung: Wenn die Leute merkten, daß sie ihrer Trunksucht wegen leiden müsse, würden sie das unmäßige Trinken aufgeben.[714] Diesen Worten muß man entnehmen, daß sie für die Säufer der Pfarrei Konnersreuth gesühnt hat. Ob diese so fromm waren, daß sie nach ihren Gelagen am Fastnachtsdienstag in den darauffolgenden Tagen die Pfarrkirche aufgesucht haben, um sich bekehren zu lassen?

Niemand erbricht alkoholischen Fusel, wenn er ihn nicht zuvor getrunken hat. Nun aber hat Therese behauptet, sie lebe total nahrungslos. Wie kam dann der Schnaps in ihren Magen?

Die »Konnersreuther Mystiker« wissen die Frage zu beantworten: Gott hat ihn zuerst in ihren Magen durch ein Wunder gezaubert! Wie kam Therese Neumann zu Alkohol? Die Mitteilung eines Pfarrers an das Bischöfliche Ordinariat gibt die Antwort: »Die Resl hat Schnaps gebrannt, angeblich für den Pfarrer von Konnersreuth.«[715] – Am 12. Januar 1985 hat mir Pfarrer Franz Dietheuer einen langen Brief geschrieben. Darin kommt er auch auf die Schnapsmystik der Stigmatisierten von Konnersreuth zu sprechen. Ein Mädchen aus seiner Pfarrei hatte nach Konnersreuth eingeheiratet. Dort wurde es Nachbarin der Neumann-Familie. Nach Jahren beggnete er der Frau. Er stellte ihr die Frage, ob sie daran glaube, daß Therese Neumann nahrungslos lebe. Die Gefragte begann hellauf zu lachen. Dann sagte sie: »Ich habe sie nebenan im Gartenhäusl mit einer Flasche gesehen beim Tanken.« Das Wort »Tanken« ist ein oberpfälzischer Ausdruck für »Schnapseln«, Schnaps trinken.

Im Hinblick auf zwei Fälle von »Schnaps- und Kotzmystik« schrieb Dr. Deutsch am 23. Juni 1938 an den Studienrat Bers in Siegburg: »Was in beiden uns an Primitivität geboten wird, ist so ungeheuerlich, daß mir das Würgen aufkommt, wenn ich diese Sache durchlese. Alle andersgläubigen Leser der beiden Anekdoten müssen uns Katholiken ja im Range der Primitivität zu den Schamanen und Australnegern rechnen.«[716] – Die »Konnersreuther« werden wohl sagen: Dr. Deutsch hat von katholischer Mystik nichts verstanden.

Unstillbare Leidensfreude – Pfarrer Leopold Witt hat seiner im Jahr 1927 veröffentlichten Schrift über Therese Neumann den Titel gegeben: DIE LEIDEN EINER GLÜCKLICHEN. Den Schilderungen gemäß war Thereses Leidensfreudigkeit grenzenlos, sowohl der Zeit nach wie hinsichtlich des Schmerzausmaßes. Ihr Vater erzählte im Jahr 1926 dem Pfarrer von Münchenreuth: »Früher als sie noch so krank war, fragten manchmal die Leute: ›Resl, gibst du nichts her von deinem Leiden?‹ Dann gab sie die seltsame Antwort: ›Bittet nur den lieben Heiland selber, daß er euch etwas gibt! Ich gebe von meinem Leiden nichts her.‹«[717] Schon damals hat sie zu ihren schweren Gebrechen zusätzlich freiwillig zum Wohl anderer stellvertretend Schmerzen und Leiden auf sich genommen. Pfarrer Naber versichert: Wenn man zu ihr sage, sie solle etwas von ihrem Leiden abtreten, dann gebe sie »ohne Besinnen« zur Antwort: »Nein, nein, davon gebe ich nichts her.«[718]

3. Das größte Leid

Im Jahr 1932 fragte der Priester A. M. Weigl Therese: »Resl, hast du oft Schmerzen?« Sie antwortete: »Ich bin keinen Augenblick ohne Schmerzen.« Ungefähr 25 Jahre später stellte ihr Weigl dieselbe Frage. Sie »gestand genau das gleiche«.

Worin bestand Thereses größtes Leiden? Dieser Frage wird hier nur deshalb nachgegangen, weil sie einmal vom Pfarrer von Konnersreuth aufgeworfen wurde. Dies geschah freilich erst einige Zeit nach ihrem Tod. Anna Spiegl, die Freundin Thereses, war nach Konnersreuth gefahren, um Pfarrer Naber zu besuchen. Unvermittelt wurde sie von diesem gefragt: »Weißt du auch, unter was Resl am meisten gelitten hat?« Die Gefragte meinte, das sei »bei der Vielzahl der Leiden« nur schwer zu sagen. Sie gab an: »Das Blindsein, oder das Karfreitags-Leiden«. »Keines von dem«, erklärte Naber, »Resls größtes Leid war, daß sie kaum acht Wochen nach der Eheschließung ihrer

Eltern geboren wurde. Die Eltern, wie auch Resl, haben ein ganzes Leben lang unter diesem Fehltritt gelitten. Das Goldene Ehejubiläum wurde in aller Stille begangen und Resls 50. Geburtstag war für sie kein Freudentag. Auch hatten die Eltern diesen Fehltritt durch ein gutes religiöses Leben längst gesühnt. Vielleicht war deswegen die Mutter besonders streng zu ihren Töchtern, ihnen sollte dieses Leid erspart bleiben.«[719]

Am 14. Dezember 1993 machte der Kölner Kardinal Meisner einen Besuch in Konnersreuth. Beim Betreten des Neumann-Hauses sprach er: »Hic natus est Christus [Hier ist Christus geboren worden].« Wie soll man solch einen Ausspruch bezeichnen? Da wird die Neumann-Familie auf die Stufe der Hl. Familie gestellt. Man könnte vermuten, der Kardinal habe seine Worte nicht bedacht. Aber dies trifft nicht zu; denn im THERESE-NEUMANN-BRIEF 1994 werden seine Worte wiederum angeführt, offenbar als eine Antwort auf meinen Aufsatz in der Augustnummer 1994 im ANZEIGER FÜR DIE SEELSORGE: »Wundersucht mit kirchlichem Segen.« Mag es sein wie immer, Kardinal Meisner hat auf jeden Fall Thereses Geburt als ein außerordentliches und bedeutsames Ereignis kennzeichnen wollen. Dann kann doch der Tag der Geburt nicht zugleich der Grund für Thereses größtes Leid in ihrem Leben gewesen sein.

Nabers Bemerkung über Thereses »größtes Leid« ist in der 8. Auflage der von Anni Spiegl verfaßten Schrift über Therese Neumann zu finden. In der 11. Auflage, die das »Anbetungskloster« in Konnersreuth herausgegeben hat, fehlt der Text. Offenbar ist jemandem ein Licht aufgegangen. Wenn der »Fehltritt« der Eltern für Therese Neumann das größte Leid bedeutete, das ihr ein ganzes Leben lang zusetzte, dann können alle anderen Leiden vergleichsweise überhaupt nichts bedeutet haben. Zudem, wenn der eine »Fehltritt« der Eltern derart schlimme Folgen gehabt hätte, warum geschah dies dann nicht auch in anderen Fällen? Therese war nicht das erste Kind ihrer Eltern. »Vor ihr hatten sie einen kleinen Jungen, der nur einige Stunden lebte; sie haben Therese nie von ihm erzählt, bis sie ihn eines Tages in einem Gesicht erblickte und dann mit Fragen zu ihnen kam.«[720] Der verstorbene Bruder erschien ihr auch späterhin – zu ihrer großen Freude. Dies geschah zum Beispiel am 1. Mai 1959 beim Tod ihrer Schwester Ottilie.

Da kamen »ihre verstorbene Mutter, ihr Bruder Engelbert, ihr kleines Geschwisterl und Ottiliens Schutzengel«, um die Heimgegangene »abzuholen«. Die gleiche Szene wiederholte sich im selben Jahr, als ihr Vater starb. »Auch hier kamen die Verstorbenen seiner Familie, seine Frau, sein Sohn Engelbert, ein kleines Buberl, Ottilie und sein Schutzengel; auch schaute sie den Heiland.«[721] Therese hat sich über das »kleine Buberl« gefreut. Ihr Vater hat noch zwei weitere Kinder gezeugt; es waren Halbgeschwister Thereses. Auch dies erfüllte sie nicht mit Schmerz. Kein vernünftiger Mensch macht Thereses Eltern einen Vorwurf. Nicht um diese geht es, sondern um das Thema: Wahrheitsliebe der Stigmatisierten von Konnersreuth.

Woran hat Therese Neumann »am meisten gelitten«? Pfarrer Naber weiß noch einen weiteren Grund, warum sie »viel, ungeheuer viel« gelitten hat. In einem Bericht, den er am 8. September 1937 verfaßt hat, heißt es: »Das schwerste Kreuz aber, das ihre Leidenskraft zu brechen droht, sind ihr die Schwierigkeiten mit den kirchlichen Behörden.«[722] In diesem Fall verdient die Angabe des Pfarrers Glauben; denn die Aufforderung, sie solle sich in einer Klinik überwachen lassen, war für sie ungeheuer gefährlich. Die Angst vor einer Entlarvung war in Wirklichkeit ihr größtes Leid.

VIII. BEZIEHUNG ZU STERBENDEN UND VERSTORBENEN

Die »mystischen Gaben« der Stigmatisierten von Konnersreuth beschränkten sich nicht nur auf den Bereich des irdischen Lebens; sie wurden auch wirksam am Rande zwischen Leben und Tod, und sie entfalteten ihre Wirksamkeit darüber hinaus.

1. Telepathische Anwesenheit beim Sterben und persönlichen Gericht

Johannes Steiner schreibt: »Therese Neumann sah, wenn sie an ein Sterbebett gerufen wurde, in manchen Fällen auch ohne Anwesenheit am Sterbelager, einige Zeit nach dem Tode die Seele in einer der Gestalt des Verstorbenen ähnlichen Lichtgestalt dem Leibe entsteigen; dann sah sie Christus kommen, um die Seele zu richten. Als Begleitung Christi erschienen lichte Seelen, die den Verstorbenen, so lange sie lebten, besonders nahegestanden hatten und inzwischen in die Seligkeit hatten eingehen dürfen. Im allgemeinen hatte diese Gerichtsvision ungefähr folgenden Verlauf: Der Heiland erscheint mit verklärtem Leib, strahlend, begleitet von unkörperlichen Lichtgestalten, und blickt die Seele des Verstorbenen liebreich an. Diese wird mehr oder weniger hell und hat in einem Augenblick erkannt, daß dieser ihr Zustand absoluter Gerechtigkeit entspricht. Der Richter und die Begleiter entschwinden, während die Seele einsam zurückbleibt. In wenigen Fällen sah Theres den Heiland im Augenblick des Todes überirdisch lächelnd; die Seele des Verstorbenen wurde sofort ganz licht und durfte mitkommen. Sie selbst rief dann in der Ekstase ›mit, mit‹ und streckte lebhaft die Hände aus. In diesen Fällen hatte sie hernach eine außerordentliche Freude.«[723] Pfarrer Naber »gibt in Zusammenfassung seiner Erlebnisse von Gerichtsvisionen« folgende Darstellung: »Der Heiland schaut die abgeschiedene Seele freundlich an und kehrt mit seiner Begleitung zum Himmel zurück, die abgeschiedene Seele darf mit, wenn sie ganz rein befunden worden ist, oder sie bleibt traurig zurück, bis die Sehnsucht nach dem Himmel sie völlig gereinigt hat.«[724]

Bereits bei der telepathischen Anwesenheit beim Tod eines Mitmenschen erfuhr Therese, welchem Schicksal im Jenseits der aus dem Leben Scheidende entgegenging.

Himmel – So war sie zugegen, als Papst Pius XII. starb. »Sie sah dabei, wie sich im Augenblick des Todes die Seele vom Leib trennte, wie sie dem Heiland gegenübertrat und wie sie mit ihm, begleitet vom Schutzengel, nach oben entschwebte.«[725] Auch an ihrer Schwester Ottilie, die bei Prof. Wutz in Eichstätt bis zu dessen Tod den Haushalt leitete, hatte Therese nichts auszusetzen. »Resl, die die letzten Tage bei der Schwester zubrachte, sah im Augenblick des Todes den Heiland lächelnd in hellstem Glanze kommen und die sofort ganz rein aufstrahlende Seele der Schwester mitnehmen. Therese, die während der Vision ›mit, mit‹ rief, war hernach trotz des schweren Verlustes hochbeglückt.«[726]

Fegfeuer – Papst Pius XII. und Ottilie Neumann gehörten zu den »wenigen« Verstorbenen, die die Seherin unmittelbar nach ihrem Tod in den Himmel einziehen sah. Die allermeisten mußten auf kürzere oder längere Zeit zunächst ins Fegfeuer. Dorthin schickte Therese auch Bischof Antonius von Regensburg. Bald nach seinem Tode wußte Präfekt Christian Kunz uns, die wir damals die vierte Gymnasialklasse besuchten, zu erzählen, der Bischof habe zunächst einige Stunden im Himmel verbringen dürfen, dann habe er seine Fegfeuerstrafe antreten müssen, eine um so schwerere Strafe, weil er vorher die Herrlichkeit im Himmel hatte schauen dürfen. Warum Therese den Bischof bestraft hat, ist leicht zu verstehen: Er hatte damals im Jahr 1927, nur wenige Monate vor seinem plötzlichen Tod, durchgesetzt, daß sie zwei Wochen hindurch überwacht wurde; er war es auch, der bald nach der Überwachung im Elternhaus eine weitere in einer Klinik gefordert hat.

Zuweilen schilderte Therese eingehender, was sich beim Sterben eines Menschen abspielte. Am 20. Januar 1931 gegen 12 Uhr brachte Pfarrer Naber dem schwerkranken Konnersreuther Marktschreier Fenzl die Krankenkommunion; Therese begleitete ihn. Beide kehrten in den Pfarrhof zurück; aber nach kurzer Zeit wurde der Pfarrer wieder zum Kranken gerufen; um 13 Uhr starb dieser. In den Pfarrhof zurückgekehrt, fand Naber Therese »im Speisezimmer auf einem Stuhl sitzend, dem durch das Fenster sichtbaren Sterbehaus zugewandt und in Ekstase (im erhobenen Ruhezustand). Sie sprach von dem eben Verstorbenen, daß er ins Fegfeuer verwiesen worden sei und daß sie deshalb an seinem Sterben so habe teilnehmen dürfen, weil der Verstorbene immer entschieden für das vom Heiland an ihr gewirkte Übernatürliche eingetreten sei. In dem bald wieder eintretenden gewöhnlichen Zustand erzählte sie dann allsogleich, ohne daß ich ein Wort von dem erfolgten Ableben Fenzls gesprochen, daß sie diesen vor dem Heiland gesehen, bei ihm den hl. Schutzengel, zwei junge Männer, einen älteren Mann und eine ältere Frau und etwa 3 Kinder, die ganze Begleitung im verklärten Zustand. Offenbar sind es Vater und Mutter des Verstorbenen, seine zwei gefallenen Söhne und seine klein gestorbenen Kinder. Da die Seele noch nicht ganz rein ist, muß sie, als der Heiland mit den anderen in den Himmel zurückkehrt, zurückbleiben und schaut äußerst wehmütig nach.«[727] Die Vermutung des Pfarrers, Therese habe eine außergewöhnliche Gabe offenbart, ist völlig unberechtigt. Sie wußte ja, daß der Schwerkranke im Sterben lag.

2. Beziehung zu Verstorbenen

a) Wissen um das jenseitige Los

Es ist ein Unding zu glauben, daß Therese Neumann von Gott über das jenseitige Schicksal Verstorbener informiert worden sei. Dazu kommt, daß gelegentlich eine Verdammung mehr als nur angedeutet wurde. Am 17. Mai 1931 hat Pfarrer Naber seinem Tagebuch folgendes anvertraut:
»Heute geht Theres auf den Friedhof und besucht die ihr besonders teueren Verstorbenen. Dabei kommt sie an etlichen Gräbern vorbei, bei denen es sie schaudert und sie sich nicht halten kann. Das Gefühl kam von selber. Sie denkt an ein sehr langes Fegfeuer der Betroffenen, an Ärgeres zu denken, kann sie nicht über sich bringen. Aufgefallen ist ihr, daß sie am Grabe jemands, den man sicherlich allgemein für verloren hielt, dieses Gefühl nicht hatte. Unter ersteren waren besonders solche, die ganz plötzlich gestorben waren.«[728]

Anni Spiegl sagt: »Über die Hölle sprach Resl selten. Auch hatte sie darüber nie eine Schauung. Ich weiß von der Ottilie nur, daß sie einen ihr gut bekannten Mann weder im Fegfeuer noch im Himmel gesehen hat. Er hatte bis zu seinem Tode schlecht und ungläubig gelebt.«[729]

Wo war der Mann dann?

Himmel – Der Tag, an dem Therese Neumann einen Blick in den Himmel werfen durfte, war das Fest Allerheiligen. Pfarrer Naber schildert die Schauung vom 1. November 1928: »Früh 6 Uhr darf Theres in den Himmel schauen. Im ersten Bild sieht sie den Heiland, umgeben von Maria, Joseph, den Aposteln, den 24 Ältesten, den 7 Erzengeln mit ihrem großen Gefolge an anderen Engeln. Im 2. Bild sieht sie den Heiland unter den jungfräulichen Seelen, im dritten unter den übrigen Heiligen. Gar manche erkennt sie, die sie in den Visionen geschaut oder selber auf Erden noch gekannt hat. Alle erscheinen als reine, lichte Gestalten, außer dem Heiland sieht sie zwei mit verklärtem Leib, Maria und Elias. Sie ist so entzückt von dem Geschauten, daß sie sehnlichst nach dem Tod verlangt und den ganzen Tag wie außer sich ist.«[730]

Fegfeuer – Im Gegensatz zu Allerheiligen war der Allerseelentag von Leid geprägt. »Heute«, so notierte Pfarrer Naber am 2. November 1928, »liegt Therese den ganzen Tag da in ruhigem Schmerz, sich ganz verlassen fühlend, selbst eine arme Seele. Zweimal, morgens und abends, darf sie Besuch im Fegfeuer machen. Mit unbeschreiblicher Trauer schaut sie die Seelen dort als Lichtgestalten, die noch nicht ganz rein sind. Sie sieht auch hier wieder manche Bekannte, einige gehen sie auch um Hilfe an.«[731] Mit einigen Armen Seelen trat Therese auch während des Jahres immer wieder in Verbindung; sie kamen um Hilfe bittend zu ihr.

Ort des Fegfeuers – Auf die Frage, wo sich das Fegfeuer befinde, gab Therese verschiedene Auskünfte. So sah sie einmal den Läuterungsort »um die Erde«, die Hölle »weiter unterhalb«.

Sie sprach von einem gemeinsamen Fegfeuer, aber auch von einem Läuterungsort für einzelne Seelen. Die einen ließ sie außerhalb der Erde büßen, die anderen sah sie irgendwo auf der Erde leiden. »Viele arme Seelen«, so sagte sie, »sind allein in Gefängnissen, wieder andere in Scharen beisammen.« Für eine große Zahl der Leidenden befand sich ihren Worten gemäß das Fegfeuer an dem Ort, an dem sie gesündigt hatten. Von einer verstorbenen Person behauptete sie, ihre Seele befinde sich an einem Ort, »wo keine fremde Hilfe hindringt«.[732] Ein andermal versicherte sie: »Viele Seelen müssen an dem Platz leiden, wo sie gestorben sind und wo sie gesündigt haben. Wer z.B. während des Gottesdienstes vor der Kirche stehenblieb, leidet unter dem Drang hineinzugehen, und kann nicht hinein.«[733]

Dauer des Fegfeuers – Therese Neumann wußte genau anzugeben, wie lange jeweils die Bußzeit dauerte. »Manche Seelen«, so verriet sie, »müssen sehr lange büßen, hundert und mehr Jahre, einige bis zum Jüngsten Gericht.«[734] Gelegentlich unterhielt sie sich mit büßenden Seelen und ließ sich über deren eigenes Schicksal oder über das anderer Verstorbener »informieren«. Vor allem wußte sie Bescheid zu geben, wenn es sich um Verwandte, Bekannte oder Freunde handelte. Sie war auch bereit, auf Anfrage hin Auskunft über solche Menschen zu geben, von denen sie sonst nie etwas gehört hatte. Zuweilen tat sie dies sogar, ohne gefragt worden zu sein. Manchmal versetzte sie Verstorbene ins Fegfeuer, weil diese sich während ihres Erdenlebens gegen sie, die Stigmatisierte, »verfehlt« hatten. So etwas haben übrigens andere Visionäre auch getan. So war beispielsweise auf unbestellt zugesandten Blättern zu lesen, die »Muttergottes von Heroldsbach« habe verkündet, daß der verstorbene Erzbischof Buchberger von Regensburg sowie zwei Bischöfe von Bamberg, Papst Pius XII. und sogar Therese Neumann schwer zu leiden hätten, weil sie nicht an die »wunderbaren Erscheinungen« geglaubt hatten.

Oftmals geschah es, daß sich Verstorbene, die »Bettelkatzln«, bei Therese anmeldeten und um Hilfe baten. Darunter waren Seelen, die seit Jahrhunderten im Läuterungsort verbrachten. Ihr bekannten und nahestehenden Personen allerdings teilte sie, wenn sie diese nicht sofort in den Himmel versetzte, nur kurze Bußzeiten zu. Zu diesen gehörte ihr Vater, der am 26. November 1959 starb; er hatte nur einen Monat lang im Fegfeuer zu verbringen; »an Weihnachten schaute sie ihn schon im Himmel«.[735]

Grund für die Strafe – In vielen Fällen wußte Therese genau Bescheid, warum Verstorbene bestraft wurden. Am 23. November 1928 durfte sie nach ihren Freitagsekstasen »den letzten katholischen Pfarrer von Arzberg vor der endgültigen Einführung des Protestantismus aus dem Fegfeuer erlösen. Wegen Unmäßigkeit im Trinken und Nachlässigkeit bei der Feier der hl. Messe habe er, sagte sie, so lange im Fegfeuer leiden müssen, seiner Kindlichkeit wegen dürfe sie ihn jetzt erlösen«.[736]

Eines Tages befreite Therese den Vater eines Priesters aus dem Fegfeuer, nachdem er dort 48 Jahre gebüßt hatte; ohne ihre Hilfe hätte seine Strafe noch zwei Jahre gedauert. – Einem Pfarrer erzählte sie, seine Mutter befinde sich im Fegfeuer. Darüber war der Pfarrer sehr erstaunt. Er meinte: »Meine Mutter ist doch vor dem Sterben lange, lange Zeit krank gewesen. Da wird sie doch schon das meiste abgebüßt haben.« Die Seherin wußte besser Bescheid: »Sie hat die Krankheit zu wenig benutzt, um in Leid und Geduld zu sühnen.« – Einem amerikanischen Priester offenbarte die Stigmatisierte, sein vor Jahren verstorbener Vater sei trotz der vielen Messen, die sein Sohn für ihn aufgeopfert hatte, noch nicht für den Himmel tauglich. Als Grund gab sie an, er sei während seines Lebens, obwohl er nicht weit von der Pfarrkirche entfernt gewohnt hat, nicht regelmäßig zum Gottesdienst gekommen.[737]

Auch den Konnersreuther Pfarrer Ebel, den Vorgänger Nabers, hat Therese ins Fegfeuer geschickt, weil sie einmal von ihm bestraft worden war. Nach jahrelanger Buße befreite sie ihn.[738] Zwei Päpsten jedoch ließ sie ihre Hilfe nicht angedeihen. Im Jahre 1931 erzählte Lama dem Arzt Dr. Witry im Beisein von dessen Gattin, er sei zugegen gewesen, als Therese Neumann im Zustand der gehobenen Ruhe sagte, Papst Leo XIII. habe »ein paar tausend Jahre« im Fegfeuer zu büßen, weil er Kirchengüter schlecht verwaltet habe, und Papst Benedikt XV. habe ebenfalls »viele tausend Jahre im Fegfeuer zu verbringen, weil er als junger Prälat ein Kind gezeugt habe«. Als dies Bischof Buchberger zu Ohren kam, verlangte er von der Seherin nähere Angaben. Sie ließ ihn mit ihrer Antwort sehr lange warten; ihre Entschuldigung lautete: »Mußte mich, da ich doch länger fort war, erst wieder eingewöhnen und jeden Tag war etwas anderes.« Ihre Rechtfertigung bestand in einer Klage gegen Lama und im Leugnen. Sie versicherte, nie etwas über die Päpste gesagt zu haben, weder Gutes noch Schlimmes. Pfarrer Naber bestätigte ihre Aussage mit den Worten: »Dieser Schriftsteller hat nie die Resl in diesem Zustand gesehen und die Resl hat noch nie etwas aus der Papstgeschichte erzählt.« Wer hat die Wahrheit gesagt, wer hat gelogen?

In dem Brief, den Dr. Witry an Prof. Wunderle über Lama geschrieben hat, heißt es: »Er hat mit mir in vollem Ernst behauptet, die Resl habe das in seiner Gegenwart im Zustand der erhobenen Ruhe auf Befragung Nabers erzählt.« Auch an den Bischof von Regensburg schrieb Dr. Witry einen Brief. Darin betont er, Lama habe ihm versichert, die Äußerungen über die beiden Päpste habe er »aus dem Mund von Therese Neumann, die im Zustand der erhobenen Ruhe war, gehört«.

Therese hatte tatsächlich über die beiden Päpste etwas gesagt; das bestätigt sie ungewollt selber in ihrem erwähnten Brief an den Bischof. Da sagt sie über Lama: »Wohl erinnere ich mich, daß er einmal zu mir so ungefähr sagte, er wisse von einer anderen ekstatischen Seite was ganz Schweres über Papst oder so ähnlich. Ob mir da nichts bekannt sei! Da ich nicht wußte, was er meinte mit Papst und noch ein Wort wie illegi-

233

tim oder so ähnlich, sagte ich ›Nein‹.« Damit hat Therese zugegeben, über das Thema gesprochen zu haben.[739]

Wir haben einige Beispiele gehört, die zeigen, wie freizügig Therese Neumann im Strafausmaß für Verstorbene war. Wir wenden uns einem Fall zu, der das genaue Gegenteil zeigt. Darüber berichten mehrere Autoren. Teodorowicz schildert den Fall so: »Der [...] Fall betrifft eine Schwester, die die Klostergemeinschaft verlassen hatte und die dann in der Welt ein Leben führte, welches zwar moralisch untadelhaft war, das aber dennoch wegen mancher äußerer Umstände Anstoß erregte; der Tod überraschte die ehemalige Schwester, die ohne Sterbesakramente dahinschied. Auf die Anfrage der Familie der Verstorbenen erklärte Therese während ihres ekstatischen Zustandes, daß die Verstorbene beim Heiland sei. Der Pfarrer war über diese Worte Thereses sehr betroffen; er stellte sie zur Rede, wie sie überhaupt so etwas hätte sagen können. Und jetzt faßte Therese das ganze innere Leben der Verstorbenen und die Fügung Gottes in ein so klares Bild, daß alle zersplitterten und mißverstandenen Einzelheiten dieses Lebens in der Gesamtidee, die Therese entwarf, in ihrem Geschick, ja selbst in ihrem Tode begründet zu sein schien. Therese erklärte nämlich, diese Person sei immer von dem besten Willen beseelt gewesen, Gott zu dienen. Der schwache Punkt in ihrer Seele aber sei der gewesen, daß sie bei Ausübung der Tugenden immer so viel Vertrauen zu sich selber gesetzt hätte; zur Strafe dafür und zu ihrer Demütigung, aber auch zu ihrem Seelenheile sei zugelassen worden, daß sie vom dämonischen Einflusse erfaßt wurde. In der Sterbestunde hätte man einen Exorzismus an ihr vornehmen sollen, aber man gab sich nicht genug Rechenschaft darüber ab, in welchem Zustande sie sich befinde, und die dämonische Besessenheit schrieb man ihrer eigenen Gesinnung zu. Im Sterben jedoch habe sie die Gnade vollkommener Reue bekommen.« Der Erzbischof gab sich mit diesem Kauderwelsch zufrieden. Ja, er fühlte sich innerlich tief beglückt, was seine Worte verraten: »Ohne über Echtheit oder Unechtheit dieser Aussagen entscheiden zu wollen, hebe ich nur das Schöne und Tiefe in der Auffassung des Seelenprozesses hervor, welches mit den äußeren Ereignissen in Einklang gebracht wurde.«[740]

Worin bestehen diese »äußeren Ereignisse«? Für diese hat »niemand anders als Therese Neumann« gesorgt, »die die Notwendigkeit eines derartigen Beweises zur vollständigen Lösung dieses Vorganges als unentbehrlich erachtete«. Also der »Beweis«: Therese verkündete im ekstatischen Zustand ihrem Pfarrer: »Damit du aber weißt, daß das alles wahr ist, so kommt hier nach Konnersreuth ein Mann, der bringt mehrere hundert Mark in einem Briefumschlag; ich werde dieses Geld nicht annehmen und du sollst daran erkennen, daß du dazu berechtigt bist.« Der Pfarrer erhielt in der Tat das Geld, aber den Überbringer bekam er nicht zu Gesicht. Mit der kurz geschilderten Episode, die in mehreren, widersprüchlichen Varianten existiert, hat also Therese den Beweis erbracht, daß ihre ekstatischen Aussagen der Wahrheit entsprachen![741] Ohne jeden Zweifel wurde der »geheimnisvolle Vorgang« von Therese Neumann erfunden und inszeniert.

Was Teodorowicz berichtet, zeigt, daß er in Konnersreuth in wesentlichen Punkten falsch informiert worden war. Beispielsweise wurde ihm verschwiegen, daß Stella exkommuniziert worden war. Was hat sich in Wirklichkeit zugetragen? Darüber gibt Hilda Graef in ihrer Schrift über den Fall Konnersreuth Aufschluß. Was sie schreibt, deckt sich mit dem, was Weihbischof Höcht im Jahr 1947 in meiner Gegenwart erzählt hat. Er hatte vom Erzbischöflichen Ordinariat in Freiburg die Schwester Canisia betreffende Akten mit der Bitte zugesandt erhalten, er solle die angegebenen gewünschten Auskünfte in Konnersreuth einholen. Aus den Akten geht hervor, daß Schwester Canisia früher Mitglied der Kongregation der Canisiusschwestern in Freiburg in der Schweiz war, dann aber entlassen wurde. Sie begab sich in die Erzdiözese Freiburg im Breisgau und blieb dort bis zu ihrem Tod. Zusammen mit zwei Priestern wurde sie zum Mittelpunkt eines pseudomystischen Zirkels. Sie bildete sich ein, ihr sei eine neue Form der Anbetung Christi im Altarssakrament offenbart worden. Die beiden Priester sandten ihr regelmäßig mit der Post konsekrierte Hostien zu. In ihrer Wohnung versammelte sich Tag für Tag eine große Zahl von Freunden zu eucharistischen Prozessionen; im Anschluß daran teilte Canisia Hostien aus. Um ekstatische Zustände hervorzurufen, legten die Teilnehmer die Hostien auf ihre entblößte Brust. Auch »noch anderen greulichen Unfug« verübten sie. Die Vorgänge kamen dem Erzbischöflichen Ordinariat zu Ohren. Die zwei Priester und Canisia wurden im Jahre 1919 wegen schweren Frevels gegen das Altarssakrament und wegen Förderung abergläubischer und sakrilegischer Übungen exkommuniziert. Einer der Priester ist vor Canisia unbußfertig gestorben, nachdem er kurz vorher mit der kaum siebzehnjährigen Tochter einer von ihr betreuten »begnadeten« Frau ein Kind gezeugt hatte. Während des Ersten Weltkriegs kam Canisia durch einen Priester, ein Mitglied des »mystischen Zirkels«, in andere Umstände. Zu dieser Zeit prophezeite sie, ihr Kind werde »der Zweite Erlöser« sein; falls man ihr nicht glaube, zögen die Franzosen rasch ins Land herein. Der also angekündigte »Erlöser« erschien als – Mädchen. Canisia lehnte eine Aussöhnung mit der Kirche ab. Noch eine halbe Stunde vor ihrem unerwarteten Tod im Jahr 1923 hat sie »bis zur Raserei« gegen die Priester »gewütet«. Als namentlich Exkommunizierte wurde ihr die kirchliche Beerdigung verweigert.

In Konnersreuth wurde der Name Canisia im Jahr 1929 bekannt. Am 4. April erschienen dort zwei Damen; die eine war eine leibliche Schwester Canisias. Sie zeigten Therese ein Bild der Verstorbenen und baten sie um Auskunft darüber, wie es um deren Los im Jenseits bestellt sei. Pfarrer Naber stellte der Stigmatisierten während ihres ekstatischen Zustands eine entsprechende Frage. Die Auskunft lautete: »Sie ist von Mund auf in den Himmel gekommen.« Nun beschwerten sich die Angehörigen Canisias beim Erzbischöflichen Ordinariat in Freiburg, weil man ihr das kirchliche Begräbnis verweigert hatte. Am 26. Mai 1929 bat Freiburg die bischöfliche Kurie in Regensburg, sie möge sich erkundigen, ob die erwähnte Auskunft tatsächlich gegeben worden sei und ob man sie, falls dies zutreffe, aufrechterhalte. Der Pfarrer von Konnersreuth bestätigte am 24. Juli 1929, wiederum aufgrund einer ekstatischen Aussage der Stigmatisierten, die Richtigkeit der abgegebenen Versicherung. Als Begründung wurde angegeben:

»Kurz vor ihrem Tod habe Canisia eine vollkommene Reue erweckt und sei reumütig gestorben; sie habe zerrüttete Nerven gehabt, sei deshalb zeitweise geistesgestört gewesen und vom bösen Feinde als Werkzeug und Spielball benützt worden; viel von dem Schlimmen, was über sie gesagt wurde, sei Verleumdung gewesen, viel auch wahr; was sie mit wirklich freiem Willen gefehlt, sei nicht schwer sündhaft gewesen; für das schwer Gefehlte habe sie nicht gekonnt, weil es vom Teufel gelenkt worden sei; unter diesem Zustande habe die Schwester, die an sich ein gutes Herz gehabt habe, furchtbar gelitten; es sei der Sache zu wenig nachgegangen worden; deshalb habe man es nicht bemerkt, daß der böse Feind im Spiel gewesen sei; der Exorzismus wäre das einzig richtige Mittel dagegen gewesen.«[742]

Was Therese Neumann gesagt hat, war nicht das Ergebnis göttlicher Erleuchtung; alles war ihr aufgrund des Gesprächs mit der leiblichen Schwester Canisias schon längst bekannt, beispielsweise die Bemerkung, daß der Teufel an allem schuld gewesen sei. Auch Pfarrer Naber war über alles informiert worden.[743]

b) Sühneleiden für Verstorbene

Ebenso bedeutungsvoll im Leben der Stigmatisierten von Konnersreuth wie die Sühneleiden für lebende Mitmenschen waren jene für verstorbene. Darüber bringt Teodorowicz eine Erklärung: »Das Geheimnis des Dogmas von der Gemeinschaft der Heiligen scheint hier seinen Schleier lüften zu wollen. Es nähert sich uns in einer sinnlich faßbaren Art, es läßt uns seinen lebendigen Pulsschlag fühlen. Überall können wir eine harmonische Verbindung der Freiheit des menschlichen Willens und der göttlichen Wirkung bewundern: Wir erleben die Umwandlung des Leidens, die Vergeistigung des Kreuzes durch die Liebe, die Liebe der Seelen und die Liebe Christi.«[744]

Als Leidenstag für die Verstorbenen hatte der 2. November, der Allerseelentag, eine herausragende Bedeutung. An diesem Tag durften die »Armen Seelen die Resl anbetteln. [...] Sie durfte viele vom Fegfeuer erlösen. Sie kamen dann zu ihr, sich zu bedanken. Manche bettelten sie jahrzehntelang Jahr für Jahr an.«[745]

Der erste Verstorbene, dem Therese ihre Hilfe zukommen ließ, war der Vater des Konnersreuther Pfarrers; ihn erlöste sie in ihrem Wohnzimmer, auf dem Sofa liegend.[746] Die Erlösung ihres eigenen Großvaters wurde von ihr eines Tages während ihres ekstatischen Zustandes angekündigt. Sie erklärte, sie werde für ihn am folgenden Tag bis spät am Abend leiden. Auch den Grund, warum sie ihm helfen durfte, wußte sie anzugeben. Er hatte sich bei ihr anmelden dürfen, weil er einmal einem Handwerksburschen vier Mark geschenkt hatte, die Hälfte seines Barvermögens. Wie hatte sie von seinem guten Werk erfahren? Er hatte sich am Jahrestag seiner Wohltat »angemeldet«.[747]

Am 20. Juli 1928, an einem Freitag, lud sich Therese zusätzlich zu ihrer Passion ein Sühneleiden »für die Seele eines alten Pfarrers« auf, der in der Nähe von Konnersreuth gewirkt hatte und sich seit seinem Tod vor hundert Jahren im Fegfeuer »in größter Verlassenheit« befand.

Am Abend um 23 Uhr erlebte sie die »Erlösung« des Pfarrers, für den sie schon längere Zeit immer wieder gelitten hatte: Sie schaute seine »Auffahrt in den Himmel«.[748] Ähnliches wird am 5. Dezember 1930 berichtet. »An diesem Freitag durfte Therese einen Priester, der nicht sonderlich weit weg gewirkt hatte und schon lange, lange im Fegfeuer gelitten hat, daraus erlösen.« Der Gerettete bedankte sich bei Therese und schwebte vor ihren Augen in den Himmel.[749] Die beiden Szenen vom 20. Juli 1928 und vom 5. Dezember 1930 sind offensichtlich identisch. Therese hat versehentlich denselben Pfarrer zweimal aus dem Fegfeuer befreit. Die zweite Erlösung war allerdings mit einem wunderbaren Ereignis verknüpft. Kurz die Vorgeschichte: Einen Monat zuvor war Therese von einem Stuhl gestürzt; die Folge war neben anderen »sehr schmerzlichen Druckwunden« eine Wunde an der rechten Wade. »Dort ging das gestockte Blut in Eiter über und Theres bekam allmählich eine ungefähr fünfmarkgroße offene Wunde.« Pfarrer Naber fragte sie in ihrem »erhobenen Ruhezustand«, was man unternehmen solle. Die Antwort lautete: »Nichts als sie verbinden.« Soweit die Vorgeschichte. Und nun das Wunder: Unmittelbar nachdem der erlöste Pfarrer in den Himmel geschwebt war, griff Therese nach der rechten Wade; die Wunde war zu, wie Therese durch wiederholtes Berühren feststellte; auch eine starke Geschwulst am rechten Knie war verschwunden.[750] – Der Irrtum Thereses hat sich gelohnt.

Art der Leiden und Erfolg – Über die Art der Leiden der Armen Seelen wußte Therese Erstaunliches auszusagen: Wie man gesündigt hat, so wird man bestraft. »Schlaf in der Kirche werde z.B. durch beständiges Ankämpfen gegen Schlaf und durch einen beständigen Schläfrigkeitszustand der Seelen gesühnt.« Unmäßigkeit im Essen und Trinken muß im Läuterungsort durch Hunger und Durst gesühnt werden. Weil Therese von den Verstorbenen, für die sie Sühneleiden übernahm, wußte, wie sie auf Erden gesündigt hatten, war es ihr auch ein Leichtes, entsprechend Sühne zu leisten. Wenn sie Sühneleiden auf sich nahm, dann war ein Erfolg garantiert. Oftmals stellte sich dieser bereits nach einmaligem Leiden ein. Darüber berichtet P. Staudinger: »Pfarrer Naber sagte mir, wenn sie für eine Seele sühnen muß, dann kommt dieses Sehnsuchtsleiden ganz ergreifend an ihr zum Ausdruck. Sie ringt die Hände nach oben, ruft immer wieder: Hilf mir, hilf mir! Ich kann nicht mehr! Nach vielen Stunden solcher Qualen scheint sie plötzlich nach oben zu schweben, ihr schmerzdurchwühltes Antlitz nimmt freudige Züge an; die Seele, für die sie gesühnt, sieht sie in den Himmel einziehen und sie selber kann dann auch ruhen.«[751] In anderen Fällen dauerte es länger, bis Thereses

Sühneleiden von Erfolg gekrönt war. Am 30. Dezember 1930 wurde sie um 9 Uhr früh »von einem ungeheuerlichen Leiden, körperlichem Schmerz und seelischer Angst überfallen«. Es wurde so arg, daß »der erhobene Ruhezustand ein Erliegen verhindern mußte«. Warum dies geschah, wurde alsbald geklärt: »Um dieselbe Zeit war ihre Tante und Patin, Frau Forster, wie nachher mitgeteilt wurde, in Waldsassen gestorben.«[752] In diesem Fall dauerte es länger, bis der Verstorbenen Hilfe zuteil wurde. Nach gut fünf Monaten, in der Nacht nach dem Fest Fronleichnam, dem 5. Juni 1931, erschien nämlich die Verstorbene ihrem Patenkind, das sich im gewöhnlichen, wachen Zustand befand, und bat um Hilfe. »Der Heiland hat ihr die Gnade gewährt, kommen zu dürfen, da sie ganz verlassen sei. Wenigstens sie, die Therese, solle ihr Versprechen halten und ihr zu helfen suchen. Therese fiel es auf, daß die Erschienene nicht mehr dreinschaute, wie hier auf Erden, sondern recht ruhig, sanft und milde. Sie erschien ihr in noch trüber Lichtgestalt.«[753]

Thereses Leiden für Verstorbene machten zugleich deren »Charakterfehler, welche dem betreffenden Verstorbenen auf Erden eigen waren«, offenbar. So sühnte sie eines Tages für »eine im Leben sehr geizig gewesene Person«. Die Sühne bestand darin, daß sie »immer wieder ihre Umgebung fragte: ›Wo sind meine Sachen?‹ und besorgt: ›Alle mei Sach'n habt's ruiniert, da kommt man ja von Federn auf Stroh!‹« Ein andermal litt Therese für eine Seele, die während ihres Lebens »durch Starrsinn oder Argwohn in ihrem Leben sündigte«. Diesmal sühnte sie durch die Äußerung von »störrischen Redensarten«, wobei sie sich »von dem Betreffenden abwandte«, der gerade bei ihr zu Besuch war.[754] Besucher, die so etwas erlebten, blieben nicht ohne die notwendige Aufklärung, die sie entweder von Therese oder aus dem Mund des Pfarrers Naber vernahmen: Das alles macht der »Heiland«; er hat unendliche Freude an den großartigen »Sühneopfern« der Stigmatisierten von Konnersreuth.

Eines Tages, während eines Sühneleidens für einen Verstorbenen, schrie Therese laut: »Ich habe Hunger, ich habe Durst, gebt mir zu essen, gebt mir zu trinken!« Man brachte ihr das Gewünschte; aber sie lehnte das Dargebotene ab. Nachdem sie wieder in den Normalzustand zurückgekehrt war, erzählte sie den Anwesenden, sie habe für eine »Arme Seele« leiden müssen, die von Hunger und Durst gepeinigt worden sei, weil sie während ihres Erdenslebens oftmals zuviel gegessen und getrunken habe; sie versicherte aber auch: »Jetzt ist sie erlöst.«[755] Am 2. Juli 1929 erlöste Therese eine Seele, die auf Erden oft ungeduldig gewesen war. Die Sühne bestand darin, daß sie »das Leiden der Seele« auf sich nahm. Dieses äußerte sich so: »Nichts war ihr recht, sie sträubte sich, und immer wieder betete sie laut, schrie sogar.« Schließlich wandelte sich dieses »Leiden«, indem es in Sehnsucht nach dem Heiland überging.[756] Man bedenke: Die Sünde, die von der Verstorbenen zu büßen ist, besteht in Ungeduld. Die Sühne übernimmt eine Person, die nie fertig geworden ist mit ihrer Ungeduld, ihrer »Gachheit«, ihrer Eigenwilligkeit, ihrem »ungeheuren Jähzorn«.[757] Die Sühne besteht in einer Art Wutanfall. Bei der einen Person ist Ungeduld eine Sünde, sie kommt deswegen ins Fegfeuer. Bei der anderen ist Ungeduld ein Sühneleiden, ungeheurer Jähzorn eine heroische Tugend!

Die meiste Hilfe durch Therese erfuhren die Verstorbenen am Allerseelentag. »An diesem Tag durften sie die Resl anbetteln [...]. Sie durfte viele vom Fegfeuer erlösen. Sie kamen dann zu ihr, sich zu bedanken. Manche bettelten sie jahrzehntelang Jahr für Jahr an. Sie merkte gar keine Veränderung an ihnen. Bei anderen merkte sie, wie sie von Jahr zu Jahr lichter und heller wurden. So betete sie für manche Seele 20 und 30 Jahre lang. Dieselben bedankten sich dann ganz besonders herzlich, wenn sie erlöst waren.«[758] Warum die Erlösung so lange auf sich warten ließ? Lag dies daran, daß Therese nur gebetet, nicht gelitten hat?

Verweigerung der Hilfe – Nicht allen Verstorbenen hat die Stigmatisierte von Konnersreuth geholfen. Zuweilen hat sie nicht nur Sühneleiden abgelehnt, sie hat sogar ihr Fürbittgebet verweigert. Am 28. Januar 1928 ist der seinerzeit weithin bekannte Redemptorist Josef Schleinkofer, ein großer Wohltäter, gestorben. Im Sommer desselben Jahres schaute Therese dessen Seele in den Flammen des Fegfeuers. Pfarrer Naber bat sie, sie solle dem Pater helfen. »Doch seltsam! Sie lehnte es ab, indem sie zur Antwort gab, Gott wünsche nicht, daß sie für diese Seele bete und leide.« Erst nachdem Naber und andere Priester drei Wochen hindurch für Schleinkofer gebetet hatten, erlaubte Gott Therese, für ihn in einem äußerst schweren Leiden Sühne zu leisten. »Endlich erreichte die Seele jenen Zustand, in dem sie sich nach der beseligenden Anschauung Gottes sehnte und nach der Vereinigung mit ihm verlangte.« Die beiden Konnersreuther Seelsorger Naber und Härtl befanden sich am Leidenslager der Stigmatisierten; da rief diese plötzlich mit lauter Stimme: »P. Schleinkofer kommt, P. Schleinkofer kommt!« Sie sah den Pater vor sich stehen, wie er sich für die ihm erwiesene große Liebe, die er nie vergessen werde, bedankte.[759] Warum hat wohl Therese lange Zeit die erbetene Hilfe verweigert? Es kann nur einen Grund geben: Schleinkofer hat nicht »an sie geglaubt«.

Im Jahr 1927 ist der Regensburger Bischof Antonius von Henle gestorben. Am 2. Dezember 1930, also drei Jahre danach, schrieb Pfarrer Naber an Franz X. Kuhdorfer, Pfarrer von Gossendorf: »Bischof Antonius hat Therese Neumann schon etliche Male an Allerseelen, wenn sie das Fegfeuer besuchen darf, dort gesehen, und er hat sie um Hilfe gebeten, das erste Mal mit dem Bemerken, er habe uns ja Unrecht getan, aber er sei nicht allein daran schuld gewesen.«[760] Therese Neumann hat dem Bischof nicht geholfen, auch später nicht. Der Grund ist bekannt: Er hatte es gewagt, von ihr zu verlangen, sie müsse sich überwachen lassen; er hatte sich schwer verfehlt – nicht gegen Gott, sondern gegen die Stigmatisierte von Konnersreuth!

Es wurde bereits auf die Anleihen hingewiesen, die Therese Neumann bei einem ihrer Vorbilder, nämlich Columba Schonath, gemacht hat. Auch diese behauptete, visionär anwesend gewesen zu sein, wenn Mitmenschen mit dem Tode rangen; auch ihr erschienen »Arme Seelen« und bettelten sie um Hilfe an; auch sie erlöste solche aus dem Läuterungsort; ebenso wurde sie Jahr für Jahr am Allerseelentag ins Fegfeuer »verzückt« und sah »einige Seelen in den Himmel fahren«.[761] In den Berichten über ihr Leben begegnet man mehr als einmal unsinnigen Märchen; aber sie sind im Vergleich zu dem, was Therese Neumann geboten hat, als harmlos zu bezeichnen.

IX. THERESE NEUMANN
UND DAS ALTARSSAKRAMENT

1. Meßbesuch

Während des mehr als sechs Jahre dauernden Krankenlagers war Therese Neumann nicht in der Lage, die Kirche zu besuchen. Erst vom Jahr 1925 an war ihr dies wieder möglich. Darüber hat sie in der zweiten Hälfte des Monats Juni einer Freundin geschrieben: »Ich kann jetzt sitzen und auch gehen. [...] Ja, jeden Tag gehe ich mit Frl. Lehrerin in Gottes schöner Natur spazieren; meist bin ich im Pfarrgarten. Zur Zeit gehe ich mit Meßner Anna (Schw. Xaveria) von Altötting. [...] In die Kirche gehen wir auch jeden Nachmittag. Früh ist's mir zu kalt, und unter die Leute gehe ich nicht gern. Die Sonntage gehe ich ins hl. Amt, da geh ich bloß hinter den Altar.«[762]

Den dort befindlichen einfachen Stuhl ließ Pfarrer Naber bald durch einen bequemen, gepolsterten und mit einem Heizkissen ausgestatteten Sessel ersetzen; Benefiziat Muth bezeichnete ihn als »Häuschen«. In dieses Häuschen begab sich Therese immer, nicht nur beim Meßbesuch, sondern auch sonst, wenn sie nur zum Kommunionempfang in die Kirche ging. Für den Sondersitz hinter dem Hochaltar gab es mehrere Gründe: Im Sessel war es bequemer und wärmer als im Kirchenraum; im Kirchenschiff hätten ihre theatralischen Gesten während der »Ekstasen« störend gewirkt; den Kirchenbesuchern blieb verborgen, ob und wann Therese auftauchte; nur so war es möglich, ungestört das Orakel in Anspruch zu nehmen.

Meßbesuch während des Jahres – Therese Neumann hat zwar von der Zeit ihrer Stigmatisation an täglich kommuniziert, aber an der Meßfeier in der Pfarrkirche hat sie nicht regelmäßig teilgenommen, nicht einmal an den Sonntagen. Von Ende April 1942 bis zum 8. April 1943 war Heinrich Muth Benefiziat in Konnersreuth. In dieser Zeit hat er in der Regel um 7 Uhr zelebriert. Ungefähr hundertmal hat er ihr die Kommunion gereicht. Das bedeutet aber nicht, daß sie während des Gottesdienstes anwesend war. Nach Beginn des Gottesdienstes, oftmals erst zur Zeit der Wandlung oder noch später tauchte sie in der Sakristei auf und hatte auch dann immer noch genügend Zeit zu einem »ganz lebhaften« Gespräch mit dem Mesner oder mit dem Benefiziaten, wenn der Pfarrer am Altare stand. Erst nach dem »Agnus Dei« verschwand sie in ihrem »Häuschen«. In den Fällen, da sie zu Beginn der Messe noch nicht anwesend war, teilte der Mesner dem Zelebranten durch ein verabredetes Zeichen mit, ob sie kommunizieren wolle.

Während der kälteren Jahreszeit dispensierte sich Therese gerne vom Meßbesuch. So kam sie in den beiden letzten Monaten des Jahres 1929 »an den Werktagen nur äußerst selten zur hl. Messe in die Kirche«.[763] Im Jahre 1938 ging sie »in der Weihnachtszeit sehr wenig in die hl. Messe«,[764] in der zweiten Hälfte des Februar 1943 blieb sie neun Tage nacheinander dem Gottesdienst fern, obwohl sie nicht krank war.[765]

Für das Fernbleiben vom Gottesdienst brachte Therese verschiedene Gründe vor, namentlich Krankheiten und freiwillig übernommene Leiden. In den beiden Monaten November und Dezember 1929 blieb in den einzelnen Wochen nur ein Tag »leidensfrei«. Während dieser zwei Monate kommunizierte sie »immer erst zwischen neun und zehn Uhr«.[766] Oftmals genügte der Stigmatisierten als Entschuldigungsgrund Müdigkeit, als Folge der Erledigung von Postsachen. Oftmals las oder schrieb sie Briefe, ihrer Angabe gemäß bis weit nach Mitternacht, zuweilen bis 4 Uhr morgens. Gleichsam als Sammelbegründung für den Verzicht auf die Teilnahme am Gottesdienst gab mir ein Pfarrer aus der Augsburger Diözese an: »Die Resl brauchte nicht zur hl. Messe zu gehen; die empfangene Hostie hat sich in ihr nicht aufgelöst; sie war ein lebendiger Tabernakel.«

Meßbesuch während der Fastenzeit – Es klingt unglaublich, aber es ist Tatsache: Vom Jahr 1926 an bis zum Jahr 1962 hat Therese Neumann jeweils während der Fastenzeit kein einziges Mal einer Meßfeier in der Pfarrkirche beigewohnt. Einmal, am 28. Februar 1928, gab sie während einer Ekstase bekannt, sie werde von nun an bis zum Karsamstag einschließlich nicht mehr in die Kirche gehen.[767] Im Jahr 1930 berichtete der Konnersreuther Benefiziat Liborius Härtl an das Bischöfliche Ordinariat in Regensburg, in den Tagen der Fastenzeit kommuniziere Therese Neumann »durchwegs« zu Hause.[768] In den Jahren 1931 und 1932 vermochte sie vom Beginn der Fastenzeit an »das Haus nicht mehr zu verlassen«.[769] Kaplan Fahsel begründet dies mit »Fußschmerzen«.[770] All diese Angaben bedeuten nicht, daß sie nicht fähig gewesen wäre, ihr Zimmer zu verlassen. Sie tat dies immer wieder, zum Beispiel, wenn sie sich nach Eichstätt begab.

Gottesdienst im Zimmer Thereses – Nur ein einziges Mal hat Therese in den einzelnen Jahren während der Fastenzeit einer Meßfeier beigewohnt, aber nicht in der Kirche, sondern in ihrem Zimmer. Jedes Jahr richtete entweder sie selber oder ein ihr Nahestehender ein entsprechendes Gesuch an das Bischöfliche Ordinariat in Regensburg. Am 14. März 1939 erbat sie eine ein- oder zweimalige Erlaubnis zur Meßfeier auf ihrem »schönen Hausaltärchen«. Daß die Erlaubnis auch in den vorausgegangenen Jahren erteilt worden war, sagt der Zusatz in ihrem Brief: »wie früher«. Im Gesuch vom 16. März 1941 zeigt die Bemerkung »wie in den Vorjahren«, daß die Erlaubnis jedesmal für den Palmsonntag erteilt worden war. In den folgenden Jahren hat entweder Pfarrer Naber oder ein anderer Priester am Palmsonntag zelebriert.

Zur damaligen Zeit durfte jeder Priester nur einmal am Tag zelebrieren; die Erlaubnis, zweimal die Messe zu feiern, zu »binieren«, wurde nur für den Fall gewährt, daß ein beträchtlicher Teil der Gläubigen einer Pfarrei anders keine Möglichkeit zum Meßbesuch hatte. In Konnersreuth wurde Therese Neumann zuliebe eine Ausnahme gemacht. Im Jahr 1943 wurde die Meßfeier ein- bis zweimal gestattet; für den Fall, daß ein Sonntag gewählt würde, durfte biniert werden. Im Jahr darauf wurde die Binationsvollmacht mit Berufung auf entsprechende kirchenrechtliche Bestimmungen nicht gegeben. Fünf Jahre später, im Jahr 1959, gestattete das Bischöfliche Ordinariat die Bination.

Zelebration im Schlafzimmer – Während der Fastenzeit fand die Eucharistiefeier jedesmal auf dem Hausaltar im Zimmer der Stigmatisierten, das zugleich Schlafzimmer war, statt. Offenbar hatte man im Bischöflichen Ordinariat viele Jahre eine kirchenrechtliche Bestimmung übersehen oder ignoriert. Im Jahr 1945 wurde zwar die Erlaubnis zur Meßfeier gegeben, aber mit der Bemerkung: »Niemals kann die Erlaubnis gegeben werden, die hl. Messe im Schlafzimmer zu feiern.« Auf dieses Verbot verwies der Generalvikar auch am 28. März 1950 in seinem Schreiben an das Pfarramt Konnersreuth. Er betonte, neuerdings sei das Zelebrationsverbot in Privaträumen wesentlich verschärft worden, im Schlafzimmer sei die Eucharistiefeier untersagt. Im Jahr 1959 wurde die Zelebrationserlaubnis »im Zimmer der Therese Neumann« gegeben; im Jahr darauf enthielt die Genehmigung den Zusatz: »nicht auf dem Schlafzimmer«. Diese Verbote wurden in Konnersreuth nie beachtet. Das zeigen die einzelnen Bittgesuche um Erlaubnis der Meßfeier: »wie immer auf dem schönen Hausaltar«.

Begründung der Gesuche – Die Begründungen, die Therese Neumann jeweils angegeben hat, sind immer die gleichen: irgendwelche Krankheiten. Für das Jahr 1931 wird gesagt: »Schwer, wie noch in keiner Zeit, hatte in der heurigen Fastenzeit Therese Neumann zu leiden gehabt.«[771] Im Jahr 1944 reichte Pfarrer Naber das Gesuch um Zelebrationserlaubnis im Zimmer der Stigmatisierten ein. Als Begründung gab er an, sie habe in der Fastenzeit, »ihrer Hauptleidenszeit«, das Elternhaus nicht verlassen können, weil sie an einer Lungenentzündung leide. Im Jahr 1948 schrieb er: »Seit Beginn der Fastenzeit ist Therese Neumann äußerst schwer leidend. Venenentzündung mit Embolie, Grippe, Lungenentzündung, Gelenkrheumatismus, Gallen- und Herzbeschwerden foltern sie. Sie kann zur Zeit nicht schreiben.« – So etwas hält nur ein »massiv kranker« Mensch aus. – Im Jahr 1949 reichte Therese wieder selber ihr Gesuch ein. Sie schrieb: »Ich kann nicht in der Kirche der hl. Messe beiwohnen. Das Freitagsleiden ist wieder wie alle Jahre, und zudem bin ich noch so leidend.« Am 28. März 1950 beantwortete der Generalvikar das eingelaufene Bittgesuch. Unter anderem schrieb er: »Wenn Frl. Therese Neumann schwer leidend ist, so daß sie nicht zur nahen Kirche gehen kann, ist sie vom Anhören der hl. Messe dispensiert; wenn aber dazu fähig, soll sie anderen Gläubigen gegenüber kein Sonderrecht beanspruchen.« Im Jahr 1953 richtete die Stigmatisierte ihr Gesuch an den Bischof über Grillmeier, den Direktor des Erholungsheimes Spindelhof bei Regenstauf, und über Schwester Florentiana. Die Begründung lautete: Freitagsleiden und andere Krankheiten. In den folgenden Gesuchen wird regelmäßig auf eine nicht näher bezeichnete »Erkrankung« verwiesen, die ihr »bereits seit etlichen Wochen vor dem Aschermittwoch zu schaffen mache«. Das Bittgesuch, das am 3. Fastensonntag des Jahres 1957 abgefaßt war, beginnt mit den Worten: »Da die Leidensfreitage wiederum begonnen, wo ich die hl. Messe nicht besuchen kann«. Ähnlich drückt sich Therese im Jahr 1960 aus. Da heißt es nur, ohne einen Hinweis auf eine Erkrankung: »In der hl. Fastenzeit sind die Leidensfreitage wieder schwer, so daß ich nicht in die Kirche zur hl. Messe kann.«[772]

Die Stigmatisierte von Konnersreuth begründete die Unmöglichkeit eines Gottesdienstbesuches während der Fastenzeit mit zwei Argumenten. Meistens berief sie sich auf Krankheiten, und zwar sehr schwere Gebrechen. Alle beruhen auf ihrer Eigendiagnose. Dabei ist zu beachten, daß der Autor Boniface aufgrund der in Konnersreuth erhaltenen Information im Jahr 1958 geschrieben hat, Therese Neumann habe seit dem 19. November 1926 »nicht die geringste Erkrankung, ausgenommen einige Schnupfen und Grippen«, zu erdulden gehabt.[773] Dazu kommt, daß sie in den verschiedenen Jahren auch während der Fastenzeit die Kraft hatte zu verreisen. Die zweite Begründung ist noch sonderbarer als die erste: Sie berief sich auf die »Leidensfreitage«. Einen Freitag gibt es aber nur einmal in der Woche. Anni Spiegl lernte Therese in Eichstätt kennen, und zwar an einem Freitag während der Fastenzeit. Sie gibt zwar das Jahr nicht an, aber aus dem Zusammenhang ergibt sich wohl das Jahr 1932. »An einem Freitag in der Fastenzeit« wurde Anni Spiegl durch Prof. Wutz aufgefordert, in seine Wohnung zu gehen, wo sie beobachten konnte, wie Therese die zwei letzten Stunden des Freitagsleidens ertrug.[774] Am 4. Fastensonntag des Jahres 1938, am 27. März, unternahm Therese Neumann eine längere Autofahrt. Auf dem Wege zwischen Eichstätt und Wasserzell begegneten ihr zwei Priester, Dr. Rudolf Graber, der spätere Bischof von Regensburg, und der damalige Primiziant, mein Kurskollege Alois Ederer aus Regensburg. Therese ließ anhalten, stieg aus dem Auto und unterhielt sich mit den beiden. Ederer überreichte ihr ein Primizbildchen. Die Stigmatisierte hat sich auch in anderen Jahren während der Fastenzeit nach Eichstätt begeben und dort ihre gewohnten Freitags-Ekstasen gehabt. Darauf weist Spiegls Bemerkung hin: »Die Karfreitagsjäckchen und Kopftücher wurden nicht gewaschen, diese hat Ottilie aufgehoben.« Spiegl sandte nach dem Tod der Haushälterin des Prof. Wutz im Jahr 1959 die blutigen Tücher nach Konnersreuth.[775] Auf eine entsprechende Anfrage erhielt ich am 30. Mai 1959 folgende Mitteilung: »Fräulein Anni Spiegl erklärt, daß Therese Neumann sich wiederholt während der Fastenzeit in Eichstätt aufgehalten habe und sie Zeugin der Leidensvisionen gewesen sei. Dagegen sei Therese Neumann gegen Ende der Fastenzeit (also vor allem am Karfreitag) jeweils in Konnersreuth gewesen.« Demnach war die Stigmatisierte nicht krank, wenn sie sich auswärts aufhalten wollte.

Die »Mitfeier« – Wie hat Therese Neumann beim Gottesdienst mitgefeiert? Im Tagebuch Nabers ist unter dem 2. Dezember 1930 zu lesen: »Therese wohnt dem Rorate bei; ich bin neben ihr. Beim Evangelium merke ich, daß sie den Inhalt desselben (es wird lateinisch gesungen) erfühlt. So auch bei den übrigen Teilen der hl. Messe. Ohne Gebetbuch. Bei der Kommunionausteilung (Therese ist hinter dem Hochaltar) begleitet sie mit ihrem Gefühl und auch mit Wendungen den H. Benefiziaten von einer Seite der Kommunionbank zur anderen. Sie spricht auch zu mir von dem, was sie gerade vorsichgehend oder gebetet fühlt.«[776] Daß Therese den Inhalt des Evangeliums und der übrigen Gebete und Gesänge »erfühlt« hat, verwundert nicht; denn bei den Rorate-Ämtern wurde in der damaligen Zeit regelmäßig dasselbe Meßformular verwendet; außerdem hatte sie Möglichkeiten genug, sich vorher zu informieren. Sie unterhält sich während des Gottesdienstes mit dem Pfarrer und offenbart dabei ihre »Schergabe«. Bezeichnet man das als andächtige Mitfeier?

2. Kommunionempfang

Seit wann tägliche Kommunion? – In der Zeit, als Therese Neumann noch bei voller Gesundheit war, ging sie nicht öfter zur Kommunion als andere Konnersreuther auch. Gegen Ende des Jahres 1924 brachte ihr Pfarrer Naber die Kommunion auf ihr Zimmer wöchentlich einmal, jeweils am Freitag.[777] Noch im Sommer 1925, als sie bereits fähig war, ausgedehnte Spaziergänge zu machen, mußte ihr der Pfarrer die Kommunion auf ihr Zimmer bringen, weil es ihr in der Kirche zu kalt war.[778] Seit dem Frühjahr 1926 scheint sie täglich kommuniziert zu haben.

Zeit des Kommunionempfangs – Zuweilen kommunizierte Therese nicht, wenn sie bei einer Meßfeier zugegen war. Dies war dann der Fall, wenn ein bestimmter Priester als Besucher angemeldet worden war, der erst zu einer späteren Stunde erscheinen konnte. Wenn sie außerhalb der Meßfeier kommunizieren wollte, teilte sie dies ihrem Pfarrer mit. Gelegentlich kam die Aufforderung schon in aller Frühe, meistens gegen die Mittagszeit, aber auch am Nachmittag. Als der Ingenieur Ludwig Dietz aus Dieburg in der ersten Augustwoche 1937 in Konnersreuth weilte, hat Therese Neumann »an zwei verschiedenen Tagen etwa um 12.30 Uhr mittags die hl. Kommunion hinter dem Altare der Kirche empfangen«.[779]

Eine Vorbereitung auf die Kommunion war Therese Neumann unbekannt. Ihr Landsmann Lorenz Rosner feierte eines Tages in der Konnersreuther Pfarrkirche die hl. Messe. Nachher unterhielt er sich in der Sakristei mit dem Mesner. Da erschien Therese und erklärte: »Ich will kommunizieren.« Dann begab sie sich auf ihren Platz. Nach kurzer Zeit kam sie wieder in die Sakristei und sprach in barschem Ton: »Ich habe doch gesagt, daß ich kommunizieren will!« Rosner meinte: »Ja, Resl, hast du dich denn schon vorbereitet?« Ärgerlich erklärte sie: »Ich bin immer vorbereitet!«[780] Ebenso wie auf die Vorbereitung verzichtete Therese auch auf eine Danksagung. Die Kommunionspendung außerhalb der Meßfeier vollzog sich nach dem gewohnten Schema: Miteinander plaudernd gehen beide, Therese und Naber, zur Kirche; Therese kommunizierte, »und schon geht es fröhlich wieder über die Straßen«. So hat sich der Konnersreuther Benefiziat Heinrich Muth ausgedrückt. Pfarrer Söllner erklärte ihm: »Eine Danksagung braucht die Resl nicht; sie lebt in ständiger Gegenwart des Heilandes.«[781]

Wer darf die Hostie reichen? – Die Stigmatisierte von Konnersreuth gewährte nicht jedem Priester die Gnade, ihr die Hostie reichen zu dürfen. Im Jahr 1928 wurde Dekan Höfner von Waldsassen gewürdigt. Um 8.30 Uhr kommunizierte Therese. Unmittelbar danach führten beide ein Zwiegespräch. Therese begann mit der Frage: »Hast du es gemerkt, daß ich auf dich gewartet habe? Das ist fein eine Gnade; hast du es gesehen, wie der Heiland in mich eingegangen ist?« Später versicherte sie dem Dekan, was sie zu ihm gesagt habe, sei im ekstatischen Zustand geschehen; sie wisse nicht einmal, wer ihr die Hostie gereicht habe.[782]

Der Redemptorist Hummel machte zu wiederholten Malen einen Besuch in Konnersreuth. Eines Tages bat er Pfarrer Naber um die Erlaubnis, Therese die Kommunion bringen zu dürfen. Der Pfarrer erwiderte: »Ich werde die Therese fragen; nicht jeder darf ihr die hl. Kommunion geben.«[783] Im Jahr 1932 fuhr August Ackermann nach Konnersreuth. Dort fragte er den Pfarrer, ob er Gelegenheit bekomme, Therese die Hostie zu reichen. Naber gab zur Antwort, es komme sehr selten vor, daß dies einem fremden Priester gestattet werde; zudem wisse man zumeist nicht, zu welcher Zeit sie kommunizieren wolle.[784] Am 2. Juli 1942 war Therese zwar während des um 7 Uhr angesetzten Gottesdienstes anwesend; sie kommunizierte aber nicht. Erst Stunden später erfuhr der zelebrierende Benefiziat den Grund: Pfarrer Liborius Härtl, der von 1929 bis 1937 als Benefiziat in Konnersreuth wirkte und »gläubig« war wie sein Pfarrer, kam gegen Mittag an. Therese ging mit ihm in die Kirche, wo sie kommunizierte.[785] Von auswärtigen Priestern ließ sich Therese Neumann nur von ausgesprochenen Verehrern und von Persönlichkeiten der höheren Ränge die Hostie reichen; einem Bischof hätte sie die »Gnade« nie versagt.

Therese Neumann war sich ihrer Würde bewußt, und sie wollte auffallen. Im Jahr 1939 hielt sie sich eine Zeitlang in Westfalen auf. Dort ließ sie eines Tages dem Ortspfarrer melden, sie wolle um 11 Uhr kommunizieren, er möge aus diesem Grunde die Kirche schmücken. »Tatsächlich kommunizierte sie unter großem Zulauf des Volkes.«[786]

3. Außergewöhnliche Phänomene

a) Wissen um das Vorhandensein einer konsekrierten Hostie

Im Jahr 1930 fuhr eines Tages Benefiziat Härtl mit Therese Neumann durch die Kleinstadt Marktredwitz. Als sie an einer Kirche vorbeikamen, fragte er, ob es sich um ein katholisches oder protestantisches Gotteshaus handle. Therese antwortete, »sie wisse das nicht, aber sie fühle nicht, daß der Heiland drinnen sei.«[787] Das »Gefühl« ist leicht zu verstehen; denn Marktredwitz ist eine Nachbarpfarrei von Konnersreuth.

Einige Male lieferte Therese den Beweis dafür, daß sie konsekrierte Hostien von nichtkonsekrierten zu unterscheiden vermochte: Eines Tages kam zu Pfarrer Naber ein Mann aus Konnersreuth und übergab ihm einige Hostien, die er auf dem Weg gefunden hatte. Naber vermutete, die Person, die kurz zuvor in Waldsassen Hostien abgeholt hatte, habe ein paar davon auf dem Wege verloren. Er tat die Hostien in einen Briefumschlag und legte diesen auf den Tisch. Bald darauf kam Therese Neumann in den Pfarrhof, wo der Pfarrer ihr von dem Vorfall erzählte. »Er nahm während der Erzählung den Briefumschlag in die Hand und näherte sich Therese. Wie groß war sein Erstaunen, als sich Therese sofort in der gleichen Weise verhielt, wie wenn sie beim Empfang der hl. Kommunion den Heiland sieht. Naber ging dann einige Schritte zurück und Therese schien wieder in den normalen Zustand zurückkehren zu wollen. Er näherte sich ihr neuerdings und wieder zeigte sie das auffallende Verhalten.« Aus dem Verhalten der Stigmatisierten schloß Naber, daß es sich um konsekrierte Hostien handelte. Naber unternahm eine zweite Probe; er fragte Therese im Zustand der »gehobenen Ruhe« und erhielt folgende Auskunft: »Unter den Besuchern in Konnersreuth habe sich ein geistesgestörter Priester befunden, der es auf irgendeine Weise verstanden habe, zur Austeilung der hl. Kommunion zugelassen zu werden. Dabei entnahm er in seinem Wahn dem Speisekelch mehrere Hostien, die er dann in sein Brevier legte.

Als er sich dann zu Fuß nach Waldsassen zur Bahn begab, öffnete er dasselbe, wobei ihm die Hostien – von ihm unbeachtet – entfielen.«[788]

Die geschilderte Szene spielte sich an einem Sonntag ab. Ein Wunder mit vielen Fragezeichen! Hat der Pfarrer den Priester gekannt? Hat er davon gewußt, daß er geistesgestört war? Hat er von dem Fremden einen Ausweis verlangt? Durfte der fremde Priester auch zelebrieren? Dies muß angenommen werden; anders hätte er keine Möglichkeit zur Kommunionausteilung gehabt. All diese Fragen sind überflüssig; denn die »gefundenen« Hostien stammten weder aus dem Kelch im Tabernakel noch waren sie konsekriert; der »geistesgestörte Priester« wurde vom »Heiland« erfunden.

Pfarrer Naber wußte von einem ähnlichen Fall zu berichten. Eben hatte er in Gegenwart der Stigmatisierten die eingelaufenen Postsachen in Empfang genommen. »Plötzlich veränderten sich die Züge der Resl, sie zeigte auf einen noch nicht geöffneten Umschlag und sagte: ›Der Heiland ist da!‹ Sie war erregt und wie außer sich.

Höchst beunruhigt nahm der gute Pfarrherr den Umschlag, öffnete ihn und fand eine Hostie darin. Aus dem Begleitbrief, der von einem ausländischen Geistlichen herrührte, war zu entnehmen, daß in seiner Kirche eine Gottesschändung vorgekommen war; man hatte auf dem Boden einige Hostien gefunden, von denen man nun nicht wußte, ob sie konsekriert waren oder nicht. Er habe eine davon entnommen und sende sie nun dem Pfarrer Naber mit der Bitte, sie dem untrüglichen Sinn der Seherin vorzulegen. Der Versuch war überzeugend!«[789]

Wer war der Absender? Wenn der Tabernakel gewaltsam aufgebrochen worden wäre, dann hätte es keinen Grund zum Zweifel gegeben.

Den dritten geheimnisvollen Fall hat Johannes Steiner überliefert:

»Den folgenden Fall hatte mir Pfarrer Naber vor Jahren erzählt. Da ich ihn jedoch nicht selbst erlebt habe und Pfarrer Naber sich heute wohl noch an die Tatsache selbst, aber nicht mehr an Einzelheiten erinnerte, habe ich Therese Neumanns Bruder Ferdinand, der Augenzeuge war, um einen Bericht gebeten.« Dieser Bericht lautet: »Das Jahr kann ich auch nicht mehr ganz genau angeben. Es dürfte etwa 1932 gewesen sein. Aber genau weiß ich, daß es ein Sonntag war. Ich bin bei meiner Schwester Marie in der Küche des Pfarrhofes gewesen, da kam die Resl mit Herrn Pfarrer herein; ich glaube, es war nach der Nachmittagsandacht. Resl wurde sofort erregt und sagte: ›Da ist ja der Heiland herinnen.‹ Pfarrer Naber lachte und sagte: ›Resl, da täuschst Du Dich aber gewiß. Der Heiland ist bestimmt nicht im Pfarrhof.‹ Sie sagte: ›Doch, ich spür es doch; er ist ganz in der Nähe hier.‹ Und sie ging dabei auf einen Stoß Briefe zu, die noch ungeöffnet dalagen. Sie hat eigentlich gar nicht lange herumgesucht, sondern ein blaues Geschäftskuvert herausgezogen und es Pfarrer Naber gegeben. Man machte es auf, und da lag in einem Stück weißen Papiers eine Hostie. Keine Zeile dazu, keine Absenderangabe. Nur die Anschrift: An Fräulein Therese Neumann, Konnersreuth. Poststempel Waldsassen.« Der Übeltäter soll entdeckt worden sein, ein Porzellanmaler aus Waldsassen, ein großer Skrupulant, der, ursprünglich Protestant, mehrmals konvertiert habe; als Zweifler habe er nach einem Beweis für die Gegenwart Christi im Altarssakrament gesucht; darum habe er nach dem Kommunionempfang in einem der engen Durchgänge zwischen den Seitennischen der Waldsassener Stiftskirche die Hostie aus dem Mund genommen, in ein Tüchlein gesteckt und dann abgesandt. Wie wurde der Täter entdeckt? Ferdinand Neumann sagt: Er hat später alles selber erzählt.[790] Schade, daß Ferdinand weder den Namen des »Zweiflers« verraten noch jemand genannt hat, dem dieser das Märchen erzählte.

Der letzte Fall mit ähnlichem Inhalt spielte sich am 12. Oktober 1934 ab. Pfarrer Naber betritt zusammen mit Therese Neumann die Küche des Pfarrhofes. Beide begeben sich zum Tisch, auf dem sich die eingelaufene Post befindet. Therese greift nach einem Brief und reicht ihn dem Pfarrer. Dieser öffnet und findet einige Hostien. Therese versichert, diese seien konsekriert. Der Pfarrer gibt die Hostien in ein Glas mit Wasser. Wie es zu der Postsendung gekommen ist, erfuhr er in einem beigelegten Schreiben des Studienprofessors Friedrich Hässler, der an einer Münchener Berufsschule Religionsunterricht erteilte. Mit Berufung auf ein Mädchen mit dem Vornamen Maria schilderte er den Grund seines Handelns: Maria hatte von einer Dame Ella, einem, wie behauptet wurde, Mitglied einer Freimaurerloge, eine größere Zahl angeblich konsekrierter Hostien erhalten, die sich Ella für eine Freimaurerische Gesellschaft besorgt hatte, und zwar »durch sakrilegischen Kommunionempfang zu unlauteren Zwecken«. Hässler bat nun den Pfarrer, er solle die Hostien der Stigmatisierten während ihrer Ekstase vorlegen. Dazu ist es jedoch nicht gekommen, weil sie ohne Ekstase erkannte, daß die Hostien konsekriert waren.

Ob die Angaben zutreffend waren oder nicht, wußte niemand zu sagen. Wer war Ella? Mitglied einer Freimaurerloge konnte sie zum mindesten zur damaligen Zeit nicht sein, weil nur Männer zugelassen wurden. Hässler schreibt über sie: »Es stellte sich heraus, daß Ella hochgradig hysterisch ist, lügt und besonders einen Priester verleumdet.« »Der Person«, so schreibt er weiter, »kann man nicht so oder so Glauben schenken. Ferner scheint nach glaubwürdigen Schilderungen der Maria diese Ella unter diabolischem Einfluß zu stehen.«[791] – Wes Geistes Kind muß ein Priester sein, der Hostien zur Begutachtung in einem Brief verschickt!

b) Verlangen nach der Hostie

Zuweilen geschah es, daß Therese Neumann in theatralischer Weise ihre Sehnsucht nach der Hostie zum Ausdruck brachte. Dies geschah dann, wenn Prominente anwesend waren. Den beiden Bischöfen Waitz und Teodorowicz erklärte Pfarrer Naber, Therese bekunde ihr heftiges Verlangen nach der hl. Kommunion dadurch, daß sie den Priester an der Stola und am Chorrock zerre. So geschah es dann auch. Teodorowicz berichtet: Therese fühlt sich äußerst unglücklich und verlassen, wenn sie vor dem Empfang der hl. Kommunion merkt, daß der Heiland nicht mehr in ihr gegenwärtig ist. Dann wird die Vereinsamung so schmerzhaft, daß sie sich nicht mehr beherrschen kann und ausruft: »Warum hast du mich, Herr, verlassen? Komm doch zu mir!« Als ihr der Erzbischof an einem Freitag die hl. Kommunion reichen wollte, wurde er zuvor durch den Pfarrer gewarnt, Therese werde in ihrer Begierde nach dem Heiland nach seiner Stola greifen und daran zerren, um ihn zu zwingen, ihr doch schneller die Hostie zu reichen. Von einem Priester wegen dieses Verhaltens zur Rede gestellt, habe Therese geantwortet, dies alles hänge nicht von ihr ab, es sei vielmehr das Einwirken der Gnade.[792] Eine ähnliche Erfahrung machte Waitz, als er im Jahre 1928 der Stigmatisierten die Kommunion brachte. Als der Bischof auftauchte, begann sie zu rufen: »Heiland, Heiland!« Der Bischof trat vor sie hin; sie lehnte sich etwas zurück, faßte dann den Bischof am Chorrock, als wolle sie ihn an sich heranziehen, und rief wiederum: »Heiland, Heiland!«[793]

Priester der niederen Ränge erlebten nur selten etwas Außergewöhnliches. Einmal übernahm der Sekretär des Bonifatiusvereins Friedrich Thiessen einen Gottesdienst in der Pfarrkirche von Konnersreuth; Therese nahm daran teil. Vorher machte ihn Pfarrer Naber darauf aufmerksam, er werde, wenn er der Stigmatisierten die Hostie reiche, staunen. Aber es gab keinen Grund zum Staunen. Nach der Messe fragte Naber Thiessen, was er nun sage. Zu seiner Verwunderung mußte er hören, daß nichts zu sagen war. Während des Mittagessens, an dem auch ein Arzt, offenbar Dr. Mittendorfer, teilnahm, sprach Naber: »Resl, die Sache läßt mir keine Ruhe. Warum war heute nichts?« Die Gefragte erwiderte: »Ich wollte nicht; der junge Herr wäre sonst zu sehr erschrocken.«[794] – Einwirken der Gnade?

c) Kommunion ohne Schluckbewegung

Daß es sich bei dem Phänomen der »Kommunion ohne Schluckbewegung« um ein Märchen handelt, ergibt sich allein schon aus der Widersprüchlichkeit der einzelnen Berichte, abgesehen vom Inhalt des »Phänomens«. Pfarrer Witt berichtet: »Der Priester legt ihr jetzt wie allen anderen die ganze hl. Hostie auf die Zunge und bei noch nicht geschlossenem Munde ist sie plötzlich weg. Fragt man sie hernach, wo denn nun die hl. Hostie sei, dann legt sie die Hand aufs Herz und sagt einfach und ruhig: ›Hier‹. Auch tagsüber verspürt sie noch, wie sie sagt, die Kraft der Gegenwart der himmlischen Speise, welche sie genommen hat.«[795]

Während die einen Berichterstatter wie Erwein v. Aretin die Kommunion ohne Schluckbewegung vom Jahr 1923 an als eine alltägliche Erscheinung bezeichnen, sagen andere, dieses Phänomen sei nur dann beobachtet worden, wenn Therese in Ekstase geriet. Kam sie gelegentlich vor dem Kommunionempfang in eine visionäre Ekstase und sah sie dann »anstelle des Priesters in der Hostie den Heiland selbst auf sich zukommen«, dann ging »die hl. Hostie in sie ein«.[796] Dies war, wie Benefiziat Härtl angab, an Festtagen und an Tagen nach einem schweren Leiden der Fall. »Zeugen« solcher außerordentlicher Fälle waren immer nur Personen, die dem engsten Konnersreuther Kreis angehörten. Von diesen sagt Sanitätsrat Dr. Seidl: »Sie haben jedenfalls unbehindert Zutritt zu jeder Stunde. [...] Nur wer widerspruchslos alles annimmt, kann im Hause Neumann verkehren. Sie nehmen rücksichtslos Stellung gegen jeden, der nur die leiseste Kritik übt. Sie dürfen an allem teilnehmen, z.B. an der mystischen Kommunion. Ich wurde trotz wiederholter Versuche nie dazu zugelassen, weil sie das vorher nie wisse. Als ich P. R. Bergmann das erzählte, sagte er nur, daß er für den kommenden Morgen dazu eingeladen sei.«[797] Zu den wenigen Auserwählten gehörte Gerlich. Eines Tages verkündete Therese »in der Ekstase«, daß sich am folgenden Tag das seltsame Phänomen wieder einstellen werde:

»Als der Pfarrer mit dem Ziborium um die Ecke des Altars kam, geriet Therese

Neumann beim Anblick der Hostie in Ekstase und zeigte höchstes Verlangen, dem Heiland entgegenzugehen, woran sie der Stuhl durch seine vorn schließenden Armlehnen hinderte. Ihr Gesicht strahlt, ihre Augen leuchten, die Hände sind etwas vorgestreckt, die Füße sind in Bewegung.

Der ganze Körper ist etwas gehoben, als ob sie aufstehen möchte. Der Pfarrer gab mir Anweisung, direkt so vor ihr niederzuknien, daß ich ihr genau in den Mund sehen könnte. Das geschah. Bei der Annäherung der Hostie öffnete sie weit den Mund und streckte etwas die Zunge heraus. Die Hände hielt sie vor die Brust. Der Pfarrer legte vorn auf ihre Zunge eine ganze Hostie und trat sofort von ihr zurück. Sie nahm die Zunge, auf der die Hostie sichtbar lag, ein wenig zurück, aber nur so weit, daß die Spitze noch die Unterlippe berührte und nur die Zähne des Unterkiefers verdeckte, so daß ich weiter die hintere Zungenpartie und den Gaumen sehen konnte. Plötzlich war die Hostie verschwunden. Therese Neumann streckte sofort einige Zeit hindurch die Zunge weit heraus. Der Mund war weit geöffnet, sie schloß ihn von dem ersten Öffnen an nicht, ebenso machte sie keine Schluckbewegungen von der ersten Öffnung des Mundes an. Die Hostie war in der Mundhöhle und am Gaumen, die ständig offen vor mir lagen, nicht zu sehen. Nach einiger Zeit innerster Konzentration begann sie ekstatisch zu sprechen.«[798]

Was Gerlich erlebt hat, war nichts anderes als ein Taschenspielertrick. Das Verhalten der Stigmatisierten kann man nur als widerlich, ja ekelerregend bezeichnen.

Eines Tages forderte Pfarrer Naber Kardinal Kaspar von Prag auf, er solle mit der Hostie eine Weile vor Therese stehen bleiben, »damit sie sich den von den Toten auferstandenen Heiland erst ansehe.« Den gleichen Rat gab der Pfarrer dem Sekretär des Kardinals, van Rossum; er mache das auch selber und betrachte dann das Verhalten der Stigmatisierten. Der Kardinal konnte nicht den geringsten Versuch, die Hostie zu schlucken, bemerken. Auf Wunsch Nabers zeigte sie danach »in aller Ehrfurcht die Zunge, und die hl. Hostie lag nicht mehr auf ihr«.[799] Daß die Hostie am Gaumen kleben konnte, daran haben die »Zeugen« nicht gedacht. Einmal erlaubte sich ein Priester, der Therese die Hostie gereicht hatte, die Frage, ob sie verschwunden sei. Sogleich bekam er zu hören: »Auch du zweifelst noch?« Mit Recht sagt Dr. Deutsch: »Ist das heiligmäßige Andacht beim Empfang der hl. Eucharistie oder hysterisches Theater, bei dem der Eindruck auf das verehrliche Publikum der Zweck der Übung ist?«[800]

d) Vision beim Kommunionempfang

Eine Sonderform der Schauungen der Stigmatisierten von Konnersreuth sind die Visionen beim Kommunionempfang. Helmut Fahsel sagt als Augen- und Ohrenzeuge: »Ihre Arme sind erhoben, und sie schaut in die Richtung, wo sich die hl. Hostie in den Händen des Pfarrers befindet. Während derselbe die übrigen Gebete spricht, schaut sie mit seligem Lächeln wie verklärt hinauf und dann wieder hinunter. Ich frage sie danach, weshalb sie dies tue, und sie antwortete: ›I schau den Heiland in glänzender Gestalt. Dann wird der Glanz der Gestalt zu einer Feuerflamme, die auf mi zukommt und in meinen Mund eingeht. Dann weiß i nix mehr, dann bin i ganz beim Heiland.‹ Es ist aufgefallen, daß sie mit besonderer Aufmerksamkeit nach unten schaut. Sie erklärte, die Wundmale an den Füßen des Heilandes in ganz besonderem Glanze zu sehen.«[801]

Darüber, wie oft sich solche Visionen einstellten, gehen die Angaben auseinander. Dabei ist zu beachten, daß die Berichte in der Regel auf Pfarrer Naber zurückgehen. Während einer Unterredung, die im Januar 1929 der Freisinger Subregens Dr. Johann Westermayr mit Pfarrer Naber führte, stellte dieser die ekstatische Kommunion, also die Schauung beim Kommunionempfang und die Kommunion ohne Schluckbewegungen, als Regel hin: »Wenn die Resl, in ihrem Stuhl einer Messe beiwohnend, von der Wandlung an den ekstatischen Zustand habe, sehe sie unmittelbar vor der Wandlung zunächst die Engel, dann von der Wandlung an Jesus selber, in der Weihnachtszeit als ein immer größer werdendes Kind [von Ostern an als Mann im verklärten Zustand].«[802] Die Kommunionvisionen können nicht zahlreich gewesen sein; denn Therese nahm nicht oft an einer ganzen Meßfeier teil; wenn sie erst kurz vor der Kommunionausteilung erschien, hatten die Engel keine Zeit mehr zum Erscheinen.

Im Sommer des Jahres 1928 war Prälat Hildenbrand aus Speyer in Konnersreuth. In seinem Bericht an den Regensburger Generalvikar sagt er mit Berufung auf Pfarrer Naber, gelegentlich erscheine Therese »vor der hl. Kommunion der Heiland in seiner ganzen Gestalt«; rechtzeitig vorher, und zwar »immer« werde der Pfarrer informiert.[803]

Dem Erzbischof von Lemberg gegenüber gab Naber als Voraussetzung für eine ekstatische Kommunion ein vorausgegangenes Sühneleiden an; dabei machte er noch eine weitere Einschränkung: die ekstatische Kommunion sei nur »nach außerordentlich schweren Sühneleiden« zu beobachten. Als der Bischof eines Morgens wissen wollte, ob Therese ekstatisch kommunizieren werde, erwiderte der Pfarrer: »Ich weiß dies zwar nicht, aber ich glaube, daß sie heute wie gewöhnlich kommunizieren wird, da nur auf ganz außergewöhnliche Sühneleiden die ekstatische Kommunion folgt. Das heutige Leiden war stark, aber nicht außergewöhnlich.«[804]

An diese Regel hielt sich allerdings Therese nicht immer. Als im Januar 1929 Dr. Westermayr in Konnersreuth weilte, hatte sie sowohl am 5. als auch am 6. Januar Visionen, obwohl sie zuvor kein Sühneleiden zu erdulden hatte. Die Ausnahme ist verständlich: Sowohl die Stigmatisierte wie auch Pfarrer Naber wußte, daß Westermayr auf Wunsch des Regensburger Bischofs als Beobachter erschienen war.[805]

Ähnlich war es bei dem Fall, den Teodorowicz schildert. Sein Bericht stützt sich auf die Schilderung des Franziskaners Herrmann Joseph, der an einem Freitag nach Pfingsten in Konnersreuth war, an dem die Passion ausfiel. Wie Pfarrer Naber versicherte, hatte Therese in der Nacht zuvor kein Sühneleiden durchzumachen. Demgemäß hätte sie auch bei der Kommunion keine Vision haben dürfen. Sie hatte trotzdem eine Schauung:

Die Pfarrmesse ging gerade dem Ende zu; der Pater ist beim Ankleiden zur Meßfeier. »Da ging auf einmal die Tür von draußen her energisch auf. Unwillkürlich wandte ich den Kopf – da schaute ich in ein Antlitz, so voll Schmerz und innerem Weh, wie ich noch keines gesehen hatte, nicht einmal bei einem Sterbenden. Die Augen erinnerten an einen Verschmachtenden, der die letzten Anstrengungen macht, den rauschenden Quell noch zu erreichen, ehe er entkräftet niedersinkt: Therese Neumann, sie kam, um die hl. Kommunion zu empfangen. Vermutlich war sie in Ekstase, denn sie sah weder mich noch sonst etwas. Es war die Ekstase der namenlosen Sehnsucht und inneren Gottverlassenheit, von der sie stets ergriffen wird, wenn die heiligen Gestalten der vorigen Kommunion in ihr verschwinden. [...] Ehrfurchtsvoll macht sie die Kniebeugung hinter dem Altar.« Die Ekstase verliert sich offenbar sehr rasch. »Sie winkt den Ministrantenbuben, die Türe hinter ihr zu schließen, da sie bei der hl. Kommunion von anderen nicht gesehen sein will.« Dann, nach der Pfarrmesse, entläßt der Pfarrer die Kinder, ordnet noch etwas in der Kirche; jetzt erst zieht er Chorrock und Stola an. »Er winkt mir, ganz nahe zu treten, unmittelbar neben Thereses Stuhl. Ich konnte das leicht tun, denn sie sah und hörte nichts mehr, was um sie vorging. Sobald sie des hl. Sakramentes ansichtig wurde, war die Ekstase über sie gekommen. Hatte sie vorher todmüde in dem Sessel gelehnt, so saß sie jetzt hochaufgerichtet mit ehrfurchtsvoll gefalteten Händen, in Anbetung des heiligsten Augenblicks harrend. Ich kniete neben Therese, einen Schritt von ihr entfernt nieder, so daß ich auch das Geringste sehen und alles überschauen konnte. Der Priester trat einen Schritt näher. Therese öffnet in der Verzückung beide Arme und streckt sie der hl. Hostie entgegen. Aber ihre Augen sind nicht auf den einen Punkt der hl. Hostie gerichtet, sondern auf eine Gestalt, die ich nicht sehe. Sie darf den Heiland selbst sehen, den Auferstandenen, den ich nur in Brotgestalt gehüllt vor mir habe. Wohl eine Minute, wenn nicht länger, bleibt der Pfarrer so stehen, und ich benütze die Zeit, mir mit kühlem Verstand und scharfem Auge jede Einzelheit zu betrachten und einzuprägen. [...] Ich sehe genau zu, ob ich das Verschwinden der Hostie bemerke, von dem schon so viele geschrieben haben, aber ich sehe nichts; sie schließt den Mund schnell. Allerdings ist auch nicht die geringste Schluckbewegung zu sehen.«[806]

Was soll man zu solch einer unwürdigen Komödie sagen? Nacheinander zelebrieren in der Pfarrkirche zwei Priester; an keinem der Gottesdienste nimmt die »Begnadete« teil. Ihr hysterisches Gehabe war ihr wichtiger als die Teilnahme an der Feier der Eucharistie.

Am 10. Oktober 1927 schrieb Pfarrer Naber einen Brief an den Bischof von Regensburg. Unter anderem heißt es dort: »Manchmal sieht sie bei der hl. Kommunion nicht den Priester, sondern den Heiland selbst in verklärter Gestalt auf sich zukommen, in höchster Begeisterung richtet sie sich dann auf, streckt ihm die Hände entgegen, strampelt vor Freude mit den Füßen, empfängt dann die ganze hl. Hostie, die alsbald von der Zunge verschwindet, ohne daß Neumann die geringste Schluckbewegung macht.«[807] Mein Kurskollege Muth hat ihr im Zeitraum von einem Jahr ungefähr hundertmal die Hostie gereicht; er wurde nie der »Gnade« eines außergewöhnlichen Erlebnisses gewürdigt.

e) Visionäre Teilnahme an einer Meßfeier

An der Mitfeier eines Gottesdienstes in Konnersreuth hatte die Stigmatisierte nicht allzu großes Interesse. Dafür begleitete sie gelegentlich visionär, auf dem Sofa in ihrem Zimmer liegend, einen zelebrierenden Priester; daß es sich dann um Pfarrer Naber handelte, versteht sich von selbst. Wenn sie in Eichstätt weilte, nahm sie »regelmäßig visionär am Sonntagsgottesdienst in der heimischen Pfarrkirche« teil.[808] Auch wenn Naber auswärts zelebrierte, war Therese visionär dabei. Im Dezember 1930 reiste der Pfarrer nach Berlin, wohin ihn eine »dringende Angelegenheit« gerufen hatte. Zuvor prophezeite ihm Therese im ekstatischen Zustand, er werde zufriedengestellt heimkehren. Um welch dringende Angelegenheit hat es sich gehandelt? In Konnersreuth war es zu einem Krach gekommen zwischen Therese und dem Pfarrer auf der einen und Helmut Fahsel auf der anderen Seite. Kaum hatte Fahsel Konnersreuth verlassen, da kamen die beiden, Therese und Naber, zu der Einsicht, daß der Zwist umgehend bereinigt werden müsse. So ist also der Pfarrer »gleich am nächsten Tage dem Kaplan nach Berlin nachgefahren«. Bei der Messe, die er in Berlin feierte, nahm Therese visionär teil. Der Bruch wurde gekittet.[809]

Gleichzeitige Meßfeier-Teilnahme an zwei Orten – Einmal brachte es Therese Neumann sogar fertig, gleichzeitig zwei Gottesdienste mitzuerleben, die an zwei verschiedenen Orten gefeiert wurden. Es geschah im Jahre 1932, als sie bei Prof. Wutz in Eichstätt wohnte:

Eines Morgens saß sie im Arbeitszimmer des Professors an einem kleinen Tisch beim Fenster. »Plötzlich ließ sie ein kleines Heft fallen, das sie in der Hand hatte, streckte etwas die Arme nach vorne und zeigte genau die Stellung, die sie bei einer Vision einzunehmen pflegt. Prof. Wutz hatte gerade die Absicht, die hl. Messe in seiner Privatkapelle zu lesen. Man kam auf den Gedanken, Therese trotzdem teilnehmen zu lassen. Man schob sie auf ihrem Stuhl zur offenen Tür der Privatkapelle. Sie wurde jedoch keineswegs durch die Darbringung des hl. Meßopfers von ihrer Vision abgelenkt. Nur in dem Augenblick, als Professor Wutz sich umwandte, um ihr die hl. Kommunion zu reichen, kam eine Veränderung in ihre Haltung und Mimik. Ihr Kopf erhob sich zu dem Altar vor ihr, und sie nahm nun den Ausdruck der Haltung wie immer an, wenn sie in der Ekstase kommuniziert. Nach Empfang der hl. Hostie kam sie in den

Zustand der erhobenen Ruhe, aus ihrem Munde kamen die Worte: ›Sie wohnte der hl. Messe in Konnersreuth bei und wird das auch fortsetzen.‹ In der Tat kam sie nach einiger Zeit wieder in Haltung und Mimik der vorhergehenden Vision.«[810]

Daß sich die gleichzeitige Teilnahme an den zwei Gottesdiensten tatsächlich abgespielt hat, wird von der geheimnisvollen Stimme, die aus Therese sprach, dem »Heiland«, bezeugt. Soweit hat es ihr Vorbild Columba Schonath nicht gebracht; aber immerhin brachte sie es im Jahr 1766 fertig, »einer heiligen Messe beizuwohnen, die ferne gefeiert« wurde.[811]

f) Fliegende Hostien

Einige Male kam es vor, daß Therese Neumann kommunizierte, ohne daß ihr ein Priester die Hostie reichte. Der erste Fall spielte sich am 30. April 1929 in Eichstätt ab. Darüber wird in vier verschiedenen Büchern berichtet; die Berichte widersprechen sich in wesentlichen Punkten; nur auf die wichtigsten »Ereignisse« soll eingegangen werden.

Steiner beruft sich auf Prof. Wutz und Ferdinand Neumann als Berichterstatter: »Man hatte in der Hauskapelle ihres Gesundheitszustandes wegen eine konsekrierte Hostie aufbewahrt. Plötzlich kommt Therese in Ekstase und macht die Gesten wie bei einem Kommunionempfang. Dann tritt der erhobene Ruhezustand ein. Es kommen nach einiger Zeit die Worte: ›Die Resl hat den Heiland empfangen.‹ Als daraufhin Prof. Wutz den Tabernakel öffnete, war keine Hostie mehr vorhanden.«[812] Selbst wenn Therese schwerkrank gewesen wäre, die Vorsichtsmaßnahme des Professors hätte es nicht gebraucht; denn er war ja davon überzeugt, daß sich in ihrem Magen die Hostie von einem bis zum anderen Kommunionempfang nicht auflöste. Im übrigen hat der Autor Boniface in Konnersreuth eine andere Version des »Wunders« erhalten. Ihm hat Therese Neumann gesagt, die aufbewahrte Hostie sei für die kranke Mutter des Professors vorgesehen gewesen. Dazu kommt, daß Wutz keine Erlaubnis hatte, in seinem Privathaus konsekrierte Hostien aufzubewahren; deswegen wurde er auch zur Rechenschaft gezogen. Er verteidigte sich so: Der Heiland habe an seinem Vorgehen keinen Anstoß genommen; »denn er beschloß seine Gegenwart mit einem Wunder«.[813]

Helmut Fahsel läßt Therese Neumann unmittelbar nach dem ekstatischen Kommunionempfang ausrufen: »Sie hat den Heiland empfangen; geht und seht nach! Er ist aus dem Tabernakel verschwunden.« Da hat sich die »Stimme« geirrt; denn in der Hauskapelle des Professors gab es keinen Tabernakel; Wutz hatte die Hostie nur in einem Korporale aufbewahrt.

Wieder anders lautet der Bericht, den die Stigmatisierte am 28. Juni 1942 dem Benefiziaten Heinrich Muth gegeben hat: »Früh war ich schon wach, um 5.00 Uhr. In zwei Stunden wäre erst die Messe gewesen. Ich wollte aber jetzt schon kommunizieren, nicht erst wie sonst. Professor Wutz war bei mir. Ich sagte, ich möchte den Heiland jetzt haben. Wutz sagte, du kannst schon warten auf die Hostie. Dann ist es passiert. Die Hostie kam auf einmal in mein Zimmer geschwebt. Ich habe den Mund aufgemacht und habe den Heiland empfangen.«[814] Das »Wunder« ist durchaus nicht schwer zu erklären. Therese wohnte unmittelbar neben der Hauskapelle, im »anstoßenden Zimmer«. Die Hostie befand sich bereits bei ihr, bevor Wutz zu ihr kam.

Einen weiteren Fall einer fliegenden Hostie schildert als Augenzeuge Helmut Fahsel. Es geschah am 26. Juni 1931 in Konnersreuth. Um 10.30 Uhr taucht Therese im Pfarrhof auf und bittet, kommunizieren zu dürfen. Pfarrer Naber, Helmut Fahsel und Therese begeben sich in die Kirche; Therese läßt sich in ihrem Stuhl nieder; Fahsel holt eine Hostie aus dem Tabernakel. Darauf hätte er verzichten können. »Als ich«, so erzählt er, »ungefähr einen Meter vor ihr stand und die heilige Hostie erhob, gewahrte ich zu meinem Staunen, daß sie sich mir nicht zuwandte, sondern ruhig im Stuhl saß mit der Richtung auf die Hinterwand des Tabernakels. Ihre Arme lagen kreuzweise auf der Brust, Mund und Augen waren geschlossen. Es war dieselbe Stellung, die sie jedesmal nach Empfang der Kommunion im erhobenen Zustand der Ruhe einzunehmen pflegte [...]. In diesem Augenblick kam Bewegung in ihre Gestalt. Sie drehte sich mit geschlossenen Augen zu mir hin, hob etwas den Kopf und öffnete den Mund. Da sah ich auf ihrer Zunge hell und weiß eine Hostie liegen. Nun begriff ich, sie hatte bereits das Sakrament empfangen.«[815] Ernst Doebele ergänzt den Bericht Fahsels: Dieser vernahm aus Thereses Mund: »Komm her, es soll dir erklärt werden, was es war, damit du dich nicht ängstigst: Die Resl war sehr schwach und hat sehr nach dem Heiland verlangt.«[816] Wieder anders wurde Poray-Madeyski informiert: Die Auskunft des »Heilands« lautete: »Draußen waren zwei Spötter, die den Heiland verspotteten. Resl wußte das und nun wurde ihr Verlangen noch heftiger. Und aus diesem Grunde ist er früher zu ihr gekommen.«[817] – Gibt es einen Unsinn, den »Mystiker« nicht glauben?

Pfarrer Naber berichtet zwei Erlebnisse, die sich inhaltlich sehr ähnlich sind. Am 30. Januar 1931 hat er in sein Tagebuch geschrieben: »Theres hat die vergangene Nacht hindurch bis 6 Uhr früh Briefe geschrieben. Dazwischen hatte sie der Heiland durch den erhobenen Ruhezustand gestärkt. Mittags 11 Uhr herum kam sie in den Pfarrhof, um mich zu bitten, ihr die hl. Kommunion zu reichen. Ich hatte noch zwei geistliche Herren zu verabschieden. Deshalb ging Theres vor mir zur Kirche. Als ich ankam, fand ich sie im erhobenen Ruhezustand. Ich fragte, ob etwa der H. Benefiziat inzwischen die hl. Kommunion gereicht habe, und erhielt in diesem ekstatischen Zustand zur Antwort: Nein, sondern da Theres mit einer solchen Sehnsucht nach dem Heiland verlangte, daß sie dem Ohnmächtigwerden nahestand [die Herzwunde habe sich geöffnet, hieß es, und das Blut fließe bis zum Knie hinab], so sei der Heiland wunderbarerweise zu ihr gekommen; eine hl. Hostie sei vom Tabernakel her durch den Altar [Theres saß auf ihrem Stuhl hinter dem Altar] ihr zugeschwebt, in die Nähe gekommen verschwunden und das verklärte Jesuskind in der Größe des Alters von annähernd 40

Tagen vor ihr erschienen und in sie eingegangen. Dies alles erzählte Theres nachher im gewöhnlichen Zustande genauso und bemerkte noch, daß die hl. Hostie am Rande von einem lichten Schein umgeben gewesen sei.«[818]

Das zweite Erlebnis des Pfarrers spielte sich am 8. November 1932 ab. Um 11 Uhr kehrte er von Waldsassen zurück. Bald darauf tauchte Therese auf. Sie »drängte darnach« zu kommunizieren. Naber: »Ich ging mit ihr zur Sakristei, sie begab sich zu ihrem Stuhl, ich zog Chorrock und Stola an und wollte zum Altare gehen. Als ich an ihr vorüberging, merkte ich, daß sie schon im erhobenen Ruhezustand, wie gewöhnlich nach der hl. Kommunion, war. Auf meine Frage, was geschehen, erfuhr ich, daß die Sehnsucht nach dem Heiland Theres so sehr ergriffen hatte, daß das Herz zu schlagen aufhörte und nur mehr vibrierte und in etlichen Minuten ganz stille gestanden wäre. Dies zu verhüten, sei der Heiland vom Tabernakel herab ohne des Priesters Mitwirken zu Theres gekommen. Da könnte ich sehen, wie schnell es einmal mit Theres zu Ende gehen könnte. Im gewöhnlichen Zustand hernach wußte Theres nur, daß sie wie ohnmächtig geworden und dann der Heiland plötzlich sichtbar zu ihr gekommen war.«[819] – Wäre der Pfarrer nur etwa 15 Minuten später nach Konnersreuth zurückgekehrt, dann hätte er die Stigmatisierte nicht mehr lebend angetroffen!

Bei den geschilderten Fällen hatte die Hostie jeweils nur eine kurze Entfernung zurückzulegen. Einmal ereignete sich eine ausgesprochene Fernkommunion; da flog eine Hostie von Eichstätt bis nach Konnersreuth. Der Berichterstatter Ferdinand Neumann war Augenzeuge:

»In der Zeit, da ich als Gymnasiast bei Prof. Wutz wohnte, ministrierte ich bei ihm bei der hl. Messe in der Hauskapelle und versah auch die Dienste des Sakristans. So richtete ich eines Tages wie gewöhnlich neben der großen Hostie für den Priester drei kleine für meine Schwester Ottilie, für meinen Bruder Hans und für mich her. Während der hl. Messe, die etwas verspätet begonnen hatte, mußte Hans vor der Kommunion zur Schule weg. Als der Professor die hl. Kommunion austeilte, waren nur noch zwei kleine Hostien vorhanden. Er und ich suchten, in der Meinung, die dritte müsse herabgefallen sein, aber es war vergeblich. Nach der hl. Messe sprachen wir darüber. Ich beteuerte, drei Hostien hergerichtet zu haben und der Professor sagte, er habe bei der Wandlung auch auf die kleinen Hostien geschaut und bestimmt drei gesehen. Wir suchten also nochmals gründlich, aber ergebnislos, und waren deshalb recht beunruhigt. Nach einiger Zeit rief Resl aus Konnersreuth an, es seien heute der Herr Pfarrer und der Herr Benefiziat am Morgen nicht dagewesen; sie habe aber große Sehnsucht nach dem Heiland gehabt und habe deshalb der hl. Messe in Eichstätt beiwohnen dürfen. Dabei sei auch in sie unmittelbar nach dem ›Domine, non sum dignus‹ eine hl. Hostie eingegangen.«[820]

Aus der Schilderung, die Anni Spiegl bringt und die sie aus dem Mund der Stigmatisierten vernommen hatte, bekommen wir noch näheren Aufschluß, warum es zu der Fernkommunion gekommen war:

»So gegen 11 Uhr kam ein Anruf von der Resl. Herr Professor möge sich doch beruhigen. Das mit der heiligen Hostie heute früh habe sich wie folgt zugetragen: Es war ihr nachts nicht gut, so konnte sie die Frühmesse nicht besuchen. Als sie vor 8 Uhr in Konnersreuth zur Kirche ging, um zu kommunizieren, war Herr Pfarrer schon weg zur Schule. Es überkam sie eine starke Sehnsucht zum Heiland. Plötzlich befand sie sich in der Hauskapelle des Wutz-Hauses und nahm dort an der heiligen Messe teil, wo sie auch kommunizierte. Zum Beweis schilderte sie auch den Blumenschmuck der Kapelle und mahnte Ottilie, Wasser nachzugießen, weil die Blumen welk seien.«[821]

Schließlich sei noch eine weitere Variante angeführt, die wir Ernst Doebele verdanken: »Therese war in Konnersreuth und gestand dem Pfarrer, als er ihr die Kommunion bringen wollte, sie habe den Heiland bereits empfangen. In derselben Stunde habe der obige Priester [Wutz; d. Verf.], entfernt von Konnersreuth, bemerkt, daß eine für eine bestimmte Person vorgesehene, schon konsekrierte Hostie verschwunden war, während diese Person verhindert worden war zu erscheinen.« Doebele beweist die Glaubwürdigkeit der Fabel also: »Da die Zeugen höchst ernsthafte und gewissenhafte, selbstkritische und an der Wahrheit jeder Behauptung tief interessierte Menschen sind, die unter Eid auszusagen bereit sind, ist es nicht zulässig, an der Tatsächlichkeit dieser noch so ungewöhnlichen Vorkommnisse zu deuten und zu drehen.«[822]

Zu diesem »Wunder« nur noch eine Bemerkung: Ferdinand Neumann behauptet, in Konnersreuth sei weder der Pfarrer noch der Benefiziat »am Morgen dagewesen«. Anni Spiegl sagt, beide seien anwesend gewesen. Demnach haben auch beide die Messe gefeiert. Warum dann die Fernkommunion? Belohnt Gott vielleicht die Faulheit eines Menschen, der am Morgen nicht aufstehen und zur Kirche gehen mag, mit einem Wunder?

Auch beim Phänomen Fernkommunion hatte Therese Neumann in Columba Schonath ein Vorbild, das sie freilich weit übertraf. Wieder einmal, wie schon so oftmals vorher, empfing Columba den Besuch des hl. Dominikus. Bevor er wieder verschwand, sprach er: »Sei getrost, ich will dir geben, nach was du heftig verlangst.« Columba bekam ein großes Verlangen nach der Hostie, und siehe da! Eine Hostie kam zu ihr vom Tabernakel her geflogen. Für das Wunder gab es sogar eine Zeugin, wenn auch nur eine indirekte: Eine im Schwesternchor anwesende Klosterfrau hörte »das Tabernakeltürchen in der Kirche auf- und zumachen.«[823] Therese Neumann war schon fortschrittlicher: Da durchdrang die Hostie den geschlossenen Tabernakel.

g) Die unaufgelöste Hostie

Die Verehrer der Stigmatisierten von Konnersreuth sehen die »Nahrungslosigkeit« in unmittelbarem Zusammenhang mit dem täglichen Kommunionempfang; anders, so meinen Sie, hätte sie nicht am Leben bleiben können. Aber dies, so glauben sie, hätte nicht ausgereicht; ebenso wichtig sei gewesen, daß die Hostie von einem zum anderen Kommunionempfang unaufgelöst im Magen der Stigmatisierten verblieb. Bei diesem »wunderbaren Phänomen« wurde allerdings allgemein nicht genügend bedacht, daß Therese Neumann ganz unregelmäßig kommuniziert hat und daß es auch eine verkürzte Gegenwart des »Heilands« gab, wenn sich die Hostie vorzeitig auflöste, ohne daß ihr Leben gefährdet wurde.

Wenn wir von der »totalen Nahrungslosigkeit« ausgehen, dann müßte sich das Phänomen der unaufgelösten Hostie gleichzeitig eingestellt haben. Im Gespräch, das Therese am 25. Juli 1927 mit Dr. Seidl führte, versicherte sie, sie habe vom 23. Dezember 1926 an nichts mehr gegessen und getrunken.[824] Von einer unaufgelösten Hostie ist das erstemal zu lesen in dem Brief, den Pfarrer Naber am 10. Oktober 1927 an den Bischof von Regensburg geschrieben hat. Dort heißt es: »Der Heiland bleibt oft längere Zeit, manchmal ganze Tage in ihr sakramental gegenwärtig. Oftmals fühlt sie seine Nähe, in welchem Zustand für sie von der Gegenwart, von der Zukunft und von der entfernten Gegenwart der Schleier weggenommen zu sein scheint.«[825] Drei Jahre später spricht Naber von »andauernder sakramentaler Gegenwart des Heilandes in Therese«. Er kennt aber auch eine Ausnahme: »Manchmal hört die sakramentale Gegenwart früher auf, was dann für Therese Gelegenheit zu einem schweren Sühneleiden sein soll.«[826]

Eigenartigerweise wird für die Advents- und Fastenzeit der einzelnen Jahre angegeben, die Hostie habe sich nach einigen Stunden aufgelöst. Dies bekam beispielsweise der Prager Erzbischof Kaspar zu hören, als er den 22. und 23. März 1929 in Konnersreuth verbrachte. Er sagt: »Bei Resl währt diese Gegenwart von einer Kommunion bis kurze Zeit vor der nächsten. Nur in der Advents- und Fastenzeit ist die Dauer verkürzt.« Bemerkenswert ist Kaspars Bericht über eine Szene, die er am Freitag, dem 22. März, erlebt hat. Um 6 Uhr hatte Therese kommuniziert.

Es war fünf Minuten vor halb sechs Uhr abends; da begann Therese plötzlich ganz innig zu bitten: »Nur noch eine kleine Weile bleib'; nur noch eine kleine Weile!« Dann fuhr sie fort:

»Oh, er kommt bald wieder! – Wie es jetzt leer ist! – Der Heiland ist so gut! – Wie du willst! Wärst du bei mir geblieben, ich hätte dich so lieb gehabt [d.h. ich hätte dir meine Liebe so gern gezeigt]. Aber du weißt es besser! Mußt aber bald wieder kommen, sonst halte ich es nicht aus.« Dann begann sie zu weinen und zu jammern: »Ohne dich kann ich nicht sein; jetzt bin ich tot.« Sie rief den Pfarrer; zu diesem sprach sie: »Mir ist etwas sehr Arges passiert [...]. Der Heiland ist weggegangen, ich habe es gefühlt. Bring mir den Heiland wieder! Ich bin ganz brav, ich will nicht mehr gach sein.« Der Pfarrer mahnt sie: »Mußt noch etwas warten.« Doch Therese protestiert: »Warten? Auf den Heiland? Ja, was fällt dir denn ein!« Der Pfarrer wendet ein: »Zweimal täglich kommt er nicht.« Resl meint: »Der Heiland ist doch so gut.« Wiederum muß sie hören: »Zweimal täglich will es der Heiland nicht.« Darauf Therese: »Heiland, du verlangst viel von mir!« Auf die Erklärung Nabers hin, sie dürfe am nächsten

Tag wieder kommunizieren, erklärt sie sich einverstanden. Doch nach geraumer Zeit ruft sie wieder: »Heiland, komm zu mir! Ich hab' dich so gerne! Ich halte es nicht aus! Du gibst denen, die es brauchen. Aber komm auch zu mir! Ich kann ohne dich nicht sein. Weißt du, Heiland, du hast mich verwöhnt! Ich bring das Opfer, aber es ist hart. Ich gebe dir einfach keine Ruhe. – O guter Heiland, komm! Mir ist die Zeit so lange.« – Kaspar meint: »Welch herrliche geistige Kommunion!«[827]

Der Konnersreuther Benefiziat Härtl schreibt in seinem Bericht vom 25. Juli 1930, besonders im Advent habe sich die Hostie im Magen der Stigmatisierten zu ihrem großen Leidwesen sehr frühzeitig aufgelöst.[828]

Helmut Fahsel bringt zwei bemerkenswerte Angaben, einmal über die Dauer der sakramentalen Gegenwart Christi, zum anderen über den Grund der vorzeitigen Auflösung der Hostie: »Die Gegenwart der eucharistischen Gestalten [!] in ihr ist verschieden lang. Die Dauer variiert von 3 Stunden bis zu 24 Stunden. Hört sie vor 24 Stunden auf, so ist die Ursache stets ein mystisches Leiden für einen anderen.«[829]

Einmal im Jahr blieb die Hostie drei Tage lang unaufgelöst, nämlich vom Gründonnerstag bis zum Ostersonntag.[830]

Zum Thema »Kommunion der Stigmatisierten von Konnersreuth« meint Teodorowicz: »Eine kleine Verzögerung der heiligen Kommunion genügt, und der Körper verfällt sogleich dem harten Gesetze völliger Erschöpfung.«[831] Diese Behauptung läßt sich nicht in Einklang bringen mit den anderen Angaben; Therese blieb ja am Leben, wenn sich die Hostie bereits nach wenigen Stunden aufgelöst hat.

Odo Staudinger weiß eine nähere Angabe über die Zeit zu machen, in der die Auflösung der Hostie erfolgte: »Köstlich, sagt der Pfarrer, ist ihr kindliches Gespräch mit dem Heiland, wenn sie sieht, daß die Gestalt der hl. Eucharistie sich auflöst und der Heiland mit seiner sakramentalen Anwesenheit sie verläßt. ›Wart nur, Heiland‹, sagt sie, ›krieg' dich schon wieder.‹«[832]

»Beweise« – Bisher haben wir von Behauptungen gehört, daß sich die Hostie im Magen der Stigmatisierten über einen längeren Zeitraum hin nicht aufgelöst hat. Therese hat ihre Behauptung auch bewiesen – auf ihre Art. Am 15. Januar 1953 gab sie unter Eid eine diesbezügliche Versicherung ab: »Nach meiner Überzeugung und meines Wissens lebe ich vom sakramentalen Heiland, der in mir nach Aussagen von Augenzeugen (Dr. Fr. X. Mayr, Pfarrer Naber, Domkapitular Kraus, Bruder August und Ferdinand, Pfarrer Härtl, meiner Mutter†) und meiner Auffassung bis kurz vor der nächsten Kommunion verbleibt. Nach Auflösung der sakramentalen Gestalten befällt mich ein Schwächegefühl und stärkeres leib-seelisches Verlangen nach der heiligen Kommunion.«[833] Beleuchten wir Thereses »Überzeugung« und die »Aussagen von Augenzeugen« etwas eingehender. Der »Beweis« wurde jeweils dadurch geliefert, daß Therese einige Male eine unversehrte Hostie »erbrochen« hat. Der erste hier aufgeführte Beweis wurde von Fahsel überliefert. Am Freitag, dem 25. Juli 1930, sprach die »ge-

heimnisvolle Stimme« aus der Stigmatisierten zum Benefiziaten Härtl: »Morgen wird's einen kleinen Schrecken geben, es braucht aber nichts verbrannt zu werden.« Am Samstag abend kam Pfarrer Naber »eilig und aufgeregt« zum Benefiziaten und nahm ihn mit zur Resl, die den »Heiland« habe erbrechen müssen und nunmehr nicht wisse, was man tun müsse. Der Benefiziat vermochte den aufgeregten Pfarrer zu beruhigen, erinnerte er sich doch der am Vortag vernommenen Worte, es brauche nichts verbrannt zu werden. Was war geschehen?

Therese hatte am Nachmittag zuerst »Blut und Schleim« erbrechen müssen. Sie begab sich zu Bett. Da mußte sie sich nochmals erbrechen; diesmal aber fühlte sie zu ihrem großen Schrecken, wie mit dem Erbrochenen auch die Hostie zum Vorschein kam. Sie fing diese mit einem Taschentuch auf, das sie vorher »vorsichtshalber« bereitgelegt hatte. Nun schickte sie zum Pfarrer; dieser eilte sofort herbei. Sie drängte ihn, er solle auch den Benefiziaten holen. Nachdem dieser erschienen war, begann sie zu jammern:

»Ach, Herr Benefiziat, mir ist etwas passiert!

O Heilanderl, da liegst du jetzt, warum bist du von mir fortgegangen? Wenn i nur wüßt, was i dir getan hätt. I kann nix dafür. Ach, was sollen wir denn jetzt tun? Sagt doch etwas!« Der Benefiziat gehorchte und sprach: »So viel wissen wir, es braucht nichts verbrannt zu werden.« Pfarrer und Benefiziat warteten also auf die Lösung des schwierigen Falles. »Therese betete wieder. Nach längerer Zeit wurde sie plötzlich emporgerissen wie beim Beginn einer Vision. Sie schaute vor sich hinauf und hinunter wie in der Ekstase vor dem Kommunionempfang. Nach einer kleinen Weile öffnete sie den Mund, wie wenn sie kommunizieren wollte. Kurz darauf wiederholte sie das gleiche. Jetzt hob der Pfarrer das Taschentuch empor gegen den Mund. Plötzlich war die heilige Hostie verschwunden, und man merkte, wie stets bei der Kommunionekstase, keinerlei Schluckbewegungen. Sie sank in das Kissen zurück, und es trat der Zustand der erhobenen Ruhe ein. Es wurde sofort gesagt: ›Der Heiland ist jetzt wieder in der Resl‹.« Der »Heiland« gab auch den Grund für das Erbrechen an: »Es war ein Sühneleiden für ein krankes Mädchen. Dieses hatte öfters nach dem Zurückgehen von der heiligen Kommunion die heilige Hostie aus dem Mund genommen, in ihr Taschentuch gelegt und sie nachher den Offizieren gezeigt und mit ihnen darüber gespottet.« Nachdem Therese wieder zu sich gekommen war, waren ihre ersten Worte: »Ach, jetzt ist der Heiland wieder in mir. I spür es.« Sie zeigte sich »übervoll von Freude und forderte die Anwesenden auf, dem Heiland für seine Güte zu danken«.[834] – Man höre und staune: Durch das Sühneleiden, das im Erbrechen der Hostie bestand, wurde der angebliche Frevel des Mädchens gesühnt!

Bei einem anderen Sühneleiden Thereses offenbarte sich gleichzeitig eine Reihe von »Konnersreuther Phänomenen«; eines der bedeutendsten war die »unaufgelöste Hostie«. Wir verdanken unser Wissen dem Eintrag Nabers in seinem Tagebuch am 1. Juni 1932. Er beginnt mit den Worten: »Schon seit einiger Zeit hat Theres für einen sterbenskranken holländischen Priester gelitten; erst nach Beginn des Leidens wurde er ihr telegraphisch empfohlen.« Sie litt »an Magen und Brust«, und es war ihr »seelisch recht hart«. Am 30. Mai hatte sie nach dem Kommunionempfang »im erhobenen Ruhezustand« gesagt, der Pfarrer solle »am nächsten Tag abends zu Hause sein, die Theres werde ganz bestimmt kommen mit bitterer Klage«. So geschah es denn auch. Am 31. Mai nach Beginn der Maiandacht wurde der Pfarrer zu Therese gerufen, die in der Sakristei erschienen war. Sie jammerte: »Ach, Herr Pfarrer, was mir Schreckliches passiert ist! Eben vorhin, da ich mich anschickte, zur Maiandacht zu gehen, wurde mir sehr unwohl und ich mußte Galle erbrechen. Zuletzt kam auch die heilige Hostie aus dem Magen. Ich konnte sie nicht zurückhalten und hielt deshalb die linke Hand vor den Mund. Die Galle sickerte durch die Finger, die hl. Hostie aber blieb an den Fingern kleben. Ich jammerte: ›Ach, Heiland, ach, Heiland, was fang ich denn an mit dir?‹ Da sagte etwas ganz deutlich: ›Der ist es doch gar nicht; ist ja bloß Brot, siehst es doch, wirf es weg!‹ Erst mußte ich des Schreckens wegen etwas sitzen, dann hab' ich geläutet, und weil niemand kam, bin ich in den Hof gegangen und hab dort meinen Bruder August getroffen. Der wurde ganz bleich, als ich ihm erzählte, was vorgefallen, und begleitete mich bis fast zum Pfarrhof. Dort aber ist auf mein Läuten hin nicht geöffnet worden und so bin ich hierher zur Sakristei gegangen. Ach, was hab ich denn dem Heiland angetan, daß er aus mir fort ist! Ich bin verloren. Wenn der Bischof erfährt, wie ich da den Heiland herumtrage, schließt er mich aus der Kirche aus.« Pfarrer Naber hörte das Gejammer an; er war sich jedoch nicht sicher, daß der »Heiland« helfend eingreifen werde. Die beiden, Therese und der Pfarrer, begaben sich auf den Weg zum Pfarrhof. »Den Blick auf die hl. Hostie in der hohlen linken Hand gerichtet« schritt Therese bis zur ersten Treppenstufe des Pfarrhofes. Dort blieb sie stehen und rief mit lauter Stimme: »Herr Pfarrer, der Heiland ist fort, er ist wieder in mir!« Es war so, »die Hostie war verschwunden von ihrer Hand«. So erzählt der Pfarrer und fügt seinem Bericht hinzu: »Diese ehrfurchtsvolle Angst um den sakramentalen Heiland hatte Therese für den eingangs erwähnten Priester zu leiden zur Sühne der schlampigen Behandlung des Allerheiligsten durch denselben.«[835] Nicht weniger als sechs »Konnersreuther Phänomene« sind bei der geschilderten Szene ans Tageslicht getreten: Prophezeiungen, Sühneleiden, unaufgelöste Hostie im Magen Thereses, Ansprache des Teufels, wunderbares Verschwinden der Hostie, und nicht zuletzt: Nahrungslosigkeit. Pfarrer Naber bezeichnet das ekelerregende Gaukelspiel einer Hysterikerin als »ehrfurchtsvolle Angst um den sakramentalen Heiland« zum Wohl eines sterbenskranken Alkoholikers, der in Wirklichkeit gar nicht existiert hat. Gibt es irgendeinen Blödsinn, den wundersüchtige Menschen nicht glauben?

Auch der Eichstätter Prof. Dr. Mayr hatte zusammen mit anderen Zeugen ein aufsehenerregendes, wenn auch weniger spektakuläres Erlebnis, und zwar am Abend des Karsamstags, am 4. April 1942: »Es war um 8 Uhr abends. Therese lag im Bett; sie hatte Brechreiz. Plötzlich, ohne den Mund zu schließen, lallte sie: ›Der Heiland, der

Heiland‹. Dann streckte sie die Zunge etwas vor, um uns zu zeigen, was geschehen war. Auf der Zunge lag ein weißer Körper von der Form und Größe einer kleinen Hostie, doch gequollen und biegsam.«[836] Damit hat Therese Neumann den Beweis erbracht, daß drei Tage lang, vom Gründonnerstag bis zum Ostersonntag, die Hostie unversehrt erhalten blieb, zugleich aber auch, daß sie nahrungslos lebte!

Ein Vorfall, der sich in Eichstätt abspielte, hatte wohl auch den Zweck, die Unversehrtheit einer empfangenen Hostie zu beweisen; der wichtigste Grund aber war etwas anderes: Bei einem Streitgespräch bewies der »Heiland«, daß die Stigmatisierte mit ihrer Meinung recht hatte. Eines Abends unterhielt sich Therese in der Wohnung des Prof. Wutz mit der Äbtissin Benedikta. »Es ging recht lebhaft her.« Beide vermochten sich nicht einig zu werden. Da verlangte die Äbtissin von Therese, sie solle ihre Behauptung beweisen. Dies geschah auf der Stelle: »Da erbrach Resl die Hostie, so unversehrt, wie sie dieselbe am Morgen empfangen hatte. Sie war recht erschrocken hierüber. Die Hostie lag vor ihr auf ihrem weißen Taschentuch. Resl betete und beugte sich darüber. Da ging die Hostie in sie ein ohne jede Schluckbewegung. Resl kam in den Zustand der ›erhobenen Ruhe‹ und sagte nun der Frau Äbtissin genau, was sie in ihrer schwierigen Angelegenheit tun sollte.«[837] Was soll man zu solchen Gaukeleien sagen? Für alle gilt das gleiche Urteil, das Dr. Deutsch hinsichtlich der Szene gesagt hat, die sich am 25. Juli 1930 abspielte: »Es sieht einem hysterischen Theater so ähnlich wie ein Ei dem andern.«[838]

h) Mystische Kommunionen bereits in der Kindheit

Erst als Therese Neumann 55 Jahre alt war, ist ihr eingefallen, daß sie bereits in ihrer Schulzeit außergewöhnliche Erlebnisse hatte. Daß sich solche »Späterinnerungen« mitunter bei Pseudomystikern einstellen, ist nichts Ungewöhnliches. Jean Lhermitte berührt dieses Thema kurz in seinem Buch über echte und falsche Mystiker. Beim Thema »Typische Merkmale, die Kandidaten für die leibliche Stigmatisation auszeichnen«, sagt er: »Überdies kommt es nur selten vor, daß sie nicht von Visionen, Ansprachen oder Ekstasen heimgesucht werden; und wenn der Betreffende mitunter diese seltsamen Erscheinungen bis in seine früheste Kindheit zurück verfolgt, darf man sich durch solche Berichte nicht zum Narren halten lassen.«[839]

Alle Berichte über Therese Neumann stimmen darin überein, daß sie sich in ihrer Kinder- und Jugendzeit von ihren Altersgenossinnen nicht unterschied. Im KONNERSREUTHER WOCHENBLATT 1927 stand zu lesen: »Irgendwelche Besonderheit an dem Kind fiel nicht auf. Therese war ein Kind wie alle anderen auch. Und wenn Therese heute von ihrer Kindheit erzählt, daß sie z.B. auf Holzscheitern knien mußten, wenn sie in der Kirche schwätzten, so überkommt sie eine fröhliche Stimmung der Erinnerung an ihre Jugendjahre.«

Damit stimmt überein, was der Autor Lama im Jahr 1928 geschrieben hat: »Nach dem Urteil des Herrn Pfarrers Naber, der Therese Neumann seit 18 Jahren kennt, war diese schon in der Schule durch nichts hervorragend, auch nicht in den Äußerungen ihrer Frömmigkeit.«[840]

Ähnlich drückt sich Fritz Gerlich aus: »Therese Neumann zeigte nach übereinstimmenden Angaben – auch denen ihres Seelenführers Pfarrer Naber – niemals ein über die gewohnte Frömmigkeit der überzeugten Katholiken hinausgehendes religiöses Verhalten.«[841]

Erst um die Jahreswende 1928/29 finden wir einen vagen Hinweis auf etwas Nichtalltägliches. In einem Zwiegespräch, das der Freisinger Subregens Dr. Westermayr mit Therese Neumann geführt hat, kam die Rede auf etwaige höhere Gnadenerweise in ihrer Kindheit. Damals machte sie »Andeutungen über besondere Gaben, die sie bei der Erstkommunion und öfter im nüchternen Zustand während der Schulzeit bei zu vorgerückter Stunde empfangenen geistlichen Kommunionen erhalten habe«. Dazu bemerkte sie: »Der Pfarrer weiß es.«[842] Aber was wußte der Pfarrer? Es gibt keine diesbezügliche Äußerung Nabers.

Im Jahr 1936 veröffentlichte Erzbischof Teodorowicz sein Buch über die Stigmatisierte von Konnersreuth. Ihm hat sie, wie er sich ausdrückt, ihr Herz ausgeschüttet. Von einem Jugenderlebnis außergewöhnlicher Art wußte sie nicht zu berichten; im Gegenteil: Sie hat ihm ausdrücklich versichert, früher nichts von inneren mystischen Erlebnissen in sich verspürt zu haben. »Der Ortspfarrer«, so schreibt Teodorowicz, »erzählte mir, [...] daß sie sich in der Kirche umsieht und so schwatzhaft ist, daß die Eltern sie zur Strafe auf kantigem Holz knien lassen, wie mir Therese selbst lächelnd erzählte.«[843]

Zum erstenmal hat Therese Neumann am 13. Januar 1953 über außergewöhnliche Erlebnisse in ihrer Schulzeit gesprochen. Dies tat sie nicht aus eigenem Antrieb; sie wurde dazu aufgefordert. Im Auftrag des Eichstätter Bischofs wurde sie von den beiden Professoren Dr. Lechler und Dr. Mayr eidlich vernommen. Ganz allgemein muß über das angefertigte Protokoll gesagt werden: Ein beträchtlicher Teil der Fragen, die Therese zur Beantwortung vorgelegt wurden, war von ausgesprochen suggestiver Art. Dazu kommt, daß Therese einige »Erlebnisse« zum besten gab, die für jeden, der nur ein wenig kritisch zu denken vermag, als Märchen zu erkennen sind. Die beiden Professoren fragten: »Traten bei Ihnen außergewöhnliche Erscheinungen schon in Ihrer Jugend auf? Wann? Welche?« Therese antwortete: »Bei meiner ersten hl. Kommunion sah ich, als mir der Priester [Pfarrer Ebel] die hl. Hostie reichte, nicht die Hostie, nicht den Priester, sondern das verklärte Jesuskind; ich sah dies aber damals nicht als etwas Außergewöhnliches an, sondern meinte, das sei bei allen Leuten bei diesem Anlaß so. Pfarrer Ebel, dem mein Verhalten bei der hl. Kommunion aufgefallen war, deutete es als Zerstreuung, machte mir andertags Vorhaltungen und strafte mich vor allen Kindern.«[844]

Daß die beiden Professoren nicht nachgefragt haben! Sie hätten beispielsweise fragen müssen: Wie bist du zur Auffassung gekommen, daß bei der Erstkommunion alle Teilnehmer das verklärte Jesuskind schauen? Hast du darüber vor und nach dem Erstkommuniontag mit anderen Kindern oder Erwachsenen gesprochen?

Fünf Jahre nach den eidlichen Aussagen hat sich Boniface mit Thereses »ersten mystischen Phänomenen« befaßt; dabei hat er sich unmittelbar bei ihr erkundigt. Er bekam zu hören: Während der Kommunionmesse führte Pfarrer Ebel die Beaufsichtigung der »Mädchengruppe«. Während der Kommunionausteilung fiel ihm auf, daß sich Therese nicht, wie man erwarten mußte, benahm. Am Tag darauf tadelte sie der Pfarrer; er wußte ja nicht, daß ihr Verhalten durch eine äußere Erscheinung verursacht worden war; er hat ihre »in sich versunkene Haltung« als »Zerstreuung« angesehen; das Mädchen hat sich nicht verteidigen können, weil es selber erst innerlich verarbeiten mußte, was es geschaut hatte.[845] In Wirklichkeit hatte sie nichts »geschaut«; ihrer Schwatzhaftigkeit wegen wurde sie gestraft.

Bei der Vernehmung in Eichstätt sind Therese noch weitere »mystische« Jugenderlebnisse eingefallen: »Seit der Erstkommunion [Frühjahr 1909] erwachte in mir die Liebe zum Heiland im Sakrament und das Verlangen nach öfterer Kommunion. Da dieses Verlangen gemäß der strengeren Praxis der damaligen Zeit nicht gestillt wurde – Pfarrer Ebel ließ uns Kinder nur vierteljährlich kommunizieren –, so haben wir Kinder den Heiland im Sakrament nur besucht und die geistliche Kommunion erweckt. Bei solchen Besuchen kam es, als ich an der Kommunionbank kniete, zwei- bis dreimal, vielleicht sogar öfter, vor, daß die hl. Hostie aus dem Tabernakel auf mich zuschwebte, sich nach Öffnung meines Mundes fühl- und schmeckbar auf die Zunge legte und ich die hl. Gestalt unter Schlucken genoß. Einmal war dabei eine schon verstorbene Jugendfreundin, Theres Döhle, Zeugin des *ganzen* Vorgangs; mit ihr besprach ich die Sache, da sie mich deswegen beredete und sich wunderte, daß es ihr nicht auch so erging. Als September 1909 H. H. Naber Pfarrer wurde, durften auch wir Kinder öfter kommunizieren. Ich bemerke, daß ich die oben erwähnten Vorgänge mit *völlig klaren, nüchternen Sinnen* beobachtete.«

Steiner bemerkt zu der Erzählung der Stigmatisierten: »Sie hat darüber Jahrzehnte lang geschwiegen und hätte wohl auch nie davon gesprochen, wenn nicht eine geistliche Kommission sie über ihr Innenleben vernommen hätte.«[846] Zwei Jahre nach der eidlichen Vernehmung hat sie aus freien Stücken mit Boniface über ihre »Jugenderlebnisse« gesprochen. In dieser kurzen Zeit hat sich ihr Erinnerungsvermögen wesentlich verbessert; nunmehr wußte sie anzugeben, das außergewöhnliche Ereignis habe sich weit öfter zugetragen: »Damals waren die päpstlichen Weisungen über die häufige Kommunion noch nicht veröffentlicht, und die Kinder, selbst in urkatholischen Gemeinden, wie in Bayern, durften nur an hohen Feiertagen an die Kommunionbank treten. Dagegen wurde die geistliche Kommunion sehr empfohlen, und Therese, die dieser frommen Übung täglich huldigte, begab sich hiezu in die Kirche, so oft sie sich nur freimachen konnte. In ihrem Eifer kniete sie so nahe als möglich vor dem Tabernakel nieder, d.h. an die Kommunionbank, die die Schranke zum Chore bildete. Und dort trug es sich – mindestens 12mal – zu, daß ihre sehnlichste Begierde durch das geheimnisvolle Kommen einer Hostie belohnt und so die Begierdekommunion in die sakramentale Kommunion verwandelt wurde.«[847]

»Eucharistische Phänomene«, meint Boniface, »sind bei weitem die bedeutendsten und bezeichnendsten aller Tatsachen, die in Konnersreuth zu beobachten sind. Sie sind auch diejenigen, vor denen die rationalistische Wissenschaft vollständig verstummt, und die keine Hypothese zu geben vermag, so phantasievoll und großsprecherisch sie sich sonst auch benimmt.«[848] Boniface bezeichnet Therese Neumann als »eucharistische Mystikerin«.[849] Die Mystik einer schwerhysterischen Person kann nichts anderes sein als Pseudomystik. Wenn dieser gegenüber die Wissenschaft »verstummt«, so hat dies mehrere Gründe. Die Pseudomystiker sind unbelehr- und unbekehrbar. Sie finden eine nachhaltige Förderung durch eine einflußreiche kirchliche Presse, nicht zuletzt durch manche Vertreter des kirchlichen Lehramts.

X. NAHRUNGSLOSIGKEIT

1. Vorbemerkungen

Das bedeutendste aller »wunderbaren Konnersreuther Phänomene« ist die behauptete Nahrungslosigkeit der stigmatisierten Therese Neumann. Berichte über Menschen, die kürzer oder länger ohne Nahrungsaufnahme gelebt haben sollen, gibt es einige Hundert. Der Jesuit Herbert Thurston hat sich viel mit pseudomystischen Erscheinungen befaßt. In der Frage Verweigerung der Nahrungsaufnahme, der man immer wieder »bei fast allen Visionären« begegne, vertritt er die Meinung, sie müsse nicht notwendigerweise übernatürlichen Ursprungs sein.[850]

Ähnlicher Auffassung war der Neurologe Dr. Aigner, der an die Möglichkeit von außergewöhnlichen Erscheinungen wie Gedankenlesen und Stigmatisation geglaubt hat; er hielt es für möglich, daß ein Mensch ohne Stoffwechsel am Leben bleiben könne; er war der Meinung, es handle sich in solchen Fällen um noch zu wenig erforschte Dinge. Mehrere Male hat er die beiden Zeitgenössinnen Anna Maria Göbel von Bickendorf und Therese Neumann von Konnersreuth besucht. Zum letztenmal war er bei Göbel am 19. April 1938, zu einer Zeit, als sie schon längst als Schwindlerin entlarvt worden war. Nach Konnersreuth hat er sich mehrmals begeben, zum erstenmal im Spätsommer 1927. Damals wurde er von Therese Neumann mit Freuden empfangen, hoffte sie doch aus einem Saulus einen Paulus machen zu können. Als sie zur Kenntnis nehmen mußte, daß dies nicht gelang, hatte sie an weiteren Besuchen kein Interesse mehr. Zum letztenmal weilte Aigner im Jahr 1938 in Konnersreuth. Damals kam es zu keiner Begegnung mit der Stigmatisierten, weil diese gerade zur Beerdigung des Prof. Wutz nach Eichstätt gefahren war.[851]

Die Frage nach der Möglichkeit von Nahrungslosigkeit erübrigt sich; denn es wurde noch nie ein solcher Fall nachgewiesen. »Es ist noch *niemals* beobachtet worden«, so schrieb Dr. Deutsch am 7. Februar 1938 an Prof. Mayer in Paderborn, »daß ein hochentwickeltes Lebewesen, sei es Pflanze, Tier oder Mensch, dauernd ohne Nahrung oder Ausscheidung existieren kann. Dagegen sind hysterische Schwindler in der Geschichte, in der Kriminalistik doch verhältnismäßig zahlreich.[852] Dr. Deutsch verlangte eine »rücksichtslose Klarstellung und genaue Prüfung der angeblichen Nahrungslosigkeit«. Falls diese leichte Prüfung verweigert werde, so betonte er, sei klar, daß »hier nicht Heiligkeit, sondern Betrug vorliegt«.[853] Wer also behauptet, er lebe nahrungslos, muß den Nachweis liefern, und zwar einen unwiderleglichen Beweis; nur er allein kann ihn erbringen. In allen Fällen, wo die »Nahrungslosen« einer strengen Überwachung unterworfen wurden, war ausnahmslos das Urteil dasselbe: Schwindel. Wie steht es im Falle Therese Neumann von Konnersreuth?

2. Verminderte Nahrungsaufnahme

Es ist bemerkenswert, daß es bei Therese Neumann eine Reihe von Jahren gedauert hat, bis sie, ihrer Behauptung gemäß, auf jegliche Aufnahme von Nahrungsmitteln verzichtete; es handelt sich also um eine Nahrungslosigkeit in Raten. Thereses Schwester Ottilie sagte am 6. Februar 1942 unter Eid aus: »Schon seit den Tagen ihrer Krankheit 1918 nahm sie tatsächlich nur ganz kleine, kaum nennenswerte Mengen von Speisen (Brei, Orangensaft, Tee, Milch) zu sich, erbrach aber so ziemlich alles wieder, so daß man sich fragen mußte, wovon sie eigentlich ihr Leben fristete [...]. Das Reichen von Milch gab man überhaupt bald auf. Ich kann sagen, daß sie von der Nahrung, die man ihr zuführte, seit 1918 so gut wie nichts bei sich behielt. Meine Schwester fürchtete geradezu seit 1918 das Essen.«[854] Was Ottilie Neumann gesagt hat, stimmt nicht. Vom 23. April bis zum 10. Juni 1918 weilte ihre Schwester im Krankenhaus von Waldsassen. Dort bekam sie ihre Krankenkost; außerdem erhielt sie von Krankenschwestern und von Besuchern immer wieder »viele Zugaben«, die sie nicht erbrochen hat. Trotzdem hatte sie immer einen »schrecklichen Hunger«. Dies war ja auch der Grund, warum sie die Entlassung aus dem Krankenhaus verlangte.

Am 15. Januar 1953 wurde Therese in Eichstätt vernommen. Damals sagte sie unter Eid aus: »Ohne ein genaueres Datum angeben zu können, war die Verminderung der Nahrungsaufnahme nach dem Unfall von 1918, also um 1918/19 schon im Gange.«[855] Wie Therese am 25. Juli 1927 versicherte, hat sie am Hl. Abend 1922 noch feste Speisen zu sich nehmen können, »am 25. Dezember 1922 habe sie Mittag nichts Festes mehr schlucken können, und seit der Zeit habe sie zunächst nur von Flüssigkeit, Kaffee, Milch und etwas Fruchtsaft gelebt«.[856] Von Weihnachten 1922 bis Epiphanie 1923, also zwölf Tage lang, soll Therese weder gegessen noch getrunken haben. Von dieser Zeit an bis zum Jahr 1925 hat sie den Angaben gemäß täglich nur einen bis zwei Eßlöffel Flüssigkeit zu sich genommen. Fünfzehn Tage vor Ostern 1925, so versichert Pfarrer Naber am 9. Juni 1925, hat sie »nicht das geringste, nicht einmal einen Tropfen Wasser« angenommen. In dieser Zeit vermochte sie auch nicht zu kommunizieren.[857] »Vom 6. August 1926«, so behauptet Naber, »bis Weihnachten dieses Jahres nahm Therese nur auf Drängen der Mutter etwas Flüssigkeit – es mochte in der Woche vielleicht eine Tasse ausmachen, mußte sie aber dann wieder erbrechen. Sie schmierte die Mutter auch aus, wie sie sagt, indem sie mit der Flüssigkeit Blumen begoß, die aber dann zugrunde gingen. Von Weihnachten 1926 bis in den September 1927 erhielt Theres nur gelegentlich bei der hl. Kommunion ein wenig Wasser, weil sie glaubte, sie könne das Teilchen Hostie, das sie ihres kranken Halses und der dadurch verminderten Schluckfähigkeit wegen nur gereicht erhielt, so nicht schlucken.«[858]

Im Dezember 1926 kam Prof. Mayr zum erstenmal nach Konnersreuth. Während er sich mit Therese unterhielt, kam ihre Mutter ins Zimmer. Mit dem Blick auf ein Glas auf dem Nachtschränkchen schimpfte sie: »Resl, jetzt hast du wieder gar nichts getrunken, also was soll denn dös? Was soll denn werden, wenn du gar nichts trinkst?« In Gegenwart der Mutter »nahm Theres das Glas und nippte davon. Aber als die Mutter wieder draußen war, hat sie den Fruchtsaft über die Blumen gegossen. Sie hat schon damals nichts mehr gegessen und getrunken, und die Folge war, daß dann viele Blumen in ihrem Zimmer eingegangen sind.«[859] Das erzählte Prof. Mayr dem Reporter Wolfgang Bauer. Der Bericht läßt einige Zweifel aufkommen. Welchen Grund sollte Therese gehabt haben, ihre Mutter hinters Licht zu führen? Im Dezember 1926, neun Monate nach der Stigmatisation, war Therese in guter gesundheitlicher Verfassung; bereits im Mai 1925 war die letzte ihrer Krankheiten verschwunden; es bestand kein Grund mehr, daß sie sich von ihrer Mutter bedienen ließ. Selbst wenn diese regelmäßig Fruchtsaft auf das Zimmer ihrer Tochter gebracht hätte, diese hätte genug andere Möglichkeiten gehabt, ihn verschwinden zu lassen; warum ausgerechnet in Blumentöpfen, wenn sie schon wußte, daß dadurch die Blumen eingingen?

3. Totale Nahrungslosigkeit

Ab wann lebte Therese Neumann absolut nahrungslos? Sie selber gab an, »sie habe beim erstmaligen Schauen der Verklärung Christi«, am 6. August 1926, »Hunger und Durst auf dem Tabor gelassen«.[860] Von da an nahm sie nur gelegentlich etwas Flüssigkeit zu sich. Wann hat sie auch darauf verzichtet? In dem Gespräch, das sie am 25. Juli 1927 mit Dr. Seidl führte, versicherte sie, sie habe seit dem 23. Dezember 1926 auch keine Flüssigkeit mehr zu sich genommen, außer einem Schluck Wasser, um leichter kommunizieren zu können.[861] Ähnlich drückt sich Pfarrer Naber aus. Er gibt einen noch genaueren Termin für den Beginn der totalen Nahrungslosigkeit an: »Seit September 1927 hat sie nicht das Geringste an Speise und Trank, auch nicht einen Tropfen Wasser, mehr zu sich genommen.«[862]

Der Stigmatisierten von Konnersreuth war es durchaus nicht gleichgültig, wie die Leute über ihre behaupteten außergewöhnlichen Gaben dachten. Insbesondere galt dies hinsichtlich ihrer »Nahrungslosigkeit«. Das Anliegen verfolgte sie sogar bis in ihre Ekstasen hinein. An einem der Freitage, an dem der Bischof von Regensburg in Begleitung einiger Wissenschaftler in Konnersreuth weilte, sprach sie im halbwachen Zustand: »Da meinen sie [die Leute], in diesem Zustand esse ich.«[863]

4. Ausscheidungslosigkeit

Trotz der totalen Nahrungslosigkeit hatte Therese Neumann noch einige Jahre Ausscheidungen. Nur für den Zeitraum zwischen dem 14. und dem 24. Juli 1927, also für die zwei Wochen, da Therese überwacht wurde, besitzen wir Angaben, allerdings nur über die Menge an ausgeschiedenem Urin. In diesen Tagen hat Therese sechsmal Harn gelassen, jeweils in einer Menge zwischen 5 ccm und 185 ccm.[864] Dabei sind einige Umstände besonders zu beachten. Am ersten Beobachtungstag, dem 15. Juli, hat Therese dreimal Urin gelassen, um 1.25 Uhr 155 ccm, um 15.50 Uhr 5 ccm, um 21.45 Uhr 185 ccm. Außerdem hatte sie zwischen den Ekstasen »sehr viel Harndrang, der auch nach der Urinentleerung andauerte«; sie klagte dabei über »viele Schmerzen«. Auch acht Tage später hatte sie während ihrer Ekstasen oftmals Harndrang. Zweimal wurde Wasser ausgeschieden: am 21. Juli um 23.31 Uhr 20 ccm und am 22. Juli nach 8 Uhr 60 ccm. Sonst wurde während der Beobachtungszeit nur noch einmal Harn gelassen, nämlich am 24. Juli um 20 Uhr in der Menge von 10 ccm.

Zu diesen Angaben müssen einige Anmerkungen gemacht werden:

1. Die Ausscheidungen von Harn, soweit sie von den Schwestern festgestellt werden konnten, erfolgten ausschließlich, während Therese im Bett lag.
2. Die ganze gemessene Harnmenge in den genannten Tagen betrug 425 ccm. Davon wurden 415 ccm an den zwei Freitagen gemessen; am ersten Tag waren es 345 ccm.
3. Im Gruppen-Tagebuch I lautet der am 24. Juli um 8.30 Uhr gemachte Eintrag: »Harnentleerung innerhalb drei Tagen 180 ccm«. Tatsächlich lassen sich aber vom 21. bis zum 24. Juli um 8.30 Uhr nur 80 ccm belegen. Entweder hat sich die federführende Schwester bei ihren Angaben getäuscht oder es wurde einmal der Abgang von Harn im Tagebuch nicht vermerkt.
4. Abgesehen vom 24. Juli und an den zwei Freitagen hatte Therese nie Harndrang. Es ist sonderbar, daß sich die Visionen Thereses ausgerechnet auf die Blase geschlagen haben.
5. Warum verspürte Therese zu der Zeit, die sie nicht in ihrem Bett lag, keinen Harndrang? Während der zwei Wochen verbrachte sie sehr viel Zeit außerhalb des Neumann-Hauses; wiederholt begab sie sich in die Pfarrkirche; wenigstens neunmal hielt sie sich im Pfarrgarten auf, und zwar zumeist mehrere Stunden; mindestens sechsmal verbrachte sie sonst noch die Zeit »im Freien«. Zweimal begab sie sich in die elterliche Scheune. Außerdem weilte sie zu wiederholten Malen im Pfarrhof; einmal suchte sie das Schulhaus auf. Während dieser Zeiten verspürte sie keinen Harndrang.

Während der Überwachungszeit hat Therese ihren Angaben gemäß am Tag nur einen Schluck Wasser zu sich genommen, wenn sie kommunizierte. Diese Flüssigkeitsmenge war aber wesentlich geringer als die ausgeschiedene! Wenn Therese vom 23. Dezember 1926 bis Ende Juli 1927 täglich nur einige Tropfen Wasser zu sich genommen, aber eine weit größere Menge ausgeschieden hat, ohne abzumagern, dann müßte man allein dies schon als ein Wunder bezeichnen.

Nicht nur der Umstand erscheint eigenartig, daß Therese oftmals Harndrang verspürte, wenn sie im Bett lag; ebenso überrascht die Behauptung, dieser Harndrang habe ihr große Pein bereitet. Dazu kommt, daß dies ausgerechnet während der Freitagsekstasen der Fall war, und zwar immer wieder. So war es auch an zwei Freitagen im Jahr 1926, als Pfarrer Leopold Witt anwesend war, zu einer Zeit, da Therese bereits »Hunger und Durst auf dem Berg Tabor gelassen hatte«. Das eine Mal wurde Witt gesagt, Therese leide an heftigen Leibschmerzen; das andere Mal erschien die Mutter »während einer Unterbrechung der Schauungen« und fragte ihre Tochter, ob sie nicht die Leibschüssel benötige. Diese Äußerung war ein Wink für die Besucher, sie sollten das Zimmer verlassen. Weil diese aber nicht reagierten, sprach die Mutter »nach etwa fünf Minuten etwas entschiedener wieder von der Leibschüssel«. Daraufhin entfernten sich die Besucher.[865]

Gerlich weiß davon zu berichten, daß Therese einmal eine größere Wassermenge ausgeschieden habe. Er war allerdings nicht Zeuge; er gab nur weiter, was ihm Therese erzählt hatte. Therese lag an Wassersucht erkrankt darnieder. Das Leiden besserte sich: Es »ging in der Tat viel Wasser auf natürlichem Weg ab«.[866] Bei der Angabe »Wassersucht« handelt es sich um eine Eigendiagnose Thereses.

Am Freitag, dem 7. Oktober 1927, war Frl. Cäcilie Isenkrahe in Konnersreuth und beobachtete die Stigmatisierte: »Sie hat meist während der Ekstasen starken Schweiß- und Harndrang, aber nur selten kommt ein Tröpfchen«; und: »Auch von starkem Harndrang wird sie bei dieser Gelegenheit gequält, aber trotzdem hat sie in den vielen Zwischenräumen zwischen den Schauungen öfter versucht, Harn zu lassen, geht keiner ab oder kaum etwas Nennenswertes.«[867]

Ähnlich war es am Freitag, dem 23. März 1928, in Gegenwart der bischöflichen Kommission; auch jetzt brauchte Therese die Leibschüssel. Acht Tage später erlebten die anwesenden Herren Gemelli, Reichenberger und Höfner das gleiche. Um 8 Uhr verlangt Therese die Leibschüssel. Erst um 8.15 Uhr durfte Höfner das Zimmer wieder betreten; in der Zwischenzeit hörte er immer »Wimmern und Stöhnen«. Als er das Zimmer betrat, tat die Mutter schnell die Leibschüssel weg. Um 9.48 Uhr verspürt Therese wieder Harndrang und verlangt die Leibschüssel; wieder müssen die Herren das Zimmer verlassen. Dann dürfen sie wieder kommen; aber da setzt eine Vision ein, so daß die Mutter die Bettschüssel nicht entfernen kann. Später räumt die Mutter die Bettschüssel weg, aber niemand darf Zeuge sein; alle werden vorher aufgefordert, sich zu entfernen.[868]

Am Freitag, dem 23. März 1929, mußten alle, auch Kaspar, Erzbischof von Prag, auf Anweisung des Pfarrers Naber Thereses Zimmer verlassen; »nur die Mutter trat ein, erschien jedoch sofort auf dem Gang. Resl blieb nur wenige Minuten allein, urinierte.«[869]

Unsicher wie die Angaben über die Urinausscheidungen sind auch jene über die Stuhlentleerungen. Nach Cäcilie Isenkrahe ging im Jahr 1927 alle sechs Wochen ein wenig Schleim ab; Pfarrer Naber behauptet, seit September 1927 sei »alle Vierteljahre unter großen Schmerzen etwas Schleim aus den Gedärmen« abgegangen. Während der Beobachtungstage im Juli 1927 wurden keine Ausscheidungen festgestellt, aber in der Zeit vom 17. bis zum 26. Juli klagte Therese viermal über Stuhldrang.[870]

Um die Wende 1929/30 sollen alle Ausscheidungen ganz aufgehört haben. Pfarrer Naber sagt: »Die Ausscheidungen aus Blase und Darm, die zuletzt schon sehr selten geworden waren (etwa alle 14 Tage etwas Wasser und alle 2-3 Monate unter großen Schmerzen etwas Schleim aus den Gedärmen) haben mit Beginn des Jahres 1930 überhaupt aufgehört.«[871] Die Zeitangaben sind nicht einhellig. Prälat Geiger beispielsweise schreibt am 20. November 1929: »Seit fast einem halben Jahr finden keinerlei Urinausscheidungen mehr statt. [...] Darmausscheidungen kommen seit noch viel längerer Zeit als einem halben Jahr gar nicht mehr vor, auch kein Reiz oder Zwang.« Außerdem versichert er, er habe sich erst drei Tage zuvor unmittelbar in Konnersreuth über die »Stoffwechselsachen« erkundigt; das Ergebnis bezeichnet er als »ein Resultat, für dessen Glaubwürdigkeit und Richtigkeit« er »jedwede Garantie übernehme«.[872] Helmut Fahsel gibt einen späteren Termin an als Geiger: »Seit September 1930 hat auch jede Ausscheidung aufgehört.«[873] Am 15. Januar 1953 versicherte Therese selber: »Die Ausscheidungen aus der Blase hörten etwa seit Anfang der Dreißiger Jahre (1930 ff.) auf. [...] Die Ausscheidungen durch den Darm fielen schon längere Zeit vorher weg; schon bei der Untersuchung 1927 war keine eigentliche Ausscheidung dieser Art mehr vorhanden.«[874]

Ausscheidungen auch nach 1930 – Therese Neumann hatte, entgegen ihrer Beteuerung, auch nach 1930 Ausscheidungen. Dies hat in den Jahren 1942 und 1943 eine ihrer Nichten bezeugt; dieses Thema wird später noch eingehender behandelt werden. Die Beobachtungen der Nichte sind nicht der einzige Beweis.

Am 21. und 22. August 1952 machte Dr. Hans Stubbemann aus Koblenz mit zwei Begleitern, darunter Abbé Adolphe Stickens, einem Priester aus Brüssel, einen Besuch in Konnersreuth. Darüber berichtete er am 20. Juni 1953 dem Bischof von Regensburg. Stubbemann hatte in Konnersreuth eine längere Unterredung mit dem Ortspfarrer; dabei kam auch die Rede auf die angebliche Nahrungs- und Ausscheidungslosigkeit der Stigmatisierten. Dr. Stubbemann berichtet:

»Auf die weitere [ihm unvermutet gestellte] Frage, was er davon halte, daß Therese Neumann erklärt habe: Obwohl sie nichts zu sich nehme, habe sie Ausscheidungen, wie ein normal sich ernährender Mensch und auch diese Tatsache [der Ausscheidungen] erkläre sie als ein Wunder, erwiderte der Pfarrer nur ausweichend, über Therese Neumann sei schon viel geschrieben worden. Auf die Frage selbst ging er nicht ein [ohne im übrigen über die Fragestellung selbst indigniert zu sein; wir glaubten allerdings eine gewisse Unruhe, eine Art von Überraschungsschock über die ›inquisitorische‹ Frageweise bei ihm feststellen zu können].«

Noch deutlicher war die Reaktion auf eine entsprechende Frage, welche Dr. Stubbemann einem Bruder der Stigmatisierten, in Gegenwart seines Vaters, stellte: »Als Sprecher stellte ich dem Bruder [...] Fragen. Als ich ihn ebenfalls plötzlich, für ihn völlig unerwartet, ›festnagelte‹: Was er dazu sage, daß seine Schwester das Vorhandensein von Faekalien trotz Nahrungslosigkeit für ein Wunder erklärt habe, wich er (Nun waren *wir* die Überraschten!), sich verfärbend, mit erschrockener Miene, rückwärts durch den großen Raum bis zur entgegengesetzten Wand (›wie ein Ertappter‹) zurück, ohne noch ein Wort herauszubringen. Abbé Stickens und Monsieur Boucassot erklärten beim Verlassen des Hauses spontan, der Mann habe eindeutig ›unter dem Zeichen der Lüge‹ gestanden.«[875]

5. Überwachung im Jahre 1927

Bemühungen um eine Zustimmung – Die »Konnersreuther« behaupten unentwegt, der Nachweis, daß Therese Neumann vom September 1927 bis zu ihrem Tod im Jahr 1962 nahrungslos gelebt habe, sei erbracht worden. Man beruft sich auf die im Juli 1927 stattgefundene Überwachung. Die Aufforderung an Therese, sich überwachen zu lassen, erfolgte schon ein Jahr zuvor. Sie hatte bereits viele und schwere Leiden ertragen müssen, aber alle zusammen waren für sie nicht derart niederdrückend wie diese Forderung; sie war sich ja dessen bewußt, was auf dem Spiele stand. Der »Leidensweg« dauerte mehr als zehn Jahre. Wie ihr bereits die erste Aufforderung zusetzte, verrät der Brief, den sie am 13. Oktober 1926 an eine Freundin schrieb. Ihr klagte sie ihr großes Leid, ihr stünde etwas ganz besonders Schweres bevor, worüber sie »hübsch traurig« sei; sie solle in ein Krankenhaus zur Überwachung und Beobachtung, was schrecklich und hart sei: »Ach, wenn man nur Gottes Willen erkennen würde, auch in diesem Fall. Schreib aber Deinem Vater nichts davon, damit die Konnersreuther vorher nichts wissen, damit kein rechter Aufruhr entsteht; denn sie wollen alle nicht, daß ich fortkomme.«[876]

Alle Versuche, die Zustimmung für eine Beobachtung in einer Klinik zu erhalten, sind samt und sonders gescheitert. Seit Herbstbeginn 1926 bemühte sich das Bischöfliche Ordinariat von Regensburg, vom Vater Ferdinand Neumann die Zustimmung zu bekommen. »Wir haben seit einem Jahre«, schreibt Domdekan Kiefl am 4. September 1927, »alles aufgeboten, ihn dazu zu bewegen. Es ist alles umsonst.«[877]

Im Auftrag des Bischofs Antonius von Henle machten am 2. und 3. Juni 1927 drei Regensburger Domherren einen letzten Versuch. Sie wollten wenigstens erreichen, daß sich Therese ins Krankenhaus von Waldsassen begebe, dessen Chefarzt Dr. Seidl war, der Hausarzt im Neumann-Haus und seit seiner Schulzeit ein Duzfreund des Pfarrers Josef Naber. Allerdings war die Freundschaft seit 1920 nicht mehr ungetrübt. Schuld daran war, daß der Arzt als Grundursache für Thereses Leiden Hysterie angegeben hatte. Dies haben ihm die Neumann-Familie und Pfarrer Naber nie verziehen. Die erste Folge war, daß man seinen »ärztlichen Rat« nicht mehr begehrte und daß »vom Jahr 1920 bis 1925 Therese Neumann ohne ärztliche Beratung« blieb.[878] Dr. Seidl hat zwar noch zweimal Therese besucht, kurz vor dem Ende ihrer Blindheit und bald nach dem Wiedererlangen der Sehkraft, aber dies tat er aus eigenem Antrieb. Die Regensburger Domkapitulare erreichten in Konnersreuth nicht ihr Ziel; der Vater der Stigmatisierten verweigerte als Wortführer der Familie die Zustimmung zu einer Überwachung. Als Hauptgründe für die Ablehnung wurden aufgeführt: »unüberwindliches Mißtrauen gegen Ärzte, Krankenschwestern und weltliche Krankenpflegerinnen; er befürchtet für die Tochter, sobald sie in ein Krankenhaus entlassen würde, Untersuchungen zur Pein ihres Zartgefühls, Eingriffe zur Qual ihrer gesteigerten Sinnesempfindlichkeit, Arzneien von einer für ihre Konstitution allzu scharfen Wirksamkeit«. Bei diesen Angaben berief sich Ferdinand Neumann »auf allerlei angeblich von ihm bereits Erfahrenes«. So führte er die angebliche Äußerung eines Arztes an, der seine Tochter noch nie gesehen habe: »Wenn wir [die Mediziner] sie nur einmal haben [in einem Krankenhaus], dann wollen wir ihr schon eine Spritze hineinhauen.« Auf die pflegenden Schwestern, so brachte er vor, könne man sich nicht verlassen, sie stünden »willenlos unter dem Einfluß der Ärzte«. »Auch seine eigene Mitanwesenheit im Spitale gäbe keine Sicherheit für die Tochter; denn man würde ihn bald durch einen Tee oder sonst etwas bewußtlos gemacht haben.« Das einzige, zu dem sich der Vater bereit erklärte, war das Angebot: »Beobachtung im eigenen Neumannschen Hause«, und dies nur unter der Bedingung, »daß beständig jemand von der Familie anwesend sein dürfe, um Mediziner ebenso zu kontrollieren, wie sie die Tochter kontrollieren«.[879]

Die Überwachung – Die bischöflichen Abgesandten mußten sich schließlich damit zufriedengeben, daß der Vater, wenn auch äußerst widerwillig, eine vierzehntägige Beobachtung im Elternhaus unter einer Reihe von Bedingungen zugestand. Dr. Seidl bekam die Aufgabe, die Beobachtung zu beaufsichtigen. Dr. Ewald, Professor für Psychiatrie in Erlangen, wurde mit Erlaubnis des Bischöflichen Ordinariates von Regensburg zugezogen und war am 28. und 29. Juli anwesend. Dr. Seidl hat während der Überwachungszeit Therese neunmal aufgesucht. Jedesmal bekam er von seiten der Neumann-Familie und des Pfarrers Naber eine feindselige Stimmung zu spüren. Nur eine bezeichnende Szene sei erwähnt. Am 20. Juli hielt sich die Stigmatisierte gerade im Pfarrhaus auf. Kurz nach 17 Uhr erinnerten sie die Mallersdorfer Schwestern: »Theres, wir müssen jetzt heimgehen, der Herr Sanitätsrat kommt.« Therese erwiderte »heftig«: »Der soll zu mir kommen, wenn er was will, ich hab ihn nicht verlangt.« Der Pfarrer pflichtete ihr bei.[880] Zur Beobachtung waren vier Mallersdorfer Schwestern abgeordnet, die eine nicht leichte Aufgabe zu erfüllen hatten. Die Behandlung, die sie erfuhren, nicht bloß von seiten der Familie Neumann, war alles andere als liebevoll. Pfarrer Naber zeigte ihnen zur rechten Zeit seine Abneigung. Bereits am 18. Juli rief

Therese in einem fünf Seiten langen »eindringlichen Klagebrief« Prof. Wutz um Hilfe herbei. Kaum war dieser in Konnersreuth angekommen, da brachten ihm Therese und der Pfarrer »konkrete Klagen« vor.[881] Zudem waren die vier Schwestern überfordert; nicht bloß zufällig ist eine der Schwestern am Ende der vierzehn Tage zusammengebrochen. Keinen Tag länger als notwendig sind sie geblieben, obwohl ihnen das freigestellt worden war.

Von der oberhirtlichen Stelle in Regensburg wurde die Überwachung als voller Erfolg hingestellt: »Der umfangreiche eingehende Bericht des Herrn Sanitätsrats Dr. Seidl mit einem Passus aus der Hand des Universitätsprofessors Dr. Ewald nötigt in Verbindung mit 2 Gruppentagebüchern der 4 Schwestern zu der Überzeugung, daß eine ursprünglich angestrebte, aber nicht durchführbar gewesene Beobachtung in einem Spitale oder in einer Klinik auch keinen besseren Erfolg hätte bringen können.«[882]

Zwei Monate nach dieser Verlautbarung machte das Bischöfliche Ordinariat einen Zusatz: »Hiezu bemerken wir noch ausdrücklich, daß Herr Dr. Ewald unserer Überzeugung, es hätte die Beobachtung in einem Spitale oder in einer Klinik auch keinen besseren Erfolg bringen können, als die stattgefundene, nicht beipflichtet.«

Trotzdem wurde noch einmal betont: »Es fand nicht die geringste Nahrungsaufnahme statt.«[883] Das war ein sehr voreiliges Urteil.

Hat die Beobachtung im Elternhaus den Tatbestand der Nahrungslosigkeit tatsächlich einwandfrei bestätigt? Das kann man keinesfalls sagen, da viele Fehler nachzuweisen sind, die man hätte vermeiden müssen und die im Elternhaus gar nicht vermieden werden konnten:

1. Die Ausscheidungen der Stigmatisierten wurden nicht sofort an Ort und Stelle untersucht. Das wäre möglich gewesen, da eine der Schwestern Laboratoriumserfahrung hatte.
2. Therese Neumann durfte sich während der Beobachtungszeit frei bewegen. Sie konnte in Schwesternbegleitung in die Kirche und auch anderswohin gehen, wie sie eben wollte. Sie hielt sich wiederholt stundenlang im Pfarrgarten auf. Dort empfing sie auch Besucher. Einmal kamen die Kinder des Waisenhauses Waldsassen; sie unterhielten Therese mit verschiedenen Spielen und mit Gesang. Einmal begab sie sich in die Scheune des Elternhauses »um Luft zu schöpfen«. Ein andermal ging sie in den »angrenzenden Schuppen«, angeblich um ein Buch zu suchen, in dem die Begebenheit bei den Geschwistern in Bethanien ausführlich berichtet würde. Man fragt sich unwillkürlich: Wozu wird ausgerechnet in einem Schuppen ein Buch aufbewahrt, wenn Therese doch angeblich nur ganz wenig gelesen hat?
3. Die Familienangehörigen hatten ungehindert Zutritt zum Zimmer der Stigmatisierten. Auch andere Personen kamen und gingen. Am ersten Beobachtungsfreitag beispielsweise wurden 756 Besucher gezählt, am zweiten waren es 790.

4. Die Möglichkeit von Betrug konnten auch die Schwestern nicht verneinen, trotz gewissenhafter Erfüllung ihrer Aufgabe: »Die Beobachtung einer Person, die seit Jahren hysterisch war, erforderte Schwestern, die in der Beobachtung und Pflege von Nervenkranken, insbesondere von Hysterischen, große Erfahrung hatten. Diese fehlte aber den betreffenden Schwestern in Konnersreuth. Es ist schon schwer, hinter die Ränke einer Hysterischen bei einer Beobachtung in einem gut geleiteten Krankenhaus zu kommen, um so mehr hier unter den ungünstigen Umständen in Konnersreuth und bei Schwestern, die nicht die genügende Erfahrung besitzen in der Überwachung Neurotischer.«
5. Die Kleider, die Therese getragen hat, wurden keiner Untersuchung unterzogen.
6. Die Schwestern waren physisch und psychisch überfordert. Jede Schwester hatte täglich zwölf Stunden über vierzehn Tage hin zu beobachten, zusätzlich zu ihren Verpflichtungen, die sie nicht vernachlässigen wollten.
7. Den Schwestern wurde die Erfüllung ihrer Aufgaben sehr erschwert. Sie bekamen von der Neumann-Familie, und nicht nur von ihr, eine geradezu feindselige Stimmung zu spüren. Das zeigt sich schon in der Art, wie sie untergebracht wurden, obwohl entsprechende und störungsfreie Zimmer zur Verfügung gestanden hätten, zum Beispiel im Pfarrhof. Im Hinblick auf Therese sagt Dr. Deutsch: »Es ist ja bekannt, daß Hysterische, sobald sie sich in ihrem Interessenkreis bedroht glauben und sie die Entlarvung befürchten, sofort feindselig werden und vor den schlimmsten Anschuldigungen ihrer Gegner nicht zurückschrecken.«
8. Zu einer exakten Untersuchung hätte gehört, daß Therese Neumann jeden Tag am Morgen und am Abend gewogen worden wäre, und das nicht in der vollen Kleidung. Dies wurde jedoch nicht gestattet. »Eine Wägung zum Beispiel wurde verweigert, wozu das Bischöfl. Ordinariat die Erlaubnis gegeben hatte. Auch wurde der überwachende Arzt nicht ohne weiteres zu Therese gelassen. Einmal, als er des Nachts kam, verlangte der Vater Thereses seinen Erlaubnisschein.« Dr. Deutsch meint dazu: »Man fragt sich unwillkürlich: War zur Zeit, als Dr. Seidl kam, und als die Wägung vorgenommen werden sollte, vielleicht etwas zu verheimlichen?«[884]
9. Es wird behauptet, im Zimmer der Stigmatisierten seien ohne Unterbrechung zwei Schwestern anwesend gewesen. Dies trifft nicht zu. Eines Nachts, als Dr. Seidl ankam, fand er die Haustüre verschlossen. Im Gruppen-Tagebuch heißt es: »Wir […] wollten schnell hinunter.« Die Schwestern vermochten die Türe nicht zu öffnen. Sie mußten erst Thereses Vater wecken. Auch die Beobachtungen Ewalds beweisen, daß die Schwestern nicht immer im Zimmer blieben beziehungsweise bleiben durften. Ewald war am 28. und 29. Juli jeweils nur einige Stunden zugegen. Während dieser Zeit klagte Therese »zuweilen über Schmerzen im Leib«. In diesen Fällen gab ihr die Mutter »meist das Steckbecken«; während dieser Zeit mußten »alle das Zimmer verlassen«; »Therese bleibt einige

Minuten (2-3) allein«. Ewald nahm daran Anstoß. Er sagt: »Das war mir nicht ganz recht.« Auf sein Verlangen hin haben während seiner Anwesenheit die Schwestern »das Steckbecken bedient«.[885]

Einmal bekam Therese einen ihrer gewohnten »Erstickungsanfälle«. Die Schuld gab sie den Schwestern, die eine Ätherflasche hätten offen stehen lassen. Der Vorwurf war unberechtigt; die Schwestern hatten keine Ätherflasche offen stehen lassen; sie hatten nur mit etwas Äther Objektträger gereinigt. Im Gruppen-Tagebuch heißt es: »Wir machten es am offenen Fenster; es waren nur einige Tropfen und man hätte meinen können, daß es nicht der Rede wert sei. Frl. Neumann konnte aber den Äther nicht vertragen und bekam Brechreiz, obwohl ich es schon zweimal gemacht hatte und Frl. Neumann nichts davon merkte. [...] In den Pausen zwischen den Ekstasen kommt dann Frl. Neumann immer wieder auf den Äthergeruch zurück; als H. Pfarrer Naber nach zwei Stunden kam, erzählte sie es ihm auch gleich.« Der Äthergeruch soll auf Therese so sehr unangenehm eingewirkt haben, »daß sie wegen des schlechten Geruches nicht einmal mehr dem Heiland auf dem weiteren Wege habe folgen wollen«. Dazu meint Dr. Seidl: »Nun ist diese Bemerkung insofern nicht ganz belanglos, als es mir doch merkwürdig erscheint, daß ein Geruch auf Theresia Neumann während der Ekstase so sehr einwirken könne, daß er sogar in die ekstatischen Zustände noch hineinwirke.«[886]

Wie Dr. Ewald angibt, hat er bei Therese Neumann »mäßigen Hungergeruch aus dem Munde« wahrgenommen.[887] Kein anderer Mediziner hat eine ähnliche Wahrnehmung gemacht.

Dr. Lemke hat im Oktober 1927 vier Tage in Konnersreuth zugebracht. Er hat festgestellt: »Es fehlt der spezifische Hungergeruch nach Fasten.«[888] Dr. Gemelli bezeugt: »Ich habe mit besonderer Aufmerksamkeit festzustellen versucht, ob der Hungergeruch wahrzunehmen war, den Ewald in seinem bekannten Bericht erwähnt, aber ich habe ihn nicht wahrgenommen.«[889] Die scheinbar widersprüchlichen Beobachtungen bestätigen: Therese Neumann hat während der Beobachtungszeit gefastet, zu anderen Zeiten nicht.

Große Bedenken und Zweifel hinsichtlich der behaupteten Nahrungslosigkeit Thereses erregt das Ergebnis der chemischen Harnanalysen vom 15., vom 21. bis 23., vom 30. Juli und vom 5. August 1927. Der Urin vom 15. Juli wird als Hungerurin bezeichnet; dafür spricht die »sehr starke Azetonreaktion (+++) und Reaktion auf Azetessigsäure«. Auch die zweite Untersuchung stellte Hungerurin fest, wenn auch nicht mehr so eindeutig wie vorher (»Azeton ++, Azetessigsäure Spur«). Die weiteren Proben stammen aus der Zeit nach der Überwachung. Der Urin wird jetzt als normal bezeichnet, das heißt, die chemische Analyse entspricht dem Urin von Menschen, die normal Nahrung zu sich nehmen (29. und 30. Juli: »Azeton und Azetessigsäure Spuren«; 5. August: »Azeton und Azetessigsäure völlig negativ«).

Im Blick auf die chemische Harnanalyse schrieb Dr. Heermann am 10. Oktober

1929 an den Bischof von Regensburg: »Seit 50 Jahren kontrolliert man bei wissenschaftlichen Hungerversuchen die Versuchsperson in erster Linie nach dem Urinbefund. Steigt plötzlich bei einer Versuchsperson der Chloridgehalt des Harns, und verschwindet gleichzeitig das Aceton und die Säurereaktion, so schickt man die Versuchsperson fort, da mit absoluter Sicherheit bewiesen ist, daß sie schwindelt. Bei Therese Neumann waren die Symptome genau die gleichen: Während der Beobachtung ausgesprochener Hungerurin, nach der Beobachtung völlig normaler Urin. Warum soll man nun hier nicht mit derselben Sicherheit dasselbe vermuten?«[890]

Auf die im Jahr 1927 vorgenommene Harnanalyse kommt Dr. Heermann nochmals in seinem Brief vom 30. Januar 1933 an den Bischof von Regensburg zu sprechen: »Der Kochsalzgehalt der beiden ersten Urinproben von Therese Neumann war schon für einen Hungernden recht hoch: 0,65 % und 0,84 %. Daraus könnte man schon schließen, daß das Hungern *vor* der Urinentleerung 1-2 Tage gedauert hätte. Dafür spricht auch der hohe Stickstoffgehalt, 1,28 % und 2,24 %, der nur beim Beginn des Hungerns beobachtet wird. [...] Dagegen ist der Gehalt der vierten Urinprobe an Kochsalz mit 1,08% bei der stärkeren Verdünnung des Urins (geringeres spez. Gew.) so hoch, daß er mit gänzlicher Enthaltung von Speisen und Trank ganz unvereinbar ist. Überdies ist die absolute Gewißheit, daß bei Therese Neumann wirklich die gesamte Urinmenge gemessen wurde, doch nur für die Zeit vorhanden, wo sie sich in ihrem Zimmer und in ihrem Bett aufhielt, also am Freitag, woher auch alle Proben stammen.«[891]

Nach Abschluß der Überwachung wurde von Therese Neumann verlangt, sie müsse von nun an Dr. Seidl ihre Urin- und Stuhlausscheidungen regelmäßig zur Untersuchung zur Verfügung stellen. Allein die Familie hat nicht ein einziges Mal Urin herausgegeben, trotz wiederholter dringender Anmahnungen. Das schon seit langer Zeit gespannte Verhältnis zwischen Dr. Seidl auf der einen und der Neumann-Familie sowie Pfarrer Naber auf der anderen Seite führte im Zusammenhang mit der Überwachung Thereses zu einer völligen Entfremdung, so daß Dr. Seidl den Pfarrhof von Konnersreuth nicht mehr betrat. Zwar erklärte er damals noch, aufgrund der moralischen Eigenschaften der Therese Neumann habe er keinen Grund, nicht an ihre Nahrungslosigkeit zu glauben, aber die Harnanalyse sowie die Verweigerung der Herausgabe von Urinproben seien nicht geeignet, seine Ansicht zu stützen. Da seine nach Konnersreuth gerichteten Anmahnungen ohne Erfolg blieben, wandte er sich am 15. November 1929 wieder einmal wie schon früher an den Bischof von Regensburg und verlangte, man solle von dort aus seiner Forderung Nachdruck verleihen: »Da ich die Untersuchung des Urins auf längere Zeit hinaus für notwendig und unerläßlich halte, habe ich bei jeder Gelegenheit Ew. Bisch. Gnaden gebeten, bei der Therese Neumann auf die Erlaubnis zur Untersuchung des Urins zu drängen. 2 Jahre lang bemühe ich mich bei ihr umsonst. Sie verspricht mir wiederholt, den Urin zu schicken, ohne daß ich ihn auch nur einmal bekam. Allmählich vergeht mir die Lust, immer wieder vergeblich darum bitten zu sollen.« Seidl bat den Bischof, er möge Therese Neumann

»doch den Befehl« geben, »daß für die nächsten Monate der gelassene Urin und Stuhl zur Verfügung gestellt werden müsse.«[892] Auch der Bonner Prof. Dr. med. Kern bot sich an, Urinuntersuchungen vorzunehmen; zum letztenmal tat er dies im Frühjahr 1929. Er wurde »abgewiesen«.

Die erfolglosen Aufforderungen an Therese Neumann zogen sich über mehr als zwei Jahre hin. Schließlich machte die Stigmatisierte allem ein Ende, indem sie die Erklärung abgab, von nun an hätten alle Ausscheidungen aufgehört.[893] Damit hatte man auf denkbar einfache Weise ein Zweifaches erreicht: Von nun an war eine außerordentlich große Gefahr beseitigt und zugleich hatte man das Wunder der Nahrungslosigkeit vollendet.

Während der 14 Überwachungstage wurde ein paarmal das Körpergewicht der Stigmatisierten geprüft. Dieses betrug am 13. Juli 55 kg und am 16. Juli 51 kg. Das bedeutet eine Gewichtsabnahme von 4 kg vom ersten Mittwoch bis Samstag. Am 20. Juli ergab sich ein Gewicht von 54 kg; Therese hatte also vom Sonntag bis zum zweiten Mittwoch 3 kg zugenommen.

Das nächste Mal wurde das Gewicht am 23. Juli geprüft; es betrug 52,5 kg. Das bedeutet vom zweiten Mittwoch bis zum Samstag eine Abnahme von 1 kg. Am 28. Juli wurde wieder das Anfangsgewicht von 55 kg erreicht, also vom Samstag bis zum Ende der Beobachtungszeit. Auch diese Gewichtsunterschiede lassen sich erklären: »Wenn man indes erfährt, daß Therese Neumann stets in vollem bis auf die Ferse reichende Faltenkleid, nur ohne Schuhe, gewogen worden ist, so kann man die Sache auch natürlich erklären. Einen Eid über das Reingewicht der Therese Neumann können die vier Schwestern jedenfalls nicht ablegen.«[894]

Von der totalen Nahrungslosigkeit an hat sich Thereses Gewicht laufend erhöht. Im Februar 1918, kurz vor dem Krankheitsbeginn, betrug ihr Gewicht 73,5 kg. Infolge der verschiedenen Gebrechen magerte sie ab; im Sommer 1927 wog sie nur mehr, und zwar mit ihren Kleidern, 55 kg. Dann nahm ihr Gewicht im Laufe der Zeit beträchtlich zu. Mehr und mehr näherte sie sich der Gestalt ihrer Mutter, die Gerlich als »ausgesprochen korpulent« bezeichnete. Rößler sprach eines Tages im Scherz zu Therese: »Wenn man bedenkt, daß Sie niemals essen, muß man sich wundern, wie gut Sie aussehen.« Lachend gab sie zur Antwort: »Ja, sagen S' nur: I bin dick. Wissens S', der liebe Gott macht nix halb.«[895]

Zweifel an der Zuverlässigkeit der Überwachung – Das Urteil des Bischöflichen Ordinariates von Regensburg, es habe »nicht die geringste Nahrungsaufnahme« stattgefunden, erfuhr umgehend Widerspruch. Einer der ersten, der seine schweren Zweifel anmeldete, war Prof. Ewald. Das Ergebnis der Urinuntersuchungen zwang ihn zur Überzeugung, daß Therese Neumann wesentlich mehr Urin ausgeschieden haben mußte, als untersucht werden konnte, und daß sie nur in der ersten Zeit der Überwachung streng gefastet hat. Er sagt:

»Angesichts dieser Tatsachen kann ich trotz aller Anerkennung der offenbar ehrlichen Bemühungen exaktester Beobachtung von allen Seiten nicht über den Eindruck hinweg, daß hier irgendetwas nicht stimmt. Ich selbst habe bei Annahme, daß die Beobachtung wirklich streng durchgeführt wurde, ein Loch in der Beobachtungsanordnung zwar nicht entdecken können; aber es muß noch ein solches vorhanden sein, es kann den Schwestern innerhalb des Konnersreuther Milieus so gut entgangen sein wie mir.«[896]

Ewald wiederholte darum seine schon früher geäußerte Forderung: Einweisung in eine Klinik.

6. Aufforderung zur Überwachung in einer Klinik

Auf den Chefarzt von Waldsassen war Therese Neumann schon seit ungefähr sieben Jahren nicht mehr gut zu sprechen. Nach der Überwachung verübelte sie ihm vor allem seine Forderung, sie solle ihm regelmäßig den ausgeschiedenen Urin zur Untersuchung zur Verfügung stellen. Auch Prof. Ewald, dem sie anfänglich ihr Lob spendete, fiel sehr rasch in Ungnade, als sie erfuhr, daß er nicht an ihre Nahrungslosigkeit glaubte. Ihr Unwille über die beiden Ärzte wurde ganz besonders gesteigert, als ihr zu Ohren kam, man verlange von ihr eine Zustimmung zu einer Überwachung in einer Klinik. Ihren Zorn bringt sie in ihrem Brief vom 25. Oktober 1927 an Prof. Wutz zum Ausdruck. Unter anderem heißt es darin:

»Da ich überzeugt bin, daß Sie von dem, was der lb. Heiland an mir und durch mich Armselige wirkt, ein klares Bild und den rechten Begriff davon haben, so will ich Ihnen schreiben, was ich auf dem Herzen habe und mir wehe tut, weil es dem lb. Heiland nicht gefällt, ganz gewiß nicht. [...] Ja, wenn die Wissenschaft noch so dagegen arbeitet und gescheiter sein will als der lb. Heiland selbst; sie müssen am Ende doch zugeben, daß sie aus sich nichts wissen. Sie wissen ja, daß ich von so übergescheiten, die alles nach dem Verstande erklären wollen und nicht bedenken, daß der lb. Heiland über ihnen steht, nicht viel wissen mag. Die kommen mir genau so vor, wie die elenden, stolzen Pharisäer, die ich immer am Freitag sehe und vor denen ich solch großen Abscheu und Ekel habe. Ja, es kommen oft ganz gute, vernünftige Ärzte, wie gleich gestern Einer bei mir war. Ich denke halt, die wahre Wissenschaft sollte zum lb. Gott führen, aber es ist meistens das Gegenteil. Wenn ich an das denke, was ich erst kürzlich erlebt und was auch der Anlaß meines Schreibens ist, so kann und darf ich das ruhig sagen. Solch eine Unehrlichkeit und der Hochmut dazu. Kam letzthin Herr Sanitätsrat Dr. Seidl nach langer Zeit wieder mal zu mir und wir redeten verschiedenes, woraus ich erkannte, wie gewissenlos in dem, was der lb. Heiland tut, gehandelt wird. Wenn ich auch nicht so gescheit bin, so kenne ich trotzdem ein, wie es jetzt zugeht. Herrn Professor Ewald schätzte ich anfänglich höher, sonst hätte ich ihm kein Vertrauen geschenkt. [...] Und das heißt man Wissenschaft? Da ist ein altes Mutterl, das nichts wissen will, doch viel gescheiter. [...] Da bin ja ich, wo ich mir nicht helfen kann, denn doch schon fester und nicht so wankelig. [...] Ich sagte dem Dr. Seidl viel und offen meine Meinung. Ich bin nicht bös mit ihm und verzeihe ihm, aber zu tun möchte ich so wenig wie möglich haben, wenn es nicht direkt sein muß, wie damals, als mich das Ordinariat nötigte. Da weiß ich, was ich durchmachte und jetzt soll es umsonst sein? [...] Und wenn es heute heißt, ich soll fort in eine Klinik, so ist es mir recht. [...] Aber der Vater sagt, er lasse mich nicht fort. [...] Ich meine halt und weiß ganz bestimmt, daß der lb. Heiland mich nicht leiden läßt, daß die stolze Wissenschaft daran zu deuteln und zu nörgeln hat und doch nicht erklären kann. Nicht eine Seele kommt ihm dadurch näher, denn da müßte der lb. Heiland und die Apostel früher ein ganzes Regiment Wissenschaftler um sich gehabt haben. Aber die waren doch nicht notwendig und der lb. Heiland ist heute der gleiche wie früher. [...] Ich weiß nicht, wie die Herren, die mich immer nur quälen wollen, wie die Ärzte, was doch keinen Wert hat, so wenig begreifen können, daß der lb. Gott mehr kann, als sie verstehen. [...]«[897]

Es ist unvorstellbar, daß das die Sprache eines von Gott besonders auserwählten Menschen sein könnte.

a) Aufforderung durch den Bischof von Regensburg

Am 11. Oktober 1927 ist Bischof Antonius plötzlich gestorben. Zwei Wochen später wandte sich das Bischöfliche Ordinariat von Regensburg in Schreiben an Sanitätsrat Dr. Seidl und Pfarrer Naber, sie möchten Therese Neumann und deren Eltern soweit bringen, daß sie einer Überwachung im Krankenhaus Waldsassen ihre Zustimmung gäben. Sofort nach Empfang des Schreibens begab sich Naber zu Therese und informierte sie. Wie reagierte sie? Alsbald begann in Anwesenheit des Pfarrers »der Teufel«, nur für sie verständlich, zu sprechen: »Was du gerade gelitten hast, ist umsonst (Therese hatte eben für eine Person, die ein schlechtes Leben hinter sich hatte und schon einen Selbstmordversuch gemacht hatte, nun aber sich bekehren wollte, gelitten). Die will mir auskommen. Über die komme ich aber jetzt schon. Wart', deine Tätigkeit wird dir bald eingestellt werden, dann erfährst du so viel nimmer; da kriegst du jetzt Plage; der neben dir sitzt, weiß auch nicht, was er tun soll; das gefällt mir, das freut mich. Du hast mir diese Zeit schon viel zu viel entgegengewirkt, das war so zu lange, aber jetzt wird es dir eingestellt. Hintertrieben wird es, so weit es geht, zuletzt siege ich doch noch. Du mußt doch denen folgen, die dir etwas anzuschaffen haben, die wollen dies auch nicht, du machtest ja die halbe Welt narrisch. Aber da bin ich auch schon noch da, das wird hintertrieben (schreit mich so an und lacht mich so aus, sagte da Therese, der Heiland lacht mich nicht aus). Ihr kennt euch nicht aus; da laß dir jetzt raten von dem, auf den du alleweil so hältst; dem wirk ich schon entgegen, soweit ich kann (Theres bemerkt hier: Da lacht er so spöttisch, das kann ich gar nicht leiden).

Gelt, jetzt seid ihr in Verlegenheit. Dem sag's nur, der neben dir sitzt; dein Leiden ist ja doch umsonst, das kennst du schon noch ein. Wenn *du* nicht *willst*, kann der (nämlich: der Heiland) nichts machen.« Nach einer Pause, in der Therese das Sühneleiden für die Selbstmordkandidatin fortsetzte, verfiel sie in den ekstatischen Zustand und sprach: »Du hast heute etwas bekommen von deinen Obern, das gefällt dem Bösen; schon im voraus hat er triumphiert, aber umsonst. Der Heiland erreicht, was er will. Wenn sie erfahren, was der Böse da gesagt, dann werden sie meinen, Theres sei einer Täuschung erlegen. Folgen müssen wir; wir tun alles, was wir tun können, um dem nachzukommen, was die Obern wollen, wir widersprechen in gar nichts, aber wir übernehmen auch gar keine Verantwortung. Wir haben die größten Opfer gebracht, wir haben persönlich nichts davon gehabt, wir haben sie des Heilands wegen gebracht und er hat seinen Segen dazu gegeben. Viele und viele sind schon weggegangen mit vielen Gnaden, mit guten Vorsätzen im Herzen und haben ein besseres Leben angefangen, besonders Männerleute weiterher, und viele sind schon ganz umgekehrt worden, wovon einen großen Teil du selber kennst. Wenn wir diesem Wunsche streng nachkommen, wird das Volk irre an der Obrigkeit, weil so viele schon dagewesen sind und so viele überzeugt sind. Weißt du, was das Volk sagt: Das könnte die Obrigkeit nie anordnen, wenn sie Einblick in das hätte, was der Heiland wirkt; weder die Bischöfe hatten noch hat man im Bischöflichen Ordinariat Regensburg Einblick. Da haben ganz Fremde, die ein wenig beobachteten, mehr Einblick und gehen auch mit Gnaden fort. Wie oft habe ich dir schon sagen dürfen: Der Heiland wirkt das nicht meinetwegen, daß ich etwas zu leiden habe und meine Umgebung Arbeit und Plage hat, der Heiland will, daß ihm dadurch Seelen näher kommen, was schon häufig geschehen ist. Die Welt will das, was sie nicht sieht, nicht glauben. Wie genau wollen sie sogar da noch forschen, wo sie etwas offen vor Augen sehen.«[898]

Der angeführte Text besteht aus zwei Teilen. Der erste Teil enthält die Ansprache des »Teufels«; im zweiten Teil wendet sich Therese an Pfarrer Naber. Was sie sagt, ist ein Loblied auf ihre eigene Person und eine strikte Ablehnung einer weiteren Überwachung.

Zu beachten ist der während der »ekstatischen Ansprache« auffallende Personenwechsel: Das einemal spricht Therese in der ersten Person (»Ich«); dann redet sie von sich in der dritten Person (»Theres«); dann gebraucht sie das Wort »Wir« und meint damit sich selbst, ihre Eltern und Pfarrer Naber. Die geschilderte Szene bedeutet die aufschlußreichste Antwort auf die Frage, ob Therese Neumann ihre Zustimmung zu einer erneuten Überwachung gegeben hat.

Dem Wunsch des Bischöflichen Ordinariates entsprechend, begab sich Dr. Seidl zu Pfarrer Naber. Kaum hatte er den Pfarrhof betreten, da entlud sich über ihn der volle Zorn Nabers. Er wurde »sehr heftig«; »in aufgeregtem Tone« machte er dem Arzt den Vorwurf, er habe durch seine Hysteriediagnose schon sehr viel Schaden angerichtet. Den Argumenten des Arztes begegnete er mit den Worten, Therese sei eine Heilige;

wer die Wundmale und die Ekstasen sehe und dann noch zweifle, dem sei auch mit der genauesten Beobachtung nicht zu helfen.[899]

b) Aufforderung durch die bayerischen Bischöfe

Im Dezember 1927 kam Michael Buchberger als Bischof nach Regensburg. Er mußte sehr bald einsehen, daß er keine Zustimmung zu einer Beobachtung in einer Klinik erreichen würde. Um seinem Verlangen mehr Nachdruck zu verleihen, schaltete er die übrigen bayerischen Bischöfe ein. Im Jahr 1928 übermittelte er dem Vater der Stigmatisierten den Wunsch der Freisinger Bischofskonferenz, seine Tochter möchte sich einer Untersuchung in einem katholischen Krankenhaus zur Verfügung stellen; größtmögliche Rücksichtnahme wurde zugesichert. Am 7. Oktober antwortete Ferdinand Neumann. Er behauptete, seine Tochter Therese, Pfarrer Naber und Bischof Waitz würden ihn »immer versuchen«, er möge seine Zustimmung zu einer Beobachtung in einem Kloster oder in einer Klinik geben. Dazu erklärt er: »Ich stehe auf dem unerschütterlichen und festen Standpunkt, solange ich ein offenes Auge habe, daß ich meine Tochter niemals mehr herausgeben werde, selbst wenn sich die ganze Welt erheben werde. Leichter würde Eisen brechen als meine Gesinnung ändern. [...] Meine Tochter wollte schon öfter den Aufforderungen in ein Kloster nachkommen, aber ich kann es nicht verantworten, und lasse es nicht zu.«[900]

Die gleiche Tonart wie der erwähnte Brief schlagen die späteren Schreiben Neumanns an den Bischof an. Am 31. August 1930 schrieb er: »Ich habe mich schon voriges Jahr, schriftlich und mündlich, erklärt, daß ich es auf keinen Fall mehr zugebe, meine Tochter Theres zu einer Untersuchung herzugeben. Was ich einmal gesagt habe, das steht fest. Ich bin doch kein kleines Kind, das heute so ist und morgen wieder anders. Was ich gesagt habe, das bleibt fest, so lange ich ein offenes Auge habe, kommt es nicht mehr vor. Sollte ich früher sterben müssen, dann ist meine Familie der gleichen Gesinnung. Zu einem Versuchskaninchen gebe ich meine Tochter nicht heraus.«[901]

Ebenso entschieden leistete Pfarrer Naber Widerstand. Er sprach: »Der Heiland lehnt die Überspannung ab, daher auch das Verlangen nach erneuter Beobachtung und Untersuchung.«[902]

Im Herbst 1931 bat Bischof Buchberger Dr. Seidl, er möge noch einmal bei Therese Neumann vorsprechen. Am 6. Oktober begab sich der Arzt zum Neumann-Haus; aber Therese weigerte sich, ihn zu empfangen. Ihr grobes Verhalten nannte Seidl »mehr als Ungezogenheit«.[903]

Im Jahr 1932 verlangten schließlich die bayerischen Bischöfe mit allem Nachdruck eine erneute Überwachung, und zwar in einer Klinik. Nach Luise Rinser soll Therese Neumann der Aufforderung zugestimmt haben, »aber als es so weit war, wollte niemand für den Klinikaufenthalt bezahlen, weder die Kirche noch irgendeine wissenschaftliche Gesellschaft«. Daß Thereses Eltern die Kosten tragen würden, so meint Rinser, »konnte man nicht wohl verlangen; denn sie waren arm; so ließ man die Sache fallen«.[904] Diese Angaben stimmen nicht. Weder Therese noch ihre Angehörigen waren einverstanden. An der Kostenfrage ist die klinische Überwachung nicht gescheitert. Auf Anfrage teilte der Bischof von Regensburg am 1. April 1933 dem päpstlichen Nuntius in München mit, er habe sich angeboten, für die Kosten der von den Bischöfen verlangten Überwachung aufzukommen.[905] Auch die erste geplante Beobachtung im Krankenhaus von Waldsassen hätte der Neumann-Familie keinen Pfennig gekostet; am 26. Oktober 1926 hat das Bischöfliche Ordinariat versichert: »Für die Kosten der Krankenhausbehandlung werden wir aufkommen.«[906] Am 11. November 1927 erklärte sich Dr. v. Ehrenwall, der Leiter des Kurhauses Ahrweiler im Rheinland, dem Bischöflichen Ordinariat in Regensburg gegenüber bereit, Therese Neumann auf eigene Kosten aufzunehmen.[907] Weihbischof Hierl antwortete, nach den bisherigen Erfahrungen werde sich die Familie Neumann »gänzlich ablehnend verhalten«. Fast um dieselbe Zeit erbot sich der vom Erlangener Stadtpfarrer Weinig als gläubiger Katholik bezeichnete Prof. Fr. Hermann Wintz, Direktor der Universitäts-Frauenklinik in Erlangen, Therese Neumann »völlig unentgeltlich vier Wochen lang in seine Klinik aufzunehmen, jegliche Untersuchung ihr zu ersparen, nur katholische Ordensschwestern beizuziehen, im übrigen allen Wünschen des Ortspfarrers Rechnung zu tragen«. Vom Bischöflichen Ordinariat Regensburg wurde dem Professor der Rat gegeben, er möge sein Angebot der Familie Neumann vorlegen; zugleich wurde betont, daß »die Eltern in ähnlichen Situationen sich immer ablehnend verhielten«.[908]

Jeder Versuch, die Zustimmung zu einer Überwachung in einer Klinik zu erhalten, ist gescheitert. Ferdinand Neumann lehnte auch die Aufforderung der bayerischen Bischöfe rundweg ab. Sein Brief, den er am 17. Oktober 1932 an den Bischof von Regensburg schrieb, ist nichts anderes als eine Zusammenfassung von unwahren Behauptungen und Anschuldigungen. So erklärt Ferdinand Neumann, der Generalvikar Dr. Scheglmann habe ihm 1927 versprochen, nach der Überwachung im Elternhaus werde bestimmt keine Untersuchung mehr verlangt werden; das könne er beeiden. Den beobachtenden Schwestern warf er vor, sie hätten eine geöffnete Ätherflasche stehen lassen und so seiner Tochter gesundheitlich geschadet. Weiter schreibt Neumann:

»Man hat mir damals die Wahl des Arztes, die doch jedem frei steht, nicht gewährt und einfach Dr. Seidl geschickt, ohne mich zu fragen, ob ich wegen seines Verhaltens während ihrer langen früheren Krankheit noch zu ihm Vertrauen habe. Ich war damals sehr zornig, als Dr. Seidl damals nachts 12 Uhr ohne mein Vorwissen mit Hilfe der Schwestern ins Haus einzudringen suchte. Die Schwestern hat man mir ohne meine Erlaubnis ins Haus geschickt. Man hatte versprochen, nur die Nahrungslosigkeit beobachten zu wollen, hat aber dann Blut entnommen durch Einschnitte in die Ohren, welche von Zeit zu Zeit wieder aufbrechen. [...] Man hat mir z.B. auch erzählt, daß die

Schwestern im Protokoll die Erklärung abgegeben haben, die Therese bete fast nichts. Meine Tochter hat sich damals bitter beklagt, daß sie nicht eine Sekunde allein mit dem Heiland reden konnte, denn die ganze Nacht hindurch war sie hell beleuchtet, und da sie sich gegen die Wand kehrte, beleuchtete man sie jede Minute mit der Taschenlampe ins Gesicht.«[909]

Mit dem naiven Argument, die Blutentnahme aus einem Ohr habe wiederholt zu gesundheitlichen Beschwerden geführt, arbeitet der Vater auch sonst. In seinem Brief vom 17. Dezember 1936 an den Bischof bezeichnet er die beobachtenden Schwestern als »meineidig«, sie hätten nämlich seine Tochter »ins Ohr geschnitten und eine Blutprobe entnommen«, das Ohr habe daraufhin »lange geeitert«.[910] Die Behauptung ist frei erfunden. Die Blutentnahme zur Haemoglobinbestimmung wurde am 18. Juli 1927 vormittags vorgenommen. Danach weilten die Schwestern noch zehn Tage in Konnersreuth; von einer Eiterung der ganz geringfügigen Wunde hat niemand etwas bemerkt, auch die »Leidensblume von Konnersreuth« nicht. Die eintragende Schwester schreibt im Gruppen-Tagebuch I: »Ich hatte ein recht feines Messerchen und machte es sehr rücksichtsvoll, aber trotzdem tat sie, als wenn es ihr recht wehe getan hätte. Auf mich machte es den Eindruck, als wäre sie recht empfindlich.«

Schließlich schaltete sich auch Kardinal Faulhaber ein. Er wandte sich am 9. Dezember 1932 an Ferdinand Neumann und bat ihn, er möge seine Zustimmung zu einer vierwöchigen Beobachtung in einer katholischen Klinik geben. Zugleich empfahl er die Klinik in München, die unter der Leitung des bekannten Arztes Prof. Dr. Lebsche stand.[911] Ferdinand Neumann lehnte schroff ab. Daraufhin schrieb der Kardinal dem Bischof von Regensburg: »Ich würde an Deiner Stelle jeden Besuch in K. verbieten und an die administrative Versetzung von Pfr. Naber denken.«[912]

Der Bischof von Regensburg gab die Hoffnung immer noch nicht auf. Im Jahr 1935 ließ er Ferdinand Neumann nach Regensburg kommen; dort hat er »eine Stunde lang mit dem Vater gerungen«, um seine Zustimmung zu erhalten – wiederum vergebens.

c) Aufforderung durch die römische Kurie

Der letzte Versuch, doch noch eine Überwachung in einer Klinik zu erreichen, ging von der höchsten kirchlichen Instanz aus, vom »Hl. Offizium« in Rom. Im Dekret vom 17. November 1936 an den Bischof von Regensburg wurde bemerkt, wenn Therese ihre Zustimmung verweigere, gelte sie als »inoboediens«, als ungehorsam, mit den entsprechenden Folgen.[913] Therese, ihre Eltern und Pfarrer Naber wurden genau informiert; dem Vater wurde das Dekret durch die beiden Domkapitulare Wührl und Doeberl gezeigt und erläutert. Daraufhin schrieb Ferdinand Neumann am 21. Dezember 1936 an den Bischof von Regensburg. Er gab an, bevor er sich »zu dieser neuerlichen Beobachtung« zu äußern gedenke, bitte er, ihm »zwei Wünsche unbedingt zu erfüllen«. Der erste »Wunsch« lautete: »Ich bitte um eine amtlich beglaubigte Abschrift des römischen Erlasses, damit ich ihn von meinen Freunden erklären lassen kann; denn aus den Angaben der beiden Herren bin ich nicht klar geworden, weder an wen sich der Befehl eigentlich richtet, noch auch, was er genau enthält, noch auch, woher er sein Recht nimmt, da ich mir mein Vaterrecht nicht nehmen lasse, solange meine Tochter auf meine von natürlichem und weltlichem Recht geschützte Familiengemeinschaft angewiesen ist.« Der zweite »Wunsch« bestand in der Aufforderung, ihm die »schriftliche Zusicherung« zu geben, daß seine »15 Punkte unter namentlicher Aufführung eingehalten« würden. Weiter heißt es im Brief Neumanns: »Wenn und nur wenn diese zwei Sachen erfüllt sind, bin ich sofort bereit, über eine neue Beobachtung zu verhandeln. Ich kann doch auf Grund des natürlichen und kirchlichen Rechtes nicht verpflichtet werden, meine Tochter für eine Untersuchung herauszugeben. Um so unverständlicher wird mir bei längerer Überlegung, warum denn die beiden Herren von einer Exkommunikation reden konnten, wenn man Rom nicht Folge leistet.«[914]

Bald nach dem Empfang der Stellungnahme Neumanns sandte das Bischöfliche Ordinariat ein Schreiben an den Pfarrer von Konnersreuth. Darüber beschwerte sich Thereses Vater am 5. Januar 1937 beim Bischöflichen Ordinariat. Er schrieb: »Da die Therese meine Tochter ist, lehne ich jede Form einer Unterhaltung mit Ihnen ab, solange Sie mir nicht direkt auf mein Schreiben Antwort geben. Nach wie vor verlange ich auch den Wortlaut der römischen Anweisung.« Schließlich forderte er: »Ich bestehe jetzt auf einer direkten Verhandlung mit Rom, da ich auf Grund vieler unangenehmer Erfahrungen Regensburg als befangen ablehne. Die Art und Weise des Vorgehens seitens Regensburgs erinnert mich übrigens stark an die Methoden, wie sie heute auf Grund des Sterilisierungsgesetzes üblich geworden sind!« Der Schlußsatz lautet: »Für Hochw. H. Domkapitular Wührl ist mein Privathaus, solange ich lebe, immer geschlossen, da ich sein rücksichtsloses Benehmen gegen meine schwer herzkranke Frau niemals vergessen werde.«[915]

Auf das Schreiben Neumanns antwortete Bischof Buchberger in einem Brief an den Pfarrer von Konnersreuth. Von diesem informiert, beschwerte sich Neumann beim Bischof; weil dieser »keinerlei Acht« auf seinen letzten Brief genommen habe. »Ich muß«, so erklärte er, »Regensburg nach all dem Vorausgegangenen als befangen erklären und werde diese meine Auffassung im Schreiben nach Rom begründen.« Dann fuhr er fort: »Sie selbst möchte ich nur daran erinnern, daß Sie nun schon dreimal Anstalten getroffen haben, über meine Tochter selbständig zu verfügen, ohne mich irgendwie zu verständigen.« Nach einer Reihe von Anklagen verweist er wiederum auf seine »15 Punkte«, die in seinem Brief vom 17. Oktober 1932 enthalten seien.[916]

Ferdinand Neumann hat vom Bischof von Regensburg eine beglaubigte Abschrift des römischen Dekrets verlangt, um sich, wie er angab, den Inhalt von seinen Freunden erklären zu lassen. Mit den Freunden meinte er nach den Worten Buchbergers »einige Geistliche, die ihn immer beeinflußt haben, daß er den Wunsch seines Ordinarius und der bayerischen Bischöfe nicht erfülle«. Diese Freunde waren auch die Verfasser der Briefe des Vaters, unter die er nur seine Unterschrift setzte, was er selber eingestanden hat. Zu den Freunden gehörten die beiden Eichstätter Professoren Mayr und Wutz. Doch Therese Neumann hatte noch weit mächtigere Fürsprecher, zum Beispiel Erzbischof Waitz von Salzburg und Kardinal Kaspar von Prag. An diese beiden wandte sich nunmehr die Neumann-Familie um Hilfe. Kardinal Kaspar lud Therese Neumann und Pfarrer Naber zu einer Besprechung ein; diese fand in Karlsbad statt. Ferdinand Neumann fuhr nach Salzburg. Die Reise wurde als Wallfahrt ausgegeben; aber der eigentliche Grund war ein Treffen mit dem Erzbischof.[917]

Offenbar hat einer der Freunde den Brief, den Ferdinand Neumann am 21. Dezember an den Bischof von Regensburg geschrieben hat und in dem von »15 Punkten« die Rede war, nach Rom weitergeleitet; denn von dort her wurde am 11. Januar 1937 der Bischof von Regensburg beauftragt, er solle »über die 15 Punkte berichten«. Daraufhin forderte der Bischof am 19. Januar 1937 Pfarrer Naber auf, »diese 15 Punkte zusammenzustellen«. Das tat er nicht, sondern er verwies den Bischof auf den Brief, den Ferdinand Neumann am 17. Oktober 1932 nach Regensburg geschrieben hatte. Zusammen mit einer Kopie dieses Briefes sandte der Bischof am 30. Januar 1937 sein Antwortschreiben nach Rom. Der erwähnte Brief Neumanns enthält eine Reihe von Beschwerden, die sich auf die Überwachung im Jahr 1927 und auf deren Vor- und Nachgeschichte beziehen; dazu kommt eine Reihe von Fragen, die Ferdinand Neumann stellt, aber ohne Bedingungen für die Zustimmung zu einer Überwachung in einer Klinik. Nach einigen Richtigstellungen von falschen Behauptungen Ferdinand Neumanns führt der Regensburger Bischof in seinem Schreiben nach Rom aus: »Daher ist meine Meinung, daß die S.C.S. Officii die Ausflüchte des Vaters nicht beachten, sondern auf einer sofortigen Untersuchung bestehen soll. Zugleich sollten auch jene Priester als inoboedientes erklärt werden, welche weiterhin die Familie Neumann in ihrer Weigerung bestärken. Die Schreiben des Vaters sind von solchen Geistlichen verfaßt und von ihm nur unterschrieben. [...] Dem Pfarrer soll es verboten werden, daß er die Therese Neumann außerhalb der Kirche Beichte hört und ihr hinter dem Altar die Kommunion spendet. Theresia kann gehen und reisen, daher braucht es keine Ausnahme in der seelsorglichen Betreuung.«[918]

Die Bedrängnis, in die die Neumann-Familie geraten war, drohte, gefährlich zu werden. Im Bemühen um Abwehr der großen Gefahr hat sie ein neues Argument hochgespielt, das in Wirklichkeit alter Schnee war. Am 10. März 1937 schrieb Ferdinand Neumann an den Bischof von Regensburg:

»Dieser Tage erfuhr ich von meiner Tochter Therese etwas, das meine Einstellung zu einer erneuten Untersuchung von Grund auf ändert. Bei der von Ihrem Vorgänger angeordneten Untersuchung hat Professor Ewald ohne mein Wissen und ohne jede Erlaubnis meine Tochter auf ihre jungfräuliche Unversehrtheit untersucht. Meine Tochter hat es sich gefallen lassen müssen, ohne in der Lage zu sein, dagegen zu protestieren;

dabei hätte Ewald ihre Einwilligung haben müssen; und sie hat all die Jahre über aus Scham darüber geschwiegen. [...] Daß man unter dem Titel ›Beobachtung der Nahrungslosigkeit‹ bischöflicherseits einem Arzt, noch dazu einem Protestanten, Vollmachten zugesteht, die es nicht verhindern, ein unbescholtenes Mädchen wie eine Dirne auf der Polizeistation zu untersuchen, finde ich unerhört und schamlos nach jeder Richtung. Damit ist jeder Disput über eine ärztliche Untersuchung ein für allemal geschlossen. [...] Schließlich geben Stigmen und Nahrungslosigkeit keinen Grund für eine solche unerhörte Schamlosigkeit, die man sonst keinem normalen Menschen anzutun wagen dürfte. Jedenfalls passiert es mir nicht mehr, daß man in dieser schamlosen Weise das Vertrauen meiner Familie mißbraucht, da ja schon die bischöfliche Anordnung keinen Schutz bedeutet.«

Auch der Bischof wurde persönlich angegriffen.[919] Er forderte daraufhin Pfarrer Naber auf, er solle von Ferdinand Neumann verlangen, seine falschen Behauptungen und die dem Bischöflichen Stuhle gemachten Vorwürfe »in aller Form zurückzunehmen«, andernfalls werde er dem »Hl. Stuhl Bericht erstatten« und ihn bitten, daß er seine und seines Vorgängers Ehre gegen »die Beleidigungen und Schmähungen in Schutz nehme«.[920] Ferdinand Neumann antwortete am 30. März 1937; offenbar war der eigentliche Verfasser seines Schreibens der Eichstätter Prof. Wutz. Im Brief findet sich keine Spur eines Bedauerns. Der Schluß lautet: »Aus all dem Gesagten heraus muß ich es zwar lebhaft bedauern, daß Ew. Exzellenz am Inhalt meines Briefes Anstoß genommen haben, ich bin jedoch in gar keiner Weise in der Lage, auch nur ein Wort davon zurückzunehmen. Es wäre für mich eine ehrliche Genugtuung, wenn Ew. Exzellenz den ganzen Briefwechsel, insbesondere den Brief vom 10.3.37 und dazu die von mir seinerzeit aufgestellten Punkte in Rom zur Vorlage bringen.«[921]

Am 4. August 1937 sandte das Hl. Offizium wieder ein Schreiben nach Regensburg. Darin hieß es, Therese Neumann solle nochmals zu einer Untersuchung eingeladen werden.[922] Wahrscheinlich gab zu dieser Aufforderung Prof. Martini den Anstoß. Er hatte sich am 15. Juli 1937 mit einer entsprechenden Bitte an den Kardinalstaatssekretär Pacelli gewandt. Die Formulierung des römischen Schreibens läßt erkennen, daß das Eintreten hoher kirchlicher Würdenträger für Therese Neumann einen beachtlichen Erfolg gezeitigt hat. Beispielsweise fehlt im neuen Schreiben des Hl. Offiziums der ursprüngliche Zusatz, im Weigerungsfalle sei Therese Neumann als ungehorsam zu erklären; es wird nur zum Ausdruck gebracht, widrigenfalls solle der Regensburger Bischof Therese und ihren Vater darauf aufmerksam machen, »daß sich die höhere kirchliche Autorität gezwungen sehe, öffentlich zu erklären, daß sie für die Ereignisse in Konnersreuth keine Verantwortung übernehmen könne«. Der Inhalt des römischen Schreibens wurde Ferdinand Neumann mitgeteilt. Der Bischof ließ ihn auffordern, seine Bedingungen für eine Untersuchung kurz und klar aufzuführen.[923]

Am 12. September antwortete Ferdinand Neumann dem Bischof. Er verwies wiederum auf »15 Punkte«, aber ohne darauf einzugehen, und fuhr fort: »Ich bitte, meine

15 Punkte und meine Mitteilungen über vorgekommene Unziemlichkeiten dem Hl. Offizium mitzuteilen.« Die Drohung Roms mit einer öffentlichen Erklärung glossierte er mit den Worten: »Bemerken möchte ich noch, daß ich von Anfang an eine Verantwortung der höheren kirchlichen Autorität für die Ereignisse in Konnersreuth oder eine öffentliche Anerkennung derselben weder verlangt noch erwartet habe. Ich meine, die kirchliche Autorität müsse nur dafür sorgen, daß nichts gegen den Glauben und die Sitten vorkommt.«[924] Auf ein weiteres Mahnschreiben des Bischofs von Regensburg antwortete Pfarrer Naber am 21. Oktober 1937. Er entschuldigte das Schweigen Neumanns auf das römische Schreiben mit dem Argument: »Die dringende landwirtschaftliche Arbeit hat halt offenbar darauf vergessen lassen.«[925]

Am 28. Oktober schrieb der Bischof wiederum dem Pfarrer von Konnersreuth und bat ihn, er solle Ferdinand Neumann eine Reihe von Zusicherungen übermitteln, nämlich:

1. Die Untersuchung bezieht sich nur auf die Nahrungslosigkeit, will also nur den Beweis erbringen, daß Therese Neumann wirklich nichts ißt und nichts trinkt. Jede andere körperliche Untersuchung ist ausgeschlossen.
2. Die Untersuchung geschieht im katholischen Krankenhaus der Barmherzigen Brüder in Regensburg.
3. Die Untersuchung wird ausschließlich von den beiden Chefärzten Dr. Ritter und Dr. Körner vorgenommen.
4. Die Überwachung geschieht nur durch Barmherzige Schwestern des Krankenhauses.
5. Irgend etwas Ungeziemendes oder Taktloses wird völlig ausgeschlossen.
6. Der Bischof von Regensburg verbürgt sich für die Einhaltung dieser Zusicherungen und Bedingungen.[926]

Das waren Bedingungen, wie sie entgegenkommender nicht hätten sein können. Auf den gutgemeinten Vorschlag des Bischofs ging Ferdinand Neumann in seiner endgültigen Absage am 24. November 1937 überhaupt nicht ein; er brachte nur eine Reihe von Anklagen vor.[927] Das gleiche tat Therese Neumann in zwei Briefen.[928] Diese enthalten neben Beteuerungen nur Vorwürfe wider ihre Gegner, sogar gegen den Bischof, dazu nicht wenige Hinweise auf ihre eigenen Verdienste und Leistungen. Im Brief vom 21. November betont Therese einleitend, weder ihre Eltern noch Pfarrer Naber wüßten etwas davon, daß sie an den Bischof schreibe. Dieser Brief wurde auszugsweise fast dreißig Jahre später veröffentlicht.[929] Da fällt auf, daß er stark von dem Originalbrief abweicht; außerdem ist der veröffentlichte Brief sprachlich geschliffener als das Original. Offenbar hat Therese einen für sie aufgesetzten Text fehlerhaft abgeschrieben. Daß sie den Brief ohne Wissen ihrer Eltern und des Pfarrers geschrieben hat, entspricht sicherlich nicht der Wahrheit.

Bischof Buchberger mußte nun endgültig einsehen, daß kein Einlenken der Familie Neumann zu erwarten war. Das war ja schließlich von Anfang an klar. Denken wir nur an die Worte des Vaters der Stigmatisierten im Brief vom 7. Oktober 1928. Am 10. Dezember 1937 gab das Bischöfliche Ordinariat von Regensburg bekannt: »Therese Neumann hat sich zur Untersuchung bereit erklärt, aber ihr Vater hat sie bisher abgelehnt bzw. an unerfüllbare Bedingungen geknüpft. Bei dieser Sachlage kann die kirchliche Behörde keine Verantwortung übernehmen für die Wirklichkeit der behaupteten Nahrungslosigkeit und für den Charakter sonstiger außergewöhnlicher Phänomene von Konnersreuth.«[930] – Diese Verlautbarung ist ein lahmes Gerede. Die angebliche Bereiterklärung Thereses war eine Wenn-Erklärung, von der sie wußte, daß die Voraussetzung nie in Erfüllung gehen würde. Außerdem ist die Beurteilung des »Charakters sonstiger außergewöhnlicher Phänomene von Konnersreuth« in keiner Weise abhängig von der angeblichen Nahrungslosigkeit.

Am 17. Mai 1938 hat sich das Hl. Offizium in Rom in einem Schreiben an den Bischof von Regensburg zum letztenmal zu dem Fall Konnersreuth geäußert: Dem Bischof wird untersagt, Erlaubnisscheine zum Besuch der Stigmatisierten von Konnersreuth auszustellen; außerdem wird ihm geraten, er möge sich überlegen, ob nicht Pfarrer Naber von Konnersreuth entfernt werden könne, damit die geistliche Führung einem anderen, klugen Priester übertragen werden könne.[931] Diesen Rat hatte Buchberger schon vor fünf Jahren durch den Kardinal von München erhalten, ohne etwas zu unternehmen. Der Bischof informierte den Pfarrer von Konnersreuth über den Inhalt des römischen Schreibens. Wie Naber darauf reagiert hat, wurde auch in Konnersreuth bekannt. Im August 1938 nahm Frau M. Hartmann aus Breslau bei einem Gastwirt in Konnersreuth Quartier. Dieser erzählte ihr, Buchberger habe den Pfarrer versetzen wollen, dieser habe erklärt, er gehe nicht fort; würde er aber versetzt, dann würde er sich pensionieren lassen und als Privatmann in Konnersreuth bleiben.[932]

Die übliche Konnersreuth-Literatur behauptet, Therese Neumann habe sich mit einer Beobachtung in einer Klinik einverstanden erklärt. Teodorowicz sagt sogar, sie habe eingesehen, daß Untersuchungen notwendig seien, damit die Menschheit von der Wahrheit der Vorkommnisse in Konnersreuth überzeugt werden könne. »Darum bat sie ihren Vater tränenden Auges, zu gestatten, daß sie untersucht werde, damals, als das Konsistorium es zum erstenmal verlangte. Mit Freuden willigte sie selber in die Untersuchung ein.«[933] Wie freudig ihre Zustimmung war, haben wir bereits gesehen.

Ohne Zweifel wäre in Konnersreuth vieles anders gelaufen, wäre nicht dort als Seelsorger Josef Naber gewesen. Er hat den Widerstand der Neumann-Familie jederzeit und nachdrücklich unterstützt. In der Himmelfahrtswoche 1938 hatte Frau M. Hartmann mit dem Pfarrer eine Unterredung. Sie legte ihm nahe, er möge Therese zur Erfüllung des bischöflichen Wunsches bewegen. Der Pfarrer erwiderte, der Bischof verlange, daß Therese gegen das vierte Gebot handle. Auf den Einwand der Hartmann, Therese sei als Erwachsene in solch einer Sache den Eltern nicht Gehorsam schuldig, gab der Pfarrer den Bescheid: »Das ist alles lang und breit und klar überlegt worden, ehe der Bischof die einschlägige Antwort bekam.«[934]

Die ganze Neumann-Familie war sich dessen bewußt, daß eine Beobachtung in einer Klinik zur Entlarvung führen würde. Die Ablehnung Nabers ist etwas anders begründet. In seinem Brief vom 22. November 1937 an den Bischof von Regensburg heißt es: »Wenn ich an das Vorkommnis bei Gemma Galgani mit Arzt und Bischof denke, kommt mir die Frage: Wird der Heiland in Klinik oder Krankenhaus den von der Wissenschaft verlangten Wunderbeweis geben? Wenn nicht, ist dann Therese Neumann eine Betrügerin?«[935] Ähnlich drückte er sich in den fünfziger Jahren ganz unvermittelt einem Mitbruder gegenüber aus. Besorgt äußerte er die Furcht, Therese werde vielleicht sogar wieder Nahrung zu sich nehmen. Die Befürchtung begründete er mit dem Hinweis auf Gemma Galgani. Der zuständige Bischof Volpi hatte einen Arzt beauftragt, er solle die Wundmale der Stigmatisierten untersuchen. Aber »als dieser kam, waren alle Phänomene verschwunden.«[936]

d) Stellungnahme zu einigen gegen die Überwachung vorgebrachten Begründungen

Von seiten der Neumann-Familie wurde die Ablehnung einer erneuten Überwachung mit einer Menge von Argumenten begründet. Ferdinand Neumann behauptete am 17. Oktober 1932, im Sommer 1927 habe ihm der Regensburger Generalvikar Dr. Scheglmann versprochen, eine weitere Beobachtung werde nicht verlangt werden; daß dem so sei, könne er mit einem Eid bekräftigen.[937] Dagegen hat Scheglmann »mit aller Entschiedenheit« versichert, er habe nie ein derartiges Versprechen abgegeben.[938]

Vorwürfe gegen Ärzte – Schon die Überwachung Thereses in ihrem Elternhaus konnte erst nach langwierigen Verhandlungen erreicht werden. »Man wehrte sich aus Gründen des Gefühls dagegen. Auch der Seelenführer der Therese fragte sich, warum man denn nicht rechtschaffenen Menschen unbescholtenen Leumunds, mit einem in tiefer Religiosität wurzelnden Gewissen, auch ohne medizinische Bestätigung Glauben schenken sollte. Die Eltern haben zudem entgegengehalten, man wäre zur Zeit der jahrelangen schweren Krankheit der Tochter dankbar gewesen, wenn sich die Ärzte mehr um sie bemüht hätten; jetzt aber, da die ärztliche Hilfe nicht mehr nötig sei, bestünde plötzlich medizinisches Interesse.«[939] Mit dem ersten Argument wird gesagt, einem »rechtschaffenen Menschen unbescholtenen Leumunds«, sei es ein Kind oder ein Erwachsener, müsse ungeprüft Glauben geschenkt werden, wenn er seine »wunderbaren Erlebnisse« zum besten gibt; dieser Glaube sei auch dann gerechtfertigt oder gar notwendig, wenn es sich um eine hysterische Person handelt, die keinen Unterschied zwischen Wahrheit und Lüge zu erkennen vermag. Der Vorwurf gegen die Ärzte entbehrt jeder Berechtigung. Dr. Seidl, der schon vor dem Ersten Weltkrieg Hausarzt der Neumann-Familie war, stand zu jeder Zeit zur Verfügung. Therese selber war es, die von ihm nichts mehr wissen wollte. Ihre Eltern waren zweiundfünfzigmal hinter dem Rücken des Hausarztes bei einem »Kurpfuscher«, wie Dr. Seidl erst nach der Veröffentlichung der Bücher Gerlichs erfuhr. »Bei meiner Beurteilung der Eltern bis dorthin«, so hat er daraufhin gesagt, »hätte ich das nicht für möglich gehalten«.[940] Im Jahre 1926 wurden Seidls Besuche schon »längst als beleidigend betrachtet«. Der Eichstätter Prof. Dr. Wutz sagte ihm ins Gesicht, sein Kommen sei »im Hause Neumann und im Pfarrhof sehr mißliebig«; den Eltern Thereses gab er den Rat, sie sollten dem Arzt erklären, seine Besuche seien nicht erwünscht.[941] Der Waldsassener Chefarzt hat trotz der feindseligen Stimmung, die er zu spüren bekam, dem Wunsch des Regensburger Bischofs entsprechend wiederholt Kontakt mit der Neumann-Familie und mit Pfarrer Naber aufgenommen. Dann aber hat er sich mehr und mehr im Hintergrund gehalten. Als Grund gab er Dr. Deutsch gegenüber an, er habe den ihm übertragenen Auftrag als officium nobile betrachtet und habe ihn nicht ausschlachten wollen; er sei sich aber der Unzulässigkeit einer Beobachtung im Elternhaus wohl bewußt gewesen; darum habe er immer wieder auf eine klinische Beobachtung gedrängt; da er den Karren nicht habe weiterschieben können, sei er im Laufe der Zeit an Konnersreuth ziemlich desinteressiert geworden.[942]

Therese Neumann wies auch sonst grundsätzlich jeden Arzt zurück, der sich nicht ihren Vorstellungen und Wünschen fügte. Schon vor der Überwachung im Elternhaus taucht die später wiederholt mit Varianten vorgebrachte angebliche Bemerkung eines Arztes auf, durch die die ablehnende Haltung der Neumann-Familie verstärkt worden sein soll. Der Bischof von Lemberg gibt an, Ferdinand Neumann habe zufällig »das Gespräch der Ärzte abgelauscht«: »Soll nur Therese in die Klinik kommen, dann werden wir ihr katholische Injektionen geben.«[943] Aber warum hat denn Ferdinand Neumann nicht sofort die Ärzte zur Rede gestellt; warum hat er nicht ihre Namen festgehalten und bekanntgegeben? Die Antwort liegt auf der Hand: Weil es keine solchen Ärzte gab.

Einen ähnlichen »Fall« wie Teodorowicz tischt Staudinger auf. Er behauptete, Therese Neumann und ihre Eltern hätten »schon längst« ihre Zustimmung gegeben; »die Ausführung scheiterte infolge des taktlosen Benehmens mancher Ärzte. Als schon die Vorbereitungen zur Abreise in die Klinik getroffen waren, machte ein Arzt in Gegenwart der Eltern folgende Bemerkung im Sinne: ›Die werden sie schon so behandeln, daß sie nicht mehr zurückkommt.‹«[944] Es kam nie zu Vorbereitungen zur Abreise in eine Klinik. Das Gerücht, das Staudinger aufgrund der im Neumann-Haus erhaltenen Information verbreitet hat, ist eine ungeheuerliche Verdächtigung der Ärzteschaft, aber auch des Regensburger Bischofs und der bayerischen Bischöfe. Diese hatten katholische Kliniken mit katholischen Ärzten vorgeschlagen. Aber auch nichtkatholische Ärzte wären genauso gewissenhaft und zuverlässig gewesen.

Bei der Veranstaltung am 19. September 1987 in Fockenfeld bei Konnersreuth aus Anlaß des 25. Todestages der Therese Neumann ergriff unter anderem der Vizepostulator für den Seligsprechungsprozeß, Pater Ulrich Veh, das Wort. Er behauptet, nach 1927 seien »weitere Experimente von der Familie Neumann im Blick auf das Geschehen im Dritten Reich abgelehnt worden«.[945] Der Kapuziner Veh weiß offenbar nicht, daß es im Jahr 1927 und in den folgenden Jahren bis 1933 kein »Drittes Reich« gegeben hat; er hat auch vergessen, daß es vom Mai 1945 an kein solches mehr gab. Außerdem hat keine kirchliche Behörde je beabsichtigt, Experimente vornehmen zu lassen.

Therese Neumann hat sich wiederholt darüber beklagt, sie habe bei der Überwachung im Elternhaus viel durchmachen müssen. Weit mehr als sie haben die Mallersdorfer Schwestern durchmachen müssen. Am Donnerstag, dem 21. Juli, abends 8 Uhr hat eine der Schwestern niedergeschrieben: »Wir mußten Frl. Therese bewundern ob ihrer Kraft; denn wir waren zu Tod erschöpft an diesem Nachmittag.« Die Schwestern waren alle herzlich froh, als sie am 28. Juli, nachdem sich Prof. Ewald entfernt hatte, ihre Sachen zur Abreise packen konnten. Der Schlußsatz im Gruppen-Tagebuch II lautet: »Das Gefühl, das wir dabei hatten, läßt sich nicht gut beschreiben. Unsere Selbstüberwindung wurde in Konnersreuth auf harte Proben gestellt.«

Therese Neumann hat, wie sie immer wieder hervorkehrte, als Lebensberuf das Leiden angesehen. Andererseits hat sie ebenso gerne darüber gejammert, daß sie so viel leiden müsse. Am 18. Juli 1927, also während der Beobachtungszeit, beklagte sie sich in ihrem Brief an Prof. Wutz, man wolle sie immer nur quälen.[946] Zehn Jahre später, am 21. November 1937, schrieb sie an Bischof Buchberger: »Was hab ich denn der Kirche, zu der ich doch treu stehe, getan, daß sie mich so heimsucht, verfolgt und ausliefern will? Nur gelitten, geopfert und geblutet für ihre Interessen. Immer suchte ich ihr Seelen zuzuführen, Abtrünnige näher zu bringen, Gute zu stärken in dem Kampf. Was redete ich oft gut zu und dachte nicht daran, daß ich auch selber noch von ihr verstoßen würde. Ist schon hart und furchtbar.«[947] So jammert eine Person, die man als »Leidensbraut« und »Leidensblume« zu bezeichnen beliebte!

Zur Begründung der Ablehnung einer weiteren Überwachung berief man sich auf »befreundete Ärzte«, die die Befürchtung geäußert hätten, man werde zur Feststellung des Charakters der Stigmen Schnitte machen wollen oder man werde eine künstliche Ernährung durch den Darm oder durch Infusionen vornehmen. Kein Arzt kann so dumm sein, daß er Wundmale durch neue Wunden prüft oder daß er die behauptete Nahrungslosigkeit einer gesunden, wohlgenährten Person durch künstliche Ernährung beweist beziehungsweise widerlegt.

Zum Widerstand auffordernde Freunde – Neben Pfarrer Naber hatte einen ausnehmend negativen Einfluß auf Therese Neumann Prof. Wutz. Wie unwürdig er sich während der Beobachtungstage benommen hat, offenbaren die Gruppen-Tagebücher der vier Mallersdorfer Schwestern. Am 21. Juli kam der von Therese zu Hilfe Gerufene zusammen mit Prof. Pabstmann in Konnersreuth an. Schon vor der Ankunft gab Therese ihre Freude kund über den bevorstehenden Besuch, von dem sie »oft und oft« erzählte. Als Wutz erschien, würdigte er die Schwestern keines Blickes. Therese wurde von den beiden Herren »gleich in Beschlag genommen«. Wutz sagte zu ihr: »Heute können wir nicht miteinander reden, da die da sind, nächsten Donnerstag dann.« Therese machte den Professor darauf aufmerksam, daß die Schwestern am kommenden Donnerstag auch noch da sein könnten. Da unterbrach sie Wutz mit der Bemerkung, das Bischöfliche Ordinariat habe vierzehn Tage bestimmt und Dr. Seidl habe gar nichts zu reden; »da bin ich auch noch da.«

Am folgenden Tag jammerte Therese über Äthergeruch. Prof. Wutz und Prof. Pabstmann »regten sich furchtbar auf«. Vor allem Wutz war »sehr grob« gegen die Schwestern und sagte: »Wäre ich der Vater oder Bruder, ich würde euch hinauswerfen.« Auch den Sanitätsrat Dr. Seidl schmähte er. Im Laufe des Tages unternahm er mehrmals den Versuch, sich in die Untersuchung einzumischen. Er verlangte sogar, in die Aufzeichnungen der Schwestern Einblick zu bekommen, wurde aber von diesen auftragsgemäß zurückgewiesen.

Prof. Wutz war ein gerngesehener Gast in Konnersreuth. Er holte Therese Neumann oftmals zu sich nach Eichstätt und machte mit ihr Ausflugsfahrten mit seinem Auto. Das Bischöfliche Ordinariat in Regensburg sah dies nicht gerne. Insbesondere führte das unwürdige Verhalten des Professors während der Beobachtungstage dazu, daß das Bischöfliche Ordinariat Generalvikar Dr. Scheglmann beauftragte, den Bischof von Eichstätt zu ersuchen, er möge Dr. Wutz »jegliche Betätigung in der Konnersreuther Angelegenheit, namentlich jede Art des Verkehrs mit der Therese Neumann und mit dem Pfarrer Naber von Konnersreuth verbieten«. Im Schreiben des Generalvikars heißt es:

»Dr. Wutz hat von Anfang an dem Pfarrer von Konnersreuth sowohl wie der Therese Neumann die Anschauung beizubringen gesucht, daß das Bischöfliche Ordinariat Regensburg ihnen nichts zu sagen habe; er hat den von uns zur Untersuchung der Neumann von Konnersreuth entsandten Klosterfrauen mit Hinauswerfen gedroht; er hat die Neumann wiederholt im Auto an verschiedene auswärtige Orte verbracht und verbringen wollen; er hat die Neumann in eine Abhängigkeit von sich gebracht, daß sie nach dem Eindruck einer der gesandten Klosterfrauen für ihn schwärmt; er hat ohne unser Wissen photographische und sogar Filmaufnahmen der Therese in ihren Zuständen herbeigeführt; er hat sich ins Gerede gebracht durch seinen ununterbrochenen Umgang mit ihr; gerade er ist es, der durch seine unzeitigen Fragestellungen den Verdacht der Suggestion bestärkt und so unsere Aufgabe der kanonischen Untersuchung erschwert.«[948]

Außer Wutz kamen noch andere »beratende Freunde der Familie« zu Hilfe.[949] Sie wiesen daraufhin, »welch schwerer Eingriff in das Grundrecht menschlicher Freiheit es sei, eine Staatsbürgerin zu einer Untersuchung in einer Klinik zwingen zu wollen.«[950] Zu diesen Freunden zählte der Eichstätter Kirchenrechtler Josef Lechner. Er hat die Ansicht vertreten, daß das kirchliche Recht kaum Handhabe dafür biete, einen Laien zu einem Beobachtungsaufenthalt in einem Krankenhaus zu zwingen und ihn im Fall der Nichtbefolgung eines entsprechenden Auftrags für ungehorsam zu erklären. Das Gegenteil, so sagte Lechner, sei richtig: das kirchliche Recht schütze die menschlichen Grundrechte der Freiheit und Unversehrtheit der Person.[951] Man mag Lechner recht geben; aber nach der endgültigen Weigerung hätte die kirchliche Autorität die einzig richtige Antwort geben können und müssen: Die Ablehnung des geforderten Beweises ist ein Eingeständnis: Lüge und Schwindel. Es gibt eine Parallele: Therese Neumann hat sich geweigert, sich in einem Krankenhaus untersuchen zu lassen; sie wurde nicht gezwungen; aber dafür hat sie die bis dahin gewährte Rente verloren. Die Stigmatisierte hat eine Überwachung in einem Krankenhaus abgelehnt; sie wurde nicht gezwungen; aber damit hat sie den Anspruch auf ihre einzige »Nahrung«, die tägliche Kommunion, verloren. Vielleicht hätte sie dann erklärt, die Hostie fliege aus dem Tabernakel in ihren Mund; auf jeden Fall: Verhungert wäre sie nicht.

Zu den Beratern und Freunden der Stigmatisierten von Konnersreuth gehörten auch die Bischöfe von Salzburg und Prag. Sie waren und blieben nicht die einzigen. In der Zeit, als Rom auf eine Überwachung drängte, hielt sich einmal Ferdinand Neumann in Eichstätt auf. Dort hat er sich von seinen theologischen Beratern ein Antwortschreiben an den Bischof von Regensburg aufsetzen lassen. In jenen Tagen ließ ihn, wie Prof. Mayr versichert hat, der Eichstätter Bischof Michael Rackl zu sich rufen. Er ermunterte ihn, »keinesfalls in eine nochmalige Untersuchung einzuwilligen«. Auch Kardinal Preysing von Berlin, der zuvor Bischof von Eichstätt war, hat die Neumann-Familie in ihrer ablehnenden Haltung gestützt. Er hat sich so geäußert: »Mich freut es, daß der Vater so einen harten Kopf hat.«[952] Da hat also die eine kirchliche Autorität gegen die übergeordnete, die höchste Instanz zum glatten Ungehorsam aufgewiegelt.

»Der Heiland will es nicht« – Therese Neumann hat sich gegen die höchste kirchliche Instanz aufgelehnt; sie hat sich darauf berufen, daß die allerhöchste Instanz auf ihrer Seite stand. Schon am 23. März 1928 bekam Bischof Michael Buchberger aus Thereses Mund zu hören: »Einen Aufenthalt in einer Klinik wünscht der Heiland nicht.«[953] In ähnlichem Sinn hat sich Therese um die gleiche Zeit dem Besucher Ritter von Lama gegenüber geäußert: »Herr Neumann weiß, daß es gegen den Willen des Heilandes wäre, wenn die Untersuchung nochmals vorgenommen würde, und ganz besonders aus diesem Grunde ist er unnachgiebig. Die Resl hat mir selbst einmal darüber gesagt: Der Heiland will es nicht und daher wird es auch nicht geschehen.«[954] Fahsel beruft sich auf den Vater der Stigmatisierten, es »äußere sich der Heiland in den mystischen Zuständen seiner Tochter dieser erneuten Beobachtung in einer Klinik entgegen«.[955]

Die erwähnte Äußerung Thereses am 23. März 1928 Bischof Buchberger gegenüber wurde von dem Regensburger Prof. Dr. Engert in einem Aufsatz veröffentlicht.

Darüber ärgerte sie sich derart, daß sie vom Bischof einen Widerruf verlangte; andernfalls, so drohte sie, »sind wir gezwungen, das Gericht zu Hilfe zu rufen«. Als Grund für die Drohung gab sie an: »Hier dreht es sich nicht um meine, sondern um des lieben Heilands Ehre, der dies gesagt haben soll.«[956] Schon bevor Therese dem Bischof ihren Beschwerdebrief sandte, hatte sie sich an ihre Gönner, den Ministerialrat Schondorf und den Fürsten von Waldburg-Zeil gewandt. Dieser zog seinen Rechtsanwalt zu Rate und wandte sich dann an Prof. Engert. Dieser gab zur Antwort: »Ich kann Ihnen nur das eine mitteilen, daß der Aufsatz ›Um Konnersreuth‹ mit ausdrücklicher Genehmigung und Förderung unseres Hochwürdigsten Herrn Diöz. Bischofs Buchberger geschrieben ist.« Außerdem schrieb Engert dem Rechtsanwalt des Fürsten: »Ich bemerke noch, daß die letzte Korrektur des Aufsatzes von der Hand des H. H. Bischofs selbst vollzogen wurde.«[957]

Die Zeitschrift BENEDIKTUSBOTE brachte in der Februarnummer 1938 einen Hinweis auf die Bekanntmachung im Amtsblatt der Diözese Regensburg vom 10. Dezember 1937, in der gesagt worden war, die kirchliche Behörde übernehme keine Verantwortung für die Wirklichkeit der behaupteten Nahrungslosigkeit Thereses. Im Anschluß daran wird bemerkt: »Resl hat im gehobenen Ruhezustand gesagt, sie unterwerfe sich gerne dem Wunsch des Episkopats betreffs neuer Untersuchung; aber zurückkehren werde sie nicht mehr.«[958] Diese Worte können in verschiedenem Sinn verstanden werden. Entweder wollte Therese sagen, sie werde nicht mehr nach Konnersreuth zurückkehren, weil sie dann das Gespött ihrer Landsleute fürchten mußte, oder sie wollte zum Ausdruck bringen, daß sie mit ihrem Tode rechnete. Diese Befürchtung war völlig unberechtigt. Die verantwortlichen Ärzte hätten es nicht so weit kommen lassen, oder, besser gesagt: Therese hätte rechtzeitig verkündet, der »Heiland« habe ihr befohlen, die Nahrungslosigkeit zu beenden.

Berufung auf den Vater – Mehrmals hat sich Therese Neumann in ihren Briefen an den Bischof von Regensburg auf die Drohung ihres Vaters berufen, er werde seine Tochter aus dem Elternhaus verstoßen, wenn sie ihm nicht gehorche. Therese machte geltend, sie sei auf ihre Eltern angewiesen, sie brauche ihre Pflege, sie benötige Kleider und eine warme Stube. Aber all das war ohne besondere Bedeutung, wenigstens solange der Geldstrom nicht versiegte. Sie hielt sich oftmals wochen- und monatelang fern von Konnersreuth auf; sie hätte wie ihre Schwester im Pfarrhof von Konnersreuth wohnen können; sie kam auch zurecht nach dem Tod ihrer Eltern. Die Drohung des Vaters ist nur verständlich, weil er wußte, daß die klinische Überwachung das Ende der »Nahrungslosigkeit« bedeutet hätte. Hätte Therese Neumann nahrungslos gelebt, dann hätten sie und ihre Angehörigen nichts sehnlicher erhoffen müssen als die Bestätigung des »Wunders« durch eine einwandfreie, nicht anfechtbare amtliche Bestätigung.

Wie Therese Neumann behauptete, hat sie Ende 1936 vor zwei »Herren vom Ordinariat« ihre schriftliche Zustimmung zu einer weiteren Überwachung gegeben, »ohne erst mit den Eltern darüber zu sprechen«. Weiterhin warf sie den Domherren vor, sie habe auf deren Drängen ihren Angehörigen gegenüber »so geheim« tun müssen und »im Sinne der beiden Herren« zu ihren Geschwistern gesagt, daß sie »nur Ferien halte in der Schweiz« und daß ihr »mit Kirchenausschluß gedroht wurde und mit Kommunionverweigerung«.[959] Damit macht sie den Domherren den Vorwurf, diese hätten sie zum Lügen aufgefordert. Als die Domkapitulare sie darauf hinwiesen, sie sei doch volljährig und nicht mehr zum kindlichen Gehorsam verpflichtet, gab sie zur Antwort: »Der göttliche Heiland ist seinen Eltern bis zum Alter von dreißig Jahren untertan gewesen.«[960] Auch der Aufforderung von seiten der Römischen Kurie begegnete die damals bald Vierzigjährige mit dem Hinweis, sie sei den Eltern Gehorsam schuldig.

Es ist sicher so, daß Bischof Buchberger auch dann nichts erreicht hätte, wenn er entschiedener aufgetreten wäre. Vor allem fällt auf, daß er immer wieder auf das leere Geschwätz der Stigmatisierten eingegangen ist. Am 21. November 1937 hatte sie ihm geschrieben: »Ich bitte Sie, geben Sie mir doch Bescheid, was ich tun soll! Geben Sie mir Antwort. [...] Ich bitte nochmals um Antwort und Ihren guten Rat [...] Soll und darf ich mich von daheim fortschleichen heimlich zur Untersuchung?«[961] Darauf antwortete Buchberger am 25. November 1937: »Sie sind längst großjährig und können daher in der Frage der Untersuchung selbständig entscheiden. Aber weil Sie in Bezug auf Wohnung und Pflege auf das Vaterhaus angewiesen sind, will ich nicht raten, daß Sie gegen den Willen des Vaters handeln«.[962] Der Bischof hat offenbar nicht eingesehen, daß »der Wille des Vaters« vollkommen dem Willen der Tochter entsprach.

Vorwürfe gegen Prof. Ewald – In der Begründung der Ablehnung einer klinischen Überwachung hat die Familie Neumann sich immer wieder neue Argumente ausgedacht. Dazu gehören massive Vorwürfe gegen Prof. Ewald. Der eine Vorwurf, von dem zuerst die Rede sein soll, stammt allerdings weder von Therese noch von ihrem Vater. Er wurde erstmals achtzehn Jahre nach Thereses Tod erhoben.

Im Verlauf der Rundfunksendung am 30. März 1980 behauptete der Bruder der Stigmatisierten, Ferdinand, während der vierzehntägigen Beobachtung seien medizinische Eingriffe vorgenommen worden, »die zum Teil lebensgefährlich« gewesen seien. Welch ein vernünftiger Mensch kann eine derart unsinnige Behauptung für wahr halten? Da müßten ja die vom Regensburger Bischof beigezogenen Ärzte Dr. Seidl und Prof. Ewald gewissenlose Verbrecher gewesen sein. Von den »lebensgefährlichen Eingriffen« weiß Ferdinand Neumann nur einen einzigen zu benennen, einen »Blendversuch«. Er erklärte, Prof. Ewald habe »während der Vision Lampen, die man nur mit Schutzbrillen benutzen durfte«, in die »offenen Augen« seiner Schwester gerichtet. Ja, er behauptete sogar, Prof. Ewald habe erklärt: »Wenn der Zustand der Schauungen, der Vision, natürlich und normal gewesen wäre, dann hätte sie nachher geblendet sein müssen, hätte sie blind sein müssen.« Er behauptete weiterhin: »Solche Versuche sind durchgeführt worden.«

Am 2. März 1986 hat Christian Feldmann im »Regensburger Bistumsblatt« einen Aufsatz über die Stigmatisierte von Konnersreuth veröffentlicht. Da schreibt er: »Während der Visionen überstand Therese Neumann Blendversuche mit 5000 Watt starken Karbonlampen ohne jede Regung – ein lebensgefährlicher, unverantwortlicher Eingriff übrigens.« In der 1989 veröffentlichten Schrift DER SCHWINDEL VON KONNERSREUTH habe ich zu dem von Ferdinand Neumann erhobenen und von Christian Feldmann übernommenen Vorwurf gegen Prof. Ewald kritisch Stellung genommen.[963] Der Erfolg ist bezeichnend: Der ungeheuerliche und ausgesprochen dumme Vorwurf wird weiterhin verbreitet. Im September 1993 hat ihn Toni Siegert bei seinem Vortrag in der Hauskapelle von Fockenfeld neuerdings aufgetischt. Er behauptete, Therese Neumann sei mit der Lampe in »ihre offenen Augen geleuchtet worden; sie aber zuckte nicht einmal«. Auf diese erneut vorgebrachte unsinnige und unverschämte Lüge habe ich auch in meiner letzten Konnersreuth-Schrift geantwortet.[964] Es war wiederum nutzlos. W. J. Bekh tischt die Lüge ein weiteres Mal auf. Der von ihm formulierte Text ist wert angeführt zu werden. »Ein von rücksichtslosen Ärzten vorgenommener Versuch zeigte die gänzliche Unempfindlichkeit, in die sie von der Ekstase buchstäblich hineingetaucht wurde. Man konnte in dieser Verfassung der Unempfindlichkeit ihre sonst hochempfindlichen Wundmale drücken. Diese Ärzte richteten auf ihre geschlossenen Augen das Strahlenbündel eines 5000 Watt starken, weißgrellen Karbon-Scheinwerfers, angeblich, um ihre Reaktion zu überprüfen und sie im nachfolgenden Ruhezustand über das dabei Empfundene auszufragen. Unglücklicherweise riß Therese ihre Augen auf und starrte in das grelle Lichtbündel. Der Arzt, der den Apparat bediente, hatte nicht die Geistesgegenwart, den Lichtstrahl sofort abzudrehen. Als man sie in der Ruhepause fragte, ob sie ein starkes Licht gesehen habe, antwortete sie todtraurig: ›Nein! Christus ist gestorben; der ganze Himmel verfinsterte sich.‹«[965] Woher Bekh nur sein Sonderwissen bezogen hat? Hat er vielleicht selber eine Vision gehabt? Mein Buch DER SCHWINDEL VON KONNERSREUTH hat er offenbar nicht gelesen; es erscheint nicht in seinem Literaturverzeichnis. Aber Christian Feldmann müßte es gelesen haben; ich habe es auf sein Verlangen hin in den Briefkasten seiner Wohnung gegeben. Trotzdem wiederholt er in der Artikelserie »Der Domprediger« die alte, unsinnige und unverfrorene Behauptung.[966] Hätte einer der genannten Autoren den von Ewald im Jahre 1927 veröffentlichten Artikel »Untersuchungsbericht und gutachterliche Stellungnahme« gelesen, dann hätte er – wenigstens wagt man das anzunehmen – einsehen müssen, daß der Vorwurf gegen den Arzt eine offensichtliche Verleumdung ist. Ewald sagt: »Unwahr ist natürlich die Behauptung, daß in irgendeiner Weise von mir mit der Kranken ›experimentiert‹ worden sei.« Über die Reaktion der Augen der Stigmatisierten sagt er: »Die Pupillen sind mittelweit, gleich, rund und reagieren prompt auf Lichteinfall und Nahsehen. Eine Augenspiegelungsuntersuchung habe ich unterlassen, weil ich mich nicht kompetent fühlte.«[967]

Eine zeitlich wesentlich frühere Verleumdung Ewalds setzte schon bald nach der

Überwachung Thereses in ihrem Elternhaus ein. Sie bestand in dem Vorwurf, der Arzt habe die Stigmatisierte im Juli 1927 wie eine Dirne behandelt. Warum wurde der Vorwurf nicht in Anwesenheit Ewalds erhoben? Der Grund liegt auf der Hand: Weil er sich nichts hatte zuschulden kommen lassen. Am 28. Juli um 8.30 Uhr kam er in Begleitung des Sanitätsrats Dr. Seidl an. Therese empfing ihn »freundlich, im Gegensatz zu den Eltern«. Später erklärte sie ihm, sie hätte ihn »gleich durchschaut gehabt, schneller« als er sie.[968] Selbstverständlich hätte sich Therese keine ungeziemende Behandlung gefallen lassen. Die Mallersdorfer Schwestern haben nie etwas Ungeziemendes bemerkt. Wie Therese den Arzt beurteilte, zeigt der Eintrag im Gruppen-Tagebuch:

»Frl. Neumann zeigte nicht die geringste Angst. Die Herren waren aber auch äußerst rücksichtsvoll gegen Frl. Neumann. H. Prof. Ewald nahm die Vorgeschichte genau auf und untersuchte sie eingehend. Frl. Neumann äußerte sich nach der Untersuchung recht zufrieden über H. Professor und H. Sanitätsrat. Sie sagte: Der H. Professor sei ein recht liebenswürdiger freundlicher Herr, sie habe ihn durchschaut, er habe eine edle Seele.«[969]

Dr. Ewald hat die Untersuchungen nur am 28. Juli vorgenommen. Wie das Wort »eingehend« zu verstehen ist, darüber gibt der Arzt in seinem »Untersuchungsbericht« Bescheid. Nach dem Abschnitt »Körperlicher Befund« schreibt er in einer Anmerkung: »Daß mit all diesen Feststellungen eine erschöpfende körperliche Untersuchung der Kranken noch lange nicht gegeben ist, daß unser gesamtes klinisch-experimentelles diagnostisches Rüstzeug unter den Konnersreuther Verhältnissen nicht zur Anwendung kommen konnte, daß endokrinologische Untersuchungen u.a.m. ausfallen mußten, bleibt eine für die wissenschaftliche Beurteilung nachteilige Tatsache.«[970] Am Freitag, dem 29. Juli, nahm Ewald keine Untersuchung vor; an diesem Tag war er nur Beobachter; denn »eine eigentliche Untersuchung war nicht gestattet.«[971]

Daß Ewald kein Vorwurf gemacht werden konnte, bringt auch der Münchenreuther Pfarrer Leopold Witt zum Ausdruck. Als er in Konnersreuth die Unterlagen für sein Buch einholte, hat sich niemand über Ewald beklagt. Das Gegenteil war der Fall: »Die Eltern rühmten sehr sein durchaus taktvolles und respektvolles Benehmen, weswegen sie ihm auch wie dem Herrn Sanitätsrat ihr volles Vertrauen schenkten.«[972]

Die erste Verstimmung gegen Dr. Ewald tauchte Ende 1927 auf, und zwar nach der Bemerkung im Amtsblatt für die Diözese Regensburg, der Professor habe der Behauptung widersprochen, er sei der Überzeugung, »es hätte die Beobachtung in einem Spitale oder in einer Klinik auch keinen besseren Erfolg bringen können als die stattgefundene«.[973] Die feindselige Stimmung wuchs noch nach Ewalds Veröffentlichung: DIE STIGMATISIERTE VON KONNERSREUTH. Warum er zur Feder griff, sagt er einleitend in einer Anmerkung: »Meine ursprüngliche Absicht, mich zu dem Konnersreuther Fall überhaupt nicht zu äußern, mußte ich angesichts der gewaltigen Unruhe, die sich eines großen Teiles der Bevölkerung bemächtigt hat, aufgeben.«[974] Unter anderem war ihm der Vorwurf gemacht worden, er habe mit der Stigmatisierten »experimentiert«.

Der schlimmste Vorwurf gegen den Arzt wurde erst Jahre danach laut; er kam aus dem Munde des Vaters der Stigmatisierten. Zuerst gründete sich der Angriff auf eine harmlose Bemerkung. Im Lauf der Jahre entwickelte sich diese zu einer ausgesprochen böswilligen Verleumdung. Im Brief vom 17. Oktober 1932 an den Bischof von Regensburg führte Ferdinand Neumann neben anderen Gründen für seine ablehnende Haltung an: »Ich möchte auch nicht, daß anläßlich der Beobachtung von Nahrungslosigkeit noch öffentlich bekanntgegeben würde, daß die ›Schamhaare‹ meiner Tochter normal sind, wie Ewald es für nötig gefunden hat. Es sträubt sich fast die Feder, so etwas zu schreiben, aber es zwingt mich dazu. Als katholischer Bauer kann ich mir das nicht gefallen lassen, von einem kommunistischen Ewald. Wo ist da der Schutz des jungfräulichen Schamgefühls?«[975]

Was war geschehen? Ewald hat am 28. Juli Therese Neumann untersucht. Dabei war er nicht allein. »Die Untersuchung fand gemeinsam mit Kollegen Seidl in Gegenwart der Krankenschwestern, bald auch der Mutter oder des Vaters statt. Andere Personen gingen ab und zu.«[976] Im Abschnitt des Artikels »Körperlicher Befund« kommt der Satz vor: »Die Schambehaarung bekam ich bei einer Bewegung kurz zu Gesicht, sie war normal; die Brüste sah ich nicht, nur die Herzwunde«.[977] Die Bemerkung über die Schambehaarung also war es, die Ferdinand Neumann in eine künstliche Aufregung versetzte.

Drei Monate später, am 23. Januar 1933, schrieb Ferdinand Neumann wieder einen Brief an den Bischof. Diesmal erweiterte er seinen Vorwurf gegen Ewald. Er behauptete, im Jahr 1927 seien mit seiner Tochter »die schamlosesten Sachen gemacht« worden. Außerdem machte er dem Regensburger Generalvikar Dr. Höcht den Vorwurf, er habe gesagt: »Wir [die Bischöfe und das Ordinariat] wollen nicht die Pfeifendeckel des Herrn Neumann sein.« Dazu bemerkte der Generalvikar: »Diesen Ausdruck habe ich nie in meinem Leben gekannt, niemals gebraucht, speziell niemals von Konnersreuth oder Familie Neumann.«[978]

Von 1933 bis 1937 hat man sich dann in Konnersreuth mit Prof. Ewald kaum mehr befaßt. Am 22. Februar 1937 schrieb Therese Neumann einen Brief an Prof. Wutz in Eichstätt, in dem sie ihrem Gönner ihr großes Leid klagte. Vor allem beschwerte sie sich über das Bischöfliche Ordinariat in Regensburg, wo man über sie »recht abfällige Bemerkungen« mache. Ein Hinweis auf Ewald kommt in dem Brief nicht vor; aber ein Satz steht darin, der zum Nachdenken zwingt: »Vielleicht ist, wenn Ostern kommt, die schwere Frage auch gelöst, daß wir dann aufatmen können.«[979] Die »schwere Frage« ist bekannt: Es war die Überlegung: Wie findet man einen Grund, der das Verlangen Roms endgültig zum Verstummen bringt? Offenbar kannte ihn Therese bereits, als sie ihren Brief an Wutz schrieb. Nur zwei Wochen später teilte ihr Vater dem Bischof von Regensburg mit:

»Dieser Tage erfuhr ich von meiner Tochter etwas, das meine Einstellung zu einer erneuten Untersuchung von Grund auf ändert. Bei der von Ihrem Vorgänger angeordneten Untersuchung hat Professor Ewald ohne mein Wissen und ohne jede Erlaubnis meine Tochter auf ihre jungfräuliche Unversehrtheit untersucht. Meine Tochter hat es sich gefallen lassen müssen, ohne in der Lage zu sein, dagegen zu protestieren; dabei hätte Ewald meine Einwilligung haben müssen; und sie hat all die Jahre über aus Scham darüber geschwiegen. Ich gestehe Ihnen ehrlich, daß, wenn ich damals davon erfahren hätte, ich die Ärzte samt den Schwestern, trotz bischöflicher Anordnung zum Haus hinaus gejagt hätte. Daß man unter dem Titel ›Beobachtung der Nahrungslosigkeit‹ bischöflicherseits einem Arzt, noch dazu einem Protestanten, Vollmachten zugesteht, die es nicht verhindern, ein unbescholtenes Mädchen wie eine Dirne auf der Polizeistation auf ihre Jungfräulichkeit zu untersuchen, finde ich unerhört und schamlos nach jeder Richtung. Damit ist jeder Disput über eine ärztliche Untersuchung ein für allemal geschlossen.«

Nach diesen Worten beschuldigte Neumann auch den Bischof: »Anscheinend finden Sie ja es nicht so schlimm, da Sie vor drei Jahren, als Therese bei Ihnen war und davon sprach, wie peinlich ihr jene Untersuchung durch Professor Ewald gewesen, Unterleibsuntersuchungen nicht so bedenklich gefunden haben, zumal sie im Krankenhaus täglich stattfänden, die übrigens auch nicht ohne Einwilligung des Kranken vorgenommen werden dürfen. Die katholische und wohl auch sonstige Öffentlichkeit würde jedenfalls für diese bodenlose Frechheit dieses Protestanten kein Verständnis haben, denn schließlich geben Stigmen und Nahrungslosigkeit keinen Grund für solche Schamlosigkeit, die man sonst kaum normalen Menschen anzutun wagen dürfte. Jedenfalls passiert es mir nicht mehr, daß man in dieser schamlosen Weise das Vertrauen meiner Familie mißbraucht, da ja selbst die bischöfliche Anordnung keinen Schutz bedeutet. Nun erst verstehe ich richtig die ganze Frechheit eines Ewald, wenn er unter grober Verletzung seiner ärztlichen Schweigepflicht in der weitesten Öffentlichkeit über die normalen Schamhaare meiner Tochter berichtet.«[980]

Die angeblichen Worte des Bischofs sollen, wie Ferdinand Neumann behauptete, im Februar während eines Gesprächs Thereses mit dem Bischof gefallen sein. Dieser protestierte dagegen am 13. März 1937: »Diese Behauptung weise ich als unwahr mit Entschiedenheit und Entrüstung zurück. Ich habe nie mit Therese über ein so delikates Thema auch nur ein Wort gesprochen.«[981]

Prof. Ewald hat nie getan, was ihm Therese Neumann angedichtet hat. Allein schon seine Bemerkung über die Schambehaarung macht dies klar. Bischof Buchberger machte den Pfarrer von Konnersreuth darauf aufmerksam, falls Ewald von dem gegen ihn erhobenen Vorwurf erführe, werde er sicherlich Klage erheben. Daraufhin wiederholte Ferdinand Neumann seine Behauptung. Er erklärte: Die »peinliche Untersuchung« ist eine Tatsache; »meine Tochter wird gegenüber jedem Kläger die Schwurhand für die von mir festgestellte Tatsache erheben«.[982]

Daß diese einen Eid geleistet hätte, hat sie selber bestätigt. Sie hat ihrer Freundin Anni Spiegl versichert: »Einer Dirne wäre es nicht schlechter ergangen.« Außerdem hat sie ihre Bereitschaft erklärt, für die Richtigkeit ihrer Aussage einen Eid abzulegen.[983]

Am 24. November 1937 wiederholte Ferdinand Neumann seinen Vorwurf, Dr. Ewald habe an seiner Tochter Untersuchungen vorgenommen, »wie sie sich ärger eine Dirne auch nicht gefallen lassen muß«.[984] Ferdinand Neumann behauptet, er habe erst »dieser Tage«, also kurz vor dem 30. März 1937, aus dem Munde seiner Tochter von dem Vergehen Ewalds erfahren. Er hat vergessen, daß er bereits am 23. Januar 1933 gesagt hat, es seien mit seiner Tochter »die schamlosesten Sachen gemacht« worden.[985]

Fassen wir zusammen: Prof. Ewald hat sich nicht das Geringste zuschulden kommen lassen. Wäre es anders gewesen, dann wäre er nicht monatelang nach der Überwachung sowohl von Therese wie von ihrem Vater gelobt worden. Zwar hat sich dieser dann über die schriftliche Bemerkung Ewalds hinsichtlich der Schambehaarung künstlich aufgeregt, aber von einem schamlosen Vorgehen hat er nichts auch nur angedeutet. Mit der Aufforderung aus Rom zu einer Überwachung in einer Klinik hatte sich für Therese Neumann und ihre Familie die gefährlichste Lage ergeben. Was dann Therese getan hat, ist die bekannte, vor keiner Verleumdung zurückschreckende Abwehrhandlung einer in Bedrängnis geratenen hysterischen Person. Prof. Ewald hat von der Verleumdung gegen seine Person nichts erfahren. Daß er der Bitte des Regensburger Bischofs Folge geleistet hat, das hat er alsbald schwer bedauert. Als ihm der Arzt Dr. Heermann sein Interesse an dem Fall Konnersreuth offenbarte, schrieb er ihm: »Wenn ich Ihnen persönlich einen Rat geben kann, dann ist es der, daß Sie sich nicht ohne Not mit dieser Sache befassen möchten; ich wünschte, ich hätte es nie gewußt. Niemand kann Fanatiker überzeugen.«[986]

Daß die Neumann-Familie unentwegt eine Überwachung in einer Klinik abgelehnt hat, verwundert nicht; sie hatte keine andere Wahl. Was Staunen erregt, ist die Naivität kirchlicher Behörden. Hat man denn dort nicht verstanden, was Ferdinand Neumann schon am 7. Oktober 1927 gesagt hat? »Ich stehe«, so hat er gesagt, »auf dem unerschütterlichen und festen Standpunkt, solange ich ein offenes Auge habe, daß ich meine Tochter niemals mehr herausgeben werde, selbst wenn sich die ganze Welt erheben werde. Leichter würde Eisen brechen als meine Gesinnung ändern.«

Insbesondere über das Verhalten des Bischofs Michael Buchberger muß man sich wundern. An dieser Stelle sei nur noch einmal daran erinnert, daß Therese Neumann Prof. Ewald verleumdet und den Bischof wahrheitswidrig verdächtigt hat. Er wird doch nicht geglaubt haben, daß da der Heiland aus ihr gesprochen hat?!

e) Aufforderung nach dem Zweiten Weltkrieg

Zu einer amtskirchlichen Aufforderung, Therese Neumann solle sich in einer Klinik überwachen lassen, kam es nach 1937 nicht mehr. Aber nach dem Zweiten Weltkrieg haben sich einige Male Kliniken bereit erklärt, kostenlos eine Überwachung zu übernehmen. Alle Versuche sind gescheitert. Wozu man bereit gewesen wäre, hat Pfarrer Naber im Jahr 1949 so zum Ausdruck gebracht: »Wenn nur grad einer von den Regensburger Domherren oder Professoren käme, wir würden ihm ja alle Wege ebnen und alle Beobachtungsmöglichkeiten zu jeder Zeit gewähren.« Aber, so meinte Naber, von Konnersreuth aus könne man so einen Besuch nicht anregen, da es falsch ausgelegt werden könnte. »Dieses aufrichtige Bedauern« sprach Naber noch ein Jahr nach dem Tod der Stigmatisierten aus: Man habe unter der gegensätzlichen Haltung vieler, die Konnersreuth in den letzten 25 Jahren unbeachtet gelassen hätten, sehr gelitten.[987] Welches Phänomen hätte unter den gewährten Umständen ein Domkapitular oder ein Professor nachweisen können, etwa gar die behauptete Nahrungslosigkeit?

Ein deutscher Prälat hatte von Ärzten sagen gehört, daß die Gedärme eines Menschen, der nichts ißt und nichts trinkt, nach vier Wochen völlig eingetrocknet sein müßten, was unweigerlich den Tod zur Folge hätte. Der Prälat ersuchte den Bischof von Regensburg, er möge eine neue Überwachung anordnen. Der Bischof verwies ihn an den Pfarrer von Konnersreuth. Also begab er sich nach Konnersreuth. Pfarrer Naber verständigte Therese. Diese erklärte, sie wolle den Heiland fragen, was sie tun solle. Der »Heiland« gab die Auskunft: »Die Antwort liegt bei deinem Vater.« Nun begab sich also der Prälat ins Neumann-Haus und begann sein Anliegen vorzubringen. Aber er hatte seine Bitte noch nicht zu Ende gesprochen, da schrie ihn der Vater an: »Schaun's, daß Sie hinauskommen!«, und machte ihm einen derartigen Spektakel, daß die Nachbarschaft es mitanhören konnte. Im Bericht des Prälaten heißt es: »Noch nie in meinem Leben habe ich eine solche Demütigung erfahren.« Der Berichterstatter P. Siwek S.J. meinte dazu: »War das wirklich die Antwort Christi?«[988]

Im Jahr 1951 unterhielt sich der amerikanische Benediktinerpater Bernard Weigl längere Zeit mit Therese Neumann und stellte die Frage: »Hat Sie je jemand aufgefordert, nach Regensburg oder an einen anderen Ort zu gehen zur Überprüfung Ihrer Nahrungslosigkeit?« Sie antwortete: »Ich bin nie aufgefordert worden.« Fünfmal gebrauchte sie die Ausdrücke »verleumdet« und »Verleumdung«, als der Pater sie fragte, ob eine entsprechende Aufforderung an sie ergangen sei. Weigl fragte weiter: »Angenommen, der Erzbischof würde Sie auffordern, nach Regensburg zu gehen, würden Sie dorthin gehen oder an einen anderen zu bestimmenden Ort, z.B. Eichstätt?« Die Gefragte erwiderte: »Ich würde lieber nach Eichstätt gehen. Aber wohin ich auch gehe, ich möchte etwas zu tun haben; ich will nicht müßig sein.«[989] Dieser Wunsch wäre ihr ohne Zweifel erfüllt worden; aber überwachen lassen wollte sie sich nicht.

Im Jahr 1950 wollte der Direktor des Physiologischen Instituts der Universität Heidelberg, der weltbekannte Physiologe Professor Dr. Dr. h.c. Hans Schaefer »den kirchlichen Stellen bei der Prüfung des Phänomens Konnersreuth einen Dienst erweisen, indem in wissenschaftlich einwandfreier Weise geprüft werden sollte, ob Therese ohne Nahrungsaufnahme und mit einem normalen Energiestoffwechsel keinen Gewichtsverlust hat«. Der zuständige Pfarrer bezeichnete den Professor und die von diesem vorgeschlagenen Assistenten, zu denen der zur Zeit in Bonn lebende Professor Dr. August Wilhelm von Eiff gehörte, als »in jeder Weise vorbildlich«. »Professor Schaefer war entschlossen, bei einem entsprechenden abnormen Befund nicht nur die kirchlichen Behörden zu informieren, sondern auch in einer wissenschaftlichen Publikation die Medizin über dieses Phänomen zu unterrichten, das naturwissenschaftlich nicht zu erklären wäre.« Dem Bischof von Regensburg wurde folgender Versuchsplan vorgelegt: »Therese sollte eine Woche unter der ständigen Aufsicht von Lioba-Schwestern im Physiologischen Institut wohnen. Täglich würde ihr vom Studentenseelsorger und Stadtpfarrer von Heilig Geist, Professor Dr. Richard Hauser, die heilige Kommunion gebracht. An Untersuchungen müßte sie sich lediglich täglich einer Messung ihres Gewichts und einer zehnminütigen, völlig harmlosen Messung ihres Grundumsatzes (Messung des Sauerstoffverbrauchs aus der Atemluft, aus dem sich der Kalorienverbrauch berechnen läßt)« durch Dr. von Eiff unterziehen. Therese sollte über den gesamten Tagesablauf selbst verfügen, »wobei sie allerdings nur zu den genannten Personen Kontakt hätte«.[990]

In dem Schreiben, das Prof. Schaefer am 11. Oktober 1951 an das Bischöfliche Ordinariat in Regensburg richtete, heißt es unter anderem:

»Der Nachweis, daß die wesentlichen Behauptungen von Therese Neumann richtig sind, würde daher nicht nur eine wissenschaftliche Sensation bedeuten, sondern würde meiner Meinung nach den Wissenschaftler veranlassen müssen, seine Vorbehalte gegen Wunder aufzugeben. Wenngleich nicht erwartet werden kann, daß die heutige Menschheit hierdurch wesentlich gläubiger werden würde, so wäre doch zu sagen, daß dem geistigen Kampf gegen die Kirche eine der entschiedensten Waffen aus der Hand genommen wäre. So ungeheuer bedeutungsvoll der Nachweis der Wahrhaftigkeit der Aussagen Therese Neumanns ist, so bedeutungsvoll wäre auch die Tatsache, daß sie eine Untersuchung dieser Art ablehnt. [...] Wenn Gott wirklich durch Therese Neumann ein Wunder wirkt, so ist es mit der Würde Gottes nicht vereinbar zu denken, daß dieses Wunder nicht auch den Charakter einer Offenbarung an die Menschen unserer Zeit hätte. Wenn Therese Neumann sich einer möglichen Offenbarung widersetzt, so kann ihr Verhalten nicht von Gott und dem Heiligen Geist geleitet sein. Ich glaube daher auf der anderen Seite, daß die Ablehnung einer Untersuchung nicht nur den Nachweis eines Wunders, das unter unseren Augen geschieht, unmöglich macht, ich glaube vielmehr, daß aus theologischen Gesichtspunkten zwingend folgt, daß diese Dinge nicht von Gott sind und daher alles um Therese Neumann nur auf die menschlichen Schwächen, Irrtümer und persönlichen Absichten von Personen zurückgeht, welche in keiner Weise von Gott her handeln oder einen göttlichen Auftrag erfüllen. Die Ablehnung der Untersuchungen würde also alles, was heute an Klarheit möglich ist, vernichten und die Dinge so durcheinanderwerfen (diaballein), daß diese Haltung im Sinne des Wortes diabolisch bezeichnet werden muß.«[991]

Vom Bischöflichen Ordinariat in Regensburg wurde das Heidelberger Angebot dem Pfarrer von Konnersreuth mit dem Auftrag zugesandt, er solle sich darüber mit Therese Neumann und ihrem Vater besprechen und das Ergebnis mitteilen. Der Pfarrer antwortete erst zwei Monate später. Er bringt lediglich das sattsam bekannte, fadenscheinige Argument vor: »Vater Neumann steht immer noch auf dem Standpunkt, auf den er durch allerlei Erlebnisse gebracht und auf dem er hauptsächlich durch Eichstätter theologische Kreise befestigt worden ist. [...] Therese Neumann kann und will gegen den charakterfesten Willen des Vaters sich nicht auflehnen. Sie ist für sich hilflos und auf ihren Vater und die demselben gleichgestellten Geschwister angewiesen.«[992]

Daraufhin teilte der Regensburger Bischof Michael Buchberger dem Physiologischen Institut in Heidelberg mit, »die geplanten Untersuchungen könnten zu seinem großen Bedauern nicht stattfinden, da der Vater von Therese mit wüsten Beschimpfungen des Ärztestandes – sie seien alle Verleumder – eine medizinische Untersuchung kategorisch abgelehnt hätte. Die Ärzte würden ja nur behaupten, Therese würde bei ihrer Stigmatisation ihr Menstruationsblut verschmieren.«[993]

In den Jahren 1952 und 1953 bemühte sich Dr. jur. Hermann Mersmann bei persönlichen Besuchen in Konnersreuth um die Zustimmung zu einer Untersuchung. Thereses Vater und Pfarrer Naber lehnten ab. Am 5. August 1953 hatte Dr. Mersmann wieder eine Unterredung mit der Stigmatisierten. Diese erklärte, wie sich Mersmann ausdrückt, ihre Bereitwilligkeit, falls der Bischof eine Untersuchung anordne. Therese versicherte, keine Furcht zu haben, »wenn sie auch Spritzen bekomme und es dann zu Ende sei, das mache ihr nichts aus«. Sie gebrauchte auch die Worte: »Dann kommt der Himmel«; als sie das sagte, »war der ganze Körper erschüttert«. Aber eine von Dr. Mersmann vorbereitete zustimmende Erklärung unterschrieb sie nicht, auch nicht ein weiteres Schriftstück mit der Bitte um eine mündliche Aussprache in der Angelegenheit mit dem Bischof. Offenbar fand keine Aussprache statt; sie wäre auch erfahrungsgemäß zwecklos gewesen. Das Bischöfliche Ordinariat von Regensburg konnte gar nichts mehr unternehmen. In einem Schreiben vom 8. Februar 1957, das Generalvikar Baldauf an das Pfarramt Auw sandte, heißt es: »Nachdem vom Vater der Therese die auch vom H. Stuhl ernstlich gewünschte nochmalige Untersuchung des Falles in einem Krankenhaus oder einer Klinik hartnäckig abgelehnt wurde, bestehen zwischen der Bischöfl. Stelle und Therese Neumann keine amtlichen Beziehungen mehr.«[994]

Am 26. November 1959 starb Thereses Vater Ferdinand Neumann. Nunmehr war jenes von Therese vorgeschützte Argument, sie sei ihren Eltern Gehorsam schuldig, endgültig weggefallen. Da regte am 6. Mai 1961 ein Berliner Arzt, der an die Nahrungslosigkeit der Therese glaubte, in je einem Schreiben an den Regensburger Bischof und an die Stigmatisierte eine neue Untersuchung an. Er bat Therese eindringlich um ihre Zustimmung. Sie gab keine Antwort.[995]

7. Nahrungslosigkeit im Kreis der Familie nicht nachweisbar

Christian Feldmann ist der Meinung, es sei nur »schwer vorstellbar«, daß, »abgesehen von der nach Angaben der Familie [Neumann] über 36 Jahre durchgehaltenen Nahrungslosigkeit, ein Schwindel innerhalb dieser langen Zeit keinem der zahlreichen Beobachter aufgefallen sein sollte«.[996] Offenbar wirft Feldmann die Begriffe »Beobachter« und »Besucher« in einen Topf. Wenn die Angaben der Familie genügen, warum hat dann die kirchliche Obrigkeit immer und immer wieder eine Überwachung außerhalb der Familie verlangt? Glaubt denn Feldmann, Therese Neumann hätte einen der »Beobachter« beim Essen zuschauen lassen?

Ein wenig mehr Gewicht könnte man folgendem Argument beimessen: Therese Neumann war sehr reiselustig; Jahr für Jahr hat sie sich oftmals fern ihrer Heimat aufgehalten, wochenlang, ja sogar monatelang; hätte sie Nahrung zu sich genommen, dann hätte sie früher oder später ertappt werden müssen. Aber warum hätte dies geschehen müssen? Sie war auch in der Fremde nie ohne Begleitung nächster Angehöriger. Am häufigsten hielt sie sich in Eichstätt auf. Dort wohnte sie im Hause des Prof. Wutz. Dieser war ein derartig überzeugter Verehrer der Stigmatisierten, daß er nie auf den Gedanken gekommen wäre, sie einmal bei Nahrungsaufnahme überraschen zu können. Zudem war die Haushälterin eine Schwester Thereses. Außerdem wohnten im Wutzhaus viele Jahre hindurch die beiden Brüder Ferdinand und Johann. Fahsel macht da eine bemerkenswerte Angabe: »Bei einem Aufenthalt in Eichstätt 1931 war sie in der Küche tätig. Kenner behaupten, daß sie gewisse Speisen und auch Kaffee in vorzüglicher Weise herzurichten verstehe, da ihre Sinne, also hier der Geruchssinn, sehr fein ausgebildet sind.«[997] – Wichtiger als der Geruchssinn war der Geschmackssinn!

Für die Tatsache, daß auf den Reisen Familienangehörige als Begleitpersonen dabei waren, wurde die bekannte Begründung angegeben, sie sei auf fremde Hilfe angewiesen. Sie selber hat sich, als sie fast vierzig Jahre alt war, als »eigentlich mehr minderjährig bezeichnet als ein zehnjähriges Kind«.[998] Im Jahr 1951 behauptete Pfarrer Naber, sie sei »für sich hilflos und auf ihren Vater und die demselben gleichgestellten Geschwister angewiesen«.[999] Eigenartigerweise wurde ihr, als sie 60 Jahre alt war, bescheinigt, daß sie »es mit jedem Bauern aufnimmt« und daß sie sich »vor keiner Arbeit« gefürchtet hat.[1000] Sicherlich kann man die bei Reisen begleitenden Familienangehörigen als Aufpasser bezeichnen, aber nicht als solche, die sich zur Aufgabe gesetzt hatten, die »nahrungslos Lebende« zu entlarven.

Eine vorgetäuschte Nahrungslosigkeit kann sogar im Kreis einer Gemeinschaft von Menschen unentdeckt bleiben, wenn sie nicht angezweifelt wird. Im Jahr 1947 erzählte der Volksmissionar P. Schaumberger in meinem Beisein: In einem Frauenkloster wurde er auf eine Schwester aufmerksam gemacht, die man als Heilige bezeichnete. Seit zwei Jahren, so sagte man ihm, lebe sie ohne jede Nahrung. Nach einigen Jahren kam Schaumberger wieder in das Kloster. Er erkundigte sich nach der »Nahrungslosen«. Offensichtlich nur ungern gab man ihm Auskunft: Jene Schwester sei inzwischen gestorben. Auf dem Sterbebett habe sie das Geständnis abgelegt, all die Jahre geschwindelt zu haben. Vor allem ernährte sie sich von dem Essen, das Bettler übrigließen.

Daß nur die Beobachtung außerhalb des Familienkreises erfolgversprechend ist, beweist der Fall Anna Maria Kinker. Sie soll über ein volles Jahr nichts gegessen und nichts getrunken haben, ohne abzumagern. Vierzehn Tage lang wurde sie von unbescholtenen Männern beobachtet. Diese lösten sich zu je zwei alle acht Stunden ab. Nach Schluß der Beobachtung versicherten sie unter Eid, daß die Kranke nichts gegessen und nichts getrunken habe. Nach geraumer Zeit wurde Kinker aus dem Hause gebracht, wogegen sich die Verwandten sträubten und der Vater »wütete«. Nach kurzer Zeit gelang es einigen Juristen und Ärzten, die Frau als Betrügerin zu entlarven, worauf sie ein Geständnis ablegte.

Eine sechzigjährige Frau aus Pynakker bei Delft aß angeblich nichts. Einige Ärzte hielten mehrere Wochen bei ihr Wache und bestätigten die Tatsache der Nahrungslosigkeit. Nach ihrem Tode wurde aus wissenschaftlichen Gründen ihr Leib geöffnet. Ihr Magen enthielt eine Menge von Grütze. Daraufhin gestanden die Angehörigen den Betrug.

Dr. Hoche erwähnt einen Fall aus dem Jahr 1879, der in der Freiburger Klinik aufgedeckt wurde. Ähnliche Fälle gibt es zur Genüge, die beweisen, daß die Überwachung durchtrieben schlauer Personen durchaus nicht einfach ist. Dr. Hoche sagt: »Jeder Fall dieser Art ist von einem Wall umgeben [...], der, wie die Erfahrung der Jahrhunderte lehrt, an Ort und Stelle nicht zu durchbrechen ist.«[1001]

Ebenfalls im 19. Jahrhundert lebte zu Boke in Westfalen eine angeblich stigmatisierte Frau, die behauptete, nahrungslos zu leben; sie hieß Angela Hupe. Ihr Beichtvater und mehrere Ärzte schenkten ihr Glauben; auch der zuständige Bischof Konrad Martin ließ sich täuschen. Schließlich entschloß sich die kirchliche Behörde, sie unter die Aufsicht von Klosterfrauen zu stellen. Diese entlarvten sie als Schwindlerin. Das Blut ihrer »Wunden« stammte von Tauben und Hühnern, deren Fleisch sie verzehrte. Zu ihrem Vorgehen war sie durch die Lektüre von Schriften über A. K. Emmerick angeregt worden.[1002]

In der ersten Hälfte des 16. Jahrhunderts lebte zu Cordoba in Spanien die Klosterfrau Magdalena vom Kreuz. Dreimal war sie Äbtissin. Sie täuschte elf Jahre lang Nahrungslosigkeit vor. Aufgrund angeblich mystischer Phänomene wie Ekstasen, Schweben und Prophezeiungen war sie 38 Jahre hindurch das Ziel zahlreicher Hilfesuchender. Sie brachte es fertig, die berühmtesten Theologen, Bischöfe und Kardinäle ihrer Zeit zu täuschen, sogar die Inquisition, bis ihr Betrug aufgedeckt wurde.[1003]

Gegen Ende des Mittelalters lebte in Augsburg eine Frau namens Anna Laminit, die um 1497 allgemein Aufmerksamkeit erregte. In der Heilig-Kreuz-Kirche räumte man ihr einen besonderen Sitz ein, damit sie bei ihrer Andacht nicht gestört würde. Nur unter Husten und Halsbeschwerden vermochte sie zu kommunizieren. Weil ihr das Schlucken schwerfiel, verlangte sie, man möge für sie kleine Hostien backen. Angeblich benötigte sie keinen Schlaf. Sie behauptete auch, nahrungslos zu leben. Entsprechende Untersuchungen wurden stets durch ihre Freunde hintertrieben. Sechzehn Jahre lang vermochte sie ihr betrügerisches Gaukelspiel zu treiben, bis es der Herzogin Kunigunde, der Schwester Kaiser Maximilians I. gelang, die Schwindlerin zu entlarven. Verschiedener »Verbrechen« wegen wurde sie zum Tod durch Ertränken verurteilt.[1004]

Die Parallelen zu Therese Neumann sind unverkennbar – mit einer Ausnahme: In eine Falle, aus der sie nicht mehr herausgekommen wäre, begab sie sich nicht.

8. Der natürliche Lohn übernatürlicher Gaben

Erzbischof Teodorowicz schrieb im Jahre 1936 aufgrund der Angaben, die man ihm im Neumann-Haus gemacht hatte, von den Besuchern sei »weder Belohnung noch die geringste Geldspende entgegengenommen« worden.[1005] Der Bischof wurde falsch informiert. Schon im Frühjahr 1926, sobald der Besucherstrom einsetzte, begannen sich die »Konnersreuther Gaben«, insbesondere die Stigmatisation, materiell positiv auszuwirken. Da verkaufte Frau Neumann im Zimmer ihrer Tochter Weihwasserkesselchen und Kerzen.[1006] Außerdem lud ein Körbchen vor ihrem Zimmer zur Abgabe von Spenden ein. Auf diese Dinge wurde freilich schon nach kurzer Zeit verzichtet.

In den ersten Tagen des Monats Juni 1927 wurde Pfarrer Naber von Regensburger Domherren gefragt, »wie es sich mit den behaupteten Geld- oder anderen Geschenken bei der Familie Neumann verhalte«. Der Pfarrer gab an, es komme häufig vor, daß die Leute »geben wollten, daß aber die Familie Neumann nichts annehme; doch komme es zuweilen vor, daß Leute eine Kleinigkeit an Geld im Zimmer liegen lassen; einmal sei eine Nachtjacke geschickt worden; mitunter würden auch Lebensmittel in nicht nennenswerter Menge« zugesandt; es handle sich »durchwegs nur um Kleinigkeiten«.[1007] Pfarrer Naber verharmlost. Das KONNERSREUTHER WOCHENBLATT 1927 bietet ein anderes Bild: »Von überall her erhielt sie [Therese Neumann] Weihnachtssendungen, Stiftungen an die Kirche wurden gemacht; auch Kisten waren an ihre Adresse gerichtet, deren Inhalt in wohltätiger Weise Verwendung fand.«

Im Jahr 1927 hielt sich der Bamberger Domkapitular Geiger mehrere Tage in Konnersreuth auf. Dort sagte man ihm, wofür die Geldspenden verwendet wurden: Dem heimat- und mittellosen Konvertiten Bruno Rotschildt wurde das Studium finanziert; eine junge Jüdin, die katholisch werden wollte, erhielt die notwendigen Mittel für einen zweijährigen Arbeitslehrerinnenkurs in Speyer, damit sie ihre Mutter und ihren Bruder ernähren konnte; einem talentierten Jungen von Waldsassen verschaffte sie die

Mittel zum Studium. Auch Pfarrer Naber kam der Geldsegen zugute; ein neuer Seitenaltar wurde aufgestellt; das Pfarrhaus bekam einen neuen Fußboden.[1008]

Wieviel Geld in Briefen geschenkt wurde, läßt sich nur vermuten. Im April 1930 wurde ein Postbeamter verhaftet, weil er an Therese Neumann gerichtete Briefe erbrochen und den Geldinhalt gestohlen hatte. Den Schätzungen nach handelte es sich im Zeitraum von einigen Monaten um ungefähr 3000 bis 6000 Dollar. Therese Neumann »konnte darüber keine Angaben machen, da sie solche Gaben nur zum geringsten Teile für sich und ihre Angehörigen verwendet und den größten Teil solcher Spenden für soziale und religiöse Zwecke überweise«.[1009] Vor allem, wenn es sich um größere Summen handelte, erfolgte die Sendung durch Postanweisungen. Wie hoch jeweils die Beträge waren, erfährt man aufgrund von Reklamationen und an das Bischöfliche Ordinariat gerichteten Anfragen. So hat der amerikanische Pater Jakob Wilhelm mehrmals Geld überwiesen. Im Jahr 1930 sandte er 35 Dollar als Meßstipendien. Weil er keine Empfangsbestätigung erhielt, wandte er sich an das Bischöfliche Ordinariat in Regensburg. Therese Neumann behauptete genauso wie in anderen Fällen auch, sie habe kein Geld erhalten. Sie hat die Unwahrheit gesagt. Dies konnte deshalb nachgewiesen werden, weil der Pater in diesem Fall die Geldsumme über eine Bank in Wien überwiesen hatte. Eine der Empfangsbestätigungen trägt die Unterschrift: »Therese Neumann«; eine andere weist nur den Namen »Neumann« auf.[1010]

Der ehemalige Zuchthausdirektor von Lippstadt, Dr. Rath, weilte im Jahr 1933 über ein halbes Jahr in Nordamerika. Dort erzählte man ihm: Jesuiten der Vereinigten Staaten bemühten sich, das Grab eines Martyrers ausfindig zu machen. Sie sandten Aufzeichnungen über die bisher unternommenen Schritte zusammen mit 50 Dollar nach Konnersreuth mit der Bitte um Mitteilung, wo das Grab zu finden sei. Therese Neumann reagierte nicht.[1011]

Im Jahr 1931 erklärte der Waldsasser Sanitätsrat Dr. Seidl: »Sie bekommt Geld, so viel sie will, jeder Wunsch wurde ihr erfüllt; man ist froh, wenn sie sich würdigt.« Der Arzt erwähnt, daß »ein gewisser Wohlstand in der Familie die Neidgefühle der Verwandten erregt«. Als Beweis führt er an: »Das Haus tadellos im Stand, wie wohl kein zweites in Konnersreuth – Kauf eines Grundstückes bei der Einfahrt in die Gemeinde – Anlegung eines großen Gartens mit einem eigenen Brunnen, wie mir mitgeteilt wurde, mit elektrisch betriebener Pumpe – Bau einer Autogarage für zwei Autos.«[1012]

Daß auch während des Zweiten Weltkriegs der Geldstrom nach Konnersreuth nicht versiegt ist, davon konnte sich Benefiziat Heinrich Muth überzeugen, als in seiner Gegenwart Therese die eingelaufenen Briefe öffnete. Nach dem Krieg steigerten sich die Spenden und Geldsendungen. Damit stiftete Therese ihrer Pfarrkirche eine neue Glocke.[1013] Die im Haushalt des Regensburger Bischofs beschäftigte Mallersdorfer Schwester Florentiana erklärte am 15. März 1953, Therese sei »schon einige Male« im Priestererholungsheim Regenstauf-Spindlhof gewesen, sie habe für das Heim »schon viel Gutes getan«.[1014] Am 9. April 1958 erschien im MÜNCHENER MERKUR ein Artikel mit dem Titel: »Gebet und Lästerung in Konnersreuth«. Unter anderem war darin die Rede von »Rätseln«. Eines der »Rätsel« hatte zum Inhalt: »Es ist ihr neues, großes Haus, das sie sich kürzlich mit 110.000 Mark bauen ließ, sich selbst körperlich an den Bauarbeiten eifrig beteiligend.« Der Aufsatz gefiel Therese gar nicht. Sie bezeichnete dem Reporter Albert Panzer gegenüber den Bericht als »schlechterdings unverschämt« und versicherte: »Es wurde kein Haus gebaut, vielmehr handelt es sich um den Ausbau der mit dem kleinen Neumannschen Anwesen verbunden gewesenen Scheune, deren Mauern und Dach sogar unverändert mitverwendet werden konnten. Die durch den Umbau gewonnenen Räume werden künftig dem 87jährigen Pfarrer Naber, der in der nächsten Zeit resignieren will, für Wohnzwecke zur Verfügung stehen. Die Bausumme sei zu hoch angegeben.« Auch das Bischöfliche Ordinariat zog Erkundigungen ein und erhielt am 23. April 1958 die Auskunft, daß Therese »in den letzten Jahren zuerst ein neues Anwesen für den Besitzer des elterlichen Betriebes, ihren Bruder August, errichtet« hat. Weiter wurde gesagt, Therese habe 1956/57 »den Ökonomieteil des elterlichen Hauses zu einer Ruhestandswohnung für H. H. Pfarrer Naber modern ausgebaut«.[1015]

Ohne Zweifel hat Therese Neumann mit den eingelaufenen Spenden viel Gutes getan, beispielsweise jährlich zu Weihnachten, wo sie in einem Geschäft für etwa 1.000 DM Geschenke einkaufte. Aber die Versicherung, die Prälat Geiger abgegeben hat, ist auf jeden Fall grundfalsch: »Durch die Hand der Resl ist gewiß kein noch so kleiner Betrag geflossen.«[1016]

XI. DIE ERLEBNISSE DES KONNERSREUTHER BENEFIZIATEN HEINRICH MUTH[1017]

Eine ausnehmend große Bedeutung für die Beurteilung der Stigmatisierten von Konnersreuth kommt den Erlebnissen zu, die mein Kurskollege Heinrich Muth gemacht hat, vor allem in der Zeit vom April 1942 bis zum April 1943.

Die Aufzeichnungen Muths – Bald nach dem Tod der Stigmatisierten von Konnersreuth hat Bischof Rudolf Graber zu erkennen gegeben, daß er ihre Seligsprechung anstrebe. Da mir bekannt war, daß meinem Kurskollegen in Konnersreuth übel mitgespielt worden war, bin ich zu ihm, der damals Pfarrer von Biburg war, gefahren. Er hat mich seine Aufzeichnungen lesen lassen, die er in der Hauptsache in den Jahren 1942 und 1943 gemacht hatte. Eine besondere Bedeutung kommt dabei den Beobachtungen zu, die Theres Härtl, eine Nichte der Stigmatisierten, gemacht hat. Mein Kurskollege sagte mir, ein Duplikat seiner Aufzeichnungen müsse sich im Bischöflichen Ordinariat in Regensburg befinden. Er hatte die Schriftstücke im März 1943 seinem Vetter Pfarrer Max Schuster in Lappersdorf ausgehändigt, der sie einige Tage darauf dem Generalvikar übergeben hat. Erst am 11. März 1971 wurden sie von Weihbischof Josef Hiltl an das Bischöfliche Archiv abgeliefert.

Heinrich Muth hat immer – vergebens – darauf gewartet, daß er als Augen- und Ohrenzeuge vernommen werde. Am 29. September 1967 hat er mir geschrieben: »Ich bin bereit, mit dem Bischof nach Eichstätt zu fahren, um alles nochmal auf höchster Ebene mit der Nichte der Resl zu besprechen. Ich bin sicher, daß diese, jetzt Ordensfrau, die volle Wahrheit sagen wird. [...] Ich meine, daß nur der Bischof die volle Wahrheit erfragen kann.« Ähnlich hat sich Muth am 30. Oktober 1967 ausgedrückt: »Man muß unbedingt von höchster Stelle die Sache mit der Nichte der Resl verfolgen. Es könnte ja sein, daß man bewußt abwartet, bis diese gestorben ist. – Dann kann man wieder ›Widerrufe‹ erfinden und meine ganze Sache wäre wertlos. Der Bischof muß sich um diese Nichte annehmen und den Wahrheitsgehalt sicherstellen.«

Im August 1968 hat Muth auf meine Anregung hin seine Aufzeichnungen neu gefaßt. Diesen schloß er eine »Erklärung« an, in der es heißt: »Ich habe im Sinn, mein Material dem Bischof von Regensburg zu übergeben. Für diesen Zweck stelle ich diese Fassung her; sie sollte für die Vervielfältigung durch Foto-Kopien sich gut eignen.« Zugleich äußerte er den »Wunsch, der Regensburger Bischof mit von ihm bestimmten gewichtigen Zeugen solle eine amtliche Aussprache mit Aufnahme eines amtlichen Protokolls mit Theres Härtl herbeiführen«. Dem fügte er hinzu: »Es wäre mein Wunsch, wenn ich dazu ebenfalls beigezogen würde.« – Bischof Graber hat nie mit Heinrich Muth über dessen Erlebnisse in Konnersreuth gesprochen.

Im Jahr 1971 erteilte er dem Jesuiten Dr. Carl Sträter den Auftrag, die einschlägigen Akten des Bischöflichen Ordinariates auszuwerten. Ende 1978 erklärte Sträter, er habe »das seit Jahrzehnten angefallene Aktenmaterial durchgearbeitet«.[1018] Auch die im März 1971 von Weihbischof Hiltl abgelieferten Aufzeichnungen Muths hat er eingesehen.

Im April 1980 habe ich Bischof Rudolf Graber schriftlich gebeten, er möge Heinrich Muth und Theres Härtl vernehmen. Ich erhielt keine Antwort. Am 29. November 1985, in der Zeit, als Muth bereits schwer krank war, habe ich Bischof Manfred Müller gebeten, er möge dafür sorgen, daß die beiden »alsbald« vernommen würden. Dies geschah nicht; der Bischof machte nur einige Versuche, die Neufassung der Aufzeichnungen Muths zu erhalten. Dieser erklärte sich mit der Ablieferung unter der Bedingung bereit, daß er und Theres Härtl vernommen würden. Darauf ging der Bischof nicht ein.

Aus meiner an den Bischof gerichteten Bitte, er möge Heinrich Muth und Theres Härtl vernehmen lassen, entwickelte sich ein Briefwechsel. Meine Bitte erwähnte er nicht einmal; er hat nur immer wieder Angaben über kirchliche Bestimmungen gemacht, die mit meiner Bitte nichts zu tun hatten. Am 16. Juli 1986 ist Heinrich Muth gestorben.

Muths erste Begegnungen mit Therese Neumann – Ende April 1942 verließ Heinrich Muth seinen ersten Seelsorgeposten Perkam und zog als Benefiziat und Pfarrvikar nach Konnersreuth. Vorher besuchte er seinen Vetter in Lappersdorf, Pfarrer Max Schuster, der früher Pfarrer in Münchenreuth war und keine gute Meinung von Therese Neumann hatte. In der mehrere Stunden dauernden Unterredung gab Schuster den Rat, »sich um die Resl überhaupt nicht zu kümmern, sondern sie als eine von den vielen anderen Konnersreuthern zu betrachten«. Weiter riet er Muth, »alles ihm wesentlich Erscheinende möge er [...] sammeln, um sich im Laufe der Zeit ein sicheres, unverrückbares Selbsturteil zu bilden«.[1019]

In Konnersreuth angekommen, mußte sich der neue Benefiziat zunächst im Pfarrhof aufhalten, weil sich der Transport seiner Möbel verzögerte. Wie er gelegentlich sagen hörte, hatte ihn der Pfarrer so angekündigt: »Der neue Benefiziat kommt als Friedensengel; der Heiland hat es gesagt.«

Schon bald nach der Ankunft fiel Muth auf, daß Therese Neumann sehr darauf aus war, ihn zu treffen. Die erste Gelegenheit bot sich, als er sich gegen 18.30 Uhr aufmachte, um der Schulleiterin Faltermeier und der Lehrerin Schönberger einen Antrittsbesuch zu machen. Auf dem Weg zu den beiden begegnete ihm die an ihrem weißen Kopftuch sofort zu erkennende Stigmatisierte, die von dem Mädchen Maria Härtl begleitet wurde. Sie hielt ihm in aufdringlicher Weise ihre mit Halbhandschuhen bedeckten Hände entgegen und sprach: »Wir bringen Blumen in den Pfarrhof, dann in die Kirche; da wird der Heiland eine Freude haben in der Kirche.« Muth erwiderte nichts, sondern sprach nur einige Worte zu dem Mädchen. Am selben Abend bekam Muth Therese noch zweimal zu Gesicht, als sie am Pfarrhof vorbeiging. Auch am folgenden Tag sah er sie wieder mehrmals am Pfarrhof vorbeigehen. Am Nachmittag kam es dann zu einem ersten Gespräch zwischen Muth und Therese; das Zusammentreffen war offensichtlich geplant. Während der Pfarrer und der Benefiziat in der Küche beim Kaffeetrinken beisammen sind, sieht Muth durch das Fenster, wie Therese auf den Pfarrhof zukommt. Es klopft; Maria Neumann, die Schwester der Stigmatisierten und Haushälterin des Pfarrers, geht hinaus auf den Gang, kehrt zurück und gibt dem Pfarrer ein Zeichen, worauf dieser aufsteht und das Zimmer verläßt; auch Maria Neumann zieht sich zurück. Es klopft an der Küchentüre; Therese erscheint; sie fragt Muth, ob er der neue Benefiziat sei. Dann setzte sie sich »und erzählt und erzählt«. Schon bei ihren ersten Worten läßt sie die ihr Anliegen andeutende Bemerkung einfließen: »Bei mir war der Gendarm wegen des Treibhauses, weil ich statt Gemüse Blumen gebaut habe. Ich habe ihm dann gesagt: ›Ich brauche ja kein Gemüse, da ich doch nichts esse.‹« Nun blieb dem Benefiziaten nichts anderes mehr übrig als zu fragen: »Dann sind Sie wohl die Therese Neumann?« In Muths Notizen heißt es: »Ich saß auf Kohlen! Eine volle Stunde waren Resl und ich allein in der Küche. Kein Pfarrer Naber und keine Maria Neumann ließ sich sehen. Mir war klar: Abgekartet! [...] Resl erzählte, ich konnte gar nicht viel einflechten.« Die Stigmatisierte sprach »ununterbrochen« von Muths Vorgänger Josef Plecher; für ihn »hatte sie kein gutes Wort; in dieser Stunde brachte sie nur Ungutes über Plecher« vor. Sie erzählte schon damals Dinge, die Muth erst später verständlicher wurden: »Chorgeschichte, Mädelsachen, Steigstreuen«. »Nach ihren Worten wäre Plecher der schlechteste Priester, der mir je unter die Augen kommen konnte«; so notierte Muth. Schon die erste Unterhaltung hatte für Muth zur Folge: »Resl war in diesem Augenblick für mich erledigt! Das soll eine Heilige sein!! Von Gott begnadet? Und sie hat doch für einen Priester nur Schimpf- und Schmähworte!« Schon beim ersten Zusammentreffen stand Muths Entschluß fest: »Mit der Resl nichts zu tun zu haben!«

In der ersten Zeit von Muths Anwesenheit in Konnersreuth zeigte sich Therese Neumann auffallend besorgt um ihn. Sie erwies ihm Gefälligkeiten; ja sie drängte sich förmlich auf. So wollte sie ihm »unbedingt« die Umzugskosten von Perkam nach Konnersreuth bezahlen; sie bot sich an, ihm für seine Wohnung einen Teppich und einen neuen Ofen zu besorgen, was damals mitten im Kriege nicht ohne weiteres möglich war; aber Therese betonte, sie verfüge über genug Beziehungen. Allerdings machte sie dem Benefiziaten »ausdrücklich« zur Bedingung für ihre Hilfsbereitschaft: »Wenn Sie glauben.« Große Geschenke lehnte Muth ab, kleinere wie Zigaretten nahm er in der ersten Zeit an; bald aber lehnte er auch solche ab, obwohl Therese betonte: »Das dürfen Sie ruhig annehmen; das sind keine Schmiergelder.«

In den zwei Monaten Mai und Juni 1942 führte Muth sehr oft Gespräche mit Therese Neumann, in der ersten Zeit war er »täglich 3 bis 5 mal« bei ihr, um sich ein genaues

Bild von der Stigmatisierten machen zu können. Die Konnersreuther kannten den Grund nicht; sie und vor allem die jungen Leute vermuteten, Therese Neumann habe ihn »schon ganz gewonnen« und es sei »alles, was früher bei Plecher war, für immer aus«. Damit war vor allem gemeint: der neue Benefiziat würde die Arbeit mit der Jugend nicht fortsetzen.

Muths Vorgänger – Von den drei Vorgängern Muths stand nur einer ganz auf der Seite der Therese Neumann. Der erste, Alois Weber, kam am 8. März 1924 nach Konnersreuth und blieb bis zum 1. Mai 1929. Bei einem Gespräch am 30. März 1928 mit dem Domkapitular Dr. Reichenberger erklärte er, er habe seit 1925 nur mehr wenig Kontakt mit Therese Neumann gehabt; das habe sich so herausgebildet aufgrund seines Verhältnisses zu Pfarrer Naber. »Wenn ich«, so sagte er, »eine andere Meinung gehabt hätte als der Pfarrer, würde ich vielleicht in Konflikt gekommen sein; deshalb habe ich mich zurückgehalten.«[1020]

Ohne Trübung blieben die Beziehungen zwischen der Stigmatisierten und Webers Nachfolger Liborius Härtl (1929-1937). Dieser, seit dem 16. August 1925 Kaplan in Waldsassen, hatte sich um das Benefizium Konnersreuth beworben; Therese Neumann hatte die Erfüllung seines Gesuches »in der Ekstase« empfohlen. Der Regensburger Generalvikar Dr. Höcht lehnte ab, aber Bischof Buchberger entschied anders.[1021]

Liborius Härtl war genauso »gläubig« wie Pfarrer Naber. Auch nach seinem Weggang von Konnersreuth dauerten die engen Beziehungen fort. Eines Tages erhielt Therese einen Brief von Härtl, in dem er seine Ankunft anmeldete. Am 2. Juli 1942, dem Fest Mariä Heimsuchung, zelebrierte Muth um 7 Uhr eine gesungene Messe. Therese saß hinter dem Altar in ihrem »Häuschen«. Nach der Kommunion der Kirchenbesucher wartete Muth auf ein Zeichen des Mesners, das ankündigte, daß Therese kommunizieren wolle. Es wurde kein Zeichen gegeben. Nach Beendigung des Gottesdienstes ging »Resl frisch und munter aus der Kirche«. Gegen Mittag tauchte Pfarrer Härtl auf. Er und sein Begleiter begaben sich in die Sakristei der Kirche. Therese kommunizierte. Die am Tag zuvor empfangene Hostie hatte mit ihrer Auflösung bis zur Ankunft Härtls gewartet!

Der Nachfolger Härtls war Josef Plecher. Er kam am 16. April 1937 nach Konnersreuth und blieb bis zum 1. April 1942. In den ersten Jahren glaubte er an die Echtheit von »Resls wunderbaren Gaben«; aber im Laufe der Zeit wurden seine negativen Erlebnisse immer zahlreicher, bis er schließlich zum ausgesprochenen Gegner wurde. Das haben ihn die Stigmatisierte und ihr Anhang schwer büßen lassen. Ich habe ihn später, als er Pfarrer von Wiesau war, gebeten, er möge doch seine Erlebnisse aufzeichnen. Er hat mit der Bemerkung abgelehnt: »Ich will von Konnersreuth nichts mehr wissen.« Seinen Nachfolger Heinrich Muth hatte er dringend abgeraten, »etwas in der Sache Therese Neumann zu unternehmen«.

Beginnende Schwierigkeiten – Mit Pfarrer Naber, das hat Benefiziat Muth immer wieder betont, wäre gut auszukommen gewesen, wenn nicht »die Resl« dazwischen gestanden wäre. Wer sich nicht auf ihre Seite stellte, den betrachtete auch Pfarrer Naber als seinen persönlichen Gegner. Anfänglich wollte sich Muth um Therese Neumann überhaupt nicht kümmern; aber er mußte bald einsehen, daß dies nicht möglich war. »Ich sehe also«, so notierte er etwa zwei Monate nach seiner Ankunft in Konnersreuth, »daß in Wahrheit die Resl alles in der Hand hat. Resl ist der eigentliche Herr der Pfarrei. Was sie für gut findet, ist recht; was sie ablehnt, das wird einfach nicht gemacht.« Ein andermal schreibt Muth: »Naber schwört auf die Resl. Resl ist Naber alles. Resl ist Inhalt seines Lebens. Schließlich aber auch sein Werk.« Wo immer Naber in Konnersreuth auftrat, sprach er von »der Resl«: »In der Schule: Resl; in der Christenlehre: Resl; in der Kirche: Resl.« Nach dem Weggang Josef Plechers von Konnersreuth hielt er eine Predigt über die Resl. Dabei betonte er, »Konnersreuth habe eine Verantwortung, an die Resl zu glauben«. Am Aloisius-Sonntag, dem 14. Juli 1942, kam der Pfarrer in seiner Predigt wiederholt auf »die Resl« zu sprechen: »Die Resl schaut oft direkt den Heiland; – Maria hat einmal der Resl das Jesuskind auf den Schoß gelegt zum Liebkosen ähnlich wie einmal dem hl. Antonius; – Resl hat den hl. Aloisius sterben sehen.« Hinter dem Hochaltar stehend folgte der Benefiziat als Zuhörer den Ausführungen des Pfarrers; auch Therese befand sich dort, jedoch nicht, wie sonst, in ihrem »Häuschen«, sondern auf einem Hocker sitzend, so daß sie ständig vom Benefiziaten beobachtet werden konnte. Sie genoß offensichtlich die Predigt über ihre eigene Person.

Muth meinte dazu: »Und doch steht auf der Konnersreuther Kanzel: ›Wir predigen Christus‹. Es steht nicht dort: ›die Resl‹.«

Während des Nazireiches war die religiöse Arbeit mit der Jugend nicht mehr in der gewohnten Form möglich; sie blieb im wesentlichen auf den rein kirchlichen Raum beschränkt. Plecher verwendete bei den Gottesdiensten nicht nur das Gebetbuch der Diözese, das LOB GOTTES, sondern führte auch andere Gebets- und Liedertexte ein. Mit mehreren musikalisch begabten Mädchen übte er neue Lieder ein, zum Teil mehrstimmig. Vor allem bei den monatlichen Jugendgottesdiensten waren dann diese Lieder zu hören. Auch nachdem Plecher Konnersreuth verlassen hatte, wurden die Jugendgottesdienste zunächst in der gewohnten Form gefeiert; nach Nabers Worten sollte es gehalten werden »wie bei Plecher«. Das änderte sich jedoch in kurzer Zeit. Der Pfarrer gab seinem neuen Benefiziaten die Anweisungen: Er solle bei den Gottesdiensten nur das LOB GOTTES verwenden; eine eigentliche Jugendarbeit sei nicht erwünscht; die monatliche Kommunion sei genug; auch eine »Glaubensstunde«, wie sie vom Bischöflichen Ordinariat angeregt worden war, sei nicht notwendig. Diese Forderungen stammten in Wirklichkeit von Therese Neumann, der alles, was an Plecher erinnerte, ein Greuel war.

Bei der Monatskommunion der Mädchen im Mai 1942 konnte Muth nicht anders, er mußte das LOB GOTTES verwenden. Zwar hatte er gehört, daß sich die von seinem Vorgänger benützten Texte unten im Kirchturm befänden, aber niemand vermochte ihm zu sagen, wo sich der Schrankschlüssel befand. Diesmal fand sich der Benefiziat mit der gegebenen Lage ab. Am Tag vor der nächsten Monatskommunion der Mädchen wollte er die benötigten Gebets- und Liedertexte bereitlegen. Aber weder der Mesner noch Therese Neumann hatte angeblich eine Ahnung davon, wo der gesuchte Schlüssel zu finden sei. Da machte der Benefiziat die Bemerkung, er werde den Schrank aufsprengen. Nun auf einmal fiel der Stigmatisierten ein, daß sich der Schlüssel im Pfarrhof befand. Gegen Abend bat Muth zwei Mädchen, sie sollten den Schlüssel holen; er wurde ihnen nicht ausgehändigt. Daraufhin begab sich der Benefiziat selber zum Pfarrer. Dieser gab den Schlüssel heraus, wenn auch mit offensichtlichem Widerwillen. So wurden also diesmal beim Gottesdienst am Sonntag neben Liedern, die der Pfarrer und Therese Neumann wünschten, auch einige Lieder gesungen, die Plecher einstudiert hatte. Nach dem Hauptgottesdienst begab sich der Benefiziat zur Familie Neumann. Dort empfing ihn Frau Neumann mit einem erregten Geschimpfe, weil es schon wieder »so plecherisch« zugehe. Am Tag darauf entlud auch Therese dem Benefiziaten gegenüber ihren Zorn wider Plecher: »Der Plecher hat nur die Chormädchen gerne gehabt [...] und noch ein paar andere. Mit ihnen hat er sich in allerhand eingelassen; er ist nachts mit ihnen spazieren gegangen, hat ihnen die Sterne gezeigt; er hat bei Leuten arbeiten geholfen, wo solche Mädchen sind, hat die Mädchen auf den Boden geworfen, am Boden gewälzt und ihnen mit der Hand auf den Hintern geschlagen. Er ist oft spät abends zu Mädchen gefahren oder gegangen mit schönen Haaren; schöne Haare hat er gern gehabt. [...] Einmal hat er in einer Predigt über Sittlichkeit gesprochen; auf der Empore haben sich alle Männer und Burschen aufgehalten [empört] und laut gesagt: ›Der macht's ja selber so.‹ Burschen haben ihm einmal ein Ständchen gesungen, vor unserem Hause, mitten in der Nacht. Da hieß es immer: ›Wir lieben deutsche Mädchen, der Vize [der Benefiziat als Stellvertreter des Pfarrers] liebt gleich vier.‹« Die Burschen, so erzählte Therese weiter, hätten Plecher mit »Steigmachen« verspottet, das heißt, Sägspäne vom Benefizium bis zum Elternhaus zweier Mädchen gestreut. Die Schimpferei der Stigmatisierten über den »Vize« währte volle drei Stunden.

Am selben Tag, dem 23. Juni 1942, zementierte Thereses Bruder August im Benefiziatenhaus eine Wasserpumpe ein. Auch er kam auf Plecher zu sprechen und erwähnte das Thema »Ständchen und Steigmachen«. Muth ließ ihn lange reden, dann fragte er: »Wer hat den Steig gemacht? Wer hat das Ständchen gesungen?« Da wurde es August »ganz heiß«. Er gab zur Antwort: »Manche haben gesagt, daß ich es gewesen sei, sogar in Regensburg meinen sie es. Ich weiß nicht, was ich dagegen machen soll.« Muth gab zur Antwort: »Ja, ich tät es einfach anzeigen, wenn ich es nicht gewesen bin; ich würde es auf keinen Fall leiden.« Darauf wußte August keine passende Antwort. Mit dem Hinweis auf Regensburg meinte August Neumann seinen Landsmann Lorenz

Rosner, der damals Domvikar war. Merkwürdigerweise wurde das Ständchen nicht vor der Wohnung des Benefiziaten gesungen, sondern vor dem Neumann-Haus.

Die Vorwürfe der Familie Neumann gegen Plecher waren völlig unberechtigt. Sein Nachfolger urteilt so über ihn: »Plecher war ein Ehrenmann. Kein Mensch in Konnersreuth kann über ihn etwas [= Böses] sagen. Den Leuten war Plecher ein lieber Priester. Kein Mensch weiß etwas von diesen Dingen über ihn, außer die Reslpartei. Kein Mensch weiß etwas von einer Erregung auf der Empore, außer der Reslpartei. Was müßte nach der Resl Aussagen dieser Plecher für ein schlechter Mensch gewesen sein! Und die Konnersreuther? Die besuchen ihren früheren Benefiziaten in hellen Scharen, ganze Familien, Väter und Mütter. Plecher gilt heute noch viel, viel!! Und das mit Recht.«

Einen Monat später war es dem Benefiziaten nicht mehr möglich, selber einen Gottesdienst für die Jugend zu gestalten. Am 5. Juli wollte er bei der Monatskommunion der Burschen wieder wie vier Wochen zuvor eine Betsingmesse halten. Ohne mit seinem Mitbruder vorher gesprochen zu haben, schrieb Naber ins Verkündbuch: »Monatskommunion der Jungmänner mit Betsingmesse aus dem Lob Gottes«. Muth stellte deswegen den Pfarrer zur Rede, wobei er die Bemerkung machte, des Pfarrers Vorgehen sei von der Stigmatisierten veranlaßt worden. Naber gab zur Antwort, diese sei »beim Schreiben des Verkündbuches nicht dabei gewesen«; daß die Anordnung von ihr ausgegangen war, das erwähnte er nicht. Acht Tage darauf war Monatskommunion der Mädchen. Im Verkündbuch hieß es wiederum: »Betsingmesse aus dem Lob Gottes«.

Wie schon Plecher es gemacht hatte, so hielt auch Muth gelegentlich Chorproben für die Sängerinnen ab. Zum Beginn des neuen Schuljahres im September 1942 fand am 19. September eine Chorprobe statt. Muth teilte den Mädchen mit, daß der Anordnung des Pfarrers entsprechend nur Lieder aus dem LOB GOTTES verwendet werden dürften. Von da an sangen die Mädchen bei der Monatskommunion nicht mehr; eine Reihe der Jugendlichen blieb überhaupt fern.

Es war klar: Schuld an dem Vorgehen des Pfarrers hatte Therese Neumann. Muth gab als Begründung an: Sie wollte sich nachträglich an Plecher seines »Unglaubens« wegen rächen; seine Arbeit mit der Jugend sollte beendet und ausgelöscht werden, aber so, daß die Leute zur Überzeugung kämen: Sein Nachfolger trägt die Schuld. Obwohl Therese, wie sich Muth ausdrückt, Plecher »gehaßt« hat, brachte sie es fertig, um die gleiche Zeit ein Gespräch mit ihm zu führen und ihn zu bitten, er möge bei seinem Nachfolger »ein gutes Wort einlegen«, weil dieser »so gegen sie eingestellt« sei.

Bekehrungsversuche – Muth war, wie er betonte, »nicht als Gegner« nach Konnersreuth gekommen; er wollte »neutral bleiben«. Aber das war auf die Dauer nicht möglich; sehr bald sah er sich zu einer Entscheidung gezwungen: »für oder gegen Resl«.

Kaum zwei Monate nach seiner Ankunft in Konnersreuth mußte er feststellen: »Nun war ich innerlich zum Gegner der Resl geworden, durch die Schuld der Resl.« Zur damaligen Zeit war seine Schwester Emma, die ihm den Haushalt führte, noch »total für die Resl«. Auch seine Mutter war »reslgläubig«. Die Vorkommnisse in Konnersreuth bereiteten ihm »viele schlaflose Nächte« und zwangen ihn, das begonnene Studium für den bevorstehenden Pfarrkonkurs abzubrechen.

In den ersten zwei Monaten machte er sich keine Aufzeichnungen. Das tat er erst vom 22. Juni 1942 an, nach dem erwähnten Jugendgottesdienst.

Eines Samstags spendete er einem Kind das Taufsakrament; als Taufpatin fungierte die Stigmatisierte. Nach den in der Sakristei vorgenommenen Zeremonien begeben sich die Anwesenden am Hochaltar vorbei zum Taufbecken. »Resl bleibt normal wie zuvor. Plötzlich geht ein Ruck durch sie, ganz auffällig. Das Kind in den Armen, stiert sie zum Hochaltar.« Der Benefiziat richtete den Blick dorthin »und sah Pfarrer Naber mit halbem Gesicht vom Hochaltar hervorschauen«. Sofort kam Muth der Gedanke: »Also darum.« In der Sakristei hatte Therese noch ruhig und leise gesprochen; nunmehr sprach sie so laut, daß man jedes Wort in der ganzen Kirche hätte verstehen können; sie »schrie fast«. Nach den Taufzeremonien kehrt Muth in die Sakristei zurück. Therese mit dem Kind in ihren Armen und Pfarrer Naber begeben sich zum Theresienaltar. Dort hatte sie, wie später die Hebamme berichtete, eine Vision. Am Nachmittag nahm Muth am Taufschmaus teil; auch Pfarrer Naber war dabei. Dieser benutzte die Gelegenheit, den Benefiziaten darauf hinzuweisen, daß Therese nahrungslos lebe. Er wandte sich ihr zu und sprach: »Resl, magst du nicht auch ein Stück Kuchen?« Die also Angesprochene lehnte ab. »Übrigens«, so ergänzt Muth die Schilderung der Szene, »ist bei solchen Gelegenheiten immer Ekstase; diesmal war nichts, wohl weil ich beim Taufschmaus dabei war.«

Noch in dieser Zeit unterhielt sich der Benefiziat fast jeden Tag mit der Stigmatisierten, zuweilen »bis zu vier Stunden lang«. Am 23. Juni 1942 gestand er ihr »ganz offen, daß er ihre Sachen nicht glauben könne«; er sei zwar skeptisch nach Konnersreuth gegangen, habe aber gehofft, »langsam überzeugt zu werden«. Nun begann Therese mit »Beweisen« für die Echtheit der »wunderbaren Phänomene« aufzuwarten, wobei sie die einzelnen »Beweise« mit den Worten zu bestätigen pflegte: »Das ist halt einmal so, machen Sie es anders!« Unter anderem führte sie an: »Einmal habe ich kommuniziert, da ist der Heiland in mir geblieben, stundenlang; ich habe ihn dann erbrochen. Der Herr Pfarrer hat die Hostie gesehen; auf einem Tüchlein wollte er sie mir reichen; da ist der Heiland von selbst vom Tüchlein weg in den Mund.« Das zweite »wunderbare Ereignis« schilderte Therese Neumann so: »Es war in Eichstätt. Früh war ich schon wach, um 5 Uhr. In zwei Stunden wäre erst Messe gewesen. Ich wollte aber schon jetzt kommunizieren, nicht erst in der Messe, wie sonst. Professor Wutz war bei mir. Ich sagte, ich möchte den Heiland jetzt haben. Wutz sagte: ›Du kannst schon warten auf die Messe.‹ Dann ist es passiert. Die Hostie kam auf einmal in mein

Zimmer geschwebt; ich habe den Mund aufgemacht und habe den Heiland empfangen. – Das ist alles wahr! Ich lüge nicht. Ich bin mir überhaupt keiner Lüge im Leben bewußt!«

Am 25. Juni 1942 wird der Benefiziat gebeten, er solle ins Neumann-Haus kommen und seinen Bildprojektor mitbringen, Ferdinand Neumann, der 31jährige Bruder Thereses, von dem man ihm gesagt hatte, er sei Student der Theologie, wolle Farb-Dias zeigen. Das Wohnzimmer war vollbesetzt, ungefähr 30 Personen waren anwesend. Vier Personen standen neben der Türe, nämlich Therese Neumann, Pfarrer Naber, der Kapuziner Leo Ort und der Münchener Arzt Dr. Mittendorfer. Diese vier Personen entfernten sich still und leise bald nach Beginn der Vorführung. Um 19 Uhr ging der Benefiziat nach Hause. Um 21.30 Uhr läutete die Hausglocke; Muth wurde aufgefordert, er möge sich in die Sakristei begeben, Ferdl mache in der Kirche Aufnahmen. Widerwillig fügte er sich. In der Sakristei legte Pfarrer Naber nacheinander »die schönsten Ornate« an; er wollte zwar »nicht recht, doch schaffte Resl energisch an«. Am Altar wurden dann fünf »Blitzaufnahmen« gemacht. Nun wollte Muth wieder heimgehen; doch Therese forderte ihn auf, er solle mit ihr kommen, der Pfarrer und die anderen kämen auch, Ferdl würde schöne, farbige Bilder zeigen. Der Benefiziat lehnte mit der Begründung ab: »Diese Bilder habe ich doch schon gesehen.« Therese widersprach: »O nein, Ferdl zeigt andere Bilder, die Sie sicher noch nicht gesehen haben.« Auch Pater Leo redete dem Benefiziaten zu; schließlich fügte er sich. Im Zimmer Thereses befanden sich außer den bereits genannten Personen Neumann Maria, die Haushälterin Nabers, und Neumann Ottilie, die ehemalige Haushälterin des Prof. Wutz. Was Muth zu sehen bekam, waren die bereits am vergangenen Nachmittag gezeigten Bilder. »Plötzlich klopft es.« Resl wird gebeten, zu ihrer Mutter hinunterzukommen. Nachdem sie sich entfernt hatte, meinte P. Leo: »Wir haben die Resl nur weggeführt, weil die anderen Bilder kommen.« Diese anderen Bilder zeigten Therese als blutende »Leidensbraut«. Unter den Bildern war auch eine Aufnahme, die in Eichstätt gemacht worden war und die Muth als »sicher gestellt« bezeichnete. Da schmückt Therese den Hausaltar im Wutz-Haus; vor dem Altar stehend hält sie Blumen in der Hand; »Blut war über das Gesicht bis zum Gewand hinabgeronnen.« Ferdl behauptete, seine Schwester sei vom Leiden überrascht worden. Dazu bemerkt der Benefiziat: »Und doch Apparat und Blitzlicht – Nein! Man hat die Aufnahme ganz gut vorbereitet. – Und die Resl steht, obgleich man sie sonst sofort auf einen Stuhl setzen mußte!?« Die Bildvorführungen im Zimmer der Stigmatisierten nahmen viel Zeit in Anspruch; erst gegen Mitternacht kehrte Muth in seine Wohnung zurück. Er fragte sich: »Warum wohl dieser Aufwand?«

Therese Neumann zeigte sich immer wieder sehr enttäuscht, wenn sie feststellen mußte, daß der Benefiziat nicht bereit war, ihren Beteuerungen bedenkenlos Glauben zu schenken; ihre »Demut« ließ es nicht zu, sich damit abzufinden. Eines Tages sagte sie zu ihm: »Warten's nur, Sie bekommen schon mal einen Stups, dann glauben Sie schon!« Muths Antwort lautete: »Wenn der Stups so aussieht wie bei Plecher das Steigstreuen, dann werde ich damit schon fertig.«

Auseinandersetzungen – Immer wieder mußte der Benefiziat erleben, daß nicht Pfarrer Naber, sondern Therese Neumann die Pfarrei Konnersreuth regierte. Einmal wollte er sich über dieses Thema mit ihr aussprechen. Am 21. Juli 1942 begab er sich auf ihr Zimmer zu einer Besprechung verschiedener Dinge. »Resl packte ganz zögernd die Aussprache an; eine solche war ihr offensichtlich unangenehm; sie sehnte den Pfarrer herbei. Muth begann das Gespräch mit einem Hinweis auf die bereits erwähnten Eintragungen im Verkündbuch. Er erklärte Therese, daran sei niemand sonst schuld als sie. Ihre Antwort lautete: »Besprochen habe ich es schon mit dem Herrn Pfarrer, aber ich war nicht dabei, wie er das Verkündbuch geschrieben hat.« Da klopft es an der Türe; der Pfarrer erscheint. »Er atmete sehr heftig; er mußte geeilt sein.« Offenbar war er vom Neumann-Haus aus zu Hilfe gerufen worden. Naber begann zu sprechen: »Resl, soll ich die Blumen vor dem Hause aufbinden?« Das war offenbar eine Verlegenheitsfrage; denn »draußen regnete es in Strömen«. Nun wurde das Thema Verkündbuch wieder aufgegriffen.

Der Pfarrer versicherte: »Resl hat damit nichts zu tun.« Als er aber erfuhr, daß sie kurz vorher anders ausgesagt hatte, gestand er: »Besprochen haben wir es schon.« Muth fragte den Pfarrer: »Warum haben Sie mit mir darüber mit keinem Wort gesprochen? Ich bin doch Benefiziat und Pfarrvikar.« Diese Bemerkung gefiel Therese gar nicht. Aufbrausend warf sie ein: »Pfarrvikar will er sein!« Naber ergänzte: »Sie sind nicht Pfarrvikar; das ist nur auf dem Papier wegen des Militärs.« Muth gab zur Antwort: »Ich bin Pfarrvikar, und nicht nur ein papierener.«

Das zweite Aussprachethema bezog sich auf bestimmte Konnersreuther Mädchen. Am 23. Juni hatte Therese dem Benefiziaten gegenüber behauptet, am Tag zuvor hätten sich ihr gegenüber sieben Mädchen darüber beschwert, weil die Chormädchen zwei Lieder gesungen hätten, die Benefiziat Plecher einstudiert hatte; die sieben Mädchen seien aus Protest nicht zur Kommunion gegangen. Muth meinte dazu: »Diese sieben waren sicherlich jene, die Plecher vom Chor entfernt hatte.« Therese leugnete und versicherte: »Nein, die vom Chor waren es nicht; es waren andere.« Nun, am 21. Juli, brachte Muth wiederum die Rede auf die Mädchen. Er fragte nach den Namen der sieben Mädchen. Die Antwort lautete: »Es waren eben jene, die früher auf dem Chore gesungen haben.« Damit war klar, daß Therese gelogen hat, entweder bei der ersten oder bei der zweiten Behauptung. Da wußte sie sich nicht mehr recht zu helfen; sie »schrie fast und war am Weinen«. »Herr Pfarrer«, sprach sie, »ich entbinde Sie vom Beichtgeheimnis; sagen Sie, ob ich jemals im Leben gelogen habe!« Der Pfarrer verteidigte zwar Therese, aber auf ihre Aufforderung ging er nicht ein.

Zur Verteidigung der Stigmatisierten erzählte der Pfarrer eine bekannte Szene: Therese habe nach Vorankündigung eine unversehrte Hostie erbrochen, die dann von selbst wieder in ihren Mund geschwebt sei. Anschließend kam wieder Therese zu Wort. In der bereits bekannten Weise lästerte sie gegen Muths Vorgänger Josef Plecher. Wiederum werden aufgetischt: die Chor-Geschichte, Plechers »Sittlichkeitspredigt«, das Steigstreuen, das Ständchen. Therese trug sogar die einzelnen Liedstrophen vor, zum Beispiel: »Wir lieben deutsche Mädchen, der Vize liebt gleich vier, und wenn sein Liebchen Lieder singt, dann schweigen die Glocken.« Pfarrer Naber hört sich all das an »und sagt kein Wort für Plecher«; im Gegenteil: »Er unterstützt die Resl.«

Ein weiteres Thema bei der Aussprache bildeten die Vorwürfe gegen bekannte Männer, die sich kritisch zu den Vorgängen in Konnersreuth zu Wort gemeldet hatten: Prof. Waldmann, Prof. Engert, Chefarzt Dr. Deutsch und andere.

Den Schluß und Hauptteil der Aussprache bildeten Vorwürfe gegen den Benefiziaten. Die Stigmatisierte begann ihre Rede also: »Geln's, Herr Pfarrer, wir haben am letzten Freitag schon erfahren, daß [...].« Was hat man erfahren? Es waren einige Äußerungen Muths gegen die Stigmatisierte, nämlich: sie würde »mit ihren Sachen Geld verdienen«, und: Pfarrer Naber begebe sich nunmehr nicht mehr nach der Kommunionausteilung zu Therese am Altar vorbei, sondern »um die Kirche herum«. Diese »wichtigen« Dinge hat also die Stigmatisierte am Freitag zuvor während ihrer Ekstasen »erfahren«. In Wirklichkeit waren die Berichterstatter zwei Konnersreuther Persönlichkeiten. Über Nabers Gehen »um die Kirche herum« hatte Muth mit dem Hauptlehrer Böhm, aber auch mit Therese selbst gesprochen; das Thema Geldverdienen ging auf ein Gespräch Muths mit einer Frau Schaumberger zurück. Was Muth mit der Frau gesprochen hat, verraten seine Worte: »Übrigens habe ich im Zimmer der Resl lange beobachten können, wie sie ganze Stöße Briefe öffnete. Da waren viele Geldscheine drin! Meist kamen die Briefe mit Geldscheinen auf die rechte Seite des Tischchens, die Briefe ohne Geld auf die andere Seite! – Ich bin bei diesem Brieföffnen lange Zeit ganz nahe dabei gesessen.« Therese hat übrigens auch im Pfarrhof die an Naber gerichteten Briefe geöffnet. Einmal hat Muth sie deswegen »zurechtgewiesen«. Sie gab zur Antwort, »das tue sie immer«. Diese Gepflogenheit erklärt, nebenbei bemerkt, auf welch einfache Weise Therese so manche »ekstatischen Auskünfte« erhalten hat.

Pfarrer Naber durfte in der Schule keinen Religionsunterricht erteilen; er hatte »Schulverbot«. Darum mußte der Benefiziat den Religionsunterricht in allen Volksschulklassen erteilen. Aber es wäre Aufgabe des Pfarrers gewesen, in der Kirche »Kinderseelsorgestunden« zu halten. Das tat er aber nicht. Darum bat ihn der Benefiziat, er möchte ihn diesen Unterricht erteilen lassen, womit sich der Pfarrer einverstanden erklärte; nicht einverstanden war die Stigmatisierte. Schon nach wenigen Tagen zog Naber die Erlaubnis zurück. Dies erfuhr Muth nicht aus dem Munde des Pfarrers, sondern die Stigmatisierte teilte ihm mit, der Pfarrer wolle die Kinderseelsorgestunden »wieder« selber halten. – Bisher hatte er solche nicht gehalten – fünf Monate hindurch. Der Pfarrer hat »die Kinderseelsorgestunde dem Benefiziaten abgenommen und darin statt der religiösen Wahrheiten die Aussprüche der Resl vorgetragen und erklärt«. So schrieb am 14. März 1943 der Pfarrer von Lappersdorf an den Bischof von Regensburg.[1022]

Mit der Lahmlegung der Arbeit mit der Jugend vermochte sich Muth nicht abzufinden. Darum unterbreitete er am 1. Oktober dem Pfarrer Anregungen in sieben Punkten. Der Pfarrer erklärte sein Einverständnis. Nur eine Bedingung stellte er: Bei den Monatskommunionen sollten keine mehrstimmigen Lieder mehr gesungen werden. Widerwillig erklärte sich der Benefiziat einverstanden. Plötzlich tauchte Therese auf. Sofort mischte sie sich in das Gespräch ein und versuchte, alle getroffenen Abmachungen rückgängig zu machen.

Endgültig: »Unglaube« – Die Erlebnisse während der ersten vier Monate in Konnersreuth brachten Heinrich Muth zur endgültigen Überzeugung: Es gibt keinerlei wunderbare Gaben der Stigmatisierten von Konnersreuth; was über die »Konnersreuther Phänomene«, insbesondere über die Nahrungslosigkeit, erzählt wird, gehört insgesamt in den Bereich der Märchen; Thereses Leben ist alles andere als heiligmäßig zu nennen. Vor allem aufgrund der Erlebnisse an einigen Freitagen wurde Muth zum Gegner. Nach seinem »Freitagserlebnis« am 31. Juli 1942 machte er einige Bemerkungen über die Angehörigen der Stigmatisierten. Er spricht von einem »ganz schlechten Eindruck«, den er bekommen habe. Im einzelnen erwähnt er, daß Frau Neumann an den Freitagen »ständig um die Resl herum« war; er wunderte sich, daß es an »Leidensfreitagen« für die Mutter so viel »zu tun gab«. Er stellte sich die Frage: »Was habe ich bisher erlebt?« Seine Antwort kleidete er in die Begriffe: »Streitsucht, Lieblosigkeit, Ausrichterei, Unwahrhaftigkeit«. Sein Entschluß stand von nun an fest: »Ich gebe es auf!« Er notierte: »Ich wollte der Resl aus dem Weg gehen, nur noch meine Seelsorgepflicht erfüllen. Während ich vorher nahezu täglich, oft stundenlang zur Resl ging, unterblieben eben jetzt diese Besuche. Ich machte wochenlang keine Notizen mehr.«

Die nächste, nach längerer Pause gemachte Notiz betrifft den Münchener Arzt Dr. Mittendorfer, »den Freund und Hausarzt der Resl«. Dieser schrieb dem Benefiziaten am 21. August 1942 einen Brief, in dem er behauptete, Muths Haltung würde »die Gesundheit von Naber und Resl schädigen«; er sei »der behandelnde Arzt« und könne nicht dulden, daß zum Schaden der Gesundheit dieser Personen eine »Palastrevolution« heraufbeschworen werde. – Einen ähnlichen Brief hatte seinerzeit auch Josef Plecher erhalten. Übrigens hat Dr. Mittendorfer auch mir am 14. Mai 1971, nach der Veröffentlichung meiner ersten Konnersreuth-Schrift GOTTES-WERK ODER MENSCHEN-MACHWERK? geschrieben. Unter anderem betonte er nach einem Hinweis auf »in hohem Ansehen stehende Gelehrte, die für Therese Neumann schon zu ihren Lebzeiten eingetreten« seien: »Nun sollen Sie wissen, daß auch mir von berufener Seite Sicherheit verliehen wurde, um die Wahrheit bezeugen zu können; ich habe ja Therese Neumann jahrzehntelang persönlich gekannt und war mit der Aufgabe hausärztlicher Tätigkeit betraut worden.«

Mit Recht stellte Muth »immer« die Frage: »Warum bemühte man sich so sehr um mich? Es konnte doch einer Resl und so weiter gleich sein, ob ein Benefiziat an ihre Sachen glaubt oder nicht. Die Hauptsache wäre doch, daß Resl vor allem selber so überzeugt von ihren Sachen wäre, daß ihr eine andere Meinung nicht wichtig hätte sein dürfen.«

»Ehrlichkeit« und »Wahrhaftigkeit« – Einige Wochen vergingen, bis Muth wieder einen Eintrag in sein Notizbuch machte. Das Thema lautete: »Die Ehrlichkeit des Resl-Kreises«.

In Konnersreuth wurden die Kindertaufen regelmäßig vom Benefiziaten gespendet. Ende September 1942 sollte ein Sohn der Familie Pflaum auf den Namen Kosmas getauft werden. Patin war Therese Neumann. Der Benefiziat fragte sie, wann die Taufe angesetzt sei. Er erhielt als Antwort: »Ich weiß es nicht.« Er fragte sie, als er ihr auf der Straße begegnete, ein zweites Mal, und er fragte sie ein drittes Mal am Sonntag, dem 29. September, nach dem Hauptgottesdienst. Jedesmal erhielt er zur Antwort: »Ich weiß es nicht.« Am selben Sonntag fragte Muth Resl zum viertenmal, wann die Taufe angesetzt sei; die Antwort lautet diesmal: »am Dienstag«. Am Sonntagnachmittag begab sich Muth in die Ortschaft Brand zur Michaelifeier. Während dieser Zeit taufte Pfarrer Naber das Kind. Wie nachher die Hebamme Muth berichtete, durfte Therese während der Taufspendung visionär die beiden Heiligen Kosmas und Damianus schauen – vielleicht als Belohnung für ihre wiederholten Lügen.

Eines Tages erhielt Muth aus dem Rheinland von einem Priester einen Brief, in dem ihm mitgeteilt wurde, er wolle nach Konnersreuth zu Therese Neumann fahren. Muth informierte auftragsgemäß Therese Neumann. Diese versprach, den Priester zu empfangen.

Er kam nach Konnersreuth und begab sich zuerst zum Benefiziaten. Dieser ging zum Neumann-Haus. Therese befand sich auf ihrem Zimmer; ihre Eltern arbeiteten auf dem Felde. Daß sie anwesend war, bewies die Tatsache, daß die geöffneten Fenster geschlossen wurden. Sie reagierte auf das Läuten des Benefiziaten nicht. Viermal begab sich Muth zum Neumann-Haus, jedesmal umsonst. Er machte einen fünften Versuch. Diesmal benützte er sein Fahrrad. Am Ziel angekommen, sieht er, wie vom Zimmer der Stigmatisierten aus Maria Härtl ein Gespräch mit einer Schülerin auf der Straße führt. Beim Anblick des Benefiziaten verschwindet Härtl; auch der fünfte Versuch ist gescheitert. Nachdem die Neumann-Familie vom Feld zurückgekehrt war, wandte sich Muth an die Mutter der Stigmatisierten. Diese ging hinauf zu ihrer Tochter Therese und kam mit dem Bescheid zurück, ein Empfang sei nicht möglich; denn »sie habe nur eine Nachtjacke an«. So war also der Priester umsonst nach Konnersreuth gefahren.

Eines Tages führte Therese in Gegenwart Muths ein Gespräch mit einer Frau aus München namens Brei. Resl war die Liebenswürdigkeit in Person. Kaum hatte sich die Frau verabschiedet, da war diese nur mehr eine »Schachtel«. Ein andermal hat Therese eine Lehrerin empfangen; der Benefiziat war zugegen. Die Resl spricht mit der Besucherin »freundlichst vom Heiland und Beten« und von ähnlichen Themen. Die Lehrerin verabschiedet sich und Resl sagt: »Gott sei Dank, daß diese Gurgn fort ist!« An einem Freitag, an dem keine Fremden anwesend waren, besucht Muth die Resl. Diese liegt im Bett und hat »nur zwei kleine Blutstreifen unter den Augen«. Muth setzt sich auf den Diwan. Die Stigmatisierte ist »total munter und lebhaft im Sprechen«; sie drängt den Benefiziaten, er solle rauchen. Da erscheint die Neumann-Mutter und erklärt, ein Priester sei angekommen und wünsche vorgelassen zu werden. Die Stigmatisierte ist einverstanden. Sie fordert Muth auf, er solle sich im Erker hinter dem Vorhang verbergen und sich ganz stille verhalten. Der Besucher kommt; die Resl spricht mit ihm; sie »jammert« mit »überaus leidender, dem Weinen naher Stimme« – es ist ja Freitagspassion –; der Priester entfernt sich und Resl ruft den Benefiziaten aus seinem Versteck; sie ist »quicklebendig wie zuvor«. Muth schließt seinen Bericht mit den Worten: »Ich kann mir nicht helfen! Ich schreibe es her: Ich habe an der Resl so wenig Ehrlichkeit – Wahrheitsliebe – Nächstenliebe gefunden, daß es schlimm wäre, wenn die anderen Menschen auch so wären.«

Josef Plecher hatte den Brauch eingeführt, im Advent in der Kirche einen Kranz aufzuhängen. Jeweils nach dem Ende der Adventszeit wurde das Eisengestell für den Kranz auf dem Speicher des Benefiziums aufbewahrt. Kurz vor Adventsbeginn des Jahres 1942 wollte Benefiziat Muth den Kranz neu binden lassen; aber es war nichts zu finden, kein Eisengestell, keine Leuchter, keine Bänder. Muth fragte Therese; sie sagte ihm, das Gesuchte befinde sich auf dem Kirchenspeicher; wie es dorthin gekommen sei, wisse sie aber nicht. Also suchte der Benefiziat auf dem Kirchenspeicher – aber ohne Erfolg. Wiederum wandte er sich an Therese und erklärte ihr, falls sie das Versteck nicht verrate, werde er vom Dorfschmied einen neuen Kranz anfertigen lassen. Nun auf einmal fiel es ihr ein: »Er befindet sich im Pfarrhof, über dem Schweinestall.« Also begab sich Muth auf den Weg zum Pfarrhof; Therese folgte ihm. Der Benefiziat wollte keine weitere Begegnung mehr mit ihr und verschwand in einer nahegelegenen Krämerei. Therese eilte zum Pfarrhof; zehn Minuten später traf dort auch Muth ein. »Der Adventskranz war da, säuberlich hergerichtet mit Leuchtern und Bändern.« So berichtete Muth und fügt hinzu: »Theres Härtl war bei Familie Neumann, als ich mit Resl über den Adventskranz sprach. Nach meinem Weggehen sprach Resl: ›Jetzt muß ich aber schnell zur Mare [Maria Neumann], der Kranz ist nicht auf dem Saustall, sondern auf dem Speicher im Pfarrhof. Den Kranz haben die Agnes [Schwester der Resl] und die Nandl [Ernst] aus dem Benefizium geholt, als Plecher fort war. Muß gleich gehen, sonst schaut der Benefiziat alles an, was auf dem Pfarrhausboden ist.« – Heroische Wahrheitsliebe?! Warum hat man den Adventskranz verschwinden lassen? Bei seinem Anblick hätte jemand an Plecher denken können.

»Wunderbare« Phänomene – Ein Jahr lang hatte Muth in Konnersreuth Gelegenheit, die vielgepriesenen »Konnersreuther Phänomene« zu erleben. Erzählt hat man ihm davon sehr oft. Die Berichtende war zumeist Therese Neumann; aber Zeuge eines wunderbaren Ereignisses war er nie. Was er gesehen und erlebt hat, war alles andere als unerklärlich.

Freitagspassion – Bei den Gesprächen, die Muth mit der Stigmatisierten führte, kam die Rede oftmals auf die Freitags-Ekstasen; aber es gefiel ihr gar nicht, daß der Benefiziat kein brennendes Interesse kundtat, als Augen- und Ohrenzeuge dabei zu sein. Es vergingen drei Monate, bis er wenigstens für kurze Zeit anwesend war.

Am Freitag, dem 24. Juli 1942, kamen zu ihm ins Benefiziatenhaus sein Kurskollege Josef Vollath, der damals Kaplan in Mitterteich war, und ein Herz-Jesu-Missionar. Sie forderten ihn auf, er solle mit ihnen ins Neumann-Haus gehen. Dort war bereits Pfarrer Naber im Zimmer Thereses anwesend. Muth lehnte sich zu Füßen der Stigmatisierten auf die Bettkante und beobachtete aus nächster Nähe. »Resl liegt im Bett, zwei breite Blutstreifen unter den Augen.« Diese Streifen schienen ihm zu »glatt«; sein erster Gedanke war: »angestrichen«. Therese machte ihre bekannten theatralischen Bewegungen und Gesten, wie sie immer wieder geschildert werden und wie man sie auf Bildern betrachten kann; aber sie sprach »kein einziges Wort«. Da wandte sich Muth an den Pfarrer, der neben dem Bett saß, laut, so daß alle Anwesenden die Worte verstehen konnten: »Die Resl sagt ja nichts.« Da sprach Pfarrer Naber zu der in Ekstase Befindlichen: »Resl, der Herr Benefiziat meint, du sollst etwas sagen.« Zugleich fragte er sie, was sie gerade schaue. Sie redete »in abgerissenen Worten« von den »Bäumen und den Zwurkeln« (Ölbäume, wie Naber erklärte) und vom »Moidl mit dem Kruge«; auch »hebräische Brocken« waren zu hören; Muth glaubte, nur ein einziges Wort verstanden zu haben, nämlich HAMELECH (Der König), war sich jedoch nicht sicher. Ein anwesender Besucher reichte Pfarrer Naber eine angebliche Kreuzpartikel. Therese erklärte: »Die Kreuzpartikel stammt vom Mann mit dem langen Bart, die Partikel ist vom rechten Kreuzbalken.« Es ereignet sich nichts Außergewöhnliches; nach einiger Zeit werden alle Anwesenden aufgefordert, das Zimmer zu verlassen. Pfarrer Naber gab die Begründung, Therese müsse sich erholen, bei dieser Gelegenheit decke sie sich ab. Unten im Gang reichte ein Pater namens Reif, »ein Freund der Resl«, dem Benefiziaten die Hand und sprach: »Resl und Pfarrer sind ganz überglücklich, weil Sie sich interessiert haben.« Wie hat das der Pater gemerkt, daß Resl überglücklich war? Wahrscheinlich kamen die beiden Besucher nicht zufällig nach Konnersreuth, sondern aufgrund einer Absprache mit der Stigmatisierten und dem Pfarrer; so erklärt sich der Ausdruck »überglücklich«.

Am 28. Juli begab sich Muth wiederum zu Therese. Diese zeigte sich sehr erfreut und ausnehmend freundlich. Sie benutzte die Gelegenheit und erzählte »viele Wundersachen«; sie »verteidigte ihre Nahrungslosigkeit«; von den Wundmalen erklärte sie, diese seien »langsam gekommen«; »einige Einwürfe der Gegner widerlegte sie«. Dann versuchte sie, den Benefiziaten zu überzeugen, »daß sie besondere Gaben habe«. Sie hielt Muth »in freundlicher Weise vor«, er habe »einmal ihre Sachen als ›Schwindel‹ bezeichnet« und »es sei am 24. Juli bis tief in die Nacht im Benefizium gegen sie gesprochen worden«. Für diese »wunderbaren Erkenntnisse« wußte Muth naheliegende Erklärungen. Das Wort »Schwindel« hatte zuerst Lehrer Böhm gebraucht, dann auch Muth. Der Weg von Böhms Wohnung zum Neumann-Haus war nicht weit. Auch für das »ekstatisch« belauschte »Gespräch gegen die Resl bis tief in die Nacht« gab es eine einfache Erklärung. In der betreffenden Nacht weilte bei Muth der erwähnte Missionar. Therese hielt sich zu dieser Zeit bis zum 25. Juli 4 Uhr bei ihrer Schwester, einer verheirateten Pflaum, auf, deren Kind erkrankt war. Von dort aus war das Licht im Benefiziatenhaus zu sehen. Von dem Pater hat Therese sicherlich so manches über den Inhalt des Gesprächs erfahren.

Der Benefiziat hatte sagen hören, das Ende der Passion an den Freitagen sei »erschreckend«. Dies wollte er auch erleben. Darum begab er sich am 31. Juli 1942 zum Neumann-Haus. Pfarrer Naber erschien und begab sich hinauf ins Zimmer der Stigmatisierten. Er kam zurück und erklärte, sie sei krank, in solch einem Falle »verschone sie der Heiland immer«; das Leiden sei heute bereits beendet. Dazu Muth: »Und gestern war die Resl nicht krank, keine Spur; ich war ja erst abends noch bei ihr; sie war frisch und munter.« Warum wurde wohl Therese kurz darauf krank? Muth gibt die Antwort: »War Militär in Konnersreuth, auf dem Marktplatz, also vor dem Hause Neumann, war wilde Schießerei.« So etwas war doch weit interessanter als die Freitagsvisionen.

Was Muth vor allem mit eigenen Augen beobachten wollte, war der Beginn des Austritts von Blut aus Wunden und aus den Augen der Stigmatisierten. Zu wiederholten Malen erklärte er: »Ich will Blut fließen sehen; dann erst kann ich glauben.« Sein Wunsch blieb unerfüllt. Einmal, in der Nacht vom Donnerstag auf den Freitag, weilte er im Zimmer der Stigmatisierten. Er wartete vergebens, die gewohnten Leidensekstasen stellten sich nicht ein. Darum ging er wieder nach Hause. Am Tag darauf erklärte ihm Therese: »Wären Sie noch eine Zeitlang geblieben, das Leiden ist bald nach Ihrem Gehen gekommen.«

Ein andermal begab sich Muth an einem Donnerstag gegen Mitternacht in Begleitung eines jungen Mitbruders zum Neumann-Haus. Da erschien am Fenster des Passionszimmers Agnes, eine Schwester der Stigmatisierten. Sie sah die beiden Priester, zog sich rasch wieder zurück und sprach mit Therese. Diese ließ erklären, sie wolle keine Besucher empfangen; einen Grund dafür gab sie nicht an. Muth meinte dazu: »Ich durfte den Beginn des Leidens nicht sehen und sollte doch ›glauben‹!«

»Eucharistische« Phänomene – Es gibt viele Berichte über Thereses »ekstatische Kommunionen«. Heinrich Muth hat der hinter dem Hochaltar Sitzenden ungefähr hun-

dertmal die Hostie gereicht; »niemals« hat er »etwas Besonderes bemerken können« – mit einer Ausnahme. Am 16. Juli 1942, als er sich ihrem Stuhl näherte, empfing sie ihn »mit ausgebreiteten Armen«. Nach einer kurzen Weile öffnete sie ganz langsam ihren Mund, aber nur so wenig, daß er gerade noch die Hostie zwischen ihre Lippen stecken konnte; ihre Zunge kam nicht zum Vorschein; »die Arme der Resl blieben ausgebreitet«. Dies war und blieb die einzige »ekstatische« Kommunion, die Muth erlebt hat. Was war der Grund für das Ausnahmeerlebnis? An jenem Tag nahm bei der Meßfeier ein Pater aus Falkenstein teil. Dieser erzählte nach dem Gottesdienst dem Benefiziaten, »die Resl« habe vor dem Kommunionempfang den Mesner zu sich gerufen, dieser habe die Sakristei verlassen, dann sei Pfarrer Naber erschienen. Dieser sollte offenbar nach dem Willen der Stigmatisierten Zeuge des »wunderbaren Erlebnisses« werden.

Normalerweise stand das Orakel hinter dem Hochaltar von Konnersreuth nur Pfarrer Naber zur Verfügung; aber gelegentlich durften es auch andere Personen in Anspruch nehmen, vor allem prominente. Heinrich Muth wurde nie gewürdigt; nur als Zelebrant am Hochaltar vermochte er das »ständige Wispern« wahrzunehmen. An einem Tag nach dem Weihnachtsfest kehrte er von einem Versehgang in die Kirche zurück. Dort feierte man gerade ein levitiertes Hochamt, wovon Muth vorher nichts gesagt worden war. Er begab sich am Hochaltar vorbei zur Sakristei. Da sprang ein »vornehmer« Herr, der auf dem Holztürchen des »Häuschens« mit dem Rücken zum Altar hockte, rasch herunter. Da der Mann den Ankommenden nicht hatte erblicken können, mußte ihn die »in der Ekstase befindliche« Therese erblickt und den Herrn gewarnt haben.

Bei den Gottesdiensten, die der Benefiziat feierte, verließ der Pfarrer »fast jedesmal«, nachdem Therese kommuniziert hatte, seinen Platz im Kirchenschiff, begab sich am Hochaltar vorbei zu Therese und führte mit ihr beziehungsweise mit dem »Heiland« ein Gespräch, wobei der Benefiziat »das dauernde Sprechen hinter dem Altare« vernehmen konnte. Eines Tages brachte Muth deswegen sein »Mißfallen« zum Ausdruck. Von dieser Zeit an wurde zwar auf die Zwiegespräche nicht verzichtet, aber es kam immerhin zu einem kleinen Wandel. Der Pfarrer begab sich von da an zur Resl nicht mehr am Altar vorbei, sondern er machte einen kleinen Umweg; er verließ das Gotteshaus durch eine Seitentüre und begab sich durch die Sakristei »zum Häuschen der Resl«. Eines Tages beanstandete der Benefiziat auch dieses Vorgehen des Pfarrers. Therese wußte eine einfache Erklärung: »Naber treibt die Kinder in die Kirche.« Dies tat er also am Ende des Gottesdienstes!

Ekstatische Zustände – Viele der »Konnersreuther Phänomene« waren von einer Art, die jeden Echtheitsbeweis ausschloß. Dazu gehören die Wundergeschichten, von denen der Benefiziat Muth oftmals zu hören bekam, zum Beispiel Auskünfte der Seherin von Konnersreuth über das Schicksal Verstorbener im Jenseits und über das Wesen und die Dauer des Fegefeuers. Einmal erzählte eine Frau namens Jäger dem Benefiziaten, Therese schaue am Fest Allerheiligen die Verstorbenen, die sich im Läuterungsorte befänden; beim Tod ihres Sohnes sei Resl visionär zugegen gewesen; er sei »am Gericht vorbei sofort in den Himmel gekommen«; es habe für ihn »kein Gericht gegeben«. Drei in Konnersreuth lebenden Witwen versicherte Therese, sie habe deren Ehemänner im Jenseits gesehen, zwei von ihnen seien bereits im Himmel, der dritte befinde sich noch im Fegefeuer.

Verschiedene Male hat Therese Menschen im Jenseits geschaut, die gar nicht gestorben waren. Ein Konnersreuther, Christian Kreil mit Namen, der sich im Fronteinsatz befand, hatte schon lange Zeit nichts mehr von sich hören lassen. Man wandte sich an die Seherin. Diese versicherte, der Soldat sei gefallen. Der Totgesagte kehrte wieder in die Heimat zurück. Einmal sollte Therese Auskunft über das Schicksal eines Mannes geben; diesmal verlangte sie, man solle ihr ein Bild zeigen, »weil sie sich nicht mehr zurechtfände«.

Als Religionslehrer traf Muth regelmäßig mit der Lehrerin Schönberger zusammen, die schon vor Naber in Konnersreuth tätig war, eine »charaktervolle Person«, die täglich zur Kommunion ging. Diese gab zu erkennen, daß sie den früheren Benefiziaten Josef Plecher hoch einschätzte. »Gelegentliche Andeutungen« veranlaßten Muth, die Lehrerin am 19. Juli 1942 aufzusuchen. Die Unterredung dauerte zwei Stunden. Frau Schönberger hatte zuerst »an die Resl geglaubt«, aber deren Verhalten hat sie im Laufe der Zeit »wankend gemacht«. Zum Teil waren Erlebnisse bei einigen »Ekstasen« schuld. Eines Tages schmückte die Lehrerin zusammen mit Therese Neumann den Hauptaltar der Pfarrkirche; es war an einem Johannis-Tag. Da bekam Therese plötzlich eine Vision. Sie wurde »sofort auf den Knieschemel des Beichtstuhles gesetzt«. Pfarrer Naber eilte zu der Schauenden und stellte ihr einige Fragen, die beantwortet wurden. Die erhaltenen Auskünfte machten ihn »unruhig«. Er sprach: »Resl, Resl, hast du genau aufgemerkt? Das stimmt doch nicht; das kann doch nicht sein.« Was stimmte nicht? Resl hatte die beiden Johannes durcheinandergebracht, Johannes den Täufer und Johannes den Evangelisten. Auch sonst, so wußte die Lehrerin zu berichten, geschah es, daß der Pfarrer über ekstatische Auskünfte ins Staunen kam. Einmal machte er der Lehrerin gegenüber die Bemerkung, »bisher habe die Kirche so gelehrt, Resl sage so.« Pfarrer Naber ließ sich also von Therese Neumann seinen bisherigen Glauben korrigieren. Frau Schönberger hatte einmal die Gelegenheit, selber Fragen an die »Schauende« zu richten; die Antworten waren »total falsch«, worauf sie leise vor sich hin sprach: »Schwindel!« Offenbar hat die »Ekstatische« das Wort gehört; denn »seit dieser Zeit stand ihr Resl feindlich gegenüber«.

Die andere Lehrerin in Konnersreuth, die zugleich Schulleiterin war, Faltermeier mit Namen, war früher ebenso wie Schönberger eine tägliche Kommunikantin. Lange Zeit war sie eine »Reslfanatikerin«. Die Erfahrungen, die sie im Lauf der Zeit machen mußte, führten zu einem vollkommenen Bruch; sie ging auch nicht mehr in die Kirche.

Therese Neumann und ihre Nichte Theres Härtl – Es war um das Jahr 1940; mein Kurskollege Alois Ederer war zu dieser Zeit Kaplan in Waldsassen. Im Kreis von mehreren Priestern sprach einmal Theres Härtl, eine Nichte der Stigmatisierten, unvermittelt und ungefragt: »Wenn einmal unsere Tante tot sein wird, dann müssen eben wir auspacken.« Heinrich Muth kam Ende April 1942 als Benefiziat nach Konnersreuth. Er lernte dort nach kurzem Theres Härtl, die »seit Jahren eine Art Dienstmädchen der Resl war«, kennen. Am 19. Juli 1942 kam sie ins Benefiziatenhaus und lieferte Emma, der Schwester Muths, Gelder des Kindheit-Jesu-Vereins ab. Anschließend begab sie sich auf das Arbeitszimmer Muths. Bei dieser Gelegenheit wagte dieser etwas, von dem er nicht wußte, worauf er sich einließ. Er brachte gegen Therese Neumann eine Reihe von Klagen vor. Die Nichte antwortete darauf, »sie könne nicht verstehen, wie eine von Gott Begnadete so handeln könne«. Nun machte der Benefiziat einen »gefährlichen Schritt«. Er zog aus seinem Schreibtisch seine Notizen hervor und las dem Mädchen daraus vor. Dabei gebrauchte er das Wort »Schwindel«. Die Reaktion des Mädchens überraschte ihn: Es pflichtete ihm bei und erklärte, es habe bereits mit Josef Plecher über Resl sprechen wollen, habe aber nicht den Mut dazu aufgebracht; schon seit geraumer Zeit ärgere es sich darüber, daß man es dem neuen Benefiziaten »ebenso wie Plecher mache«. Nach dem Gespräch erklärte Theres Härtl, »sie sei froh, daß sie nunmehr von einer großen Last befreit sei«.

In der Folgezeit unterhielt sich der Benefiziat gelegentlich mit dem Mädchen, das damals »Feiertagsschülerin« war. Am 26. November 1942 berichtete sie ihm von einem Gespräch zwischen Pfarrer Naber und Therese Neumann, bei dem die Bemerkung fiel, »warum der Benefiziat nicht beim Militär sei, er sei doch so jung und gesund«. Dem Pfarrer war bekannt, daß Muth schon von seinem ersten Seelsorgeposten in Perkam aus zum Sanitätsdienst eingezogen worden und wieder entlassen worden war; es war ihm auch bekannt, daß Muth als Pfarrvikar vom Kriegsdienst befreit war.

Letzter Bekehrungsversuch – Ende Januar 1943 fuhr Pfarrer Naber in Begleitung der Stigmatisierten und Frau Härtl nach Eichstätt. Nach acht Tagen wollte er, wie er sagte, wieder zurück sein. Während der Zeit seiner Abwesenheit wohnte im Pfarrhof der in Lauterhofen angestellte Priester Söllner, der angeblich Therese Neumann seinen Priesterberuf zu verdanken hatte. Dieser und der Benefiziat trafen sich gelegentlich in der Sakristei der Pfarrkirche. Einmal kam es auch im Pfarrhof zu einem Gespräch. Söllner machte sich alle Mühe, Muth zu bekehren. So mahnte er ihn, Frieden zu schließen und in kein anderes Haus zu gehen als in den Pfarrhof und ins Elternhaus der Stigmatisierten, die er als eine »lebendige Heilige« bezeichnete, die Patronin der Konnersreuther Kirche sei, und zwar »mit mehr Rechten als frühere Patrone«. Er betonte, Resl habe sehr viel für die Kirche gespendet, Paramente, Fahnen und andere Gegenstände, ja, nahezu alles sei von ihr gestiftet worden; darum komme ihr auch das Recht zu, »sich in Angelegenheiten in der Kirche einzumischen«, auch was die Gottesdienste betreffe; es sei »ganz natürlich«, daß der Pfarrer und Therese Neumann alles miteinander besprächen, sie seien ja »ein Herz und eine Seele«. Den Benefiziaten forderte Söllner auf, er solle sich »gut zur Resl stellen«, dann würde sie ihn »in allem unterstützen« und für ihn »sorgen«, sie habe ja auch für den ehemaligen Benefiziaten Härtl gesorgt, »daß er wieder gesund geworden sei«, und auch Josef Plecher sei nunmehr »anderer Meinung«, und habe eingesehen, »was er in Konnersreuth verloren habe«. Das Gespräch ging zu Ende mit Söllners Aufforderung an Muth, er solle »halt auch glauben«. Zu den Bemerkungen über die beiden ehemaligen Benefiziaten von Konnersreuth ist zu sagen: Plecher hat sein Urteil nie geändert, und Härtl ist im Jahr nach der geschilderten Aussprache im Alter von 52 Jahren gestorben.

Mit Verspätung kehrte Pfarrer Naber nach zweieinhalb Wochen aus Eichstätt nach Konnersreuth zurück. Von seinem Vertreter Söllner erfuhr er, daß der Benefiziat nicht zu bekehren sei. Was sich sonst in der Zwischenzeit alles ereignet hatte, wußte zunächst der Benefiziat nicht; es fiel ihm aber auf, daß ihm die Stigmatisierte aus dem Wege ging. Am Sonntag, dem 14. Februar, traf er sie nach der Weihwasseraustellung vor dem Hauptgottesdienst in der Sakristei; er grüßte sie, »sie aber tat so, als sehe sie ihn nicht«. In den folgenden Tagen, bis zum 27. Februar, kam sie nie zur Meßfeier; auch am Sonntag, dem 21. Februar, erschien sie nicht. Sie und der Pfarrer begaben sich an diesen Tagen gegen Mittag in die Kirche zur Kommunionspendung.

Man hörte sagen, die Stigmatisierte sei krank. Pfarrer Naber erzählte den Leuten, sie müsse viel für andere leiden, auch in der Zeit, da sie »recht krank« sei. War sie wirklich krank? Man konnte sie in dieser Zeit »nachts im Markt antreffen«; die Verhaftung des Lehrers Böhm am 27. Februar machte sie schließlich vollkommen gesund. Von da an war sie »ständig auf den Beinen«, und lief »eiligst umher«.

Die Affäre Böhm – Seit Jahren versah der Hauptlehrer Böhm in Konnersreuth den Chordienst. Schon bald nach der Ankunft in Konnersreuth erfuhr Muth so manches über diesen Mann durch seinen Vorgänger Plecher. Diesem war aufgefallen, daß bestimmte Mädchen nur zum Pfarrer beichten gingen und daß an den Beichttagen der Hauptlehrer von der Orgelempore aus die Mädchen beobachtete – wie Plecher vermutete, um sicher zu sein, daß keines der betreffenden Mädchen beim Benefiziaten beichtete.

Plecher hat eines Tages darüber und über im Umlauf befindliche Gerüchte mit Pfarrer Naber gesprochen. Dieser überredete den Benefiziaten, »nichts der Gendarmerie zu übergeben«. Muth sah sich Mitte Februar 1943 veranlaßt, mit zwei Mädchen zu sprechen. Das Ergebnis war: Es gab »keinen Zweifel mehr, daß die Vermutungen zu recht bestanden«. Aufgrund seiner bisherigen Erfahrungen war ihm klar, daß ein Gespräch in der Angelegenheit mit dem Pfarrer »zwecklos« sei. Darum unterrichtete er die Schulleiterin Faltermeier. Diese erstattete nach einem Gespräch mit einem Mädchen und dessen Mutter Anzeige bei der Gendarmerie, ohne Wissen des Benefiziaten. Am 27. Februar wurde der Hauptlehrer verhaftet; es verlautete, er habe sich seit ungefähr 15 Jahren an Schulmädchen vergangen.[1023] Die Aufregung war verständlicherweise groß. Aber bald hörte man reden, Böhm sei unschuldig, das habe der Heiland gesagt. Außerdem wurde das Gerücht ausgestreut, der Benefiziat sei es gewesen, der Anzeige erstattet habe. Offenbar hat man diesen in dieser Zeit als »nicht normal« hingestellt; denn der zuständige Staatsanwalt ordnete eine »Untersuchung« Muths hinsichtlich seines geistigen Gesundheitszustandes an. Man geht kaum fehl mit der Annahme, daß der Anstoß dazu vom Münchener Arzt Dr. Mittendorfer ausgegangen war. Der Benefiziat wurde auch tatsächlich von Dr. Wenke in Erlangen untersucht. Das Ergebnis lautete: vollkommen normal.

Schon bald nach Muths Ankunft in Konnersreuth hat ihn Hauptlehrer Böhm gebeten, er möge mit den Schulkindern Singstunden abhalten; er übergab ihm auch einen Schlüssel für den Zugang zur Orgelempore. Nachdem Böhm verhaftet worden war, schickte am 28. Februar 1943 Pfarrer Naber einen Ministranten zum Benefiziaten mit der Aufforderung, er solle den Schlüssel abliefern. Muth tat dies nicht, sondern begab sich zum Pfarrer und fragte ihn, ob er ihm die Singstunden von nun an verbieten wolle. Naber gab zur Antwort: »Die Orgel soll jetzt schweigen und trauern.« Er beschuldigte Muth »mit lautesten Worten«, er habe den Hauptlehrer angezeigt. Diesen Vorwurf nahm er allerdings wieder zurück. Aber er brachte andere Anklagen vor, sowohl gegen Josef Plecher wie auch gegen dessen Nachfolger. Zu diesem sagte er: »Was haben Sie schon alles angefangen! Wir wissen alles; vor Gericht würden Sie unterliegen.« Darauf erwiderte Muth: »Berichten Sie alles nach Regensburg, aber schreiben Sie nicht, daß ich Böhm angezeigt habe; denn das ist nicht wahr. Und ich gebe Ihnen den Rat: Warten Sie mit dem Schreiben, bis die Sache mit Böhm entschieden ist; es könnte sonst sein, daß es Sie reut, ihn jetzt noch gedeckt zu haben. Übrigens wußten Sie durch Plecher schon alles über Böhm, aber Sie haben alles unterdrückt.« Naber gab eine Besprechung mit Plecher in dieser Angelegenheit zu.

Das Ende der Affäre Böhm erlebte Muth nicht mehr als Benefiziat in Konnersreuth. Der Lehrer war »ein intimer Freund der Resl«. Sie und Pfarrer Naber, die ein Kindergeschwätz gegen Muth aufbauschten, sind im Falle der Vergehen des Lehrers »stillgeblieben«.

Aussagen der Theres Härtl und die Folgen davon – Der zweite Teil der Vorwürfe Nabers gegen seinen Benefiziaten kreiste um das Thema Therese Neumann. Der Pfarrer hatte in Erfahrung gebracht, daß Theres Härtl Aussagen gegen ihre Tante gemacht hatte und daß diese vom Benefiziaten in einem Protokoll zusammengefaßt und von dem Mädchen unterschrieben worden waren. Die Beobachtungen erstreckten sich vom 19. Juli 1942 bis zum 18. Februar 1943. Ende Februar hat Naber davon erfahren.

Aussprache zwischen Naber und Muth – Das war also das zweite Thema, um das es am 28. Februar im Gespräch zwischen dem Pfarrer und dem Benefiziaten ging. Eine wirkliche Aussprache war es freilich nicht; denn der Pfarrer »tobte«. »Ich habe«, so drückt sich Muth aus, »noch nie einen Menschen so toben gesehen und gehört.« Naber schrie den Benefiziaten an: »Warum glauben Sie nicht an Therese Neumann? Warum können Sie sagen, daß Therese Neumann esse?« »Naber hat so getobt, mit den Fäusten auf den Tisch immer wieder eingeschlagen, daß Tintengläser und Schreibzeug immer wieder aufsprangen. – Es war schrecklich.«

Am 1. März 1943 schrieb Muth einen Brief an den Pfarrer und übergab ihn dann persönlich. Der Pfarrer zeigte sich nunmehr »auffallend ruhig, fast milde«. Die Verhaltensänderungen hatten einen triftigen Grund; zuvor war der Mann bei ihm, durch dessen Tochter und Ehefrau die Sache Böhm ins Rollen gekommen war. Hatte Naber vorher seinem Benefiziaten Vorwürfe über Vorwürfe gemacht, so tat er nun das genaue Gegenteil. Nun rühmte er ihn: »Ich habe zu allen Leuten gesagt, der neue Benefiziat predigt schön – betet schön – singt schön – hält tadellose Ordnung in der Kirche. Es ist eine wahre Freude, wie er die Kinder Beten und Singen lehrt, daß besonders die Buben so mittun.«

Nach dem Gespräch mit dem Pfarrer am 1. März fuhr Muth zu seinem Kurskollegen Josef Vollath in Mitterteich. Am Abend desselben Tages begab er sich um 20.45 Uhr zum Pfarrer, der ihn »sehr freundlich« bat, gelegentlich zu ihm zu einer Aussprache zu kommen. Muth war dazu nicht mehr bereit; er beabsichtigte, nach Regensburg an das Bischöfliche Ordinariat zu fahren. Im Monat Februar hatte der Benefiziat aus dem Munde der Theres Härtl einen genauen Bericht über ihre Beobachtungen erhalten, die sie im Laufe der Zeit gemacht hatte. Davon machte er sich Notizen, die Theres Härtl unterschrieb. Auf einem zunächst dem Benefiziaten unbekannten Weg erfuhren von der Sache Pfarrer Naber und die Familie Neumann; auch Maltry, Pfarrer von Wondreb, ein Verehrer der Stigmatisierten, war eingeweiht worden; dieser schrieb am 3. März an Muth einen Brief, in dem unter anderem auch von einem »Protokoll« die Rede war. Wie war Pfarrer Naber, so fragte sich Muth, zu seinem Wissen gekommen? Die Lösung war nicht schwer. Josef Vollath, dessen Beichtvater der Konnersreuther Pfarrer war, hatte seinen Kurskollegen Muth oftmals besucht und ihm »so manches herausgelockt«. Daß sich Muth schon vom Juni 1942 an einschlägige Notizen gemacht hatte, davon hatten weder Therese Neumann noch Josef Naber eine Ahnung. Auch von dem Protokoll hatte die Seherin nicht durch eine besondere Erleuchtung erfahren; ihr Wissen verdankten sie dem Umstand, daß Vollath »geplaudert« hat.

Bald nachdem die Neumann-Familie von dem Protokoll gehört hatte, wurde Theres Härtl zur Rede gestellt. Man sagte ihr, im Pfarrhof sei eine Gegenüberstellung von Therese Neumann und dem Benefiziaten geplant; dort solle sie ihrer Tante »helfen«. Das Mädchen warnte daraufhin den Benefiziaten: »Gehen Sie nicht in den Pfarrhof, lieber zum Bischof!«

Am 5. März nachmittags kam Ferdinand Neumann, ein Bruder der Stigmatisierten, zusammen mit Theres Härtl zum Benefiziaten. Muth und das Mädchen verrieten Ferdinand nur ganz wenig vom Inhalt des Protokolls. Nach der Unterredung fuhr Ferdinand Neumann nach Mitterteich zu Josef Vollath. »Von ihm hat er dann wohl alles übrige erfahren.« Vollath hat auch noch andere Personen eingeweiht, zum Beispiel den Pfarrer Rudolf Maltry von Wondreb.[1024]

Inzwischen hatte Muth von schweren Drohungen gegen seine Person erfahren. Davon erzählte er mir im Jahre 1967. Aufgrund seines mündlichen Berichtes habe ich 1994 geschrieben, daß ihm »der Kauf einer Pistole gestattet wurde«.[1025] Dabei habe ich mich insofern geirrt, als Muth bereits im Besitz einer Pistole war. Er schreibt darüber in der Neufassung seiner Aufzeichnungen:

»Ich hatte berechtigte Angst vor Neumanns und Helfern. Ich ersuchte daher Polizeiwachtmeister Höpfl um die Erlaubnis, nachts bei Versehgängen den Revolver, den ich von meinem Vater hatte, mitnehmen zu dürfen. Dies wurde mir erlaubt.«[1026] Bald darauf sah er sich gezwungen, von der Waffe Gebrauch zu machen, allerdings nur zu einem Schreckschuß. Er berichtet:

»Ich wurde eines Nachts zu einem Versehgang nach Grün gerufen. Es war um 2 Uhr morgens. Zu Fuß ging ich auf der Hauptstraße in Richtung Arzberg. Es ging bergauf. Ich traf niemand auf der Straße. Doch sah ich mich im Weitergehen immer wieder um. Da sah ich ganz klar: Eine Gestalt folgte mir in größerem Abstand. Hernach mußte ich von der Hauptstraße abbiegen, in einen kleinen Seitenweg. Hier sah ich ständig um, ging stückweise rückwärts weiter. Die Gestalt bog ebenfalls in diesen Seitenweg ein. Das war mir zuviel: Ich holte meinen Revolver aus der Manteltasche, blieb stehen; die Gestalt blieb stehen. Dann schoß ich in die Luft. Die Gestalt kehrte um, zur Straße. Ich konnte den Versehgang unbehelligt fortsetzen und unbehelligt nach Konnersreuth zurückkehren. Das ist wahr! Keine Erfindung.«

Warum der Benefiziat seine Pistole mitnahm, ist aufgrund der gegen ihn ausgesprochenen Drohungen verständlich: »Dem lauern wir nachts auf; den räumen wir weg.« Es geht nicht darum, ob eine derartige Drohung ausgeführt worden wäre; es geht darum, daß sie ausgesprochen wurde – von der nächsten Umgebung einer »von Gott Begnadeten und einer Heiligen«.

Der Hinweis auf Muths Pistole wurde mir im THERESE-NEUMANN-BRIEF NR. 7 vom Jahr 1995 sehr verübelt. Da wurde sogar gesagt, »logischerweise« müsse »jeder nachfragen«, ob sich Muth »unbewußt von der Gestapo gegen Therese Neumann« habe »mißbrauchen« lassen. Dieser »logische Verdacht« wird dann allerdings mit der Feststellung widerlegt: »In Wirklichkeit ist der Fall seit heuer anhand neuer Beweisstücke geklärt: Heinrich Muth ist niemals Gestapo-Spitzel gewesen.« Solch ein Verdacht ist niemals aufgetaucht. Die Argumentationsweise im THERESE-NEUMANN-BRIEF ist so klug wie die Behauptung: Heuer ist anhand neuer Beweisstücke geklärt worden, daß Muth kein Buddhist war. Obwohl Siegert 1995 den »Verdacht« ausgeräumt hat, behauptet im 1996 veröffentlichten THERESE-NEUMANN-BRIEF der in Lüdinghausen wohnende Studiendirektor Dr. Helmut Pflüger: »Der Benefiziat stand, wie aus den abgedruckten Schriftstücken ersichtlich, mit einer Naziclique in Verbindung, die ihre Fühler bis nach Berlin ausstreckte.« Wo die Schriftstücke »abgedruckt« sind, verrät Pflüger nicht. Es gibt keine. Der Benefiziat hat sich weder von der Gestapo mißbrauchen lassen noch sonst von einem »Parteigenossen«; nicht einmal andeutungsweise hat er so etwas getan. Wollte man in der angegebenen Form argumentieren, dann könnte man mit mehr Recht Therese Neumann verdächtigen. Am 29. November 1937 sagte der in Konnersreuth eingesetzte Schulamtsanwärter Lobmeyer in seiner Schulklasse, »daß der Mensch ohne Nahrung nicht leben kann«. Kinder widersprachen ihm mit dem Hinweis auf Therese Neumann. Lobmeyer wandte ein: »Das glaube ich nicht.«

Am 6. Dezember suchte Therese den Schulamtsanwärter auf und versicherte ihm, »daß sie tatsächlich nichts esse und daß es ihr auch lieber wäre, wenn es nicht so wäre«. Sie bekräftigte ihre Worte mit dem Hinweis, »daß sie 14 Tage bei einem gewissen Sturmführer (bzw. Brigadeführer) [...] Sturm aus Stuttgart gewesen sei, der jederzeit dafür eintreten könne; dieser Herr Sturm sei ein Freund des Professors Wutz und kenne den Stellvertreter des Führers R. Heß persönlich gut«.[1027] Zu keiner Zeit ist auch nur der leiseste Verdacht aufgetaucht, Muth sei Gestapo-Spitzel gewesen. Es trifft aber zu, daß mit der Gestapo gedroht worden ist; der Drohende war jedoch nicht Muth, sondern ihm wurde damit gedroht, und zwar nicht nur einmal; die Drohenden waren Therese Neumann und ihr Bruder Ferdinand.[1028]

Benefiziat Muth hat sich, wie bereits erwähnt, anfangs März 1943 zum Konnersreuther Polizeiwachtmeister Höpfl begeben und ihn um die Erlaubnis gebeten, nachts bei Versehgängen seine Pistole mitnehmen zu dürfen. Bei dieser Gelegenheit übergab er ihm auch den Brief, den ihm Pfarrer Maltry von Wondreb am 1. März geschrieben hatte. Maltry hatte von dem Gerücht gehört, Muth habe »sowohl gegen Herrn Hauptlehrer Böhm von Konnersreuth als auch gegen die Resl ein Protokoll veranlaßt«; er versuchte Muth einzuschüchtern, indem er auf zu erwartende »unangenehme Folgen« und eine drohende »unterirdische Gegenoffensive« hinwies. Höpfl erzählte dem Benefiziaten, es sei ihm zu Ohren gekommen, »daß die Nichte der Resl Aussagen gegen die Resl gemacht und unterschrieben habe«; er bat um die Auslieferung der einschlägigen Schriftstücke, weil er »gegen die Resl vorgehen« wollte. Muth lehnte ab. »Als vorgeschlagen wurde, die Nichte der Resl nach Waldsassen zu laden, um alles in Erfahrung zu bringen«, stellte der Benefiziat die Aussagen des Mädchens »als unbedeutend« hin, da es sich nur um »Vermutungen« handle. Er gab nichts aus der Hand; Höpfl war »sichtlich enttäuscht«.

Ein Bericht der Nichte – Am 7. März 1943 begab sich Muth am Abend ins Elternhaus der Theres Härtl. Dort erfuhr er, daß die Familie Härtl schon manches von der Resl hatte »einstecken müssen«. Frau Härtl, Schwester der Stigmatisierten, hatte in dieser Zeit mehrmals ihr Elternhaus aufgesucht und war dann weinend heimgekehrt. Ihr Ehemann tadelte sie: »Warum gehst du immer hinunter?« Mit Erlaubnis der Eltern begab sich Theres Härtl am selben Tag ins Benefiziatenhaus. Dort trafen sich Muths Schwester Emma, Frau Hofmann und Theres Härtl. Diese berichtete, was sie in den vergangenen Tagen erlebt und erfahren hatte. Die Niederschrift Muths über Theres Härtls Bericht lautet:

»Resl sagte: ›Ich bitte den Heiland, daß er mich essen läßt.‹ Die Neumann-Mutter sagte darauf: ›Ja, wenn du das tust, dann haben sie gleich wieder was zu sagen.‹
Resl sagte: ›Die Emma Muth ist das größte Biest, sie kam als Spionin. Warum kommt sie jetzt nicht mehr?‹ Resl wollte noch allerhand sagen, was Emma ihr anvertraut hatte. Theres Härtl sagte: ›Das geht uns nichts an.‹
Agnes Neumann nannte den Benefiziaten einen Hund und Teufel. Bei Neumanns wurde gesagt: ›Resl hat in Eichstätt einen Teufel ausgetrieben, der ist mit ihr mit und noch sieben andere, die sind jetzt da!‹
Naber sagte zu Härtl Theres: ›Wenn du gegen die Resl bist, das ist dann gegen den Heiland. Das kannst du in Ewigkeit nicht mehr abbüßen.‹
Ferdl und Resl fragten die Theres Härtl, ob der Benefiziat sie nicht irgendwie angerührt habe, ob er nichts gesagt habe, ob sie allein bei ihm im Zimmer gewesen sei. Naber ging mit zwei Fäusten auf die Theres Härtl los. Er schlug sie mit der Hand auf den Kopf.
Zu den Aussagen wegen des Kammerls sagte Resl: ›Das hat dir der Teufel herausgestoßen.‹
Naber sagte: ›Der Benefiziat muß weg, auch wenn ich gehen muß.‹
Resl sagte: ›Von dieser Stüblbrut wollen wir keine mehr sehen.‹ NB: ›Stübl‹ ist der Hausname der Familie Härtl.
Naber hat bei Neumanns gesagt: ›Wenn die Theres [Härtl] mein Kind wäre, hätte ich sie ruiniert.‹
Theres Härtl sollte bei Neumann über Nacht bleiben. Der Vater hat aber sie nach Hause genommen.
Theres Härtl warnte: ›Dem Ferdl ist alles zuzutrauen.‹
Leute wollten an den Bischof schreiben. Resl erzählte Sachen, die sie von Kindern gehört haben will: Der Benefiziat hat in der Schule gesagt: ›Von kleinen Kindern dürft ihr das Röckerl ruhig aufheben und anschauen, die großen lassen dies sowieso nicht mehr zu!‹
Man wollte der Theres Härtl bei Neumann warme Milch aufdrängen. Doch vergebens. Dann warmes Bier. Auch umsonst. Neumann-Mutter brachte die Milch sogar ins obere Zimmer, Theres sollte die Milch unbedingt trinken. Erst als alle geröstete Kartoffeln gegessen haben, hat Theres Härtl auch zugegriffen.
Theres Härtl nannte den Namen eines Mannes, der gesagt hat: ›Dem Benefiziaten lauern wir mal nachts auf, den räumen wir weg.‹

Theres Härtl fürchtete Eingriffe durch Dr. Mittendorfer. Man hat zu ihr gesagt, sie sei blöde. Sie lasse sich aber keine Spritzen geben.
Resl zu Theres: ›Ich verzeihe dir schon, aber raushelfen mußt du mir wieder.‹«

Soweit das Protokoll mit den Aussagen der Nichte der Stigmatisierten.
Zu zwei Angaben des Mädchens seien Anmerkungen gemacht. Muths Schwester Emma war keineswegs eine Spionin. Sie war noch im Herbst 1942 »reslgläubig«, zu einer Zeit, als sie schon so manche Enttäuschung erlebt hatte. Die größte bestand darin, daß sie, die auf Betreiben des Dompredigers P. Leo Ort bei Pfarrer Naber zum Beichten ging und auch der Stigmatisierten »ihre seelischen Schwierigkeiten« anvertraute, zur Kenntnis nehmen mußte, daß ihre persönlichsten Dinge »schön weitererzählt wurden«. Auch die Familie Härtl zeigte sich in alle privaten Dinge, die Emma betrafen, eingeweiht. Als Emma über diese Vorgänge informiert wurde, war sie verständlicherweise schwer enttäuscht, »aber immer noch klammerte sie sich an die Resl«.
Die andere Angabe im Bericht des Mädchens, auf die kurz eingegangen werden soll, betrifft die Verdächtigung gegen Muth, er habe als Religionslehrer in der Schule die Kinder zu unsittlichem Handeln angeleitet. Dieses Gerücht ist erst einige Tage vor dem 7. März 1943 aufgetaucht. In kürzester Zeit redete man darüber in der ganzen Pfarrei Konnersreuth. Gegen die am 28. Februar verbreitete Lüge, den Hauptlehrer angezeigt zu haben, wehrte sich der Benefiziat in der Öffentlichkeit nicht; gegen die andere Verdächtigung nahm er sowohl in der Schule wie auch in der Kirche Stellung.
Nachdem am 7. März Frau Hofmann und Theres Härtl das Benefizium verlassen hatten, überarbeitete Muth rasch das Ende Februar abgefaßte Protokoll. Dann begab er sich zur Familie Härtl und bat Herrn Härtl, zusammen mit seiner Tochter Theres ins Benefiziatenhaus zu kommen. Er ging auch zur Familie Hofmann und bat, Herr Hofmann möge mitkommen, weil er als Zeuge benötigt werde. Kurz darauf waren im Zimmer des Benefiziaten versammelt: Herr Härtl, Theres Härtl, Herr Hofmann und der Benefiziat. Dieser überreichte Theres Härtl und ihrem Vater eine Kopie der Aufzeichnungen. Dann las er den Text abschnittsweise vor; dazwischen stellte er Theres die Frage, »ob so alles stimmt«. Die Antwort lautete immer: »Ja«. Nachdem der Benefiziat den Text vorgelesen hatte, unterschrieb er ihn als erster. Anschließend leisteten auch die anderen Personen ihre Unterschrift. Theres Härtl unterschrieb den Text ihrer Aussagen und den vom Benefiziaten angefertigten Nachtrag, jedes Blatt zweimal. Dann verbrannte Muth die Ende Februar angefertigte Erstfassung des Protokolls. Zur Neufassung hatte er sich aus verschiedenen Gründen entschlossen: Therese Neumann hatte behauptet, ihre Nichte habe alles unterschrieben, ohne den Text vorher gelesen zu haben; in der ersten Fassung hatte Muth auch viele Bemerkungen über seinen Vorgänger einfließen lassen; einzelnen Aussagen Härtls hatte er eigene Anmerkungen hinzugefügt; Theres sollte ihre Unterschrift in Gegenwart von Zeugen leisten. Das Mädchen hatte früher »in Zeiten der Ruhe« Aussagen gemacht und unterschrieben; daß es nun-

mehr »in einer Zeit des Sturmes nochmals zu den Aussagen« stand, erschien dem Benefiziaten von großer Wichtigkeit. Das neue Protokoll hat folgenden Wortlaut:

»Ich, Theres Härtl, Nichte der Therese Neumann gebe folgendes an:
19. Juli 42. Resl sagte einmal, sie müsse ja das Kammerl zusperren, sonst könnte der Benefiziat hineinschauen. In diesem Kammerl habe ich oft Eßwaren gefunden [...] Zucker. Resl sagte, der gehöre für die Vögel. Es war aber zuviel. Ich fand drin noch Geschirr, Tassen, Messer, Löffel.
In der Küche blieben oft Eßwaren übrig. Diese Sachen waren oft verschwunden. Die Schuld wurde auch auf mich geschoben. Die Neumanns haben öfters darnach gefragt, wo diese Dinge wären, wer sie gegessen habe.
Resl hat oft Schokolade, Bonbons, Keks usw. geschenkt bekommen! Die Kinder haben auch davon bekommen, es war aber nicht so viel. Ich glaube, daß Resl selbst davon gegessen hat. – Sie hat ja mehr geschenkt bekommen, als die Kinder erhalten haben.
Ich war oft im Zimmer, Resl im Kammerl. Ich mußte oft um etwas fragen. Es schien mir, daß Resl oft etwas zuvor hinunterschluckte, bevor sie Antwort gab. Manchmal hat Resl auch gesprochen, wobei ich glaubte, daß sie etwas im Munde hatte. Genauso klang ihre Stimme. Da war sie immer im Kammerl, ich im Zimmer.
Resl hat oft in der Küche gearbeitet, Geschirrspülen, Aufräumen, während die anderen auf dem Felde waren. Ich kam öfters in die Küche schnell hinein. Resl verbarg schnell etwas in der Schürze und verließ die Küche. Ich dachte damals gleich, daß sie Essen versteckt hatte, weil ich zu schnell dazu gekommen war. Ich paßte in der nächsten Zeit auch besser auf. Resl hat das scheinbar gemerkt, sie wurde mit mir recht böse und grob. Sie hat einmal gesagt, ich sollte zur Mutter heimgehen und das Arbeiten lernen. Resl war mit mir nicht gut. Sie hatte grobe Worte, hat oft geschimpft.
Resl hat ein Nachtgeschirr im Zimmer, zum Gallebrechen, sagt sie. Es waren aber gewöhnliche Ausscheidungen, es roch genau so. Es war auch zu viel. Resl ist oft, um Galle zu brechen, allein in den Abort gegangen. Dieser ist oben, nahe ihrem Zimmer. Resl hat dabei nie jemand mitgehen lassen, obwohl ihr doch schlecht war.
Ich habe einmal aus Unvorsichtigkeit das Nachtgeschirr der Resl umgeschüttet. So kann keine Galle aussehen, war genau wie bei anderen Menschen die Ausscheidungen. Resl hat das mir gegenüber immer als Gallebrechen bezeichnet.
Einmal kam ich wieder über das Nachtgeschirr. Resl war dabei. Sie sagte diesmal nicht, daß es Galle sei. Resl sagte: ›Da war wieder der Hansl da, den habe ich schnell aufs Haferl gesetzt.‹
Resl hat sehr oft die Kinder gefüttert. Mit diesen war sie meist allein. Resl könnte dabei gegessen haben. Sie tut Kinderfüttern gerne.
Resl sagte in Ekstase: Man müsse sich vor dem Benefiziaten fürchten, man soll vorsichtig sein.

Resl sollte wieder einmal zur Untersuchung. Sie ging aber nicht. Resl sagte damals: ›Wenn ich sage, ich gehe nicht, dann sagen sie in Regensburg gleich, daß etwas nicht stimmt! Drum ist es besser, wenn der Vater sagt, ich darf nicht.‹

26. Juli 42. An Freitagen kann Resl das Bett nicht verlassen. Wenigstens glaubt es der Pfarrer. Ich glaube aber, daß sie da auch oben im Zimmer gegangen ist. Das war öfters als einmal, alle Neumanns waren unten, aber oben gingen Schritte.

Resl kam gelähmt von Eichstätt. Resl konnte nur mit einer Hand zugreifen. Sie griff aber mit der anderen zu, wenn sie sich nicht beobachtet glaubte. Sie schmückte mit beiden Händen den Altar in ihrem Zimmer. Das habe ich gesehen, als ich einmal in ihr Zimmer kam. Resl ließ dann die eine Hand herunterfallen.

19.2.43. Es war schon früher. Ich schämte mich aber, es zu sagen. Resl war wieder im Kammerl. Ich verließ ihr Zimmer. Doch konnte ich durch den Spalt der Zimmertüre in das Zimmer und in die offene Türe des Kammerls schauen. Ich sah, wie Resl im Kammerl die Unterhose herabzog. Resl hat in diesem Kammerl einen Kübel. Ich glaube, daß Resl damals das Menschlichste besorgt hat.

Es war am 16.2.43. Ich ging über die Stiege zum Zimmer der Resl. Resl war drinnen. Sie riegelte aber schnell ab und sagte heraus: ›Ich schwitze und muß mich umziehen. Komme später!‹ Ich hörte aber in der Resl Zimmer etwas klirren, wie wenn ein Löffel aus Porzellan aufschlägt. Später kam ich wieder hinauf, um mir Wolle zu holen. Da war unter dem kleinen Waschbecken das kleine Schränkchen. Das Türchen war zugelehnt, ohne zu zu sein. Ich sah drin nach. Ich fand folgendes drinnen: Ein Tippel Pichelsteiner [Kartoffel, Fleisch, gelbe Rüben], drin steckte ein Eßlöffel. In diesem Schränkchen war noch Wurst, 10 cm-Tippel mit kaltem Kaffee. Dazu noch Kuchen.

Es war am 17.2.43. In der Küche hinter der Türe vom Wohnzimmer aus rechts ist eine Stellage. Ich kam in die Küche, Resl versteckte etwas in der Stellage. Ich wollte hineinschauen, aber Resl schob mich mit der Hand weg und sagte: ›Geh weg, was willst denn da!‹

Es war am 18.2.43. Ich saß in der Küche auf dem Tisch, der über dem elektrischen Ofen aufgebaut ist. Resl nahm aus dem Rohr des Küchenherdes einen Topf mit Sauerkraut, stellte ihn auf den Ofen. Resl sagte, ich sollte oben hinaufgehen auf ihr Zimmer. Ich aber sagte, es gefalle mir hier recht gut. Da ging Resl hinauf. Sie kam wieder mit einem Tippel in der Hand, stellte es in den Abspültisch. Resl ging wieder, ich sah gleich in dem Tippel nach. Es war noch ein kleiner Rest Kaffee drinnen. Später kam ich auf ihr Zimmer in das Kammerl. Ich fand eine Zweipfundbüchse mit Zucker. Diese war halb leer.

Obige Aussagen habe ich gemacht! Ich habe alles durchgelesen und heute nochmals unterschrieben am 7. März 1943.

Gezeichnet: Theres Härtl.«

Soweit das neue Protokoll. Diesem schließt Benefiziat Heinrich Muth die folgenden Bemerkungen an:

»Ich habe die Theres Härtl gefragt, heute und schon am 26. Juli 42, ob sie nicht im Gewissen unruhig geworden sei wegen ihrer Angaben über die Resl. Sie verneinte es aber. Ich machte sie auch aufmerksam, daß ihre Angaben vielleicht einmal an den Bischof von Regensburg kommen würden, sie müsse daher sicher persönlich erscheinen. Aber auch diese Bemerkung änderte ihre Angaben nicht. Ich machte sie auch aufmerksam, was das alles für Folgen haben kann. Aber Theres Härtl wurde zwar düster, wenn sie an die Folgen dachte. Aber ihre Angaben blieben, auch heute noch am 7. März 1943.
Konnersreuth, den 7. März 1943. Gezeichnet: Theres Härtl.
Beim Vorlesen anwesend: gez. Heinrich Muth, gez. Baptist Hofmann, gez. Hans Härtl.«

Von den schriftlich fixierten Aussagen des Mädchens hatte Muth drei Exemplare angefertigt. Eines davon gab er bereits am 8. März weiter; er schickte seine Schwester Emma nach Lappersdorf zu Pfarrer Schuster und ließ ihm das Protokoll und anderes Material aushändigen mit der Weisung, er solle nichts an das Bischöfliche Ordinariat weiterleiten, bevor er dazu schriftlich oder mündlich eine entsprechende Erlaubnis erteilt habe.

Die Aussagen des Mädchens hatten auf seinen Vater eine niederschmetternde Wirkung. Nachdem er das Protokoll zusammen mit dem Zusatz unterschrieben hatte, »knickte er zusammen«. Immer wieder sprach er: »Ja, wenn ich das früher gewußt hätte!« Aber »er tadelte mit keinem Wort seine Tochter, weil sie diese Aussagen gemacht hatte«. Schweren Herzens ging er mit ihr nach Hause. Kurz darauf erschien seine Tochter Theres wieder beim Benefiziaten; »sie weinte bitter«. Ihre Eltern wurden von Angstzuständen gequält. Nach einiger Zeit kehrte Herr Härtl zum Benefiziaten zurück; »er weinte schon vor der Haustüre«. Der Benefiziat führte ihn ins Haus. Dort sprach Härtl: »Herr Benefiziat, lassen Sie mich heute bei Ihnen! [...] Ich gehe nicht mehr heim. [...] Wir kommen vom Haus, werden's sehen. [...] Sie kennen die Neumanns nicht.« Immer wieder sprach er diese Worte, weinend und am ganzen Körper zitternd. Zu seiner Tochter sprach er: »Hätte ich doch das früher gewußt! Jetzt können wir glatt gehen.« Darauf erwiderte Theres: »Dann geh lieber ich.« Erst nach langem Zureden beruhigen sich Vater und Tochter und gingen heim.

Einschüchterungsversuche – Am 8. März 1943 hatte Benefiziat Muth eine letzte Auseinandersetzung mit Therese Neumann. Er mußte an diesem Tag sieben Stunden in der Pfarrkirche verbringen, wo er alle »Betstunden« leitete. Nach der Betstunde der Kinder begab er sich in die Sakristei. Resl, die offensichtlich den Benefiziaten treffen wollte, befand sich weinend hinter dem Hochaltar; Muth nahm sie mit in die Sakristei.

Dort jammerte sie: »Die Kreil Anna [Mutter der Theres Härtl] ist schwer krank; die stirbt uns; dann haben wir sie auf dem Friedhof draußen; Dr. Mittendorfer ist bei ihr; gibt ihr Spritzen; Herr Härtl sagt, er will sich erschießen; er ist in den Wald; wir haben den August (Neumann) nachgeschickt.« Dann sprach sie zum Benefiziaten: »Schon bevor Sie hergekommen sind, habe ich schon von einem Herrn erfahren, daß Sie ein Gegner sind, ein Freund von Waldmann.« Zu der letzten Behauptung ist zu sagen: Er war nicht mehr und nicht weniger ein Freund Waldmanns wie alle anderen Theologiestudenten. Er hat im Unterschied zu mir Waldmanns Vorlesungen über das Thema »Mystische Erscheinungen« nicht besucht. Im weiteren Gespräch tischte Therese wiederum die bereits erwähnten angeblichen Worte Muths über »die kleinen Kinder und ihre Röckerl« auf. Sie teilte ihm auch mit: »Das wissen Sie wohl nicht, daß jetzt gerade in Eichstätt das Gegenteil bestätigt wird: Mittendorfer, Ferdl und Maria haben vor dem Kreuz bei brennenden Kerzen einen Eid abgelegt, daß ich nichts gegessen und getrunken habe; ich war nicht einen Augenblick allein.« Der Benefiziat forderte Therese auf: »Resl, mach der ganzen Geschichte mal ein Ende; laß dich untersuchen, wie es der Bischof will, in einer Klinik!« Sie gab zur Antwort: »Da bin ich sofort dabei, da haben Sie meine Hand.« Muth schlug in die dargebotene Hand ein und sprach: »Gut, dann fahre ich heute noch nach Regensburg zum Bischof.« Damit war sie nicht einverstanden. »Nein«, sprach sie, »da muß erst der Herr Pfarrer die Erlaubnis geben; Sie sind der Pfarrer nicht. Der Herr Pfarrer und ich werden jetzt das öftere Angebot des Bischofs von Eichstätt annehmen und nach Eichstätt gehen.« Während der Unterredung brach Therese immer wieder in Tränen aus, erhob ihre Arme und rief: »Heiland, hilf!« Dazwischen bestürmte sie Muth mit Bitten. Sie drohte auch: »Ferdl ist zu einem Freund, der ist bei der Gestapo; den fragt er, was er tun soll; dann ist er zu Dr. Hipp. Sie kennen den Ferdl nicht, der geht aufs Ganze!«

Plötzlich tauchte in der Sakristei Dr. Mittendorfer auf, der sich also nicht »jetzt gerade« in Eichstätt aufhielt; er tat so, als wisse er von nichts. Unter anderem drohte der Arzt: »Wenn Sie die Therese angreifen, können Sie sich nicht mehr halten, auf der ganzen Welt sind Sie erledigt.« Dann bat er den Benefiziaten um eine Aussprache. Man einigte sich auf eine Zeit am Abend nach Eintritt der Dunkelheit.

Als Muth nach dem Gespräch in der Sakristei in seine Wohnung zurückkam, fand er dort einen Zettel, auf dem Theres Härtl mitteilte: Therese Neumann und Dr. Mittendorfer waren bei der Familie Härtl. Sie forderten Theres auf, sie solle ihre Aussagen widerrufen. Mittendorfer erklärte ihr, sie sei »vom Teufel besessen«, und: »Wenn man mit Narren umgeht, dann wird man auch so.« Er fragte Theres, ob sie den Benefiziaten gerne sehe, oder umgekehrt: er sie. Die Antwort kam von der Stigmatisierten: »Freilich.« Die letzten Worte auf dem erwähnten Zettel lauteten: »Was soll ich tun? Wenn ich nicht wüßte, daß es etwas Höheres gibt, für das wir streiten, würde ich nicht mehr leben. Aber die Eltern! Ich komme heute. Länger halte ich es nicht mehr aus.«

Dr. Mittendorfer wartete nicht bis zum Eintritt der Dunkelheit; er erschien bereits um 17 Uhr im Benefizium, um die Sache zu »bereinigen«. Die »Bereinigung« begann er mit der Frage: »Was halten Sie von Theres Härtl?« Der Benefiziat antwortete »ahnungslos«: »Theres Härtl ist ein reifes Mädchen.« Sofort hakte der Arzt ein: »Woher wissen Sie, daß sie reif ist?« Muth erwiderte: »Ihre Frage scheint mir komisch. Glauben Sie, daß ich meine, Theres Härtl sei körperlich reif oder geistig reif? Sie wissen doch genau, daß ich die geistige Reife meine. Warum fragen Sie denn so dumm?« Nun gab der Arzt sein Urteil über Theres Härtl ab. Er stellte sie als unzurechnungsfähig hin: »Theres ist in den Jahren, wo alles im Kopf herumgeht; bei solchen kann es sein, daß sie überschnappen; bei Theres Härtl ist dies der Fall; darum bedeuten ihre Aussagen nichts; sie glaubt, etwas gesehen zu haben.« Den Benefiziaten forderte der Arzt auf, er solle das Protokoll und alle sonstigen Notizen verbrennen. Dann suchte Mittendorfer »mit gütigen Worten« den Benefiziaten »zu einer Aussprache im Pfarrhaus zu bewegen«; dazu war Muth »in dieser Sache« nicht bereit. Schließlich versprach er, er werde dem Pfarrer ein Schreiben schicken, in dem er zum Ausdruck bringen wolle, daß er die Aussagen des Mädchens »nicht als Beweis dafür ansehe, daß Resl ißt und trinkt«. Dieses Angebot betrachtete Mittendorfer als zu wenig; er verlangte, der Benefiziat solle Härtls Aussagen verbrennen. Sogar dazu war Muth nunmehr bereit. Er gab zur Antwort: »Ja, wenn man mich in Ruhe läßt.« Nicht einmal damit gab sich Mittendorfer zufrieden; er forderte auch das Verbrennen aller sonstigen Notizen. Auch dazu wäre Muth bereit gewesen; denn das Gespräch mit Mittendorfer hatte ihn »total fertig gemacht«, aber er hatte nicht mehr alle Schriftstücke bei sich. Am selben Tag hatte er ja seine Schwester mit einigen Akten nach Lappersdorf zu Pfarrer Schuster geschickt. Nachdem sich der Benefiziat bereit erklärt hatte, Akten zu verbrennen, suchte ihn Mittendorfer »mit gütigen Worten zu einer Aussprache im Pfarrhaus zu bewegen«. Er lehnte ab.

Sofort nach dem Weggang Mittendorfers rief Muth den Pfarrer von Lappersdorf an und verlangte, seine Schwester solle »alles wieder zurückbringen«. Der Pfarrer gab jedoch die Schriftstücke nicht mehr heraus. Später war Muth froh darüber. Er meinte: »Und das war gut so; ich hätte wahrscheinlich keine Kraft mehr zum Widerstand aufbringen können.« So kehrte also Emma Muth von Lappersdorf zurück, mit dem dringenden Rat Schusters: »Jetzt soldatisch tapfer zu bleiben! Ja keine Aussprache im Pfarrhof, auch wenn Pfarrer Naber noch so freundlich wäre.« Pfarrer Schuster behielt die Schriftstücke nicht lange bei sich, sondern lieferte sie am 14. März 1943 beim Bischöflichen Ordinariat ab und teilte dies Muth am Tag darauf mit. Dieser war nun froh, daß es so gekommen war. Er meinte: »Er hat alles aus eigener Pflicht heraus getan. Nun ist mir die Hauptverantwortung abgenommen. Und es war auch wieder gut. Ich hatte ja fast keine Kraft mehr.« Die von Schuster weitergegebenen Schriftstücke blieben fast drei Jahrzehnte verschwunden. Nach dem Tod des Weihbischofs Josef Hiltl tauchten sie unter seinen Akten auf und wurden am 11. März 1971 an das Bischöfliche Zentralarchiv abgeliefert.[1029]

Muth hatte eine Aussprache im Pfarrhof ausdrücklich abgelehnt. Darum mußte er nicht wenig staunen, als er am 9. März einen Brief Nabers erhielt, in dem zu lesen war: »Ersuche Sie, wie ich von Dr. Mittendorfer hörte, Ihrem eigenen Wunsch entsprechend, zu einer Besprechung der Sache Theres Härtl heute, Dienstag, abends 8 Uhr in den Pfarrhof kommen zu wollen.« Dem Überbringer des Briefes gab Muth die Antwort mit, er sei zu einer Aussprache »gerne und jederzeit bereit«, aber nicht im Pfarrhof, sondern in seiner eigenen Wohnung.

Nur kurze Zeit verging, da tauchte Thereses Bruder Ferdinand auf. Er versuchte dem Benefiziaten klar zu machen, daß er verpflichtet sei, der Einladung des Pfarrers Folge zu leisten. Muth fragte, welche Personen bei der beabsichtigten Unterredung im Pfarrhof anwesend sein würden. Er erhielt zur Antwort: »Der Pfarrer, Dr. Mittendorfer und ich.« Muth erwiderte: »Da gehe ich nicht hin.« Nun fiel Ferdinand ein, daß auch Baptist Hofmann bei dem Gespräch anwesend sein werde, worauf der Benefiziat erklärte, dann werde auch er erscheinen.

Kaum hatte Ferdinand Neumann polternd und drohend die Wohnung Muths verlassen, da erschien Anna Hofmann mit einem Brief, den Naber Herrn Hofmann geschrieben hatte. Sie berichtete außerdem: Ferdl ist gekommen und hat gesagt: »Die Gestapo ist da!« Darauf begab sich Muth zum Hofmann-Haus; er und Baptist Hofmann beschlossen, nicht in den Pfarrhof zu gehen. In Begleitung Hofmanns kehrte Muth in seine Wohnung zurück. Dort hatten sich inzwischen Theres Hofmann und Anna Hofmann eingefunden; auch Emma Muth war anwesend. Kaum hatten diese fünf in der Küche begonnen, sich zu beraten, da läutete die Hausglocke. Muth schickte Anna Hofmann in ein benachbartes Zimmer; sie sollte im Notfall Hilfe herbeiholen. Draußen standen Dr. Mittendorfer und Ferdinand Neumann. Der Arzt begann zu sprechen: »Herr Benefiziat haben mich ersucht, eine Aussprache im Pfarrhof herbeizuführen. Ich habe das dem Pfarrer gesagt und nun wollen Sie nicht kommen.« Muth wies ihn darauf hin, daß er die Unwahrheit sage. Nun verschwand Mittendorfer, Ferdinand Neumann blieb zurück. Dieser begann zu reden: »Sie haben mich durch die Resl holen lassen! Ich bin eigens deswegen hergefahren.« Das war eine offensichtliche Lüge; Muth wäre nicht im Traum eingefallen, diesen Mann aus Eichstätt herbeizurufen. Er stellte die Frage: »Warum sagten Sie: Die Gestapo ist da?« Ferdl antwortete: »Ich habe nicht gesagt: die Gestapo ist da, sondern: Die Gestapo steht mir zur Verfügung. Ich habe bis jetzt noch nichts unternommen; ich habe nur einen Freund, der bei der Gestapo ist, zu Rate gezogen, ohne ihm ein Wort des Grundes zu sagen.« Herr Hofmann bestätigte die ursprüngliche Behauptung Ferdls über die Anwesenheit der Gestapo; Ferdl wurde »unruhig«. Der Benefiziat brachte nun die Sprache auf ein seit kurzer Zeit verbreitetes Märchen, Theres Härtl habe Ende der vergangenen Weihnachtszeit im Benefiziatenhaus Aussagen gemacht, die schriftlich fixiert und von ihr unterschrieben worden seien. Ferdl behauptete: »Ja, das hat sie.« Muth forderte ihn auf, er solle Theres Härtl herbeiholen. Ferdl ging und kehrte zurück, aber nicht nur mit dem Mädchen, sondern auch mit Dr. Mittendorfer. Nun erlebten Muth und dessen Gäste eine große Überraschung: »Theres Härtl erzählte Dinge, von denen alle wußten, daß sie nicht wahr waren. Sie behauptete nun auf einmal, sie habe zu Weihnachten in der Tat ein Schriftstück unterzeichnet; sie versicherte auch, sie habe den Benefiziaten gern. Es war offensichtlich, daß das Mädchen schwer unter Druck gesetzt worden und von Angst erfüllt war. Dies bewies allein schon die Haltung, die sie an den Tag legte: Sie stand in der Küche mit gesenktem Haupte, sagte nichts als die angeführten Worte.

Die Rolle, die der Arzt Dr. Mittendorfer spielte, war weit mehr als sonderbar. Der Benefiziat mußte sich, wie bereits erwähnt, auf seinen Geisteszustand hin untersuchen lassen, was ohne Zweifel auf die Veranlassung Dr. Mittendorfers hin geschah. Theres Härtl wurde von ihm als blöd und übergeschnappt bezeichnet. Während des Gesprächs am 9. März versuchte Mittendorfer auch Muths Schwester Emma als mehr oder minder unzurechnungsfähig hinzustellen. In Gegenwart der anwesenden Personen sagte er zum Benefiziaten: »Ihre Schwester ist doch krank.« Muth fragte den Arzt: »Meinen Sie: körperlich oder geistig krank?« Mittendorfer erwiderte: »Darüber kann ich nicht sprechen, wenn Ihre Schwester die Erlaubnis dazu nicht gibt.« Der Benefiziat wandte sich an seine Schwester: »Emma, diese Erlaubnis kannst du ruhig geben.« Emma gab sie. Nun verlangte Mittendorfer, die Erlaubnis müsse schriftlich erfolgen. Muth sprach zu seiner Schwester: »Gut, dann gib sie schriftlich!« Aber nunmehr »wollte Dr. Mittendorfer nicht mehr«. Nun erklärte Muth: »Ich kenne meine Schwester besser als Sie. Sie können sie ruhig als närrisch erklären und auch die Theres Härtl. Da sind auch noch andere Ärzte da.« Diese Worte brachten Mittendorfer etwas in Verlegenheit. Er sagte: »Wer hat dies gesagt?« Muth entgegnete: »Sie haben gestern gesagt, die Theres Härtl ist halb übergeschnappt.« All das mußte sich das Mädchen mitanhören. Es sagte nichts zu den Worten Mittendorfers, von dem Pfarrer Franz Perlinger, ein Anhänger der Therese Neumann, urteilte, er scheine ein »komischer Kauz« zu sein, den man wohl nicht ernst nehmen könne.[1030]

Mittendorfer war schon geraume Zeit anwesend, bis er auf einmal so tat, als habe er die im Zimmer Muths anwesenden Personen jetzt erst bemerkt; er beanstandete sogar, daß sie ihm nicht vorgestellt worden waren. Muth stellte sie einzeln vor. Der Arzt redete Herrn Hofmann an: »Ich kenne Sie doch nicht.« Hofmann machte ihn darauf aufmerksam, daß er die ganze Familie Hofmann, die alles andere als »reslgläubig« war, sehr wohl kenne. Er führte eine Menge von Äußerungen der Stigmatisierten gegen die Familie Hofmann an, auch abfällige Bemerkungen, die sie Fremden gegenüber gemacht hatte. Zunächst versuchte Ferdinand Neumann alles zu widerlegen; er gab aber bald auf. Eine Zeitlang spielte auch das Thema Gestapo wieder eine Rolle. Es kam nichts dabei heraus. Da bemerkte Muth: »Ihr habt die Gestapo; dann nehmen wir den Gendarm und dann halten wir im Pfarrhof Aussprache.« Diese Worte schlugen »wie eine Bombe ein«. Die Reaktion macht klar, daß man nur mit einer leeren Drohung gearbeitet hatte.

Um wen handelte es sich bei Ferdls Freund? Am 23. März, also zwei Wochen nach dem Gespräch im Benefiziatenhaus, richtete ein Mann ein Schreiben an den Bischof von Regensburg. Der in Maschinenschrift abgefaßte Brief verrät weder Ort noch Verfasser. Dieser bezeichnet sich als »Mitglied der Geheimen Staatspolizei« und gibt an, er sei »heute« von seinen Kollegen, »die im Abschnitt Waldsassen stationiert« seien, »über eine recht sonderbare Sache in Kenntnis gesetzt« worden. Er betont: »Ich fühle mich als Katholik verpflichtet, Ew. Excellenz darauf aufmerksam zu machen, weil ich weiß, welch unangenehme Folgen für die Kirche aus dieser Sache entstehen können.« Der Anklagepunkt lautet: »Benefiziat Muth in Konnersreuth hat in recht unüberlegter, oder vielmehr boshafter Weise bei der Verhaftung des dortigen Hauptlehrers Böhm mitgewirkt. Durch dieses sein Verhalten hat er nicht nur sich selbst, sondern den geistl. Stand überhaupt in ein sonderbares Licht gebracht.« Der Schlußsatz bringt dann das eigentliche Anliegen des Briefschreibers zum Ausdruck: »Nur durch eine sofortige, plötzliche Abberufung von seinem Posten könnte ein weiteres Nachspiel verhindert werden.« Wer war der Verfasser des Briefes der sich als einen »gutmeinenden Ratgeber« bezeichnet?[1031]

Das für Muths Gegner peinlich gewordene Thema beendete Dr. Mittendorfer mit den Worten: »Die Sache soll doch im Guten bereinigt werden.« Die Bereinigung leitete er mit der Frage ein: »Herr Benefiziat, was halten Sie von Therese Neumann?« Sollte dies der Arzt immer noch nicht gewußt haben? Die Antwort Muths lautete, betont und langsam zweimal gesprochen: »Therese Neumann ist eine ganz liebenswürdige Person, die über den Nächsten nur Wahres und Gutes aussagt.«

Während der zwei Stunden dauernden Gespräche stand Theres Härtl »ständig mit gesenktem Haupte« da; sie sprach kein Wort. Für Muth stand nun nach der kurz geschilderten Szene fest: Eine weitere Aussprache wird es nicht geben.

In den ersten Märztagen hatte auch Muths Vorgänger Josef Plecher von den Vorgängen in Konnersreuth gehört; ebenso waren ihm »die neuerlichen Verdächtigungen« gegen seine eigene Person zu Ohren gekommen. Darauf kam er in seinem Brief vom 8. März 1943 zu sprechen. Er erinnerte seinen Vorgänger an seine »damalige wohlgemeinte Warnung, etwas in der Sache Therese Neumann zu unternehmen«, und fuhr dann fort: »Aber schließlich muß es auch sein. Die Verdächtigungen mir gegenüber trage ich, weil ich mit solchen Leuten nichts mehr zu tun haben will, die jedes Gerede glauben und durch Fragen in Ekstase unfehlbar werden.«

Am 6. Juli 1943 schrieb Pfarrer Plecher einen weiteren Brief an Heinrich Muth, drei Monate nach dessen Abschied von Konnersreuth. Darin hieß es unter anderem: »Wünsche Dir Gottes Segen für Deine Arbeit und viel Kraft zum Durchhalten. Es ist für Dich bestimmt nicht leicht, alles Unrecht zu ertragen; aber es kommt alles einmal an den Tag. Wir müssen nur die Zeit abwarten.«

Muth meinte zu diesen Worten: »Sein Rat war sicher gut; aber es gibt Dinge, die man nicht still übergehen kann. Schweigen und alles laufen lassen sollen, um ja nicht unter die Räder zu kommen, kann zum Unrecht werden. Ich kam unter die Räder und habe doch recht – heute noch.«

Am Tag nach der letzten Auseinandersetzung, am Sonntag, dem 10. März 1943, griff Pfarrer Naber wieder das Thema Kinderseelsorgestunden auf. Er tat dies auf folgende Weise. Während der Benefiziat im Beichtstuhl saß, verkündete er: »Mich hat der Bischof beauftragt, die Kinderseelsorgestunden zu halten. Ihr habt es ja im letzten Hirtenbrief gehört.«

Wie lautet nun der Text im Fastenhirtenbrief 1943? Dort heißt es: »Da der Religionsunterricht in der Schule oft sehr eingeschränkt werden muß, habe ich Kinderseelsorgestunden, Christenlehre und Glaubensstunden angeordnet, die einführen sollen in das Gebetsleben, die heiligen Sakramente, die Geschichte unseres Heiles und unserer Kirche.« Was der Bischof im Fastenhirtenbrief erwähnte, war keine neue Anordnung, sondern ein Hinweis auf frühere Anregungen; diese galten allen Seelsorgern, nicht nur den Pfarrern oder gar nur dem Pfarrer von Konnersreuth.

Die heftigen Auseinandersetzungen haben Therese Neumann und Pfarrer Naber in die höchste Erregungsstufe versetzt; aber gesundheitlich geschadet haben sie ihnen nicht. Früher war es anders. Muth hatte von seinem Vorgänger erfahren, daß sich zu wiederholten Malen Aussprachen zwischen ihm auf der einen und Pfarrer Naber oder Therese Neumann auf der anderen Seite als gesundheitsgefährdend auswirkten. Da geschah es dann, daß Resl »Herzanfälle« bekam und daß Pfarrer Naber ebenfalls Herzattacken überfielen »und aus war es mit der Aussprache«. Die Auseinandersetzungen im März 1943 waren unvergleichlich aufregender; aber die Aufregungen schadeten weder der Stigmatisierten noch Pfarrer Naber.

Alles, was Pfarrer Naber in dieser Zeit erlebte und zu hören bekam, hat auch nicht im mindesten seinen »Glauben an die Resl« ins Wanken zu bringen vermocht. Diese blieb ungemindert das Hauptthema seiner Predigten. Am 16. März knüpfte er in seiner Predigt zwar an ein biblisches Thema an, aber er stützte sich in der Hauptsache doch nicht auf den Evangelisten, sondern auf die Resl. Siebenmal berief er sich auf sie, zum Beispiel: Die Hl. Familie flieht nach Ägypten; Gott hat Zacharias informiert; Resl hat den Haufen der ermordeten Kinder in Bethlehem gesehen; sie hat auch geschaut, wie deren Seelen in den Himmel aufstiegen, verklärt dem Heiland entgegen. Pfarrer Naber hat bei der zuletzt erwähnten Szene etwas nicht bedacht: Der Heiland war damals nicht im Himmel, sondern mit Maria und Josef auf dem Weg nach Ägypten.

Muth und das Bischöfliche Ordinariat in Regensburg – Am 27. Februar 1943 war Hauptlehrer Böhm verhaftet worden. Sofort hat man den Benefiziaten verdächtigt, er habe Anzeige erstattet. Muth hörte auch davon reden, daß man über ihn beim Bischof Klage führen wolle. Deshalb schrieb er am folgenden Tag, am 28. Februar, einen kurzen Brief an das Bischöfliche Ordinariat. Die zwei letzten Sätze lauteten: »Sollte dies Tatsache werden, so bittet der Unterzeichnete vor einer Entscheidung auch mich hören zu wollen. Der letzte Grund zu einem solchen Schritt dürfte darin liegen, daß der Unterzeichnete in keiner Weise an die Dinge mit Therese Neumann glauben kann.«

Eine Woche nach der letzten Unterredung in Konnersreuth, am 16. März, schrieb Pfarrer Naber einen zwölf Seiten langen Brief an den Bischof von Regensburg. Der Inhalt besteht aus einer Reihe von Tratschereien ohne Gewicht und von unwahren Behauptungen. Naber behauptete beispielsweise, er habe in den 19 Jahren, die der Hauptlehrer Böhm in Konnersreuth geweilt habe, »nie etwas in dieser Zeit gegen Böhm gehört«. Mag sein, daß er aus dem Munde seines Orakels nichts erfahren hat, weil sie vom »Heiland« nicht entsprechend informiert worden war, aber zum mindesten muß er so viel gehört haben wie sein Benefiziat Josef Plecher, mit dem er über dieses Thema gesprochen hat. Der eigentliche Zweck von Nabers Schreiben an den Bischof war die Bitte, man möge Heinrich Muth von Konnersreuth abberufen.

Nabers Schreiben hatte zur Folge, daß Muth zu einer Aussprache mit Weihbischof Dr. Höcht nach Regensburg gerufen wurde. Nach einem zweistündigen Gespräch wurde er dann mit dem Bescheid verabschiedet, er werde erst dann an einen anderen Seelsorgeposten versetzt, wenn die Sache Böhm entschieden sei. Nach Konnersreuth zurückgekehrt, begab sich der Benefiziat zu Pfarrer Naber. Er hielt ihm all die in seinem Brief enthaltenen unwahren Behauptungen vor. Naber antwortete: »Ich kann nicht anders schreiben, als mir die Leute gesagt haben.« Muths Mitteilung, daß er vorerst noch in Konnersreuth bleiben werde, machte den Pfarrer »zornig«.

Am 4. April fand im Hause Neumann eine »Versammlung« statt; sie war ohne Zweifel auf die Anregung Nabers hin erfolgt. Ungefähr 25 Personen waren anwesend. Diese unterschrieben ein Gesuch an das Bischöfliche Ordinariat, in dem die Versetzung des Benefiziaten gefordert wurde. Vier Tage darauf wurde diesem mitgeteilt, daß er als Pfarrprovisor nach Appertshofen versetzt sei. Weihbischof Dr. Höcht hätte sicherlich sein Wort gehalten; sein Urteil unterschied sich nicht von dem Muths; aber Bischof Dr. Buchberger gegenüber war er machtlos, wie es bereits seinerzeit der Fall war, als die Stigmatisierte die Versetzung Härtls als Benefiziat nach Konnersreuth verlangt hatte.

Am 8. April verließ Muth Konnersreuth. Zuvor bemühte sich noch die Gendarmerie um ein Gespräch mit ihm; er lehnte ab.

Letzte Gespräche in Konnersreuth – Am 26. November 1942 hatten Pfarrer Naber und Therese Neumann darüber gesprochen, warum Heinrich Muth nicht beim Militär sei. In der Zeit der schweren Auseinandersetzungen befürchtete der Benefiziat, daß die Stigmatisierte dank ihrer guten Beziehungen nach vielen Seiten hin es fertigbringen könnte, daß er zum Militär eingezogen würde. Bei der letzten Zusammenkunft warnte Muth: »Ich werde dich nicht anzeigen, Du brauchst keine Angst zu haben. Aber wenn ich nochmals einrücken muß, dann mache ich es. [...] Du hast ja deine Beziehungen überallhin.« Er gab ihr schließlich noch einen Rat: »Wenn du einmal verhaftet wirst, dann gebe ich dir einen guten Rat: Sag einfach: Der Heiland läßt mich nicht untersuchen. Ich muß wieder essen und trinken. Resl, du hast schon so viel im Leben gelogen, da geht es auf diese Lüge auch nicht mehr zusammen.« Auf diese Worte reagierte Resl »fast nicht«.

Am 8. April, kurz bevor Muth das Benefiziatenhaus endgültig verließ, erschien die Mutter der Theres Härtl. Sie verlangte die Herausgabe des Protokolls vom 7. März 1943; sie »drohte mit dem Ferdl«, der »aufs Ganze gehe.« Schließlich meinte Frau Härtl gar: »Wenn die Resl verhaftet wird, dann kommt sie nicht mehr, dann ist's gefehlt.« Muth tröstete die Frau: »Ich werde einen solchen Schritt nicht tun. Haben Sie da keine Angst!«

»Widerrufe« – Die Nichte der Stigmatisierten mußte für ihre Aussagen schwer büßen. Sie wurde in Konnersreuth wie unter Polizeiaufsicht gehalten, so daß sie keine Gelegenheit bekam, mit anderen Leuten zu sprechen. Dann wurde sie Mitte März aus Konnersreuth »abtransportiert«. So erzählten ihre jüngeren Geschwister. Am 10. März wurde sie nach Eichstätt zu ihrer Tante gebracht. Von Eichstätt aus durfte sie nur für zwei Tage anläßlich der Erstkommunion ihrer beiden Brüder heim, während dieser Zeit wurde sie immer nur »in Begleitung« gesehen.[1032]

Von Eichstätt aus schrieb Theres Härtl am 23. März 1943 einen langen Brief an den Benefiziaten, in dem sie ihre früheren Aussagen beschönigte und widerrief. Da stehen Sätze wie: »Ich habe schon immer gewußt, daß ich falsch ausgesagt habe, getraute mich aber nicht, Ihnen nachträglich die Wahrheit zu sagen. […] Wenn ich bei Ihnen war, haben Sie mich immer so angeschaut und da habe ich nicht anders reden können, als was Sie gerne gehört haben. Erst am letzten Abend, wo Ferdl kurz vorher streng verboten hatte, daß ich Ihnen in die Augen schaue, da habe ich unbefangen reden können. Nachher habe ich dann im Pfarrhof vor Zeugen eine Erklärung unterschrieben, daß alle meine Aussagen bei Ihnen falsch und erfunden waren.« Der ganze Brief ist so formuliert, daß jeder, der ein wenig Einblick hat, erkennen muß: Der Brief wurde zwar von Theres Härtl geschrieben, aber nicht verfaßt. Theres Härtl erwähnt eine Erklärung, die sie im Pfarrhof unterschrieben habe. Solch ein Schriftstück ist nicht bekanntgeworden. Wäre es geschrieben worden, dann nur erzwungenermaßen, genauso wie der Brief an Heinrich Muth.

Das Mädchen mußte so lange in Eichstätt bleiben, bis Muth und seine Schwester Konnersreuth verlassen hatten. Der Benefiziat nahm am 8. April Abschied; seine Schwester folgte ihm einige Monate später. Nun durfte Theres Härtl wieder nach Konnersreuth zurückkehren. Auf der Fahrt dorthin stieg sie in Regensburg aus und besuchte die Mutter Muths sowie eine Frau namens Gerl Maria. Diesen Personen erklärte sie: »Ich habe damals nicht anders schreiben können. Ferdl hat mir den Brief diktiert. Meine Freundschaft mit Emma Muth kann niemand zerreißen. Ich fürchte, daß Benefiziat und Emma meinen, ich wäre jetzt anderer Meinung.« Damit hat also Theres Härtl ihren »Widerruf« widerrufen.

Nach dem Abschied von Konnersreuth landete Muth nach drei kurzen Zwischenstationen in Hütten, das zur Pfarrei Mantel gehört. Einige Jahre vergingen, da tauchte Theres Härtl auf. Sie hatte nicht viel Zeit, da sie wieder mit der Bahn weiterfahren mußte. Während ihres Aufenthaltes ergänzte sie ihre früheren Beobachtungen:

»Ich habe im Zimmer der Resl geputzt. Der Resl fällt ein Schlüssel aus dem Schurz. Resl merkt es nicht. Ich nahm den Schlüssel an mich; er paßte zum Kammerl. Im Kammerl lag ein zweiter Schlüssel. Diesen behielt ich, den anderen legte ich auf den Schreibtisch. Resl sagte manches wegen des Schlüssels. Doch ließ ich mir nichts anmerken. Resl sagte sogar: ›Mir gehört er nicht.‹

Auf dem Speicher waren viele Konservenbüchsen. Die Büchsen waren leer. Resl sagte, sie will daraus ›Schalen‹ machen. Das war sicher nur eine Ausrede. Ich glaube, daß Resl diese Büchsen ausgeleert hat.

Das Kammerl war zugesperrt. Immer. Es war ein elektrischer Kocher drin. Manche Tage bin ich 4 bis 5 mal ins Kammerl gekommen. Auf dem Kocher war Gefäß, warmer Kakao, Kaffee mit Löffel, aufgemachte amerikanische Dosen, Kakao, Tee, Tomaten, Keks usw. Angebissenes Brot. Es war eine Vorratskammer.

Bei der Hochzeit der Agnes [Neumann] wurden Küchel gebacken. Diese wurden im Waschhaus aufgelegt. Am Tage der Hochzeit sind Küchel so schnell verschwunden! Die schönsten waren weg. Ich fand im Kammerl einen Kübel voller Küchel, ganz voll aufgestapelt!

Ich habe oft etwas aus dem Kammerl genommen. Wollte, daß es Resl merke. Aber Resl sagte nie ein Wort.

Söllner hat aus Lauterhofen einen Koffer voll Backwerk gebracht. Ein Vierteljahr hatte Resl solches. Teilweise waren diese Sachen verschimmelt. Resl hat diese Sachen in Wasser eingeweicht.

Ferdl stand vor Verhandlung wegen Schwarz-Schlächterei. Ferdl sagte, wenn ich hineinkomme, dann kommt die ganze Verwandtschaft mit hinein, Resl ist die erste.

Resl kam aus dem Kammerl. Sie roch nach Bohnenkaffee. Einmal roch sie nach Schnaps!

Als ›Null-Null‹ war im Kammerl ein Eimer. Roch im ganzen Zimmer, besonders wenn er ausgeleert wird.

Am 1. Mai 1947 war Jugendtreffen in Fuchsmühl. Ich wohnte im Hause der Resl. Im Zimmer der Agnes. Habe alles abgesperrt und den Schlüssel in der Wäschetruhe unter der Wäsche versteckt. Nach der Heimfahrt fand ich den Wäscheschrank durchwühlt. Ich schaute im Kammerl nach und fand viele von meinen entwendeten Sachen. Resl hat diese Sachen verschenkt. Ich fand bei der Schwägerin der Resl, Zenzl Neumann, einen geblumten Nachthemdstoff. Dieser war mein Eigentum. Ich beredete dies. Die Zenzl sagte: ›Den Stoff hat Gabriele von der Resl geschenkt bekommen!‹

Bei der Firmung von Babl Müllner war Resl Patin, ich Vizepatin. Ich wollte dem Kind

etwas schenken. Resl sagte: ›Du hast ja selber nichts.‹ Ich sagte: ›Das ist ja gleich, ob ich etwas herschenke oder ob es mir gestohlen wird. Ich habe erst neulich in Lauterhofen meinen geblumten Nachthemdstoff entdeckt.‹ Resl sagte: ›Ja, den habe ich der Gabriele geschenkt. Es waren ja zwei Stück. Einen habe ich dir geschenkt, den hat dir halt jemand genommen! Den meinen habe ich der Gabriele geschenkt.‹
Mir wurde ein Tafeltuch gestohlen. Ich fand das Stück wieder im Kammerl. Beim Tuch war eine Einschlagdecke dabei. Ich sprach öfters über die mir gestohlenen Sachen. Resl sagte: ›Ich habe noch eine solche. Die schenke ich dir!‹ Ich sagte: ›Nein, du hast ja nur eine solche Einschlagdecke.‹
Ich fand im Kammerl Seife, flüssiges amerikanisches Haarshampoo. Alles zuvor von der Resl geschenkt bekommen. Aber immer wieder gestohlen.
Resl und die Mutter waren oft verfeindet. Resl schimpfte oft bei Naber über ihre Mutter, was sie daheim alles für Opfer bringen muß. Resl sagte: ›Wenn Ihr [die Mutter] über Ferdl und Stübl [Familie Härtl] schimpft, dann ist es wieder gut.‹
Resl schob diese Stehlerei auf den Hans – Bruder der Resl –, aber ich habe doch diese Sachen im Kammerl gefunden.
Priesterjubiläum [60 Jahre]: Pfarrer Naber erzählt den Kindern: ›Ich habe eine schöne Torte bekommen, aber die Resl hat davon gar nichts gegessen.‹ Ich aber fand ein Viertel dieser Torte wieder im Kammerl der Resl.«
Soweit der Bericht der Theres Härtl, den sie vor dem ehemaligen Benefiziaten von Konnersreuth und seiner Schwester abgab. Der erzwungene Widerruf im Jahre 1943 war ihr äußerst peinlich. Dies brachte sie ein weiteres Mal in dem Brief zum Ausdruck, den sie im Advent 1951 an Emma Muth schrieb: »Manchmal mache ich mir Sorgen um mein Verhalten damals, weil ich einem Priester Unrecht getan habe.«[1033]
Schließlich hat Theres Härtl noch einmal »widerrufen«, und zwar im Jahr 1962 nach dem Tod ihrer Tante. Der Widerruf lautet so: »Ich erkläre, daß ich meine Tante und Patin Therese Neumann niemals gesehen habe, daß sie irgendetwas gegessen oder getrunken hat, auch nicht in kleinsten Mengen.«[1034] Mit diesen Worten hat Theres Härtl etwas widerrufen, was sie früher gar nicht behauptet hatte; sie hat ja nie gesagt, daß ihre Tante sie beim Essen oder Trinken hatte zuschauen lassen. Der neue »Widerruf« war auch diesmal nicht die Folge einer freien Entscheidung.

Ausgang der Affäre Böhm – Die Affäre Böhm nahm erst Ende 1943 ihr Ende. Heinrich Muth hegte die Hoffnung, daß er sich auch auf die kirchliche Stellungnahme zum »Fall Therese Neumann« auswirken würde. Dazu äußerte er sich in seinem Brief vom 15. November 1943 an P. Norbert Brühl: »Übrigens geht es jetzt bereits gerichtlich gegen eine Person von Konnersreuth (Lehrer). Dieser ist intimer Freund der Resl und hat sich schon seit vielen Jahren gegen Kinder vergehen dürfen. Resl und Naber sind still dazu geblieben, sie sind sogar offen für den Lehrer eingetreten, obgleich sie davon genau Kenntnis erhielten; es ist eben ›ein Freund‹. Ich will mal abwarten bis zur Verhandlung; sie ist am 26. November. Ich hoffe nur, daß Resl/Naber nicht darin verwikkelt werden. Gefahr besteht allerdings sehr!« Im Hinblick auf das Verhalten des engsten ›Konnersreuther Kreises‹ sagt Muth: »Jeder kann tun, was er will, wenn er nur an die Resl glaubt und sich für ihre Zwecke brauchen läßt. Das trifft beim Lehrer zu. Aber wehe dem, der sich gegen Resl äußert! Das mußten beide, Plecher und ich, arg fühlen! Nun kommt also mit der Lehrersache der erste Auftakt in Konnersreuth. Und wenn man von kirchlicher Seite nicht bald eingreift, dann könnte es schon geschehen, daß man mit gleichen Mitteln die Resl-Frage löst. [...] Ich glaube auch, daß Regensburg gerade auf diese Verhandlung wartet, um dann um so entschiedener eingreifen zu können.«

Im Brief vom 1. Dezember 1943 kommt Muth noch einmal auf den Fall zu sprechen. Er erwähnt, daß er und sein Vorgänger Josef Plecher bei der Gerichtsverhandlung als Zeugen geladen waren, daß sich der engere Konnersreuther Kreis für den Angeklagten einsetzte und daß jugendliche Zeugen sogar zu Falschaussagen veranlaßt wurden; ein Mädchen, das zu Gunsten des Angeklagten aussagte, bekannte ›nach sechsmaligem Leugnen‹, ›im Auftrag‹ ausgesagt zu haben. Muth schreibt: »Das Gefährliche daran ist dies: Hauptlehrer Böhm gehört zum ›Konnersreuther Kreis‹! Dieser Kreis hat ihn schwer gedeckt und ihm gerade bei der Verhandlung die Verteidigung gestellt; freilich geben sie es nicht zu. Auch Naber deckt ihn! Naber ging gegen mich vor und deckte den Lehrer! Ebenso Resl! Bei meinem Vorgänger Plecher war es ebenso: Plecher wurde vom Pfarrer und von der Resl schlecht gemacht!« Am Schluß seines Schreibens sprach Muth die Überzeugung aus: »Nun scheint sich alles gegen Konnersreuth entscheiden zu wollen.« Der Lehrer erhielt eine zweijährige Zuchthausstrafe. Den Pfarrer von Konnersreuth machte nicht einmal die Affäre Böhm nachdenklich.

Sieg der Lüge – Heinrich Muth wäre gerne in Konnersreuth geblieben. Eine einzige Person war schuld daran, daß er weichen mußte: die stigmatisierte Therese Neumann, »das verlogene und gehässige Weibsbild«, wie er sich ausgedrückt hat. Warum er keine weiteren Schritte unternahm, brachte er mit den Worten zum Ausdruck: »Der Kirche wegen blieb ich still und wanderte fort. Im Gehorsam bin ich gegangen und habe weiterhin Unrecht getragen.« Hätte der Regensburger Weihbischof Dr. Höcht zu entscheiden gehabt, dann wäre die weitere Entwicklung anders verlaufen. Von Dr. Höcht erhielt P. Norbert Brühl Ende 1943 die Mitteilung: »Das Ordinariat veröffentlicht im Kirchlichen Amtsblatt: ›Die Entwicklung in Konnersreuth hat gezeigt, daß diese Vorgänge nicht auf übernatürlicher Grundlage beruhen‹.« Dieser Text ist allerdings im Amtsblatt der Diözese Regensburg nicht aufzufinden. Offenbar hat der Weihbischof den Text abgeliefert, aber der Diözesanbischof Dr. Michael Buchberger hat ihn gestrichen. Buchberger hat an die Übernatürlichkeit der »Konnersreuther Phänomene« geglaubt. Den Priester Heinrich Muth hat er nie zu einer Aussprache empfangen, wohl aber Therese Neumann. »Therese Neumann ist persönlich zum H. Bischof gereist, der sich im Kloster Mallersdorf befand, und hat dargelegt, daß Speise und Trank, die sich in ihrem Zimmer befanden, nicht zu ihrem Gebrauche waren, sondern zur gelegentlichen Verschenkung an ihre Neffen und Nichten, wenn sie zu Besuch kommen.«[1035]

Im 1995 erschienenen THERESE-NEUMANN-BRIEF ist im Abschnitt »Entlastung für Theres Härtl und Benefiziat Muth« zu lesen: »Wohin unqualifizierte, mißverständlich formulierte Andeutungen führen, zeigt sich an der Art und Weise, wie Hanauer mit seinen beiden ›Hauptzeugen‹ Muth und Härtl umgeht. Es handelt sich um ein besonders trübes Kapitel (S. 47), wo er nun alle Gegenerklärungen der Resl-Nichte Theres Härtl einfach umdeutet und ihr eine Rolle als Gefangene hinter Klostermauern zuweist. Dabei ging sie freiwillig (!) ins Kloster und lebt noch heute gerne dort – freiwillig! Alles andere ist Erfindung.« Der Hinweis »S. 47« bezieht sich auf die Schrift KONNERSREUTH, LUG UND TRUG – MIT KIRCHLICHEM SEGEN? – Auf der angegebenen Seite ist die Rede von den »Widerrufen« des Mädchens Theres Härtl. In dieser Schrift handelt über dasselbe Thema der Abschnitt »Widerrufe«. Die Angaben sind quellenmäßig belegt.

Was mir im THERESE-NEUMANN-BRIEF hinsichtlich der »Gefangenen hinter Klostermauern« zum Vorwurf gemacht wird, ist nur eine törichte Wiederholung dessen, was bereits in dem 1992 erschienenen THERESE-NEUMANN-BRIEF NR. 4 zu lesen war. Ich habe dazu bereits in meiner letzten Konnersreuth-Schrift, Seite 48, Stellung genommen. Ich wiederhole: Ich habe nie auch nur angedeutet, Theres Härtl sei unfreiwillig ins Kloster gegangen. Ihre Einkleidung im Kloster fand am 19. September *1955* statt, aufgrund freiwilliger Entscheidung; von Konnersreuth nach Eichstätt abgeschoben wurde sie am 10. März *1943,* unfreiwillig, nicht in ein Kloster, sondern zu ihrer Tante.

Der THERESE-NEUMANN-BRIEF schreibt als Zusammenfassung zu dem »Gesamtkomplex Entlastung für Theres Härtl und Benefiziat Muth«: »Die Vorgänge um den früheren Konnersreuther Benefiziaten Muth und die Resl-Nichte Theres Härtl sind definitiv geklärt. Die neuen Fakten entlasten Theres Härtl vollends und bedeuten sogar eine gewisse Entlastung für Muth. Beide sind – ohne daß sie es ahnten – von Dritten ›geführt‹ worden. Sie wurden im wahrsten Sinne des Wortes in die Irre geführt. Mehr ist dazu nicht zu sagen, um nicht die weitere Forschung zu gefährden.« Der erste Satz ist zutreffend, wie die Aufzeichnungen Muths beweisen. Die anderen Angaben sind Phantasterei.

Bei der Rundfunksendung am Palmsonntag 1980 hat mir Bischof Rudolf Graber den Vorwurf gemacht: »Er hätte ja Gelegenheit gehabt, persönlich in Konnersreuth zu erscheinen und sich von den ganzen Phänomenen zu überzeugen.« Sicherlich hätte ich Gelegenheit gehabt, nach Konnersreuth zu fahren. Aber wahrscheinlich wäre es mir dann genauso ergangen wie vielen anderen Theologen, denen kein Gespräch mit der Stigmatisierten gestattet wurde. Außerdem, wie hätte ich es denn fertigbringen können, mich »von den ganzen Phänomenen zu überzeugen«? Mein Kurskollege Heinrich

Muth war Seelsorger in Konnersreuth; er hat kein einziges »wunderbares Phänomen« beobachtet. Er und sein Vorgänger haben freilich Phänomene beobachtet; es waren Phänomene der Hysterie: Lüge, Gehässigkeit, Intrige, Heuchelei, Schwindel.

Pfarrer Josef Schuhmann und Therese Neumann – Nach dem Tod des Pfarrers Josef Schuhmann am 24. Juni 1995 war im Regensburger Bistumsblatt zu lesen: »Der Name des Geistlichen Rates ist natürlich in besonderer Weise verbunden mit der vom Volk verehrten Therese Neumann von Konnersreuth, zu der der Geistliche Rat eine sehr innige Beziehung fand und hatte.«

Emmeram H. Ritter schrieb in einem Nachruf:

»Von der begnadeten Therese Neumann, seinem Pfarrkind, der er stets unvoreingenommen in aufrichtiger Herzlichkeit begegnete, war er überzeugt. [...] Pfarrer BGR Josef Schuhmann war übrigens gleich seinen Studienkollegen Heinrich Muth (†1986) und Studiendirektor Dr. Josef Hanauer ein Hörer des Hochschulprofessors Dr. Michael Waldmann, des ersten großen Gegners und Zweiflers an den Vorgängen um Therese Neumann in Konnersreuth. Aber er hat sich davon nicht beeindrucken lassen, als er Resl persönlich kennenlernen konnte, ja, wie bereits gesagt, er wurde von ihrer tatsächlichen Begnadigung fest überzeugt. Freilich, es ist ihm nicht gelungen, seine beiden Studienkollegen zu überzeugen, aber – hier schließe ich mich dem Wunsch des Sekretärs des Konnersreuther Rings, Studiendirektor Dr. P. Max Hofinger, an – ›vielleicht gelingt ihm das von oben!‹«[1036]

Ritter phantasiert. Schuhmann hat niemals auch nur den leisesten Versuch unternommen, seine Studienkollegen zu belehren. Theologen, die glauben, ein verstorbener Priester würde »von oben« aus Mitbrüder, und zwar lebende und verstorbene, zum Glauben an einen Schwindel »überzeugen« wollen, fehlt die Fähigkeit, vernünftig zu denken.

Wie steht es mit dem Glauben Schuhmanns an Thereses »tatsächliche Begnadigung«?

Am 11. Juli 1961, also noch zu Lebzeiten der Therese Neumann, hat er mir geschrieben: »Als nüchtern veranlagter Mensch habe ich mich bisher möglichst von dem mystischen Geschehen ferngehalten. Ich habe mich damit auch an die Weisung des Bischöfl. Ordinariates gehalten. [...] Als Ortspfarrer muß ich begreiflicherweise vorsichtig sein, um nicht in unliebsame Auseinandersetzungen hineingezogen zu werden.« Diese Grundeinstellung hat Schuhmann immer beibehalten. So hat er noch in seinem letzten Brief am 17. November 1994 betont, daß er sich »weiterhin streng neutral halte«.

Die Bindung Josef Nabers an Konnersreuth hing in entscheidender Weise mit Therese Neumann zusammen. So war es bei Josef Schuhmann nicht. Am 2. März 1969 hat er mir geschrieben: »Warum mich der liebe Gott gerade nach Konnersreuth gerufen hat und nicht mehr loskommen ließ (trotz oftmaliger Bemühungen durch Bewerbung um offene Stellen), begreife ich bis heute nicht.« Den ausschlaggebenden Grund kannte freilich Schuhmann auch. Sein Verhalten zu Therese Neumann und Pfarrer Naber bot die Gewähr, daß Auseinandersetzungen, wie sie bei seinen Vorgängern Plecher und Muth stattfanden, ausblieben; darum mußte er dem Willen des Bischofs entsprechend in Konnersreuth bleiben.

Wie steht es hinsichtlich Schuhmanns Glauben an Thereses »Begnadigung«? Ich habe ihn einmal gefragt: »Hast du irgend etwas erlebt, von dem man sagen müßte, es sei ein Wunder?« Seine Antwort lautete: »Nie.« Nur über zwei aus der Vielzahl der »Konnersreuther Phänomene« hat sich Schuhmann geäußert. Ich zitiere, was er mir am 28. September 1994 geschrieben hat:

»Bei den vielen Besuchen, die zu mir kommen, sage ich regelmäßig: ›Für mich sind 2 Phänomene Tatsache: Die Nahrungslosigkeit und die Leidens-Ekstasen.‹ Bezüglich der Nahrungslosigkeit sage ich: ›Ich kenne niemand, der unter Eid sagen könnte: Ich habe Therese Neumann gesehen, wie sie gegessen hat.‹ Ich gestehe ehrlich, daß ich mir nicht vorstellen kann, Th. Neumann hätte jahrzehntelang ihr Tun verheimlichen können, daß sie so die Welt hätte belügen können, daß sie trotzdem hätte jeden Tag kommunizieren können, daß auch Pfarrer Naber zum Schwindel hätte mithelfen können. Entweder hat sie regelmäßig gegessen oder überhaupt nicht. Die Bemerkung: ›Ich habe erlebt, wie ihre Augen im Gottesdienst plötzlich zu bluten begannen‹, entspricht der Wahrheit. Daß sie eine Heilige ist, habe ich selber nicht behauptet. Wenn Gäste dies behaupten, ist meine Antwort regelmäßig: ›Darüber entscheidet das Lehramt der Kirche.‹«

Über das Thema Nahrungslosigkeit braucht nichts weiter gesagt zu werden. Daß Pfarrer Naber bei einem von ihm erkannten Schwindel mitgeholfen habe, darf niemand behaupten; dem fanatisch an den aus Thereses Mund sprechenden »Heiland« Glaubenden fehlte die Fähigkeit, hinter die Kulissen zu schauen.

Schuhmanns Bemerkung, er habe erlebt, »wie ihre Augen im Gottesdienst plötzlich zu bluten begannen«, hat mich veranlaßt nachzufragen. Daraufhin hat mir Schuhmann am 14. Oktober 1995 nähere Angaben gemacht:

»Es war am 1. Juli, als ich Th. Neumann die hl. Kommunion reichte; das war damals am Fest des Kostbaren Blutes. Ihr Gesicht war noch rein; nach der hl. Kommunion, etwa 10 Minuten später nach dem Empfang sah ich 2 Blutstränen aus den Augen über das Gesicht; es war frisches Blut. Ich glaube nicht, daß es sich dabei um fremdes Blut handeln konnte. Th. N. wischte das Blut mit dem Taschentuch ab und bemerkte: ›Ich habe übersehen, daß heute ein Blutfest ist, sonst wäre ich daheim geblieben.‹ – Ein andermal, am 3. Mai, damals Fest Kreuzauffindung, kam Th. N. zur hl. Messe, da floß während der Wandlung das Blut aus den Augen. Als ich ihr die hl. Kommunion reichte, sah ich wieder die 2 Blutstränen im Gesicht.«

Dazu ist zu sagen: Schuhmanns Wort »plötzlich« ist nicht zutreffend. Er hat ja den Beginn des Blutens nicht beobachten können. Er hat auch nicht wirklich fließendes

Blut gesehen. Wenn man – Schuhmann hat keine Jahreszahl angegeben – vom Anfang seiner Tätigkeit in Konnersreuth ausgeht, dann können sich seine Erlebnisse erst ungefähr zwei Jahrzehnte nach Thereses Stigmatisation ereignet haben. Zu dieser Zeit hat sie auf jeden Fall schon längst gewußt, wann die beiden Gedenktage gefeiert wurden. Das »Bluten aus den Augen« war sicherlich geplant.

Von den angeführten Angaben stammt nur die Bemerkung Schuhmanns, er habe in Konnersreuth nichts erlebt, was als wunderbar zu bezeichnen wäre, aus einem mündlichen Gespräch; alles andere ist Briefen entnommen. Es hätte auffallen müssen, daß ich zu Lebzeiten Schuhmanns seinen Namen nicht genannt habe. Er hat mich wiederholt gebeten, ihn aus dem Spiel zu lassen. Das ist nur zu verständlich. Er hat mich auch gelegentlich gebeten, ich möchte ihm positiv klingende Äußerungen nicht verübeln, er lebe ja in Konnersreuth. Dafür hatte ich selbstverständlich volles Verständnis. Ich habe ihn auch selber aufgefordert: »Drücke dich nie so aus, daß man dich angreifen könnte!« Wenn man von einer »sehr innigen Beziehung« und von einer »aufrichtigen Herzlichkeit« sprechen will, dann gilt dies für Therese Neumann und Josef Naber, nicht aber für Therese Neumann und Josef Schuhmann. Dieser bekam auch keinen Grund für Dankbarkeit, wie es bei Naber der Fall war, der die Gunst ihrer »stellvertretenden Leiden« erfahren hat. Bei ihm war eher das Gegenteil der Fall. Wer die anläßlich seines Todes veröffentlichten Photos ein wenig aufmerksamer betrachtet, dem wird sein linkes Auge auffallen: Auf diesem Auge ist Schuhmann erblindet. Er verlor das Augenlicht in Konnersreuth. Es war zur Weihnachtszeit; an den Seiten des Hochaltars befanden sich zum Schmuck Fichten. Schuhmann brachte Therese die Kommunion. Dabei verletzte er sich auf dem Weg zu ihrem Stuhl hinter dem Hochaltar das linke Auge, das sich entzündete und alle Sehkraft einbüßte.

Wenige Jahre nach dem Tod Thereses war zu hören, Bischof Graber habe vor, ihr Grab öffnen zu lassen. Das Gerücht verstummte dann wieder. Zum mindesten trug daran die Hauptschuld Pfarrer Schuhmann. Eines Tages sprach mit diesem bei einem Besuch in Konnersreuth Bischof Graber. Er wollte den Leichnam Thereses in die Pfarrkirche überführen und dort beisetzen lassen. Es gelang Schuhmann, den Bischof zu überreden, so daß er auf sein Vorhaben verzichtete. Sein Hauptargument war: die Besucher würden bei Gottesdiensten störend wirken.[1037]

XII. KONNERSREUTH
UND DAS KIRCHLICHE LEHRAMT

»Ist denn Wundersucht und Sensation katholischer als die Wahrheit?« »Sind denn die vielen ›Wunderchen‹ wirklich eine Stütze für unseren katholischen Glauben? Dann muß es doch recht schlecht um ihn stehen.« Das sind Fragen, die Dr. Deutsch im Hinblick auf den »Mirakulismus in katholischen Kreisen« gestellt hat.[1038] Sie sind an die Stellen gerichtet, die sich als kirchliches Lehramt bezeichnen. Daß der Schwindel von Konnersreuth kein Ende zu nehmen vermag, hat nicht nur einen Grund. Der wichtigste ist der Zuspruch von seiten der höheren kirchlichen Stellen. Bischöfe und Kardinäle haben Bücher über Therese Neumann veröffentlicht; sie haben ihr ihre Reverenz erwiesen, sei es in Konnersreuth oder in ihrer bischöflichen Residenz. Am 26. März 1937 schrieb der Jesuit Richstätter, ein Fachmann auf dem Gebiet der Mystik, an Dr. Deutsch: Es ist »ein Armutszeugnis für unsere Theologen, daß Ärzte kommen müssen um zu zeigen, wie eine Hysterika zehn Jahre lang hunderte Bischöfe, ein Dutzend Kardinäle und hunderttausende Gläubige hat narren lassen. Aber man ließ sich ja durch die mystische Theologie nicht warnen.«[1039] Doch es war nicht nur so, daß Warnungen ignoriert wurden; es wurde sogar verboten, Zweifel und Bedenken laut werden zu lassen. P. Richstätter hat dies zu spüren bekommen. Am 6. Dezember 1936 schrieb er an Dr. Deutsch: »Was nun die Behandlung der Sache vom theologischen Standpunkt aus angeht, so ist uns jede öffentliche Behandlung der Sache verboten. Es sind eben zu viele hohe Prälaten bis zu Eminenzen in die Sache hineingezogen, und man würde sich persönlich angegriffen fühlen [...]. Sie werden verstehen.«[1040]

Für den Fall Konnersreuth war beziehungsweise ist in erster Linie der jeweilige Bischof von Regensburg zuständig. Am 6. Mai 1926 gab Bischof Antonius von Henle dem Pfarrer von Konnersreuth kurze Anweisungen. In dem Schreiben heißt es: »Was mir selbst auch Bedenken erregt, ist die naive Anrede ›Resl‹, deren die überirdische ›Stimme‹ sich bedient haben soll. Der Himmel kennt nichts Unvollkommenes, auch nicht die Verstümmelung von Namen.«[1041] Woran Bischof Antonius Anstoß genommen hat, entspricht der Größe einer Mücke; seine Nachfolger haben nicht einmal Elefanten bemerkt.

Von Henles Nachfolger Michael Buchberger wird behauptet, er sei den Vorgängen in Konnersreuth kritisch gegenübergestanden. Das trifft nur zu einem ganz geringen Teil zu. Er hat an die »Wunder von Konnersreuth« geglaubt; unbedingt überzeugt war er von der Echtheit und Übernatürlichkeit der Wundmale sowie der Tatsache von Nahrungslosigkeit. Er hat zwar zu wiederholten Malen Wissenschaftler, Theologen und Mediziner, nach Konnersreuth geschickt; aber ihr negativ lautendes Urteil hat er nicht beachtet; ja noch mehr, er hat es ihnen verübelt.

Zu diesen gehörte der Würzburger Prof. Dr. Wunderle. In seinem Brief vom 20. Dezember 1937 an Dr. Deutsch beschreibt er, wie man kirchlicherseits gegen ihn und andere Zweifler vorgegangen ist: »Immer hat man uns getreten und den Konnersreuther Kreis geschont, wenn nicht gar beschützt.« Weil er es wagte, Zweifel zu äußern, wurde ihm der Weg nach Konnersreuth versperrt. »Ich bin ja vom H. Bischof ganz ausgeschaltet«; so sprach er am 4. April 1934.[1042]

Am 31. Mai 1937 hat er aus Enttäuschung über das Verhalten kirchlicher Würdenträger ausgerufen: »Ja, sieht man denn nichts in den sogenannten höheren Regionen?«[1043] Bis zur Stunde ist diese Frage genauso aktuell und berechtigt.

Bischof Buchberger war nicht zu jeder Zeit mit dem Verhalten der Stigmatisierten von Konnersreuth einverstanden; aber »gläubig« war er immerzu. So schrieb er am 15. März 1937 an Dr. Deutsch: »Ich habe Ihnen wiederholt geschrieben, daß ich nie Grund gehabt habe, einen so raffinierten und jahrelang dauernden Betrug anzunehmen.«[1044] Zwar hat er sich bemüht, eine Überwachung in einer Klinik zu erreichen; aber er hat auch die Ablehnung verteidigt. So schrieb er am 23. Januar 1938 an Dr. Fritz Kern in Bonn: Jene, die eine klinische Überwachung fordern, »haben sich nicht gefragt, was ein Vater in hoher Stellung tun würde, wenn ein solcher Wunsch in seine Familienverhältnisse eingreifen würde; man muß auch einem kleinen Mann gegenüber gerecht sein.«[1045] Nach dem letzten Besuch im Jahr 1928 kam der Bischof erst wieder 1953 nach Konnersreuth. Damals sagte er in seiner Ansprache: »25 Jahre sind es her, seit ich nicht mehr hier war. 25 Jahre sind auch ein Jubiläum. In diesen 25 Jahren ist viel Elend und Not über uns gekommen. Auch nach hier wurde viel Leid getragen. Manche sind erhört worden, andere sind getröstet davongegangen. Manche haben den Glauben gefunden. Viele sind im Glauben gestärkt worden. Auf Konnersreuth schaut die ganze Welt.«[1046] Solche Worte sind nichts anderes als ein Bekenntnis zu Therese Neumann.

Am 12. November 1958 schrieb Bischof Buchberger an den Weihbischof von Detroit, Msgr. Alexander Zaleski: »Ich selber halte vollständige Distanz von Therese Neumann, seitdem sie den Wunsch des Hl. Vaters und der Kurie, sich nochmals auf Nahrungslosigkeit untersuchen zu lassen, nicht erfüllt hat.«[1047] Was bedeutet »vollständige Distanz«? Der Bischof hat Jahr für Jahr erlaubt, daß auf dem Zimmer der Stigmatisierten eine Messe gelesen wurde; sie stand immer wieder in Briefkontakt mit ihm; er hat ihr Audienz gewährt; er hat ihren leeren Beteuerungen jederzeit Glauben geschenkt. Aber immerhin, er dachte weiter. Am 27. November 1929 hat er bei einer Ansprache im »Erhardihaus« in Regensburg gesagt: »Welcher Schaden würde erwachsen für die Kirche, wenn man zunächst von den Wundern von Konnersreuth reden und ausposaunen würde und hernach zurückrufen müßte.«

Was Bischof Buchberger nicht gutgeheißen hat, wurde von seinem Nachfolger Rudolf Graber reichlich besorgt. Bald nach Thereses Tod machte er klar, was er anstrebte: die Seligsprechung. Das erste Anzeichen dafür war der Bau des »Theresianums« in Konnersreuth, bei dessen Einweihung sieben Bischöfe zugegen waren. Wenige Jahre später erschien in Konnersreuth »ein Bus mit 28 Missionsbischöfen, Oberhirten aus Südamerika, Afrika und Asien«. Die Bischöfe besuchten das Grab der Stigmatisierten; auch der Apostolische Nuntius Bafile zählte zu den prominenten Gästen in Konnersreuth. Bald nach dem Tod des Pfarrers Josef Naber waren wieder 13 katholische Würdenträger, unter ihnen sieben Bischöfe, Gäste in Konnersreuth.

Von 1971 bis 1978 hat im Auftrag des Bischofs der Jesuit Dr. Carl Sträter Zeugen vernommen und »das seit Jahrzehnten angefallene schriftliche Aktenmaterial durchgearbeitet«. Im Jahr 1979 konstituierte sich im Kapuzinerkloster zu Eichstätt unter den Vorsitz des Bischofs von Regensburg der »Konnersreuther Ring«, ein Gremium von zwölf Personen. Nach der Sitzung des »Ringes« am 21. November 1979 gab das AMTSBLATT FÜR DIE DIÖZESE REGENSBURG das Urteil wieder, das Sträter abgegeben hatte: »Nahrungslosigkeit, heroische Gesinnung und Echtheit der Visionen sind so gesichert durch zahlreiche Zeugnisse, daß man um die Eröffnung des Informativprozesses bitten könne.«[1048] Die Tagung gipfelte in der Bitte an Bischof Rudolf Graber um »die Eröffnung des Informativprozesses auf offizielle Weise«. Dies tat allerdings Graber nicht; aber er ließ dann als Altbischof zu wiederholten Malen verlauten, es sei an der Zeit, den Informativprozeß zu beginnen.

Grabers Nachfolger Manfred Müller hielt sich zunächst in der Frage etwas zurück; dann aber wurde auch er tätig. Am 16. Februar 1986 wurde bekanntgegeben: Nach der »Auswertung der verfügbaren Akten im Ordinariatsarchiv und der Befragung Hunderter von Augenzeugen« muß nun der Bischof »erst einmal über die Eröffnung des offiziellen Informativprozesses entscheiden«.[1049] Darüber hat der Bischof noch nicht entschieden. Als Grund gab am 20. September 1987 Weihbischof Schraml in Konnersreuth bekannt: »Der Kirche muß es im Vorfeld eines eventuellen Prozesses darum gehen, das vorhandene Material zu sammeln und zu archivieren, es im Hinblick auf einen möglichen Prozeß zu überprüfen und alle noch lebenden Zeugen zu vernehmen.« Die Bemerkung Schramls klingt sonderbar; im Jahr zuvor wurde ja bereits verkündet, die »Auswertung« und »Befragung« sei bereits erfolgt! Dazu kommt, daß mir kurze Zeit vor der erwähnten Bekanntgabe Bischof Manfred Müller – unter Hinweis auf kirchliche Vorschriften, die es in der von ihm angegebenen Form gar nicht gibt – geschrieben hat, eine »Zeugeneinvernahme« sei »normalerweise erst nach Eröffnung des Informativprozesses möglich«; daran sei aber »noch nicht zu denken, da zuerst das gesamte Schriftgut von und über Therese Neumann an einem noch zu bestimmenden Ort gesammelt, archiviert und von Fachtheologen untersucht werden« müsse. Was soll das heißen? Man könnte daraus entnehmen, daß die Arbeit Sträters als wertlos erklärt wurde, was sie auch in der Tat ist; denn in der Art, wie er es gemacht hat, könnte man Betrügern jeder Art eine »heroische Gesinnung« zuerkennen. Der Bischof sagt, »das gesamte Schriftgut« müsse erst »gesammelt und archiviert« werden. Sträter hat doch die einschlägigen Akten im Ordinariatsarchiv »ausgewertet«, und doch waren sie noch nicht »gesammelt und archiviert«?! Weiter sagt der Bischof, das Schriftgut müsse erst an einem »noch zu bestimmenden Ort« gesammelt werden. Dieser Ort wurde dann auch »bestimmt«; in Konnersreuth wurde ein »Dokumentationszentrum« eingerichtet. Was sich dort befindet, darüber gibt der erste THERESE-NEUMANN-BRIEF vom Jahr 1990 Aufschluß. Die Aufstellung zeigt, daß das »Schriftgut« im Vergleich zu den Akten im Bischöflichen Zentralarchiv wenig Gewicht hat. Das beweist ja auch die Tatsache, daß meine Gesuche um die Erlaubnis zu einem Besuch im Dokumentationszentrum abgelehnt wurden. Noch etwas ist zu bemerken: Nunmehr befindet sich »das gesamte Schriftgut« nicht an einem Ort, sondern an zwei Orten!

Nach dem Tod des Konnersreuther Pfarrers Josef Naber hat Domkapitular Lorenz Rosner einen Nachruf verfaßt. Darin heißt es: »Das Urteil über den Charakter und die Echtheit der Erscheinungen Therese Neumanns ist und bleibt der Kirche vorbehalten; die Ehrfurcht vor dem ihr anvertrauten Lehramt wie vor dem Bereich des religiösen Lebens verwehrt strikt den Versuch, hier vorgreifen zu wollen.«[1050] Ähnlich hat sich zwanzig Jahre später Bischof Manfred Müller ausgedrückt: »Der Ausgang eines eventuellen Prozesses für Therese Neumann, der der Wahrheitsfindung zu dienen hat, entzieht sich unserer Kenntnis. Niemand hat das Recht, der Congregation pro Sanctis Sanctorum und letzthin dem Heiligen Vater vorzugreifen.«[1051] Was soll man dazu sagen? Von einem »eventuellen« Prozeß weiß man nicht, ob er überhaupt beginnt. Wenn er nicht beginnt, dann hat er auch keinen »Ausgang«. Außerdem, niemand hat das Recht, ein Urteil über eine Person und die ihr zugesprochenen »wunderbaren« Gaben zu verbieten, sei es ohne einen Prozeß oder nach Beginn beziehungsweise nach dem Ende eines solchen. In den THERESE-NEUMANN-BRIEFEN wird durch Beiträge und Hinweise auf Bücher regelmäßig »dem Heiligen Vater« vorgegriffen. Das wird nicht beanstandet.

Das angestrebte Ziel der von den Bischöfen Graber und Müller unternommenen Maßnahmen ist die Seligsprechung der Stigmatisierten von Konnersreuth. Mit der Seligsprechung wird zum Ausdruck gebracht, daß die »Dienerin Gottes« ein nachahmenswertes Leben geführt hat.

Was soll man nachahmen? Am 20. Juli 1931 schrieb Baronin Erika Augusta von Gleich nach schweren Zerwürfnissen Therese Neumann einen Brief. Dieser beginnt mit den Worten: »Wenn alle kanonisierten Heiligen sich so benommen haben, dann danken wir für Kirche und Heilige.«[1052] Im Jahre 1939 kam Frau M. Hartmann auf ihrer Rückreise nach Breslau mit der NSV-Schwester von Konnersreuth ins Gespräch. Diese bezeichnete aufgrund ihrer Erlebnisse Therese Neumann als eine »Intrigantin«, deren Betragen »nicht das einer Heiligen, sondern einer Intrigantin und Hochmütigen« sei.[1053] Der Konnersreuther Benefiziat Muth hat so geurteilt: »Ich habe an der Resl so wenig Ehrlichkeit – Wahrheitsliebe – Nächstenliebe gefunden, daß es schlimm wäre, wenn die anderen Menschen auch so wären.«

Therese Neumann war eine schwerhysterische Person. »Hysterische lügen, sie lügen immer, sie lügen raffiniert«, so hat einmal Dr. Deutsch gesagt. Therese Neumann hat oft und oft gelogen; auch unter Eid hat sie die Unwahrheit gesagt; wie weit sie ihrer hysterischen Anlage wegen verantwortlich war, ist eine andere Frage. In einem Rechtsstaat würde vor einem weltlichen Gericht auf jeden Fall anders vorgegangen als im kirchlichen Bereich. Hier hält man wohl Lügenhaftigkeit für eine heroische Tugend, die mit Seligsprechung zu belohnen ist.

Ein weiterer Vergleich zwischen dem Verhalten im weltlichen und kirchlichen Bereich drängt sich auf. Wenn jemand im weltlichen Bereich Aussagen von Bedeutung macht, dann begnügt man sich in keinem Fall mit Behauptungen; man verlangt Beweise, und zwar stichhaltige Beweise. Wie steht es im Falle »Konnersreuth«? Da geht letztlich alles nur auf eine einzige Person zurück: auf Therese Neumann. Was diese schwerhysterische Person aufgetischt hat, wurde und wird geglaubt, auch wenn es sich um einen geradezu handgreiflichen Unsinn handelt.

Weihbischof Schraml hat am 20. September 1987 in Konnersreuth gesagt, erst nach der »Untersuchung und Überprüfung« der »Dokumentation kann und wird« der Bischof eine Entscheidung treffen, wie es weitergehen soll. Das ist eine Phrase. Der Bischof kann jederzeit eine Entscheidung treffen; aber er wird es nicht tun. Er wird nicht erklären: »Die Konnersreuther Phänomene sind wunderbare Ereignisse.« Denn das kann kein vernünftiger Mensch tun. Er wird auch nicht behaupten: »Therese Neumann hat ein heroisches Tugendleben geführt.«

Da müßte er ja Gebote des Dekalogs als ungültig erklären. Der Bischof wird aber auch niemals das einzige zutreffende Urteil aussprechen: Unsinn, Schwindel. Er bekäme die volle Wut der Pseudomystiker zu spüren.

Warum der Bischof keine den Tatsachen entsprechende Entscheidung treffen wird, hat noch einen anderen, letztlich entscheidenden Grund. Er kommt bereits zum Ausdruck in dem Ausspruch Buchbergers am 27. November 1929 im Erhardihaus in Regensburg. Ähnlich hat er sich am 5. Februar 1930 seinem Amtsbruder, dem Bischof von Limburg, gegenüber geäußert. Dieser hatte scharfe Kritik an dem zurückhaltenden und abwartenden Verhalten des Bischofs von Regensburg geübt. Darauf antwortete Buchberger:

»Welch ungeheurer Schaden würde der Kirche erwachsen, wenn sich herausstellen würde, daß in der Beurteilung des Konnersreuther Falles die kirchliche Autorität sich geirrt oder gar, daß sie fahrlässig gehandelt und andere, ja die ganze Welt in den Irrtum habe hineingeraten lassen.«[1054]

In diesen Worten ist der Hauptgrund zu finden, warum Bischof Müller keine Entscheidung treffen wird. Das der Wahrheit entsprechende Urteil wäre gleichbedeutend mit dem Eingeständnis, daß eine große Zahl von kirchlichen Würdenträgern bis hinauf zu den höchsten Spitzen einen greulichen Schwindel und ein Unmaß an Unsinn bejaht und gefördert hat. Dazu kommt, daß sich auch Bischof Müller bereits zu weit vorgewagt hat. Am 13. September 1987 hat er in Konnersreuth gesagt: »Ich danke der ganzen Gemeinde, wenn sie im Geist [...] einer Therese Neumann in die Zukunft geht.«

Wer wagt es bei dieser Sachlage zu erwarten, daß der Bischof eingestehen wird: Ich habe mich geirrt und blamiert!

»Wie geht es weiter mit Konnersreuth?« Diese Frage beantwortet Toni Siegert im THERESE-NEUMANN-BRIEF Nr. 7:

- »Im Vordergrund steht jetzt die echte Grundlagenforschung.«
- »Hier geht es zunächst um die Herbeibringung europaweit verschollenen Konnersreuth-Materials, wozu gerade in den vergangenen drei Jahren überraschende Erfolge zu verzeichnen sind.«
- »An zweiter Stelle steht die ordnungsgemäße Unterbringung und Erfassung des reichlichen Materials.«
- »Erst an dritter Stelle rangiert die gleichfalls begonnene Auswertung der Quellenbestände.«
- »Als Ziel ist eine wissenschaftliche, zeitgeschichtliche Studie über Therese Neumann anzustreben. Strenge Quellenkritik steht im Vordergrund, vor allem zur Frage: Wie zuverlässig ist eine bestimmte Quelle [...]? Das Ergebnis hat einwandfrei verifizierbar zu sein.«

Die beiden ersten von Siegert genannten Voraussetzungen sind bereits erfüllt. Emmeram Ritter stellt fest: »Die Sammlung des Dokumentationsgutes von, über und Therese Neumann betreffend, ist – wie bereits erwähnt – soweit abgeschlossen, daß mit der Erarbeitung einer historisch-wissenschaftlichen Dokumentation in Buchform begonnen werden konnte. Sie bildet ja das unumgänglich notwendige Fundament für das von den zahlreichen Verehrern der Resl ersehnte und auch notwendige Verfahren, nämlich den Informativprozeß auf Diözesanebene.«[1055]

Offenbar hat Ritter vergessen, daß Bischof Rudolf Graber bereits im Jahre 1979 alle Voraussetzungen für einen Informativprozeß als erfüllt angesehen hat. Darum hat er Pfarrer Anton Vogl als Postulator eingesetzt. Den kirchlichen Bestimmungen gemäß hat dieser »alsbald« nach seiner Ernennung seinem Bischof über den Ruf der Heiligkeit und über das Tugendleben des »Dieners Gottes« Bericht zu erstatten. Dabei wird betont, er dürfe nichts Negatives auslassen, er müsse auf die Schwierigkeiten hinweisen, die sich bei einer beabsichtigten Seligsprechung ergeben könnten.[1056] Wie weit Vogl seiner Aufgabe gerecht geworden ist, bleibt im dunkeln; aber fest steht, daß sowohl er wie auch der damalige Vizepostulator, der Kapuziner Ulrich Veh, tätig geworden ist. Dieser hat sich »eingehend« mit Therese Neumann beschäftigt und »nach sorgfältiger Prüfung die Erfüllung der Heroizität aller Tugenden überzeugend« nachgewiesen. Hinsichtlich der »Heroizität aller Tugenden« stellt er fest, daß die »Dienerin Gottes« alle Tugenden nicht in gewöhnlichem Grade, »sondern in hervorragender, heroischer Weise gelebt hat«. Der Postulator Anton Vogl hat sich mit dem Thema beschäftigt: »Ruf der Heiligkeit im Leben und nach dem Tode« der Therese Neumann.[1057]

All diese Dinge sind bekannt. Trotzdem erklärt Siegert, es müsse erst eine »echte Grundlagenforschung« betrieben werden. Ritter spricht von einer »historisch-wissenschaftlichen Dokumentation«. Wer erfüllt diese wichtige Aufgabe? Ritter gibt die Auskunft: »Meine Abteilung hat – ich möchte sagen durch die Güte Gottes auf die Fürsprache Therese Neumanns hin – eine Persönlichkeit gefunden, die dazu bereit ist, mit der notwendigen Objektivität diese gewaltige Arbeit zu übernehmen. Ich spreche von Herrn Toni Siegert, Abteilungsleiter beim Bayerischen Rundfunk. Er bringt das notwendige Rüstzeug mit, um dieses große Vorhaben zu verwirklichen und zu einem guten Ende zu bringen. Herr Siegert hat das Institut für Zeitgeschichte in München besucht und durch zahlreiche bemerkenswerte Publikationen und Vorträge bewiesen, wie sehr ihm als gläubigen Katholiken und noch dazu als Oberpfälzer Therese Neumann ein Anliegen ist. Sie kennen sicher seine hervorragenden Beiträge im ›Therese-Neumann-Brief‹. Andererseits besitzt er gerade jene wünschenswerte Objektivität, die unabdingbar notwendig ist. Es gibt in seinen Forschungsergebnissen keinen Satz, den er nicht durch Quellen eindeutig beweisen könnte. So darf ich abschließend feststellen: Herr Siegert ist gegenwärtig der Mann, der über das quellenmäßig umfangreichste Wissen über Therese Neumann verfügt.«[1058]

Will vielleicht Ritter mit seinen Angaben zum Ausdruck bringen, daß Sträter, Veh und Vogl die notwendige Objektivität mangelte? Man müßte ihm zustimmen. Aber wie steht es mit Siegerts Objektivität? Ritter beweist sie mit dem Hinweis auf seine »hervorragenden Beiträge im ›Therese-Neumann-Brief‹.« Die Wirklichkeit schaut ganz anders aus. Wir haben Siegerts Arbeitsweise bereits kennengelernt bei der Besprechung seines Artikels »Die SS betrieb ganz konkret einen Mordanschlag auf Therese Neumann«.[1059] Außerdem sei verwiesen auf den Vortrag, den er am 20. September 1992 in Konnersreuth gehalten hat. Damals hat er die Nahrungslosigkeit der Therese Neumann »mit Mitteln der historisch-kritischen Analyse einwandfrei ermittelt«. Aus meiner Besprechung des Vortrags führe ich die Schlußbemerkungen an: »Die ›Konnersreuther‹ werden wohl Siegerts Vortrag als Volksaufklärung empfinden; in Wirklichkeit gehört so etwas zum Thema Volksverdummung. Ein bekannter Jurist hat nach der Lektüre des 4. ›Therese-Neumann-Briefs‹ sein Urteil mit den Worten zum Ausdruck gebracht: ›Ich muß als Anwalt ja viel dummes Zeug lesen, aber so etwas Dummes und Widerliches ist mir meines Wissens noch nicht untergekommen.‹ [...] Wie schlecht muß es um eine Sache stehen, wenn die verantwortlichen Leute auf einen derartigen Unflat aus böswilligem Schwachsinn, auf solch infame Art, mit Andersdenkenden umzugehen, angewiesen sind!«[1060]

Siegert spricht von einer »wissenschaftlichen, zeitgeschichtlichen Studie über Therese Neumann«. Nach Ritter handelt es sich um eine historisch-wissenschaftliche Dokumentation. Bischof Manfred Müller sagt, vor der Eröffnung des Informativprozesses müßte »zuerst das gesamte Schriftgut von und über Therese Neumann [...] von Fachleuten untersucht« werden, »wie es von den ›Novae Leges pro Causis Sanctorum‹

gefordert wird«; die »Zensoren und Prüfer« müßten Theologen sein, und zwar »mit der Sache noch nicht befaßte, neutrale Fachleute aus dem Hochschulbereich«.[1061] Die Angaben des Bischofs sind falsch. Aber selbst wenn sie zuträfen, dann wäre die Arbeit Siegerts schon deshalb wertlos, weil mit seiner Person keine der vom Bischof genannten »kirchlichen« Bedingungen erfüllt wird.

»Wie geht es weiter mit Konnersreuth?« Auch Pfarrer Anton Vogl hat sich mit der Frage beschäftigt. Bei der Jahreshauptversammlung des »Konnersreuther Rings« im Oktober 1994 hat er betont, die Seligsprechung der Therese Neumann werde erst möglich, »wenn Hanauer Wort für Wort widerlegt ist«; dies könne jedoch »nur nach der Methode von Dr. Günther Schwarz geschehen«. Mit diesem Urteil hat Vogl, ohne es zu merken, die Versicherung abgegeben: Eine Seligsprechung ist unmöglich.

Die »Konnersreuther« freilich werden nicht lockerlassen, obwohl ihnen bekannt ist, daß von seiten der zuständigen kirchlichen Behörde in Rom abgewinkt worden ist. Das geschah schon am 17. Februar 1982. Damals, während der Festakademie anläßlich des Anna-Schäffer-Jubiläums im Haus Heuport zu Regensburg wurde Bischof Rudolf Graber gesagt, in Rom wolle man von einem Seligsprechungsprozeß nichts wissen.[1062] Sogar Emmeram Ritter weiß, »daß die Sache Therese Neumann nicht nur Gegner im deutschsprachigen Raum, sondern auch in Rom hat«; dies habe er »leider einem Telefonat eines römischen Jesuiten entnehmen« müssen.[1063]

Nochmals die Frage: Wie geht es weiter mit Konnersreuth? Im März 1996 wurde in Erinnerung an »das Blut-Phänomen von Konnersreuth vor 70 Jahren« gesagt, in etwa zwei Jahren sei eine Entscheidung des Regensburger Bischofs zu erwarten, »ob ein Seligsprechungsprozeß eingeleitet wird oder nicht«.[1064] Von einem Seligsprechungsprozeß kann jedoch keine Rede sein; nur ein Informativprozeß käme in Frage. Man rechnet also mit einer Entscheidung im Jahr 1998; vor hundert Jahren wurde Therese Neumann geboren. Die »Konnersreuther« werden Thereses Geburtstag gebührend feiern. Es ist zu erwarten, daß sich auch der Regensburger Bischof beteiligen wird. Aber die zu erwartende Verlautbarung wird sicherlich keine Entscheidung sein, sondern nur die Wiederholung der bekannten Vertröstung: »Das kann noch lange dauern.« Das ist gleichbedeutend mit: »Die Volksverdummung geht weiter.« Der »Fall Konnersreuth« ist ein Sammelsurium von Aberglauben, Unsinn, Schwindel, Lüge, Lüge bis hin zum Meineid. Das Leben Therese Neumanns war alles andere als heiligmäßig und nachahmenswert. Das ist den verantwortlichen kirchlichen Stellen wohlbekannt. Aber man wagt dies nicht einzugestehen – aus Rücksicht auf die »Gläubigen« und im Hinblick auf »die Kirche«, für die nach Buchbergers Worten ein »Zurückrufen« gleichbedeutend wäre mit einem »ungeheuren Schaden«. Sicherlich, keinem Vertreter der Amtskirche fällt es leicht einzugestehen, daß sich höchste kirchliche Würdenträger schwer blamiert haben; aber einen zusätzlichen Schaden für die Kirche bedeutet so etwas nicht. Warum ist in absehbarer Zeit kein »Zurückrufen« zu erwarten? Der Grund ist im Nachruf auf den 1993 verstorbenen Bischof von Trier, Dr. Bernhard Stein, zu erschließen: »Besonders eine Eigenschaft machte ihn zu einem liebenswerten Vorgesetzten: Wenn er einsah, daß er etwas falsch gemacht hatte, dann konnte er es zugeben. Es ist schon für einen Normalmenschen ungeheuer schwer, wie sehr für einen Bischof.«[1065]

Es heißt doch: Das kirchliche Lehramt steht unter der Leitung des Heiligen Geistes. Bei nicht wenigen Erscheinungen der »Mystik« vermag man sein Wirken auch mit bestem Willen nicht zu entdecken. Seit nunmehr siebzig Jahren spricht man vom »Fall Konnersreuth«, bei dem man nicht anders urteilen kann als: Von allen guten Geistern verlassen.

ANHANG

BRIEFE UND DOKUMENTE

Therese Neumann an den Bischof von Regensburg am 19.5.1928*

Hochwürdigster Herr Bischof!

Komme mit einer Bitte zu Ihnen, die mir der lb. Heiland schon gewährte. Und so denke ich, daß Sie auch nicht nein sagen werden. Ich will aber auch gerne folgen, wenn Sie anders denken, daß es besser ist, als mir der gute Heiland erlaubte; denn wenn ich wüßte, daß es gegen seinen Willen wäre, hätte ich gleich darauf verzichtet. Da am Montag mit meinem Zimmerl das Verputzen angeht u. ich einige Tage nicht drinnen wohnen kann, so möchte ich diese Gelegenheit benützen, was ich schon lange vorhabe, mich Gottes schöner Natur erfreuen. Und da hochw. Herr Professor Wutz zum Feste hier ist, will der Vater unbedingt, daß ich mit ihm u. meiner Mutter zu meinem kl. Bruder nach Eichstätt fahre. Ich will ja nicht fort, daß ich beim Herrn Professor wohnen kann; nein ich möchte blos die schöne Natur sehen u. mich des Schöpfers freuen. Und da wir in einem Tag nicht heim können, bliebe ich in Beisein meiner Mutter bei meinem kl. Bruder. Wir können ja nicht lange aus sein; in derselben Woche müßten wir wieder heim. Und dann wäre noch das ein Grund in Eichstätt zu bleiben, da ich dort am verborgensten sein kann. Der hl. Vater, dem es, wie ich ganz bestimmt weiß, sein Wunsch wäre, wenn wir ihn besuchen könnten, hat Herrn Professor die Erlaubnis gegeben zum Zelebrieren zu Hause. Und nach der hl. Messe fahren wir dann ganz still u. unbemerkt wieder fort und kein Mensch kennt, daß ich im Auto bin. Und warum soll ich mit Herrn Professor nicht fahren? Er ist doch ein guter Priester u. hat den lb. Heiland recht gern. Und die Leute, die reden so auch. Und müssen auch verantworten, was sie reden. Dies fürchte ich gar nicht. Wenn man nur dem lb. Heiland Freude macht, alles andere ist mir gleich. Ja, ich weiß wohl, daß hochw. Herrn Professor seine Ehre unberechtiger u. boshafter Weise angegriffen wurde. Aber nicht einmal von der Welt, was man leicht mitnimmt. Nein, sondern von solchen, die uns Muster u. Vorbild sein sollen. Da ist mir viel Vertrauen u. Achtung von diesen Männern geschwunden. Ich wußte doch, daß alles nicht war sei, deswegen tat es mir so weh; da müßte ich auch davon wissen. Und der Vater begreift nicht und ist fast erbittert, daß man mich lieber mit Herrn Schwarz, der einen protestantischen Chauffeur hat u. unserer Familie fast fremd ist, lieber fahren läßt als mit Herrn Professor. Er sagt immer, daß er da auch was dreinzureden habe. Und in ein Kloster läßt er mich auf keinen Fall. Ich hab ja daheim eine recht ruhige Zelle. Und mein Wunsch wäre halt, in der schönen Natur jetzt ganz ruhig u. ungestört so dahin zu fahren. Ich hab voriges

---

* Dieser und alle folgenden Briefe und Dokumente des Anhangs werden unverändert entsprechend den Originalen abgedruckt, ohne Korrektur der Schreibweise und Zeichensetzung.

Jahr viel für die Seele sowohl für den Leib gewonnen. Ach, bitte, guter Vater, sagen Sie halt »ja«. Das können Sie leicht verantworten. Dann möchte ich auch wieder zum Herrn Professor seiner 85 jähr. alten guten Mutter mit kommen. Ich wäre ja nicht fremd dort. Und sollte ein Sühneleiden über mich kommen, wäre ja die Mutter mit. Und da ein geborener Konnersreuther Pater aus Amerika hier eine zeitlang ist, so könnte unser Herr Pfarrer, der doch auch Erholung braucht, mit, daß wenn ich in Ekstase, wie es öfters vorkommt, komme, nicht in fremder Umgebung bin. Sagen Sie halt ja, daß ich mich in der Natur zwischen mein Leiden hinein freuen kann. Vorige Woche durfte ich sehr viel leiden und diese Woche sehr wenig. In diesen Tagen ist bei uns die Kirche stark besetzt. Sie wissen ja, guter Vater, von unserer Theresienfeier. Die Leute sind ganz begeistert. Ich denke, daß dadurch dem lb. Heiland schon mehr Freude gemacht wird. Hatte auch am 17. u. 18. Himmlischen Besuch, die lb. hl. Theresia, welche sagte, daß es sie freue, daß der Geist der Liebe, des Vertrauens, der Kindlichkeit, der Hingabe u. Opferfreudigkeit in der Pfarrei mehr eingeprägt wird. Sie werde in diesen Tagen besonders viel Gnaden erbitten. Dann sagte sie noch, daß ich noch viel leiden u. dem lb. Heiland viele Seelen näher bringen darf. Sie ermunterte mich zum Vertrauen auf u. daß ich mich am Heiland klammern soll, wenn die Welt u. der böse Feind mich irre machen wollen. Der Heiland läßt mich nicht wanken, ich solle nur Mut haben, es wird schon alles recht. Ach, sie war so gut u. so freundlich u. lieb. Und am 17. in der Früh durfte ich den lb. Heiland zum Himmel fahren sehen. Ach, wie arg gut ist er! Wenn wir ihm nur recht viel Freude machen könnten. Ich vergesse Sie, guter Vater, keinen Tag beim lb. Heiland und verspreche Ihnen stets Ihr gehorsames u. gutes Kind zu sein. In aller Ehrfurcht um den hl. Segen bittend grüßt Sie

                Ihr dankbares Kind
                Theres Neumann

Wenn ich nur einmal wieder mit Ihnen sprechen könnte, jetzt würde ich Sie sicherlich kennen.

Ferdinand Neumann an den Bischof von Regensburg
am 7.10.1928

Sie werden entschuldigen, daß ich Ihnen mit einigen Zeilen belästigen muß. Aber ich fühle mich veranlaßt nun einmal zu schreiben um Ruhe zu bekommen. Da Hw. Herr Pfarrer u. meine Tochter Resl, ebenso Hw. H. Bischof Waitz, mich immer versuchten, mich umzustimmen, wegen der Verbringung meiner Tochter, in ein Kloster oder Klinik. Sie haben doch den schriftlichen Beweis in Händen und ist ja auch durch Zeugen festgestellt, das ich seinerzeit zu dem Generalvikar Scheglmann, der im Auftrag des Ordinariats zu uns kam, mich bereit erklärte, meine Tochter, zu einer Nahrungsaufnahmeprüfung im eigenen Hause zu überlassen. Damals erklärte Hw. H. Generalvikar ausdrücklich, daß es dann keine weitere Untersuchung mehr gibt, worauf dann die vier Malersdorfer Schwestern hieher kamen, und vereidigt 15 Tage aufs genaueste und schärfste, beobachteten und untersuchten. Hernach wurden sie abgerufen, obwohl ich schon vorher erklärt hatte, sie können hier bleiben, auch wenn es ein halbes Jahr dauern würde. Diese Untersuchung hat ja das Ergebnis, daß sie das bischöfliche Ordinariat *amtlich* bekundete, daß die Beobachtung in einem Spitale oder in einer Klinik, auch keinen besseren Erfolg hätte bringen können. Und nun stellen sie von neuem wieder die Forderung meine Tochter zur Untersuchung herauszugeben. Ich wenn den Antrag gestellt hätte, während meine Tochter 6 und 1/2 Jahr hilflos dalag, daß man sie in ein Kloster aufnehmen sol, würde ich eine ablehnende Antwort erhalten haben. Ich stehe auf dem unerschütterlichen u. festen Standpunkt, solange ich ein offenes Auge habe, daß ich meine Tochter niemals mehr herausgeben werde, selbst wenn sich die ganze Welt erheben werde. Leichter würde Eisen brechen als meine Gesinnung ändern. Ihre 4 Beobachtungsschwestern, die unter Eid ihre Aussagen beziehungsweise Aufzeichnungen auf das pünktlichste machten, müßten dann ja zu allererst, da Sie, Hw. H. Bischof, den Aussagen nicht glauben wollen, wegen schweren Meineides hinter Schloß und Riegel setzen, und dann erst müßte ich mich noch besinnen. Was mein Vater befiel, das mußte ich als Sohn ohne Murren stets tun, das gleiche müssen auch meine Kinder befolgen, da gibt es keine Altersgrenzen. Dasselbe werden auch Sie, Hw. H. Bischof, wissen, daß Kinder ihren Eltern unbedingt gehorsam sein müssen. Meine Tochter wollte schon öfter den Aufforderungen in ein Kloster nachkommen, aber ich kann es nicht verantworten, u. lasse es nicht zu. Ganz besonders schmerzt es uns, daß wir so verdächtigt werden, daß wir unser Tochter Blut ins Gesicht schmieren u. heimlich Nahrung zuführen sollten. Wenn die Ehre der Eltern so herabgezogen wird, das ist aber bereits das Höchste, da sinkt einem das Vertrauen. Es sind doch schon Hunderte von Professoren u. Ärzten hier gewesen, und wenn es ein Schwindel sein *soll*, so ist es schon traurig für die Wissenschaft, wenn sie diesen Schwindel, in der Zeit von 3 Jahren noch nicht entdeckt haben, dann ist es nicht weit her mit dieser Wissenschaft. Zu

Apostel oder Christus Zeiten hat man übernatürliche Dinge auch nicht ärztlich und wissenschaftlich untersuchen lassen. Unser Heiland hat die Erweckung des Lazarus auch nicht ärztlich untersuchen lassen, ob er nicht scheintot gewesen wäre. Oder gefiel es dem Heiland, daß Thomas nicht glauben wollte? Wenn es der Heiland in unser so glaubenslosen Zeit wieder einmal sich offenbarte und uns zeigen will, daß die Menschen wieder anders werden sollen, und von der Kirche solcher Zweifel im Volk wachgerufen wird, da kann an keine Besserung gedacht werden. Wenn Sie uns, Hw. H. Bischof, als Schwindler betrachten, warum lassen Sie Besuche zu? Übrigens wenn die ganze Welt zweifelt u. spottet, wir wissen, um was es sich handelt und was es ist. Wenn man dem Hw. H. Pfarrer, welcher vom H.H. Bischof gesalbt ist, und den Eltern nicht glaubt, wie sollen dann die Leute einen ungläubigen Arzt glauben.
Ich schließe mit dem unerschütterlichen Bekenntnis zu Christus unserem Heiland und unsere katholische Kirche.

              Ihr ergebenster
              Ferd. Neumann u. Frau

Ferdinand Neumann an den Bischof von Regensburg
am 16.12.1929

Hw. H. Bischof!

Anbei sende ich Ihnen ein Schreiben, von dem Erfolg Ihrer Predigt. Auch ich wahr sehr aufgeregt wie viele andere darüber. Wie ich im Sonntagsblatt gelesen, erklärten Sie die Vorgänge hier natürlich. H.H. Bischof Sie wollten seinerzeit Resl zur Untersuchung nochmals haben. Aber eine natürliche Sache braucht doch nicht untersucht werden. Der Lebenswandel kann doch nicht untersucht werden, außer man hat eine Person Jahrelang unter sich. Und dann kann man das Innere auch nicht sehen. Ich stehe noch feßt auf dem Standpunkt, was seinerzeit H.H. Schlegelmann zu mir sagte, der doch in Vertretung des Bischofs geschickt wahr. Wenn die Nahrungslosigkeit geprüft ist, dan ist alles geprüft. Und die Schwestern machten doch alles genau. Sogar bei Leidensbegin an 2 Freitagen waren alle 4 Schwestern anwesend u. Dr. Seidl mit. Obwohl sie ständig bei ihr waren, konnten sie ganz bestimmt ihr Inneres, oder ihren Seelenzustand nicht untersuchen. Resl sagte damals nach der Untersuchung, sie konnte nie während dieser Zeit ruig beten, den ihrer Gewonheit gemäß will sie dazu allein u. ungestört sein. H.H. Bischof Ihre Predigt beweißt, das damals die Untersuchung für Sie unnötig wahr. Auf die hin bin ich in meinem Vorsatz der Untersuchung wegen neu gestarkt. Es wird mich niemand zwingen können das Anrecht auf meine Kinder preiszugeben. Als sie klein u. später krank war, kümmerte sich kein Mensch um sie, auch die hohe Wißenschaft nicht. Der Kirche folge ich in allen was recht und billig ist.

               Ehrfurchtsvollst
               Gruß Ferd. Neumann

Eltern der Therese Neumann
an den Bischof von Regensburg
am 31.8.1930

Hw. H. Bischof!

Auf Ihr Schreiben an Hw. H. Pfarrer Naber, muß ich Ihnen Hw. H. Bischof gleich Antwort geben, wegen der Einwilligung, zu einer neuen Untersuchung. Ich habe mich schon voriges Jahr, schriftlich u. mündlich erklärt, das ich es auf keinen Fall mehr zugib, meine Tochter Theres zu einer Untersuchung herzugeben. Was ich einmal gesagt habe, das steht feßt. Ich bin doch kein kleines Kind, das heute so ist und morgen wieder anders. Was ich gesagt habe das bleibt feßt, so lange ich ein ofenes Auge habe, komt es nicht mehr vor. Sollte ich früher Sterben müßen, dan ist meine Familie der gleichen Gesinung. Zu einem Versuchskaninchen gebe ich meine Tochter nicht heraus. Auch nicht für die Wißenschaft. Kirchlich ist sie schon damals wegen der Nahrungsaufnahme geprüft worden als die vier Schwestern 15 tage hier wahren. Sie haben aber noch mehr gemacht, u. haben aus den Ohren Blut genomen ohne meine Erlaubniß, und die Wunden wurden auch photografiert, wobei Sanitätsrat Seidl die Platen im Besitz hat u. verschiedenen Leuten sogar die Bilder gezeugt wurden. Im Kirchlichen Verordnungsblat stand auch damals das die Untersuchung nicht gründlicher gemacht werden konnte u. der Kirche ausreicht. Ich kann nicht verstehen warum Sie Hw. H. Bischof sich nicht damit zufrieden geben wollen. Ich unterwerf mich der Kirchlichen Obrigkeit gerne in allen was recht u. billig ist.

                                          Ererbietigst
                                          Ferd. Neumann
                                          Anna Neumann

Therese Neumann an den Bischof von Regensburg, wahrscheinlich am 31.8.1930

Sie ließen mich durch unserem hochwürdigen Herrn Pfarrer fragen, ob ich einem anderen Priester beichten u. mich anvertrauen will. Dies geht aber doch nicht so ganz ohne Weiteres.
Ich habe doch zu unserem H.H. Pfarrer soviel Vertrauen u. nicht mit Unrecht. Schauen Sie, all die vielen Fremden, die ihn doch nur kurz sehen u. kennen, vertrauen ihm. Und ich ging doch schon in die Schule zu ihm u. er half uns den lb. guten Heiland kennen lernen. Und erst in meiner langen Krankheit. Wer kümmerte sich außer meinen lb. Eltern und Geschwistern um mich als H. Herr Pfarrer? Er tröstete mich immer in meinem schweren Leiden u. Schmerzen u. dazu der Blindheit. Ich merkte, daß er es ernst nimmt u. bekam volles Vertrauen zu ihm, das ich nie verliere. Und unser H.H. Pfarrer hat doch den lb. Heiland so gerne u. will immer nur, was er will u. ist so opferbereit u. gut u. entschieden. Ich weiß u. bin überzeugt, daß er mich, meinen Seelenzustand versteht. Ich vertraue mich keinem anderen Priester an, außer der lb. Heiland will es. Und er war es doch, der ihn uns gab u. schickte. Wie oft höre ich von den Fremden u. von Priestern besonders, auch schon von höheren kirchlichen Persönlichkeiten, daß ich froh sein darf um Herrn Pfarrer Naber, daß er der Mann sei, den mir der lb. Heiland zum Beichtvater u. Seelenführer gab. Wie kann ich denn einem Priester, der mich nicht kennt u. den ich nicht kenne, anvertrauen? Darin hat uns doch der lb. Heiland volle Freiheit gelassen. Und ich glaube, daß es Ihnen Hochwürdigster Herr Bischof nicht ernst mit obiger Frage ist. Dies wäre ja doch so etwas Unnatürliches. Ich komme dem lb. Heiland gewiß nicht näher, was doch die Hauptsache ist, wenn ich einen fremden Herrn als Beichtvater habe. Ich schreibe fei unter Tränen, denn mir ist es wirklich hart u. tut mir arg weh, daß, nachdem ich so hübsch viel zu leiden habe, was ich aber gerne tue, weil der lb. Heiland es will, man mich seelisch so vergewaltigen will. Ich bitte um den bischöfl. Segen u. grüße ehrerbietigst

Theres Neumann

Therese Neumann an den Bischof von Regensburg am 2.2.1931

Hochwürdigster Herr Bischof!

Erst ein paar Zeilen wegen dem Geld, wovon Sie schrieben. Ich lege Ihnen alles bei. Kein Geld habe ich noch nicht erhalten u. nehme auch keines an, da H.H. Pfarrer u. H.H. Benefiziat in der Pfarrei selbst mit den hl. Messen nicht fertig werden. Daß ich nicht früher an den Pater schrieb, kam daher, daß ich viel zu tun habe u. leidend bin. Und die Briefe häufen sich halt oft arg. Ist bei Euch doch auch so. Oft muß ich auch Klagen hören von armen Leuten, daß sie keine Antwort erhalten. Und alles kann man ja nicht erledigen. Der Pater soll doch das Geld dort behalten. Wir schicken doch Geld hinein u. er will's heraus haben. Hochwürdigster Herr Bischof! Noch etwas will ich Ihnen schreiben, was mich recht beunruhigt. Ich weiß, daß Sie wollen, daß Hochw. Herr Pfarrer Naber von uns wegkommt. Er hat aber doch nichts angefangen. Daß der lb. Heiland mir das Leiden gab, dafür kann doch H.H. Pfarrer so wenig wie ich. Wenn es der lb. Heiland nicht wollte, möchte ich es bestimmt nicht. Mir wäre viel lieber, wenn ich im Missionsland draußen wirken u. arbeiten könnte. Kein Mensch würde sich um mich kümmern. Ich tät halt auch meine Pflicht u. käme auch zum Heiland. Aber so wird man soviel u. was am meisten weh tut, von den Vorgesetzten als von anderen beeinflußt oder wer weiß was noch angesehen. Und ich kann doch gar nichts dafür. Wenn der lb. Heiland es so zuläßt, trag ich es ja gern. Wenn es nur mancher Seele dann zugute kommt. Wissen's Hochw. Herr Bischof! Daß H.H. Pfarrer wegen einem einzigen Pfarrkind wegkommt, geht doch nicht. Wenn die Sache bei mir nicht wäre, würde er auch nicht darandenken, wegzugehen. Ich weiß, seine Pfarrkinder haben ihn gern u. ehren u. schätzen ihn. Und wenn es hier bekannt würde, würde es eine große Entrüstung geben. Die Pfarrei ist durch ihn doch nicht rückwärts, sondern vorwärts gekommen. Sie sehen ja den Zuwachs der hl. Kommunionen; u. die allerwenigsten sind von Fremden. Was muß man von ihm denken, wenn er auf einmal weg soll. Dies geht ja schwer. Wenn Sie es ja unbedingt wollen, so denke ich, schreibe ich erst an den guten hl. Vater, der uns ja versteht u. auch gut gesinnt ist, daß er mir rät, was ich tun soll um im Gewissen ruhig zu sein. Ich kann es wirklich nicht ohne weiteres verantworten, daß ein Seelsorger wegen meiner von seinen Kindern weggerissen wird. Vater gibt das Anwesen halt einem Buben u. wir ziehen dann in eine andere Pfarrei u. auch Diözese. H.H. Pfarrer ist dann an seiner Ehre nicht geschadet u. Sie sind auch vieler Arbeit enthoben u. ist Ihnen viel Aufregung erspart. Ich bin überzeugt, wenn ich anderswo bin, wirkt der lb. Heiland genau so weiter, wie hier. War ich ja schon fort (nicht in Eichstätt, wo man mich vermutete) u. alles ging grad so weiter wie daheim u. H.H. Pfarrer Naber war nicht dabei. Der lb. Heiland ist ja an keinen Ort gebunden. Auf ihn vertraue ich, wenn er auch noch so viel Leiden schickt oder zuläßt. Ihn kann man ja mir nicht nehmen; dies ist ja mein Trost u. die Hauptsache. Mit dem guten Heiland trage ich ja gern Leiden, Verachtung u. Verkennung. Es wird doch alles noch offenbar u. man wird sehen, daß ich keine kranke Betrügerin war, wenn die Zeit dafür gekommen. Jetzt harren wir halt aus in aller Geduld, wenn es nicht weh täte, wäre es kein Opfer. Ich will Sie Hochw. Herr Bischof gewiß nicht kränken mit meinen offenen Schreiben. Ich schreibe ganz, wie mir ums Herz ist. Bitte schön, schreiben Sie mir Ihre Meinung u. ich will auch tun, was ich kann. So kann es auch nicht gut weiter gehen. Auf jeder Seite das Mißtrauen. Wenn eines dem anderen mehr Vertrauen entgegenbrächte, ging alles leichter. Man hätte mehr Freude u. mancher Kummer wäre erspart, was dem lb. Heiland ja auch freuen würde. Ich vergeße Sie ja keinen Tag eigens bei ihm. Ich bitte auch um den hl. Segen u. grüße ehrerbietigst

Theres Neumann

Bitte verzeihen Sie, daß ich schrieb. Ich sagte H.H. Pfarrer nichts u. lies ihm es nicht lesen.

Therese Neumann an den Bischof von Regensburg am 13.4.1931

Hochwürdigster Herr Bischof!

War heute wieder bei der Post, ob noch keine Nachricht da sei, wegen des Geldes von Pater Wilhelm. Ich lege die Bestätigung der Post bei. Ich kann Ihnen nicht mehr darüber schreiben, als ich Ihnen im Februar darüber schrieb, daß ich kein Geld erhalten habe. Schickte ja Ihnen doch damals den Scheck mit. Sonst könnte ich denselben ja nimmer haben. Und H.H. Pfarrer weiß in der Sache nicht mehr, als ich ihm sage, daß ich kein Geld erhalten. Aber der Vater war letzthin sehr aufgeregt, wie er Ihre Vermutung wieder hörte, indem Sie schrieben, daß das Geld ohne Zweifel ausgehändigt wurde. Es tut ihm halt sehr weh, wie mir ja auch, da wir doch niemand betrogen. Er hat ja ein Geschäft u. noch nie hörten wir dergleichen. Er hat uns alle wohl ehrlich, mit der Arbeit seiner Hände groß gezogen. Und so ein Wort von jemand, den man vertrauen soll, tut doppelt weh. Sie haben ja einen Beweis auch nicht für Ihre Verdächtigung. Wir übergaben jetzt die Sache Hr. Dr. Gerlich, der in den gleichen Angelegenheiten sich gut auskennt. Vielleicht bringt er die Sache in's Reine. Ist ja so notwendig. Sie müssen halt sich noch etwas gedulden.

Und noch etwas drückt mich: Sie kennen ja die Photographiegeschichte, Hochwürdigster Herr Bischof! Und denken Sie nur, was wir für Schwierigkeiten damit hatten. Der amerikanische Geistliche wollte mir ja die Sache erst leugnen. Aber ich fühlte deutlich, daß er doch Abzüge aus den Akten von den Wunden hatte. Und so sagte er dann bloß mehr, daß es ein Geheimnis zwischen Ihnen hochwürdigst. Herr, seinem Erzbischof u. ihm sei. Ich sagte ihm aber, daß es an erster Linie mich selbst betrifft u. daß ich mit dergleichen nie einverstanden sei. Er meinte auch, daß es mich nichts angehe, daß es Sache des Heilands sei. Ich erwiderte darauf, daß wenn der lb. Heiland so etwas haben wolle, er es mir nicht merken u. fühlen lassen würde. Er fuhr, als er mit Vater auch schwere Auseinandersetzungen hatte, schnell auf die Post nach Waldsassen u. so konnte er am Freitag zum Vater sagen, daß er nichts mehr habe. Mit solchen Sachen wird halt Vater immer energischer gegen den Gedanken mich fortzutun. Die Schwestern photographierten mich seinerzeit ohne seinen Willen, auch gegen den meinen. Er will jetzt die Platten um jeden Preis. Der lb. Heiland wird schon helfen, daß wieder Ruhe wird. Er läßt halt so Prüfungen auch zu.

Übermorgen fahre ich auf etliche Wochen fort, um mich etwas zu erholen. Wenn Sie da keine Ausweise erteilen würden, da ich niemand in dieser Zeit annehme. In aller Hochachtung grüßt u. bittet um den hl. Segen

Theres Neumann

Therese Neumann an den Bischof von Regensburg am 31.8.1931

Hab eine Bitte auf dem Herzen. Ich weiß, daß Sie nicht gerne damit einverstanden sind. Aber wenn Sie wissen, um was es sich handelt, dann sagen Sie gerne ja. Ich will am 9. bis 15. September einige Tage fort. Eine Schwester fährt auch mit. Ich soll Taufpatin von einer, mir gut befreundeten Jüdin machen. Sie ist schon fast 30 Jahre alt u. ist Lehrerin. Die hl. Taufe ist ganz verborgen in einer Hauskapelle. Kann hier nicht sein, wegen der Mutter der Konvertitin.

Ich nehme an, daß Sie nichts dagegen haben. Sie ist ja sehr gut vorbereitet. Wir beten schon lange darum. Endlich ist sie soweit. Ist arm u. wird von einem braven Familienvater in München unterstützt zum Studium. Den lb. Heiland hat sie recht gern, sie ist sehr eifrig. Daß wir heuer bis nach Chur zu den lb. guten Hochwürdigsten Herrn kamen, den wir schon länger gut kennen, kam daher, daß wir eine Schwester, die operiert werden sollte in den hohen Bergen unterbringen mußten u. in der Nähe dort waren. Ich hab da doch den lb. Heiland dadurch nicht beleidigt.

Ich freute mich arg an all den Schönheiten, die er uns zur Freude erschaffen u. danke ihm immer noch dafür. Sind Sie mir deshalb böse. Ich will Ihnen ja folgen, will Ihnen keinen Verdruß machen. Wie gerne würde ich einmal mit Ihnen, Hochwürdigster Herr Bischof reden u. alles sagen, was ich auf dem Herzen habe. Ich weiß ja, daß man mich bei Ihnen schon oft verleumdet hat. Ich denke aber, daß Sie durch H.H. Pfarrer die Wahrheit wissen. Er ist ja so wahr u. aufrichtig. Letzthin schrieb mir die Frau Gleich wieder, daß Sie an sie für mich ungünstig geschrieben haben. Ich habe bestimmt nichts unrechtes gesagt. Ich sagte bloß: »Vater, gebt's ihr den Ausweis nimmer, sonst kommt sie ein anders Mal wieder, dann kennen wir sie nicht, dann malt sie mich doch!« Von Ihnen Hochwürdigster Herr war keine Rede. Ich bringe Ihr Schreiben, ich sei lieblos u. so redet kein treues Kind der Kirche, nicht aus dem Sinn. Ich trage es ja gern; aber es tut arg weh. Ich will mich nicht beschönigen; aber Ihnen, da Sie mein Bischof sind, darf ich's sagen, daß all mein Tun u. beten u. leiden für die Mitmenschen gehört, dem lb. Heiland zulieb u. auch dem Nächsten. Dies kann doch nicht gegen die Kirche sein. Ich will doch treu der hl. Kirche leben u. sterben. Ich will ja nur, daß dem lb. Heiland viele Seelen näher kommen. Und da mache ich keinen Unterschied zwischen den Leuten. Überhaupt hat man ja mehr Mitleid mit den Armen. Erst letzthin waren 3 arme Wanderer bei uns die den lb. Heiland wieder finden wollten. Sie bekamen ja keinen Schein, aber ich dachte, in der Not muß man zugreifen. Ich redete diesen Männern gut zu u. dieselben beichteten alle, was einer schon jahrzehntelang nimmer getan. Da hab ich auch einen Zweifel, wo ich Sie, Hochwürdigster Herr Bischof fragen will, was ich tun soll. War neulich ein älterer Mann, ein Jude, bei mir, der nach Wahrheit sucht u. sich am Freitag entschloß, den lb. Heiland anzuhangen u. sich taufen zu lassen. Dies geht aber nicht so schnell. Er will deshalb wiederkommen. Ich weiß aber, daß es Ihnen nicht recht ist, da Sie sagten: »Ja, die Reichen kommen schon vor!« Wir wußten aber erst doch nicht, ob er reich oder arm sei. Für mich war das Eine: Er ist Jude u. will zum Heiland; für den tue u. leide ich, was ich kann. Wie meinen Sie Hochwürdigster Herr! Kann ich's so halten? Oder wie soll ich es denn machen?

Ich möchte doch Ihnen nicht immer Verdruß u. Unannehmlichkeiten bereiten. Ich will Ihnen doch auch Freude machen, damit der lb. Heiland sich freuen, denn er freut sich doch, wenn wir in Frieden leben. Verspreche Ihnen, Sie keinen Tag beim lb. Heiland zu vergessen. Um den hl. Segen bittet

ergebenst
Theres Neumann

Therese Neumann an den Bischof von Regensburg
am 24.8.1932

Verzeihen Sie die Belästigung, nachdem Sie sich, wie mir H.H. Dekan von Marienbad erzählte, gut erholt haben, was wohl notwendig war. Der lb. Heiland ist ja gut u. gibt immer die nötige Kraft. Und Sie Hochwürdigster Herr sind doch viel in Anspruch genommen. Ich bitte den lb. Heiland jeden Tag für Sie, damit er Ihnen recht viel Gnade gibt, Ihr schweres Amt in jetziger Zeit gottgefällig zu verwalten. Dann sage ich Ihnen ein recht herzliches »Vergelt's Gott« dafür, daß Sie gesorgt, daß meine Eltern, die so viel im Feld zu tun haben u. ich mit alten Briefen zum Lesen im Rückstand bin, die Besuche weniger sind. Gerade in den Ferien kommen soviele hieher, die bloß so neugierig sind. Zugleich habe ich eine Bitte: Wenn Sie so gut wären Hochwürdigster Herr Bischof u. keinen Erlaubnisschein mehr nach Konnersreuth oder gar an Konnersreuther schicken lassen würden! Da sind etliche Familien, die lassen sich Scheine schicken und verkaufen dann dieselben, wo oft gar die Namen nicht stimmen. Eine Familie Mayer Josef ließ sich wiederholt 20 M für einen Ausweis zahlen. Der Mann war schon wiederholt in Regensburg mit Motorrad um Ausweise. Früher, als man im Ordinariat bloß Ausweise mit pfarramtlicher Empfehlung erteilte, kann dergleichen doch schwer vorgekommen sein. Auch kamen die Zeit vor Juli Besuche oft, die 2 Ausweise hatten u. uns damit arg plagten. Ich sage Ihnen aufrichtig Hochwürdigster Herr Bischof, ich bring gern jedes Opfer, um den lb. Heiland Freude zu machen und red den Leuten gern zu, zu tun was der lb. Heiland will u. tröste sie gern, wenn sie in Not sind und Kreuz zu tragen haben. Aber oft werd ich schon ungehalten, wenn es bloß Neugierde ist. Vielfach werden meine Worte verdreht u. Vieles höre ich wieder, was ich nie gesagt. Nun ja, dies kann man ja nicht verhindern u. will es den Heiland zuliebe tragen. Aber bitten möchte ich nochmals nach Konnersreuth keinen Ausweis zu schicken. Und noch bitte ich um den hl. Segen und grüße Sie

ehrfurchtsvollst
Theres Neumann

Von Ende September bis Mitte Oktober hab ich vor mich in einem befreundeten Kloster zu verstecken.

Ferdinand Neumann an den Bischof von Regensburg am 17.10.1932

Hochwürdigster Herr Bischof!

Im Spätherbst 1926 hat das hochw. Ordinariat Regensburg wiederholt verlangt, ich sollte meine Tochter ins Krankenhaus nach Waldsassen verbringen, damit Dr. Seidl sie auf ihre Nahrungslosigkeit beobachten könne. Ich habe die Forderung des Ordinariates als Eingriff in mein Hausrecht damals auf das entschiedenste abgelehnt, weil sonst jeder Arzt kommen könnte, und eine solche Untersuchung auch ganz wertlos gehalten, weil sie doch von Ungläubigen nicht angenommen wird. Im Sommer 1927 erklärte ich mich auf Drängen des hochwürdigen Herrn Generalvikars Schegelmann, der im Auftrag des hochwürdigsten Herrn Bischofs Antonius gekommen war, bereit, meine Tochter in Konnersreuth beobachten zu lassen, da man mir das Versprechen gab, dann *bestimmt* nicht mehr eine Untersuchung von mir zu verlangen, was ich mit einem Eide bestätigen kann. Ich gab damals die Erlaubnis zu einer Beobachtung unter meiner Aufsicht, auf eine Zeitlänge, wie sie die Ärzte für notwendig hielten, meinetwegen auf ein halbes Jahr. Die Ärzte erklärten eine Frist von 14 Tagen als ausreichend, weil das Körpergewicht bei Nahrungslosigkeit das deutlich zeigen müßte. Es hat ja geheißen in einem amtl. Schreiben, daß die Untersuchungen in einer Klinik hätte auch nicht besser gemacht werden können. Man hat mir damals allerlei versprochen, was nicht eingehalten wurde, und darüber hinaus ohne meine Erlaubnis Dinge vorgenommen, die ich nicht geduldet hätte, wenn ich davon gewußt hätte. Man hat mir damals die Wahl des Arztes, die doch jedem freisteht, nicht gewährt und einfach Dr. Seidl geschickt, ohne mich zu fragen, ob ich wegen seines Verhaltens zu meiner Tochter während ihrer langen früheren Krankheit, noch zu ihm Vertrauen habe. Ich war darum sehr zornig, als damals Dr. Seidl nachts 12 Uhr *ohne mein Vorwissen* mit Hilfe der Schwestern ins Haus einzudringen versuchte. Die Schwestern hat man mir ohne meine Erlaubnis ins Haus geschickt. Man hatte mir versprochen, nur die Nahrungslosigkeit beobachten zu wollen, hat aber dann Blut entnommen durch Einschnitte in die Ohren, welche von Zeit zu Zeit wieder aufbrachen. Meine Tochter sah nur *ein Glas*, worin der Urin und Gurgelwasser gegossen wurde, woran sie sich sehr ekelte. Man hat auch am Freitag während des Leidens den Urin öffentlich vor den Leuten hingestellt. Man hat in dem kleinen Zimmer mit Aether die Instrumente zweimal gewaschen und dadurch meine Tochter in schwere Ohnmachten gebracht, worüber sich ein anwesender Fachmann und die Mutter sehr erregten. Man hat photographische Aufnahmen gemacht, ohne jede Erlaubnis von unserer Seite. Die Platten sind heute noch im Besitz von Dr. Seidl, was nicht angängig ist. Voriges Jahr hörte ich noch dazu, daß vom Ordinariat Regensburg Abzüge weitergegeben wurden. Mein Einspruch, hochwürdigster Herr Bischof, blieb ohne Antwort. Die Untersuchung von 1927 wurde in zwei amtlichen Erklärungen des Regensburger Ordinariates unterschrieben und für die Kircheninteressen vollständig genügend bezeichnet. Da die Überwachung durch die vereidigten Schwestern keine Sekunde unterbrochen wurde, so sehe ich nicht ein, warum die damalige Feststellung heute nicht mehr genügt. Die Nahrungslosigkeit und das Gleichbleiben des Gewichtes wurde von den Schwestern beeidigt und von den Ärzten Ewald und Seidl bestätigt.

Die Erklärung von Ewald, daß der Urin *nach* der Untersuchung kein Hungerurin mehr gewesen sei, wurde mir von Fachärzten dahin erklärt, daß das Azeton, durch schlechte Aufbewahrung verflüchtigt ist. Der Urin stand nämlich wochenlang unverschlossen. Seidl wußte um die schlechte Aufbewahrung. Aber erst lang nachher erfuhr er, wie er selbst zugab, von der Bedeutung dieser Nachlässigkeit. Sie werden verstehen, hochwürdigster Herr Bischof, daß in mir ein bitteres Gefühl aufsteigt, wenn ich an die bisher gemachten Erfahrungen denke. Ich glaube nun nicht, daß eine neue Untersuchung in dieser Sache jene bekehren wird, die bisher nicht an die Nahrungslosigkeit geglaubt haben; umso weniger, als jetzt seit drei Jahren jede Möglichkeit der Untersuchung von Ausscheidungen aufgehört hat. Außerdem haben mir meine Erfahrungen mit Ärzten jedes Vertrauen zu ihnen genommen, daß ich ihnen meine Tochter, die, wie Sie wissen, zu verschiedenen Zeiten, besonders an Freitagen, wehrlos ist, anvertraue. Ich möchte auch nicht, daß anläßlich der Beobachtung von Nahrungslosigkeit noch *öffentlich* bekannt gegeben würde, daß die »Schamhaare« meiner Tochter normal sind, wie Ewald es für nötig gefunden hat. Es sträubt sich fast die Feder, so etwas zu schreiben, aber es zwingt mich dazu. Als katholischer Bauer kann ich mir das nicht gefallen lassen, von einem kommunistischen Ewald, wenn er auch wissenschaftlich ist. Wo ist da der Schutz des jungfräulichen Schamgefühls? Meine Tochter kann sich ja unter anständigen Menschen kaum mehr sehen lassen. Ist das Beobachtung der Nahrungslosigkeit? Die offenkundige Lüge eines Professors wie Ewald, er habe am Freitag mit Resl ganz normal gesprochen, hat mir auch jeden Glauben an den Wert einer ärztlichen Feststellung genommen. Außerdem ist nach meiner Meinung die Feststellung der Nahrungslosigkeit durch Ärzte nicht wertvoller als die Beobachtung und Feststellung durch Andere. Übrigens ist meine Tochter nicht krank, daß sie einen Arzt braucht. Ich müßte daher, da mir die Vaterfürsorge für meine Tochter, welche zu vielen Zeiten wehrlos ist, nur von unserem Herrgott, sonst von niemand, abgenommen werden kann, verschiedenes zuerst wissen: An welche Art Haus gedacht ist? Wohin Resl gebracht werden sollte? Welche Art Leute meine Tochter untersuchen sollen? Wie alt sie sind? Welchen Glauben sie haben und ob sie im Bekenntnis der Wahrheit schon erprobt sind? Denn Sie selbst haben Ende 1928 Prof. Kern Erlaubnis gegeben zu einer Untersuchung, die von einem Deutschen Professoren-Stigmenausschuß, dessen Mitglieder nur Protestanten sind, in einem eigenen Haus vorgenommen werden sollte. Später hätte sich dieser Ausschuß auf die Untersuchung der Ausscheidung beschränkt.

Von Ihrem Plan habe ich erst durch Dritte erfahren müssen, dabei wurde mir erzählt, daß Prof. Kern meine Tochter ohne weiteres als Überbleibsel der magischen Zeit bezeichnet hat. Ich weiß zwar nicht, was das sein soll, aber es hat mich gleich mißtrauisch gemacht, was der u. die andern mit meiner Tochter machen wollten. Ich müßte jetzt darum wissen, auf welche Art und Weise die Nahrungslosigkeit meiner Tochter und namentlich das Ausbleiben der Ausscheidungen kontrolliert werden soll. Ganz allgemein müßte ich bitten, was alles und auf welche Weise beobachtet werden soll.

Ich bin gern bereit, in allem, was möglich ist, Ihnen, hochwürdigster Herr Bischof, zu dienen. Ich möchte aber zuerst verlangen, daß ich Einblick bekomme in den Untersuchungsakt von 1927. Es erhielten ja schon viele fremde Personen Einblick, welche kein Recht dazu haben. Man hat mir z.B. auch erzählt, daß die Schwestern im Protokoll die Erklärung abgegeben haben, die Theres bete fast nichts. Meine Tochter hat sich damals bitter beklagt, daß sie nicht eine Sekunde allein mit dem Heiland reden konnte, denn die ganze Nacht hindurch war sie hell beleuchtet, u. da sie sich gegen die Wand kehrte, beleuchtete man sie jede Minute mit der Taschenlampe ins Gesicht. Soll man da ungestört beten können? Ich verlange auch, daß die Platten und Abzüge, welche bei der Untersuchung aufgenommen wurden u. bei Dr. Seidl sind, an mich ausgehändigt werden; ich habe schon oft erkennen müssen, daß Frau Dr. Seidl sich durch Herzeigen der Bilder wichtig macht und Dr. Seidl selbst sagte es meiner Tochter ins Gesicht, daß er durch Veröffentlichung der Bilder sich viel Geld verdienen könnte. Ich verlange darum auch eine eidesstattliche Versicherung von Dr. Seidl, daß er keine Bilder weitergegeben hat als jene ans Ordinariat. Vom Ordinariat selber muß ich um eine Erklärung bitten, daß man am Ordinariat in Regensburg keine Abzüge weitergegeben hat noch weitergeben wird.

Zum Schlusse möchte ich noch sagen, daß eine Untersuchung oder Beobachtung eines Geistlichen wie Prof. Wunderle nicht mehr vorkommen darf. Denn die Frechheit dieses Herrn, am Freitag meiner hilflosen Tochter die Brustwunde in Gegenwart mehrerer Herren, mit Beihilfe des Dr. Seidl, ohne Erlaubnis unsererseits zu untersuchen, ärgert mich heute noch, sowas mußte ich mir im eigenen Hause gefallen lassen, was wird erst geschehen, wenn sie allein unter Fremden ist. Die sonderbare Predigt im Dom zu Regensburg über meine Familienangelegenheiten hat mich deswegen sehr verstimmt, weil Ihr privates Schreiben der Öffentlichkeit preisgegeben wurde und man nicht einmal meine Antwort abwarten konnte. Ich denke, das sind Geheimsachen, die nur zwischen Ihnen und mir besprochen werden, wenigstens, solange sie nicht erledigt sind.

Unlängst schickten Sie mir, hochwürdigster Herr Bischof, den Bürgermeister, daß er mich in Gegenwart des H. Herrn Pfarrer und H.H. Benefiziat zur Zustimmung bewegen sollte. Ich denke, daß eine Familienangelegenheit auf solche Weise zu einer Gemeinsache werden soll. Unsereiner weiß ja ganz genau, daß es sich beim Bürgermeister nur um das Geld bei den Fremden handelt. Mehr über den Bürgermeister zu sagen, halte ich hier nicht für notwendig.

                                            Hochachtungsvollst ergeben
                                            Ferdinand Neumann

Ferdinand Neumann an den Bischof von Regensburg
am 23.1.1933

Kürzlich teilte mir H.H. Pfarrer Naber mit, daß H.H. Generalvikar ihm schrieb, daß es nicht schön sei, solange keine Antwort zu geben. Waren doch erst die Weihnachtsfeiertage, wo wir uns mit derlei, dieselben nicht verderben lassen wollten. Uns kam es schon eigen vor, daß man so kurz vor Weihnachten meine Tochter in die Lepsche Klinik zu tun kam. Auch kam ein recht schmerzlicher Sterbefall in der Familie vor. Hernach war ich wegen meinen kranken Arm fort. Und was will und soll ich denn für eine Antwort geben? Hab ja schon im ersten Brief ausführlich meine Bedingungen geschrieben. Ich kann nicht mehr, als mein erstes Schreiben wiederholen. Bleib auch darauf bestehen. Haben ja Sie selbst H.H. Bischof von *berechtigten* Wünschen geschrieben. Weshalb soll ich den meine Gesinnung ändern. Da in Ihren ersten Schreiben von keiner Klinik die Rede war, wohl erst im zweiten wo sogar schon die Ärzte gewählt sind, so bin ich von neuem mißtrauisch geworden. Ich fühle mich als Vater verpflichtet noch mehr vorsichtiger zu sein. Das erste Mal war auch nur die Rede von Beobachtung der Nahrungslosigkeit, wurden aber die schamlosesten Sachen mit ihr gemacht. Noch etwas ärgert mich schon recht. Kam neulich ein Frater, der versicherte, das was er gesagt, er jederzeit auf Eid nehmen kann.

Er gab es uns auch schriftlich. H.H. Generalvikar erzählte ihm: Wir in Konnersreuth können machen was u. wie wir wollen; wir (die Bischöfe und das Ordinariat) wollen nicht die *Pfeiffendekel** des Herrn Neumann sein. Ist doch ein eigenartiger Ausdruck. Solche Ausdrücke gebrauchen bei uns nur gewisse Leute im Wirtshaus bei vorgeschrittener Zeit. Von einen Geistlichen hab ich so etwas nie gehört, da vergeht einem schon die Lust zu schreiben. Hier in Konnersreuth ist es schon hübsch bekannt. Man kann ja nimmer unter die Leute gehen. Müssen denn die Fremden alles wissen? Wenn öfters manches wieder erzählt wurde, so zweifelten wir, ob es auch unten in Regensburg gesagt wurde. Jetzt ist einem auch die Predigt des H.H. Dompredigers klar. Mir währe es schon lieb, wenn die Sache mehr unter uns bliebe. Wäre viele Hetze erspart.

                                                Hochachtungsvollst ehrerbietigst
                                                Ferd. Neumann

* Anm.: Diesen Ausdruck habe ich nie in meinem Leben gekannt, niemals gebraucht, speziell niemals von Konnersreuth oder Familie Neumann. Am 30. Jan. 1933 habe ich das dem Pfarramt Konnersreuth mitgeteilt und ersucht um Namen und Kloster des betr. Fraters, damit ich mich an seinen Oberen wende.

R. 30.I.1933   Höcht Gen. V. K.

Therese Neumann an Prälat Geiger in Bamberg am 2.10.1934 (von Eichstätt aus)

In der großen Sorge und Schwierigkeit, die uns durch das Buch von Dr. Wittry entstand, möchte ich mich an Sie wenden. Ich denke, Ihnen kann so ein Mißbrauch auch nicht recht sein. Kann denn da nicht abgeholfen werden? Sind Sie doch so gut, H.H. Prälat, und sagen und beantragen Sie doch sofortige Einziehung des Buches, bis die Unrichtigkeiten und vor allem die Bilder entfernt sind. Wegen den Bildern ist mir fei ganz schrecklich. Ich muß mich ja doch so schenieren. Ich wollte immer verhindern, daß Vater das Buch in die Hand bekommt und jetzt bin ich schon längere Zeit fort u. da brachte ein Mann ihm dasselbe. Ist furchtbar! Ich fürchte, Vater nimmt das Gericht zu Hilfe, da wir schon 2 Jahre wegen den Bildern von den Wunden mit Hölzl (Photograph) Streit haben. Diesem ist's sicher eine willkommene Gelegenheit, jetzt nicht mehr zurückhaltend zu sein. Er hätte die Sachen schon um Tausende von Dollar verkaufen können, sagte er immer am Gericht aus. So hätte ich gemeint, wenn man doch das Buch einziehen und vernichten würde. Ja ich begreife nicht, wie Dr. Wittry unser Vertrauen so arg mißbrauchen kann. War Vater seinerzeit so willig und ließ mich von ihm untersuchen. Dies muß ihm jetzt schon weh tun. Wenn er seinerzeit seine Absicht gekannt hätte, er würde ihn um keinen Preis zu mir gelassen haben. Da begreift man immer besser, wie notwendig es ist, daß Vater gerade in diesem Punkt so energisch ist. Er ist doch mein leibhaftiger Schutzengel, sonst wäre ich offen der Welt preisgegeben. Und erst unser guter Herr Pfarrer! Mutter schrieb mir heute, daß er nicht wohlauf und frisch sei. Ja, ich weiß schon, warum. Ihm ist diese Sache doch furchtbar peinlich. Er ist doch so zurückhaltend und mit Recht. Mich erbarmt er, weil er so gut ist. Und er kann doch nichts dafür. Ich versprach ihm schon, als ich von daheim fortfuhr, an Sie zu schreiben, damit die Sache eingestellt wird. Denken Sie, Herr Prälat, wie es uns geht, wenn in Regensburg die Sache bekannt wird. Aber so peinlich und so beschämend die Sache für uns ist, so müssen wir doch vor unserem Heiland bekennen, daß wir unsererseits nichts dafür können. Ja, mir tut die Sache um des guten Heilands schon weh, denn dies gibt doch viel Anlaß zum Kritisieren und ärgern. Ich bin überzeugt, daß dadurch die Absicht Gottes nicht gefördert, sondern vereitelt wird. Man wird nicht fertig, sondern je mehr man sich hineinvertieft, desto dürsterer kommt's einem vor. Ach, wie die Menschen einander weh tun können! Wohl macht einem der gute Heiland auch viel Freude, indem er uns oft mit Menschen zusammenführt, die es aufrichtig mit einem meinen. Ich bin schon die 4. Woche hier und fühle mich wie daheim. Ja ich schreibe Ihnen nicht, um Ihnen vorzujammern, sondern um Sie eindringlich zu bitten, uns zu helfen, damit diese schreckliche, für mich beschämende Sache mit dem Buch eingestellt wird. Wirken Sie doch auf Dr. Wittry ein. Und nun noch besten Gruß.

Therese Neumann

Therese Neumann an den Bischof von Regensburg am 27.11.1934

Verzeihen Sie, daß ich nicht so schnell meinem Versprechen, Ihnen in der arg peinlichen Sache zu schreiben, nachkomme. Mußte mich, da ich doch länger fort war, erst wieder eingewöhnen u. jeden Tag war etwas Anderes. Zudem bin ich froh, an diese Angelegenheit nicht denken zu müssen. Einesteils ist sie mir zu schrecklich und dann doch kommt sie einem zu dumm u. zu dick gelogen vor. Aber um der Sache willen, der Wahrheit u. der Ehre der Kirche zuliebe muß doch etwas geschehen u. Hr. Lama muß unbedingt erklären, daß dies nicht wahr sei. Wir haben doch darüber schon gesprochen, hochwürdigster Herr! Ich denke, Sie kennen jetzt unsere Einstellung zu Lama. Ich nahm ihn schon ein paar Jahre trotz bischöflicher Erlaubnis nicht an, weil ich merkte, daß er arg geschäftlich sei u. nicht Wert auf Wahrheit legt. Ich sagte ihm, als er das letzte Mal bei mir war, dies ganz offen, worauf er erwiderte, daß wir daran schuld seien, da er nicht beikäme. Er müsse deshalb nur hören, was ihm Besucher sagen. Meiner Ansicht nach ist dies falsch und höchst gefährlich. Davon die vielen falschen Gerüchte u. Verleumdungen. Unlängst erfuhr ich, daß er schon wieder ein Jahrbuch über Konnersreuth geschrieben hat. Ich hab es nicht gesehen u. will es auch gar nicht sehen. Aber es wird halt mit der Wahrheit wieder so genommen sein, wie in den bisher erschienenen Jahrbüchern. Dies tut einem furchtbar weh.
Hochwürdigster Herr Bischof! Wie ich Ihnen schon mündlich erklärte, ist es bestimmt nicht wahr, daß ich zu Lama über einen hl. Vater etwas gesagt, weder was Gutes, noch weniger erst gar was Schlimmes. Mit ihm allein hab ich, so viel ich mich erinnere, nie gesprochen. Bloß einmal kurz, wo er mir ein Anliegen sagte. Soviel ich von den Meinen weiß, ist er auch nicht im erhobenen Ruhezustand gewesen. Wohl erinnere ich mich, daß er einmal zu mir, so ungefähr sagte, er wisse von einer anderen extatischen Seite, was ganz Schweres über Papst oder so ähnlich. Ob mir da nichts bekannt sei! Da ich nicht wußte, was er meinte mit Papst u. noch ein Wort wie ilegitim oder so ungefähr, sagte ich »nein«. Ich wußte bestimmt nicht, was er sagen wollte. Weiß aber bestimmt, daß ich kein Wort sagte, als »nein«. Mehr kann ich nicht sagen. Das Nähere wird H.H. Pfarrer, der doch genau weiß, was vorgeht, schreiben. Die Sache mit der Teufelsaustreibung, veranlaßte ja sein Bruder, wo auch dieser sich auf mich, ganz unrechtmäßigerweise berief, und nun noch recht ehrerbietige Grüße

Therese Neumann

Therese Neumann an den Bischof von Regensburg
am 27.11.1934

Ihrem Wunsche entsprechend will ich noch kurz meine Meinung betreff den Besuchern schreiben, sogut ich mich ausdrücken kann. Am liebsten wäre es mir persönlich, wenn gar niemand käme, wie ich Ihnen ja schon mündlich sagte. Anderseits habe ich das Gefühl, daß das, was der Heiland wirkt u. er mir zu leiden gibt, bestimmt nicht meinetwillen, sondern der Seelen willen ist u. ich deshalb nicht verantworten kann, zu sagen, ich laße niemand zu mir. Aber bitten möchte ich, nicht jeden Neugierigen oder Schreibern, welche Geschichten machen wollen oder solchen, welche nur müßige Sachen, wie Heiratsangelegenheiten, oder Geldangelegenheiten, halt so weltliche Sachen, die doch nicht so ernst u. wichtig sind oder Krankheiten, welche ich wegbeten oder wegleiden soll u. die dann enttäuscht sind, wenn ich sage, wir bitten den lb. Heiland, daß er uns Kraft gibt, unser Kreuz in seinem Geiste zu tragen, Scheine zu geben. Auch kommen manche, welche Familienzwistigkeiten haben. Wenn man denen dann gut zuredet u. vom Frieden redet u. vom verzeihen spricht, solche unzufrieden sind. Auch so krankhaft, überfromme oder überängstliche Frauen, mit denen man stundenlang nicht fertig wird u. immer wider von vorne zum jammern anfangen u. die mit keinem Beichtvater zufrieden sind, kommen häufig. Wenn man dann vom folgendem Beichtvater sagt, kommen oft ganze Reihen von »Aber«. Ja, was soll ich mit solchen anfangen? Mit solch eigensinnigen Leuten u. mit so weltlich eingestellten Besuchern, welche ich erwähnt, wenn Sie zurückhaltend wären. Mehr Freude u. mehr Eifer hat man an solchen Seelen, welche ernstlich dem Heiland näher kommen wollen oder Andere ihm näher zu bringen suchen. Schwer seelisch ringende u. suchende Seelen, welche auf Abwegen sind oder lau geworden sind u. doch guten Willen haben. Solche, welche ernstlich nach Wahrheit suchen, sind mir lieb, wenn man auch mehr Arbeit damit hat. Es ist schon schwer, für Sie, die Leute auszusuchen. Aber halt in der Hauptsache, meine ich. Wenn Sie vielleicht wie früher pfarramtliche Empfehlungen verlangen oder für andersgläubige sonst eine bestimmte Sicherheit, ist es am besten. Der Ortspfarrer kennt doch seine ihm Anvertrauten am besten.
Und noch etwas möchte ich bitten. An Konnersreuther, oder überhaupt nach Konnersreuth keinen Schein oder gar Telegram zu schicken. Wird zuviel Geschäft gemacht, welches ich hintertreiben will. Wer hieher will, kann sich rechtzeitig einen Schein besorgen. Die Geschäftsleute hier halten die Leute oft Tage u. sogar Wochen auf. Wird den Leuten müßig Geld abgenommen, welche dann oft über meine Eltern oder mich kritisieren, daß sie nicht zu mir können. Die Geschäftsleute aber hielten sie auf. So meinte ich, grundsätzlich keinen Schein nach hier schicken, dann können die Konnersreuther den Leuten keine unnötige Hoffnung machen. Noch bitten möchte ich, wenn es Ihnen recht ist, solche Scheine wie beiliegend, auszustellen. Die anderen Schei-

ne, nur unten mit Tinte geschrieben »Herr Neumann möge entscheiden« schicken erst die Leute an uns u. warten auf Antwort u. so ist die Arbeit doppelt. Ich meine, entweder einen solchen beigelegten Schein oder gleich einen abweisenden.
Hochwürdigster Herr Bischof! So meine ich, wenn es eingeführt wäre, kämen nicht so viele Leute zusammen und Sie hätten auch unten nicht so viel Arbeit. Ich denke, dies wird so am entschiedensten sein. Man kann es doch nicht allen recht machen. Aber so wäre es keine müßige Zeitvertragerei oder Spielerei. Man bringt ja um des lb. Heilands willen gern jedes Opfer. Und mein einziges Verlangen ist, dem Heiland Freude zu machen. Ihm Seelen näher zu bringen. Dafür ist mir nichts zu schwer. Hier in Konnersreuth soll doch kein Ferienaufenthaltsort oder Sommerfrische sein. Deshalb bin ich auch dagegen, wenn Lehrerinnen u. dgl. ihre großen Ferien oder Weihnachts oder Osterferien verbringen wollen. Und nun noch recht herzlichst »Vergelts Gott« für alle Mühe, grüßt ehrerbietigst

                Theres Neumann

Ferdinand Neumann an den Bischof von Regensburg am 21.12.1936

Hochwürdigster Herr Bischof!

Die zwei Hochw. Herren Domkapitulare waren bei mir und haben mir erklärt, daß ein »*Befehl*« von Rom gekommen sei, meine Tochter Therese müßte sich beobachten lassen. Nachdem meine Tochter schon im kirchlichen Auftrag einer 15tägigen ärztlichen Beobachtung nach genauen Anweisungen unterzogen worden war, kann ich mir nicht recht vorstellen, daß von Rom eine neue Beobachtung verlangt wird, wenn über die erste nach Rom berichtet worden ist. Auch ist mir seinerzeit versichert worden, daß nur eine einmalige Beobachtung stattfinde und keine zweite folge. Bevor ich zu dieser neuerlichen Beobachtung mich äußere, muß ich bitten, mir zwei Wünsche unbedingt zu erfüllen.
1. Ich bitte um eine amtliche beglaubigte Abschrift des römischen Erlasses, damit ich ihn von meinen Freunden erklären lassen kann; denn aus den Angaben der beiden Herren bin ich nicht klar geworden, weder an wen sich der Befehl eigentlich richtet, noch auch was er genau enthält, noch auch, woher er sein Recht nimmt, da ich mir mein Vaterrecht nicht nehmen lasse, solange meine Tochter auf meine von natürlichem und weltlichem Recht geschützte Familiengemeinschaft angewiesen ist.
2. Erbitte ich mir die *schriftliche Zusicherung*, daß meine 15 Punkte unter namentlicher Aufführung eingehalten werden. Wenn und nur wenn diese zwei Sachen erfüllt sind, bin ich sofort bereit, über eine neue Beobachtung zu verhandeln. Ich kann doch auf Grund des natürlichen und kirchlichen Rechtes nicht verpflichtet werden, meine Tochter für eine Untersuchung herauszugeben. Umso unverständlicher wird mir bei längerer Überlegung, warum denn die zwei Herren von einer Exkommunikation reden konnten, wenn man Rom nicht Folge leistet.
P.S. Ich bitte Sie um die Adresse der römischen Behörde, damit ich ihr die Abschrift meines Berichtes selbst schicken kann mit Aufklärung aus früherer Zeit; denn ich will gegen Rom nicht ungehorsam sein, wo man von mir als katholischen Laien Gehorsam verlangen kann.
Im übrigen hätte ich erwartet, daß nach 10 Jahren, Konnersreuth gegen die flegelhafte Behandlung eines Arztes, wie Deutsch, der nie in Konnersreuth war, von Regensburg aus geschützt worden wäre, da man nach 10 Jahren doch wissen könnte, daß wir keine Schwindler sind und für jeden vogelfrei ist.

Euer Exzelenz ergebenst
Ferdinand Neumann

Ferdinand Neumann an das Bischöfliche Ordinariat am 5.1.1937

An die Hw. Herrn!

Sie haben auf mein Schreiben Ihre Antwort an Herrn Pfarrer Naber gerichtet. Da die Therese *meine* Tochter ist, lehne ich jede Form einer Unterhaltung mit Ihnen ab, solange Sie mir nicht direkt auf mein Schreiben Antwort geben. Nach wie vor verlange ich auch den Wortlaut der römischen Anweisung, da ich nicht glauben kann, daß man in Rom, der Hüterin des Naturrechtes, das heiligste Naturrecht, das Vaterrecht missachtet. Wir haben unsererseits nie einen Kult gewollt oder gefördert, zu dem die Kirche Stellung nehmen mußte. Wir haben sogar niemals ohne Erlaubnis des Ordinariats irgend einen Besuch angenommen, sodaß unser Haus immer Privathaus geblieben ist, in dem der Vater allein zu bestimmen hat, was geschehen soll, oder nicht, und das Recht lasse ich mir niemals nehmen. Gerade im letzten Vierteljahr hat auch Regensburg unser Haus als Privathaus behandelt, und jetzt wäre es plötzlich öffentlich rechtlich. Ich bestehe jetzt auf einer direkten Verhandlung mit Rom, da ich auf Grund vieler unangenehmer Erfahrungen Regensburg als befangen ablehne. Die Art und Weise des Vorgehens seitens Regensburg erinnert mich übrigens stark an die Methoden, wie sie heute auf Grund des Sterilisierungsgesetzes üblich geworden sind!
Da ich also förmlich an die höchste kirchliche Instanz *appellieren* will, habe ich ein *Recht* auf Bekanntgabe des Wortlautes der römischen Entscheidung.
PS. Für Hochw. H. Domkapitular Wührl ist mein Privathaus, solange ich lebe, immer geschlossen, da ich sein rücksichtsloses Benehmen gegen meine schwere herzkranke Frau niemals vergessen werde.

Ergebenst
Ferdinand Neumann

Ferdinand Neumann an den Bischof von Regensburg am 27.1.1937

Hochwürdigster Herr Bischof!

In Ihrem Schreiben an Herrn Pfarrer Naber nehmen Sie, Hochwürdigster Herr Bischof, keinerlei Acht auf meinen letzten Brief, worin ich mitteile, daß ich nun meinerseits den Beschwerdeweg nach Rom zu ergreifen mich gezwungen sehe. Ich muß Regensburg nach all dem Vorausgegangenen als befangen erklären und werde diese meine Auffassung im Schreiben nach Rom begründen. Sie selbst möchte ich nur daran erinnern, daß Sie nun schon dreimal Anstalten getroffen haben, über meine Tochter selbständig zu verfügen ohne mich irgendwie zu verständigen. Erstmals durch Ihre Verhandlungen mit dem protestantischen Professor Kern (1928), dem Vertreter eines sogen. (protest.) Stigmenausschusses, dann mit drei katholischen Ärzten (1932), wobei Sie auf mein Verlangen nach Bekanntgabe der Namen und der Untersuchungsmethode überhaupt nicht antworteten und schließlich heuer ein drittes Mal. Auch diesmal waren schon zwei Ärzte im Krankenhaus Regensburg bereit und ich hätte »bedingungslos«, wie das Ordinariat mitteilte, meine Tochter hergeben müssen. Auch diesmal kenne ich die Ärzte nicht und weiß nicht, was sie vorhaben. Sie halten es offenbar für sehr überflüssig, mich vorher zu befragen.

Ja, man hat mich durch Androhung mit Exkommunikation zwingen wollen, was doch einer Besprechung ziemlich ähnlich sieht. Zwar leugnen diese Herren das im Schreiben vom 24. Dezember 36, aber für diese Tatsache stehe ich nicht allein mit meinem Eide ein. Soweit ich als einfacher Bauer verstehe, ist auch der Satz der beiden Domherren von »Heiden und öffentlichen Sündern« nicht am Platz. Ich bin belehrt worden, daß dieser Satz nur gilt, wo ein kirchliches Gesetz oder Recht vorliegt; insofern ärgert mich heute noch die öffentliche Bloßstellung meiner Familie auf der Domkanzel von Regensburg (2. Oktober 1932), was nur nach einer groben Indiskretion möglich war. Man hätte meine Antwort auf Ihren damaligen Brief anständigerweise abwarten müssen. Für dieses Unrecht hat man niemals eine Entschuldigung mir gegenüber für nötig befunden.

Im Jahre 28 haben Sie eine Kommission von drei Herren geschickt (darunter zwei Professoren), um den Eintritt der Freitagsblutungen in der Donnerstagnacht zu beobachten; die Herren haben aus eigener Schuld den Eintritt der Blutungen versäumt, dann aber doch ein Gutachten ausgefertigt, daß wir – die Eltern – die Sache mit Blut präparieren. Sie haben dieses Gutachten als vollwertig in Freising vorgelegt, obwohl Sie um die Nachlässigkeit Ihrer Herren wußten und sich Herrn Dr. Gerlich sel. darüber aussprachen. Wäre der Herr Kardinal Ihnen nicht entgegengetreten, hätten die anderen Herren Bischöfe uns als Schwindler betrachten müssen.

Seit Jahr und Tag dulden Sie es, daß Professor Waldmann, der ein einziges Mal in Konnersreuth war, an Ihrer Hochschule meine Tochter und uns ganz öffentlich in seinen Vorträgen in Mißkredit bringt.

Herr Generalvikar und Weihbischof Höcht gibt seit Jahren Erlaubnisscheine aus und unterläßt es, wie durch Zeugen erweisbar ist, doch nicht, uns, wo es geht, zu verdächtigen. Warum dieses Doppelspiel?

Vor allem komme ich nie über den Punkt hinweg, daß Sie die amtliche Erklärung Ihres Vorgängers selig und Ihres Ordinariates, das heute ungefähr noch das gleiche ist, über die erste Untersuchung (1927) nicht gelten lassen wollen; war doch ein Bischofswort und ich meine, an einem Bischofswort sollte man nicht deuten dürfen.

Außerdem kann ich gar nicht verstehen, daß Sie von dem wahrheitswidrigen Geschreibsel eines Dr. Deutsch, der wie ich sicher hörte, jüdischer Konvertit ist und nie in Konnersreuth war, sich ohne weiteres so beeindrucken lassen. Eine solche Einstellung legt die Gefahr nahe, daß auf das Geschwätz irgendeines obskuren Doktors meine Therese unbeschränkt oft ein Versuchskaninchen machen muß. So etwas ist mit dem natürlichen Recht und mit der Würde eines Menschen überhaupt nicht vereinbar. Wir haben nie jemanden eingeladen Resl zu besuchen, und haben auch nie verlangt, daß jemand die Konnersreuther Sache glaubt, wir haben aber ein Recht zu verlangen, daß niemand uns für Schwindler erklärt, der dies nicht beweisen kann und Konnersreuth überhaupt nicht kennt. *Das gilt auch für die Herren von Regensburg.* Darum wird es mir allmählich unerträglich, daß man mein Haus je nach den wechselnden Berichterstattungen wie einen Taubenschlag auf- und zusperrt. Die Ehre meiner Familie behandelt man dabei wie ein Nichts.

Das Gerede von der Volljährigkeit meiner Tochter ist deswegen gegenstandslos, weil Resl heute genau so erwerbsunfähig ist wie während ihrer Lähmung von 1918-1925. Für sie käme deshalb auch ein Eintritt in ein Kloster nicht in Frage, sondern sie bleibt nach wie vor auf die Hilfe ihrer Eltern angewiesen, was das Bürgerliche Gesetzbuch ganz besonders schützt.

Als eine besondere Härte empfinde ich und meine Familie es, daß man jetzt immer die Weihnachtszeit benützt, um mit der Forderung nach Einlieferung in eine Klinik oder Krankenhaus zu kommen. So machte man es 1932 und so auch diesmal. Ich glaube, wir hätten nach all der Plage durch Fremde im Jahr über ein Anrecht, auf ein halbwegs ungestörtes Weihnachtsfest in der Familie. Man hat es uns heuer wieder gründlich verdorben.

Hochwürdigster Herr Bischof! Ich habe diesen Brief mit aller Freimütigkeit geschrieben, weil ich meine, so am besten Gott und der Wahrheit zu dienen. Wer mit ernster Absicht und unvoreingenommen nach Konnersreuth kommt, dem haben wir nie Schwierigkeiten gemacht die Wahrheit zu erforschen. Wir verlangen nicht von ihm, daß er unkritisch etwas hinnimmt, sondern nur, daß er mein und meiner Tochter natürliches Recht respektiert und keiner Unwahrheit Zeugnis gibt. So möchte ich es auch weiter halten und zu diesem Zweck habe ich seinerzeit meine 15 Punkte aufgeschrieben. Was diese 15 Punkte selber anlangt, so sind sie in meinem, an Sie eingeschriebenen Brief vom 17.10.32 enthalten. Bei meinem Besuch im Februar 33 merkte ich jedoch genau, daß Sie den Brief nicht mehr im Gedächtnis hatten.

                                                             Ew. Bischöflicher Gnaden
                                                             ergebenster
                                                             gez. Ferd. Neumann
                                                             Konnersreuth 12

Der Bischof von Regensburg an Hl. Offizium am 30.1.1937

Euere Eminenz!

Im Schreiben der S.C. Sancti Officii vom 11.1.37 beauftragten mich Euere Eminenz, über die 15 Punkte zu berichten, von welchen der Vater der Theresia Neumann sprach, als ihm das Schreiben der S.C.S. Officii vom 15. November 1936 mitgeteilt wurde. Vater Neumann hat von diesen Punkten öfter gesprochen, aber sie nie aufgestellt und zu unserer Kenntnis gebracht. Deshalb ließ ich ihn durch den Ortspfarrer Naber am 19. Januar ersuchen, diese 15 Punkte zusammenzustellen, damit ich sie zur Kenntnis der S.C.S. Officii bringen kann. Er gab erst Antwort, nachdem ich ihn telegraphisch gemahnt hatte. Das Antwortschreiben lege ich bei. Darin behauptet er, daß die 15 Punkte in einem an mich gerichteten Brief vom 17. November 1932 enthalten seien. Ich lege auch diesen Brief in Abschrift bei, damit Euere Eminenz sehen können, daß die Behauptung des Vaters Neumann nicht richtig ist. Er stellte da mehrere Fragen, sagte aber nicht, unter welchen Bedingungen er seine Tochter zur Untersuchung in eine Klinik gibt, weil er nach meiner Ansicht dies überhaupt nicht tun will. Im anliegenden Schreiben vom 27. Januar stellt Vater Neumann verschiedene unrichtige Behauptungen auf. Ich habe nie den protestantischen Professor Kern mit einer Untersuchung betraut oder betrauen wollen. Ich habe dem Vater Neumann immer versichert, daß ich bei der Untersuchung alle seine Wünsche erfülle, daß ich nur treukatholische Ärzte zu einer Untersuchung heranziehen und nur eine katholische Klinik auswähle. Ich habe mich verbürgt, daß bei der Untersuchung nichts vorgenommen wird, was gegen seine berechtigten Wünsche sein könnte, und vor allem nichts, was auch nur im leisesten die Schamhaftigkeit verletzen konnte. Aber alle diese Zusicherungen waren umsonst. Vater Neumann blieb bei seiner Weigerung. Er behauptet, daß ihm von meinem Vorgänger das Versprechen gegeben wurde, daß eine zweite Untersuchung nicht mehr vorgenommen wird. Aber Herr Prälat Dr. Scheglmann, der damals im Auftrag des Herrn Bischofs Henle mit Vater Neumann verhandelte, versichert mit aller Entschiedenheit, daß ein solches Versprechen nie gegeben wurde. Vater Neumann beklagt sich, daß Domkapitular Wührl rücksichtslos gegen seine kranke Frau gewesen wäre. Das ist völlig unwahr, wie auch der Begleiter des Herrn Domkapitulars Wührl bestätigt. Wohl aber ist wahr, daß Vater Neumann und seine Frau mit vielen Besuchern, auch mit bischöflichen, unfreundlich und abweisend waren und daß er gegen den Priesterstand die schuldige Ehrerbietung vermissen ließ. Es wurde viel und bitter geklagt über liebloses Benehmen der Familie Neumann. Den Herrn Dr. Deutsch, der nach dem Urteil des zuständigen Herrn Erzbischofs von Paderborn ein kernkatholischer Arzt ist, beleidigt Vater Neumann aufs schwerste.

Ich habe dem Vater Neumann den Auftrag der S.C.S. Officii genauso übermittelt, wie es im Schreiben vom 17. November angeordnet war; ich habe aber auch das Schreiben selbst ihm zeigen lassen. Trotzdem behauptet er, daß er nicht wisse, »an wen sich eigentlich der Befehl richtet, noch auch, was er genau enthält, noch auch, woher er sein Recht nimmt«. Er will »eine beglaubigte Abschrift des römischen Erlasses, damit er ihn von seinen Freunden erklären lassen kann«. Diese »Freunde« sind ihm also glaubwürdiger und vertrauenswürdiger als sein Bischof. Unter diesen Freunden meint er einige Priester, die ihn immer beeinflußt haben, daß er den Wunsch seines Ordinarius und der bayerischen Bischöfe nicht erfülle.

Um die Ausführung des Auftrages vom 17. November zu erleichtern, hatte ich für die Untersuchung ein katholisches Krankenhaus mit Ordensschwestern und zwei kernkatholischen Ärzten vorgeschlagen. Aber auch dies lehnte Vater Neumann ab; die Ärzte, die er gar nicht kennt, und von denen einer täglich zur hl. Kommunion geht, hat er sogar als Heuchler bezeichnet; ich habe die Jahre her immer im Guten auf Vater Neumann einzuwirken versucht, habe seine Tochter und ihn gegen den Vorwurf des Betruges oft in Schutz genommen. Auch jetzt habe ich zwei katholische Ärzte, welche in der Öffentlichkeit gegen Theresia Neumann auftreten wollen, gebeten, sie möchten wenigstens vorläufig davon abstehen. Aber auf die Dauer kann ich das nicht mehr verhindern. Es verlangt auch der Katholikenfeind Dr. med. Aigner, daß die Regierung und Öffentlichkeit gegen Therese Neumann einschreite. Ein großes scandalum ist zu befürchten. Daher ist meine Ansicht, daß die S.C.S. Officii die Ausflüchte des Vaters nicht beachten, sondern auf sofortige Untersuchung bestehen soll. Zugleich sollten auch jene Priester als inoboedientes erklärt werden, welche weiterhin die Familie Neumann in ihrer Weigerung bestärken. Die Schreiben des Vaters sind von solchen Geistlichen verfaßt und von ihm nur unterschrieben. Er selbst ist ungebildet und könnte solche Schreiben nicht abfassen. Dem Pfarrer soll es verboten werden, daß er die Ther. Neumann außerhalb der Kirche Beicht hört und ihr hinter dem Altar die Kommunion spendet. Theresia Neumann kann gehen und reisen, daher braucht sie keine Ausnahme in der seelsorglichen Betreuung.

Ferdinand Neumann an den Bischof von Regensburg am 10.3.1937

Dieser Tage erfuhr ich von meiner Tochter Therese etwas, das meine Einstellung zu einer erneuten Untersuchung von Grund auf ändert. Bei der von Ihrem Vorgänger angeordneten Untersuchung hat Professor Ewald ohne mein Wissen und ohne jede Erlaubnis meine Tochter auf ihre jungfräuliche Unversehrtheit untersucht. Meine Tochter hat es sich gefallen lassen müssen ohne in Lage zu sein, dagegen zu protestieren; dabei hätte Ewald meine Einwilligung haben müssen; und sie hat all die Jahre über aus Scham darüber geschwiegen. Ich gestehe Ihnen ehrlich, daß, wenn ich damals davon erfahren hätte, ich die Ärzte samt den Schwestern, trotz bischöflicher Anordnung zum Haus hinaus gejagt hätte. Daß man unter dem Titel, Beobachtung der Nahrungslosigkeit, bischöflicherseits einem Arzt, noch dazu einem Protestanten, Vollmachten zugesteht, die es nicht verhindern, ein unbescholtenes Mädchen wie eine Dirne auf der Polizeistation auf ihre Jungfräulichkeit zu untersuchen, finde ich unerhört und schamlos nach jeder Richtung. Damit ist jeder Disput über eine ärztliche Untersuchung ein für allemal geschlossen. Anscheinend finden Sie ja das nicht so schlimm, da Sie vor 3 Jahren, als Therese bei Ihnen war und davon sprach, wie peinlich ihr jene Untersuchung durch Professor Ewald gewesen, Unterleibsuntersuchungen nicht so bedenklich gefunden haben, zumal sie im Krankenhaus täglich stattfänden, die übrigens auch nicht ohne Einwilligung des Kranken vorgenommen werden dürfen. Die katholische und wohl auch die sonstige Öffentlichkeit würde jedenfalls für diese bodenlose Frechheit dieses Protestanten kein Verständnis haben, denn schließlich geben Stigmen und Nahrungslosigkeit kein Grund für eine solche unerhörte Schamlosigkeit, die man sonst kaum normalen Menschen anzutun wagen dürfte. Jedenfalls passiert es mir nicht mehr, daß man in dieser schamlosen Weise das Vertrauen meiner Familie mißbraucht, da ja selbst die bischöfliche Anordnung keinen Schutz bedeutet hat. Nun erst verstehe ich richtig die ganze Frechheit eines Ewald, wenn er unter grober Verletzung seiner ärztlichen Schweigepflicht in der weitesten Öffentlichkeit über die normalen Schamhaare meiner Tochter berichtet. Ich schreibe diesen Brief mit der Hand, damit meine Kinder nichts erfahren von der Schmach, die man meiner Tochter und damit meiner Familie unter bischöflicher Deckung anzutun wagte.

In aller Ehrerbietung
Ferdinand Neumann

Der Bischof von Regensburg an Pfarrer Naber
am 13.3.1937

Herr Neumann hat mir in einem Brief, der offenbar von anderer Seite aufgesetzt wurde, in äußerst verletzender Weise Vorhalt gemacht wegen der seinerzeitigen Untersuchung auf virginitas intacta durch Herrn Prof. Ewald. Ich weiß von einer solchen Untersuchung nichts und bin selbstverständlich auch schon deswegen nicht verantwortlich dafür, weil sie nicht unter meine Regierungszeit fallen konnte. Ich muß aber auch meinen hochwürdigsten Vorgänger gegen solch unbegründete und ungezogene Vorwürfe schützen. Würde ich den Brief an Prof. Ewald weitergeben, wäre gerichtliche Klagestellung die unfehlbare Wirkung; denn Herr Prof. Ewald könnte sich nicht in solcher Weise beschimpfen lassen, wie es hier geschieht. Der Brief enthält auch die Behauptung, ich hätte vor drei Jahren, als »Theres bei mir war und davon sprach, wie peinlich ihr jene Untersuchung durch Prof. Ewald gewesen, Unterleibsuntersuchungen nicht so bedenklich gefunden«. Diese Behauptung weise ich als unwahr mit Entschiedenheit und Entrüstung zurück. Ich habe nie mit Theres Neumann über ein so delikates Thema auch nur ein Wort gesprochen. Ich ersuche Sie, Herrn Neumann zu veranlassen, daß er diese Behauptung und die dem Bischöflichen Stuhle gemachten Vorwürfe in aller Form zurücknimmt, ich müßte sonst dem Hl. Stuhl Bericht erstatten und ihn bitten, daß er die Ehre meines Herrn Vorgängers gegen solche Beleidigungen und Schmähungen in Schutz nehme.

Ferdinand Neumann an den Bischof von Regensburg am 30.3.1937

Hochwürden Herr Pfarrer Naber hat mir vor einigen Tagen einen Brief Ew. Exzellenz, datiert 13.3.37 zur Kenntnis gegeben mit der Bitte, hiezu Stellung zu nehmen. Dieses möchte ich hiermit unter Formulierung folgender Punkte tun:
1) Der Brief, den ich unterm 10.3.37 an Ew. Exzellenz richtete, ist mit *meinem* Namen »Ferdinand Neumann« gezeichnet. Ich stehe daher für den ganzen Inhalt des Briefs Punkt für Punkt ein. Darüber, ob und wen ich etwa bei der Abfassung meines Briefs herangezogen habe, bin ich niemand Rechenschaft schuldig.
2) Ich stelle fest, daß Professor Ewald die von mir erwähnte peinliche Untersuchung meiner Tochter vorgenommen hat. Sollte durch Feststellung dieser Tatsache sich irgendjemand beleidigt fühlen, so ist mir mit einer Beleidigungsklage ein Dienst erwiesen; meine Tochter wird dann gegenüber jedem Kläger die Schwurhand für die von mir festgestellte Tatsache erheben.
3) Ich habe dem hochseligen Vorgänger Ew. Exzellenz keinerlei Vorwürfe gemacht, sondern lediglich darauf hingewiesen, daß auch »die bischöfliche Anordnung keinen Schutz bedeutet hat«. Ich spreche also nicht von einer meine Tochter preisgebenden, sondern von einer nicht genügend schützenden Anordnung. Demgemäß besteht für Ew. Exzellenz objektiv kein Anlaß, die Ehre Ihres hochseligen Vorgängers mir gegenüber zu verteidigen. *Der Text meines Briefes* bot jedenfalls nicht die geringste Handhabe zu einer solchen Auffassung.
4) Ich muß daran festhalten, daß Ew. Exzellenz vor vier Jahren (Februar 1933) sich in dem von mir behaupteten Sinn zu meiner Tochter geäußert haben; ich nehme an, daß Ew. Exzellenz sich der Unterredung nicht mehr genau erinnern und bitte daher für meine Behauptung als direkten Zeugen an den bei der Unterredung anwesenden Professor Dr. Franz Wutz, Eichstätt, als indirekte Zeugen einige befreundete Theologen, darunter auch einen hochwürdigsten Herrn Bischof, denen gegenüber Professor Wutz von der Anschauung Ew. Exzellenz in fraglicher Sache einen Tag nach der Unterredung in Regensburg Kenntnis gab, um deren Auffassung in der Sache kennen zu lernen; im übrigen ist Professor Wutz bereit, eidlich zu bezeugen, daß er im Zusammenhang mit der Frage der Unterleibsuntersuchungen Ew. Exzellenz darauf hinweisen zu sollen glaubte, daß einfache Bauersfrauen solch peinliche Untersuchungen nicht ohne weiteres hinnehmen würden, daß weiterhin keine kirchliche Gewalt seines Wissens das Recht hätte irgendjemanden die Vollmacht über den Körper eines anderen einzuräumen. Bei dieser Gelegenheit verglich Professor Wutz das uns heute unverständliche Verhalten eines Konrad von Marburg in einer derartigen Forderung eines kirchlichen Vorgesetzten.
Aus all dem Gesagten heraus muß ich es zwar lebhaft bedauern, daß Ew. Exzellenz am

Inhalt meines Briefes Anstoß genommen haben, ich bin jedoch in gar keiner Weise in der Lage, auch nur ein Wort davon zurückzunehmen. Es wäre für mich eine ehrliche Genugtuung, wenn Ew. Exzellenz den ganzen Briefwechsel, insbesondere den Brief vom 10.3.37 und dazu die von mir seinerzeit aufgestellten Punkte in Rom zur Vorlage bringen.

Pfarrer Naber an den Bischof von Regensburg am 8.9.1937

Im Auftrag Eurer Exzellenz habe ich das Dekret der S.C. Sacri Officii vom 14. Juli 1937, eine neue Untersuchung der Theres Neumann betreffend, dieser u. ihrem Vater eröffnet u. ihr im Namen Eurer Exzellenz noch einmal nahegelegt, daß sie im Krankenhaus Regensburg die Untersuchung vornehmen lasse. Von beiden erhielt ich die Antwort, sie stünden noch auf dem gleichen Standpunkt wie im Dezember vorigen Jahres den beiden von Exzellenz geschickten Herren Domkapitularen gegenüber: Theres Neumann ist mit einer neuen Untersuchung bedingungslos einverstanden, der Vater aber will von einer neuen Untersuchung erst dann mit sich reden lassen, wenn die von ihm seinerzeit aufgestellten 15 Punkte erfüllt sind. Weiter ist er nicht zu bringen. Schon im Dezember vorigen Jahres habe ich Theres, die zu meiner Freude mit größter Ruhe zu einer neuen Untersuchung sich bereit erklärt hatte, gegen den Vater, der ihr deshalb Vorwürfe machte, in Schutz genommen u. bin dann unmittelbar darauf auch vor den beiden Domkapitularen, die ich natürlich zuerst ihre Überredungskünste ausprobieren lassen wollte, in etwa für die Untersuchung eingetreten, freilich so, daß es nicht wieder zu einer Szene kommen konnte, wie seinerzeit vor der ersten Untersuchung, wo ich dem Vater erklärte, wenn er einer Beobachtung nicht zustimme, könnte ich nicht mehr in sein Haus kommen, worauf ich glatt zur Antwort erhielt, dann werde ein anderer kommen, u. die Theres in Ohnmacht fiel. Vorkommnisse bei der *auch* von der Kirchenbehörde veranlaßten Beobachtung i.J. 1927 u. verschiedenes Andere haben den Vater so mißtrauisch gemacht, daß er es für seine Vaterpflicht hält, seine Tochter weitgehendst vor Untersuchungen zu bewahren. Die Verantwortung hiefür nimmt er, da er offensichtlich zu tiefst vor allem von der Nahrungslosigkeit seiner Tochter überzeugt ist, lachend auf sich. Die Theres schreibt sie dem Heiland zu, wenn sie betet: »Heiland, *Du* hast mit diesen außerordentlichen Dingen angefangen, wir haben an so etwas gar nicht gedacht. Du mußt also auch alles zu einem guten Ende führen.« Unter diesen Umständen sehe ich zur Feststellung der Nahrungslosigkeit keine andere Möglichkeit als, alle, die als Zeugen dafür in Betracht kommen, eidlich darüber zu vernehmen. Übrigens ist ja im Lexikon für Theologie und Kirche im Artikel »Neumann Theres«, den, wie ein Hochschulprofessor von Regensburg öffentlich behauptet hat, Exzellenz selbst verfaßt haben, zu lesen: »Für die Zeit der Beobachtung vom Jahre 1927 ist ein vernünftiger u. berechtigter Zweifel an die Tatsache der Nahrungslosigkeit ausgeschlossen.« Und weiter: »Zuzugeben ist, daß kein Grund besteht, eine Betrugsabsicht der Therese Neumann anzunehmen. Die Stigmata wurden von einwandfreier ärztlicher Seite für echt erklärt, entstanden u. erhalten ohne künstliches Zutun.« Wie lange es ein Mensch ohne jegliches Essen u. Trinken aushalten kann, hat seinerzeit das bischöfliche Ordinariat selber von der zuständigen Wissenschaft erfragt, etwa 11 Tage.

Exzellenz! Theres Neumann leidet viel, ungeheuer viel, u. der Jüngste Tag wird es einmal klar zeigen, was sie dieser Welt, die das Kreuz hinauswerfen will, mit ihrem gekreuzigten Heiland hätte sein können u. sollen; das schwerste Kreuz aber, das ihre Leidenskraft zu brechen droht, sind ihr die Schwierigkeiten mit den Kirchenbehörden. Am 29. April dieses Jahres, dem Jahrestag ihrer Seligsprechung, ist ihr die hl. Theresia v. K.J. erschienen u. hat sie zu ihr gesagt: »Liebes Kind! Geh', nimm doch jedes Leid u. jede Prüfung willig u. freudig hin! Die Seelen warten darauf. Werd' doch nicht mutlos! Vertrau blindlings! Erhältst so viele Beweise der Liebe. Durfte dir doch schon öfter die Zusicherung unserer Hilfe geben. Wir verlassen dich auch weiter nicht. Mußt deinen Beruf ganz ausfüllen, mußt auch dem verkannten, verachteten u. verfolgten Heiland immer ähnlicher zu werden trachten.« Verkennung, Verachtung, Verfolgung! Ich bin erschrocken bei diesen Worten und hab den Heiland gebeten: »Ach, laß mich doch ja nicht ein Werkzeug dazu werden!«

Pfarrer Naber an den Bischof von Regensburg am 8.9.1937

Wollen gnädigst gestatten, daß ich auf diesem privaten Weg einiges anführe zur Charakterisierung von Dr. Deutsch, unseres anscheinend ganz wütend gewordenen Gegners, der aber offenbar ein Vertrauensmann Eurer Exzellenz ist u. sich der Kenntnis von Schriftstücken im bischöflichen Ordinariat rühmt, die vernichtend für Konnersreuth sein sollen. Ein sehr christlich gesinnter Arzt aus der Gegend von Dr. Deutsch, der katholischerseits als Universitätsprofessor gewünscht worden ist, schreibt mir: »Sehr überrascht hat es mich, von meinem Onkel zu hören, daß Dr. Deutsch ihm Schreiben aus dem bischöfl. Ordinariat Regensburg gezeigt hat, in dem steht, daß man sehr dankbar sei für die Arbeit von Dr. Deutsch. Es ist ja wohl leider so, daß auch auf »wissenschaftlichem« Gebiet Arbeiten, wenn sie nur gewissen Dingen Abbruch tun können, ohne scharfe Kritik angenommen werden. Immerhin muß dann doch verlangt werden, daß die primitivsten Forderungen der »Wissenschaft« erfüllt werden. Eine solche grundsätzliche Forderung ist aber auf dem Gebiet der Medizin, daß der Arzt, der irgendwelchen Wert auf Zuverlässigkeit legt, sich vor sog. Ferndiagnosen zu hüten hat. Also, wenn Herr Dr. Deutsch wirklich überzeugt ist, für das Wohl der Kirche kämpfen zu müssen, so soll er auch diese allerprimitivste Forderung erfüllen u. keine Ferndiagnose stellen.«
Derselbe Arzt schreibt: »In meiner Klinik lag eine Dame, die ich operiert hatte. Wir kamen damals auch mit auf Therese Neumann zu sprechen u. da fragte die Dame sehr interessiert, was ich denn davon halte. Es stellte sich heraus, daß sie früher eine Patientin von Dr. Deutsch gewesen war u. daß dieser ihr das Manuskript seiner Arbeit über Therese Neumann mit nach Hause gegeben hatte, es durchzusehen. Ich sagte darauf der Dame: »Ich kenne Dr. Deutsch nicht, nur diese Arbeit. Aber ich will Ihnen mal eine Eigenschaft sagen, die Herr Dr. Deutsch ganz gewiß *nicht* hat, u. die ist: ›Demut‹. Da sah mich die Frau ganz groß an u. sagte: ›Nein, demütig ist er ganz gewiß in keiner Weise! Ist sogar so, daß ich immer schon gesagt habe, daß die Herren, die bei ihm Assistenten sind, eigentlich kein Ehrgefühl haben können, sonst müßten sie alle fortlaufen, weil er sie so entsetzlich herrisch behandelt.‹«
Von dem gleichen Arzt habe ich vor mir liegen eine vernichtende Kritik des offenen Briefes von Dr. Deutsch: »Wie steht's um Konnersreuth?« »Die neue Schrift von Dr. Deutsch«, schreibt er einleitend, »hat mich mindestens ebenso erschüttert wie ihn das vortreffliche Buch von Dr. Josef Teodorowicz.«
Ein Mann, der früher im Finanzamt zu Lippstadt tätig war, erzählte mir, er habe Deutsch einmal konsultiert u. sei von ihm so grob angefahren worden, daß er sich nicht anders mehr habe helfen können, als auch mit einer Grobheit zu erwidern. Er, Dr. Deutsch, habe auch Steuerhinterziehung sich zu schulden kommen lassen, so daß er an Strafen

u. Nachzahlungen etwa 80 000 RM leisten mußte. Dort in Lippstadt nenne man das neue Finanzgebäude »Deutsch'es Haus«, weil das Geld von Dr. Deutsch zu diesem Bau geholfen habe.
Ich schreib das alles nur, weil ich verhindern möchte, daß Exzellenz mit diesem Dr. Deutsch, der in's Gesicht jedenfalls sehr schön tun kann, in Verlegenheit kommen.
Von Lama will eine Gegenschrift gegen Dr. Deutsch herausgeben, worüber Theres Neumann sehr ungehalten ist. Ich hab sogar Erzbischof Teodorowicz auf wiederholte Anfragen nicht mehr geantwortet, um zu verhindern, daß der Streit weiter geführt werde.

Ferdinand Neumann an den Bischof von Regensburg am 12.9.1937

Hochwürdigster Herr Bischof!

Herr Pfarrer Naber hat mir den Brief Eurer Exzellenz vom 28. August bekannt gegeben. Dabei ist mir aufgefallen, wie aus dem Datum des Schreibens vom hl. Offizium (4. August 1937) hervorgeht, bezieht sich dieser Beschluß nicht auf einen Wunsch der bayerischen Bischöfe, der erst vor kurzem von diesen ausgesprochen wurde und die neue Sachlage berücksichtigte, sondern bezieht sich anscheinend auf einen früheren Wunsch der bayerischen Bischöfe. Sonst habe ich mich sehr gefreut, daß das hl. Offizium in Rom meiner Meinung recht gibt, wo ich immer gesagt habe, daß die Untersuchung meiner Tochter nicht ein Befehl und Gehorsamsache ist. Auch habe ich mich gefreut zu hören, daß bei einer solchen Untersuchung nichts Ungeziemendes und Ungebührliches vorkommen soll, das ist leider bei der letzten Untersuchung vorgekommen, man braucht z.B. bloß den Bericht des Prof. Ewald und das was ich in meinem vorletzten Brief leider feststellen mußte. Damit so etwas nicht mehr passieren kann, habe ich die 15 Punkte festgesetzt. Ich erkläre also: Ich bin zu jeder Verhandlung wegen einer Untersuchung bereit, wenn diese Punkte beachtet und eingehalten werden. Ich bitte, meine 15 Punkte und meine Mitteilungen über vorgekommene Unziemlichkeiten dem hl. Offizium mitzuteilen.

Bemerken möchte ich noch, daß ich von Anfang an eine Verantwortung der höheren kirchlichen Autorität für die Ereignisse in Konnersreuth oder eine öffentliche Anerkennung derselben weder verlangt noch erwartet habe. Ich meinte, die kirchliche Autorität müsse nur dafür sorgen, daß nichts gegen Glauben und Sitten vorkommt. Ich habe ja immer gesagt, am liebsten ist es mir, wenn ich im Hause meine Ruhe habe und ich war daher froh, als das bischöfliche Ordinariat damals die Besuche einschränkte.

In aller Ehrerbietung untertänigst
Ferdinand Neumann

Pfarrer Naber an den Bischof von Regensburg
am 21.10.1937

Selbstverständlich habe ich den Brief Eurer Exzellenz vom 21. Sept. sofort Herrn Neumann vorgelesen, inzwischen auch auf Erledigung gedrängt, aber die dringende landwirtschaftliche Arbeit hat halt offenbar darauf vergessen lassen. Den Mahnbrief Eurer Exzellenz vom 20. Okt. habe ich natürlich auch alsogleich übermittelt.
Exzellenz wissen, daß ich von Anfang an den Standpunkt eingenommen habe betreff der außerordentlichen Vorkommnisse bei Theres Neumann: genau achtgeben, ob nicht etwas gegen kirchliche Lehren u. Sitte Verstoßendes sich zeigt. Wenn ja, dann unerbittlich dagegen einschreiten; wenn nein, den Dingen einfach ihren Lauf lassen, damit man nicht mit vermeintlicher Klugheit schließlich störend in die Pläne Gottes eingreift. Der Heiland hat mit dem, was er bei Therese Neumann gewirkt, ganz gewiß etwas Besonderes gerade für unsere Zeit im Auge gehabt. Wer verhindert, daß es sich auswirken kann, lädt eine schwere Verantwortung auf sich. Ich fürchte auch, daß gar manche es als Blamage auslegen werden, wenn die Kirche jetzt etwas als verdächtig erklärt, das 10 Jahre hindurch genau so war wie jetzt u. nicht beanstandet wurde.
Es hat mich sehr gewundert, daß, wie Exzellenz schreiben, *die*, also alle bayerischen Bischöfe am 25. August eine neue Untersuchung der Theres Neumann gewünscht haben, also auch die 3 Suffragane von Bamberg, deren Einstellung zu Konnersreuth ich zu kennen glaubte. Bleibt, wenn Vater Neumann nicht nachgibt, nur mehr der hl. Vater in Rom. »Laßt mir das Kind in Ruhe!« Auch ein Unterschied zwischen dem letzten u. ersten Schreiben der Congr. S. Officii! Ein offensichtlicher Rückzug. Exzellenz wollen, das möchte ich inständigst bitten, aus meinen offenen Worten keine Unehrerbietigkeit gegen die Kirchenbehörde herauslesen; es war ja vielleicht niemand froher als ich, daß Theres Neumann einer neuen Untersuchung glatt zugestimmt hat; ich möchte nur verhindern, daß die Kirche, die Theres Neumann so sehr liebt als Stiftung ihres gekreuzigten Heilandes u. für die doch die ungeheuren Opfer sind, die sie bringt, eine der Sache abträgliche Äußerung macht. Kürzlich sind u.a. 2 Ministerialräte, ein Polizeimajor, ein Oberamtmann u. 2 protest. Pastoren bei Theres Neumann gewesen, alle waren sehr ergriffen; die 2 Pastoren haben hernach begeisterte Dankschreiben geschickt. Ein polnischer Fliegerhauptmann hat mir vor einigen Wochen erzählt, er habe mit einem schweren Flugzeug von Warschau nach Lemberg fliegen wollen. Da in über 1000 m Höhe habe der Motor zu versagen angefangen; er sei auf 100 m heruntergekommen u. habe nun landen wollen, aber nichts als Sumpf u. Wald vor sich gesehen. Da habe er nach der Theres Neumann gerufen u. siehe da, der Motor sei noch eine Stunde lang gelaufen u. er habe glatt landen können. Für diese Hilfe sich zu bedanken, war er nach Konnersreuth gekommen. Tausende von Menschen habe ich in den letzten 11 Jahren an den Leidensfreitagen bei Theres Neumann gesehen; die ohne sichtlich

ernsten Eindruck weggegangen, werden sehr wenige gewesen sein. Eine Unmenge von Briefen aus aller Welt – letzthin waren es an einem Tage ca. 180 – zeugen von dem großen Vertrauen zu Theres.

Exzellenz! Es ist mir, dem alten Pfarrer u. Theres Neumann, dem einfachen Landkind, wahrlich nicht um die Gunst auch nur eines Menschen zu tun. Theres betet: »Heiland, laß mich doch wenigstens Kartoffel essen u. Wasser trinken, damit ich sagen kann: ich esse und trinke u. sie Ruhe hätte. Laß mich in die Missionen gehen, in den letzten Winkel, daß die Welt nichts mehr von mir weiß.« Der Heiland, das weiß ich aus vielfältiger Erfahrung, zeigt sich auffallend dankbar gegenüber denen, die aus reiner Absicht für sein Wirken hier eintreten. Solchen Heilandsdank wünschte ich vor allem aus aufrichtigem Herzen in höchstem Maß meinem hochverehrten Oberhirten. Seiner in diesem Sinn täglich in Gebet u. Opfer gedenken zu wollen, erlaubt sich in tiefster Ehrerbietung zu versichern

Naber, Pfr.

Pfarrer Naber an den Bischof von Regensburg am 20.11.1937

Vater Neumann war eben darüber, Exzellenz zu antworten, als ihm einiges in die Quere kam, was ihn sehr ungehalten machte u. veranlaßte, die Sache zunächst wieder zur Seite zu legen. Es kam ihm nämlich das Antwortschreiben Eurer Exzellenz an Herrn Professor Mayr auf dessen Bericht über Theres Neumann zur Kenntnis u. ein Artikel von Dr. Deutsch in Nummer 18 des Wiener Korrespondenzblattes für den kath. Klerus vom 25. Oktober dieses Jahres.
Am 24. Okt. habe er, so erklärte Vater Neumann, den H. Bischof um Entschuldigung gebeten, daß er noch keine Antwort gegeben habe, weil er noch so sehr von den notwendigen landwirtschaftlichen Arbeiten in Anspruch genommen sei; am 28. Oktober habe dann der H. Bischof selbst die Bedingungen für eine neue Untersuchung vorgeschlagen, aber schon am 30. Okt., weil er noch keine Antwort erhalten hatte, an H. Professor Mayr geschrieben, das sei ein unkatholisches, liebloses Verhalten, bei so einem Mann könne Christus nicht sein. Er lasse sich gerne tadeln, wenn er die Gebote Gottes oder der Kirche übertrete, aber dafür, daß er das Vertrauen zu allen ihm nicht genau bekannten Ärzten verloren habe, könne er nicht, daran sei das Verhalten so vieler Ärzte seiner Tochter gegenüber schuld, vor allem Dr. Deutsch, der sich als der urkatholische Arzt ausgebe u. Vertrauensmann des H. Bischofs zu sein scheine, aber so gemein sich seiner Tochter u. der ganzen Familie gegenüber aufführe, daß man das Vertrauen auf minder katholische Ärzte u. wenn sie auch vom Bischof bestellt sind, erst recht verlieren müsse. Er habe die Pflicht, seine Tochter, die in Familiengemeinschaft mit ihm lebe u. hilflos sei, zu schützen, u. das wolle er tun, so lange er ein offenes Auge habe.
Besonders empört hat Vater Neumann der genannte Artikel von Dr. Deutsch. Er sagte: »Wenn Dr. Deutsch schreibt: ›Zeugenaussagen sind u. bleiben immer unsicher‹, dann bräuchte man ja auch den Ärzten nicht zu glauben, wenn sie uns dieses oder jenes als Ergebnis ihrer Untersuchung meiner Tochter vortragen. Es ist also mit so einer Untersuchung dann auch nichts gedient.«
Exzellenz! Ich bin in große Verlegenheit gekommen, ob Theres Neumann dem Wunsch der Kirche nach einer neuen Untersuchung entspreche.
Exzellenz wissen, daß dieselbe im Dezember vorigen Jahres in Gegenwart der beiden von Ihnen geschickten Domkapitulare Wührl und Doeberl willig und bedingungslos eine Erklärung unterschrieben hat, daß sie zu einer neuen Beobachtung bereit sei. Sie hat diese Erklärung völlig unbeeinflußt abgegeben und ohne jeden Hintergedanken, etwa weil der Vater doch nicht zustimmen werde. Niemand hier wußte ja von einem Dekret des Hl. Officiums, die beiden Herren habe ich direkt zu Theres Neumann geführt und das Zimmer alsbald wieder verlassen, so daß sie ganz allein mit ihr verhan-

deln konnten. Als sie unterschrieben hatte, kam sie aus ihrem Zimmer herunter und erklärte dem Vater mit größter Seelenruhe, daß sie, weil Rom es wünsche, sich zu einer neuen Beobachtung bereit erklärt habe, worauf dieser sehr unwillig wurde, und ich gezwungen war, die Theres gegen ihn in Schutz zu nehmen.

Wie konnte es nun kommen, daß das Hl. Officium am 4. August Eure Exzellenz beauftragen konnte, Theres Neumann einzuladen, sich einer neuen Untersuchung zu unterziehen, da ihm doch jene Erklärung der Theres vorliegen mußte? Wie konnte Exzellenz am 28. August 37 mich beauftragen, bis längstens 10. Sept. zu berichten, ob Theres Neumann sich bereit erkläre zu einer neuen Untersuchung?

Wie ist es ferner zu verstehen, daß Exzellenz unterm 30. Okt. 37 schreiben: »Man schreibt so viel von den großen Opfern und Leiden der Therese Neumann und dieses verhältnismäßig kleine Opfer, das die Kirche von ihr wünscht (einer neuen Untersuchung nämlich) *will* sie nicht bringen. Ich kann das nicht begreifen.«

Wie kommt es, daß Dr. Deutsch unterm 25. Okt. schreiben kann: »Bischof Buchberger hat, wie ich *bestimmt* weiß, bis in die *letzte* Zeit immer wieder zu erreichen versucht, daß Theres Neumann sich einer wirklich wissenschaftlichen Untersuchung in einem Krankenhaus unterziehe. Auch das Hl. Officium hat gefordert, daß eine Beobachtung in einem Krankenhaus stattfinden müsse, und was ist geschehen? Theres Neumann ebenso wie ihre Angehörigen haben alle diese Forderungen der Kirchenbehörde restlos abgewiesen.« Das ist eine glatte Verleumdung der Theres Neumann in der breiten Öffentlichkeit, die Dr. Deutsch unter allen Umständen zu widerrufen gezwungen werden muß. Theres Neumann ist nicht vogelfrei, sie hat auch Anspruch auf ihre Ehre. Übrigens handelt es sich um des Heilands Sache, für die man alles daransetzen muß. Nachdem Dr. Deutsch sich auf Exzellenz ausdrücklich beruft und man deshalb auf den Gedanken kommen könnte, Exzellenz hätten ihm das Material zu seiner falschen Behauptung geliefert, bitte ich Sie demütigst, mit Ihrer Autorität ihm vorzuhalten, was seine Pflicht ist.

Exzellenz! Gestatten Sie noch ein offenes Wort! Es hat denen, die die äußeren Vorgänge bei Theres Neumann und diese selbst seit Jahren zu beobachten Gelegenheit hatten – und darunter sind Leute aus allen Ständen und Stellungen und Bildungsgraden, die unbedingtes Vertrauen beanspruchen können – und insbesondere jenen, die durch Konnersreuth zur katholischen Kirche gekommen, sehr zu denken gegeben, daß man kirchlicherseits einen entscheidenden Einfluß bei Beurteilung des Falles Theres Neumann eigentlich nur solchen gewährte, die überhaupt nichts oder nur sehr wenig von den zu beurteilenden Erscheinungen beobachtet hatten wie Deutsch, Hermann, Masoin, Richstätter, Pater Bruno, Pater Siwek, Waldmann, Killermann usw., während die, die entweder ständig oder viel oder doch öfter um Neumann waren, einfach zur Seite geschoben wurden, weil sie nicht kritisch genug erschienen. Warum gilt das Urteil des so nüchternen Hochschulprofessors Wutz nicht, nicht das Gutachten des Hochschulprofessors Mayr, der in theologischen Fragen doch Fachmann ist, nicht das Urteil anderer Hochschulprofessoren, nicht das Urteil der Bischöfe von Speyer, Berlin und Eichstätt, die Theres Neumann gut kennen, nicht das Urteil jener Ärzte, die besonders in letzter Zeit Theres Neumann beobachtet haben und gerade das Gegenteil von Dr. Deutsch behaupten?

Exzellenz! Wenn ich an das Vorkommnis bei Gemma Galgani mit Arzt und Bischof denke, kommt mir die Frage: Wird der Heiland in Klinik oder Krankenhaus den von der Wissenschaft verlangten Beweis geben? Wenn nicht, ist dann Theres Neumann eine Betrügerin? »Steig herab vom Kreuz«, haben die damaligen Wissenschaftler gerufen, »und beweise damit deine Gottessohnschaft!« Der Heiland ist nicht herabgestiegen, bald darauf aber von den Toten auferstanden und in den Himmel aufgefahren, und keiner jener Wunderforderer durfte dabei sein.

Exzellenz! Ich bin betreffs des Ausgangs der Sache der Theres Neumann völlig ruhig. Der sie angefangen, wird sie auch zu einem guten Ende führen. Er wird den Knoten aufs äußerste sich verwickeln lassen und ihn dann zerhauen.

Therese Neumann an den Bischof von Regensburg
am 21.11.1937

Hochwürdigster Herr Bischof!

Bin in den letzten Wochen in furchtbare Seelennot gekommen, weiß mir gar keinen Ausweg mehr. Sie werden und müssen mir helfen. Ich bitte Sie herzlichst darum. Von meinem Vorhaben redete ich weder mit Hochw. Herrn Pfarrer, noch mit meinen Eltern darüber. Aber es muß doch zu einer Entscheidung in der neuen Untersuchungssache kommen. Ist immer so ein Schreiben hin und wider, welche gar keinen Wert hat. Man muß doch ernst machen und dies tue ich jetzt. Wollte mich gar nicht einmischen, nachdem ich voriges Jahr, um diese Zeit bei den 2 H.H. Domkapitularen mich für eine neue Untersuchung bereit erklärt. Ich dachte immer, mehr kann ich nicht und war ruhig; bloß eines war mir damals nicht recht, daß die beiden Herren sagten, ich solle zu den Meinigen sagen, daß ich bloß eine Reise mache, in die Schweiz oder so ungefähr wohin. Darüber erschrak ich schon, denn so ähnliches gabs bei uns nie. Wir waren von klein auf gewöhnt offen zu sein. In diesem Punkt widersprach ich die beiden Herren. So hab ich jetzt Angst, diese Herren haben Ihnen gar keine Unterschrift nicht gegeben, sonst hätten Sie doch an H.H. Prof. Mayr nicht geschrieben, daß ich mich geweigert hätte. Ich wolle das Opfer nicht bringen. So stehe ich vor H.H. Prof. Mayr als Lügnerin da. Zu ihm sagte ich heuer, daß mir eine neue Untersuchung recht sei und ich unterschrieben habe dafür. Und von Ihnen hört er aber das Gegenteil. Denken Sie nur, wie peinlich dies für mich ist, da ich doch in Eichstätt besser daheim bin als hier oben. Mich hat es schon oft gereut, daß ich Ihnen folgte, als ich Ihnen sagte seinerzeit, daß ich nach Eichstätt wolle und Sie mir erwiderten: »Tu doch das nicht. Meinetwegen, wenn die Untersuchung abgeschlossen ist. Aber vorerst nicht!« Hätte ich es gemacht, wäre uns viel Elend erspart geblieben. Aber der Heiland wird es halt so zulassen. Ihm zuliebe gern jedes Opfer! Die Seelen brauchens, hat heuer die kl. hl. Theresia zu mir gesagt. Manchmal meint man ja, es geht nimmer und doch gibt der gute Heiland Kraft zum Ausharren!
Hochwürdigster Herr Bischof! Ich bitte Sie, geben Sie mir doch Bescheid, was ich tun soll? Geben Sie mir selber Antwort, da H.H. Pfarrer und die Eltern nichts wissen, wie schon oben erwähnt. Ich schreibe des Nachts im Bett. Ich bitte nochmals um Antwort und Ihren guten Rat.
Hochwürdigster Herr Bischof! *Soll* und *darf* ich mich von daheim fortschleichen heimlich zur Untersuchung?
Wie soll ich es machen? Sie wissen, daß ich schwer gehen kann. Will es die hl. Kirche so haben? Was soll ich nach der Untersuchung tun? Wohin soll ich dann gehen? Heim darf ich dann nimmer. Da kenne ich meine Eltern zu gut. Noch etwas drückt mich. Wer

für mich dann sorgt, da ich keine Unfallrente mehr bekomme? Ich brauche doch Kleider und vor allem eine warme Stube, da mich viel friert.

Geben Sie mir gleich Antwort und Rat, sonst muß ich an den guten hl. Vater selber schreiben und um Rat bitten. Wollte ihn heuer gern besuchen, da wir vom vorigen Jahr eine Karte haben, wo er mir schreiben ließ, ich möge nur kommen, aber bald. Und bald darauf wurde der gute Herr so krank, wo ich dann viel für ihn betete und litt.

Hochwürdigster Herr Bischof! Sie verstehen meine Fragen. Ist frei nicht leicht für mich, die Eltern, denen ich so schrecklich viel Dank schuldig bin, zu hintergehen. Mein Gewissen wird nicht ruhig beim Gedanken. Wenns aber die hl. Kirche *will*, dann mache ich es doch. Bloß müßten Sie die Verantwortung übernehmen. Ich getrau mir es nicht. Das 4. Gebot war uns von klein auf heilig. Sehen Sie, wie schwer es für mich ist, und schreiben Sie Ihre Meinung bald.

Ich weiß keinen anderen Rat. Denken Sie nur, ich will doch nicht schuld sein, daß mein Vater, der doch seine Pflicht Gott und der Kirche gegenüber treu getan, unkatholisch handeln und der Heiland nicht bei ihm sein könne (wie Sie selber H.H. Prof. Mayr geschrieben), nachdem der doch jeden Tag zur hl. Kommunion geht. Er erfuhr es von Eichstätt her, wo die Herren Professoren eins sind. Was eben da einer weiß, wissen die anderen auch. Der Zusammenhalt zwischen den Herren dort gefällt mir schon immer. Litt unlängst an einem Freitag wieder unten, wo man spürt, daß man keine Feinde dort hat. Da ist man halt daheim, trotz Leiden und Opfern.

Ach, Hochwürdigster Herr Bischof! Was hab ich denn der Kirche, zu der ich doch treu stehe, getan, daß sie mich so heimsucht, verfolgt u. ausliefern will? Nur gelitten, geopfert u. geblutet für ihre Interessen. Immer suchte ich ihr Seelen zuzuführen, Abtrünnige näher zu bringen, Gute zu stärken in dem Kampf. Was redete ich oft gut zu u. dachte nicht daran, daß ich auch selber noch von ihr verstoßen werde. Ist schon hart und furchtbar! Redeten die Leute oft von Gnade, die mir der Heiland erwiesen. Strafe ist es! Harte Strafe, sage ich. Schwer ist es schon, auch zu meiner lb. Familie, die so ungeheuere Opfer oft schon für mich gebracht und zu unserem guten Herrn Pfarrer, der mich von Jugend an im Guten unterwiesen und zu dem, nicht nur ich, sondern die *ganze* Pfarrei, ja all die Tausende von Fremden, welche hierher kommen, mit Ehrfurcht und Liebe aufschauen. Wie oft hörte ich schon: »Haben Sie aber einen braven, heiligmäßigen Pfarrer.« Ja, dies kennt man aber auch an der Pfarrei. Die ist schon auf der Höhe, Gott sei Dank, nicht mehr heim zu können. Ich bringe halt dies Opfer dem lb. Heiland zuliebe auch noch. Die Leute werden ja, wenn ich mich fortgeschlichen, über meine Eltern schimpfen, da sie nicht besser acht gegeben. Wenn jetzt die Fremden so kommen und können nicht zu mir und sie wissen wollen, warum nicht, sagt der Vater immer, weil er mich nicht fort läßt, dann reden sie *alle* noch mehr zu, auf seiner Meinung zu bleiben. Unter Tausend Personen sind keine zehn von denen, die da sind an Freitagen, die für eine neue Untersuchung sind. Sie sagen halt immer: »Uns genügt, was wir sehen, wir brauchen nicht mehr.« Bloß etliche Kritisierer, die an allem was aussetzen und etliche Übergescheite redeten dem Pfarrer eigen daher. Diese kann man aber fast an den Fingern zählen; abgesehen von denen, welche das meiste wissen, da sie noch nicht da waren wie unsere großen Gegner, Deutsch, Richstätter, für welche ich aber auch bete und opfere. Noch etwas vergaß ich oben, was auch wichtig ist, wenn ich nimmer heim kann. Sie müssen für eine brave, ehrliche Person sorgen, welche mich betreut an den Freitagen und wenn ich schwer leidend bin, da ich da hilflos wie ein Kind bin, was eigentlich der Hauptgrund mit ist, warum Vater so gegen eine neue Untersuchung ist. Deshalb ist er immer mit seinem Schreiben an Sie, wegen seinen Bedenken anscheinend noch nicht fertig. Haben Sie halt noch Geduld mit ihm. Zudem wurde er unlängst sehr aufgebracht über den unverschämten, gewissenlosen Artikel von Deutsch und über Ihre Antwort an H.H. Professor Mayr. So unterbrach er seine Arbeit. Ich denke und dränge, daß er Ihnen bald fertig schreibt. Ich warte jetzt auf Ihren guten Rat.

             Mit ehrerbietigsten Grüßen
             ergebenst
             Theres Neumann

Der Bischof von Regensburg an Pfarrer Naber
am 22.11.1937

Nun habe ich geduldig monatelang versucht, vom Vater Neumann eine zusagende Antwort zu erhalten. Ich habe so lang zugewartet, daß ich von der Apostolischen Nuntiatur an den Auftrag der S.C.S. Officii gemahnt worden bin. Ich habe dem Vater Neumann, um ihm die Antwort zu erleichtern, selbst die Bedingungen für die Untersuchung vorgeschlagen, so daß er bloß mit Ja oder Nein hätte zu antworten brauchen. Seitdem ich das letzte Mal geschrieben habe, ist fast ein volles Monat vergangen und ich habe keine Antwort bekommen. Und trotzdem glauben Sie mir Vorhalt machen und verschiedene Fragen an mich richten zu sollen.

Sie schreiben, daß Therese Neumann sich zu einer Untersuchung bereit erklärt habe. Sie wissen aber auch recht gut, daß diese Erklärung völlig wertlos ist, weil sie durch die Weigerung des Vaters aufgehoben wird. Sie erwähnten mein Schreiben an Professor Dr. Mayr. Daß der Herr Professor dieses Schreiben, das übrigens nur an eine selbstverständliche Pflicht eines katholischen Mannes erinnert, ohne mein Wissen an Vater Neumann weitergibt, entspricht nicht dem Takt und der Diskretion, die ich von ihm hätte erwarten dürfen.

Herr Dr. Deutsch hat sein Verhalten und seine Artikel selbst zu verantworten. Ich habe ihn nicht dazu veranlaßt, sondern im Gegenteil wiederholt gebeten, mit seinem Urteil in der Öffentlichkeit zurückzuhalten, bis die Frage einer neuen Untersuchung endgültig entschieden ist.

Dr. Deutsch hat so schwere Vorwürfe erhoben gegen die Familie Neumann, daß es dieselbe ihrer Ehre schuldig ist, zu beweisen, daß diese Vorwürfe unbegründet und ungerecht sind.

Sie drücken Ihre Verwunderung aus, daß ich nur auf Gegner von Konnersreuth höre, nicht auf die Freunde. Ich höre auf beide nicht, sondern habe mir mein Urteil nur auf Grund meiner eigenen Beobachtungen und Erfahrungen gebildet und habe auch mit einem endgültigen Urteil immer zurückgehalten.

Nicht die Gegner und nicht die Freunde von Konnersreuth tragen für die dortigen Verhältnisse und Vorkommnisse die Verantwortung. Auch der Pfarrer von Konnersreuth hat sich als katholischer Priester nicht an sie zu halten, sondern an seinen Oberhirten. Das ist eine so elementare und strenge Pflicht, daß ich nicht sollte an dieselbe erinnern müssen.

Übrigens handelt es sich ja in der jetzigen Lage nicht um einen Auftrag, der von mir ausgeht, sondern den völlig unabhängig von mir die S.C.S. Officii gegeben hat. Wenn eine solche Stelle einen Wunsch ausspricht, so ist es für einen Katholiken selbstverständlich, daß er den Wunsch erfüllt. Daß Vater Neumann das nicht tut, wird jeden treuen Katholiken wundern und schmerzen, daß aber selbst der zuständige Pfarrer ver-

schiedene Wenn und Aber gegen diesen Wunsch hat, muß sie traurig und bedenklich stimmen.
Ich habe nunmehr den Auftrag der S.C.S. Officii auszuführen.

Ferdinand Neumann an den Bischof von Regensburg am 24.11.1937

Hochwürdigster Herr Bischof!

Sie wollen entschuldigen, wenn meine Antwort etwas lange auf sich warten läßt. Ich bin mit dem besten Willen nicht früher dazu gekommen. In der Untersuchungssache teile ich Ihnen nach reiflicher Überlegung folgendes mit:
Ich bin ursprünglich nicht völlig abgeneigt gewesen, nochmals zu einer Untersuchung meiner Tochter mich herbeizulassen, *wenn* die von mir gesetzten, gerechten Anforderungen in den 15 Punkten erfüllt gewesen wären. Nun schreiben Sie in einem Ihrer letzten Briefe, daß die 15 Punkte nicht sehr wichtig sind, für mich sind und bleiben sie die Grundlage. Zum Beispiel die Auslieferung der Platten von Dr. Seidl und Ordinariat Regensburg, die ohne unsere Erlaubnis gemacht wurden. Oder Aufklärung über den Wert des Eides der Schwestern, was sie eigentlich beeidigt haben, denn ihre Beobachtung hat nach Erklärung der vorgesetzten Stelle genügt, so daß nun die philosophisch theologischen Untersuchungen beginnen könne. Diese haben seit zehn Jahren darin bestanden, daß die Professoren Engert und Waldmann unter Ihren Augen uns runter reißen durften. Sie haben an Herrn Prof. Mayr geschrieben, daß die Nahrungslosigkeit ein Wunder sei, das im Interesse der Kirche festgestellt werden soll. Professor Engert bzw. Student Mayer von Marklkofen wie auch Professor Waldmann haben im Offertenblatt unterstellt, daß Nahrungslosigkeit kein Wunder zu sein braucht. Sie wissen darum und können diese Artikel auch nachlesen. Nebenbei behauptet Prof. Plank, daß es für Naturforscher überhaupt keine Wunder gibt. Die Sache mit dem Dr. Deutsch bringt mich, je länger ich mir seine Unverschämtheiten überlege, von meiner Absicht ganz weg.
Jetzt wird die Sache auf einmal so dargestellt, als ob die Untersuchung von 1927 gar keinen Wert habe. Ich sage mir nun so: Wenn die Untersuchung von 1927 nur für die 14 Tage etwas beweist und nichts für vorher und nachher, dann beweist die neue mit 4 Wochen auch nichts mehr als für die paar Wochen. Wenn aber die Untersuchung von 1927 etwas bewiesen hat, wie im Amtsblatt festgestellt worden ist, dann brauchts keine Untersuchung mehr. Im übrigen könnte nach den 4 Wochen ein anderer Arzt wieder daherkommen und 5 Wochen verlangen und in ein anderes Krankenhaus, weil ihm die katholischen Schwestern im Krankenhaus nicht genügend verläßlich sind und so fort. Damit kommt man überhaupt an kein Ende. Dabei hat mir Dr. Schegelmann Generalvikar seinerzeit versprochen, daß dies die erste und letzte Untersuchung sei, das kann ich jederzeit mit Eid beweisen.
Die Herren Ärzte machen Ihnen, Herr Bischof, jetzt große Versprechungen, daß nichts Taktloses vorkommt, das haben sie Ihrem Vorgänger selig gerade so gemacht. Trotz-

dem habe ich es erleben müssen, daß man über die Schamhaare meiner Tochter in einer Zeitschrift schreiben durfte und daß man an meiner Tochter Untersuchungen vorgenommen hat, wie sie sich ärger eine Dirne auch nicht gefallen lassen muß. Und das mit dem Dr. Wunderle und die Brustwunde meiner Tochter ohne unser Wissen betrachtet hat, was nicht einmal ich als Vater je getan habe, habe ich auch noch nicht vergessen und werde es nicht vergessen. Diese Dinge treiben mir heute noch den Zorn und die Schamröte ins Gesicht und es wird *meine* väterliche Pflicht sein dafür zu sorgen, daß so etwas nicht mehr vorkommt. Ich werde mein natürliches Recht jetzt unter allen Umständen verteidigen. Nun noch ein Wort zu dem Dr. Deutsch: Dieser unverschämte Mensch hat meine Tochter und unsere ganze Familie mehr oder weniger verblümelt als Schwindler und hysterische Personen dargestellt, denen aller Lug und Trug zuzutrauen ist. Niemand, Herr Bischof, gar niemand hat uns gegen diese Unverschämtheiten in Schutz genommen. Im Gegenteil, der Dr. Deutsch darf in seiner hysterischen Wichtigtuerei dauernd seine Ausfälligkeiten zuerst in Maschinenschrift verbreiten, dann sie in einen katholischen Verlag drucken, dann sie in fremde Sprache übersetzen lassen, dann in Zeitschriftartikeln die Sache noch weiter breit treten und so weiter, ohne daß ihm irgendjemand entgegentreten würde. Sie selber, Herr Bischof, wissen ganz genau, daß die Resl niemals den Gehorsam verweigert hat, wie Dr. Deutsch behauptet hat, vergl. zuletzt noch die Erklärung an die beiden Domherren im Dezember vorigen Jahres. Warum haben Sie diese Verleumdung nicht richtig gestellt? Ich habe die Erlaubnis verweigert sonst niemand. Ich habe das jetzt satt und nehme die Wahrung meiner Familienehre selbst in die Hand. Es braucht niemand uns und meine Tochter besuchen. Wir brauchen auch keine Bestätigung irgendwoher. Wenn wir jemand wollen, dann tun wir ihm Botschaft, im übrigen sind wir alle froh und glücklich, wenn alle unerbetene Lauferei aufhört und wir in der Stille unseres Heims unseren Frieden haben.
Ich bin ein alter Soldat und weiß, was Gehorsam ist. Insofern ärgert es mich schwer, daß Sie dauernd Wunsch und Gehorsam verschieben. Ich verweigere keinen Gehorsam, sondern einen Wunsch, und zwar für immer und aus triftigen Gründen. Wie Sie den Herrn Prof. Mayr gegenüber von einem kleinen Opfer reden, beweist nur, daß Sie nicht wissen, was das für einen christlichen Vater heißt, seine Tochter ausliefern nach all meinen sehr üblen Erfahrungen. Ich habe nur noch den letzten Wunsch, daß der Herr Bischof diesen und meine letzten Briefe nach Rom schickt, andernfalls ich es selbst tun müßte.

In aller Hochachtung
Euer Bischöfl. Gnaden
ergebenst
Ferdinand Neumann

Vorstehenden Brief schrieb ich schon am 24. November, zögerte immer noch, denselben fortzuschicken.

Der Bischof von Regensburg an Therese Neumann
am 25.11.1937

Auf Ihren Brief möchte ich Ihnen folgendes antworten: Sie sind längst großjährig und können daher in der Frage der Untersuchung selbständig entscheiden. Aber weil Sie in Bezug auf Wohnung und Pflege auf das Vaterhaus angewiesen sind, will ich nicht raten, daß Sie gegen den Willen des Vaters handeln. Suchen Sie auf ihn einzuwirken, daß er die Erlaubnis gibt! Ich habe es ihm und Ihnen wirklich so leicht gemacht, als es überhaupt möglich ist, ich habe Sorge getragen, daß Sie in ein katholisches Krankenhaus aufgenommen und von katholischen Ärzten untersucht werden, und habe mich dafür verbürgt, daß alles unterbleibt, was gegen Sitte und Takt verstoßen würde. Ein Wunsch des Hl. Vaters in einer so wichtigen Sache muß doch für eine katholische Familie Befehl sein. An einer Weigerung müssen alle guten und braven Katholiken irre werden; die Gegner der Kirche aber werden sagen, daß Sie eine Untersuchung fürchten, weil die behauptete Nahrungslosigkeit eine Täuschung oder mindestens ein Irrtum ist. Sie haben es zu verantworten, wenn der Kirche Betrug vorgeworfen wird, wenn viele in ihrem Unglauben bestärkt und viele in ihrem Glauben irre werden. Umgekehrt können Sie so leicht den Beweis liefern, daß es wirklich ein Gnaden- und Wunderwirken Gottes gibt. Und wie wertvoll wäre dieses gerade in der jetzigen Zeit! Wie würden die Feinde des Glaubens und der Kirche besiegt! Ich habe so lange gewartet mit der Ausführung des Auftrages, den ich von der Hl. Kongregation erhalten habe, weil ich es immer noch nicht glauben will, daß eine katholische Familie sich so ablehnend gegenüber dem Hl. Stuhl verhält und eine so unabsehbar große Verantwortung auf sich nimmt. Ich will auf Ihren Brief hin noch einmal eine kurze Zeit zuwarten in der Hoffnung auf eine Lösung, die der ohnehin so furchtbar bedrängten Kirche nicht neue Leiden bringt.

Therese Neumann an den Bischof von Regensburg am 29.11.1937

Hochwürdigster Herr Bischof!

»Vergelts Gott« für Ihr Schreiben vom 25. des Monats. Hat mich doch etwas beruhigt. Wußten Sie ja, in welch schwerer Lage ich war. Ganz verstehe ich Sie noch nicht, da Sie schreiben, weil ich bei der Familie wohne, raten Sie nicht, fortzulaufen; wenn ich aber nicht so leidend wäre, bräuchte ich wohl nicht auf die Eltern achten, da ich großjährig sei, wie Sie schreiben?

Bis jetzt meinte ich immer und redete in diesem Sinne den Leuten auch so zu, daß ein gutes Kind auf die Eltern hört und ihren Rat schätzt, auch wenn man schon erwachsen ist. In meinem Fall jetzt aber 2 Seiten folgen, die nicht die gleiche Anschauung haben, ist nicht leicht. Ich hätte es auch für undankbar den Eltern gegenüber gehalten, wenn ich davon gelaufen wäre. Ich glaube, ich hätt nicht ruhig sterben können. Ich meine, das 4. Gebot gab Gott der Herr nicht für die kleinen Kinder alleine, sondern mehr in der Hauptsache für die großen Kinder. Die kleinen müssen schon folgen, der Strafe wegen. Uns wurde immer von klein auf schon gesagt, daß wir die Eltern ehren und achten müssen, auch wenn sie schon alt und die Kinder nimmer auf sie angewiesen sind. Bis jetzt galt uns dies als Gebot. Hatten auch allen Grund mit Hochachtung zu den Eltern aufzuschauen, da wir wußten, welch große Opfer arme Eltern bringen, wenn sie 10 Kinder ehrlich groß ziehen, wie es bei uns der Fall war. Da ist man gewöhnt, gut von ihnen zu denken. Und was gute Eltern wert sind, werden Sie auch aus Erfahrung wissen. Aber durch Ihr Schreiben die letzte Zeit her, kommt man in Zwiespalt in sich selbst und man grübelt nach und kommt zu keinem Resultat. Schwierigkeiten, die nicht so leicht zu lösen sind.

Hochwürdigster Herr Bischof. Ihrem Wunsch gemäß habe ich auf die Eltern eingeredet. Vater sagt: »Ich ändere meine Gesinnung doch nicht alle Tage. So lange ich ein offenes Auge habe, mir unser Herrgott hilft, kommst mir nicht aus dem Hause in eine Klinik. Ich habe einmal ›Ja‹ gesagt u. gehalten u. dies genügt, die Herren müssen aber auch sein Wort halten. Ein halbes Jahr hätten die Schwestern bleiben dürfen. 14 Tage genügten damals nach Aussage der Ärzte. Die Herren erklärten mir damals im Namen des Bischofs, daß wenn die Sache einmal gemacht ist, keine 2. Untersuchung folgen würde. Und jetzt ist man wieder soweit. Da kommst du aus der Untersuchung nimmer raus. Deutsch schreibt auch«, sagt er weiter, »daß alle Zeugenaussagen wertlos seien. Was sind dann die Ärzte? Und wenn sie gar erst so überkatholisch tun, wie dieser Deutsch, der so verleumdet u. lügt, da trau ich dann den weniger katholischen Ärzten erst recht nicht. Wenn dir aber was passiert, trag ich vor unserem Herrgott allein die Verantwortung, da du viele Zeit hilflos, wie ein Kind bist. Welch ein schlechter Vater müßte ich da sein. Ich kenne meine Vaterpflicht genug.« Weiter meint er: »Erst wenn meine Bedingungen, welche ich seinerzeit ans Ordinariat schrieb, erfüllt sind, lasse ich weiter verhandeln.« Vor kurzem sah ich ein Schreiben an Sie vom 30. Oktober datiert liegen, was er nicht fortgeschickt, da der Artikel von Dr. Deutsch und Ihr Schreiben an H.H. Prof. Mayr dazwischen kamen. Da war er für Unters. nicht zu haben mehr. Ich sagte den Eltern, daß ich mich schon mit dem Gedanken trug, mich einfach von daheim fortzuschleichen. Sie erwiderten: »Wärest du halt die 6 1/2 Jahre einmal davon, wo sich kein Doktor aus sich u. kein Bischof um dich gekümmert. Du weißt, was wir da alle mitsammen durchgemacht. War nicht immer so leicht. Wir ließen dich da nicht im Stich, wie wir auch jetzt noch für dich uns sorgen. Schau, die letzten Jahre her kümmerte sich niemand, ob wir durch die vielen Fremden die Haus- und Feldarbeit verrichten konnten. Die Leute haben seinen Erlaubnisschein und mußten zu seinem Recht kommen, ob wir Zeit hatten oder nicht. Wir brachten diese Opfer auch unserem Herrgott zuliebe, der aber seinen Segen uns sichtbar gab.«

Hochwürdigster Herr Bischof! Soll ich dauernd mit den Eltern in Streit leben und immer drängen? Ich folgte Ihnen; mehr tu ich aber jetzt nimmer. Ich will nicht, daß es in unserem Haus wieder so geht, wie damals, als unser H.H. Pfarrer dem Vater erklärte, daß er das Haus nimmer betrete, wenn er mich nicht fortlasse, worauf dieser einfach erwiderte: »Da könne man dann auch nicht helfen.« Wissens wenn es so geht, so hin u. wider, ist es nicht schön. H.H. Pfarrer hat man es damals von mehr Seiten, die darum wußten, schwer verübelt, daß er sich in so häuslichen Angelegenheiten mische. Wohl mußte er mich vor einem Jahr in Schutz nehmen, als ich meine Unterschrift so schnell für eine neue Untersuchung gab, ohne erst mit den Eltern darüber gesprochen zu haben. Die beiden Herren vom Ordinariat brachten ja etwas Durcheinander ins Haus. Ein Bruder war eben zur selben Zeit von seiner 12jährigen Militärdienstzeit zurückgekehrt. Dieser war sehr aufgebracht, daß man sich solche Sachen im Haus gefallen lassen müsse. (Die Herren waren nicht gerade freundlich mit meinen Eltern). Am meisten ärgerten sich die Geschwister darüber, daß ich so geheim tat u. im Sinne der beiden Herren sagte, daß ich nur Ferien halte in der Schweiz u. daß mit Kirchenausschluß gedroht wurde u. mit Kommunionverweigerung. Der Soldat meinte, wenn so, so viele Kirchenaustritte gibt, darf die Kirche doch nicht mit solchen Mitteln arbeiten. Ich mußte ihm schon versprechen, unter allen Umständen auf die Eltern zu hören. So wird oft der Hausfriede gestört. Über noch einen Ausdruck in Ihrem Schreiben grüble ich nach, hochwürdigster Herr Bischof! Sie schreiben, daß wenn ich nicht fortgehe, die Leute in ihrem Unglauben bestärkt u. viele in ihrem Glauben irre werden. Dies kann ich aber nicht glauben. Wer guten Glauben hat u. bis jetzt hieher gekommen, wurde mit der Gnade Gottes besonders am Freitag gestärkt, u. wenn er ferne stand, kam er näher. Ich hatte auch keine andere Absicht, als dem guten Heiland Seelen näher zu bringen. Dazu war mir kein Opfer zu schwer. Schrieb Ihnen doch schon letzthin darüber. Fragen Sie solche, die mit guter Absicht da waren. Keiner von denen, die zur hl. Kirche fanden, ging wieder zurück. Heute bekam ich von einem braven, edlen Konvertiten, der in angesehener Stellung ist, ein Schreiben, wo er am Schluß die eigenartige Bemerkung machte: »Auch ich gedenke Ihrer in diesen Tagen besonders in der Meinung, daß jedermann Achtung habe von Ihrer persönlichen Freiheit u. niemand einen Zwang ausüben möge.« Warum er so schreibt? Ich schrieb ihm doch nicht, daß ich momentan wieder so arg mitgenommen werde von der Kirche. Unterdrücke fast immer, wenn ich gefragt werde, um ihre selbst willen. Ich will doch nicht, daß man noch mehr redet von der Gewaltherrschaft, wie man immer wieder hören muß. Da war ich vor Wochen bei einer guten protestantischen Familie zu Gast. Hab bei ihr gewohnt, da wir gut befreundet sind. Dort kamen wir auf die Unters. zu sprechen u. ich mußte um der Wahrheit willen erzählen, daß unser Bischof uns schon seit vielen Jahren drängt u. befiehlt, daß ich mich in eine Klinik sperren lasse. Die guten Leute konnten, wie so viele andere, es nicht glauben, da ich doch nicht krank sei. Heute bekam ich auch ein Schreiben von einem Arzt, der heuer vor dem Nürnberger Parteitag da war, weil er dorthin wollte, da er Sturmbannführer sei, wie obiger Mann auch, wo ich vor kurzem wohnte.

Er schickte eine große Abhandlung mit seinem Urteil dazu; aber in entgegengesetzter Richtung wie Dr. Deutsch. Dies kann ja auch nicht anders sein, da er, wie ich heuer schon hörte, ein offener, ehrlicher Charakter sei u. selber geschaut u. gehört, nicht wie der scheinheilige Deutsch aus der Ferne urteilt. Er sagte damals schon, als wir auf Dr. Deutsch zu sprechen kamen, unter anderem: »Ist eine Schmach für unseren Stand, daß dieser Deutsch so schlampig u. in solch hinterhältiger Art arbeitet. Solch einer, der urteilt, ohne gesehen zu haben, ist nicht wert, daß man ihm hört. Ist eben nicht ernst zu nehmen.« Weiter sagte er zu mir: »Was man nur immer mit der Nahrungslosigkeit will? Was ist's denn mit ihren Wundmalen? Die gab Ihnen doch unser Herrgott, daß sie halt auch da sind. Welcher Arzt, der sie gesehen, hat sie schon natürlich erklärt? Ich könnte es nicht. Wenn ich Ihr Vater wäre, würde ich stramm hinter Ihnen stehen u. Sie unter keinen Umständen zu derlei Zwecken preisgeben, die an sich nutzlos sind.« Hochwürdigster Herr Bischof! Sehen Sie, so bin ich Vater gegenüber machtlos. Von so vielen Seiten wird er bestärkt. Ich bitte den lb. Heiland, daß nur sein hlgst. Willen an u. mit mir geschehen möge. Und der Heiland meinte es bis jetzt nur gut mit uns. Um den hl. Segen bittend, grüßt

ehrerbietigst
Theres Neumann

Therese Neumann an den Bischof von Regensburg
am 14.3.1939

Hochwürdigster Herr Bischof!

Würde Sie mit diesem Schreiben nicht belästigt haben, wenn nicht Dr. Engert an Herrn Ministerialrat Schondorf, der mit seinem Sohn katholisch wurde, auf einer Karte geschrieben hätte: »Ich kann Ihnen nur das Eine mitteilen, daß der Aufsatz ›Um Konnersreuth‹ mit ausdrücklicher Genehmigung und Förderung unseres Hochwürdigsten Herrn Diöz. Bischof Buchberger geschrieben ist.« Und an den Rechtsanwalt des Fürsten Walburg Zeil schrieb er auch: »Ich bemerke noch, daß die letzte Korrektur des Aufsatzes von der Hand des H.H. Bischofs selbst vollzogen wurde.« Hochwürdigster Herr Bischof! Um der Wahrheit willen, bitte ich Sie, daß Sie Dr. Engert veranlassen, in der nächsten Nummer des Korrespondenz Blattes, unter der fett gedruckten Überschrift »Um Konnersreuth« folgende Berichtigung bringen muß; nicht in Verbindung mit seinem neuen Artikel: »Ich habe in No 2 des Korrespondenz Blattes geschrieben: In diesem Schreiben klagt Theres Neumann u.s.w. Sie habe sich schon einmal gefügt und der Heiland sage ihr: sie brauche sich nicht ein zweites Mal fügen u.s.w. Ich erkläre hiemit: Theres Neumann hat weder dem Wortlaut noch dem Sinn nach, in jenem Brief so etwas an den Hochwürdigsten Herrn Bischof geschrieben.« Ja, Hochwürdigster Herr Bischof! Dies verlangen wir unbedingt von Dr. Engert. Er muß dies richtig stellen, sonst sind wir gezwungen, das Gericht zu Hilfe zu nehmen. Hier dreht es sich nicht um meine, sondern um des lb. Heilands Ehre, der dies gesagt haben soll. Sie können ja in meinem Brief nachlesen, um sich über die Wahrheit zu überzeugen. Wir haben ja auch noch die Abschrift hier. Nicht wahr ist auch folgende Behauptung, wo wir auch Berichtigung verlangen müssen: »Das Bluten kommt immer, wenn niemand zugegen ist.« Denken Sie nur, da bin ich ja gar eines Betruges verdächtig gemacht. Ich erkläre an Eidesstatt, daß ich nie etwas künstliches gemacht, weder an den Wunden noch sonst wie. Wenn es sein muß, rufen wir den Hochwürdigsten Herrn Kardinal Faulhaber, Fürsterzbischof Waitz, den Bischof von Speyer und andere, welche alle, sogar des Nachts, bei Leidensbeginn zugegen waren, öffentlich zu Zeugen dagegen auf. Herr Sanitätsrat Seidl beobachtete sogar mit einem Glas das Beginnen des Blutens der Herzwunde. Er kam, wie obige Herrn alle, selbstverständlich nicht zu spät, wie seinerzeit Dr. Martini, welchen Herr Pfarrer Naber erst holen mußte und der dann erst kam, als das Leiden schon angefangen. Die Besucher auch jetzt an den Freitagen können ganz klar sehen, wie ein frisches Blut bei gewissen Visionen neu nachfließt. Auch sollte berichtet werden, die Verdächtigung, bei der Untersuchung 1927 sei ich täglich ausgegangen und meine Familie hatte ungehindert Zutritt zu mir. Ich erkläre: »Es waren ständig 2 Schwestern um mich.« Wer aber Engert liest, meint, ich sei ohne die

Schwestern aus dem Haus gegangen und die Eltern kamen zu mir ohne das die Schwestern bei mir waren.

Hochwürdigster Herr Bischof! Eine Berichtigung müssen wir fordern, betreff wohnen außer dem Elternhause. Dr. Engert schreibt: »Sie wohnt häufig anderswo in einem Haus das eine gütige Hand für sie gekauft mit einer Schwester und einem Bruder.« Wie oft war ich seit dem Tode des Hochw. Herrn Professor Wutz dort? Im Mai 14 Tage, als meine Schwester krank war und im Dezember 12 Tage, um zum Namensfeste des lb. Verstorbenen sein Grab zu besuchen und eine Wallfahrt nach Altötting zu machen. Noch etwas! Engert schreibt, ich hätte im Brief an Sie geschrieben: Ein protestantischer Arzt und eine befreundete protestantische Familie sagen mir, daß ich hier nicht zum Gehorsam verpflichtet sei. Bitte, lesen Sie meinen Brief nach! Die protestantische Familie ist bei der gut katholischen Familie Walburg Zeil im Dienst. Der Mann ist Direktor des bekannten großen Eisenfuchs. Ich schrieb doch, daß die Familie es nicht glauben konnte, daß man mich in eine Klinik sperren wolle, da ich doch nicht krank sei. Der nach Engert protestantische Arzt ist katholisch und der Bruder eines katholischen Geistlichen. Er hat sich doch blos gegen seinen Kollegen Dr. Deutsch und gegen eine neue Untersuchung ausgesprochen, aber nicht gesagt, daß ich nicht zum Gehorsam verpflichtet sei. Lesen Sie bitte, genau nach! Engert bringt auch gegen Dr. Winthuis so ein Durcheinander über Ihren Brief an mich daher.

Sie wissen doch selber, daß Sie ganz einfach geschrieben haben: »Weil Sie in Bezug auf Wohnung und Pflege auf das Vaterhaus angewiesen sind, will ich nicht raten, daß Sie gegen den Willen des Vaters handeln. Suchen Sie auf ihn einzuwirken, daß er die Erlaubnis gibt.« Und dies habe ich auch getan, wenn man es mir auch nicht glaubt.

Hochwürdigster Herr Bischof! Ich hatte gehofft, daß auf Ihr Ausschreiben vom Dezember 1937 hin, in dem Sie, soviel ich noch weiß, den Wunsch äußerten, es möge in der Sache nicht weiter gestritten werden, Ruhe eintreten würde. Nun scheint der Streit von neuem durch Dr. Deutsch und Engert los gegangen zu sein. Wenn man aber die Wahrheit nur schreibt, ist kein Grund zu Streit.

Hochwürdigster Herr Bischof! Ich kann Ihnen versichern, daß es mir furchtbar leid ist, wenn ich höre, es sei geschrieben worden, weil man von vorne herein annehmen muß, daß vieles sich mit der Wahrheit nicht verträgt, was geschrieben wird. Hochwürdigster Herr Bischof! Wollte Sie schon zu Anfang der schweren Fastenzeit bitten, zu erlauben, daß wenigstens ein oder zwei mal das hl. Meßopfer bei mir, auf meinem schönen Hausaltärchen gefeiert werden darf, wie früher. Konnte in der hl. Weihnachtszeit sehr wenig in die hl. Messe gehen wegen Herzschwäche und Gelenkrheumatismus. Sind Sie so gut und erlauben Sie es wenigstens ein mal. Die hl. Fastenzeit ist heuer nicht nur schwer durch das Leiden, welches der lb. Heiland schickt, sondern hart kommt es einem auch an, wenn man ab dessen noch verfolgt wird, von da her, wo man Verständnis erwartet. Eines stärkt und tröstet einem bei allem Leid, der Hinblick auf den lb. Heiland. Soll es uns da besser ergehen? Er gibt die nötige Kraft zum Ausharren. Die

Ewigkeit ist lange genug, um auszuruhen. Dann wird alles klar und offen sein, worauf wir uns jetzt schon freuen. Aber jetzt wollen wir kein Gramm weniger leiden, als der gute Heiland will. Sein Wille über alles! In all mein Leiden und Gebet seien Sie Hochwürdigster Herr Bischof mit eingeschlossen. Um den hl. Segen bittet in aller Ehrerbietung

ergebenst
Theres Neumann

Hochw. Herr Bischof! Eben kommt mir beim Suchen nach einem Couvert ein Brief des Hochwürdigsten Herrn Kardinal Faulhaber in die Hände, datiert vom 29. Okt. 1928 aus Rom, wo er unter anderem schreibt: »Ein Professor, der mit dem Herrn Bischof von Regensburg kam, hat das Wort gesprochen, das Du in Deinem Briefe erwähnst: Er hätte nicht gesehen, daß das Blut wirklich aus den Augen kam. Ich habe es inzwischen richtig gestellt, wie es in Wirklichkeit ist.« Sehen Sie, Hochwürdigster Herr, wie begründet mein erwähnen im Schreiben eben ist, wo ich auf Hochwürdigsten Herrn Kardinal u. Andere hinwies. Mit dem Prof. ist Martini gemeint.
Gestern bekamen wir auch beiliegendes Schreiben des Fr. Johannes, welcher vergangenen Freitag mit einem uns befreundeten Kommerzienrat hier war. Ist auch von Martini die Rede. Ähnliche Schreiben kommen jetzt mehr. Diejenigen welche sich hier überzeugen konnten, sind über Engert erbost.

Bestens grüßt
Theres Neumann

Therese Neumann an den Bischof von Regensburg
am 13.3.1944

Verzeihen Sie, wenn ich Sie belästige. Ich möchte Sie demütigst bitten, heuer doch wieder wie früher zu erlauben, daß wenigstens einmal die hl. Messe in meinem Zimmer, in der hl. Fastenzeit gefeiert werden darf. Bitte, erlauben Sie's doch gütigst! Wenn ja, dann dürften Sie auch gleich die Erlaubnis zum Binieren geben. Letzten Sonntag wären aber 4 Priester dagewesen, 2 vom Freitag her noch. Sage Ihnen gleich recht herzlichst Vergelts Gott für Ihre Güte.
Verspreche Ihnen, daß ich weiter für Ihre Gesundheit beten und leiden will.
Hochwürdigster Herr Bischof! Dies sind keine leeren Worte. Sie wissen doch, wie ich damals in dem schönen Mallersdorf, wo es mir so gut gefallen hätte, erschrocken bin, als ich Sie so krank sah. Ich versprach damals Ihrer treu besorgten Pflegeschwester, daß ich ganz besonders für Sie beten und wenn es der lb. Heiland will, leiden werde, wie seinerzeit für den hochwürdigsten Herr Kardinal, der es spürte. Ich bat den guten Heiland auch so, er soll Ihnen helfen, daß Sie es auch spüren. Ich denke, er ließ nicht umsonst bitten. Er half Ihnen doch so gut, bevorstehende Firmungsreisen zu halten. Er gab Ihnen doch die nötige Kraft! Im September, ja schon im Juli, August fing eine eitrige Nierenbeckenentzündung bei mir an, wo ich fast dem Sterben nahe war. Opferte alles für Sie auf. Zur Zeit geht es wieder recht hart. Die Freitage sind auch wie früher; aber der gute Heiland gibt schon die nötige Kraft!
Hochwürdigster Herr Bischof! Sag Ihnen auch recht herzlichst Vergelt's Gott, daß Sie uns wieder einen guten Herrn geschickt. Ist recht eifrig und brav. Geht nicht in den Häusern müßig zum Schwätzen rum. Arbeitet gut mit Herrn Pfarrer zusammen. Hoffentlich hilft der lb. Heiland, daß wir noch einen braven Lehrer bekommen. Ja um der lb. Kinder willen. Aber nun hielt ich Sie lang auf! Verzeihen Sie bitte gütigst! Um den hl. Segen bittend, grüßt Sie

                          ehrerbietigst
                          Therese Neumann

Viele Grüße der lb. Pflegeschwester.

Therese Neumann an den Bischof von Regensburg am 27.3.1949

Hochwürdigster Herr Bischof!

Verzeihen Sie, wenn ich Sie belästigen muß. Hätte eine Bitte! Haben Sie die Güte und erlauben Sie, daß wie alle Jahre auch heuer wieder, in der schweren Fastenzeit, einmal in meinem Zimmer auf dem schönen Hausaltar die hl. Messe gefeiert werden darf. Ich kann nicht in die Kirche der hl. Messe beiwohnen. Das Freitagsleiden ist wieder wie alle Jahre und zudem bin ich auch noch so leidend. Wenn Sie ja sagen, so ist's ein großer Trost für mich. Ich schließe Sie, so wie ich es Ihnen versprochen habe, eigens jeden Freitag ein mit all Ihren großen Sorgen und Arbeiten.
Hochwürdigster Herr Bischof! Sie sandten doch einmal so einen bösen Zeitungsartikel, wo wir Ihnen berichten sollten. Hochw. Herr Pfarrer wollte gleich schreiben. Aber ich war so lange sehr schwer krank, daß man nichts machen konnte. Wir bekamen doch ein neues Kirchendach. Um zu sparen nahmen wir zu den 4 Mann Arbeitern nur Schulkinder, welche die Dachziegeln hinauf und herunter reichten. Ich war bei den Kindern von früh bis abends und half so gut ich konnte, wo ich mich aber so erkältete, daß ich doppelseitige Lungen- und Rippenfellentzündung bekam. Das dauerte sehr lange und so blieb die Sache vergessen. Um der Wahrheit willen, muß ich Ihnen aber doch schreiben, wie es war. Verteitigen kann man aber jetzt doch nimmer, da schon so spät. Ach, wird ja soviel geschrieben, was nicht wahr ist. Jetzt schreibt man, ich sei in der Schweiz. Hat aber auch was gutes. Es kommen nicht soviel Fremde, wo wir froh sind. Ich lege Ihnen die Richtigkeit bei, von den seinerzeitigen Schreiben. Nochmals meine obige Bitte wiederholend, grüßt Sie ehrfurchtsvollst und bittet um den hl. Segen

dankbarst
Theres Neumann

Hochwürdigster Herr Bischof!

Will Ihnen hier so gut ich's noch weiß, berichten, wie die Sache mit dem Norweger seinerzeit war. Ich nahm nach Ostern voriges Jahr keine Besuche an, da ich von der Fastenzeit her schwach war. So telephonierte Hochw. Herr Stadtpfarrer von Mitterteich an und bat mich, ich solle den Norweger annehmen, wo ich »ja« sagte. Ich war erstaunt, daß nicht ein Mann, sondern 7 oder 8 Leute waren. Ich bestand darauf, nur den einen, dem ich's versprochen, anzunehmen u. wir setzten uns ins Zimmer im Pfarrhaus, wo ich mit meiner Schwester im Garten leicht beschäftigt war. Ich merkte gleich,

daß der Mann nicht katholisch und dazu Schreiber sei, aus den Fragen. Ich gab ihm ruhig Antwort und als er fragte, ob ich mich photografieren lasse, sagte ich ganz entschieden: »nein«. Ich ging dann wieder zu meiner Schwester und auf einmal merkten wir, daß jemand über den Bretterzaun klettert und zu photografieren versucht, wo ich aber mich schnell versteckte. Er kam dann nochmals und fragte, wann ich heimgehe. Ich dachte er frägt, daß er mich erwischt, worauf ich sagte: »Erst am Abend.« Am anderen Tag richtete ich mit den Ministranten Blumen vor der Sakristei zum Schmükken der Kirche her. Ich merkte, daß mich jemand photografiert hat und schau auf und schon ruft die Tochter des Herrn Hauptlehrer: »Resl, der hat dich jetzt erwischt.« Sie lief hin und wollte ihm den Film abnehmen, was er nicht tat. Ich ging an's Telephon und bat die Gendarmerie, man möge doch dem Mann der mich ohne meine Erlaubnis, trotz daß ich's ihm verboten, gefilmt hat. Er fuhr ihm nach, gen Mitterteich zu u. bekam den Film. Ich legte denselben auf den Tisch, wo die Kinder drüber kamen. Einige Zeit darauf kam die Militär Regierung und wollte Bescheid wissen und verlangte den Film, welchen ich ihnen gab, nachdem ich den Vorgang genau erzählt. Dieselben haben sich entschuldigt, daß sie nicht aus Eigenem kommen, sondern daß man in Frankfurt, Beschwerde gegen mich erhoben und sie schauen müssen. Weiter hörte ich nichts mehr. In dem Artikel steht doch, daß die Wirtin so geschimpft! Ich frug sie und sie sagte auch, es sei nicht wahr. Auch hat jemand gesehen, daß 100 von Personen zusammenliefen, als er mich filmte. Daß die Polizei den Film belichtet, ist nicht wahr, wie in dem Artikel steht. Dies hat meine 7jährige Nichte Benedikta Härtl getan. Auch steht in dem Artikel, daß mir die Amerikaner 5 Dollar geben. Ich habe noch keinen einzigen Dollar von einem Amerikaner, der mich besucht, angenommen; ja mir hat noch bestimmt keiner einen Dollar angeboten. Ich finde, der Artikel ist so dumm und so gehäßig geschrieben, daß man gleich merkt, daß dies nicht stimmt. Was ich geschrieben, kann ich jederzeit beeiden. Ich habe den armen Menschen in mein Gebet und Leiden eingeschlossen. Vielleicht ist er schon zur Einsicht gekommen. Ich lege Ihnen Hochwürdigster Herr Bischof alles bei, daß Sie im Bilde sind.
In aller Ehrerbietung grüßt

dankbarst
Theres Neumann

Therese Neumann an den Bischof von Regensburg am 21.3.1950

Hochwürdigster Herr Bischof!

Kaum getraue ich mich heuer um Erlaubnis zu bitten, weil ich weiß, wie schwer ich bei Ihnen verleumdet worden bin und Sie's als Wahrheit angenommen haben. Sonst hätten Sie ja nicht die Geistlichen vom Dekanat deshalb zusammen kommen lassen. Will nicht jammern, aber mir war es deshalb so schwer, weil's gerade der Sterbetag meiner lb. Mutter war. Die geistlichen Herren hier in der Umgebung kennen die Verhältnisse gut und lachten über den »verrückten Kolb Brief«, wie ich immer wieder höre.
Hochwürdigster Herr Bischof! Es würde zu weit führen, auf alle Einzelheiten im Brief einzugehen, da ich ziemlich leidend bin. Ist's den was unrechtes, daß ich einen kleinen 17jährigen Ponny mit einem ganz einfachen Gummiwägelchen habe? Kann doch wegen der Fußwunden schwer gehen. Erzählte es Ihnen bei meinem letzten Besuch so offen. Daß Sie sehen, daß es wirklich kein Luxusfahrzeug ist, lege ich ein Bild bei. Weiter nimmt sie schwer Anstoß, daß ich's im Pfarrhof habe. Daheim hab ich keinen Platz. In ein Gasthaus, wo man sonst Fuhrwerke einstellt, kann ich es ja doch nicht tun. Meine Schwester, die Haushälterin im Pfarrhaus ist, überwacht halt das Tier, weil, wenn ich leidend bin, meine kleine Neffen es nur versorgen.
Wegen der Spritzen, die ich bekommen soll, wissen wir hier alle gar nichts. Ich bekomme auch bestimmt *keine*. Daß ich einen eigenen Leibarzt haben soll, Dr. Mittendorfer, ist auch neu. Ich habe keinen bestimmten Arzt, weil mir ja keiner helfen kann. Kann ja auch keine Medizin nehmen. Wohl fragt man gelegentlich, wenn man krank ist, den Arzt, ohne daß er etwas tut.
Als meine lb. Mutter krank war, kam fast täglich ein braver, verheirateter Flüchtlingsarzt von hier. Somit sind eigentlich die bösen spöttischen Bemerkungen im Kolb Brief hinfällig. Herr Dr. Mittendorfer aber hat die Pflicht, sich mit Frl. Kolb ins Benehmen zu setzen. Hatte noch keine Gelegenheit, ihn den Brief lesen zu lassen.
Das, was meine Brüder angeblich gesagt haben sollen, ist glatte Erfindung. Sie sind bereit, unter Eid zu sagen, daß keiner die abscheuliche Äußerung getan: »Ich esse nicht, ich fresse.«
Die Sache wegen den 2 Herren aus Münster ist sehr einfach. Ich erinnere mich noch recht gut. Die kamen in die Sakristei und sagten, daß ihnen ein Fräulein von mir erzählte und sie wollen mich nur sehen. Ich drauf: »Dann sind wir eigentlich schon fertig; ich will erst noch in der Kirche fertig machen, dann fahren wir nach Kappl zur Fatima Andacht.« Ich wünschte ihnen noch alles Gute und versprach ihnen, ihre Anliegen mit einzuschließen. Sie gingen dann fort. Was soll ich da nicht recht gemacht

haben? In Eichstätt soll ich auch ungezogen gewesen sein. Ich solle einer Nachbarin vom Hause Wutz Schimpfnamen gegeben haben. Dazu kann ich sagen, daß kein Anlaß ja dazu war. Ich weiß nichts davon und meine Schwester, die noch dort ist, weiß auch nichts.

Wegen unserem Hausaufbau hat man sich geirrt. Er war nicht das 1. sondern das 4., welches geflickt wurde. An sich sind dies ja Nebensächlichkeiten!

Um so schrecklicher aber ist der Absatz auf Seite 5 im Kolbbrief. Darnach soll Hochw. Herr Pfarrer mir geraten haben, den Heiland zu bitten, er möge die Leidensekstasen aussetzen lassen. Unerhört so etwas! Erstens bin ich nie an einem Donnerstag abends weggefahren, wo wir eine Autopanne gehabt hätten. Und dann hab ich den lb. Heiland noch nie gebeten, daß er die Leidensekstase nicht kommen lassen möge. Hochwürdigster Herr Bischof! Ich sage Ihnen auf's Ehrenwort, daß mein Beten immer so ist: »Heiland, tu mit mir, was du willst; du verstehst alles am besten; aber helfen mußt mir!« Eine andere Gesinnung hatte ich noch nie.

Noch etwas muß ich berichten, wegen der beschriebenen exotischen Vögel. Da hab ich einen einzigen Exoten nur und 7 Stck. einheimische, wovon 3 Stck. mir Buben brachten, denen ich das Leben rettete, wovon einer nur einen Fuß hat. Daß ich mich in der Kirche unnötiger Weise unterhalten soll, verstehe ich nicht. Mir sind die Besuche und das Reden im Zimmer oft zuviel von den Fremden. Kommt vor, daß wenn ich durch die leere Kirche gehe, mich jemand anhält, und bittet, daß ich sein Anliegen mit einschließen soll. Wenn ich aber mit den Kindern die Kirche schmücke, muß man diesen doch sagen, was man will. Fremde Geistliche sind der Ansicht, daß unsere Ministranten bestimmt nicht lebhafter sind als wo anders. Frl. Kolb geht anscheinend nicht viel mit Kindern um.

Daß ich eine Glocke im Werte von 11 tausend M der Kirche geschenkt haben soll, ist nicht wahr, da unsere 3 Glocken nicht mehr gekostet. Dazu ihre Bemerkung, daß ein Amerikaner einem Nachbarn 100 Dollar angeboten für das Zeigen unseres Hauses. So freigebig ist man nicht. Über 18 tausend Amerikaner hab ich schon angenommen. Keine 10 Dollar bot man mir noch an. Hab auch noch keinen Dollar hier angenommen. Dies ist aber auch allgemein bekannt.

Und zu meinem großen Garten mit Gewächshaus. Er ist schon kleiner, als Frl. Kolb annimmt. Er mißt 3x4 m und das Gewächshäusl 2x3 m. Lächerlich einfach! Aber wenn man schon schreibt, wäre man doch verpflichtet, sich erst genau zu informieren. Sie wollte, wie sie selbst berichtet, für eine große amerikanische Zeitung schreiben. Und da kam sie hier nicht zu ihrem Ziel und ist anscheinend verärgert. Ich versteh mich nicht mit Schreibern, die über Konnersreuth schreiben, ganz gleich, ob dafür oder dagegen. Als ich den Brief bekam, ging ich zu Weiß ins Gasthaus, wo sie wohnte. Dort sagte man mir, »dies sei eine eigenartige rätselhafte Person, aus der man nicht klug wurde. Sie war sehr anspruchsvoll, verlangte am Freitag sogar Schinken. Wir waren froh, als sie fort war.«

Hochwürdigster Herr Bischof! Ich hab Ihnen offen geschrieben, sogut ich konnte. Sie müssen ja die Wahrheit wissen. Es wäre ja noch viel zu schreiben. Was sie für eine Auffassung hat wegen den Leiden für die armen Seelen? Da kann man überhaupt nichts sagen. Will keinen Haß auf sie haben. Sie muß ihr Schreiben selbst verantworten. Hochwürdigster Herr Bischof! Bitten möchte ich recht herzlich, daß Sie mir, wie alle Jahre in der hl. Fastenzeit, die gütige Erlaubnis geben, daß in meinem Zimmer auf den schönen Hausaltärchen einmal am Palmsonntag die hl. Messe gefeiert werden darf. Um den hl. bischöflichen Segen bittend grüßt

ehrerbietigst
Theres Neumann

ANMERKUNGEN

Abkürzungen/Siglen

AD Akten des Chefarztes Dr. med. Josef Deutsch, Lippstadt
BOAR Bischöfliches Ordinariatsarchiv Regensburg – Die so gekennzeichneten Akten befinden sich nunmehr im Bischöflichen Zentralarchiv Regensburg; sie sind neu geordnet worden.
BZAR Bischöfliches Zentralarchiv Regensburg

1   Deutsch, Josef: Ärztliche Kritik an Konnersreuth. Wunder oder Hysterie? Lippstadt 1938, S. 22.
2   Witt am 14.10.1926 an Bischof von Regensburg – BOAR »Konnersreuth«, Pfarramtliche Berichte 1929.
3   »Therese-Neumann-Brief« 7 (1995), S. 62.
4   »Therese-Neumann-Brief« 4 (1992).
5   Morsey, Rudolf: Fritz Gerlich; in: zur debatte, Mai/Juni 1994.
6   Ebd.
7   Ebd.
8   Bekh, Wolfgang Johannes: Therese von Konnersreuth oder Die Herausforderung Satans, München 1994, S. 173.
9   Naber, Josef: Tagebücher und Aufzeichnungen über Therese Neumann, München 1987, S. 104.
10 Bekh, S. 317.
11 Gerlich, Fritz: Die Stigmatisierte Therese Neumann von Konnersreuth, 1. Teil, S. XII.
12 Dr. Seidl: Bericht vom 10.X.1931 (Konzept) – BOAR, »Konnersreuth« IX.
13 Gerlich, Fritz: Die Stigmatisierte Therese Neumann von Konnersreuth, 1. Teil, München 1929, S. XII.
14 Seidl: Bericht vom 10.X.1931.
15 Bekh, S. 91.
16 Ebd., S. 92.
17 Ebd., S. 93.
18 Ebd.
19 Gerlich: 1. Teil, S. 26.
20 Bekh, S. 93f.
21 Gerlich: 2. Teil, S. 121.
22 Ebd., S. 119.

23 Gerlich: 1. Teil, S. 28.
24 Ebd., S. 29.
25 Witt, Leopold: Konnersreuth im Lichte der Religion und Wissenschaft, 1. Teil, Waldsassen 1928, S. 40.
26 Bekh, S. 94.
27 Witt: 1. Teil, S. 41.
28 Bekh, S. 94.
29 Witt: 1. Teil, S. 42.
30 Bekh, S. 95.
31 Gerlich: 1. Teil, S. 34-40; Bekh, S. 95f.
32 Gerlich: 1. Teil, S. 43, 48.
33 Witt: 1. Teil, S. 42.
34 Bekh, S. 99.
35 Gerlich: 1. Teil, S. 51f.
36 Seidl: Bericht vom 10.X.1931.
37 Bekh, S. 104f.
38 Ebd., S. 105.
39 Ebd., S. 101.
40 Ebd.
41 Poray-Madeyski, Boleslas de: Le cas de la visionaire stigmatisée: Thérèse Neumann de Konnersreuth, Paris 1940, S. 36.
42 Witt: 1. Teil, S. 103.
43 Graef, Hilda C.: Konnersreuth – Der Fall Therese Neumann, Einsiedeln 1953, S. 39.
44 BOAR, »Konnersreuth«, Fasz. 2.
45 Vgl. Dr. Seidl: Bericht vom 10.X.1931; Seidl: Vortrag in Amsterdam am 4.11.1928 – BOAR, »Konnersreuth«, Fasz. I.
46 Fahsel, Helmut: Konnersreuth, Tatsachen und Gedanken, Berlin 1931.
47 Bekh, S. 102f.
48 Ebd., S. 100.
49 BOAR, »Konnersreuth«, Akt Nr. 17; vgl. neue bildpost 1964/65, Art. 20.
50 BOAR, »Konnersreuth«, Akt Nr. 17.
51 Waitz, Sigismund: Die Botschaft von Konnersreuth, Altenstadt 1953, S. 30.
52 Gerlich: 1. Teil, S. 84.
53 Teodorowicz, Josef: Konnersreuth im Lichte der Mystik und Psychologie, Salzburg-Leipzig 1936, S. 119.
54 Ewald, Georg: Die Stigmatisierte von Konnersreuth; in: Münchner medizinische Wochenschrift, Beilage zu Nr. 46 (1927).
55 Deutsch, Josef: Konnersreuth in ärztlicher Beleuchtung, Paderborn 1932, S. 76.

56 Vgl. Graef, S. 42-46.
57 Seidl: Vortrag in Amsterdam am 4.11.1928 – BOAR, »Konnersreuth«, Fasz. I.
58 Konnersreuther Sonntagsblatt 1931, S. 14.
59 Spirago, Franz: Klarheit über Konnersreuth, Lingen 1931, S. 42f.
60 Seidl: Vortrag in Amsterdam; Leiber, Robert: Konnersreuth – Tatsachen und Grundsätze, Freiburg 1927, S. 18.
61 Leiber, S. 18.
62 Steiner, Johannes: Therese Neumann von Konnersreuth, München und Zürich 1963, S. 113.
63 Seidl: Vortrag in Amsterdam; Seidl: Bericht vom 10.X.1931; Seidl: Ärztlicher Bericht vom Jahr 1926.
64 Vgl. Aretin, Erwein: Die Sühneseele von Konnersreuth, Gröbenzell bei München 1936, S. 25.
65 BOAR, »Konnersreuth«, Fasz. XVII.
66 Lama, Friedrich Ritter von: Konnersreuther Jahrbuch 1932, Karlsruhe, S. 21.
67 Stern: Neurologische Beobachtungen, Berlin 1933.
68 Steiner: Therese Neumann, 1963, S. 113.
69 Witt: 2. Teil, S. 62.
70 Ebd., S. 64.
71 Dorsaz, A.: Konnersreuth. Eine wissenschaftlich kritische Prüfung, Waldsassen 1931, S. 10.
72 Bekh, S. 107; Gerlich: 1. Teil, S. 75.
73 Witt: 1. Teil, S. 102f.
74 Ebd., S. 89, 127.
75 Naber: Tagebücher, S. 7f. und 12.
76 Ebd., S. 20f.
77 Vgl. Gerlich: 1. Teil, S. 84-91.
78 Steiner: Therese Neumann, 1963, S. 135f.
79 Gerlich: 2. Teil, S. 92.
80 Steiner: Therese Neumann, 1963, S. 22.
81 Protokoll: BOAR, »Konnersreuth«, Akt Nr. 13.
82 Deutsch, Josef: Um Konnersreuth. Ärztliche Kritik an Dr. Fritz Gerlichs Buch: Die Stigmatisierte von Konnersreuth, Lippstadt Westf. 1932 (Manuskript).
83 Vgl. Gerlich: 1. Teil, S. 95f.; Steiner: Therese Neumann, 1963, S. 23f.
84 Vgl. Deutsch: Um Konnersreuth, S. 41f.
85 Seidl: Bericht vom 10.X.1931.
86 Boniface, Emmemond: Therese Neumann, die Stigmatisierte von Konnersreuth, Wiesbaden 1958, S. 78.
87 Gerlich: 2. Teil, S. 277-290.
88 Boniface, S. 79f.

89   Ebd., S. 68.
90   Witry: Die Resl. Medizinisches aus Konnersreuth, Saarbrücken 1934.
91   Deutsch: Um Konnersreuth, S. 39.
92   Steiner: Therese Neumann, 1963, S. 122f.
93   Gerlich: 1. Teil, S. 81f.; Gerlich: 2. Teil, S. 274.
94   Gerlich: 1. Teil, S. 80f.; 2. Teil, S. 272f.
95   Gerlich: 2. Teil, S. 273.
96   Bekh, S. 164.
97   Naber am 1.2.1927 an Bischof – BOAR, »Konnersreuth«, Akt Nr. 1.
98   Schleyer, Franz L.: Die Stigmatisation mit den Blutmalen – Biographische Auszüge und medizinische Analyse, Hannover 1948, S. 101; Deutsch: Ärztliche Kritik an Konnersreuth, Lippstadt 1938, S. 21.
99   Killermann, Sebastian: Bericht über meine Beobachtungen an Therese Neumann in Konnersreuth 22./23.III.1928 – BZAR.
100 Konnersreuther Sonntagsblatt 1930, S. 76.
101 Lama: Konnersreuther Jahrbuch 1932, S. 37, 12, 195.
102 Kaspar, Karl: Eindrücke von Konnersreuth; deutsch: Friedrich Ritter von Lama, Karlsruhe 1929, S. 33, 41.
103 Deutsch: Ärztliche Kritik an Konnersreuth, S. 90.
104 Steiner: Therese Neumann, 1963, S. 21.
105 Eidliche Erklärung am 6.2.1942 – BOAR, »Konnersreuth«, Akt Nr. 13.
106 Spiegl, Anni: Leben und Sterben der Therese Neumann von Konnersreuth, Eichstätt 1964, S. 26.
107 Bericht über die Ergebnisse eines dreiwöchigen Aufenthaltes in Konnersreuth im Mai 1944 von Dr. E. Aigner, Freiburg (Nachlaß Wunderle).
108 Brief vom 21.3.1950 an Bischof von Regensburg – BOAR, »Konnersreuth«, Akt Nr. 13.
109 Eidliche Aussage der Ottilie Neumann am 6.2.1942 – BOAR, »Konnersreuth«, Akt Nr. 13.
110 Dr. Mittendorfer: Ärztliches Zeugnis am 15.9.1940; in: Steiner, J.: Visionen der Therese Neumann, 2. Teil, München und Zürich 1977, S. 258.
111 Naber am 15.7.1940 an Bischof; in: Steiner: Visionen, 2. Teil, S. 253.
112 Steiner: Visionen, 2. Teil, S. 254f.
113 Muth, Heinrich: Notizen über Konnersreuth.
114 Kolb, Annette am 15.10.1949 an Therese Neumann – BOAR, »Konnersreuth«, Akt Nr. 13.
115 Witt: 1. Teil, S. 102.
116 Kosubek, I: Das Geheimnis der Wunder von Konnersreuth, Freiburg im Breisgau 1947, S. 25f.
117 Boniface, S. 66-68.
118 OAReg., »Konnersreuth«, Fasz. 13.

119 BOAR, »Konnersreuth«, Fasz. IX.
120 Steiner, Johannes: Therese Neumann von Konnersreuth, Zürich 1985, S. 175f.
121 Bekh, S. 101f.
122 Kosubek, S. 25f.
123 Steiner, Johannes: Therese Neumann von Konnersreuth, München 1968, S. 72.
124 Witry, S. 34.
125 Gemelli: Bericht vom 26.5.1928, S. 6-8; in: BOAR, »Konnersreuth«, XVII.
126 Steiner: Therese Neumann, 1985, S. 177.
127 Deutsch: Ärztliche Kritik an Konnersreuth, S. 69.
128 BOAR, »Konnersreuth«, Fasz. 17A, S. 111f.
129 BOAR, »Konnersreuth«, Fasz. 13, S. 16.
130 BOAR, »Konnersreuth«, Fasz. 12, S. 51f.
131 Biot, René: Das Rätsel der Stigmatisierten, Aschaffenburg 1957, S. 113.
132 Lhermitte, Jean: Echte und falsche Mystiker, Luzern 1953, S. 91f.
133 Biot, S. 109.
134 Bekh, S. 99.
135 Heermann, H.: Um Konnersreuth, Paderborn 1932, S. 6f.
136 Ebd.
137 Deutsch: Ärztliche Kritik an Konnersreuth, S. 22.
138 Naber am 8.9.1937 an Buchberger – Brief im Anhang.
139 Fahsel, S. 28.
140 Ebd.
141 Ebd., S. 51f.
142 Ebd., S. 54.
143 Poray-Madeyski, S. 107f., 115.
144 BOAR, »Konnersreuth«, Pfarramtliche Berichte 1929.
145 Boniface, S. 26.
146 Ebd.
147 Ebd., S. 134f.
148 Vgl. Hanauer, Josef: Konnersreuth, Lug und Trug – mit kirchlichem Segen?, Aachen 1994, S. 18-23, 140.
149 Lhermitte, Jean: Echte und falsche Mystiker, Luzern 1953, S. 77f.
150 Thurston, Herbert: Das Problem der Stigmatisation; in: Studies 1933, June, p. 221-232.
151 Witt: 1. Teil, S. 179.
152 Steiner: Therese Neumann, 1963, S. 122f.
153 Gerlich: 2. Teil, S. 274.
154 Steiner: Therese Neumann, 1963, S. 135.
155 Seidl: Ärztlicher Bericht vom Jahr 1926.

156 Naber am 4.5.1926 an Bischof von Regensburg – BOAR, »Konnersreuth«, Akt Nr. 1.
157 Naber: Tagebücher, S. 16.
158 Seidl: Ärztlicher Bericht vom Jahr 1926.
159 Teodorowicz, Josef: Konnersreuth im Lichte der Mystik und Psychologie, Salzburg-Leipzig 1936, S. 288.
160 Ebd., S. 17.
161 Boniface, S. 55.
162 Witt: 1. Teil, S. 18f.
163 Spiegl, S. 43.
164 Ebd., S. 44.
165 BOAR, »Konnersreuth«, Fasz. 3, S. 165.
166 Naber: Tagebücher, S. 103.
167 Killermann: Bericht über meine Beobachtungen an Therese Neumann in Konnersreuth am 22./23.III.1928 (Manuskript).
168 Lama: Therese Neumann von Konnersreuth, Bonn 1928, S. 59, 61.
169 Teodorowicz, S. 197.
170 BOAR, »Konnersreuth«, XVII.
171 Gerlich: 1. Teil, S. 208-213.
172 Simon, Matthias: Das Phänomen von Konnersreuth im Licht evangelischen Glaubens, Leipzig 1927, S. 36ff.
173 Teodorowicz, S. 22.
174 Liesch, Georg am 14.11.1974 an Bischof Graber.
175 Steiner: Visionen der Therese Neumann, 2. Teil, München, Zürich 1977, S. 291.
176 Lama: Konnersreuther Jahrbuch 1929, S. 71.
177 Brieger, Anton: Anna Katharina Emmerick. Der Gotteskreis, München 1966, S. 401.
178 Naber: Tagebücher, S. 10, 20.
179 Steiner: Visionen, 2. Teil, S. 200.
180 Spiegl, S. 43f.
181 Staudinger, P. Odo: Die Leidensbraut von Konnersreuth, Salzburg 1928, S. 15.
182 BOAR, »Konnersreuth«, Akt Nr. 13.
183 Ewald, S. 27.
184 Gerlich, Fritz: Der Kampf um die Glaubwürdigkeit der Therese Neumann. Eine Auseinandersetzung mit den Professoren Wunderle u. Mager, München 1931, S. 63.
185 Steiner: Visionen, 2. Teil, S. 200.
186 Gerlich: 1. Teil, S. 115.
187 Brunelli: Bericht vom 17.1.1931 an Bischof von Regensburg – BOAR, »Konnersreuth«, XIV.

188 Protokoll: BOAR, »Konnersreuth«, Akt Nr. 17.
189 Boniface, S. 98.
190 Grabinski, Bruno: Das Phänomen der Stigmatisation. Mit einer Würdigung der Stigmatisationsfälle aus neuester Zeit, München 1929, S. 27.
191 Steiner: Visionen, 2. Teil, S. 222.
192 Seidl: Vortrag in Amsterdam am 4.11.1928 – BOAR, »Konnersreuth«.
193 Steiner: Visionen, 2. Teil, S. 286.
194 Seidl: Ärztlicher Bericht vom Jahr 1926.
195 Steiner: Visionen, 2. Teil, S. 286f.
196 Bekh, S. 131.
197 Gerlich: Der Kampf um die Glaubwürdigkeit der Therese Neumann, S. 63.
198 Seidl: Bericht vom 10.X.1931.
199 Aigner, Ed.: Zehn Jahre Konnersreuth, Berlin-Friedenau 1939, S. 92f.
200 Deutsch: Ärztliche Kritik an Konnersreuth, S. 55.
201 Brühl, P. Norbert: Lose Blätter – BOAR, »Konnersreuth«, Fasz. 3, S. 128f., 274ff.; vgl. Hoche, Dr. A.E.: Die Wunder der Therese Neumann, München 1933.
202 Lechler, Alfred: Das Rätsel von Konnersreuth im Lichte eines Falles von Stigmatisation, Elberfeld 1933.
203 Schallenberg, Gerd: Visionäre Erlebnisse, Augsburg 1990, S. 495f.
204 Hynek, Dr. R.W.: Zur Abwehr – Neuer Beitrag zur Lösung des Konnersreuther Problems, Karlsruhe 1938, S. 10.
205 Huber, Franz X.: Das Mysterium von Konnersreuth, Karlsruhe 1950, S. 59.
206 Ebd., S. 169.
207 P. Weigl am 21.6.1951 an Bischof Buchberger – BOAR, »Konnersreuth«, Akt Nr. 13.
208 Konnersreuther Sonntagsblatt, Dez. 1930 und 1931.
209 Lama: Konnersreuther Jahrbuch 1938, S. 39f.
210 Konnersreuther Sonntagsblatt 1934, S. 593.
211 Spiegl, S. 20.
212 Ebd., S. 46f.
213 BOAR, »Konnersreuth«.
214 Vgl. Steiner: Therese Neumann, 1963, S. 163, Bild S. 193 – Anmerkung dazu S. 321.
215 Boniface, S. 233.
216 Steiner: Therese Neumann, 1963, S. 162.
217 Fahsel, S. 38.
218 Aretin, Erwein: Therese Neumann, Gröbenzell bei München 1952, S. 8.
219 Steiner: Therese Neumann, 1963, S. 163f.
220 Graef, S. 9.
221 Steiner: Therese Neumann, S. 164f.

222 BOAR, »Konnersreuth«, Akt Nr. 13 (Annette Kolb am 15.10.1949 an Therese Neumann).
223 Fahsel, S. 112.
224 Ewald, S. 27.
225 Naber: Tagebücher, S. 65.
226 Bericht Höfners am 2.4.1928 an Bischof – BOAR, »Konnersreuth«, Fasz. »Beobachtungen (Berichte) von hohen Persönlichkeiten«.
227 Gerlich: 1. Teil, S. 105.
228 Steiner: Visionen, 2. Teil, S. 286.
229 Seidl: Vortrag am 4.11.1928 in Amsterdam – BOAR, »Konnersreuth«.
230 Brunelli: Bericht vom 17.1.1931 – BOAR, »Konnersreuth«, XIV.
231 BOAR, »Konnersreuth«, XVII.
232 Killermann am 25.4.1927 an Bischof – BOAR, »Konnersreuth«, Akt Nr. 1.
233 Dr. Miller am 17.1.1927 an Bischof von Regensburg – BOAR, »Konnersreuth«, XIV.
234 Ewald, S. 25f.
235 Lemke, Dr. H.: Die stigmatisierte Therese Neumann von Konnersreuth, Berlin 1927, S. 12.
236 Lama: Konnersreuther Jahrbuch 1931, S. 12.
237 Naber: Tagebücher, S. 114.
238 Witry: Die Resl. Medizinisches aus Konnersreuth, Saarbrücken 1934.
239 Prof. Matzinger am 18.8.1937 an Dr. Deutsch – BOAR, »Konnersreuth«, Akt »Diversa«.
240 BOAR, »Konnersreuth«, Fasz. 14, S. 3.
241 Bericht über die Ergebnisse eines dreiwöchigen Aufenthaltes in Konnersreuth im Mai 1944 von Dr. E. Aigner, Freiburg (Nachlaß Wunderle).
242 BOAR, »Konnersreuth«, Fasz. 14.
243 Steiner: Therese Neumann, 1964, bei S. 176.
244 Schwarz, Günther: Das Zeichen von Konnersreuth, Regensburg 1994, S. 374.
245 Witry, S. 11.
246 Fahsel: S. 38.
247 BOAR, »Konnersreuth«, Fasz. 3, S. 101.
248 BOAR, »Konnersreuth«, Fasz. 14, S. 3.
249 BOAR, »Konnersreuth«, Fasz. 15, S. 2.
250 Lhermitte, S. 104.
251 Vgl. Hanauer, Josef: P. Pio von Pietrelcina, Bad Honnef 1979, S. 86-91.
252 Ebd., S. 98f.
253 Grabinski, S. 27.
254 Ewald, S. 26.
255 BOAR, »Konnersreuth«, XVII.

256 Staudinger, S. 15.
257 Bekh, S. 68.
258 BOAR, »Konnersreuth«, Fasz. 14.
259 Ebd.
260 OA/Th.N./152, S. 79.
261 Brief vom 21.3.1950 – siehe Anhang!
262 Witry, S. 13.
263 Boniface, S. 35.
264 Spiegl, bei S. 80 und 87.
265 Steiner: Visionen, 2. Teil, bei Seite 40.
266 Seidl: Ärztlicher Bericht vom Jahr 1926.
267 Gruppen-Tagebücher – BOAR, »Konnersreuth«, Akt Nr. 1.
268 Bericht v. 17.1.1931 an Bischof v. Regensburg – BOAR, »Konnersreuth«, XIV.
269 Dr. Miller am 14.10.1927 an Bischof von Regensburg – BOAR, »Konnersreuth«, XIV.
270 Steiner: Therese Neumann, München 1968, S. 164.
271 Spiegl, S. 45.
272 Manuskript der Sendung vom 30.3.1980.
273 Witt: 1. Teil, S. 288.
274 Naber: Tagebücher, S. 54.
275 Ebd.
276 Ebd., S. 55.
277 Brunelli: Bericht vom 26.5.1928 – BOAR, »Konnersreuth«, XVII.
278 Spirago, Franz: Klarheit über Konnersreuth, Lingen (Ems) ³1932, S. 12.
279 BOAR, »Konnersreuth«, Akt »Pfarramtliche Berichte 1929«.
280 Boniface, S. 96.
281 Gerlich: 1. Teil, S. 105.
282 Ebd., S. 114.
283 Seidl: Ärztlicher Bericht vom Jahr 1926.
284 BOAR, »Konnersreuth«, II.
285 BOAR, »Konnersreuth«, V; vgl. Biot, S. 95f.; Poray-Madeyski, S. 117-130.
286 Erzbischof Kaspar: Bericht vom 28.8.1929 – BOAR, »Konnersreuth«, XVII.
287 BOAR, »Konnersreuth«, V.
288 Bericht Martinis – BOAR, »Konnersreuth«, V.
289 Bericht Killermanns vom 25.4.1927 – BOAR, »Konnersreuth«, Akt Nr. 1.
290 Steiner: Therese Neumann, 1968, S. 165.
291 BOAR, »Konnersreuth«, XVII.
292 Gemelli: Bericht vom 26.5.1928, S. 6-8 – BOAR, »Konnersreuth«, XIV.

293 Brunelli: Bericht vom 17.1.1937 an Bischof von Regensburg – BOAR, »Konnersreuth«, XIV.
294 Lama: Konnersreuther Chronik 1928, S. 151.
295 Muth, Heinrich: »Konnersreuth« – Gelegentliche Notizen – OA/Th.N./152.
296 BOAR, »Konnersreuth«, XVII, S. 9.
297 Witt: Bericht an Bischof von Regensburg – BOAR, »Konnersreuth«.
298 Waitz, Sigismund: Die Botschaft von Konnersreuth, 3. Auflage (um 1930), Feldkirch, S. 22f.
299 Teodorowicz, S. 111.
300 Steiner: Therese Neumann, 1968, S. 233.
301 Brief Thereses vom 14.3.1939: siehe Anhang!
302 Steiner: Therese Neumann, 1985, S. 176.
303 Gerlich: 1. Teil, S. 146f.
304 Killermann am 24.6.1938 an Dr. Deutsch – BOAR, »Konnersreuth«, Fasz. 12, S. 22b.
305 Ewald, S. 30.
306 Kaspar: Bericht vom 20.8.1929.
307 Gemelli: Bericht vom 26.5.1928, S. 6f.
308 Bekh, S. 132f.
309 Gerlich: 1. Teil, S. 127.
310 Huber, Franz X.: Das Mysterium von Konnersreuth, Karlsruhe 1950, S. 24f.
311 Witt: 2. Teil, S. 53.
312 BOAR, »Konnersreuth«, Akt »Sekreta« III.
313 Brunelli: Bericht vom 17.7.1931 – BOAR, »Konnersreuth«, XIV.
314 Brunelli am 14.12.1930 an Bischof von Regensburg.
315 Bild des »Wundmals«: Steiner: Therese Neumann, 1963, S. 160.
316 Graef, S. 106.
317 Seidl: Amsterdamer Vortrag vom 4.11.1928.
318 Seidl: Ärztlicher Bericht vom Jahr 1926.
319 Bericht vom 30.6.1959 an Bischof von Regensburg – BOAR, »Konnersreuth«, Akt Nr. 3.
320 Lama: Therese Neumann, S. 76.
321 Höcht am 4.8.1929 an Buchberger – BOAR, »Konnersreuth«, »Konnersreuther besondere Akten 1932/33«.
322 Zumholz, Anna Maria: Die Resistenz des katholischen Milieus: Seherinnen und Stigmatisierte in der ersten Hälfte des 20. Jahrhunderts; in: Irmtraud Götz v. Olenhusen: Wunderbare Erscheinungen, Paderborn 1995, S. 231.
323 Lama: Konnersreuther Jahrbuch 1931, S. 27.
324 Brief vom 24.8.1932 – siehe Anhang!
325 Brief vom 27.11.1934 – siehe Anhang!

326 BOAR, »Konnersreuth«, Fasz. 14, S. 4.
327 Höcht am 2.10.1940 an P. Brühl – BZAR, OA/Th.N./177.
328 Bericht über die Ergebnisse eines dreiwöchigen Aufenthaltes in Konnersreuth im Mai 1944 von Dr. E. Aigner, Freiburg (Nachlaß Wunderle).
329 Steiner: Therese Neumann, 1968, S. 60.
330 Ebd., S. 60f.
331 Boniface, S. 133.
332 Fahsel, S. 58.
333 Huber, S. 109.
334 Steiner: Therese Neumann, 1968, S. 259.
335 Ebd., S. 259f.
336 Ebd., S. 260, Anm.
337 Ebd., S. 258.
338 Ebd., S. 260.
339 Naber: Tagebücher, S. 117.
340 Härtl: Bericht vom 25.7.1930 – BOAR, »Konnersreuth«, V.
341 Naber: Tagebücher, S. 115.
342 Fischer, Ludwig: Vom verborgenen Heldentum. Aufzeichnungen aus dem Leben der stigmatisierten Dominikanernonne Columba Schonath von Bamberg, Aschaffenburg 1925, S. 27.
343 Teodorowicz, S. 242.
344 Steiner: Therese Neumann, 1958, S. 258.
345 Naber: Tagebücher, S. 60.
346 Naber am 26.2.1929 an Bischof von Regensburg – BOAR, »Konnersreuth«, Pfarramtliche Berichte 1929.
347 Naber am 27.7.1929 an Bischof von Regensburg – BOAR, »Konnersreuth«, besondere Akten 1932/33.
348 Lama: Konnersreuther Jahrbuch 1929, S. 159.
349 Naber: Tagebücher, S. 127.
350 BOAR, »Konnersreuth«, V, S. 10f.
351 Lama: Konnersreuther Jahrbuch 1931, S. 82.
352 Gerlich: 1. Teil, S. 78.
353 Steiner: Therese Neumann, 1964, S. 20.
354 Vgl. Steiner: Therese Neumann, 1964, S. 20-22.
355 Ebd., S. 22f.
356 Ebd., S. 23.
357 Naber: Tagebücher, S. 125.
358 Fischer, S. 18f.
359 Naber am 10.10.1927 an Bischof von Regensburg – BOAR, »Konnersreuth«, Akt 1926.

360 Gerlich: 1. Teil, S. 115f.
361 Ebd., S. 120.
362 Gerlich: 2. Teil, S. 123.
363 Naber am 10.10.1927 an Bischof von Regensburg – BOAR, »Konnersreuth«, Akt 1926.
364 Winthuis, Josef: Der Gnadenruf von Konnersreuth, Karlsruhe 1939, S. 19.
365 Naber: Tagebücher, S. 74f.
366 Naber am 4.8.1928 an Bischof von Regensburg – BOAR, »Konnersreuth«, Akt »Gesammelte Schriften seit November 1929«.
367 Naber: Tagebücher, S. 129 = Auszug aus seinem Bericht vom 8.9.1937.
368 Schimberg, Albert Paul: The story of Therese Neumann of Konnersreuth, Milwaukee 1949, S. 22.
369 Steiner: Therese Neumann, 1964, S. 93-97; und: 1985, S. 82-84.
370 Boniface, S. 28f.
371 Fahsel, S. 68.
372 Steiner: Therese Neumann, 1985, S. 34.
373 Naber am 26.2.1929 an Bischof von Regensburg – BOAR, »Konnersreuth«, Pfarramtliche Berichte 1929.
374 Steiner: Visionen; 2. Teil, S. 280, 288.
375 Ebd., S. 288.
376 Ebd.
377 Steiner: Therese Neumann, 1985, S. 59.
378 Ebd., S. 288.
379 Ebd., S. 34.
380 Seidl: Bericht vom 10.X.1931 – BOAR, »Konnersreuth«, IX.
381 P. Richstätter S.J.; in: Stimmen der Zeit 1930, Bd. 119, S. 206.
382 Gemelli am 25.5.1928 an Bischof von Regensburg – BOAR, »Konnersreuth«, XVII, S. 5, 8.
383 Vgl. Wunderle, Georg: Um Konnersreuth, Würzburg 1931.
384 BOAR, »Konnersreuth«, Akt Nr. 4.
385 Steiner: Visionen: 2. Teil, S. 289.
386 Rinser, Luise: Die Wahrheit über Konnersreuth, Einsiedeln u.a. 1954, S. 126.
387 Aretin: Die Sühneseele von Konnersreuth, S. 55.
388 Spiegl, S. 59f.
389 Steiner: Visionen, 2. Teil, S. 282.
390 BOAR, »Konnersreuth«, Akt Nr. 1.
391 Fischer, Ludwig: Vom verborgenen Heldentum, Aschaffenburg 1925.
392 Schleyer, S. 42.
393 Rolfus, Karl: Gethsemane und Golgotha, die Schule der Demut, des Gehorsams und der Liebe bis in den Tod, Einsiedeln, Waldshut, Köln ^{28}1902.

394 Bekh, S. 239.
395 Konnersreuther Sonntagsblatt 1929.
396 Naber: Tagebücher, S. 67f.; vgl. Schwarz, S. 17.
397 Naber: Tagebücher, S. 95f.
398 Kaspar, Karl: Eindrücke von Konnersreuth, Karlsruhe 1929, S. 203.
399 Boniface, S. 111f.
400 Vgl. Eintrag im Gruppen-Tagebuch I und II.
401 Konnersreuther Sonntagsblatt 1929.
402 Brieger, S. 32.
403 Brentano, Clemens: Das bittere Leiden unseres Herrn Jesu Christi, Sulzbach 1835; Steiner, Johannes: Visionen der Therese Neumann, 1. Teil, München und Zürich 1973.
404 Graef, S. 69.
405 Killermann: Bericht über meine Beobachtungen an Therese Neumann 22. 23.III.1928 – BOAR, »Konnersreuth«.
406 Lama: Konnersreuther Jahrbuch 1931, S. 12.
407 Graef, S. 75.
408 Killermann: Bericht.
409 Killermann am 23.7.1938 an Dr. Deutsch – BOAR, »Konnersreuth«, Fasz. 12, S. 22b.
410 Lama: Konnersreuther Jahrbuch 1931, S. 79.
411 Gerlich: 1. Teil, S. 193-199.
412 Seidl: Ärztlicher Bericht 1927.
413 Waldmann, Michael: Bericht vom 27.7.1934 – BOAR, »Konnersreuth«, Neue Akten 1934/35; vgl. Graef, S. 81-88.
414 Witt: 1. Teil, S. 245.
415 Steiner: Visionen: 1. Teil, S. 173.
416 Witt, S. 245-247.
417 Steiner: Visionen, 1. Teil, S. 23.
418 Teodorowicz, S. 471.
419 Gerlich: 1. Teil, S. 225-229 – vgl. OA/Th.N./148.
420 Ebd., S. 293 – vgl. OA/Th.N./148.
421 Konnersreuther Sonntagsblatt 1932.
422 Steiner: Visionen, 1. Teil, S. 123-130.
423 Steiner: Therese Neumann, 1985, S. 127.
424 Gerlich: 1. Teil, S. 208-213; Steiner: Visionen, 1. Teil, S. 116-121.
425 Gerlich: 1. Teil, S. 213-216; Steiner: Visionen, 2. Teil, S. 85-94.
426 Deutsch: Ärztliche Kritik an Konnersreuth, S. 80.
427 Aretin: Die Sühneseele von Konnersreuth, ²1956, S. 94.
428 Popp, Georg: Die Großen der Kirche, Würzburg 1956, S. 371.

429 Thoma, Annette: Franz von Sales und Johanna Franziska von Chantal, München 1961, S. 54.
430 Steiner: Visionen, 2. Teil, S. 85-94.
431 Vgl. Hanauer, Josef: Die stigmatisierte Seherin Anna Katharina Emmerick, Bad Honnef 1979, S. 161.
432 Ganter, Hugo: Was dünkt euch von Konnersreuth? Karlsruhe 1936, S. 38.
433 Boniface, S. 117.
434 Steiner: Therese Neumann, 1968, S. 230.
435 Vgl. BOAR, »Konnersreuth«, Akt Nr. 14.
436 Vgl. Huber, S. 105; Lama: Konnersreuther Jahrbuch 1933, S. 120f.
437 Heermann, S. 8.
438 BOAR, »Konnersreuth«, Fasz. 9.
439 Brunelli am 17.1.1931 – BOAR, »Konnersreuth«, XIV.
440 Annette Kolb am 15.10.1949 an Therese Neumann – BOAR, »Konnersreuth«, Akt Nr. 13 und Fasz. 3, S. 10.
441 Naber: Tagebücher, S. 88 – Eintrag vom 19.10.1930.
442 BOAR, »Konnersreuth«, Fasz. 12, S. 20f.
443 Huber, S. 105.
444 Graef, S. 24; Poray-Madeyski, S. 101.
445 BOAR, »Konnersreuth«, Fasz. 10, S. 16f.; Fasz. »Zerwürfnisse in Konnersreuth 1943«, S. 12; vgl. Lhermitte, S. 88-90.
446 Vgl. Graef, S. 134f.; Poray-Madeyski, S. 102; BOAR, »Konnersreuth«, Fasz. 3, S. 62-67.
447 BOAR, »Konnersreuth«, Fasz. 2, S. 73.
448 BOAR, »Konnersreuth«, Fasz. 3, S. 26.
449 Gatterer am 6.10.1932 an Bischof von Regensburg – BOAR, »Konnersreuth«, Akt »Briefe und Schriften hervorragender Persönlichkeiten«.
450 Vgl. Brühl, Norbert: »Lose Blätter« – BOAR, »Konnersreuth«, Fasz. 2, S. 40.
451 Gemelli am 26.5.1928 – BOAR, »Konnersreuth«, XVII, S. 10.
452 Bekh, S. 70.
453 Ebd., S. 235f.
454 Fahsel, S. 53f.
455 Waitz, Sigismund: Die Botschaft von Konnersreuth, Altenstadt 1953, S. 30.
456 Huber, S. 102.
457 Fahsel, S. 96-98.
458 Boniface, S. 116.
459 Lama: Konnersreuther Jahrbuch 1929, S. 100f.; Kaspar: Eindrücke von Konnersreuth, 1929, S. 93.
460 Ewald, S. 10.
461 Gerlich: Der Kampf um die Glaubwürdigkeit der Therese Neumann, S. 87.

462 BOAR, »Konnersreuth«, Akt »Briefe und Schriften hervorragender Persönlichkeiten«.
463 Steiner: Therese Neumann, 1958, S. 75.
464 Lama: Konnersreuther Chronik 1928, S. 57.
465 Gerlich: Der Kampf um die Glaubwürdigkeit der Therese Neumann, S. 89.
466 BOAR, »Konnersreuth«, Fasz. 12.
467 Mayr, Franz: Im Dienst der Wahrheit; in: Deutsche Tagespost 1964, Nr. 13.
468 Spiegl, S. 52.
469 Hasenfuß, Josef: Im Dienst der Wahrheit. Georg Wunderles letzte Stellungnahme zu Konnersreuth; in: Deutsche Tagespost 1964, Nr. 1.
470 Muth, Heinrich: Meine Notizen über Konnersreuth, Nr. 54.
471 Dr. Höcht am 6.11.1941 an P. Brühl – BOAR, »Konnersreuth«, Fasz. 8.
472 Boniface, S. 239.
473 Steiner: Therese Neumann, 1968, S. 55.
474 Ebd.
475 BOAR, »Konnersreuth«, Fasz. 3, S. 76.
476 Robert Schwarz am 30.11.1927 an Bischof von Regensburg – BOAR, »Konnersreuth«, Akt: »Verschiedenes«.
477 BOAR, »Konnersreuth«, Akt: »Verschiedenes«.
478 BOAR, »Konnersreuth«, Fasz. 13, S. 22; vgl. Schleyer, S. 91f.
479 BOAR, »Konnersreuth«, Fasz. 3, S. 69.
480 BOAR, »Konnersreuth«, Fasz. 13, S. 21.
481 Geiger am 3.7.1931 an Dr. Heermann – BOAR, »Konnersreuth«, Fasz. 2, S. 72.
482 Vgl. Hanauer, Josef: Wunder oder Wundersucht? Aachen ³1997, S. 186f.
483 Konnersreuther Sonntagsblatt 1930, Nr. 10.
484 Konnersreuther Nachrichten Nr. 10.
485 Naber: Tagebücher, S. 76.
486 BOAR, »Konnersreuth«, Fasz. 3, S. 28.
487 Dr. Günther am 3.11.1936 an Dr. Deutsch – BOAR, »Konnersreuth«, Fasz. 12, S. 20f.
488 Anzeiger für die Stadtpfarrei Buchau-Kappel vom 3.3.1929.
489 Lama: Konnersreuther Jahrbuch 1929, S. 115.
490 Briefliche Mitteilung vom 3.4.1969.
491 Schreiben vom 15.10.1943 – BOAR, »Konnersreuth«, Akt Nr. 17.
492 Vgl. BOAR, »Konnersreuth«, Fasz. 12, S. 22.
493 Naber am 22.8.1940 an Bischof von Regensburg – BOAR, »Konnersreuth«.
494 Vgl. Thurston: Die Stigmatisierte von Konnersreuth, Manuskript 1929 – BOAR, »Konnersreuth«, XVII, S. 9.
495 BOAR, »Konnersreuth«, Fasz. 15, S. 7; vgl. Dr. Seidl am 11.10.1928 an Bischof von Regensburg – BOAR, »Konnersreuth«, Neuer Akt.

496	Schönere Zukunft 1925, S. 1260; Konnersreuther Sonntagsblatt 1935, S. 312.
497	Naber: Tagebücher, S. 114.
498	Ebd., S. 103.
499	Höfner am 2.4.1928 an Bischof von Regensburg – BOAR, »Konnersreuth«, Akt »Beobachtungen (Gutachten) von hohen Persönlichkeiten«.
500	BOAR, »Konnersreuth«, Pfarramtliche Berichte 1929.
501	Konnersreuther Sonntagsblatt 1930, S. 363.
502	Lama: Konnersreuther Chronik 1928, S. 41.
503	Fahsel, S. 96.
504	BOAR, »Konnersreuth«, Fasz. 3, S. 28.
505	Kaspar, S. 91.
506	Gruppen-Tagebuch II.
507	Lama: Konnersreuther Chronik 1928, S. 89, 128.
508	Konnersreuther Sonntagsblatt 1935, S. 62.
509	Seidl: Bericht vom 10.X.1931 – BOAR, »Konnersreuth«, LX.
510	BOAR, »Konnersreuth«, Pfarramtliche Berichte, ab 26.3.1928.
511	Teodorowicz, S. 408f.
512	Härtl: Bericht vom 25.7.1930 – BOAR, »Konnersreuth«, V, S. 28-31.
513	Naber: Tagebücher, S. 113.
514	Steiner: Therese Neumann, 1968, S. 35.
515	Ebd., S. 258.
516	Bekh, S. 273.
517	Teodorowicz, S. 181.
518	Ebd., S. 484.
519	Ebd.
520	Vgl. W. Bauer – K. u. B. Aland: Wörterbuch zum NT, Berlin ⁶1988, unter »bios« (»Bios«), Spalte, S. 282f.
521	Bekh, S. 272.
522	Naber: Tagebücher, S. 103.
523	Ackermann, August: Meine Reise nach Konnersreuth; in: Das geistliche Leben, 1932, Heft 11/12, S. 181.
524	Teodorowicz, S. 181.
525	Steiner: Visionen, 2. Teil, S. 285.
526	Wunderle, S. 20.
527	Ewald, S. 7.
528	Isenkrahe: Bericht über meine Reise nach Konnersreuth – BOAR, »Konnersreuth«, Fasz. 9, S. 9.
529	Witt: 2. Teil, S. 11.
530	Schwarz, Günther: Das Zeichen von Konnersreuth, Regensburg 1994, S. 253, 106.

531 Gerlich: 2. Teil, S. 393.
532 Vgl. Schwarz, Das Zeichen von Konnersreuth, S. 129.
533 Ebd., S. 130.
534 Ebd., S. 129.
535 Teodorowicz, S. 493.
536 Hasenfuß, Josef: Im Dienst der Wahrheit; Georg Wunderles letzte Stellungnahme zu Konnersreuth; in: Deutsche Tagespost 1964, Nr. 1.
537 Mayr, Franz: Im Dienst der Wahrheit. Erwiderung auf Prof. Dr. J. Hasenfuß: Georg Wunderles letzte Stellungnahme zu Konnersreuth; in: Deutsche Tagespost 1964, Nr. 13.
538 Ewald, S. 7.
539 BOAR, »Konnersreuth«, Fasz. 9, S. 8.
540 Schwarz, Das Zeichen von Konnersreuth, S. 141-143; Aigner, S. 72-74.
541 Schwarz, Das Zeichen von Konnersreuth, S. 2.
542 Ebd., S. 171.
543 Aigner, S. 77f.
544 Teodorowicz, S. 489f.
545 Ebd., S. 490, 496.
546 Naber: Tagebücher, S. 88f.
547 Christ in der Gegenwart, 1996, Nr. 16, S. 135.
548 Zeit-Zeichen 1996, Nr. 32.
549 Schwarz, Das Zeichen von Konnersreuth, S. 220.
550 Baldauf am 08.02.1957 an Pfarramt Auw, Krs. Bitburg – BOAR, »Konnersreuth«.
551 Schwarz, Das Zeichen von Konnersreuth, S. 219.
552 Ebd., S. 205.
553 Ebd., S. 207.
554 Ebd., S. 96.
555 Ebd., S. 205f.
556 Ebd., S. 120.
557 Ebd., S. 122.
558 Hanauer, Josef: Der Schwindel von Konnersreuth, Eigenverlag 1989, S. 68f.
559 Schwarz, Das Zeichen von Konnersreuth, S. 211.
560 Hanauer, S. 161.
561 Naber: Tagebücher, S. 74.
562 Mittelbayerische Zeitung 1995: Der Domprediger, Teil 57.
563 Schwarz, Günther / Schwarz, Jörn: »Das Jesus-Evangelium«, München 1953, S. 308-310.
564 Dalman, Gustaf: Die Worte Jesu mit Berücksichtigung des nachkanonischen jüdischen Schrifttums und der aramäischen Sprache erörtert, Bd. I, Leipzig 1898;

vgl. dazu Jeremias, Joachim: Neutestamentliche Theologie, Erster Teil: Die Verkündigung Jesu, Gütersloh 1971, S. 15.
565 Schwarz: Das Jesus-Evangelium, S. V.
566 Ebd., S. VIII.
567 Ebd., S. 332; vgl. Schwarz, Günther: Die Poesie der frühen Christen, München 1990, S. 62.
568 Schwarz: Das Jesus-Evangelium, S. 349.
569 Schwarz: Die Poesie der frühen Christen, S. 64.
570 Schwarz: Das Jesus-Evangelium, S. IVf.
571 Schwarz: Das Zeichen von Konnersreuth, S. 6.
572 »Therese-Neumann-Brief« 7 (1995), S. 46.
573 Christ in der Gegenwart 1996, Nr. 19, S. 160.
574 Steiner: Therese Neumann, 1968, S. 59.
575 Ebd., S. 237.
576 Steiner: Therese Neumann, 1968, S. 216f.
577 Ebd., S. 59.
578 Boniface, S. 126f.
579 Staudinger: Die Leidensbraut von Konnersreuth, Salzburg 1928, S. 17.
580 Steiner: Therese Neumann, 1968, S. 59.
581 Ebd., S. 236.
582 Naber: Tagebücher, S. 118f.
583 Steiner: Therese Neumann, 1968, S. 237.
584 Boniface, S. 128f.
585 Naber: Tagebücher, S. 118.
586 Naber: Tagebücher, S. 114.
587 Huber, S. 76.
588 Fahsel, S. 28.
589 Naber: Tagebücher, S. 93.
590 Steiner: Visionen, 1. Teil, S. 123.
591 Poray-Madeyski, S. 85.
592 Fahsel, S. 28.
593 Naber: Tagebücher, S. 20.
594 Teodorowicz, S. 199.
595 Lama: Konnersreuther Jahrbuch 1929, S. 154.
596 Naber: Tagebücher, S. 59.
597 Lama: Konnersreuther Chronik 1928.
598 Teodorowicz, S. 36f.
599 Härtl am 25.7.1930 an Bischof von Regensburg – BOAR, »Konnersreuth«, V.
600 Vom verborgenen Heldentum. Aufzeichnungen aus dem Leben der stigmati-

sierten Dominikanernonne Columba Schonath von Bamberg. Herausgeber Prof. Dr. Ludwig Fischer, 1925, Aschaffenburg.
601 Verweyen, I.M.: Das Geheimnis von Konnersreuth, Stuttgart 1932, S. 44.
602 Vgl. Graef, S. 105.
603 Steiner: Therese Neumann, 1968, S. 35.
604 Mager am 15.5.1931 an Dr. Deutsch – BOAR, »Konnersreuth«, Akt: Gesammelte Schriftstücke seit November 1929.
605 Dr. Reichenberger: Beobachtungen beim Besuch der Therese Neumann in Konnersreuth am 30.3.1928 – BOAR, »Konnersreuth«, XVII.
606 Lama: Konnersreuther Jahrbuch 1929, S. 13.
607 Gerlich am 23.5.1931 an Mager; in: Wunderle: Um Konnersreuth, 1931, S. 53f.
608 Lama: Konnersreuther Jahrbuch 1930, S. 51.
609 BOAR, »Konnersreuth«, Fasz. 6, S. 123.
610 Fahsel, S. 71f.; vgl. Lama: Konnersreuther Jahrbuch 1931, S. 24f.
611 Huber, S. 232.
612 Fahsel, S. 66.
613 Vgl. Gerlich am 25.5.1931 an Mager; in: Wunderle: Um Konnersreuth, 1931, S. 53f.
614 Radlo, Peter: Trug oder Wahrheit? Neues über Konnersreuth, Karlsruhe 1938, S. 143.
615 Lama: Konnersreuther Jahrbuch 1931, S. 26.
616 Huber, S. 117.
617 Biot, S. 65.
618 Steiner: Therese Neumann, 1968, S. 37.
619 Poray-Madeyski, S. 90.
620 Härtl: Bericht vom 25.7.1930.
621 BOAR, »Konnersreuth«, besondere Akten 1932/33.
622 Deutsch: Ärztliche Kritik an Konnersreuth, 1938, S. 26.
623 Huber, S. 110.
624 Aretin, S. 42.
625 Seidl: Bericht vom 10.X.1931.
626 Gerlich: 1. Teil, S. 168.
627 Vgl. Wunderle: Um Konnersreuth, S. 56.
628 Huber, S. 108.
629 Teodorowicz, S. 245.
630 BOAR, »Konnersreuth«, Akt Nr. 4.
631 BOAR, »Konnersreuth«, Pfarramtliche Berichte 1929.
632 Mager am 1.2.1935 und am 9.5.1931 an Bischof von Regensburg – BOAR, »Konnersreuth«, Akt Nr. 4.
633 BOAR, »Konnersreuth«, Pfarramtliche Berichte 1929.

634 Teodorowicz, S. 91.
635 Lama: Konnersreuther Jahrbuch 1929, S. 235.
636 Bischof von Limburg am 1.8.1928 an Bischof von Regensburg – BOAR, »Konnersreuth«, besondere Akten 1932/33.
637 Fröhlich, H.: Konnersreuth heute. Schau eines Arztes. Ein volkstümlicher Vortrag mit einem Anhang für medizinisch Interessierte, Wiesbaden 1950, S. 58.
638 Bekh, S. 392f.
639 BOAR, »Konnersreuth«, Akt Nr. 14; vgl. Deutsch: Ärztliche Kritik an Konnersreuth, S. 79.
640 BOAR, »Konnersreuth«, Neueste Akten 1936/37.
641 Akten des Bischöflichen Ordinariatsarchivs Regensburg; Kirche St. Josef in Ziegetsdorf.
642 Vgl. Buchberger: Beobachtungen und Eindrücke in Konnersreuth am 22. und 23. März 1928 – BOAR, »Konnersreuth«, XVII.
643 Lechler, S. 44.
644 Teodorowicz, S. 227.
645 Ebd.
646 Vgl. Graef, S. 174.
647 Hanauer, Josef: Der Teufelsbanner und Wunderheiler Johann Joseph Gaßner (1727-1779), Sonderdruck aus »Beiträge zur Geschichte des Bistums Regensburg«, Band 19, 1985.
648 Vgl. Tischner, Rudolf / Bittel, Karl: Mesmer und sein Problem, Stuttgart 1941, S. 270.
649 Benedikt XIV.: De beatificatione et canonisatione; zitiert von P. Richstätter S.J. – BOAR, Fasz. 3, S. 21.
650 Steiner: Therese Neumann, 1968, S. 36.
651 Ebd.
652 Westermayr am 16.4.1932 an Bischof von Regensburg – BOAR, »Konnersreuth«, Akt »Wichtige Briefe«; vgl. Augsburger Postzeitung vom 12.7.1930.
653 BOAR, »Konnersreuth«, X.
654 Ebd.
655 Naber am 31.7.1931 – BOAR, »Konnersreuth«, Akt »Gesammelte Schriften«.
656 Traunsteiner Wochenblatt 1956, Nr. 84; vgl. Süddeutsche Zeitung vom 22.10.1956, Nr. 253; vgl. KNA vom 25. und 26.10.1956 (BOAR, »Konnersreuth«, VII).
657 Traunsteiner Wochenblatt 1957, Nr. 10; vgl. Süddeutsche Zeitung 16, 18.1.1957.
658 Traunsteiner Wochenblatt 1956, Nr. 168.
659 Vgl. KNA vom 25.10.1956; Bericht über die zweite Verhandlung im Traunsteiner Prozeß (BOAR, »Konnersreuth«, VIII).
660 Chamer Nachrichten, 21.4.1955, Nr. 63.
661 Der Spiegel 1955, Nr. 16.

662 BOAR, »Konnersreuth«, VII.
663 Der Spiegel 1955, Nr. 16.
664 Steiner: Therese Neumann, 1968, S. 97f.
665 Chamer Nachrichten, 21.4.1955, Nr. 63.
666 Aus dem Schriftsatz Plonners; in: Der Spiegel, 1955, Nr. 16.
667 Schriftsatz Plonner – BOAR, »Konnersreuth«, VII.
668 Chamer Nachrichten, 21.4.1955, Nr. 63.
669 Ebd.
670 Steiner: Therese Neumann, 1968, S. 37.
671 Chamer Nachrichten, 21.4.1955, Nr. 63.
672 Panzer, Albert: Therese Neumann zu Skandalgeschichten um Konnersreuth; in: Der neue Tag, 21.4.1955.
673 Schreiben vom 25.4.1955 an das Bischöfliche Ordinariat in Regensburg – BOAR, »Konnersreuth«, Akt 31.
674 Vgl. Der neue Tag, 11.4.1955; Schreiben vom 25.4.1955 an das Bischöfl. Ordinariat in Regensburg – BOAR, »Konnersreuth«, Akt Nr. 3.
675 Steiner: Therese Neumann, 1968, S. 44.
676 Waitz, S. 19.
677 Gerlich: 1. Teil, S. 301.
678 Aretin: Die Sühneseele von Konnersreuth, S. 61.
679 Steiner: Therese Neumann, 1968, S. 61.
680 Seidl: Vortrag in Amsterdam am 4.11.1928 – BOAR, »Konnersreuth«, Fasz. I.
681 Witt: 1. Teil, S. 54f.
682 Gerlich: 1. Teil, S. 71.
683 Lama: Konnersreuther Chronik 1928, S. 148f.
684 Teodorowicz, S. 378.
685 Bericht Prof. Waldmanns 1935.
686 Steiner: Visionen, 2. Teil, S. 287.
687 Teodorowicz, S. 378.
688 Graef, S. 156-160.
689 BOAR, »Konnersreuth«, Akt »Pfarrer Naber betr.«; ebd., »Pfarramtliche Berichte« (Brief vom 2.9.1939); ebd., Akt Nr. 4 (Brief vom 2.4.1934).
690 Gerlich: 1. Teil, S. 73f.
691 Teodorowicz, S. 377.
692 Naber: Tagebücher, S. 101.
693 Ebd., S. 104.
694 Ebd., S. 120.
695 Ebd., S. 119.
696 BOAR, »Konnersreuth«, Akt Nr. 13.
697 Ebd.

698 Ebd.
699 Fahsel, S. 105.
700 Gerlich: 1. Teil, S. 300.
701 Naber: Tagebücher, S. 67.
702 Teodorowicz, S. 377.
703 Naber: Tagebücher, S. 82.
704 Naber: Tagebücher, S. 70f., 72, 74; Lama: Konnersreuther Chronik 1928, S. 15.
705 Gerlich: Der Kampf um die Glaubwürdigkeit der Therese Neumann, S. 103.
706 Naber am 25.3.1931 an Bischof von Regensburg – BOAR, »Konnersreuth«, Akt, »Briefe 1928-1930«.
707 Naber: Tagebücher, S. 89.
708 Ebd., S. 100.
709 Vgl. zu Vorstehendem die Gruppen-Tagebücher der Schwestern und das Schreiben des Prof. Wutz vom 26.9.1927 an den Generalvikar von Eichstätt – BOAR, »Konnersreuth«, Akt Nr. 1.
710 Boniface, S. 122.
711 Ebd.
712 Naber: Tagebücher, S. 100.
713 Fahsel, S. 96.
714 Poray-Madeyski, S. 110.
715 BOAR, »Konnersreuth«, Akt 13.
716 Akten Deutsch, Fasz. 12, S. 22f.
717 Witt, Leopold: Das Leiden einer Glücklichen, Waldsassen ²1927, S. 132f.
718 Naber: Tagebücher, S. 120.
719 Spiegl: 8. Aufl., S. 9.
720 Boniface, S. 54.
721 Spiegl: 4. Aufl. 1964, S. 56.
722 Naber: Tagebücher, S. 129.
723 Steiner: Therese Neumann, 1968, S. 56.
724 Ebd., S. 56f.
725 Boniface, S. 339.
726 Steiner: Therese Neumann, 1968, S. 99.
727 Naber: Tagebücher, S. 96f.
728 Ebd., S. 113f.
729 Spiegl, S. 57.
730 Naber: Tagebücher, S. 75f.
731 Ebd., S. 76.
732 Lama: Konnersreuther Chronik, 1928, S. 161.
733 Staudinger: Die Leidensblume von Konnersreuth, S. 13.

734 Lama: Konnersreuther Chronik, 1928, S. 160.
735 Spiegl, S. 28.
736 Naber: Tagebücher, S. 76f.
737 Staudinger: Die Leidensblume von Konnersreuth, S. 24f.
738 Steiner: Therese Neumann, 1968, S. 61f.; Steiner: Visionen, 2. Teil, S. 283.
739 BOAR, »Konnersreuth«, Fasz. 3, S. 290-296; »Neueste Akten 1934/35«; Therese Neumann am 27.11.1934 an Bischof von Regensburg (siehe Anhang!)
740 Teodorowicz, S. 409.
741 BOAR, »Konnersreuth«, »Besondere Akten 1932/33«.
742 Graef, S. 131f.; Seitz, Anton: Das Stigmatisationsproblem von Konnersreuth in Wahrheit und Klarheit, Karlsruhe 1939, S. 139; BOAR, »Konnersreuth«, Fasz. 14; BOAR »Konnersreuther besondere Akten 1932/33«.
743 Vgl. Brief Nabers am 24.7.1929 an Bischof von Regensburg – BOAR, »Konnersreuther besondere Akten 1932/33«.
744 Teodorowicz, S. 189.
745 Spiegl, S. 53.
746 Frl. Kolb am 29.9.1950 an Dr. Paul Berndorff (bischöfl. Sekretär) in Köln – BOAR, »Konnersreuth«; Pfarrer Hof, Mitterteich, am 21.1.1929 an Bischof von Regensburg – BOAR, »Konnersreuth«, Akt »Gegnerische Presse und Urteile«.
747 Staudinger: Die Leidensbraut von Konnersreuth, S. 12.
748 Naber: Tagebücher, S. 67.
749 Ebd., S. 85.
750 Naber: Tagebücher, S. 85f.
751 Staudinger: Die Leidensblume von Konnersreuth, S. 25.
752 Steiner: Therese Neumann, 1968, S. 262.
753 Ebd.
754 Fahsel, S. 104.
755 Lama: Konnersreuther Chronik 1928, S. 192.
756 Lama: Konnersreuther Jahrbuch 1930, S. 62f.
757 Vgl. Hanauer, Konnersreuth. Lug und Trug, S. 37f.
758 Spiegl, S. 55.
759 Lama: Konnersreuther Jahrbuch 1930, S. 55; Lama: Konnersreuther Jahrbuch 1931, S. 93.
760 BOAR, »Konnersreuth«, Akt »Gesammelte Schriftstücke seit November 1929«.
761 Fischer, Ludwig: Vom verborgenen Heldentum. Aufzeichnungen aus dem Leben der stigmatisierten Dominikanernonne Columba Schonath aus Bamberg, Aschaffenburg 1925.
762 Steiner: Therese Neumann, 1968, S. 135f.
763 Altöttinger Liebfrauenbote, 13.1.1929.
764 Therese Neumann am 14.3.1939 an Bischof von Regensburg – siehe Anhang!

765 Muth, Heinrich: Aufzeichnungen.
766 Altöttinger Liebfrauenbote, 13.1.1929.
767 Lama: Konnersreuther Chronik 1928, S. 41.
768 Härtl am 5.7.1930 – BOAR, »Konnersreuth«, V.
769 Vgl. Konnersreuther Sonntagsblatt 1931, Nr. 11; 1932, Nr. 15.
770 Fahsel, S. 112.
771 Konnersreuther Sonntagsblatt 1931, Nr. 11; 1932, Nr. 15.
772 Die entsprechenden Bittgesuche befinden sich bei den Akten »Konnersreuth« im Bischöfl. Zentralarchiv Regensburg.
773 Boniface, S. 164.
774 Spiegl, S. 20.
775 Ebd., S. 4f.
776 Naber: Tagebücher, S. 84.
777 Steiner: Therese Neumann, 1968, S. 125.
778 Therese Neumann am 16.6.1925 an eine Freundin – Steiner: Therese Neumann, 1968, S. 135f.
779 Dietz: Bericht an das Bischöfl. Ordinariat in Regensburg – BOAR, »Konnersreuth«, Akt Nr. 17.
780 Rosner um 1965 bei einem Gespräch in meiner Gegenwart.
781 Muth: Aufzeichnungen.
782 Höfner am 21.11.1928 an Bischof von Regensburg – BOAR, »Konnersreuth«.
783 BOAR, »Konnersreuth«, Fasz. 16, S. 24.
784 Ackermann, August: Meine Reise nach Konnersreuth; in: Das geistliche Leben, 1932, Heft 9/10, S. 52.
785 Muth: Aufzeichnungen.
786 BOAR, »Konnersreuth«, Fasz. 16, S. 24.
787 Härtl am 25.7.1930 – BOAR, »Konnersreuth«, V, S. 16.
788 BOAR, »Konnersreuth«, Akt »Wichtige Briefe«.
789 Boniface, S. 138.
790 Steiner: Therese Neumann, 1968, S. 240f.
791 Naber am 10.11.1934 an Bischof von Regensburg – BOAR, »Konnersreuth«.
792 Teodorowicz, S. 188.
793 Waitz, S. 22.
794 Bericht Thiessens bei einem Gespräch mit dem Verfasser dieser Schrift.
795 Witt: 1. Teil, S. 188.
796 Steiner: Therese Neumann, 1968, S. 242.
797 Seidl: Bericht vom 10.X.1931 – BOAR, »Konnersreuth«, IX.
798 Gerlich: 1. Teil, S. 166f.
799 Deutsch: Ärztliche Kritik an Konnersreuth, S. 84; Kaspar, S. 87.
800 Deutsch: Ärztliche Kritik an Konnersreuth, S. 87.

801 Fahsel, S. 87.
802 Westermayr am 28.1.1929 an Buchberger – BOAR, »Konnersreuth«, »Besondere Akten«, Akt Nr. 2.
803 Prälat Hildenbrand, Speyer, am 12.9.1928 an Generalvikar in Regensburg – BOAR, »Konnersreuth«, Akt Nr. 2.
804 Teodorowicz, S. 318.
805 Westermayr am 28.1.1929 an Buchberger – BOAR, »Konnersreuth«, »Besondere Akten«, Akt Nr. 2.
806 Teodorowicz, S. 319f.
807 BOAR, »Konnersreuth«, Akt »1926«.
808 Steiner: Therese Neumann, 1968, S. 54.
809 Ebd., S. 55; BOAR, »Konnersreuth«, Fasz. 14, S. 5.
810 Konnersreuther Sonntagsblatt 1932, S. 590.
811 Fischer, S. 66.
812 Steiner: Therese Neumann, 1968, S. 245.
813 Bischof von Eichstätt am 26.6.1930 an Bischof von Regensburg – BOAR, »Konnersreuth«, V.
814 Muth: Aufzeichnungen.
815 Steiner: Therese Neumann, 1968, S. 245; vgl. Teodorowicz, S. 305f.
816 Huber, S. 118f.
817 Poray-Madeyski, S. 105.
818 Naber: Tagebücher, S. 99.
819 Ebd., S. 122.
820 Steiner: Therese Neumann, 1968, S. 247f.
821 Spiegl, S. 51.
822 Huber, S. 119f.
823 Fischer, S. 38.
824 Seidl: Ärztlicher Bericht vom Jahre 1927 – BOAR, »Konnersreuth«, Akt Nr. 1.
825 BOAR, »Konnersreuth«, Akt 1926.
826 Naber am 1.9.1930 an Bischof von Regensburg – BOAR, »Konnersreuth«, V, S. 9.
827 Kaspar, S. 80f.
828 BOAR, »Konnersreuth«, V, S. 9.
829 Fahsel, S. 90.
830 Naber: Tagebücher, S. 110.
831 Teodorowicz, S. 332.
832 Staudinger: Die Leidensblume von Konnersreuth, S. 62.
833 Steiner: Visionen, 2. Teil, S. 287f.
834 Fahsel, S. 98ff.; Teodorowicz, S. 267; Steiner: Therese Neumann, 1968, S. 218f.; Konnersreuther Sonntagsblatt 1931, S. 76.

835 Naber: Tagebücher, S. 121f.
836 Steiner: Therese Neumann, 1968, S. 252.
837 Spiegl, S. 52.
838 Deutsch: Ärztliche Kritik an Konnersreuth, S. 85.
839 Lhermitte, S. 72.
840 Lama: Therese Neumann von Konnersreuth, S. 22.
841 Gerlich: 1. Teil, S. 12.
842 BOAR, »Konnersreuth«, Akt Nr. II.
843 Teodorowicz, S. 17.
844 Steiner: Visionen, 2. Teil, S. 283.
845 Boniface, S. 56.
846 Steiner: Therese Neumann, 1968, S. 244f.
847 Boniface, S. 56.
848 Ebd., S. 133.
849 Ebd., S. 324.
850 Vgl. Graef, S. 98f.
851 Hanauer: Konnersreuth. Lug und Trug, S. 61-64.
852 Akten Deutsch, Fasz. 15, S. 29.
853 Deutsch am 4.4.1937 an Dr. Höcht – AD, Fasz. 13, S. 12.
854 Steiner: Visionen, 2. Teil, S. 269.
855 Ebd., S. 287.
856 Deutsch: Ärztlicher Bericht vom Jahre 1927 – BOAR, »Konnersreuth«, Akt Nr. 1.
857 Vgl. Winthuis, Josef: Konnersreuth – ein Rätsel? Innsbruck-Leipzig, 1938, S. 8.
858 Naber: Tagebücher, S. 102 (Eintrag vom 1.3.1931).
859 Neue Bildpost 1964/65, Art. 19.
860 Naber: Tagebücher, S. 102.
861 Seidl: Ärztlicher Bericht vom Jahre 1927.
862 Naber: Tagebücher, S. 102.
863 Killermann: Bericht über meine Beobachtungen an Therese Neumann in Konnersreuth 22./23.III.1928 – BZAR.
864 Vgl. Gruppen-Tagebücher – BOAR, »Konnersreuth«, Akt Nr. I.
865 Bericht Witts an den Bischof von Regensburg – BOAR, »Konnersreuth«.
866 Vgl. Poray-Madeyski, S. 114.
867 BOAR, »Konnersreuth«, Fasz. 9.
868 Höfner, Pfarrer von Waldsassen, am 2.4.1928 an Bischof von Regensburg – BOAR, »Konnersreuth«, Fasz. »Beobachtungen (Berichte) von hohen Persönlichkeiten«.
869 Kaspar: Bericht vom 20.8.1929 – BOAR, »Konnersreuth«, XVII.
870 Gruppen-Tagebücher.

871　Naber: Tagebücher, S. 102 (Eintrag vom 1.3.1931).
872　Heermann, H.: Um Konnersreuth, Paderborn 1932, S. 11.
873　Fahsel, S. 77.
874　Steiner: Visionen, 2. Teil, S. 288.
875　BOAR, »Konnersreuth«, Akt Nr. 3.
876　Steiner: Therese Neumann, 1968, S. 132.
877　BOAR, »Konnersreuth«, Fasz. 7.
878　Ewald, S. 19, 31.
879　Steiner: Visionen, 2. Teil, S. 210.
880　Gruppen-Tagebuch I.
881　Vgl. Gruppen-Tagebuch II; Wutz am 26.9.1927 an Generalvikar in Eichstätt (BOAR, »Konnersreuth«, Akt Nr. 1).
882　Amtsblatt für die Diözese Regensburg 1927, Nr. 10.
883　Amtsblatt für die Diözese Regensburg 1927, Nr. 12.
884　Deutsch: Ärztliche Kritik an Konnersreuth, S. 46ff.
885　Ewald, S. 32.
886　Seidl: Ärztlicher Bericht vom Jahr 1927.
887　Ewald, S. 24.
888　Lemke, S. 21.
889　Gemelli: Gutachten vom 26.5.1928 – BOAR, »Konnersreuth«, Akt Nr. 1.
890　BOAR, »Konnersreuth«, 1929.
891　BOAR, »Konnersreuth«, X.
892　BOAR, »Konnersreuth«, 1929.
893　Heermann, S. 11; Deutsch: Ärztliche Kritik an Konnersreuth, S. 50.
894　Heermann, S. 12.
895　Gerlich: 1. Teil, S. 4.
896　Rößler, Max: Therese Neumann von Konnersreuth, Würzburg 1963, S. 18.
897　Ewald, S. 48.
898　Vgl. Steiner: Therese Neumann, 1968, S. 74-77.
899　Naber am 29.11.1927 an Bischof von Regensburg – BOAR, »Konnersreuth«, Akt Nr. 1.
900　BOAR, »Konnersreuth«.
901　Brief siehe Anhang!
902　Brief siehe Anhang!
903　Lama: Konnersreuther Jahrbuch 1931, S. 207.
904　Seidl: Bericht vom 10.X.1931 – BOAR, »Konnersreuth«, IX.
905　Rinser, Luise: Die Wahrheit über Konnersreuth, 1954.
906　BOAR, »Konnersreuth«, X.
907　BOAR, »Konnersreuth«, Akt Nr. 1.

908 BOAR, »Konnersreuth«, Akt II.
909 Schreiben des Erzbischöfl. Ordinariats Bamberg vom 24.11.1927 an das Domkapitel von Regensburg; Antwort des Regensburger Domkapitels vom 3.12.1927 – BOAR, »Konnersreuth«, Akt Nr. 2.
910 Brief vom 17.10.1932 siehe Anhang!
911 BOAR, »Konnersreuth«, III.
912 BOAR, »Konnersreuth«: »Beobachtungen (Gutachten) von hohen Persönlichkeiten«.
913 Faulhaber am 2.2.1933 an Buchberger – BZAR, OA/Th.N./102.
914 Erwähnt im Brief Buchbergers an das Hl. Offizium in Rom vom 30.1.1937 – Brief im Anhang.
915 Ferdinand Neumann am 21.12.1936 an Bischof von Regensburg – Brief im Anhang.
916 Ferdinand Neumann am 5.1.1937 an Bischöfl. Ordinariat in Regensburg – siehe Anhang!
917 Ferdinand Neumann am 27.1.1937 – siehe Anhang!
918 P. Brühl am 4.1.1938 an Prof. Martini – BOAR, »Konnersreuth«; Fasz. 1.
919 Buchberger am 30.1.1937 an Hl. Offizium – siehe Anhang!
920 Steiner: Therese Neumann, 1968, S. 79; Brief vom 10.3.1937 im Anhang.
921 Buchberger am 13.3.1937 an Naber – siehe Anhang!
922 Ferdinand Neumann am 30.3.1937 an Bischof von Regensburg – siehe Anhang!
923 Erwähnt im Brief Ferdinand Neumanns vom 12.9.1937 an Bischof von Regensburg – siehe Anhang!
924 Zwei Briefe Nabers vom 8.9.1937 an den Bischof – siehe Anhang!
925 Brief vom 12.9.1937 – siehe Anhang!
926 Brief vom 21.10.1937 – siehe Anhang!
927 Brief vom 28.10.1937 – BOAR, »Konnersreuth«, Neueste Akten 1936/37.
928 Ferdinand Neumann am 28.11.1937 an Bischof – vgl. Anhang!
929 Therese Neumann am 21.11. und 29.11.1937 an Bischof von Regensburg – siehe Anhang!
930 Neue Bildpost 1964/65, Nr. 10.
931 Amtsblatt für die Diözese Regensburg, 10.12.1937.
932 BOAR, »Konnersreuth«: »Beobachtungen (Gutachten) von hohen Persönlichkeiten«.
933 BOAR, »Konnersreuth«, Fasz. 14.
934 Teodorowicz, S. 52.
935 BOAR, »Konnersreuth«, Fasz. 14.
936 BOAR, »Konnersreuth«, Neueste Akten 1936/37.
937 F.R. von Lama am 25.10.1932 an Dr. de Laet – BOAR, »Konnersreuth«, Neueste Akten 1934/35.

938 Ferdinand Neumann am 17.10.1932 an Bischof von Regensburg – s. Anhang!
939 Vgl. Buchberger am 30.1.1937 an Hl. Offizium – BOAR, »Konnersreuth«, Neueste Akten 1936/37.
940 Steiner: Therese Neumann, 1968, S. 63.
941 Seidl: Bericht vom 10.X.1931 – BOAR, »Konnersreuth«, IX.
942 Wutz am 26.9.1927 an Generalvikar von Eichstätt – BOAR, »Konnersreuth«, Akt Nr. 1.
943 Seidl am 31.7.1938 an Dr. Deutsch – BOAR, »Konnersreuth«, Fasz. 14, S. 18.
944 Teodorowicz, S. 357.
945 Staudinger: Die Leidensblume von Konnersreuth, S. 26.
946 Der neue Tag, Weiden, 21.9.1987.
947 Gruppen-Tagebücher – BOAR, »Konnersreuth«, Akt Nr. 1.
948 Vgl. Buchberger am 30.1.1937 an Hl. Offizium – BOAR, »Konnersreuth«, Neueste Akten 1936/37.
949 Dr. Scheglmann am 20.9.1927 an Bischof von Eichstätt; vgl. Bischof von Eichstätt am 21.4.1929 an Bischof von Regensburg – BOAR, »Konnersreuth«, Akt Nr. 8.
950 Steiner: Therese Neumann, 1968, S. 63.
951 Ebd., S. 72.
952 Ebd., S. 71f.
953 Buchberger: Beobachtungen und Eindrücke in Konnersreuth am 22. und 23. März 1928 – BOAR, »Konnersreuth«, XVIII.
954 Vgl. BOAR, »Konnersreuth«, Fasz. 16, S. 20f.; Fasz. 3, S. 114.
955 Fahsel, S. 80.
956 Therese Neumann am 14.3.1939 an Bischof von Regensburg – siehe Anhang!
957 BOAR, »Konnersreuth«, Akt Nr. 4.
958 Vgl. Deutsch: Ärztliche Kritik an Konnersreuth, S. 71.
959 Therese Neumann am 29.11.1937 an Bischof von Regensburg – siehe Anhang!
960 Dorsaz, A.: Konnersreuth. Eine wissenschaftlich kritische Prüfung, Waldsassen 1931, S. 140; vgl. Graef, S. 246.
961 Therese Neumann am 21.11.1937 an Bischof – siehe Anhang!
962 Buchberger am 25.11.1937 an Therese Neumann – siehe Anhang!
963 Hanauer: Der Schwindel von Konnersreuth, S. 107.
964 Hanauer: Konnersreuth. Lug und Trug, S. 57f.
965 Bekh, S. 237.
966 Mittelbayerische Zeitung 1995, Teil 57.
967 Ewald, S. 3.
968 Ewald, S. 10.
969 Gruppen-Tagebücher.
970 Ewald, S. 24f.

971 Ewald, S. 31.
972 Witt: 2. Teil, S. 25.
973 Amtsblatt für die Diözese Regensburg, Jg. 1927, Nr. 12; vgl. Amtsblatt Nr. 10.
974 Ewald, S. 3.
975 Brief im Anhang.
976 Ewald, S. 5.
977 Ewald, S. 24.
978 Dr. Höcht am 30.1.1933 – siehe Anhang, Anmerkung zum Brief vom 23.1.1933.
979 Steiner: Therese Neumann, 1968, S. 77-79.
980 Ferdinand Neumann am 10.3.1937 an Bischof – siehe Anhang!
981 Buchberger am 13.3.1937 an Naber – siehe Anhang!
982 Ferdinand Neumann am 30.3.1937 an Bischof – siehe Anhang!
983 Spiegl, S. 47.
984 Ferdinand Neumann am 24.11.1937 an Bischof – siehe Anhang!
985 Ferdinand Neumann am 23.1.1933 an Bischof – vgl. Anhang!
986 Ewald am 18.4.1929 an Heermann – BOAR, »Konnersreuth«, Fasz. 6, S. 104.
987 Steiner: Therese Neumann, 1968, S. 73.
988 Graef, S. 116.
989 P. Weigl am 31.6.1951 an Bischof von Regensburg – BOAR, »Konnersreuth«.
990 Leserbrief des Prof. Dr. August Wilhelm von Eiff, Bonn; in: Christ in der Gegenwart, 1.6.1996, S. 198.
991 BOAR, »Konnersreuth«, Akt Nr. 13.
992 Ebd.
993 Christ in der Gegenwart, 1.6.1996, S. 198.
994 Meersmann am 14.8.1953 an Bischof von Regensburg – BOAR, »Konnersreuth«, Akt Nr. 13.
995 Ebd.
996 Mittelbayerische Zeitung: Der Domprediger, 1995, Teil 57.
997 Fahsel, S. 106.
998 Teodorowicz, S. 55.
999 BOAR, »Konnersreuth«, Akt Nr. 3.
1000 Boniface, S. 35.
1001 Vgl. zu Vorstehendem: P. Norbert Brühl: Lose Blätter (BOAR, »Konnersreuth«, Fasz. 3, S. 128f.); Dr. Deutsch am 2.4.1937 an Bischof von Regensburg (BOAR, »Konnersreuth«, Neueste Akten 1936/37).
1002 BOAR, »Konnersreuth«, Fasz. 15, S. 8.
1003 Stimmen der Zeit, 1928, Nr. 114, S. 161.
1004 Vgl. »Theologie und Glaube«, 1940, S. 265ff.
1005 Teodorowicz, S. 60.
1006 Simon, S. 5.

1007 Steiner: Visionen, 2. Teil, S. 212.
1008 BOAR, »Konnersreuth«, Fasz. 3, S. 48, 53.
1009 Deutsch: Ärztliche Kritik an Konnersreuth, S. 102.
1010 Vgl. verschiedene Schriftstücke: BOAR, »Konnersreuth«, Akt »Briefe 1928 1930« und Akte »Gesammelte Schriftstücke seit November 1929«.
1011 BOAR, »Konnersreuth«, Fasz. 3, S. 53b.
1012 Seidl: Bericht vom 10.X.1931.
1013 BZAR, OA/Th.N./152.
1014 BOAR, »Konnersreuth«, Akt Nr. 1.
1015 Zeitungsartikel und Brief: BOAR, »Konnersreuth«, Akt Nr. 13.
1016 BOAR, »Konnersreuth«, Fasz. 3, S. 52.
1017 Die folgenden Ausführungen stützen sich im wesentlichen auf die Aufzeichnungen Muths, auf die Erstfassung (BZAR, OA/Th.N./152) und die mit wenigen Ausnahmen gleichlautende Zweitfassung.
1018 Deutsche Tagespost, 1.2.1978.
1019 Schuster am 14.3.1943 an Bischof Buchberger – BZAR, OA/Th.N./152.
1020 BOAR, »Konnersreuth«, Besondere Akten 1932/33; Akte XVII.
1021 Dr. Höcht am 4.8.1929 an Bischof Buchberger – BOAR, »Konnersreuth«, Besondere Akten 1932/33.
1022 BZAR, OA/Th.N./152, Nr. 43.
1023 Ebd., Nr. 39.
1024 Steiner: Visionen, 2. Teil, S. 244.
1025 Hanauer: Konnersreuth – Lug und Trug, S. 157.
1026 Muth: Zweitfassung, Nr. 42.
1027 Steiner: Visionen, 2. Teil, S. 234.
1028 Näheres siehe unten!
1029 Enthalten in: BZAR, OA/Th.N./152.
1030 Franz Perlinger am 13.12.1949 an Bischof Buchberger – BOAR, OA/Th.N. 152.
1031 Muth am 21.3.1943 an Generalvikar – BZAR, OA/Th. N./, Nr. 37.
1032 BOAR, »Konnersreuth«, Fasz. »Zerwürfnisse in Konnersreuth 1943«.
1033 BZAR, Akte »Therese Neumann – Nachlieferungen«.
1034 neue bildpost 1964/65, Art. 21.
1035 BOAR, »Konnersreuth«, Fasz. »Zerwürfnisse in Konnersreuth 1943«.
1036 »Therese-Neumann-Brief« Nr. 7 (1995).
1037 Persönlicher Bericht Schuhmanns.
1038 Deutsch am 13.11.1936 an P. Hapig S.J. – AD, Fasz. 17A, S. 114.
1039 AD, Fasz. 14, S. 76 b.
1040 AD, Fasz. 14, S. 57f.
1041 Naber: Tagebücher, S. 19.

1042 AD, Fasz. 11, S. 129; Fasz. 11, S. 60 a.
1043 Wunderle am 31.5.1937 an Dr. Deutsch – AD, Fasz. 11, S. 131f.
1044 BOAR, »Konnersreuth«, Fasz. 3, S. 311.
1045 BOAR, »Konnersreuth«, Neueste Akten 1936/37.
1046 Naber: Tagebücher, S. 234.
1047 BZAR, Akte: Domprediger Maier: »Nahrungslosigkeit«, S. 118.
1048 Deutsche Tagespost 1.2.1978.
1049 Münchener Katholische Kirchenzeitung, 16.2.1986, S. 28.
1050 Regensburger Bistumsblatt 1967, Nr. 10, S. 17.
1051 Brief vom 13.1.1986.
1052 BOAR, »Konnersreuth«, Akt Nr. 11.
1053 AD, Fasz. 14, S. 5.
1054 BZAR, OA/Th.N./97.
1055 8. »Therese-Neumann-Brief«, 1996, S. 11.
1056 Novae Leges, I, II, 1; Normae 36 und 10,1 (in: AAS [1983], S. 396) und Postulatorum Vademecum, S. 6f.
1057 Hanauer: Konnersreuth – Lug und Trug, S. 94, 111.
1058 »Therese-Neumann-Brief« 8, 1996, S. 11.
1059 Abschnitt IV, 3.
1060 Besprechung des Vortrags: Hanauer: Konnersreuth – Lug und Trug, S. 23-86.
1061 Vgl. Hanauer: Der Schwindel von Konnersreuth, S. 123.
1062 Ebd., S. 121.
1063 »Therese-Neumann-Brief« 8, 1996, S. 11.
1064 Süddeutsche Zeitung, 25.3.1996.
1065 Anzeiger für die Seelsorge 1994, Nr. 7, S. 336.

BIBLIOGRAPHIE

1. Archivalien

a) Bischöfliches Zentralarchiv Regensburg: Akten »Konnersreuth«
b) Akten des Chefarztes Dr. Josef Deutsch, Lippstadt

2. Literatur

Ackermann, August: Meine Reise nach Konnersreuth; in: Das geistliche Leben, 1932

Aigner, Ed.: Zehn Jahre Konnersreuth, Berlin-Friedenau 1939

Aretin, Erwein: Die Sühneseele von Konnersreuth, Gröbenzell bei München 1936

—: Therese Neumann, Gröbenzell bei München 1952

Bekh, Wolfgang Johannes: Therese von Konnersreuth oder Die Herausforderung Satans, München 1994

Biot, René: Das Rätsel der Stigmatisierten, Aschaffenburg 1957

Boniface, Ennemond: Therese Neumann, die Stigmatisierte von Konnersreuth, Wiesbaden 1958

Brentano, Clemens: Das bittere Leiden unseres Herrn Jesu Christi, Sulzbach 1835

Brieger, Anton: Anna Katharina Emmerick. Der Gotteskreis, München 1966

Deutsch, Josef: Konnersreuth in ärztlicher Beleuchtung, Paderborn 1932

—: Um Konnersreuth. Ärztliche Kritik an Dr. Fritz Gerlichs Buch: Die Stigmatisierte von Konnersreuth, Lippstadt Westf. 1932 (Manuskript)

—: Ärztliche Kritik an Konnersreuth! Wunder oder Wundersucht? Lippstadt 1938

Dorsaz, A.: Konnersreuth. Eine wissenschaftlich kritische Prüfung, Waldsassen 1931

Ewald, Georg: Die Stigmatisierte von Konnersreuth; in: Münchener medizinische Wochenschrift, Beilage zu Nr. 46 (1927)

Fahsel, Helmut: Konnersreuth, Tatsachen und Gedanken, Berlin 1931

Fischer, Ludwig: Vom verborgenen Heldentum. Aufzeichnungen aus dem Leben der stigmatisierten Dominikanernonne Columba Schonath von Bamberg, Aschaffenburg 1925

Fröhlich, H.: Konnersreuth heute. Schau eines Arztes. Ein volkstümlicher Vortrag mit einem Anhang für medizinisch Interessierte, Wiesbaden 1950

Ganter, Hugo: Was dünkt euch von Konnersreuth? Karlsruhe 1936

Gerlich, Fritz: Die stigmatisierte Therese Neumann von Konnersreuth; 1. Teil: Die Lebensgeschichte der Therese Neumann, München 1929; 2. Teil: Die Glaubwürdigkeit der Therese Neumann, München 1929

—: Der Kampf um die Glaubwürdigkeit der Therese Neumann. Eine Auseinandersetzung mit den Professoren Wunderle und Mager, München 1931

Grabinski, Bruno: Das Phänomen der Stigmatisation. Mit einer Würdigung der Stigmatisationsfälle aus neuester Zeit, München 1929

Graef, Hilda C.: Konnersreuth – Der Fall Therese Neumann, Einsiedeln 1953

Hanauer, Josef: Gottes-Werk oder Menschen-Machwerk? Therese Neumann von Konnersreuth, Eigenverlag 1967

—: Konnersreuth als Testfall. Kritischer Bericht über das Leben der Therese Neumann, München 1972

—: Die stigmatisierte Seherin Anna Katharina Emmerick, Bad Honnef 1979

—: Der Schwindel von Konnersreuth – Ein Skandal ohne Ende? Eigenverlag 1989

—: Konnersreuth. Lug und Trug mit kirchlichem Segen? Aachen 1994

—: Wunder oder Wundersucht? Aachen ³1997

Heermann, H.: Um Konnersreuth, Paderborn 1932

Huber, Franz X.: Das Mysterium von Konnersreuth, Karlsruhe 1930 (Huber = Pseudonym für: Ernst Doebele, Redakteur, Murg, Baden)

Hynek, R.W.: Zur Abwehr – Neuer Beitrag zur Lösung des Konnersreuther Problems, Karlsruhe 1938

Kaspar, Karl: Eindrücke von Konnersreuth; deutsch: Friedrich Ritter von Lama, Karlsruhe 1929

Kosubek, I.: Das Geheimnis der Wunder von Konnersreuth, Freiburg im Breisgau 1947

Lama, Fr.: Konnersreuther Chronik, Karlsruhe 1929

—: Therese Neumann von Konnersreuth, Bonn 1928

—: Konnersreuther Jahrbuch 1928, 1929, 1930, 1931, 1932, 1934, Karlsruhe

Lapide, Pinchas: Ist die Bibel richtig übersetzt? Gütersloh, Bd. 1: ⁴1992; Bd. 2: 1994

Lechler, Alfred: Das Rätsel von Konnersreuth im Lichte eines Falles von Stigmatisation, Elberfeld 1933

Lemke, H.: Die stigmatisierte Therese Neumann von Konnersreuth, Berlin 1927

Lhermitte, Jean: Echte und falsche Mystiker, Luzern 1953

Morsey, Rudolf: Fritz Gerlich; in: zur Debatte, Mai/Juni 1994

Naber, Josef: Tagebücher und Aufzeichnungen über Theres Neumann; herausgegeben von Johannes Steiner, München und Zürich 1987

Popp, Georg: Die Großen der Kirche, Würzburg 1956

Poray-Madeyski, Boleslas de: Le cas de la visionaire stigmatisée; Thérèse Neumann de Konnersreuth, Paris 1940

Radlo, Peter: Trug oder Wahrheit? Neues über Konnersreuth, Karlsruhe 1938

Rinser, Luise: Die Wahrheit über Konnersreuth, Einsiedeln, Zürich, Köln 1954

Rößler, Max: Therese Neumann von Konnersreuth, Würzburg 1963

Rolfus, Karl: Gethsemane und Golgotha, die Schule der Demut, des Gehorsams und der Liebe bis in den Tod, Einsiedeln, Waldshut, Köln [28]1902

Schallenberg, Gerd: Visionäre Erlebnisse. Visionen und Auditionen in der Gegenwart. Eine psychodynamische und psychopathologische Untersuchung, Augsburg 1990

Schimberg, Albert Paul: The story of Theres Neumann of Konnersreuth, Milwaukee 1949

Schleyer, Franz L.: Die Stigmatisation mit den Blutmalen – Biographische Auszüge und medizinische Analyse, Hannover 1946

Schwarz, Günther: Die Poesie der frühen Christen, München 1990

—: Das Zeichen von Konnersreuth, Regensburg 1994

Schwarz, Günther / Schwarz, Jörn: Das Jesus-Evangelium, München 1993

Seitz, Anton: Das Stigmatisationsproblem von Konnersreuth in Wahrheit und Klarheit, Karlsruhe 1939

Simon, Matthias: Das Phänomen von Konnersreuth im Licht evangelischen Glaubens, Leipzig 1927

Spiegl, Anni: Leben und Sterben der Therese Neumann von Konnersreuth, Eichstätt 1964

Spirago, Franz: Klarheit über Konnersreuth, Lingen 1931

Staudinger, P. Odo: Die Leidensblume von Konnersreuth, Salzburg 1928

—: Die Leidensbraut von Konnersreuth, Salzburg 1928

Steiner, Johannes: Therese Neumann von Konnersreuth, München und Zürich 1963, ²1964, ⁵1968, ⁹1985

—: Visionen der Therese Neumann, München und Zürich; 1. Teil 1973, 2. Teil 1977

Stern: Neurologische Beobachtungen, Berlin 1933

Teodorowicz, Josef: Konnersreuth im Lichte der Mystik und Psychologie, Salzburg-Leipzig 1936

Thoma, Annette: Franz von Sales und Johanna Franziska von Chantal, München 1961

Thurston, Herbert: Das Problem der Stigmatisation; in: Studies 1933

Waitz, Sigismund: Die Botschaft von Konnersreuth, Altenstadt, Austria 1953

Winthuis, Josef: Der Gnadenruf von Konnersreuth, Karlsruhe 1939

—: Konnersreuth – Ein Rätsel? Innsbruck-Leipzig 1938

Witry: Die Resl. Medizinisches aus Konnersreuth, Saarbrücken 1934

Witt, Leopold: Die Leiden einer Glücklichen, Waldsassen 1927

—: Konnersreuth im Lichte der Religion und Wissenschaft, Waldsassen, 1. Teil 1928; 2. Teil 1929

Wunderle, Georg: Die Stigmatisierte von Konnersreuth, Eichstätt 1927

—: Um Konnersreuth, Würzburg 1931

—: Zur Psychologie der Stigmatisation, Paderborn 1938

Weitere Bücher Josef Hanauers im Karin Fischer Verlag

Wunder oder Wundersucht?
Erscheinungen, Visionen, Prophezeiungen, Besessenheit
234 Seiten; DM 28,– / ÖS 204,– / sFr 29.–
3. Auflage

»Hanauers Buch ist eine Aufforderung an alle Christen, wachsam zu sein und der Wahrheit die Ehre zu geben.«

Gregor Tischler/Anzeiger für die Seelsorge

Konnersreuth. Lug und Trug – mit kirchlichem Segen?
180 Seiten; DM 23,– / ÖS 168,– / sFr 24.–

Hanauers profunde Antwort auf den 4. THERESE-NEUMANN-BRIEF (1992); weitere Fakten zum Fall »Konnersreuth« und gegen die angestrebte Seligsprechung der Therese Neumann

Muttergotteserscheinungen
Tatsachen oder Täuschungen?
224 Seiten; DM 30,– / ÖS 219,– / sFr 31.–

»Hanauer beschreibt ausführlich viele Widersprüche, in die sich die Seher verwickelt haben, die ganz eindeutig belegen, daß die Botschaften nicht übernatürlicher Herkunft sein können. ... Viel wichtiger als die Aufdeckung des Unsinns sind aber die Bedenken Hanauers zum entstellten und unwürdigen Bild, das außer Lucia auch andere Seher ... von Christus und seiner Mutter Maria zeichnen.«

Irmgard Oepen/Skeptiker